蘇州

相城年鉴

2020

中共苏州市相城区委员会
苏州市相城区人民政府 主办

苏州市相城区地方志办公室 编

古吴轩出版社

图书在版编目（CIP）数据

相城年鉴. 2020 / 苏州市相城区地方志办公室编. --
苏州：古吴轩出版社，2020.12
ISBN 978-7-5546-1621-5

Ⅰ. ①相… Ⅱ. ①苏… Ⅲ. ①区（城市）－苏州－
2020 －年鉴 Ⅳ. ①Z525.34

中国版本图书馆CIP数据核字(2020)第198367号

封面摄影：蒋　琤
责任编辑：蒋丽华
见习编辑：张雨蕊
装帧设计：吴　静
责任校对：黄菲菲
责任照排：吴　静

书　　名：相城年鉴（2020）
编　　者：苏州市相城区地方志办公室
出版发行：古吴轩出版社
地址：苏州市八达街118号苏州新闻大厦30F　　邮编：215123
电话：0512-65233679　　传真：0512-65220750
出 版 人：尹剑峰
印　　刷：南京凯德印刷有限公司
开　　本：889×1194　1/16
印　　张：23.75　　插页：48
版　　次：2020年12月第1版　第1次印刷
书　　号：ISBN 978-7-5546-1621-5
定　　价：200.00元

如有印装质量问题，请与印刷厂联系。025-84713186

相城区年鉴编纂委员会

《相城年鉴（2020）》

主　　审：曹继军　潘苏平

主　　编：程　钢

副 主 编：吴云花　潘　瑜　曹丽琴

编　　辑：周福林　刘曼旬

《相城年鉴（2020）》各撰稿单位审稿人

（按姓氏笔画排序）

丁利杰	马淑兰	马满泉	王少辉	王丽莉	王春龙	方一桢
邓维华	卢　婧	田爱国	吕　芳	仲尧文	刘汉吉	刘洪印
孙　鹏	孙庆丰	孙国燕	严华斌	严铁之	杜　军	巫晓慧
李　芬	李　强	李伟良	李婧祎	李惠宏	杨云元	吴　宏
吴曙东	何　健	何继发	汪　薇	沈　志	沈　燕	沈于东
沈大春	沈森观	张钦祺	张康华	陆小明	陆正梅	陆凯宇
陈守东	陈红伟	陈迎庆	陈敬峰	尚向科	季　嬿	金壬初
周孙卉	周佳琦	周建明	周雪奇	府玉良	郑　辰	赵　芳
侯　健	骆　键	秦　乐	顾　雳	顾　蓉	顾永元	顾建明
顾晓雯	钱　珺	徐水荣	殷　猛	郭璟怡	曹　瑾	曹俊锋
葛金男	蒋学惠	蒋俊伟	蒋晨迎	储菊妹	谢志华	缪芙蓉
潘良健	薛静峰	濮文明				

编辑说明

一、《相城年鉴》是由中共苏州市相城区委员会、苏州市相城区人民政府主办，苏州市相城区地方志办公室组织编纂的地方综合性年刊，旨在逐年全面、系统记载相城区经济社会发展的基本情况。《相城年鉴》首次出版于2016年，是一部宣传相城、了解相城、研究相城的工具书，2020年编纂的是相城区第五部年鉴。

二、《相城年鉴(2020)》坚持以马克思列宁主义、毛泽东思想、邓小平理论、“三个代表”重要思想、科学发展观、习近平新时代中国特色社会主义思想为指导，坚持辩证唯物主义和历史唯物主义的立场、观点、方法，全面、系统、科学、客观地记述和反映2019年苏州市相城区政治、经济、文化、社会和生态文明建设等方面的年度状况。

三、《相城年鉴(2020)》记述时间为2019年1月1日至12月31日，部分内容适当上溯或下延。本年鉴采用分类编辑法，基本结构分类目、分目、条目3个层次，以不同字体、字号标识，其中条目为基本单位，标题用【 】引出。部分条目增设子目，子目以楷体标识。一些条目需要延伸的内容以链接方式补充。全书设“区情概览”等31个类目，正文插入表格79张，随文图照140幅。“附录”类目中收录的荣誉内容以表彰文件(证书)为准，并经编者筛选，一般收录省、市条线(含)以上表彰的先进集体和先进个人。

四、《相城年鉴(2020)》编写框架与往年年鉴保持相对稳定，根据体例的要求和相关行业分类标准、管理机构变动等情况作适当调整：分目“旅游”从类目“商贸服务 旅游”中划出，编入“文化体育 旅游”类目中，将“综合经济管理”中的分目“国土资源管理”与“生态环境”组合成类目“资源 环境”，将“开放型经济 民营经济”类目拆分为“开放型经济”和“民营经济”两个类目，分目“邮政”从原来的“信息化 邮政”类目中划出，与“交通”合成类目“交通 邮政”。

五、本年鉴采用国际通用计量单位，涉及农业单位面积产量时用传统的“亩产”表示。文中“增长”或“减少”的百分率，除特殊说明外，均表示“与上年相比”。涉及五位或五位以上的多位数时，一般用“万”或“亿”作单位，保留两位小数(民政、公安系统提供的人口信息除外)。

六、《相城年鉴(2020)》索引采用音序排序法进行排序。

七、本年鉴采用的文字稿件、资料和图片由相城区各镇(街道、区)、部门(单位)和部分企业及驻相城单位提供，并经各单位领导审核确认。文字撰稿、照片提供者予以署名。书中统计数据以相城区统计部门提供的数据为准，个别数据因统计口径和方法不同而有所差异，请读者在引用时加以注意。根据行文需要，年鉴中部分机构使用简称，机构全称与简称对照表列于目录前。

阳澄湖春色　　朱岳明　摄

阳澄湖晚景

区委宣传部　供稿

滆湖琉苏酒店　　区委宣传部　供稿

春申湖航拍全景图　　钱永德　摄

阳澄湖旅游集散中心鸟瞰

区委宣传部 供稿

① ②

③

①旺庄村春景　　徐军奎　摄
②莲花岛秋景　　区委宣传部　供稿
③春到冯梦龙村　　蒋　琤　摄

黄埭老街水韵　　伊志明　摄

太平街道粮仓　　区委宣传部　供稿

黎明村雪夜　　　　刘国敏　摄

荷塘月色湿地公园
区委宣传部　供稿

望亭运河公园　　　　区委宣传部　供稿

苏州中国花卉植物园

区委宣传部　供稿

万家灯火相城夜　　区委宣传部　供稿

苏州高铁新城

元和之夜　　区委宣传部　供稿

苏州高铁新城　供稿

夜太平　　区委宣传部　供稿

相城区新貌

区委宣传部　供稿

2019年1月2日，复旦大学附属中山医院长三角合作医院揭牌　　　　区委宣传部　供稿

2019年1月13日，由中华国际科学交流基金会、苏州市人民政府及中国教育电视台联合主办的第三届杰出工程师奖颁奖典礼在北京人民大会堂大礼堂举行，苏州市相城区企业——苏州上声电子有限公司工程师荣获“杰出工程师青年奖”　　　　区委宣传部　供稿

2019年3月7日，江苏省总工会考察苏州市第二工人文化宫建设情况　　　　区委宣传部　供稿

2019年3月19日，国务院发展研究中心调研组调研相城区融入长三角一体化发展工作情况

区委宣传部　供稿

2019年3月26日，苏州绿建住工科技有限公司举行奠基仪式　　　　区委宣传部　供稿

2019年4月2日，西安交通大学授予相城博士后创新创业长三角基地称号　　　　区委宣传部　供稿

2019年4月19日，禾多科技、奇点汽车、亮道智能3家域内企业在第十八届上海国际汽车工业博览会参展，图为禾多科技的展台　　区委宣传部　供稿

2019年4月20日，第二届阳澄影视动漫产业高峰论坛在相城区举办　　区委宣传部　供稿

2019年5月14日，江苏省政协领导一行到相城区调研　　　　区委宣传部　供稿

2019年5月17日，相城区科技金融产业园开园　　　　区委宣传部　供稿

2019年5月22日，FBC江苏2019智能制造产业商谈会暨苏州（相城）中日智能制造协同创新区推介会在相城区举行　　区委宣传部　供稿

2019年6月21日，长三角会商旅文体示范区联动平台·苏州（相城）中心、长三角国际人才服务中心·苏州（相城）中心、长三角虹桥·苏州（相城）产业创新联动中心授牌仪式举行　　区委宣传部　供稿

2019年9月27日，平安大健康产业园华东区总部项目启动　　　　区委宣传部　供稿

2019年10月15日，医学教育与精准医疗国际研讨会在相城区举行　　　　区委宣传部　供稿

2019年10月18日，苏宁C2M平台总部落户相城区　　区委宣传部　供稿

2019年10月28日，2019苏州相城国际经贸恳谈周开幕式暨日本江苏工商总会成立仪式在相城区举行

区委宣传部　供稿

2019年11月29日，中国年度创投大会在相城区召开　　　　　　　　　　　　　区委宣传部　供稿

2019年11月30日，相城区举办首届企业家大会　　　　　　　　　　　　　区委宣传部　供稿

上海相城大厦“一园五中心”

区委宣传部　供稿

初速度（苏州）科技有限公司总部大楼

区委宣传部　供稿

2019年9月，紫光云引擎科技（苏州）有限公司“基于紫光UNIPower的研发设计能力开放平台”项目入围工信部的2019年制造业“双创”平台试点示范项目

区委宣传部　供稿

相城区新貌

区委宣传部　供稿

2019年7月11日，以“智汇长三角，才聚新相城”为主题的2019年（第十一届）苏州国际精英创业周举办，图为相城分会场

区委宣传部　供稿

体验新科技　　　徐军奎　摄

2019年4月19日，第八届中国苏州文化创意设计产业交易博览会举办，图为相城展馆

区委宣传部　供稿

2019年4月19日，中国—意大利少儿足球友好交流活动举行　　　区委宣传部　供稿

2019年5月11日，苏州市青少年机器人比赛在相城区蠡口中学举行

区委宣传部　供稿

2019年5月28日，第二届“豪的”杯中国阳澄湖健康美食烹饪大赛暨苏州市相城区烹饪协会揭牌仪式举行，图为评审组为菜品打分

区委宣传部　供稿

2019年6月15日，苏州市老干部太极拳交流赛在相城区举行

区委宣传部　供稿

2019年7月2日，相城区阳澄湖广场舞大赛举办

区委宣传部　供稿

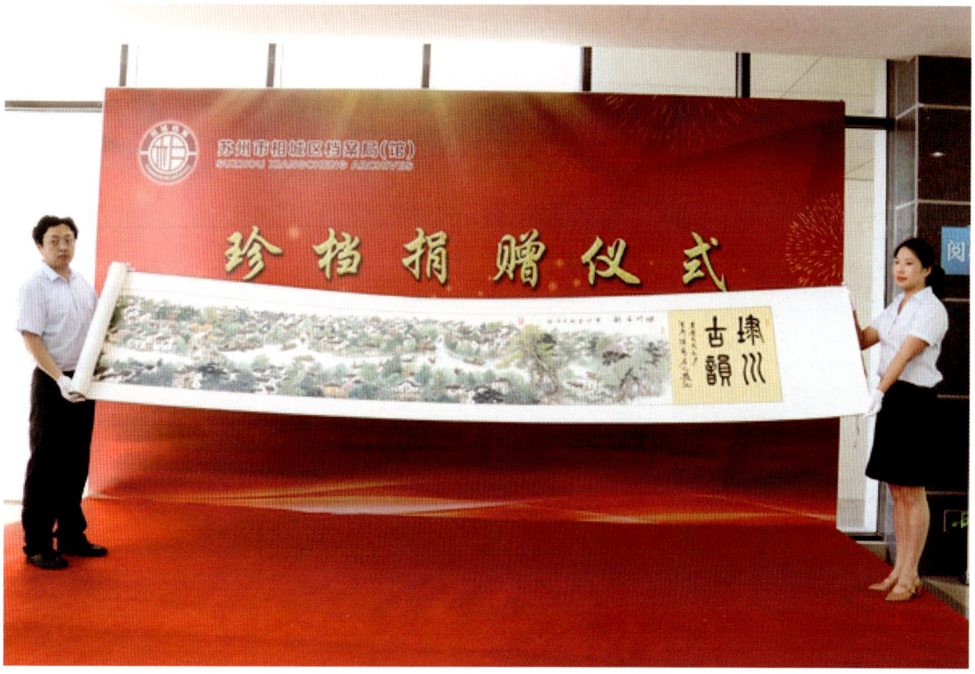

2019年6月4日，在相城区档案馆举办的珍档捐赠仪式上，黄埭高新区捐赠了19幅书画，图为现场展示的10米画卷《埭川古韵——黄埭十八景》　区委宣传部　供稿

2019年3月8日，相城区妇联执委诵读《好家风》　区委宣传部　供稿

2019年8月9日，相城区发出全省首张行业综合许可证

区委宣传部　供稿

2019年12月20日，相城区人民法院智慧服务中心启用

区委宣传部　供稿

2019年7月23日，苏州市“两新”组织“庆祝中华人民共和国成立70周年”主题知识竞赛在相城区举行

区委宣传部　供稿

2019年4月21日，相城区志愿者以多种形式普及垃圾分类知识　　区委宣传部　供稿

2019年9月29日，相城区党建“365”先锋馆开馆　　区委宣传部　供稿

2019年11月17日，青春励志电影《花渡好时光》在相城区开机　　区委宣传部　供稿

2019年12月12日，相城区两个节目荣获苏州市群众文化“繁星奖”金奖，图为其中之一《又见阳澄湖》

区文体和旅游局　供稿

2019年12月16日，央视春节特别节目《唱响新时代》在相城区录制　　区委宣传部　供稿

2019年12月10日，苏州第二图书馆开馆

区文体和旅游局　供稿

2019年5月31日，《印象·望亭》文艺演出在江苏大剧院国际报告厅举行　　　区文体和旅游局　供稿

2019年9月23日，第二届苏州市中国农民丰收节在相城区冯梦龙村举办　　　区委宣传部　供稿

2019年10月13日，2019第二届中国·苏州·相城漕湖金秋龙舟赛现场

区委宣传部　供稿

2019年9月20日，全国首届阳澄湖艺术节暨第四届沈周文化节开幕　　区文体和旅游局　供稿

端午粽香　　　　唐伟生　摄

打油坊　　　　曹育雷　摄

黄埭西瓜子制作现场

区委宣传部　供稿

太平书镇象棋比赛
伊志明　摄

江苏省非物质文化遗产项目"阳澄渔歌"场景
区文体和旅游局　供稿

舞龙祈福　　曹育雷　摄

好热闹　　　杨百寿　摄

舟船文化　　杨百寿　摄

春申湖畔直播现场
顾　娟　摄

2019年1月18日，相城区太平人民医院新院正式启用　　　　区委宣传部　供稿

漕湖邻里中心　　　　区委宣传部　供稿

2019年11月9日，苏州首个书香·人才公园开放

区委宣传部　供稿

冶长泾船闸　　区委宣传部　供稿

阳澄西湖南隧道施工现场　　区委宣传部　供稿

相城区元和街道安置小区众泾家园荣获2019中国土木工程詹天佑奖优秀住宅小区表彰项目工程质量单项优秀（保障房项目）

区委宣传部　供稿

2019年相城区部分机构简称、全称对照表

简称	全称	简称	全称
中共苏州市相城区委	中国共产党苏州市相城区委员会	区城管局	苏州市相城区城市管理局
区人大常委会	苏州市相城区人民代表大会常务委员会	区交运局	苏州市相城区交通运输局
区政府	苏州市相城区人民政府	区文体和旅游局	苏州市相城区文化体育和旅游局
区政协	中国人民政治协商会议苏州市相城区委员会	区卫健委	苏州市相城区卫生健康委员会
区纪委监委	中国共产党苏州市相城区纪律检查委员会、苏州市相城区监察委员会	区应急局	苏州市相城区应急管理局
区法院	苏州市相城区人民法院	区外事办	苏州市相城区人民政府外事办公室
区检察院	苏州市相城区人民检察院	区国资办	苏州市相城区人民政府国有资产监督管理办公室
区委办	中国共产党苏州市相城区委员会办公室	区金融监管局	苏州市相城区地方金融监督管理局
区人大办	苏州市相城区人民代表大会常务委员会办公室	团区委	中国共产主义青年团苏州市相城区委员会
区政府办	苏州市相城区人民政府办公室	区妇联	苏州市相城区妇女联合会
区政协办	中国人民政治协商会议苏州市相城区委员会办公室	区残联	苏州市相城区残疾人联合会
区委组织部	中国共产党苏州市相城区委员会组织部	城投集团	苏州市相城城市建设投资（集团）有限公司
区委编办	中国共产党苏州市相城区委机构编制委员会办公室	交投集团	苏州市相城交通建设投资（集团）有限公司
区委宣传部	中国共产党苏州市相城区委员会宣传部	水务集团	苏州市相城水务建设投资（集团）有限公司
区委统战部	中国共产党苏州市相城区委员会统一战线工作部	金控集团	苏州市相城金融控股（集团）有限公司
区委政法委	中国共产党苏州市相城区委员会政法委员会	生态公司	苏州市相城生态建设开发有限公司
区委巡察办	中共苏州市相城区委巡察工作办公室	文商旅集团	苏州市相城文商旅发展（集团）有限公司
区发改委	苏州市相城区发展和改革委员会	区人武部	中国人民解放军江苏省苏州市相城区人民武装部
区科技局	苏州市相城区科学技术局	相城公安分局	苏州市公安局相城分局
区工信局	苏州市相城区工业和信息化局	相城消防救援大队	苏州市相城区消防救援大队
区人社局	苏州市相城区人力资源和社会保障局	市资规局相城分局	苏州市自然资源和规划局相城分局
区住建局	苏州市相城区住房和城乡建设局	海关相城办	中华人民共和国苏州海关驻相城办事处

目 录

中国共产党苏州市相城区委员会

中国人民政治协商会议 苏州市相城区委员会

纪检监察

民主党派　工商联 无党派知识分子联谊会

群众团体

法治　军事

资源　环境

城乡建设

交通　邮政

信息业

农业农村工作

工　业

商贸流通

综合经济管理

科技　教育

文化　体育　旅游

卫生健康

人力资源

社会民生

开发区 高铁新城 高新区 度假区

街道 镇

附　录

索 引

MAIN CONTENTS

Xiangcheng Overview

Media Feature

Chronicle of Important Events

CPC Committee, Xiangcheng District, Suzhou City

People's Congress, Xiangcheng District, Suzhou City

People's Government, Xiangcheng District, Suzhou City

CPPCC Committee, Xiangcheng District, Suzhou City

Discipline Inspection & Supervision Department

Democratic Parties, Federation of Industry and Commerce & Association for Non-Party Intellectuals

Mass Organizations

Rule of Law & Military

Resources and Environment

Urban-Rural Development

Culture, Sports & Tourism

Public Health

Human Resources

People's Livelihood

Development Zones, High-speed Railway New Town, High-Tech Industrial Development Zone & Tourism Resort

Sub-districts and Towns

Appendix

Index

区情概览

自然地理

【地理环境】 苏州市相城区位于长江三角洲中部、江苏省东南部、苏州市北部，东邻苏州工业园区，西接苏州高新技术产业开发区，南连苏州姑苏区，北与常熟市接壤。地理坐标北纬31°20′15.88″~31°33′09.96″，东经120°15′34.94″~120°49′20.24″，全区总面积489.96平方千米，占全市面积的5.84%。

相城区属长江三角洲平原地区。地貌特征以低缓平原为主，自西向东缓缓倾斜，海拔3~4米，阳澄湖一带2米左右，平原占总面积的70%。

相城区是典型的江南水乡，境内河道纵横，湖荡密布，拥有太湖、阳澄湖、漕湖、春申湖、盛泽荡、鹅真荡等湖泊，阳澄湖水域面积117.43平方千米，其中相城区占55.8%；有京杭大运河、望虞河、元和塘、西塘河等河流862条，总长964.49千米。

相城区地理位置优越，1.5小时交通圈内，有虹桥、浦东、萧山、硕放、禄口5个机场，太仓港、常熟港、张家港3个货运港口。苏州中环快速路、312国道、绕城高速、苏嘉杭高速、沪宁高速、京沪高速贯穿相城。京杭大运河，14个高速公路出入口，“10横12纵”主干路网，苏州轨道交通2号线、4号线，沪宁城际铁路，京沪高铁苏州北站等，形成水陆空立体交通格局。高铁、城铁、轨道交通可“无缝换乘”。

【气候特征】 相城区地处北亚热带南缘，为亚热带季风气候。夏季炎热多雨，冬季温和干燥。四季分明、温暖湿润、日照充足、雨量充沛、无霜期长，春夏之交多梅雨，夏末秋初受台风影响。

气温　全年平均气温17.6℃，比常年平均气温偏高1.1℃，气温偏高。年极端最高气温38.7℃，出现在7月29日；年极端最低气温-1.3℃，出现在12月31日。年内大于等于35℃的高温日数有15天，其中6月份1天，7月份10天，8月份4天，比常年偏多3天。

光照　全年日照时数1610.9小时，比常年平均日照数少176小时，日照偏少。月日照时数最多的8月，为194.2小时，占月可照时数的47%；月日照时数最少的2月，为42.2小时，占月可照时数的14%。

降水　全年降水量1120.9毫米，比常年平均降水量少19.8毫米，雨量基本持平。降水量最多的8月份，为247.4毫米；降水量最少的10月份，为19.1毫米。4~9月汛期降水量767.4毫米。年单日最大降水量163.3毫米，出现在8月10日，更新了1981年以来日最大降水量极值（原极值　为1999年6月30日154.3毫米）。年降水日数145天，比常年偏多20天。最长连续降水日数9天，出现在1月4~12日；最长连续无降水日数33天，出现在10月15日至11月16日。

本地2019年6月18日入梅（常年6月16日），7月18日出梅（常年7月10日），入梅略迟、出梅偏晚，梅长31天（常年24天）。梅雨期内共出现5次大到暴雨过程，总梅雨量253.4毫米，比常年偏多30.4毫米。

霜、雪、风、雾、霾及灾害性

天气　2019年上年度终霜日为2月24日，本年度初霜日为11月19日，无霜期267天。全年降雪日数6天，积雪日数2天，最大积雪深度4厘米，出现在2月8日。年平均风速每秒2.4米，8级以上大风共4天。

年内雾日10天，分别是1月、3月、4月和11月各1天，2月4天，12月2天。全年霾日55天。雾、霾天气对人体健康和道路交通等造成一定影响。

2019年出现3次暴雨天气过程（6月18日、7月7日、8月10日）。受台风“利奇马”影响，8月10日，相城区日雨量163.3毫米，更新1981年以来日最大降水量极值。

2019年主要受到2次台风环流影响，分别是出现在8月份的第9号台风“利奇马”和出现在9月底至10月初的第18号台风“米娜”。8月9~11日，受第9号台风“利奇马”正面袭击，相城区普降暴雨到大暴雨，10日一天最大降水量163.3毫米，并伴有7~8级偏东大风，城区部分道路积水严重，对社会生产、防汛和人民生活等带来严重影响。区政府及时应急处置，转移9579人，回港船只101条，工地停工306个，拆除或加固广告牌340个，无明显灾情发生。

1月上旬至中旬中期及1月下旬后期至2月下旬前期，出现冬季连续阴雨天气。阴雨寡照给人民生活、农作物生长带来一定影响。（王裕萍）

【资源物产】 全区总面积489.96平方千米，其中水域面积198.35平方千米，享有“水相城”之称。土壤肥沃，动植物资源丰富。陆地主要种植水稻、小麦、油菜等农作物，生产的“金香溢”牌大米，“虞河”牌蔬菜，“新巷”牌猕猴桃，“洋沟溇”牌翠冠梨，“叽嘟嘟”牌草鸡和草鸡蛋，“漕湖滩”“苏绿”牌农产品远近闻名。阳澄湖大闸蟹、清水虾、甲鱼、鳜鱼、白鱼、鳗鱼、莲藕、菱角等被称为“阳澄湖湖八鲜”。阳澄湖清水大闸蟹闻名海内外，相城区被誉为“中国阳澄湖清水大闸蟹之乡”。相城区旅游资源丰富，拥有阳澄湖、太湖、漕湖等生态自然资源，陆慕御窑遗址、太平老街、皇罗禅寺、孙武墓、沈周墓、文徵明墓等人文资源，荷塘月色湿地公园、苏州中国花卉植物园、盛泽湖月季园、灵峰牧谷农场等生态休闲资源，以阳澄湖大闸蟹为代表的“阳澄湖湖八鲜”美食资源，以渭塘珍珠为代表的“相城十绝”民间工艺资源，等等。

人文地理

【建置沿革】 吴阖闾元年（公元前514年），伍子胥为吴国建都城选址，在境内“相土尝水，象天法地”“相其地，欲筑城于斯”，相城因此得名。

相城，商末属泰伯、仲雍建立的“勾吴”古国。春秋、战国时先后属吴、越、楚；秦建吴县后，属吴县。秦汉以降，历晋、隋等朝代，境域始终属吴县。唐武周时，境域改属长洲县。清雍正时，境域分属长洲、元和两县。自中华民国始，属吴县。1995年6月，吴县撤县设市称吴县市，属吴县市。

2000年12月31日，经国务院批准，撤销吴县市，设立苏州市相城区、吴中区。

【行政区划】 2019年末，全区有4镇、7街道、1度假区，有68个村民委员会、73个社区居民委员会。

表1　2019年相城区村、社区情况表

镇（街道、区）名称	村		社区	
	名称	个数	名称	个数
元和街道	—	—	凌浜、湖沁、古巷、御窑、日益、娄北、御苑家园、晨曦馨苑、朱巷、莫阳、蠡口、玉成、庆元家园、康桥花园、元和之春、众泾、华辰嘉园、绿色时光、香城花园、峰汇园、姚祥、水韵花都、华元、富元、水漾花城、建元、安元佳苑、依云水岸	28
黄桥街道	北庄、生田、大庄、张庄、方浜、胡湾、占上、木巷、黄桥	9	春嘉、荷馨苑、三角咀	3
太平街道	盛泽、聚金、乐安、花倪、莲港、沈桥、黎明、花溇、旺巷	9	金澄、凤凰、青漪、洞宇	4

续表

镇(街道、区)名称	村		社区	
	名称	个数	名称	个数
北桥街道	灵峰、庄基、石桥、莲花庄、新北、漕湖、鹅东、芮埭、丰泾	9	北渔、盛北、盛南、寺泾	4
漕湖街道	汤浜、下堡、卫星	3	漕湖一、漕湖二、观塘、永昌泾	4
澄阳街道	—	—	泰元、徐庄、南亚花园、蠡塘、登云	5
北河泾街道	—	—	朱泾、胡巷、常楼、如意	4
黄埭镇	三埂、鹤泾、旺庄、金龙、胡桥、冯梦龙、西桥、方埝	8	东新、埭川、春申、长康、长泾、青龙、斜桥、潘阳、裴圩、古宫	10
渭塘镇	渭西、渭北、凤阳、凤凰泾、渭南、西湖、盛泽荡、骑河	8	翡翠家园、渭星街、玉盘家园、钻石家园	4
望亭镇	何家角、迎湖、新埂、宅基、四旺、项路、华阳	7	鹤溪、人民、果园	3
阳澄湖镇	北前、枪堂、十图、戴溇、车渡、圣堂、消泾、沈周、岸山、陆巷	10	湘苑第一、澄苑第一	2
度假区	清水、莲花、洋沟溇、新泾、渔业	5	洄泾、阳澄湖畔	2

【人口】 2019年末，全区常住人口73.71万人，其中城镇人口52.77万人。全区户籍人口44.8万人，户籍人口出生率10.34‰，户籍人口自然增长率4.36‰。

【民族宗教】 相城区少数民族人口分布呈现成分多、分布广、居住散三大特点。2019年末，全区常住少数民族人口3474人、暂住少数民族人口17471人，涉及49个民族，其中人数较多的是苗族3999人、彝族2842人、土家族2510人、回族1644人，主要来自新疆、青海、甘肃、宁夏、四川、云南、贵州等省、自治区。其中少数民族人口在百人以上的有苗族、彝族、土家族、回族、壮族、侗族、哈尼族、满族、布依族、朝鲜族、蒙古族、瑶族、白族、傣族、仡佬族、傈僳族、阿昌族、畲族、藏族、维吾尔族、仫佬族，相对较少的有高山族、鄂温克族、哈萨克族、裕固族、布朗族、纳西族、独龙族等。少数民族流动人口杂散地居住在全区12个镇（街道、区）、经开区、苏相合作区、高新区、高铁新城、度假区，全区141个村（社区）中70%以上居住有少数民族外来流动人口。

2019年末，经省、市批准，相城区恢复重建宗教场所18处，其中佛教场所11处、道教场所2处、基督教场所4处、天主教场所1处，伊斯兰教无固定场所。全区主要有佛教、道教、基督教和天主教四大教，3个宗教团体，分别是区佛教协会、区道教协会、区天主教爱国会。

【旅游景区】 2019年，相城区现有国家AAAA级旅游景区1家，国家AAA级旅游景区3家、省级旅游度假区1个、全国农业旅游示范点1个、省级四星级乡村旅游区3个、省级三星级乡村旅游区1个、省级生态旅游示范区1个、省级自驾游基地1个、江苏省研学旅游示范基地1个、市级旅游商品研发基地1个。

苏州御窑金砖博物馆　位于相城区阳澄湖西路95号，占地面积3.89万平方米，建筑面积1.51万平方米，由著名建筑设计师刘家琨主持设计。作为全国首家展示御窑金砖的博物馆，通过建筑的组织营造，保护珍贵的文化遗存，全方位、多角度展现鲜为人知的御窑金砖的成砖过程及其深厚的历史文化内涵。苏州御窑金砖博物馆以主馆为主体，包括御窑址、游客中心、当代艺术交流中心、残窑遗址群、配套服务区。主馆是整个苏州御窑金砖博物馆的核心建筑，通过三个层面完整展现御窑金砖“开物”“成器”“致用”的不同历程，采用文物陈列、场景复原、科技模拟、互动游戏等多种展陈手段层层递进，生动再现御窑金砖从阳澄湖畔地域性物质原料——黄泥黏土到王朝最高殿堂的过程，成为“奉旨成造”的钦工物料，成为专为皇室御用的“天下第一砖”。2019年获评国家AAAA级旅游景区。

荷塘月色湿地公园　位于相城区城市中部，占地面积约133.33公顷，是以荷花为主题的城市湿地公园。远在春秋时期这里即为楚相春申君黄歇的封地，春申君来吴后，开始整治环境、疏河通江、筑坝建堰、引种楚地莲藕，积淀了丰厚的吴地文化。湿地公园以荷塘湿地生态系统为依托，集生态旅游、休闲观光、荷文化产业、科普教育和湿地保护于一体，尽显江南水乡诗画风情。多次举办江南采莲节等活动。2008年获评国家AAA级旅游景区。

苏州中国花卉植物园　位于相城区城市中部，占地面积约200公顷。是以各类花卉为主题的“百花园”，是感受“城市绿肺”和“天然氧吧”的大自然胜境。由杜鹃、梅花、芙蓉、牡丹、樱花、蔷薇、黑松、家乡树种等多个专类花卉园组成，引种世界各地100余万株名贵花卉，其中“镇园之宝”千年紫薇王世所罕见。游客在百花丛中移步换景，如入“花海”。2010年获评国家AAA级旅游景区。

盛泽湖月季园　位于相城区阳澄湖畔，占地面积约53.33公顷。是一座园湖一体、以月季为主题的生态休闲风情花园。芬芳的月季与美丽的盛泽湖裙带相依。2012年获评国家AAA级旅游景区。

莲花岛　又名莲花村，古称莲花垛，位于阳澄湖生态休闲旅游度假区，三面环水，因形似莲花镶嵌在湖中而得名。面积为3.2平方千米。东、南、西，分别与昆山市巴城镇、工业园区唯亭镇、美人腿半岛隔湖相望；北接常熟，地理位置优越。岛上532户农家，分为中舍、西舍、西洋、华荣甸、南岸、北岸、东咀7个村民自然组。岛上居民以湖为生，以渔为业。进出靠舟楫，家家有码头，处处见船只。民风热情纯朴，可以领略原生态的渔村风貌，体验纯朴的生活方式。这里水域辽阔，水质尤佳，又是正宗阳澄湖清水大闸蟹的原产地，被誉为“大闸蟹的故乡”。莲花岛不仅具有水产养殖、捕捞等传统产业，而且具有丰厚的人文风情和旅游资源。景区建有沿湖观光道，有忆园、风情渔港、药师庙、三元府第、西咀湿地、盛世莲花、大地彩绘、水车阵、牛打水表演、踩水车、采红菱、观蟹、抓蟹、购蟹、油菜花海等景点项目，兼具观赏性与体验性，被誉为“世外桃源”。随着乡村旅游的兴起，形成了吃、住、游、乐、购为一体的产业服务链，莲花岛发展成为度假休闲的胜地。2008年12月，被江苏省农林厅评为江苏省农家乐专业村；2011年1月，被江苏省爱国卫生运动委员会评为江苏省卫生村；2011年12月，被江苏省住房和城乡建设厅评为江苏省康居示范村；2012年1月，被评为江苏省社会主义新农村建设先进村；2015年，苏州市相城区阳澄湖镇莲花村蟹业专业合作社获三星级合作社称号，莲花岛也获得华东“十大油菜花观赏地”、“中国最美绿色生态旅游乡村”、“CCTV 2015中国十大最美乡村”（提名奖）等诸多荣誉称号。

美人腿半岛风景区　原称洄泾，古称淀泾，位于阳澄湖生态休闲旅游度假区。形状如丽人之足，故名美人腿半岛。东、西、南三面临阳澄湖，南北长13.3千米，南端陆地东西最窄处0.2千米多，北面最宽处约3.4千米，总面积15.01平方千米。北与农产园相接，南端有阳澄湖大桥与苏州工业园区相通。站在桥上，东、西环顾远眺，可阅尽阳澄湖东、中、西三湖景色；俯视桥下，湖水清澈。日出或夕阳西下之时，满湖火红；明月之夜，则湖面银光跳跃，与天相接。岛上建有苏州阳澄喜柯大酒店、鱼米之乡十八灶、“村上湖舍”精品民宿、造物园·手作村落、静水流深、清水生态园、欧野耕读园、紫荆花园、露西花园·森林学校等一大批休闲旅游点。2019年举办油菜花节、阳澄湖大闸蟹开捕节等节庆活动。岛上清水村获评全国文明村、江苏最美乡村、中国最美乡村旅游目的地、省级生态文明示范村等称号。

皇罗禅寺　位于美人腿半岛洋沟溇村杨家浜自然村。始建于南宋建炎元年（1127），每逢初一、月半及诸佛圣诞之日，寺内举行法会。整座寺院建筑面积2.8余万平方米，寺内有僧人50多人。依皇家寺院模式而建，体现北派寺院风格，殿阁嵯峨，檐枋彩画，楹联匾额，横梁、殿顶、藻井等装饰华丽、雕刻精美，尽显名刹庄严气象。寺院三面环水，寺内莲池水榭、回廊幽径、宝塔假山、小桥流水、楼台亭阁，景观众多，具有江南园林建筑特色。

苏州市阳澄湖现代农业产业园　位于“中国阳澄湖清水大闸蟹之乡”，是阳澄湖镇城乡一体化建设的重要板块、苏州市“四个百万亩”的重要组成部分，是相城区国家现代农业示范区核心区、江苏省现代农业产业园区、江苏省现代农业科技园、江苏省四星级乡村旅游景区。园区以“科技农业、旅游农业”为方向，以“特种水产养殖”为特色。园区规划面积4000公顷，自2009年启动建设以来，完成开发建设面积2200公顷，建成了高效生态养殖、高标准水稻、农文旅体验等10个功能区。园区与中国水产科学研究院、湖南师范大学等十多家高校、科研院所开展产学研合作，建立了国家级企业博士后工作站、省级企业院士工作站、省级研究生工作站。园区注重品牌建设，“阳澄湖”牌大闸蟹连续7年获得全国农交会金奖。2012年，阳澄湖现代农业产业园获评省级四星级乡村旅游区。

北太湖旅游风景区　位于望亭镇，西邻太湖，北接望虞河，京杭大运河穿境而过。北太湖大道一侧是近7千米的滨湖风光，另一侧是万顷良田与散落其间的自然村落，典型的鱼米之乡。2018年，北太湖旅游风景区申报江苏省四星级乡村旅游区，成为集休闲、观光、采摘、农事体验、农家餐饮、娱乐为一体的开放式旅游风景区。在全面整合太湖、农业旅游资源的同时，设计开发了一系列精品旅游线路与产品，“稻香公园”“油菜花海”“七彩金沙滩”“风情顺堤河”“欢乐小世界”“二十四节气印象田园”“长洲苑湿地公园”等不同主题的生态景点穿插其中。2018年获评省级四星级乡村旅游区。多次举办北太湖文化旅游节等活动。

冯梦龙村旅游景区　位于黄埭镇，东靠漕湖产业园，西邻望亭镇，北枕望虞河，南依绕城高速公路。全村面积3.2平方千米，可耕地面积202.47公顷，全村有27个村民小组709户，约2900人。冯梦龙村围绕冯梦龙为官、为民、为文的事迹和作品，紧抓建设全国农村一二三产业融合发展先导区和省级特色田园乡村的机遇，唱响冯梦龙文化品牌，打造廉政文化教育基地，包括服务中心、冯梦龙廉政文化培训中心、四知堂、德本堂、新言堂、冯梦龙故居、冯梦龙纪念馆、冯梦龙书院、山歌馆、广笑府、卖油郎油坊、农耕文化园、清莲园、千亩果园、黄公荡生态农庄、鸡栏咖啡、森林探秘、喜溪民宿、喜溪酒店、露营基地。冯梦龙村相继获评江苏省卫生村、生态村、水美乡村，苏州市社会主义新农村建设示范村、先锋村、文明村、廉洁文化示范点、城乡一体化先进集体、美丽村庄示范点，黄埭镇“三星级廉洁村”等。2018年获评省级三星级乡村旅游区。多次举办了冯梦龙文化旅游节等活动。2019年12月17日，冯梦龙廉政文化培训中心举行江苏省旅游协会培训基地揭牌仪式。

阳澄湖旅游集散中心　位于阳澄湖度假区美人腿半岛中部，占地面积2.43公顷，建筑面积6848平方米，由生态停车场、集散大楼和游船码头三部分组成，是一个集旅游集散、游客服务、创客孵化、文化展示、商品销售等功能为一体的综合服务中心，也是集陆路交通、水上交通为一体的交通枢纽，是国内智慧型旅游集散中心的标杆。集散中心由日本著名建筑大师隈研吾设计，在传统苏式建筑风格上糅合了现代元素：大楼宛如茅草层叠的造型，是江南乡野的具象表达；硕大无朋的三角形屋面，又如同沿着湖畔连亘的山脉，与自然完美地融合在一起。2018年9月投入使用，至年末，接待游客约100万人次。2019年9月，阳澄湖旅游集散中心获“凡尔赛建筑奖”，被评为“全球最美客运站”，成为相城区旅游新地标、阳澄湖畔的全新文化窗口和创新创业基地、“网红打卡地”。

北桥灵峰牧谷农场　位于相城区北桥街道灵峰现代农业示范园区，占地面积66.67公顷（含水域）。以日本农业产业化主题农场——日本MOKUMOKU农场为依托，引进日本MOKUMOKU农场的先进建设理念、成熟技术与管理经验，投资创建农场。致力于把农场打造成为一流的农业教育、休闲示范基地，以研学、亲子教育、旅游与生态环保相结合的农业教育、休闲旅游的示范窗口，促进青少年德、智、体全面发展的新型农场乐园，最终打造成为苏州城北一个绿色慢生活的基地和一个与国际接轨的“开心农场”。开放项目建有牧场、热带水果园（火龙果、番石榴、嘉宝果等）、无花果园、樱桃园、多肉馆、绳网探险、水上游船、手工体验馆、牧谷餐厅、AR奇幻乐园、廊桥水族馆、蘑菇屋、田园居、直营店、户外游乐设施、生态垂钓、香猪跳水、央视微电影、牧谷餐厅等特色项目，年接待游客15万人次。牧谷农场先后获“全国休闲农业与乡村旅游五星级示范企业（园区）”“全国中小学综合实践基地（联盟成员单位）”“陶行知教育基金会研学旅行营地”“全国少儿媒体小记者联盟”“江苏省乡村旅游创新项目”“江苏省研学基地”“苏州市共享农庄”“苏州市田园小综合体示范基地”“苏州市未成年人社会实践体验活动站”“科普教育基地”“相城区现代农业项目基地”等称号。

苏州元和文化创意产业园　位于相城区元和街道，由艺术展会、文化艺术企业总部、文化创意专业旗舰店、艺术设计学院、艺术家公寓等5个主要功能区组成，分三期建设。一期项目已建成开园，建筑面积约2万平方米，全部由旧厂房改造而成，有美术馆、博物馆、非遗展示中心、创意设计工作室、名家画廊等各类文化创意机构入驻园区。元和文化创意产业园致力于建设成以家居产业为核心的艺术工作室、文化创意企业集聚地及文化旅游目的地，在苏州城北打造一个特色鲜明、品位时尚、富有创意的文化产业新标地。至年末，已有21家企业入驻园区，其中文化创意企业20家，有本地职工130余人，本科及以上学历职工80余人、研发创意人员30余人、留学归国人员及引进海外高级人才4人。2014年获评市级旅游商品研发基地。

年度综述

【概况】 2019年，相城区以习近平新时代中国特色社会主义思想为指导，贯彻党的十九大和十九届二中、三中、四中全会，中央经济工作会议精神，贯彻新发展理念，落实高质量要求，坚持稳中求进的工作总基调，紧紧围绕“12345”战略思路，加快战略转型、抢抓长三角一体化发展机遇、迈出项目强区步伐，经济建设、政治建设、文化建设、社会建设、生态文明建设取得新的进步，较好地完成了全年目标任务。相城区首次列全国综合实力百强区前30，列全国科技创新百强区第14位。在全省综合考评中，国家级经开区、省级高新区、省级度假区排名分别提升5位、8位和7位。获评2016~2018年度江苏省金融生态优秀县、江苏省营商环境先进县（市、区），位列江苏省县域金融生态环境综合排名第一。

【经济建设】 2019年，相城区经济发展稳步增长，实现地区生产总值890.08亿元，增长5.4%；完成一般公共预算收入120.05亿元，增长10.6%，增幅居苏州大市第一；一般公共预算支出82.7亿元，增长11.5%；完成全社会固定资产投资420.35亿元，增长9.7%；城镇居民人均可支配收入62891.1元，增长8.3%，城镇居民人均生活消费支出36582.8元，增长6.9%。完成工业总产值1635.45亿元，增长2.8%。其中，完成规模以上工业总产值1226.81亿元，增长1.1%；完成工业投资67.27亿元，增长8.5%。完成进出口额54.91亿美元，增长0.6%。其中出口额42.96亿美元，增长3.7%；进口额11.95亿美元，下降9.3%。其中与“一带一路”沿线国家和地区实现货物进出口额13.57亿美元，增长8.8%。完成服务贸易1.93亿美元，增长24.56%。实现社会消费品零售总额240.23亿元，增长6.4%。

年内，相城区被国家《长江三角洲区域一体化发展规划纲要》列为支持与虹桥等省际毗邻区域开展深度合作地区；京沪高铁苏州北站被《〈长江三角洲区域一体化发展规划纲要〉江苏实施方案》列为重点推进的两个综合交通枢纽之一；加快开展“虹桥—相城深度合作”“沪苏高铁一体化发展”等课题研究。引进产业项目327个，投资额856亿元，其中10亿元以上项目16个，签约项目落户率67.6%。在上海相城大厦建成苏州（相城）数字经济创新产业园“一园五中心”（“一园”指数字经济创新产业园，“五中心”指展览展示中心、科技创新中心、文化创意中心、基金发展中心和人才交流中心）。科技金融“一园两基地三中心”投入运行。新增银行一级支行4家，产业基金28支、170.4亿元。上海证券交易所苏南基地、中国人民银行长三角数字货币研究院、长三角先进材料研究院、海鹰空天材料研究院等行业引领性机构落户相城。完成中国银行全面支持相城建设系列签约，设立中行长三角一体化综合经营办、中银金科子公司和中银投代表处。高水平建成8.4千米智能网联测试道路，获5张智能网联汽车路测牌照，入选全省首批车联网先导区。苏州（相城）中日智能制造协同创新区签约日资项目34个。中荷（苏州）科技创新港、中意汽车技术（苏州）创新基地、中奥智能驾驶创新中心，以及腾讯微瓴智慧建筑实验室、苏宁C2M平台总部等优质项目签约。人民创投文创产业研究院、江苏旅游协会培训基地落户。生物医药国际研发社区入选首批市级生物医药产业园。长三角国际研发社区、海美国际（苏州）智造研发社区、望亭贡湖高端制造和创新研发社区、黄桥智能产业国际研发社区等12个特色国际研发社区加快建设，完成投资55.7亿元。春菊电器、易德龙（二期）等项目开工建设，创泰合金、台群机械等项目竣工投产。全区集聚大数据（区块链）、工业互联网、智能车联网、科技金融、先进材料、生物医药“六大未来产业”企业996家。全区盘活存量用地207.73公顷。纳税超亿元企业10家、销售超50亿元企业3家。新增“新三板”挂牌企业3家，新增省级两化融合管理体系重点培育企业12家。新增“江苏老字号”企业和省休闲农业精品村、主题创意农园各2个。获评省级电子商务示范项目5个、生产性服务业领军企业1家及市级总部企业、平台经济特色基地各1家。冯梦龙村成为全国农村创新创业孵化实训基地。举办苏州相城（北京）投资推介会、苏州相城国际经贸恳谈周开幕式暨日本江苏工商总会成立仪式、长三角科技金融产业发展峰会、苏州（相城）中日智能制造协同创新论坛等重大活动百余场。完成第四次全国经济普查。

年内，相城区授权专利增长33.5%，万人有效发明专利拥有量达到45.33件，增长15.02%。净增高新技术企业178家，增长47.7%。大中型工业企业及规模以上高企研发机构建有率达100%。提前一年完成高企倍增和科技孵化器、重点企业研发机构建设等"三年行动计划"。新增省级科技孵化器7家，省"瞪羚"企业9家，"小巨人"企业2家，省、市级智能工厂各1家，智能车间18个，星级上云企业64家。获评国家级企业技术中心1家、省级企业研发机构24家。发布国家、行业标准30项，获批省战略性新兴产业标准化试点1个。连续两年被评为质量强市先进地区，获评省质量管理优秀奖企业1家。新建海外引才联络站2家，国家特聘专家18人、省"双创人才"6人，省"双创计划"团队项目实现零的突破，高层次人才和人才总量分别增长52.4%和24.5%。开发区入围省海外人才离岸创新创业基地试点建设名单。科技金融产业园获评省级创业投资集聚发展示范区，高铁新城大数据产业园获评省级生产性服务业集聚示范区。高铁新城人工智能众创社区获批省级众创社区试点。苏州小样科技服务有限公司获评国家级科技企业孵化器、省"双创"示范基地。紫光云引擎成为通过工信部工业互联网五星认证的全国3个平台之一，获批国家级制造业双创平台试点示范项目。特雷卡电缆有限公司获批省级跨国公司地区总部及功能性机构。魔门塔（苏州）科技有限公司获评全市唯一的"苏南国家自主创新示范区独角兽企业"。

【政治建设】 2019年，相城区贯彻落实中央和省委、市委决策部署，政治立场和政治方向更加坚定。加强党对一切工作的领导，推动党要管党、全面从严治党落到实处。不断完善区委常委会、区委理论学习中心组常态化领学促学机制，把学习新思想和习近平总书记最新重要讲话精神作为每次区委常委会会议的首要议程。全年开展区委理论学习中心组学习24次，首次采用网络直播形式开授党员冬训第一课，推进学习型党组织建设。区委宣传部、高铁新城获评2018—2019年度全省基层党员冬训工作示范单位。相城区开展"不忘初心、牢记使命"主题教育，区委常委会带头开展6个专题集中学习、"四重四亮"和"勇立潮头、对标赶超"等专题活动，全区党员领导干部以"四不两直"方式开展专题调研及成果交流，形成调研报告408篇，解决实际问题934个。相城区组织庆祝中华人民共和国成立70周年主题系列活动。落实中央扫黑除恶专项斗争督导、省委第七轮巡视反馈问题整改，整顿软弱涣散（后进）村（社区）党组织12个。深化"支部+网格"模式，各级行动支部服务群众33.5万人次。化解重点信访积案8件，处置群众各类诉求217万条，"12345"热线办结率和满意率均在99%以上。以巡察推进专项治理，开展对5个村（社区）农村"三资"管理和生态文明建设专项巡察，对90个村、涉农社区党组织开展回归本职专项巡察。把握意识形态工作领导权，强化意识形态阵地管理。实现新时代文明实践所全覆盖。相城区"365"先锋馆接待党组织200余个，人数超万人次。建成"海棠花红"党建文化主题公园，全区四级党建阵地格局初步形成。出版发行文献史料《相城区革命老区发展史》。3名党员以上"两新"组织党组织单独组建率达100%。大胆选用优秀年轻干部，镇（街道、区）班子年轻干部配备占比、"85后"及"90后"科级干部数量等指标居全市前列，提升年轻干部"综合实践课堂"品牌内涵，干部能力素质有效提升。

【文化建设】 2019年，相城区打造文化品牌，扩大文化建设影响力、辐射力。推广使用"学习强国"学习平台，实现有条件的党员全覆盖，供稿140余篇，活跃度和供稿量位居全市前列。围绕"不忘初心、牢记使命"主题教育、学习宣传贯彻《习近平新时代中国特色社会主义思想学习纲要》、"共话祖国好·奋进新时代"等主题，组织党员干部理论宣讲团、"老书记讲习团""百姓名嘴"宣讲团等开展理论宣讲200余场。《群众》杂志刊发《打造"相城牌"理论服务直通车》《在宣讲中放大"老书记+"效应》等文章，"北太湖望亭指尖微讲堂"等3项理论宣讲品牌入选苏州市"众说学习"重点项目。加强党对意识形态工作的领导，制定全区意识形态工作重点任务清单，出台《在区委巡察中开展意识形态工作责任制落实情况专项检查的实施办法》，形成定期联席会议制度，组织开展意识形态工作专项检查，排查意识形态领域，防范化解重大风险。制定全区党委（党组）网络安全工作责任制实施方案，压紧压实网络安全主体责任。做好区委网信办转隶调整工作，完善舆情立体监测和预警处置机制，制定舆情应对处置工作预案。开展庆祝中华人民共和国成立70周年主题教育系列活动。举办“相城新花YOUNG大学生短视频大赛”“相城故事”“雅丹带你看相城”“玩转相城”等线上、线下子活动20余个。重视区域文化建设，参与摄制电影《素面朝天》《花渡好时光》。公共文化服务网点镇（街道）、村（社区）全覆盖，“十分钟文化圈”初具规模，常态化开展“进百送万”等文化惠民活动300余场。做大做强“三下乡”“我们的节日”“道德讲堂”等品牌活动。通过“中国曲艺之乡”建设工作复评。获评“中国好人”1人、第七届江苏省道德模范提名奖1人、第二届江苏省文明家庭1家、“苏州好人”2人、“苏州时代新人”4人。与上海市嘉定区创意产业协会达成战略合作意向，举办“沪相协同　文旅共融”2019苏州相城阳澄湖生态旅游度假区片区（上海虹桥）投资推介会、第二届长三角国际文化产业博览会相城主题论坛、2019年苏州创博会相城分会场活动。

【社会建设】 2019年，相城区编制区国土空间（2035）、镇村布局、高铁苏州北站一体化综合协调等规划，持续优化26个专项规划和长三角国际研发社区、活力岛等区域城市设计。开展撤并镇、示范镇、建制镇建设工作。被撤并镇完成建设项目18个，投资1.5亿元；示范镇完成建设项目15个，投资4.13亿元；建制镇完成建设项目15个，投资1.94亿元。实施道路项目55个，春申湖快速路、G524改造，G312互通节点优化工程推进，永方路北延等24个项目完工。澄阳路综合管廊投入使用。配合做好轨交7、8号线开建工作。新增停车泊位3218个，建成公共自行车站点79个，投用自行车3550辆。新建中压天然气管网26千米，受益群众1.8万户。建成5G基站200个。全区在监房建项目289个，竣工验收项目149个。新增商品房屋12199套。出台规范农房规划建设管理指导意见，完成征收（搬迁）4743户、268万平方米。18个安置房项目开工建设，建成安置房项目4个、总面积78.4万平方米，交付安置房5148套。众泾家园荣获“詹天佑奖”。相城区获评省国土资源节约集约利用模范区、省交通运输信息化应用示范区。新（改）建绿化面积236万平方米，建成区绿地率达38.85%。书香·人才公园景观绿化工程设计获得2019年度苏州市城乡建设系统优秀勘察设计奖。金奥金相中心、芯城汇超高层项目开建。中惠美京商业综合体和铂尔曼、阳澄喜柯等高端酒店建成投用。开展安全生产大排查大整治、综合整治“双月攻坚”、百日拆违等行动，整改安全生产隐患7.7万个、三级挂牌督办问题100项；淘汰整治“散乱污”企业（作坊）2836家，清理村级集中工业区40个；清理违章建筑173万平方米；整治河湖“两违”197处。环卫作业实现市场化运营，投用垃圾处理设施37处。新（改）建公厕35座，公厕开放联盟成员单位增加36家。建设三星级康居乡村19个，清水村建成康居特色村。望亭镇获评2019年度苏州市农村人居环境整治工作示范镇，望亭镇迎湖村入选全国乡村治理示范村。相城区获评江苏省国土资源节约集约利用模范县（市、区）、“四好农村路”省级示范县，成为省内首个江苏交通运输信息化综合应用示范县。

年内，相城区启动实施20项民生实事项目，完成投资23.7亿元，完成率109%。提供就业岗位5.6万个，新增省创业孵化示范基地1家。社保参保单位和参保人数分别增长18.5%、7.3%，公积金扩面1.5万人。发放各类救助金6700万元，募集社会帮扶资金1700余万元，实施困难群体帮扶项目965个。助力石阡县通过国务院扶贫办验收考核并退出贫困县序列，区卫健委被评为贵州省脱贫攻坚先进集体。加快17所学校建设，其中苏大第二实验学校、南师大相城实验小学等8所学校建成投用，新增学位8790个。公办中小学课后延时服务惠及学生2.3万人。5所国际学校落户。长三角合作医院高级专家诊疗中心、周平红“大国工匠”工作站启用，复旦大学附属中山医院长三角合作医院运营，北河泾、澄阳街道社区卫生服务中心启动建设。相城区中医医院获评二甲医院。太平人民医院新院建成投用，新增社区卫生服务站2个、日间照料中心5家、养老护理床位200张。医联体建设加快推进，成立区内专科联盟6个、跨区联盟7个。建成省慢性病综合防控达标区、健康促进区，通过全国基层中医药工作先进单位复审。苏州第二图书馆、书香·人才公园、望亭运河公园等建成开放。村（社区）综合性文化服务中心实现全覆盖，建成健身步道10.6千米。苏州御窑金砖博物馆获评国家AAAA级旅游景区。北太湖旅游风景区获评省四星级乡村旅游区。冯梦龙村获评全国农村创新创业孵化实训基地，迎湖村入选全国乡村治理示范村，建设三星级康居乡村19个。完成保留村庄布局方案，出台《关于加强和规范相城区农房规划建设管理的指导意见》。阳澄湖旅游集散中心被联合国教科文组织和国际建筑师联盟授予“凡尔赛建筑奖”，被评为“全球最美客运站”。

年内，相城区推进“放管服”改革，在全省率先开展“一窗一事一证”综合许可改革，“不见面审批”办件超134万件，占比超90%，被列为市基层“互联网+政务服务”工作示范点。在全省率先实现行政审批服务事项全进驻、全授权，182项事项划转至行政审批局；在全省率先推行镇级24小时自助服务区并实现全覆盖。“一窗办理、全科服务”融合推进，镇、村两级标准化便民服务大厅，“全员全科社工”模式实现全覆盖。27个审批事项实行“证照分离”，10个公共服务事项实现“全区通办”。开展项目审批流程再造，一般工业项目实现20个工作日发放施工许可证。完成党政机构改革和“三定”规定制定。生产安全事故死亡人数、火灾成灾数分别下降25%、19%。安全生产能力建设持续推进，规上工业企业“双重预防机制”建设实现全覆盖，新增安全生产标准化二级企业12家，新建消防站3个。强化情报研判预警，排摸掌握不稳定因素192起，钝化190起，钝化率达99%。深化矛盾多元化解机制建设，调处矛盾纠纷成功率达99.61%。开展扫黑除恶专项斗争，社会治理能力增强、治安环境大幅改善。开展重点行业领域17项专项治乱行动。区镇两级公共法律服务中心标准化建设达标率100%。区、镇、村三级退役军人服务中心（站）实现全覆盖。获评江苏省食品安全示范县（市、区）、江苏省首批现代社区治理创新试验区。

【生态文明建设】 2019年，相城区实施生态文明建设重点工程38项，完成投资15.4亿元。15个项目被列入苏州市生态文明建设“十大工程”。完成第二次全国污染源普查。否决存在环境隐患产业项目近300个。环境问题投诉量下降15%。国考、省考断面优Ⅲ比例达到75%，18.5个骨干河道考核断面达标率提升20个百分点，空气质量优良天数比例达考核要求。清理村级工业集中区40个，腾出土地261.8公顷。淘汰整治“散乱污”企业（作坊）2836家（累计12709家）、重污染企业24家、燃煤锅炉5台、挥发性有机物排放企业295家、高排放汽油车3809辆。推进3家污水处理厂改（扩）建工程，2家污水处理厂完成提标改造。建成污水管网387千米，1234个居民小区、工业企业区块等实现污水集中处理。工业废水排放量削减28.6%。完成太湖、阳澄湖等五大河湖水岸同治任务。渔业增殖放流50万尾，标准化改造养殖池塘200公顷。各级河（湖）长巡河3万余次，处办环境问题54项，整治河湖“两违”197处。整治阳澄湖周边农家乐问题，关停无证农家乐138家，农村生活污水治理实现全覆盖。完成京杭大运河堤防加固、城区防洪及河道畅流工程（三期）建设、内河港口码头整治。交通干线沿线绿化及环境整治通过省级验收。加强重点地块土壤监测，编成全区重点行业企业土壤质量图。轮作休耕800公顷，土地复垦294.53公顷，新增高标准农田87.67公顷。完成盛泽湖、虎丘湿地滨岸恢复改造等湿地保护工程，自然湿地保护率达67.4%。相城区污染防治攻坚战考核位居全市前列，获评第二届江苏生态环境十大先进典型，建成国家级节水型社会建设达标县（区）。

组织机构及负责人名录

中国共产党苏州市相城区委员会

书　　记　顾海东
副 书 记　张永清
　　　　　毛　伟（　~12月）
常　　委　高玉宇（　~8月）
　　　　　葛宇红　潘春华
　　　　　崔　伟（　~11月）
　　　　　尤建丰
　　　　　沈　磊（挂职）
　　　　　徐华峰（　~12月）
　　　　　吴　妤（　~8月）
　　　　　章鸣林（12月~　）
　　　　　苏学庆
　　　　　马利忠（8月~　）
　　　　　杭义旺（11月~　）
　　　　　朱小海（12月~　）

苏州市相城区人民代表大会常务委员会

主　　任　屈玲妮
副 主 任　蒋炜鼎　钱志华
　　　　　顾建宏　李彩男
党组书记　屈玲妮
副 书 记　戴兴根（1月~　）
　　　　　蒋炜鼎
成　　员　顾建宏（　~12月）
　　　　　李彩男　杜　敏
　　　　　陶晓安
　　　　　陈永亮（7月~　）
　　　　　金巧荣（　~7月）
　　　　　周钰生（　~12月）

苏州市相城区人民政府

区　　长　张永清
副 区 长　潘春华　黄　靖
　　　　　周立宏
　　　　　马利忠（　~8月）
　　　　　陈春明
　　　　　朱小海（　~12月）
　　　　　查　焱（挂职，~6月；6月~　）
　　　　　陈伟杰（8月~　）
　　　　　王执晴（12月~　）
　　　　　曹　岩（挂职）
　　　　　吕立冬（挂职，　~10月）
党组书记　张永清
副 书 记　潘春华
成　　员　周立宏
　　　　　马利忠（　~8月）
　　　　　陈春明
　　　　　朱小海（　~12月）
　　　　　查　焱（6月~　）
　　　　　陈伟杰（8月~　）
　　　　　王执晴（12月~　）

中国人民政治协商会议苏州市相城区委员会

主　　席　陈建国
副 主 席　侯耀光　茅冬文
　　　　　徐秋生　陆梅英
　　　　　朱巧南
党组书记　陈建国
副 书 记　茅冬文
成　　员　朱巧南
秘 书 长　徐龙冠（1~12月）

中国共产党苏州市相城区纪律检查委员会、苏州市相城区监察委员会

中共相城区纪委

书　　记　徐华峰（　~12月）
　　　　　章鸣林（12月~　）
副 书 记　万年春　颜　斌
常　　委　吴　宁
　　　　　蒋永东（　~2月）
　　　　　朱　晓（　~2月）
　　　　　陈守东（2~12月）
　　　　　施维烨
　　　　　王　明（挂职，3月~　）
　　　　　孙　佳（2月~　）

区监察委员会

主　　任　徐华峰（　~12月）
副 主 任　万年春　颜　斌
委　　员　蒋永东（　~4月）
　　　　　陈守东（4~12月）
　　　　　龚代林（4月~　）
　　　　　邓维华（12月~　）
办公室主任　邓维华（　~10月）
　　　　　　沈　馨（10月~　）
纪检监察干部管理监督室主任
　　　　　翟喜凤（2月~　）
党风政风监督室主任
　　　　　孙　佳（　~10月）
　　　　　王纪平（10月~　）
第二纪检监察室主任
　　　　　罗　贵（　~2月）
第三纪检监察室主任
　　　　　龚代林（　~10月）
　　　　　宋晓君（10月~　）
第四纪检监察室主任
　　　　　罗　贵（2~6月）
　　　　　陈　玲（7月~　）
第六纪检监察室主任
　　　　　章　杰（10月~　）
案件审理室主任　陈一峰（　~1月）
派驻区委办纪检监察组组长
　　　　　陈守东（2~12月）
派驻区委政法委纪检监察组组长
　　　　　张　雄（2月~　）
派驻区政府办纪检监察组组长

秦　宏(2月~　)
派驻区发改委纪检监察组组长
许　雯(2月~　)
派驻区教育局纪检监察组组长
张新华(2月~　)
派驻区财政局纪检监察组组长
陈守东(　~2月)
戴春红(2月~　)
派驻区住建局纪检监察组组长
孙建华(2月~　)
派驻区卫生健康委纪检监察组组长
朱明希(2~7月)
袁华中(7月~　)
派驻相城交投集团纪检监察组组长
万建国(12月~　)
综合保障纪检监察组组长
施维烨(2月~　)

苏州市相城区人民法院

代理院长　徐建东(　~1月)
院　　长　徐建东(1月~　)
副 院 长　吴　宏　陆文明
高爱东　谢　群
党组书记　徐建东
副 书 记　吴　宏
成　　员　陆文明　高爱东
陈海洪
政治处(部)主任　高爱东
审判委员会专职委员　王　刚
执行局局长　邵华杰(6月~　)
黄埭法庭庭长　黄伟丰
渭塘法庭庭长　干文建(8月~　)

苏州市相城区人民检察院

检 察 长　朱文瑞(　~12月)
代理检察长　寿　樱(12月~　)
副检察长　吴　平　陆梅英
金丽萍(　~12月)
王国庆
党组书记　朱文瑞(　~12月)
寿　樱(12月~　)
副 书 记　吴　平
成　　员　金丽萍(　~12月)
王国庆　史轶晴
汪　薇
政治处(部)主任　汪　薇
检察委员会专职委员　王涟平

区委机构

区委办公室(区委研究室、区委机要局、区国家保密局、区国家密码管理局、区档案局)

主　　任　顾银福(　~2月)
曹继军(2月~　)
副 主 任　何建平(　~12月)
陆小明　羊一飞
方建国(1月~　)
周晓峰(1月~　)
徐华明(12月~　)
研究室主任　陆小明(1月~　)
机要局局长　何建平(1~12月)
国家保密局局长　何建平(1~12月)
档案局局长　程　钢(1月~　)
档案馆(方志办)(党史办与其合署办公)
馆　　长　程　钢(1月~　)
副 馆 长　吴云花(6月~　)
方志办主任　程　钢(6月~　)
党史办主任　陆小明
副 主 任　沈安娜
改革办副主任　徐华明
接待办主任　羊一飞
副 主 任　徐华明(　~12月)
吕　芳

区委组织部(区委非公有制企业和社会组织工作委员会、区委区级机关工作委员会、区委党建工作领导小组办公室、区委老干部局、区委离退休干部工作委员会、区公务员局)

部　　长　葛宇红
副 部 长　曹继军(　~2月)
王蓓蕾(　~1月)
沈一明(　~12月)
何　健(12月~　)
季　凝(1月~　)
祁　刚(2月~　)
老干部局局长　沈一明(　~2月)
副 局 长　唐雪生(1月~　)
离退休干部工委书记
沈一明(　~2月)
副 书 记　唐雪生(1月~　)
“两新”工委书记　王蓓蕾(　~1月)
副 书 记　季　凝(1~12月)
党建办主任　季　凝(12月~　)
副 主 任　李惠宏(　~10月)
蔡萌焉(10月~　)
区级机关工委副书记
钱琳萍
唐雪生(　~1月)
公务员局副局长　祁　刚(1月~　)

区委宣传部[区政府新闻办公室、区精神文明建设指导委员会办公室、区新闻出版局(区版权局)、区互联网信息办公室]

部　　长　吴　妤(　~7月)
尤建丰(12月~　)
副 部 长　王少辉(1月~　)
王雨来(挂职,7月~　)
苏长荣(1月~　)
蒋　锐(1月~　)
孙月霞(　~7月)
新闻出版局(版权局)局长
王少辉(1~7月)
苏长荣(7月~　)
文明办副主任　侯静秀(7月~　)
徐健敏(　~2月)
网信办副主任　顾海华(1月~　)

区委统战部(区委台湾工作办公室、区政府台湾事务办公室、区民族宗教事务局、区政府侨务办公室)

部　　长　葛宇红
副 部 长　李伟良

张海冠（ ~12月）
陈 武 李赵庚
侨联主席 陈 武（3月~ ）
副主席 张学明（ ~12月）
高 义
侨办主任 陈 武
副主任 何 军
台工（务）办主任
张海冠（ ~12月）
陈 武（12月~ ）
副主任 李学明
工商联党组书记 李伟良
主 席 张雪珍（ ~6月）
副主席 李伟良
徐华平（7月~ ）
民族宗教局局长 李赵庚
副局长 王 伟

区委政法委
书 记 高玉宇（ ~7月）
马利忠（7月~ ）
副书记 范晓华 李 明
顾建明
综治办（1月机构撤销）
副主任 夏惠良（ ~1月）
国安办（1月机构撤销）
主 任 范晓华（ ~1月）
副主任 王秀梅（ ~1月）

区委机构编制委员会办公室（区事业单位登记管理局）
主 任 曹继军（ ~2月）
沈一明（2~12月）
副主任 张钦祺 王 彬
机构编制干部培训中心副主任
唐玉芳（1~12月）

区委巡察工作办公室、区委巡察组
主 任 吴 宁
副主任 王 林
钱 辰（10月~ ）
王纪平（ ~10月）
巡察一组组长 蒋永东（1月~ ）
副组长 吕伟宏（6月~ ）
姚志强
巡察二组组长 张林元
副组长 朱明希（7月~ ）
尤伟民
巡察三组组长 李慧霞
副组长 金晓飞 李学琴

区委农村工作办公室（1月机构撤销）
主 任 薛炳兴（ ~1月）
副主任 顾永元（ ~1月）
朱文俊（ ~1月）

区委党校（苏州市相城区行政学校与其合署办公，7月挂苏州市长三角高层次人才培训中心）
校 长 毛 伟（1~12月）
常务副校长 苏长荣（1~7月）
副校长 侯静秀（ ~7月）
王雨来（7月~ ）
孙月霞（7月~ ）
行政学校
校 长 夏赵云（ ~2月）
苏长荣（2~8月）
王雨来（8月~ ）
副校长 侯静秀（ ~8月）
孙月霞（8月~ ）

区人大常委会机构

办公室（研究室）
主 任 金巧荣（ ~8月）
陈永亮（8月~ ）
副主任 金瑞良
刘向阳
研究室
主 任 金瑞良
副主任 丁 萧（ ~6月）
沈 志（8月~ ）

人事代表联络工委
主 任 李雪萍（ ~12月）
陈 鹄（12月~ ）
副主任 郭慧琴（ ~12月）
邹卫星（12月~ ）

内务司法工委
主 任 周钰生（ ~12月）
杜 敏（12月~ ）
副主任 周晓东（6月~ ）

财经工委（农业农村工委）
主 任 孔建新
副主任 孙伟强（ ~12月）
王凯荣（12月~ ）
农业农村工委
主 任 孙伟强（ ~12月）
王凯荣（12月~ ）

城建环保工委
主 任 邱 鸿
副主任 顾建明

教科文卫工委（外事民宗侨台工委与其合署办公）
主 任 赵黎平（ ~6月）
陆巧明（8月~ ）
副主任 吴永忠
外事民宗侨台工委主任 陶 洪

区政府机构

区政府办公室（区大数据管理局）
主 任 潘苏平
副主任 陈建叶（ ~4月）
王海峰（ ~2月）
严轶之（ ~2月）
（7月~ ）
马 瑛（ ~7月）
蒋 锐（ ~2月）
吴 岗
矫 雯（ ~12月）
张康华
方建国（ ~2月）
龚泉源（ ~1月）

高　君（　~2月）
张　皋
吕卫华（2月~　）
许　艳（12月~　）
陈绍江（挂职，11月~　）
大数据管理局副局长
吴　岗（2月~　）

法制办（1月机构撤销）
主　　任　严轶之（　~1月）

区发展和改革局（1月机构撤销）
局　　长　王执晴（　~1月）
副 局 长　濮继萍（　~1月）
金　燕（　~1月）
舒　齐（　~1月）
郭连峰（　~1月）
陆彬彬（　~1月）
党组书记　王执晴（　~1月）
物价局局长　濮继萍（　~1月）
统计局局长　金　燕（　~1月）
服务业发展办公室主任
王执晴（　~1月）
副 主 任　郭连峰（　~1月）

区发展和改革委员会（区粮食和物资储备局）（1月机构设立）
主　　任　王执晴（1~12月）
何乃剑（12月~　）
副 主 任　金　燕（2月~　）
沈军伟（2月~　）
陆彬彬（2~7月）
姚闻君（2月~　）
王　栋（11月~　）
总工程师　王正红（7月~　）
党组书记　王执晴（1~12月）
何乃剑（12月~　）
粮食和物资储备局局长
王执晴（2~7月）
沈军伟（7月~　）
副 局 长　沈军伟（2~7月）
长三角地区合作与发展办公室
副 主 任　李晓阳（8月~　）

区教育局（区委教育工委与其合署办公）
局　　长　陆巧明（　~8月）
耿昌洪（8月~　）
副 局 长　缪芙蓉
张国镇（11月~　）
杨明华（2月~　）
区委教育工委书记
陆巧明（　~7月）
耿昌洪（7月~　）
副 书 记　张静怡（　~12月）
教育发展中心主任
洪　越（2月~　）

区科技发展局（1月机构撤销）
局　　长　刘云涛（　~1月）
副 局 长　何　健（　~1月）
徐玉峰（　~1月）
吴　萃（　~1月）
党组书记　刘云涛（　~1月）
副 书 记　何　健（　~1月）

区科学技术局（1月机构设立）
局　　长　刘云涛（1~12月）
沈一明（12月~　）
副 局 长　何　健（2~12月）
府国华（12月~　）
吴　萃（2月~　）
曹亚君（2月~　）
党组书记　刘云涛（1~12月）
沈一明（12月~　）
副 书 记　何　健（1~12月）

区经济和信息化局（1月机构撤销）
副 局 长　濮文明（　~1月）
周晓东（　~1月）
姚闻君（　~1月）

区工业和信息化局（1月机构设立）
局　　长　王蓓蕾（1~8月）
杨建伟（8月~　）
副 局 长　濮文明（1~6月）
郭　俊（7月~　）
曹　洋（2月~　）
党组书记　王蓓蕾（1~7月）
杨建伟（7月~　）
副 书 记　周晓东（1~5月）
濮文明（5月~　）
中小企业服务中心主任
曹　祺（12月~　）

区民政局
局　　长　潘永明（　~6月）
朱　佐（6月~　）
副 局 长　沈　瑛（2月~　）
朱建勇　杨　静
汪青年（　~12月）
夏拥军
党组书记　潘永明（　~6月）
朱　佐（6月~　）

区司法局
局　　长　许　玮
副 局 长　严轶之（1~7月）
智永东（　~1月）
吕伟宏（　~7月）
张春艳（　~11月）
罗　贵（7月~　）
卢　婧（7月~　）
曹俊锋（12月~　）
党组书记　许　玮
政治处主任　顾　宾（12月~　）

区财政局
局　　长　丁　俭
副 局 长　巫晓慧（2~12月）
沈　悦（　~1月）
王子青　薛琪戎
党组书记　丁　俭
副 书 记　巫晓慧（1~12月）
国库支付中心主任　马向红

区人力资源和社会保障局
局　　长　韩春祥（　~8月）
周雪奇（8月~　）
副 局 长　季　凝（　~2月）

周金发（ ~7月）
沈伟清（ ~12月）
黄玉英
陆　敏（7月~ ）
朱臻毅（12月~ ）
党组书记　韩春祥（ ~7月）
周雪奇（7月~ ）
社会保险基金管理中心
主　　任　朱臻毅（ ~12月）
人力资源管理服务中心（人才服务中心）
主　　任　陆　敏（2~7月）

区住房和城乡建设局（区人民防空办公室）

局　　长　陆建男（ ~8月）
邱一飞（12月~ ）
副 局 长　邱一飞（ ~12月）
孙庆丰
戴卫忠（12月~ ）
缪少平　汤鉴君
彭　锐（挂职，~8月）
党组书记　陆建男（ ~8月）
邱一飞（12月~ ）
人防办主任　孙庆丰
房屋征收办公室主任　缪少平
城乡空间规划编制研究中心主任
彭　锐（挂职，~8月）
沈　奕（12月~ ）

区园林绿化建设管理中心［12月由区生态农业示范园区管委会（区园林绿化建设管理办公室）更名］

主　　任　邱一飞
副 主 任　谢志华
吴建明（ ~12月）
邹　嫣
园林绿化管理站站长
顾云清（6月~ ）

区城市管理局（区综合行政执法局）

局　　长　吴　健
副 局 长　葛金男　翁永平
蒋　征
张　力（ ~4月）
谢清源
党组书记　吴　健
综合行政执法局局长
吴　健（2月~ ）
副 局 长　葛金男（2月~ ）
蒋　征（2月~ ）
张　力（2~4月）
城市管理行政执法大队大队长
马　林

区社会综合治理联动中心（区便民服务中心）

主　　任　翁永平（1月~ ）
副 主 任　曹　洋（ ~2月）
周建明（1月~ ）
张美玲（11月~ ）

区交通运输局

局　　长　丁盛义
副 局 长　戴卫忠（ ~12月）
杨赞东（ ~2月）
邵　刚　沈惠华
总工程师　张　力（4月~ ）
党组书记　丁盛义

区水利局（1月机构撤销）

副 局 长　陈建军（ ~1月）
问建林（ ~1月）
吴雪康（ ~1月）
高　春（ ~1月）
党组副书记　陈建军（ ~1月）

区水务局（1月机构设立）

局　　长　陈建军（1月~ ）
副 局 长　问建林（1~7月）
吴雪康（1月~ ）
王春龙（7月~ ）
总工程师　王春龙（1~7月）
施文琪（8月~ ）
党组书记　陈建军（1月~ ）

区农业局（1月机构撤销）

局　　长　许国荣（ ~1月）
副 局 长　龚宏伟（ ~1月）
施文琪（ ~1月）
朱雪花（ ~1月）
沈军伟（ ~1月）
党组书记　许国荣（ ~1月）

区农业农村局（1月机构设立）（区政府扶贫工作办公室）

局　　长　许国荣（1~8月）
朱雪花（8月~ ）
副 局 长　胡国荣（8月~ ）
朱文俊（2~12月）
王　力（12月~ ）
龚宏伟（2月~ ）
施文琪（2~8月）
朱雪花（2~8月）
党组书记　许国荣（1~7月）
胡国荣（7月~ ）

区商务局

局　　长　何乃剑（ ~12月）
宋建春（12月~ ）
副 局 长　薛云萍
吴晓宏（2~7月）
周　金（12月~ ）
党组书记　何乃剑（ ~12月）
宋建春（12月~ ）
招商服务中心主任
何乃剑（2~12月）
宋建春（12月~ ）
副 主 任　姚　竞（ ~12月）
吴晓宏（ ~7月）
张　宏（3月~ ）
陈福林（7月~ ）

区文化体育局（1月机构撤销）

局　　长　潘　虹（ ~1月）
副 局 长　程　钢（ ~1月）
徐华平（ ~1月）
党组书记　潘　虹（ ~1月）

区旅游局（1月机构撤销）

副 局 长　陆正梅（　~1月）
　　　　　顾顺鸣（　~1月）

区文化体育和旅游局（1月机构设立）

局　　长　潘　虹（1月~　）
副 局 长　陆正梅（2月~　）
　　　　　顾顺鸣（2月~　）
　　　　　徐华平（2~7月）
党组书记　潘　虹（1月~　）
副 书 记　陆正梅（1月~　）

区卫生和计划生育局（1月机构撤销）

局　　长　王建军（　~1月）
副 局 长　陆惠琴（　~1月）
　　　　　戴春红（　~1月）
　　　　　周晓华（　~1月）
　　　　　尤巧生（　~1月）
党委书记　王建军（　~1月）

区卫生健康委员会（1月机构设立）

主　　任　王建军（1~12月）
　　　　　孙伟为（12月~　）
副 主 任　陆惠琴（2~12月）
　　　　　戴春红（2~3月）
　　　　　周晓华（2月~　）
　　　　　尤巧生（2月~　）
党委书记　王建军（1~12月）
　　　　　孙伟为（12月~　）

区退役军人事务局（1月机构设立）

局　　长　陈建叶（1月~　）
副 局 长　施佳明（2月~　）
　　　　　赵　芳（2月~　）
党组书记　陈建叶（1月~　）

区应急管理局（1月机构设立）

局　　长　顾学新（1~12月）
　　　　　俞　平（12月~　）
副 局 长　徐汉群（2月~　）
　　　　　郁　松（2月~　）
　　　　　杨　阳（2月~　）
　　　　　邱亚东（12月~　）
党组书记　顾学新（1~12月）
　　　　　俞　平（12月~　）
安全生产监察大队大队长
　　　　　金海疆（7月~　）

区审计局

局　　长　钮玉林
副 局 长　李金泉（12月~　）
　　　　　王丽莉
　　　　　冯晓明（11月~　）
　　　　　周火生（　~7月）
　　　　　蒋丽华（　~7月）
党组书记　钮玉林
经济责任审计中心主任
　　　　　冯晓明（　~11月）

区政府外事办公室

主　　任　羊一飞（1月~　）
副 主 任　吕　芳（2月~　）
　　　　　姚　竞（3月~　）
党组书记　羊一飞（1月~　）

区国有资产监督管理局（1月机构撤销）

局　　长　金国强（　~1月）
副 局 长　李金泉（　~1月）
　　　　　沈大春（　~1月）
党组书记　金国强（　~1月）

区政府国有资产监督管理办公室（1月机构设立）

主　　任　金国强（1月~　）
副 主 任　李金泉（2~12月）
　　　　　沈大春（2月~　）
　　　　　孙敏华（12月~　）
党委书记　金国强（1月~　）

区行政审批局（1月机构设立）（区政务服务管理办公室）

局　　长　戈晓文（1月~　）
副 局 长　沈春华（2月~　）
　　　　　张振华（2月~　）
　　　　　侯　健（12月~　）
主　　任　龚泉源（　~1月）
　　　　　戈晓文（2月~　）
副 主 任　沈春华
　　　　　张振华（2月~　）
　　　　　宋继伟（　~2月）
总工程师　贾国新（3月~　）
党组书记　戈晓文（1月~　）

区安全生产监督管理局（1月机构撤销）

局　　长　顾学新（　~1月）
副 局 长　徐汉群（　~1月）
　　　　　郁　松（　~1月）
　　　　　杨　阳（　~1月）
党组书记　顾学新（　~1月）

区市场监督管理局（区知识产权局）

局　　长　夏赵云（1月~　）
副 局 长　吴永根　李　芬
　　　　　陈志明（　~12月）
　　　　　袁　涛　杜龙兴
　　　　　保仁贵
　　　　　田敏娟（3月~　）
党组书记　夏赵云（1月~　）
知识产权局局长　夏赵云（2月~　）
市场监管局一分局局长　朱育新
市场监管局三分局局长　郭　杰
市场监管局六分局局长　黄建军
市场监管局七分局局长
　　　　　李晓东（8月~　）

区统计局（1月机构单设）

局　　长　金　燕（1月~　）
副 局 长　顾永元（1月~　）
　　　　　鱼咏冰（1月~　）
党组书记　顾永元（1月~　）

区信访局（区委信访局与其合署办公）

局　　长　顾建明
副 局 长　何玉林

姚宇惠（2月~　）
施佳明（　~2月）
党组书记　顾建明

区地方金融监督管理局（1月机构设立）（区政府金融工作办公室）
局　　长　王海峰（1~12月）
巫晓慧（12月~　）
副 局 长　高　君（2月~　）
王　尧（3月~　）
党组书记　王海峰（1~12月）
巫晓慧（12月~　）

区区级机关事务管理中心
主　　任　陈建叶（　~1月）
严铁之（8月~　）
副 主 任　张启明（　~2月）
宋　巍
赵　芳（　~2月）

区江苏蠡口国际家具城管理办公室
主　　任　府国华（8~12月）
副 主 任　黄　晓（　~8月）
陆相卿（8~12月）

区政协机构

办公室（研究室、委员服务联络工作办公室）
主　　任　胡文明（　~12月）
副 主 任　许松盛　苏彩霞
研究室
主　　任　许松盛
副 主 任　蒋晨迎

社会事业委
主　　任　马文明（8月~　）
副 主 任　朱红军（5~12月）
沈伟清（12月~　）

提案委
主　　任　葛志兴（　~8月）
潘永明（8月~　）
副 主 任　季文林（　~12月）

城乡建设委
主　　任　张建斌
副 主 任　杨赞东（5月~　）

经济科技和农业农村委（1月由经济科技委更名）
主　　任　吴根虎（　~12月）
王建军（12月~　）
副 主 任　李静静（　~12月）

港澳台侨外事（民族宗教）委
主　　任　吾夏宝（　~8月）
何建平（12月~　）
副 主 任　吴海英

文化文史委（1月由文史委更名）
主　　任　黄晓渊
副 主 任　戴迎娟

群众团体

区总工会
主　　席　府玉良（1月~　）
副 主 席　赵宏芳（　~6月）
李文英（　~6月）
张春艳（11月~　）
金文华
党组书记　府玉良

共青团相城区委员会
书　　记　蒋　妍（　~12月）
副 书 记　张亥秋　黄映霞
党组书记　蒋　妍（　~12月）

区妇女联合会
主　　席　浦卫英（　~12月）
许　丽（12月~　）
副 主 席　朱　颖　薛惠琴
顾　蓉
党组书记　浦卫英（　~12月）
许　丽（12月~　）

区文学艺术界联合会
主　　席　席逢春
副 主 席　黄　慎（　~8月）
张建华
苏文娟（8月~　）

区哲学社会科学界联合会
主　　席　王少辉（　~1月）
蒋　锐（2月~　）
副 主 席　周晓峰（　~1月）
徐健敏（2月~　）

区科学技术协会
主　　席　何　健（1~12月）
府国华（12月~　）
副 主 席　钱　珺　赵云明

区残疾人联合会
理 事 长　沈　瑛（2月~　）
副理事长　郑振良　刘硕颖

区红十字会
会　　长　黄　靖
副 会 长　田爱国

区关心下一代工作委员会
主　　任　沈森观
副 主 任　叶元元
秘 书 长　叶元元

开发区、高新区、高铁新城、度假区工作机构

相城经济技术开发区
党工委
书　　记　顾海东
副 书 记　张永清
毛　伟（　~12月）
沈　磊（挂职）
委　　员　管建华　徐忠华
陈永亮（　~8月）
顾银福（1月~　）
顾泉荣

陆建男（7月～ ）
阳红卫（7月～ ）
王执晴（4～12月）

管委会
主　　任　张永清
常务副主任　毛　伟（ ～12月）
副 主 任　沈　磊　徐忠华
陈永亮（ ～7月）
顾泉荣
顾银福（1月～ ）
陆建男（7月～ ）
阳卫红（7月～ ）

纪工委
书　　记　管建华
副 书 记　刘洪印

监察室（ ～6月）
主　　任　刘洪印（ ～6月）

监察工委（6月～ ）
主　　任　管建华（6月～ ）
副 主 任　刘洪印（6月～ ）

党政办公室（ ～12月）
主　　任　舒　齐（1～12月）
副 主 任　李　洋（ ～12月）
季　豪（10～12月）

党政办公室（宣传办公室）（12月～ ）
主　　任　舒　齐（12月～ ）
副 主 任　李　洋（12月～ ）
季　豪（12月～ ）

规划建设局（ ～12月）
局　　长　杨伟华（ ～12月）
副 局 长　殷志峰（ ～12月）
李　盛（挂职， ～12月）
张　锐（ ～12月）

建设管理局（12月～ ）
局　　长　杨伟华（12月～ ）
副 局 长　殷志峰（12月～ ）
李　盛（挂职，12月～ ）
张　锐（12月～ ）

招商局
局　　长　董亚琦
副 局 长　吴晓莉（ ～7月）
陈文君（7月～ ）
夏　晨
黄　俊（挂职， ～7月）
田　鑫（挂职，8月～ ）

经济贸易发展局（科技和环保局、行政审批局）（ ～12月）
局　　长　苏长荣（ ～2月）
徐玉峰（2～12月）
副 局 长　石荣瑞（ ～12月）
叶淑飞（ ～12月）
张　敏（挂职，8～12月）

经济贸易发展局（科技人才局）（12月～ ）
局　　长　徐玉峰（12月～ ）
副 局 长　叶淑飞（12月～ ）
范东霖（12月～ ）
谢景超（12月～ ）
张　敏（挂职，12月～ ）

行政审批局（12月～ ）
局　　长　矫　雯（12月～ ）
副 局 长　石荣瑞（12月～ ）

财政局（ ～12月）
局　　长　王凯荣（ ～12月）
副 局 长　简四辉（ ～12月）
任秀华（ ～12月）

财政和资产监督管理局（12月～ ）
局　　长　朱群峰（12月～ ）
副 局 长　简四辉（12月～ ）
任秀华（12月～ ）

组织人事和劳动社保局（总工会）
局　　长　周雪奇（ ～8月）
龚丽莉（8月～ ）
副 局 长　许　臻（ ～7月）
刘瑞刚（7月～ ）
总工会主席　周雪奇（ ～7月）
龚丽莉（10月～ ）

社会事业局
局　　长　徐春来
副 局 长　卢　婧（ ～7月）
范东霖（7～12月）
查耀东（11月～ ）

政法和社会管理办公室（安全生产监督管理局）（ ～12月）
主任（局长）　杨　振（8～12月）
副主任（副局长）
陆双平（ ～12月）

安全生产监督管理和环境保护局（12月～ ）
局　　长　杨　振（12月～ ）

集成指挥和综合治理中心（12月～ ）
副 主 任　陆双平（12月～ ）

经济责任监管中心（审计分局与其合署办公）
主任（局长）　周火生（ ～7月）
蒋丽华（7月～ ）
副主任（副局长）
姚建东（8月～ ）

人武部
部　　长　陆建男（10月～ ）

江苏省相城高新技术产业开发区

党工委
书　　记　朱小海（12月～ ）
副 书 记　孙国燕（12月～ ）
委　　员　陆相卿（12月～ ）

管委会
副 主 任　陆相卿（12月～ ）

党政办（党建办、宣传办）
主　　任　陆相卿（12月～ ）

招商局
局　　长　孙国燕（12月～ ）

建设管理局
局　　长　周建新（12月～ ）

安全生产监督管理和环境保护局
局　　长　王志强（12月～ ）

社会事业局（便民服务中心）
局长（主任）　李婧祎（12月～ ）

科技人才局
局　　长　许琰彬（12月～ ）

经济发展局
局　　长　吴雪华（12月～ ）

财政和资产监督管理局
局　　长　吾晓伟（12月～ ）

苏州高铁新城

党工委
书　　记　苏学庆
副 书 记　周良兴（ ～3月）

阳红卫（3月～ ）
委　　员　马文明（ ～7月）
王雨来（ ～7月）
胡玉庆（7月～ ）
周雪峰（7月～ ）
吴建东
胡三男（6月～ ）

管委会
主　　任　周良兴（ ～3月）
阳红卫（3月～ ）
副 主 任　胡三男
王海峰（12月～ ）

纪工委
书　　记　吴建东
副 书 记　潘建民（12月～ ）

监察室（ ～7月）
主　　任　姚　娟（ ～7月）

综合办公室（宣传办公室）
主　　任　俞明宏
副 主 任　徐晨艺
综合办副主任　马满泉

组织人事和劳动保障局
局　　长　朱　震（8月～ ）
副 局 长　仇晓兰

规划建设局
局　　长　黄玉文
副 局 长　范玉明　杨吉琦

经济发展局
局　　长　孙国燕（ ～7月）
姚　娟（7月～ ）
副 局 长　朱　震（ ～8月）
郭燕浩

科技商务局
局　　长　朱　峰
副 局 长　许明娟
周　金（ ～12月）
袁　萍（12月～ ）
舒少龙（挂职， ～7月）
王槐生（挂职，8月～ ）

财政和资产监督管理局
局　　长　胡三男
副 局 长　闵学锋

陈　宏（8月～ ）
陈　军（挂职）

政法和社会管理办公室（生态保护办公室、安全生产监督管理办公室）
副 主 任　李万勇　陆　骏

经济发展服务中心（挂苏州高铁新城退役军人服务站）
主　　任　袁　萍（ ～12月）
朱　琳（12月～ ）

城市建设管理服务中心
主　　任　王冬成（11月～ ）

京沪高铁苏州北站地区管理办公室
主　　任　宋继伟（1月～ ）
副 主 任　李金龙　王建国
顾　民

江苏省苏州相城阳澄湖生态休闲旅游度假区

党工委
书　　记　沈　建
副 书 记　杨建伟（ ～7月）
宋晓红
委　　员　黄锦东
骆　键（ ～5月）
刘永陈　宁晓明
朱群峰（ ～12月）
朱　鸥
储菊妹（10月～ ）

纪工委
书　　记　黄锦东

管委会
主　　任　杨建伟（ ～8月）
副 主 任　储菊妹（ ～11月）
陶建花
彭　辉（11月～ ）

总工会
主　　席　季林华

人武部
部　　长　宁晓明

财政分局
局　　长　邹建峰

各镇（街道）领导机构

元和街道

党工委
书　　记　尤建丰（ ～12月）
朱小海（12月～ ）
副 书 记　周良兴（3月～ ）
孙国燕（6月～ ）
府国华（ ～12月）
付永红（挂职，8月～ ）
委　　员　项　英（ ～6月）
陆相卿　徐建军
陆志强（挂职）
周建新　朱文明
薄黎明（挂职）
侯　建（ ～12月）
王志强　王晓珺
孙　备（12月～ ）

纪工委
书　　记　徐建军
副 书 记　吴雪华（ ～10月）

人大工委
主　　任　顾桂花
副 主 任　项　英（ ～6月）
王晓珺（8月～ ）

办事处
主　　任　江　峰（ ～1月）
周良兴（4月～ ）
副 主 任　周建新
孙　备（ ～12月）
李婧祎（挂职， ～11月；11月～ ）
邹　凡（ ～12月）
陈　薇（挂职， ～2月）
许琰彬（挂职）
吴雪华（11月～ ）
盛　成（12月～ ）

政协工委
主　　任　府国华（ ～12月）

招商服务中心（人才科技工作促进中心）
主　　任　孙国燕（6月～ ）

人武部
部　　长　侯　建（　~12月）
总工会
主　　席　孙　备（　~7月）
　　　　　黄　晓（7月~　）
财政分局
局　　长　杨燕群（　~12月）
　　　　　吾晓伟（12月~　）

黄桥街道

党工委
书　　记　胡玉庆（　~7月）
　　　　　王蓓蕾（7月~　）
副 书 记　冯宏庆（12月~　）
　　　　　孙伟为（　~12月）
　　　　　周佳琦（12月~　）
委　　员　王德林　周德喜
　　　　　周明峰（3~12月）
　　　　　周佳琦（　~12月）
　　　　　郑东彪
　　　　　钱　辰（　~10月）
　　　　　莫啟斌（挂职）
　　　　　郭连峰（1月~　）
　　　　　钱东育（12月~　）
纪工委
书　　记　周德喜
人大工委
主　　任　张建国（　~12月）
　　　　　周明峰（12月~　）
副 主 任　郑东彪
办事处
主　　任　吕益良（　~1月）
　　　　　冯宏庆（12月~　）
副 主 任　钱东育（　~12月）
　　　　　张文军（　~12月）
　　　　　张建伟
　　　　　戴　寅（7月~　）
　　　　　顾金豪（12月~　）
政协工委
主　　任　孙伟为（　~12月）
　　　　　周佳琦（12月~　）

招商服务中心（人才科技工作促进中心）
主　　任　郭连峰（1月~　）
人武部
部　　长　郑东彪
总工会
主　　席　邵　俊
财政分局
局　　长　王国锋（　~12月）
　　　　　杨春勤（12月~　）

太平街道

党工委
书　　记　马文明（　~7月）
　　　　　周雪峰（7月~　）
副 书 记　俞　平（　~12月）
　　　　　浦卫英（12月~　）
　　　　　龚　刚
　　　　　刘长庚（挂职）
　　　　　沈　伟（挂职，　~7月）
委　　员　唐立新（　~7月）
　　　　　吴　麟　杨　阳
　　　　　李华章（挂职）
　　　　　顾晓雯　韩云飞
　　　　　金凤根
　　　　　徐佳平（7月~　）
纪工委
书　　记　韩云飞
副 书 记　宋晓君（　~10月）
人大工委
主　　任　查晴明（　~6月）
　　　　　龚　刚（12月~　）
副 主 任　吴　麟
办事处
主　　任　俞　平（　~12月）
　　　　　浦卫英（12月~　）
副 主 任　许　臻（7月~　）
　　　　　徐佳平（　~8月）
　　　　　费晓华
　　　　　夏　罗（7月~　）
　　　　　吴　升（11月~　）
政协工委
主　　任　龚　刚（　~10月）

人武部
部　　长　唐立新（　~7月）
　　　　　金凤根（10月~　）
总工会
主　　席　吴　升（　~12月）
　　　　　钱华明（12月~　）
财政分局
局　　长　丰红梅（　~7月）
　　　　　许　臻（7月~　）

北桥街道

党工委
书　　记　江　峰
副 书 记　朱　佐（　~6月）
　　　　　陆建民（6月~　）
　　　　　龚丽莉（　~7月）
　　　　　黄淑敏（7月~　）
委　　员　姚宇惠（　~1月）
　　　　　李　远（　~7月）
　　　　　王文斌
　　　　　吕卫华（　~1月）
　　　　　陈志南（挂职）
　　　　　金　明（1月~　）
　　　　　高　春（1月~　）
　　　　　唐立新（7月~　）
　　　　　智永东（1月~　）
　　　　　王志琦
纪工委
书　　记　吕卫华（　~1月）
　　　　　金　明（1月~　）
副 书 记　沈　馨（　~10月）
人大工委
主　　任　唐云良
副 主 任　李　远（　~4月）
　　　　　智永东（4月~　）
办事处
主　　任　朱　佐（　~7月）
　　　　　陆建民（7月~　）
副 主 任　姚宇惠（　~2月）
　　　　　王志琦　许文伟
　　　　　肖　磊（挂职）
　　　　　秦　峰（3月~　）

政协工委

主　　任　黄淑敏（8月~　）

人武部

部　　长　王文斌

总工会

主　　席　秦　峰（　~12月）
　　　　　宋　薇（12月~　）

漕湖街道

党工委

书　　记　周雪峰（　~7月）
　　　　　顾泉荣（7月~　）

副书记　杨晨东
　　　　邹卫星（　~12月）
　　　　黄　俊（挂职，　~7月）
　　　　陈守东（12月~　）

委　　员　游　洋
　　　　　张贵荣（　~6月）
　　　　　郁梅良
　　　　　施永康（挂职）
　　　　　戴华平
　　　　　蔡　霆（10月~　）

纪工委

书　　记　郁梅良

人大工委

主　　任　陈正根

副主任　戴华平（12月~　）

办事处

主　　任　杨晨东

副主任　张贵荣（　~6月）
　　　　蔡　霆（　~11月）
　　　　陆明敏（　~12月）
　　　　钱晓萍（11月~　）
　　　　孟令敏（8月~　）
　　　　汪志忠（12月~　）

政协工委

主　　任　邹卫星（　~12月）
　　　　　陈守东（12月~　）

人武部

部　　长　戴华平（10月~　）

工　会

主　　席　张文军（12月~　）

澄阳街道

党工委

书　　记　吕益良

副书记　陈雯珏　王小明

委　　员　李　飞
　　　　　杨　振（　~7月）
　　　　　盛怀德　李惠忠
　　　　　沈伟荣（挂职）
　　　　　陆彬彬（6月~　）

纪工委

书　　记　盛怀德

人大工委

主　　任　陈　鹄（　~12月）
　　　　　吕益良（12月~　）

副主任　李　飞（　~4月）
　　　　李惠忠（4月~　）

办事处

主　　任　陈雯珏

副主任　杨　振（　~8月）
　　　　朱鸿鹄　周　娟
　　　　伏　森（11月~　）

政协工委

主　　任　王小明

人武部

部　　长　杨　振（　~7月）
　　　　　陆彬彬（10月~　）

工　会

主　　席　郭璟怡

北河泾街道

党工委

书　　记　苏学庆

副书记　周良兴（　~3月）
　　　　阳红卫（3月~　）
　　　　唐云伟
　　　　舒少龙（挂职，　~7月）
　　　　王槐生（挂职，8月~　）

委　　员　陈红伟　李万勇
　　　　　潘建民（　~12月）
　　　　　仇晓兰
　　　　　赵军生（挂职）

人大工委

主　　任　胡国荣（　~8月）
　　　　　许国荣（8月~　）

副主任　仇晓兰

办事处

主　　任　周良兴（　~4月）
　　　　　阳红卫（4月~　）

副主任　许　艳（　~12月）
　　　　王　勇
　　　　支耀周（挂职）
　　　　于晶晶（12月~　）
　　　　韩　军（挂职，　~2月）
　　　　王　波（挂职，3月~　）

政协工委

主　　任　唐云伟

工　会

主　　席　朱燕来

黄埭镇

党　委

书　　记　陈春明

副书记　金爱民
　　　　陆建民（　~6月）
　　　　李　强
　　　　冯建锋（6月~　）
　　　　董文钧（挂职，　~7月）
　　　　龚德仁（挂职，8月~　）

委　　员　王　力（　~12月）
　　　　　朱　晓　隆彬妍
　　　　　万文敏　朱　莉
　　　　　张立锋（挂职）
　　　　　瞿　明　周昕艳

纪　委

书　　记　朱　晓

副书记　王　华

人　大

主　　席　查全福

副主席　隆彬妍（1月~　）

镇政府

镇　　长　金爱民

副镇长　王　力（　~12月）
　　　　张国镇（　~10月）
　　　　尤国春　吴丽琴
　　　　徐政德
　　　　徐小平（挂职）

钟芸菲（挂职，3月~ ）
政协工委
主　　任　陆建民（ ~8月）
　　　　　冯建锋（8月~ ）
人武部
部　　长　万文敏
总工会
主　　席　吴曙东

渭塘镇
党　委
书　　记　王雨来（ ~7月）
　　　　　胡玉庆（7月~ ）
副 书 记　宋建春（ ~12月）
　　　　　刘云涛（12月~ ）
　　　　　朱红军（ ~1月）
　　　　　包小元（ ~4月）
　　　　　许　丽（5~12月）
　　　　　蒋　妍（12月~ ）
　　　　　刘　业（挂职，8月~ ）
委　　员　张贵荣（5月~ ）
　　　　　袁华中（ ~7月）
　　　　　阙春燕（ ~4月）
　　　　　邵心怡（ ~4月）
　　　　　陈卫峰　薛卫根
　　　　　周晓军
　　　　　丁　萧（5月~ ）
　　　　　蒋金庭
　　　　　江大林（挂职）
　　　　　顾　雳（1月~ ）
纪　委
书　　记　蒋金庭
副 书 记　马志卿
人　大
主　　席　王雨来（ ~8月）
　　　　　韩春祥（8月~ ）
副 主 席　邵心怡（ ~8月）
镇政府
镇　　长　宋建春（ ~12月）
　　　　　刘云涛（12月~ ）
副 镇 长　陈卫峰　薛卫根
　　　　　钱　帅　陆再锋
　　　　　杨子青
　　　　　马　云（2月~ ）
政协工委
主　　任　朱红军（ ~1月）
　　　　　许　丽（8~12月）
　　　　　蒋　妍（12月~ ）
招商服务中心（人才科技工作促进中心）
主　　任　周晓军
人武部
部　　长　袁华中（ ~7月）
总工会
主　　席　马益国
财政分局
局　　长　孙敏华（ ~12月）
　　　　　杨燕群（12月~ ）

望亭镇
党　委
书　　记　顾　敏
副 书 记　周建国
　　　　　许　丽（ ~5月）
委　　员　李　远（7月~ ）
　　　　　陈一峰（1月~ ）
　　　　　尚向科
　　　　　金　明（ ~1月）
　　　　　吴晓宏（6月~ ）
　　　　　邵国良　殷　猛
　　　　　黄淑敏（ ~7月）
　　　　　成日学（挂职，10月~ ）
纪　委
书　　记　金　明（ ~1月）
　　　　　陈一峰（1月~ ）
人　大
主　　席　顾龙兴（1月~ ）
副 主 席　黄淑敏（ ~3月）
　　　　　殷　猛（3月~ ）
镇政府
镇　　长　周建国
副 镇 长　王春龙（ ~2月）
　　　　　徐鸿芳
　　　　　顾　越（挂职， ~11月；11月~ ）
　　　　　董文清
　　　　　钱　晨（挂职， ~2月）
　　　　　陈淑君（3月~ ）
政协工委
主　　任　许　丽（ ~8月）
人武部
部　　长　邵国良
总工会
主　　席　汤伯均
财政分局
局　　长　杨春勤（ ~12月）
　　　　　梁承彦（12月~ ）

阳澄湖镇
党　委
书　　记　惠林方
副 书 记　王　丰
委　　员　陆建国（ ~12月）
　　　　　查建刚
　　　　　周明峰（ ~2月）
　　　　　吕　磊（ ~10月）
　　　　　周利春（挂职）
　　　　　陶可妍
　　　　　郭　俊（ ~6月）
　　　　　晓　莉（6月~ ）
　　　　　李惠宏（10月~ ）
　　　　　施振华（12月~ ）
纪　委
书　　记　查建刚
副 书 记　邹建强（ ~6月）
人　大
主　　席　张春燕
镇政府
镇　　长　王　丰
副 镇 长　周明峰（ ~2月）
　　　　　郭　俊（ ~6月）
　　　　　钱晓萍（ ~10月）
　　　　　施振华（ ~12月）
　　　　　叶秀珍（2月~ ）
　　　　　邹建强（6月~ ）
　　　　　陆明敏（12月~ ）
招商服务中心（人才科技工作促进中心）
主　　任　陆建国（ ~12月）

人武部

部　　长　周明峰（　~2月）
　　　　　吕　磊（2~10月）

总工会

主　　席　戴　飞

财政分局

局　　长　吾晓伟（　~12月）
　　　　　王国锋（12月~　）

区属国有企业

苏州市相城城市建设投资（集团）有限公司

董 事 长　黄金明
总 经 理　黄金明（　~5月）
　　　　　骆　键（5月~　）
副总经理　陆　强
　　　　　李　洋（　~5月）
　　　　　徐　煜
　　　　　刘乙余（5月~　）
党委书记　黄金明
党委副书记　骆　键（5月~　）

苏州市相城交通建设投资（集团）有限公司

董 事 长　谢振华
总 经 理　施　量
副总经理　刘腾爱　王　琴
　　　　　秦　乐
　　　　　胡漳敏（聘用，　~7月；
　　　　　　　7月~　）
　　　　　万建国（12月~　）
党委书记　谢振华
党委副书记　施　量

苏州市相城水务建设投资（集团）有限公司

董 事 长　沈　洞（5月~　）
总 经 理　沈　洞（　~10月）
　　　　　吕　磊（10月~　）
副总经理　陈　驰（　~1月）
　　　　　李定成
　　　　　施青春（　~12月）
　　　　　方　勇　濮晓华
　　　　　李　洋（5月~　）
党委书记　沈　洞（4月~　）
党委副书记　吕　磊（10月~　）

苏州市相城金融控股（集团）有限公司

董 事 长　陆志东（3月~　）
总 经 理　陆志东
副总经理　杨　健　陶陈灵
　　　　　王悦晞
党总支书记　陆志东（2月~　）
党总支副书记　陆志东（　~2月）

苏州市相城生态建设开发有限公司

董 事 长　何　剑
总 经 理　顾云清（　~5月）
　　　　　何　剑（5月~　）
副总经理　项　斌
　　　　　李清宇（2月~　）
党总支书记　何　剑
党总支副书记　顾云清（　~5月）

苏州市相城文商旅发展（集团）有限公司

董 事 长　袁　吉（3月~　）
总 经 理　袁　吉
副总经理　万建国（　~12月）
　　　　　沈凤珠　丁惠明
　　　　　仲尧文（聘用，　~7月；
　　　　　　　7月~　）
党总支书记　袁　吉（2月~　）
党总支副书记　袁　吉（　~2月）

垂直管理单位

苏州市相城区人民武装部

部　　长　杭义旺
政治委员　崔　伟（　~8月）
　　　　　尹　伟（8月~　）
副 部 长　刘汉吉（12月~　）
党委书记　崔　伟（　~8月）
　　　　　尹　伟（8月~　）
党委副书记　杭义旺
军事科科长　刘　磊
政治工作科科长　吴耀峰
保障科科长　魏国伟
军事科参谋　印　桢

苏州市公安局相城分局

局　　长　马利忠
政　　委　施关亮（　~8月）
　　　　　黄　峰（11月~　）
副 局 长　邹剑刚（　~5月）
　　　　　朱其林（　~6月）
　　　　　金荣生（　~9月）
　　　　　许永良（　~9月）
　　　　　蒋佐明（挂职，　~12月）
　　　　　马小翔　陈红青
　　　　　徐水荣（9月~　）
　　　　　卢　伟（10月~　）
党委书记　马利忠
党委副书记　邹剑刚（　~5月）
　　　　　施关亮（　~8月）
　　　　　黄　峰（11月~　）
　　　　　徐水荣（11月~　）

苏州市消防支队相城区大队（12月机构撤销）

大 队 长　鲍昱材（　~12月）
教 导 员　薛静峰（　~12月）

苏州市相城区消防救援大队（12月机构设立）

大 队 长　鲍昱材（12月~　）
教 导 员　薛静峰（12月~　）

苏州市国土资源局相城分局（5月机构撤销）

局　　长　顾福康（　~5月）
副 局 长　冯宏庆（　~5月）
　　　　　赵向阳（　~5月）
　　　　　杨云元（　~5月）
党组书记　顾福康（　~5月）

苏州市规划局相城分局（5月机构撤销）

局　　长　阳红卫（　~3月）
副 局 长　沈　奕（　~5月）
　　　　　刘永健（　~5月）

苏州市自然资源和规划局相城分局（5月机构设立）

局　　长　顾福康（5月~　）
副 局 长　冯宏庆（5~12月）
　　　　　沈　奕（5月~　）
　　　　　赵向阳（5月~　）
　　　　　刘永健（5月~　）
　　　　　杨云元（5月~　）
党组书记　顾福康（5月~　）

苏州市相城生态环境局（6月由苏州市相城区环境保护局更名）

局　　长　张　明
副 局 长　潘良健　翁祥云
党组书记　张　明
环境监察大队大队长　姜晓林

国家税务总局苏州市相城区税务局

局　　长　张　惠（1月~　）
副 局 长　巫晓慧（1月~　）
　　　　　（　~1月）
　　　　　蒋建农（1月~　）
　　　　　邹海文（1月~　）
　　　　　吴国炳（1月~　）
　　　　　李　征（1月~　）
　　　　　陆彩东（1月~　）
　　　　　丁利杰（7月~　）
　　　　　赵弇斌（1月~　）
　　　　　秦　华（1月~　）
　　　　　（　~1月）
　　　　　张煜铭（7月~　）
纪检组组长　方　忠（1月~　）
党委书记　张　惠（1月~　）
副 书 记　巫晓慧（1月~　）
　　　　　（　~1月）

苏州市住房公积金管理中心相城分中心

主　　任　蒋学惠
副 主 任　袁　伟
　　　　　瞿丽霞（1月~　）

苏州海关驻相城办事处

副 主 任　于　青
　　　　　（主持工作，~12月）
　　　　　严华斌（12月主持工作）
　　　　　王澍军　钱春栋
　　　　　叶　芸

中国电信股份有限公司苏州分公司相城区局

局　　长　马淑兰
副 局 长　杨宏伟　郁春明

中国邮政集团有限公司苏州市相城区分公司

总 经 理　张　坚
副总经理　毛洁文（　~11月）
　　　　　石文舟（11月~　）
　　　　　张　曾（11月~　）

苏州市相城区气象局

局　　长　孙首华
副 局 长　袁伟红（挂职）

苏州市相城区烟草专卖局

局　　长　陆学明
副 局 长　张　治
经　　理　陆学明
副 经 理　汪苏慧

果断"舍",才能更好"得"(治理者说)

"加减法"做好了,生态问题才能解决,转型升级才有空间,高质量发展才能甩掉旧包袱、蓄积新动能

环境保护和经济发展如何相辅相成?绿水青山和金山银山如何相得益彰?经过两年来整治"散乱污"企业的实践,江苏省苏州市相城区进行了一些探索,并取得了一些成效:一个小小的市辖区,两年时间累计淘汰整治"散乱污"企业(作坊)11300家,在生态得到很大改善的同时,经济发展并未落后,2018年一般预算收入增幅达20.6%。

前些年,相城区以村级经济为重,低小散企业广布,"散乱污"作坊集聚,使得这里不仅成了苏州市辖区中的生态洼地,也成了经济发展的洼地。这几年,在习近平生态文明思想的指引下,相城区自觉践行新发展理念,在铲除生态环境"黑尾巴"的同时腾挪出发展新空间,以生态文明建设助推高质量发展。

沉疴下猛药,治污出重拳。相城区在破解环境整治和经济发展的矛盾时,做好了"加减法"——在腾退旧动能、破解无效供给上做"减法",在培育新动能、壮大新兴产业上做"加法"。2017年以来,累计淘汰重污染企业1083家,关停比例超86%,总量和关停率均为苏州第一。与原来铺摊子式的发展方式不同,相城区在这片生态宝地上重构现代产业体系。近两年,相城区引进紫光云引擎、新松机器人、京东智谷等一批企业;集聚大数据企业358家、工业互联网企业69家;入驻科技金融基金121只,总规模超1100亿元。"加减法"做好了,生态问题才能解决,转型升级才有空间。一加一减,为相城区高质量发展甩掉了旧包袱,蓄积了新动能。

环境整治离不开民心支持。生态环境是看得见、摸得着的民生福祉,是人民美好生活的基石。环境问题解决了,工作更会得到群众的信任和支持。相城区成立区、镇、村(社区)三级专项领导小组和工作专班,严抓责任落实,严格督查考核,严肃干部问责。通过引入专家评估和群众评价,推动巡察整改见底见效。广泛宣传引导,凝聚民心、集中民智、汇集民力,让每个人都成为环境整治的参与者、推动者、监督者。

环境整治也是长期复杂的系统工程,不可能一蹴而就,必须持续给力。相城区建立健全长效管理机制,制定严防"散乱污"企业淘汰整治反弹回潮等22个规范性文件;实行村(社区)集体经营性资产集中经营管理;定期进行"污染企业卫星定位甄别"。

通过将生态治理充分融入服务经济发展大局,破立并举,相城区初步构建起了以新兴产业为引领的环境友好型产业体系。2018年，相城区空气质量优良天数比例达74.4%，提高了9.7个百分点；环境信访总量下降20%，生态文明建设群众满意度达88.6%。生态治理进一步释放了发展空间，经济高质量发展迈出坚实步伐。2018年，相城区一般公共预算收入首次突破百亿元，达108.5亿元。高新技术产业产值占规模以上工业总产值比重为56%。正是因为坚持“绿水青山就是金山银山”的理念，生态洼地、经济洼地成为生态湿地、经济高地。

高质量发展的关键是经济增长从“量变”转到“质变”，不能再走铺摊子上项目、以牺牲环境为代价的老路。相城区的实践说明：只有果断“舍”，才能更好“得”，才能走出一条高质量发展之路。

（《人民日报》2019年6月19日05版　江苏省苏州市相城区委书记　顾海东）

苏州相城：打造长三角国际开放合作新引擎

25年前，中国和新加坡两国政府在苏州东部合作开发建设苏州工业园区，让“发展洼地”变身“创新之城”，成为“中国改革开放的重要窗口”和“国际合作的成功范例”。如今，在位于苏州北部阳澄湖畔的相城区，由中国和日本两国政府携手打造的智能制造协同创新区加速崛起，中日产业创新合作风起云涌。

新姿态：高起点谋划开放合作

地区生产总值同比增长6.6%、一般公共预算收入增长11%、实际利用外资增长130.7%……这是苏州市相城区上半年交出的成绩单。近年来，这个成立仅18年的“青春之城”聚力高质量发展，走出一条后发夺人的科学发展之路。站在新起点上，一份厚重的“成人礼”呼之欲出。

今年2月，由中日两国政府合作推动的苏州（相城）中日智能制造产业园战略规划发布，定位“一核两翼”功能布局，总面积38.5平方公里。其中，“中枢服务核”和“技术转化翼”位于漕湖国家级相城经济技术开发区片区，“智力支持翼”位于阳澄生态新区（高铁新城）片区，整体形成有机联动的互补分工。此后，产业园扩展为“苏州（相城）中日智能制造协同创新区”，范围覆盖相城区全域，打造“产城人融合生态圈”。

苏州市相城区委书记顾海东说，长三角一体化战略深度推进，加强区域对外合作成为新动力。协同创新区将构建中日智能制造产业创新合作、协同发展的服务平台和示范区，成为相城乃至长三角地区国际开放合作的新引擎。

苏州（相城）中日智能制造协同创新区战略规划由日本著名研究机构野村综合研究所编制，对标东京都市圈中东京都与周边地域。规划编制项目负责人、野村综研（上海）咨询有限公司的侯正暾介绍，相城区经济地理特征与日本厚木、宇都宫相似，适合承接研发/技术转化、先进制造与生产配套、生产性服务业等产业领域。同时，高铁苏州北站未来将形成的“双十字高铁枢纽”格局，将让相城如日本横滨一样，成为制造业企业面向市场的服务型营业据点和产品开发设计据点的集聚地。

新探索：“融入式”招商渐入佳境

7月初，相城区在东京举办苏州（相城）日本投资推介会，中日合作教育、日中经营者协会战略合作等8个项目签约，入驻苏州（相城）中日智能制造协同创新区。同期，相城对日招商联络站揭牌，扩大离岸招商辐射力。

这是相城区依托中日创新合作，探路“融入式”招商的现实缩影。

今年初，相城经济技术开发区牵手日本瑞穗银行，激起金融招商一池春水；5月，连续两场苏州（相城）中日智能制造协同创新区推介会分别在上海和相城举行，吸引约200家日资企业走进相城；6月到7月，相城区又多次赴日开展经贸投资促进活动和招商交流活动。

高密度、近距离的“融入式”招商，在日本企业中引起了强烈反响。侯正暾告诉记者，近期已有多家日企与他们接洽，表达了参与相城发展的意愿，并对规划提出了具体建议。“一家做工业机器人的知名日企提出，希望在相城实现供应链现地化支援机制，还有一些日企提出期待在相城享受日系元素城市服务的诉求。”

其实，协同创新区孕育之初，便深度聚焦“融入”这一关键词。相城区委常委、相城经济技术开发区党工委副书记、管委会副主任沈磊说，相城不仅要与日本合作，还要“融入上海”“融入长三角”。目前许多日本企业的总部功能、营销功能设在上海，而研发、产品调试等功能，则需要一定土地、空间与专业环境。融入上海“五个中心”及“四大品牌”建设，有利于加速日本尖端产业落地相城。

主动出击引得凤凰来栖。2018年以来，协同创新区签约落地中日合作项目17个，即将签约3个，洽谈中27个，预计总投资可达50亿美元。

新图景：新经济策源地展露雏形

中日智能制造协同创新区泛起的产业涟漪加速绽放，成为新经济、新产业策源地。

今年4月奠基、由国内机器人龙头企业新松机器人打造的未来科技城项目正在协同创新区加紧建设。涵盖工业机器人、服务机器人、特种机器人等产品的研发与制造，投产后可实现年产值15亿元。新松机器人股份有限公司总裁、新松机器人投资有限公司董事长曲道奎说，未来科技城建成后，将带动长三角地区机器人和智能制造全产业链集聚，助力中日智能制造协同创新区加快崛起。

与此同时，智能驾驶、大数据、工业互联网、科技金融等新业态也加速向协同创新区集聚。6月，总投资29亿元的苏宁C2M总部及供应链项目牵手相城，以“智能制造解决方案+工业互联网+数据服务”的方式赋能制造企业。长三角智能驾驶产业示范区在协同创新区启动建设，将通过高度智慧化的公共交通网络，助力无人驾驶智能公交系统成为现实。

沈磊透露，协同创新区在“大研发、大文化、大健康”三大未来产业上酝酿更大作为。相城经济技术开发区拟与日立公司共建中日健康养老数字经济合作中心，借鉴日本养老科技产业经验，推动中日两国在健康养老和数字经济领域务实合作。

中日制造业B2B电子商务平台工场网电商运营总监范鹏飞认为，中日智能制造协同创新区孕育更多商机，将推动中日产业合作实现更大发展。“我们将在区内建立创新孵化器，把日本具有先进技术的小微企业引进到相城，助力创业者发展壮大。”

（《新华每日电讯》2019年8月15日06版　记者　刘巍巍）

“红色磁场”激荡先锋浪潮

苏州相城区涵养党建生态助力“枢纽中心城”健康发展

新春伊始，位于江苏省苏州市相城区的高铁苏州北站陆续迎来返工潮。相城，曾是伍子胥“相土尝水地”，而今天这里正以崭新面貌迅速崛起于长三角经济圈核心地带，成长为“枢纽中心城”。

2018年，相城发布“阳澄生态新区（高铁新城）片区”战略规划；启动建设长三角国际研发社区；引进产业项目235个，投资总额超2000亿元……立足国家级高铁枢纽和长三角核心区域城际铁路网枢纽定位，相城正全面融入长三角大发展，加速集聚高端研发型企业和人才，向“全球化、高端化”产业转型升级的进程不断推进。

“踏上推动相城高质量发展的新征程，相城区坚持用党建工作统领经济社会发展全局，以党建高质量汇聚起改革发展的精气神。”相城区委书记顾海东表示，当前，相城正以全领域推进先锋“365”行动为抓手，全面推进基层党组织建设，为打造“生态宜居中心、科技创新中心、城市枢纽中心、未来活力中心”提供强有力的组织保证。

1.先锋“365”提振干事创业精气神

围绕基层党建整体提升三年行动计划，相城出台了《相城区先锋“365”行动实施意见》，明确以各领域党建和全区域发展相融合的模式，推动全区1400余个基层党组织争当行动先锋、25000余名党员争当实践先锋，翻开了构建“党建生态”的全新一页。

自2018年5月先锋“365”行动启动以来，相城掀起了一股先锋浪潮。围绕产业发展、精准帮扶等重点工作，基层支部纷纷创新内容和方式，打造了320个行动支部，服务33.5万人次。

在冯梦龙村，有一个特殊的党支部——“文化惠民”行动支部。“近些年，冯梦龙村深入挖掘冯梦龙文化的价值内涵。”冯梦龙村党总支书记张新如说，村党总支利用冯梦龙村的人文优势，有效激发了农村党建成效最大化。于是，“文化惠民”行动支部应运而生。如今，行动支部通过参与谋划全村文化活动，推进冯梦龙书院等多个文化产业项目，不仅提升了村民文化素质和冯梦龙村特色农旅文化内涵，更形成了全村人把村庄当家园建设的良好风气。

支部勇当先锋，党员更是争做表率。元和街道莫阳社区党总支书记赵明峰是位老党员，从抓住行政村合并契机、盘活资源、摘掉薄弱村帽子，到带动爱心车企组建“爱心车队”，筹措“爱心基金”关怀困难群众，在他的带领下，党员群策群力、社会各界齐参与，共同凝聚起社区发展治理的强大合力。

“先锋‘365’行动效果好不好？评价高不高？要了解这些问题，还要进行全面持续的摸底筛查。”相城区委常委、组织部部长、统战部部长葛宇红表示，在鼓励各基层党支部“唱主角”“挑大梁”的同时，更要严格制度建设，下力气立“规矩”。

通过选聘32名特聘指导员、25名党建助理员以及若干党务工作者，相城在全区范围内建立起一个素质优良、结构合理的党建工作指导员人才库，推动基层党组织规范化建设全面过硬。印发《相城区“强双基”工作“体检”实施方案》，成立13个党建“体检”小组，梳理出40条“体检”清单，全覆盖全方位实施“强双基”体检，直戳基层党组织建设的软肋。同时，以党建“体检”为契机，增强基层党建责任人抓党建的主体意识和责任意识，进一步完善集“承诺、述职、考核、评审、激励（问责）”为一体的责任体系，明确基层党建工作责任清单、负面清单和“书记项目”，层层传导，进一步压实党建责任。

目前，相城已对全区256家单位、1076个基层党组织进行了党建“体检”，并将考核结果直接与示范点评定挂钩，使基层组织生活的炉火真正热起来，基层干事创业的精气神真正提起来。

2.党旗插上“两新”阵地引领发展加速度

近两年，一批极具潜力的“新经济”项目纷纷在相城落地成长，目前，相城全区已注册“新经济”企业达439家。

当“新经济”成为新名片，面对“两新”组织逐渐增多的新情况，相城积极推进“两新”组织党建工作，以党建推动企业发展，相继打响新门户·创客空间“党建引领　创客行动”、楼宇服务“直通车”等党建品牌。

2018年11月，苏州高铁新城楼宇服务“直通车”项目正式启动。依托楼宇党群服务站，“直通车”结合“楼宇管家”行动支部特色服务，实现楼宇党建工作“一盘棋”。“开通以来，直通车直接将人才、社保和产业扶持政策送到我们公司，实实在在解决了我们因不了解政策而没有享受到扶持的痛点，加速了公司成长。”楼内一家研发企业负责人表示。据记者了解，“直通车”项目先行先试后，今年将在区内逐步铺开。

成立三年多来，新门户·创客空间以电子商务、影视文化、大数据、游戏动漫类企业为重点培育引进对象，累计入孵企业203家，目前在孵75家。由于企业孵化周期短、员工流动性大，该空间党建工作站指导创客空间成立了影视文化、大数据、智能制造、企业服务、游戏开发等5个开放式的行动党小组。各党小组依据各自行动主题开展交流研讨，成为创业者们互相熟识、加强沟通、共同提升的重要平台。

“党旗插在阵地上，党员冲在火线上。”眼下，在相城，除了“两新”阵地，工地上也处处可以看到党员争当先锋的身影。2018年，相城结合在建工地的数量和在建面积等实际情况，出台《关于加强在建项目工地党组织建设的实施办法》，设立和筹建多个基层党组织，管理服务流动党员192人。

工程要创造奇迹，党员力量是关键。在省重点工程春申湖路快速化改造项目中，为做好泥浆处理和扬尘控制工作，“春申红雁”先锋行动成立了党员攻关突击队，设计多项扬尘控制方案，反复测试，最终研发出泥浆固化设备，实现了泥浆固化后回填使用，既解决了泥浆污染问题，又达到了循环使用的目的。目前，已在两个标段投入使用，并有计划地在全线推广。

成立工程项目部的同时同步建立党组织，鲜明树起党的旗帜，确保党建对项目工地工作的引领，通过配套实施“五个一”制度，确保每个在建项目落地后，党员能找到组织、组织能管理党员，党员能发挥作用……目前，相城已探索出一套“支部建在项目，党旗飘在工地”的流动党员管理模式，实现了“项目延伸到哪里，党组织就建到哪里，服务就跟进到哪里”。

“接下来，相城还将把新经济组织和项目党建的工作模式，进一步扩展到重点任务重点活动中去，真正让党建的政治引领作用、组织优势，切实地在相城跨越赶超的发展过程中发挥更大的作用。”相城区委组织部副部长、“两新”工委副书记季凝表示。

3.支部建在网格上，蹚出基层社会治理新路子

“发现一企业私拉电线，请予以解决”“群众反映社区群租房有回潮现象”“有村民在河边违章搭建”……在近日相城启动的“双月攻坚”综合整治行动中，北桥街道网格员积极主动，迅速投入巡查，充分发挥了网格员在基层治理中的作用。

麻雀虽小，五脏俱全。北桥这个全国的“戏曲之乡”在仅有的47.52平方千米辖区内，以党建为引领，以网格为平台，构建起了66个片区三级网格，真正实现了“人在网中走，事在网中办”。

“‘综合网格+全科社工’实现综合受理、全能服务，这就是我们社区治理的一条新路子！”去年，北桥街道率先敲掉社区服务大厅“长柜台”，保留2人担任全科社工，解放出更多网格员投入到网格管理工作中，达到了“小事不出网格，大事不出村”的目的。

每个网格都有党组织、每名党员都在网格中，一张张“小网格”支撑起相城的“大党建”。2018年，相城区制定了《相城区党建引领基层社会治理实施意见》，全面深化党建网格化工作，采取“支部+网格”模式，把党的支部建到三级网格上，从而保证了常态化开展民生服务、矛盾调处、安全隐患排查等工作，形成以“小网格推动大党建”的工作格局。

“这些党员网格员就像一个个活跃的细胞，通过上门走访、实时上报所在网格区域信息的同时，担负起监督网格内各项事务开展、主动化解矛盾的职责，实现了党建工作与基层群众的零距离互动。”据葛宇红介绍，根据区域分布和社会治理需求，目前相城已划分了12个一级网格、149个二级网格、598个三级网格，真正实现了党建引领网格化社会治理横向到边、纵向到底的全覆盖。

一张张小网格犹如一个个“红色磁场”，推动党建工作与社会治理互促双赢。

苏州市阳澄湖生态休闲旅游度假区以佰家丽公司为试点，结合企业文化打造特色党建阵地，将公司所有党员纳入党建网格管理，使每一位党员都成了企业安全生产的宣传员，党建引领社会治理的参与者。

清水村100多名网格工作人员深入村民家中了解他们对环境整治的诉求和疑惑，以党建网格引导居民转变环保思维，在“263”办公室牵头排摸下，清理整治了40多家“散乱污”废品回收小作坊。

自党建引领网格化实施以来，漕湖街道还开创了“网格+联动”机制，综治联动中心运行15个月，漕湖街道618名网格员，342名网格党员，共收集上报工单24667条，结案率达99.5%。

一串串数字、一个个案例都折射出“红色网格员”深入网格，发挥党员先锋模范的成果。党员参与社会治理的触角延伸到基层，不仅更加精准掌握社情民意，也为创新基层组织管理工作注入新的血液。这是相城社会治理体系的创新完善，更是党员干部主动服务基层的生动体现。

（《光明日报》2019年3月25日05版　本报记者　苏雁　本报通讯员　瞿妍）

1月

2日 复旦大学附属中山医院长三角合作医院揭牌仪式在相城区举行。相城区人民政府与复旦大学附属中山医院签署合作共建框架协议。

7~9日 政协第四届苏州市相城区委员会第三次会议召开。

8~11日 苏州市相城区第四届人民代表大会第三次会议召开。

12日 中国计算机学会（CCF）业务总部和学术交流中心落地苏州市相城区签约仪式暨新闻发布会在苏州高铁新城举行。

13日 第三届“杰出工程师奖”颁奖典礼在北京人民大会堂大礼堂举行。苏州高铁新城获“科技公益贡献奖”，相城区企业——苏州上声电子有限公司工程师马登永获“杰出工程师青年奖”。

18日

●助推相城高质量发展基金年会在苏州高铁新城举行。

●苏州相城股权和创业投资基金产业联合会揭牌仪式举行。

19日 2019年首届苏州企业家年会暨苏州智能制造产业发展论坛在相城区举办。

22日 交通运输部副部长刘小明一行到相城区检查指导高铁苏州北站春运工作，并考察长三角国际研发社区展示中心。

23日 中共江苏省委政法委书记报告网格化社会治理工作专题报告会在相城区召开。

25日 相城区机构改革动员部署会召开。

28日 2018年度相城区“新时代文明实践十佳新人”先进事迹交流活动举行。

2月

2日 相城区扫黑除恶专项斗争推进会召开。中共苏州市相城区委书记顾海东出席会议并讲话。区委副书记、区长张永清主持会议。会议通报省市督查督导整改落实方案。

5日 苏州冯梦龙书院对外开放。

11日

●相城区作风建设大会召开。大会通报2018年度相城区作风建设和绩效管理工作情况、2018年度镇（街道、区）、区级机关部门绩效管理考核情况。

●相城区工业和信息化局发布“相城政策通”微信平台，为区内企业查询扶持政策开辟绿色快捷通道。

15日 苏州市基层“互联网+政务服务”工作推进会在相城区召开，相城区作大会交流发言。

19日

●苏州市2019年重大项目现场推进会在相城区举行。中共苏州市委、市政府主要领导出席会议，中共苏州市相城区委书记顾海东作交流发言。相城区第一季度拟开工黄桥智能产业国际研发社区等重大项目27个，总投资202亿元。

●“阳澄沪联·枢纽互动”——苏州相城阳澄生态新区（上海虹桥）投资推介会举行。现场签约上海国方母基金等19个科技研发、产业基金和平台载体项目。

20日 中共江苏省委副书记、省长吴政隆一行到相城区调研考察长三角国际研发社区展示中心、紫光云引擎。

21日 相城区创新设立的“相城重大项目管理系统”投入试

运行，月底使用。

22日 相城经济技术开发区—瑞穗银行合作签约暨苏州（相城）中日智能制造创新产业园战略规划发布仪式在相城区举行。

23日 元和高新区在上海启动"融入长三角·沪动新相城"系列推介活动。首日举行复旦大学张江研究院（苏州）创新中心科技人才专场暨2019年（第九届）阳澄湖创客大赛启动仪式。现场签约11个科技研发、创新平台、产业基金及人才项目。

27日

●相城三项交通建设工程获得由省交通运输厅颁发的省级、市级"示范工地"称号。其中，G312与S228节点工程，G312与G524节点工程获省级"示范工地"称号，524国道（原227省道）相城区段改扩建工程获市级"示范工地"称号。

是月 相城区居民周六妹获评助人为乐类"中国好人"。

是月 相城区获评江苏省平安区。

3月

2日 "春申沪动 创新互融"相城黄埭高新区片区（上海虹桥）投资推介会举行。

5日 "志愿·我行！"相城区新时代文明实践活动启动仪式暨2018相城十大新闻发布会在望亭镇举行。

6日 "数领智创 沪通相城"2019相城漕湖开发区（上海虹桥）推介会暨数字经济产业创新论坛活动举行。

7日

●江苏省人大常委会副主任、省总工会主席魏国强到相城区视察苏州市第二工人文化宫建设情况。

●"巾帼心向党·建功新时代"——相城区纪念"三·八"国际妇女节109周年暨"十行百佳"优秀女性、最美家庭事迹展示活动举行。

8日 2018年度国家基本公共卫生服务项目省级绩效评估反馈会在相城区召开。江苏省卫健委、省财政厅联合组成的检查考核组对相城区相关情况开展绩效评估。

19日

●国务院发展研究中心副主任张来明率调研组到相城区调研相城区融入长三角一体化发展工作情况。

●江苏省旅游资源规划开发质量评定委员会发布公告，批准苏州御窑金砖博物馆为国家AAAA级旅游景区。

21日

●苏州国方汽车电子有限公司在漕湖开发区举行开工奠基仪式。

●"文创同行 共创未来"2019年苏州高铁新城（北京）文化创意招商引资推介会举行。

22日

●"才聚相城"校园引才系列活动之清华大学校园推介会暨专场招聘会在北京清华大学举行。发布《长三角国际研发社区紧缺人才需求》，成立清华大学苏州校友会相城分会。相城区政府、苏州高铁新城管委会与清华大学签署捐赠协议，出资120万元设立奖学金。

●相城区"新三板"企业集体挂牌仪式在北京举行。相城区领导为苏州华达环保设备股份有限公司、苏州迪飞达科技股份有限公司2家企业敲钟挂牌。

23日 "京彩纷呈 筑梦相城"——苏州相城（北京）投资推介会在北京举行。现场签约项目45个，总投资241.7亿元。

●2019年（第九届）阳澄湖创客大赛华北区分站赛颁奖仪式和财智相融·国家特聘专家对接研讨活动举行。

26日 苏州高铁新城管委会、南京师范大学、南京师范大学苏州实验学校举行联合办学签约仪式，合作共建南京师范大学相城实验小学和南京师范大学相城实验幼儿园。

27日

●苏州大学与漕湖开发区举行联合办学签约仪式，合作共建苏州大学第二实验学校。

●相城区长三角国际人力资本创新园区招商推介会在苏州高铁新城举行。现场发布创新园区总体规划，首批6个项目签约入驻。

30日

●2019北太湖文化旅游节在望亭镇开幕。中国大运河文化带创设的"江苏实践"与"苏州示范"项目暨运河吴门第一镇望亭创意手绘地图项目启动。

是月 相城区获评江苏省食品安全示范区。

4月

2日 四届区委第八轮巡察暨第三轮农村"三资"管理和生态文明建设专项巡察工作动员部署会召开。

9日

●"沪相协同 文旅共融"——2019相城阳澄湖生态旅游度假区

片区(上海虹桥)投资推介会在上海举行。现场签约9个项目。

●苏州市委副书记朱民率队到相城区阳澄湖沿线开展巡湖调研。

●英国东安格利亚大学执行校长大卫·理查德森一行到相城区考察营商环境和教育发展情况。

10日

●全国政协常委、经济委员会副主任于广洲率全国政协经济委员会调研组到相城区调研互联网、大数据、人工智能和制造业融合情况。

●漕湖开发区与腾讯合作共建腾讯微瓴智慧建筑实验室签约仪式在漕湖开发区进行。

11日　长三角G60科创走廊智能驾驶产业联盟成立大会在苏州高铁新城举行。现场发布《长三角G60科创走廊智能驾驶产业联盟标准工作规划》,颁发苏州首批智能网联汽车测试牌照。

15日　新松机器人(苏州)未来科技城项目开工奠基仪式在漕湖开发区举行。

17日　相城区在上海虹桥商务区举办"健康跨越周期　产业引领未来"2019年长三角科技创新投资策略系列论坛暨医学、医疗、医药、医械行业投融资分享对接会,签约9个大健康领域项目。

19日　中奥智能驾驶创新中心成立庆典暨IAE(智行众维智能科技有限公司)总部开业仪式在苏州高铁新城举行。

19~21日　第二届创意阳澄数字文创节(第八届苏州创博会相城分会场)活动举行。

20日

●国内首次明清御窑金砖学术研讨会在苏州御窑金砖博物馆举行。

●中科成果创投论坛暨中科成果创投孵化器(苏州)启动仪式在相城区举行。同时举行"中科成果创投孵化器院士顾问委员会"揭牌仪式。

●2019首届长三角国际智能装备高峰论坛暨赛迪灵犀·仕泰隆工业服务中心启动仪式在苏州高铁新城举行。

20~21日　2019相城论坛暨第五届常春藤健康产业峰会在相城区举行。

22日　2019年苏州相城"百校联百企"技能人才校企合作洽谈会举行。

25日　相城区在成都举办"共享机遇　蓉通相城"苏州相城(成都)科技创新投资推介会暨2019长江经济带产业合作交流论坛。现场签约项目10个,总投资13.6亿元,其中超亿元项目3个。会上还举行了2019年(第九届)阳澄湖创客大赛"漕湖杯"西南区分站赛颁奖仪式。

27日

●相城区在武汉市举办"枢纽中心城共筑科创梦"2019苏州相城(武汉)科技创新投资推介会。现场签约产业项目12个,总投资14.6亿元。

●2019春季"农行杯"苏州美丽乡村健康行暨冯梦龙文化节开幕式在冯梦龙村举行,同时举行冯梦龙书院、吴文化讲习所揭牌仪式。

29日　中意汽车技术(苏州)创新基地启动仪式暨秦欧动力集团科技成果发布会在相城区举行。漕湖开发区与秦欧动力集团合作打造总投资10亿元的中意汽车技术(苏州)创新基地。

30日　相城区召开庆祝"五一"国际劳动节暨劳动模范命名大会,81人获评苏州市相城区劳动模范。

5月

4日　相城区第二期青年干部培训班及高层次专业人才区情研究班结业仪式和纪念五四运动100周年主题活动举办。

8日　"融入长三角·沪动新相城"人工智能专场活动在上海虹桥商务区举行。同时举行中国人工智能产业发展联盟人才实训基地揭牌仪式,签约项目18个,投资总额15亿元。

9日　江苏省施工工地扬尘管控工作会议在相城区会议中心召开。会前,江苏省生态环境厅、省住建厅领导一行与全省13个地市相关部门领导考察相城区部分施工工地扬尘管控情况。

10日

●由黄埭高新区和北京科技大学联合举办的"创新引领智享未来"关键战略领域—融合与发展高端论坛在苏州高铁新城举行。现场签约项目10个。

●望亭运河公园暨历史文化街区落成典礼在京杭大运河之畔举行。

10~11日　相城·石阡东西部扶贫协作联席会议在相城区召开。

11日

●2019长三角科技金融产业发展峰会暨第四届阿尔山金融科技论坛在相城区召开。中共苏州市相城区委领导向大会推介相城区科技金融产业发展规划,解读相城区"12345"战略思路。下午举行"区块链技术助推实体经济发展、数字资产管理及隐私保护"和"人工智能、大数据技术在金融领域的应用”金融科技分论坛。

●老挝、越南、马来西亚、泰国、缅甸、柬埔寨等多个国家驻昆明领事馆官员到相城区访问考察文化传承与保护、工业大数据等项目。

12日 首届孙武文化活动日暨第四届孙武祭祀活动在相城孙武纪念园举行。

16日

●“智能网联·5G赋能”苏州移动—高铁新城5G试用暨联合创新中心启动仪式在苏州高铁新城举行。苏州高铁新城与苏州移动联合建立的5G联动创新中心揭牌，相城区首批5G基站启动。

●全区扫黑除恶专项斗争工作专题研究会召开。

17日

●苏州（相城）中日智能制造协同创新区推介会在上海虹桥商务区举行。日本国驻上海总领事馆首席领事龟井启次、中国国际商会中日韩企业交流中心领导、苏州市人民政府领导致辞。野村综合研究所对苏州（相城）中日智能制造协同创新区发展战略规划进行解析，相城区政府领导就相城投资环境进行推介。

●上海证券交易所苏南基地揭牌暨相城科技金融产业园开园仪式举办。

●复旦大学附属中山医院高级专家诊疗中心、“大国工匠”工作站在相城人民医院揭牌。

18日 江苏乡村振兴智库研究院成立大会暨江苏大运河文化带小镇联盟苏州峰会在相城区望亭镇举行。

20日

●国家制造强国建设战略咨询委员会主任、中国工程院院士周济一行到相城区调研落实制造强国建设战略和推进智能制造发展情况。

●苏州高铁新城奇点汽车全球智能系统研发中心揭牌。

●在第十五届中国（深圳）国际文化产业博览交易会上，太平街道“江南荻溪　非遗文创”选送的作品获两金一银一铜。曹超的蟋蟀盆《丝意苏州》与许永革的砖雕《五牛图》获“中国工艺美术文化创意奖”金奖，李彩芳的砖雕《江南园林》获银奖，江苏省非遗版权贸易（苏州）基地选送的赵海陶塑作品《松寿图观音瓶》获铜奖。

21日 第二届江苏发展大会暨首届全球苏商大会“共襄江苏发展行”系列活动之长三角（苏州）数字经济峰会在相城区召开。

22日 FBC江苏2019智能制造产业商谈会in相城暨苏州（相城）中日智能制造协同创新区推介会在相城区举办。

24日

●相城区召开实事工程、重点项目推进会。会上通报1~4月相城区实事工程开工17个，市级重点项目开工8个，区级重点项目开工14个，项目开工率分别为85%、75%和56%。

●苏州市委副书记朱民率队到相城区开展2019年第二季度巡湖调研工作。

25日

●中共苏州市相城区委召开专题会议，贯彻落实中央扫黑除恶第17督导组督导江苏省工作动员会议、市委专题会议精神，进一步统一思想、凝聚共识，切实做好下沉督导迎接、配合工作。

●海美国际（苏州）智造研发社区开工典礼在渭塘镇举行，现场签约入驻项目24个。

26日 创新引领“无废城市”建设——2019城镇固废资源化产业发展论坛在相城区开幕。

28日 苏州（相城）·铜仁（石阡）东西部扶贫协作工作座谈会在相城区召开。

29日

●电影频道苏州制作基地深化合作签约仪式在苏州高铁新城举行。

●相城区法治政府建设暨推进重大行政决策法治化工作会议召开。

30日 苏州市自然资源和规划局相城分局揭牌，并召开转隶组建工作布置会。

6月

6日 国家发改委党组成员、副主任胡祖才，基础设施发展司司长罗国三一行到相城区调研长三角轨道交通一体化发展情况。

10日 国务院发展研究中心到相城区开展“长三角高质量创新发展研究——以江苏苏州相城区高质量创新发展示范区为例”的专题调研。

13日 中宣部电影局副局长李国奇率全国电影专资管理工作培训班成员到相城区调研乡镇影院建设工作。

14日 中关村（苏州相城）创新创业领袖高峰论坛暨第七届中关村“双星汇”年度盛典在高铁新城举行。中关村高新技术企业协会、中关村创业投资和股权投资基金协会驻苏州联络处揭牌，中关村高新技术企业协会与中国卫星导航定位协会签订战略合作协议。

16日 工信部总经济师王新

哲率调研组到相城区专题调研工业互联网发展及产融合作情况。

17日 《苏州市相城区流转空间规模指标上图方案》获省自然资源厅批准实施。相城区成为全省率先完成流转空间规模指标落地上图工作的区县。

18日 荟同学校落户高铁新城签约仪式在相城区举行。

21日

●"沪融互通·相融相成"2019虹桥—相城产业联动创新推介会在上海举办。现场签约项目51个，总投资额237.75亿元。

●上海虹桥苏州（相城）数字经济创新产业园在上海虹桥富力中心开园。

●以"沪相协同 智汇阳澄"为主题的产才相融·国家特聘专家对接沙龙在上海举办。"苏州阳澄人才创新创业基金"成立。

24日 在江苏—荷兰经贸合作交流会上，相城区与荷兰智慧港、苏科思（Sioux）集团签订中荷（苏州）科技创新园战略合作协议，苏州高铁新城与荷兰智慧港达成长三角国际研发社区战略合作。

25日

●相城区被省自然资源厅授予2018年度江苏省国土资源节约集约利用模范县（市、区）称号，相城区建区后首次获此荣誉。

●中荷（苏州）科技创新园签约落户长三角国际研发社区。

26日 相城区2019年二季度重大项目现场推进会召开。36个项目集中开工，总投资270亿元。

27日 苏州市相城生态环境局组建挂牌。

28日 "同唱祖国好 幸福舞起来"——2019年"舞动江苏"广场舞大赛（相城区选拔赛）在阳澄湖生态休闲旅游度假区集散中心举行。

30日 苏州易德龙科技股份有限公司二期项目奠基仪式在相城经济技术开发区举行。项目总体规划建筑面积16.9万平方米，总投资12亿元。

7月

2日

●"聚焦智能制造·中日协同创新"苏州（相城）日本投资推介会在东京举办。会上，8个首批入驻项目集中签约。相城对日招商联络站揭牌。

●苏州御窑金砖博物馆在巴黎小丘广场向法国建筑遗产博物馆捐赠用古法仿制的御窑金砖。

8日 《中国企业家》杂志社发布"2019中国科创企业百强"榜单，苏州高铁新城企业Momenta位列第19位。

9日 相城区首次召开人才工作大会。会上发布《相城区人才引领高质量发展若干扶持政策（试行）》。

11日 2019年（第十一届）苏州国际精英创业周相城分会场暨长三角国际人才交流与项目合作大会开幕。现场签约项目143个，为2019年（第九届）阳澄湖创客大赛总决赛10位获奖选手颁奖，相城区六大未来产业紧缺人才需求发布，长三角国际人力资本创新园区揭牌，中国科学院半导体研究所—苏州脑机融合研究院、江苏省产业技术研究院苏州脑机融合智能技术研究所联合揭牌，顶尖专家顾问委员会聘任仪式举行。

12日

●相城区委审计委员会第一次会议召开。

●相城区委外事工作委员会第一次全体会议召开。

16日 上海虹桥苏州（相城）数字经济创新产业园授牌"长三角虹桥·苏州（相城）产业创新联动中心"。

17日 江苏省商务厅公布《2019—2020年度江苏省电子商务示范基地、企业名单》，苏州高铁新城电子商务产业园、中纸在线（苏州）电子商务股份有限公司分别获评2019—2020年度省级电子商务示范基地、企业。

24日 西安交通大学苏州漕湖科技园海外人才离岸创新创业基地获评首批试点建设江苏省海外人才离岸创新创业基地。

26日 中共苏州市相城区委四届十次全体会议召开。区委书记顾海东代表区委常委会作《全面融入长三角 全力建设先导区 以更大的自信担当作为推动高质量发展新突破》的报告，会议审议并通过《中共苏州市相城区委四届十次全体会议决议》。

27日 相城区经济运行专题会议召开。

31日 "相穗相融·创新共赢"苏州相城（广州）科技创新投资推介会在广州市白云区举办。华南理工大学与相城区达成战略合作意向，华南理工大学学生就业创业实践基地、华南理工大学电子与信息学院人体数据科学（苏州）创新中心两个校、院级共建项目率先落户相城元和高新区片区，并揭牌。研学教育、变刚度智能机器手、亚布力创投基金、Thomas Cook酒店合作项目等一批高质量项目签约，2019年（第十届）阳澄湖创客大赛启动。

8月

2日 2019苏州相城（深圳）科技创新投资推介会在深圳举行。推介会上成立"深圳—相城创新创业合作平台"；生物医药CDMO、环保设备、5G基站核心部件、机电设备零部件、纳米生物技术、非标自动化设备等项目签约。

5日 江苏省委第八巡视组巡视相城区工作动员会召开。

6日

●海鹰空天材料（苏州）研究院学术交流会在相城区举办。会上，中国航天科工三院与苏州市人民政府签订战略合作框架协议。海鹰空天材料研究院在相城区成立并揭牌。

●国家发改委发展规划司副司长张建民率队到相城区调研紫光工业云体验中心、初速度（苏州）科技有限公司、长三角国际研发社区展示中心。

7日 江苏省政协主席黄莉新一行调研相城区政协民主评议工作和"政协委员之家"建设工作。

9日 相城区行政审批局发出全省首张"行业综合许可证"。

9~11日 2019年第9号台风"利奇马"过境相城区，区防指先后启动Ⅳ级至Ⅱ级应急响应，召开紧急会议部署防台工作，相关领导带队督查防台抗灾情况。

15日 《沪苏高铁一体化发展研究工作大纲》专家评审会议在相城区召开。

16日 长三角智能制造基金GP·LP专场对接会在相城区举办。

20日 中共江苏省委常委、苏州市委书记周乃翔到相城区专题调研农村人居环境整治工作。

21日 紫光SAP工业互联网联合创新中心成立仪式在相城区举办。

23日 "以数字经济和健康养老促进区域经济发展"经济技术交流会在相城区举行。

29日 2019年（第十届）阳澄湖创客大赛以色列分站赛首次通过远程视频形式在相城金融大厦长三角国际路演中心举办。

30日

●高铁新城举办环秀湖人力资源经理人联盟成立大会暨环秀湖创业俱乐部沙龙活动，辖区内有38家重点企业的46名人事经理加入联盟。

●"共话初心·勇担使命"百姓名嘴巡回宣讲周启动仪式暨首场宣讲活动举办。

9月

2日 中共江苏省委第八巡视组联动巡视巡察组下沉到澄阳街道和漕湖街道调研，听取全面从严治党专题汇报，重点了解当地概况、经济社会发展、产业特点、污染治理、拆迁安置、扶贫帮困等有关情况。

3日

●全国政协民宗委副主任罗正富一行调研相城区农村基层基督教场所情况。

●相城区人大常委会召开工作评议动员会，公布《相城区人大常委会关于2019年对政府工作部门开展工作评议的实施意见》。

6日

●相城区巡视立行立改部署暨村（社区）党组织回归本职专项巡察动员会召开，对中共江苏省委第八巡视组巡视相城区立行立改进行专题部署，对全区村（社区）党组织回归本职专项巡察进行动员。

●相城区扫黑除恶督导反馈意见整改部署暨安全消防、"散乱污"及违建集中整治"双月攻坚"专项行动总结会召开。

9日

●相城区教育工作大会暨第35个教师节庆祝大会召开。

●"诗咏运河"运河名城书法名家作品邀请展在相城区开幕。作为首届中国苏州江南文化艺术·国际旅游节的大运河主题日活动之一，相关作品在苏州御窑金砖博物馆当代艺术中心集中展出，展期10天。

12日

●相城区庆祝中华人民共和国成立70周年暨纪念地方人大设立常委会40周年文艺演出在相城区市民活动中心举行。

●2019年"凡尔赛建筑奖"在法国巴黎联合国教科文组织总部举办颁奖典礼，苏州市阳澄湖生态休闲旅游度假区的阳澄湖旅游集散中心获客运站类最高奖项"凡尔赛建筑奖"，被评为"全球最美客运站"。

16日 相城区文商旅集团建设项目冯梦龙纪念馆经江苏省哲学社会科学界联合会认定，被评为2019年度省级社科普及基地。

17日 第七届江苏省道德模范暨第二届江苏省文明家庭颁奖仪式在南京举行。相城区居民袁素泉获江苏省道德模范提名奖，孙华妹家庭获评第二届江苏省文明家庭。

19日 《财富》中文网公布"中国40位40岁以下的商界精英"榜单，高铁新城企业Momenta创始人兼首席执行官曹旭东入选。

20日

●全国首届阳澄湖艺术节暨第四届沈周文化节在阳澄湖镇开幕。

●江苏省电子信息产业院士协同创新中心授牌落户相城区。

●江苏省高质量企业研发机构创新资源对接会暨相城区先进材料、生物医药高端峰会活动在苏州高铁新城举办。

21日 2019苏州相城阳澄湖文化旅游节暨阳澄湖大闸蟹试捕仪式在阳澄湖旅游集散中心开幕。

22日 2019年第二届北太湖稻香小镇丰收文化节在望亭镇开幕。

23日

●2019年苏州市“中国农民丰收节”开幕式在黄埭高新区举办。现场，冯梦龙农耕文化园揭牌开园。

●相城区举行庆祝中华人民共和国成立70周年升国旗仪式暨《歌唱祖国》千人大合唱活动。

25日 相城区政府、区人武部、区退役军人事务局领导组成慰问组，走访慰问新四军老战士薛惠春、一等功臣周云泉、退役残疾军人喻仁荣，向他们颁发“庆祝中华人民共和国成立70周年”纪念章。相城区共有13名退役军人获此殊荣。

26日 苏州市政府公布“见证·苏州 卓越外企人士”表彰名单，相城区苏州道森钻采设备股份有限公司总经理邹利明、美特科技（苏州）有限公司总经理林淑君、永儒塑胶工业（苏州）有限公司总经理王永红、苏州万旭光电通信有限公司副总经理郑宝利、德星技术（苏州）有限公司中国区总经理舒逸、泰马克精密铸造（苏州）有限公司总经理孙烈冰等6位外企人士入选。

27日 相城区举行2019年实事工程、重点项目推进会暨第三季度产业项目集中开工活动，三季度集中开工遴选出14个产业项目，总投资45亿元，投资超亿元的项目有13个，涉及人工智能、医疗健康、精密制造等战略性新兴产业领域。总投资20亿元的苏州平保健康科技有限公司项目启动。

29日

●相城区四套班子主题教育集体现场学习暨“365”先锋馆开馆仪式在区会议中心举行。

●苏州市委常委、市纪委书记、监委主任刘乐明到相城区慰问“全国向上向善好青年”尤苑、“中国好人”周六妹和离休干部代表薛惠春。

●首届太平书镇文化艺术节在太平老街启动。现场，太平书镇非遗学堂、相城区文联太平书镇创作基地揭牌。

30日 “礼赞七十年 奋进新时代”相城区庆祝中华人民共和国成立70周年书画展在苏州御窑金砖博物馆开幕。

10月

11日

●苏州市人大常委会主任陈振一到相城区调研苏州市第二工人文化宫建设进展情况。

●相城区召开交通运输安全生产专题研讨会。

12日 2019苏州相城“互联网+人工智能”教育产业发展研讨会在元和高新区举办。会上，创新工场耶鲁商学院项目落户元和高新区并揭牌成立。

13日 2019第二届中国·苏州·相城漕湖金秋龙舟赛在漕湖湿地公园举办。

14日 江苏省委常委、苏州市委书记蓝绍敏在相城区会见美国圣路易斯市市长丽达·克鲁森一行。

15日 医学教育与精准医疗国际研讨会暨国际医疗健康（苏州）中心项目启动仪式在相城区举行。

18日

●相城区召开生活垃圾分类工作推进会。

●苏宁科技集团举办C2M生态发布会，宣告苏宁C2M平台总部揭牌落户苏州相城经济技术开发区。

19日 上海“十四五”规划闭门研讨会（江苏专场）在相城区召开，中共苏州市相城区委书记顾海东作交流发言。

21日 全国人大常委会原副委员长张宝文一行到相城区视察苏州御窑金砖博物馆。

22日 “京秋十月 聚力阳澄”2019苏州相城阳澄生态新区（北京）投资推介会在北京举办。会上，10个项目签约落户阳澄生态新区（高铁新城）片区。

23日 2019年相城区社会科学普及宣传周启动仪式举行。

25日

●国务院发展研究中心国研智库总裁、应用经济学博士后张诗雨，省政府研究室副主任沈和一行到相城区专题调研相城区高质量发展，先后察看福耀玻璃（苏州）有限公司、苏州长风药业股份有限公司、长三角国际研发社区展示中心及相城区科技金融产业园区。座谈会上，中共苏州市相城区委书记顾海东向调研组汇报相城区经济发展情况。

●2019科技外交官相城行&国际优秀项目对接交流会在相城区举行。

●“‘智领相城 活力宜居’2019苏州相城经济技术开发区营商环境招商推介会”在上海虹桥富力中心举办。

26日 第二届全球智能驾驶峰会暨2019长三角G60科创走廊智能驾驶产业峰会在相城区开幕。现场，江苏省车联网先导区、苏州市智能网联汽车产业创新联盟揭牌，苏州高铁新城智能网联汽车公共测试道路（一期）发布及公共服务平台启动，《智能网联汽车示范应用指导意见（试行）》对外发布。

28日

●2019苏州相城国际经贸恳谈周开幕式暨日本江苏工商总会成立仪式举行。现场，日本江苏工商总会揭牌成立，长三角国际研发社区宣告启动建设，武汉大学苏州研究院相城科教服务中心揭牌，第十届阳澄湖创客大赛总决赛颁奖，40个产业、基金和平台载体项目签约。

●中共江苏省委常委、苏州市委书记蓝绍敏到相城区调研，实地考察福耀玻璃（苏州）有限公司、平谦国际（相城）现代产业园、长三角国际研发社区展示中心、初速度（苏州）科技有限公司、苏州同济金融科技研究院、相城科技金融规划展示中心。

●相城区庆祝中华人民共和国成立70周年暨建区18周年文艺汇演举行。

●2019（第十届）阳澄湖创客大赛总决赛在相城区举行。

30日 在江苏省首届创业投资发展峰会上，相城科技金融产业园获评江苏省创业投资集聚发展示范区，相城金控集团旗下企业相城基金管理公司获评江苏省创业投资品牌领军企业，相城创投陶陈灵团队获评江苏省创业投资优秀团队。

31日

●荷兰北布拉邦省创新日活动在相城区举行。

●2019第二届中国·以色列人工智能及物联网高峰论坛在相城区举办。

11月

1日

●长三角中日人才技术创新合作论坛在相城区举行。日本江苏总商会长三角创新创业基地揭牌，相城区人才工作合作组织签约。

●在江苏省第七届农民体育节上，相城区表演的“江南船拳”，在全省13个展示项目中以第一名的成绩获得体育项目展示金奖。该项目已被列入江苏省非物质文化遗产保护名录。

4日 复旦大学附属中山医院长三角合作医院第三次联席会议在相城人民医院召开。

4~6日 2019第七届电工产品可靠性与电接触国际会议在相城区举办。

5日

●第七届中国江苏产学研合作大会——相城高新区园区行暨中关村国际新材料项目专场对接会在元和高新区开幕。现场，苏州·中关村信息谷等10个科技项目集中签约，9个优秀创新创业项目进行路演。

●2019年“校园苏州日”走进中国科技大学。中共苏州市相城区委常委、组织部部长、统战部部长葛宇红主持活动并作相城人才政策推介，两位中国科大校友代表分享在相城创新创业的感受，苏州团市委、相城团区委与中国科大团委签订2020年苏州青年精英创业大赛合作备忘录，相城区招才引智顾问聘任仪式举行，在毕业生专场招聘会上，区内38家重点企业提供896个就业岗位。

●江苏省慈善总会会长蒋宏坤带队考察相城区“慈善义仓”实体建设工作。

7日

●2019苏州（相城）中日智能制造协同创新论坛在上海国家会展中心举行。6个产业和平台载体项目现场签约。

●苏州同济区块链研究院入选江苏省2019年第一批高新技术企业。

9日

●合肥工业大学—苏州科技创新交流会暨2019“新材料与智能制造”产业创新发展论坛在相城区举行。现场，合肥工业大学机械学院与相城区人民政府战略合作启动仪式举行。

●2019年相城消防“向人民报告”暨“119”消防宣传月启动仪式举行。区委常委、常务副区长潘春华出席活动并讲话。

11日 相城区在江苏省县域金融生态环境综合评估中，于全省69个下设乡镇的县（市、区）里蝉联第一。

12日

●“江苏·日本友好城市公务员交流会”在相城区举行。

●江苏省苏南国家自主创新示范区建设促进服务中心公布2019年苏南国家自主创新示范

区独角兽企业和瞪羚企业评估结果。相城区魔门塔（苏州）科技有限公司入选“苏南国家自主创新示范区独角兽企业”，为苏州大市唯一上榜创业公司。苏州智加科技有限公司、苏州更美互动信息科技有限公司、布瑞克（苏州）农业信息科技有限公司3家入选潜在独角兽企业。

14日

●苏州市委副书记朱民一行调研相城区域阳澄湖环境整治情况。

●联想创新科技大会2019（Lenovo Tech World 2019）在北京召开。联想企业业务集团与相城区人民政府共同宣告联想（苏州）未来科技数字中心落户苏州相城经济技术开发区。

15日 中国银行全面支持苏州市相城区建设系列签约仪式在相城区举行。中国银行长三角一体化综合经营办公室举行揭牌仪式，中国银行与苏州市相城区人民政府签署全面战略合作备忘录等8项合作协议。

16日

●十二届全国人大外事委员会副主任委员、中国社会科学院“一带一路”国际智库专家委员会主席、蓝迪国际智库专家委员会主席赵白鸽一行到相城区调研并与企业人员座谈。

●苏州市委宣传部、相城区委宣传部、北京电影学院共同指导，苏州新相事成文化传媒有限公司、青年电影制片厂联合出品摄制的青春励志电影《花渡好时光》在相城区开机。该片以相城为故事主场景，90%的场景拍摄地在相城，讲述返乡大学生文创改变家乡的故事。

●美高教育集团与苏州相城经济技术开发区签约仪式在漕湖大厦举行。

19日 相城·石阡东西部扶贫协作联席会议在相城区会议中心举行。

21日

●第二届长三角国际文化产业博览会在上海开幕。作为活动主题论坛之一，相城区在上海国家会展中心举办“科创与文创融合发展”论坛。苏州“179”科技文化创意产业带发布，签约科技文化创意产业落户项目10个。

●清华大学公布2019年研究生社会实践星级基地评定结果，相城基地获评清华大学研究生社会实践“五星基地”。

22日

●中央统战部、全国工商联委托清华大学经管学院举办的“新时代民营企业家培养计划”EMD（二期）苏州移动校园开展走进相城活动。

●相城区歌舞节目《又见阳澄湖》、小组唱《阳澄湖寻梦》获第三届苏州市群众文化“繁星奖”金奖。相城区音乐类作品首次获市“繁星奖”金奖。

23日 第29届智能交通世界大会创新大赛暨首届智能交通中国苏州创新大赛启动仪式在苏州高铁新城举办。

24日 中国农工民主党苏州市相城区基层委员会成立大会召开。

25日

●“创鑫意·融智力·助高企——苏州相城区‘鑫高企’金融服务直通车”活动举行。

●黄桥街道占上村党委书记、村委会主任张祥元参加全省“老支书精神”传承——首批“百名示范”村书记座谈会。

26日 京沪高铁苏州北站启用电子客票。

28日 苏州高铁新城—英国东安格利亚大学中英创新合作中心成立仪式在相城区举行。

29日 “2019中国年度创投大会”在相城区举行。

30日

●相城区召开首届企业家大会。区四套班子领导及1000多位企业家代表出席会议。会议发布相城区高质量发展扶持政策，举行《苏州市相城区高质量发展服务手册》赠予仪式。

●“首届人民网内容科技创新创业大赛长三角赛区决赛暨颁奖盛典”在苏州高铁新城阳澄国际电竞馆举办，人民创投文创产业研究院揭牌。

是月 2019年1~10月，相城区每万人发明专利拥有量44.55件，与2018年底相比，增长13.04%，是全市唯一增速超10%的行政区域。

12月

2日

●2019苏州相城（大阪）投资推介会在日本大阪举办。

●“数智领航·融通相城”2019年导航定位与智慧机场学术研讨会在相城区举办。会上，机场飞行区运行管控验证（相城）基地启动。

3日 相城区冯梦龙村廉政文化教育基地VR数字展馆在中央纪委国家监委网站上线。

4日

●苏州市相城区招商服务中心富山县支援中心揭牌仪式在日本富山县JEC集团总部举行。

●苏州御窑金砖博物馆（苏

州御窑遗址园）和冯梦龙村获评第二批国家全域旅游人才培训基地现场教学点。

5日

●第五届全国检验检测检疫学术论坛在相城区开幕。

●2019海峡两岸（苏州相城）农业博览会在苏州市相城区体育艺术馆开幕。

7日

●2019中日大健康产业合作交流大会在相城区举办。

●2019年“长三角区域一体化发展”智库联盟（苏州）成立仪式暨主旨论坛首场演讲在相城区举行。

●黄埭镇获评2016—2018年度江苏省文明镇，黄埭镇冯梦龙村、漕湖街道卫星村、阳澄湖生态休闲旅游度假区清水村、北桥街道丰泾村、渭塘镇凤阳村、望亭镇华阳村、阳澄湖镇消泾村、北桥街道芮埭村获评2016—2018年度江苏省文明村。

8日 江苏省黄埭中学、相城区春申中学举行“九秩树人 共谱华章”建校90周年纪念活动，李廷栋院士苏州地质科普工作站落成于江苏省黄埭中学。

9日 苏州市第九安全生产巡查组巡查相城区工作动员会和汇报会召开。

10日 苏州第二图书馆开馆。

12日

●“2019第六届互联网+健康中国大会”在相城区召开。

●2019苏州相城阳澄生态新区（上海）国际协同创新推介会在沪举办。现场，9个产业项目分批举行签约仪式，中捷科技创新中心举行揭牌仪式。

13日

●“相约鹏城 融合创新”苏州相城经济技术开发区（深圳）投资推介会在深圳举行。现场，百思叠合自动化、云图视觉AR显示技术、云瑞环保设备、冯氏轨交科技等4个项目签约。

●相城区被江苏省卫健委确定为江苏省慢性病综合防控建设达标区。

14日 苏州金澄福渔业科技有限公司法人代表许爱国获得2016—2018年度全国农牧渔业“丰收贡献奖”。

16日

●苏州相城（德国）科技创新推介会在德国慕尼黑市举办。现场，中德工业交流中心苏州相城经济技术开发区招商引资联络处揭牌；智能驾驶仿真测试中心项目、中欧经济技术人才交流促进会人才引进战略合作项目和Eldisy汽车密封系统项目签约。

●中央电视台音乐频道春节特别节目《唱响新时代》苏州专场的主会场节目录制在相城阳澄湖度假区旅游集散中心举行。

17~18日 江苏省旅游协会2019年会暨苏州相城文化旅游宣传推介会系列活动在相城区举行。江苏省旅游协会培训基地揭牌。

18日

●相城区“相帮扶·城温暖”困难群体帮扶品牌发布暨智慧帮扶信息平台上线仪式举办。

●全国工商联办公厅发布2018—2019年度全国“五好”县级工商联获评名单。相城区工商联获评全国“五好”县级工商联。区工商联连续两年获得全国“五好”县级工商联称号。

19日

●2019苏州相城（以色列）投资推介会在以色列特拉维夫市佩雷斯和平创新中心举办。现场，苏州相城—以色列技术成果转移中心揭牌。

●苏州农商银行科创金融中心暨科技金融产业园支行成立仪式在苏州高铁新城举行。

22日

●由栗原涉议长率领的日本福冈县议会代表团来相城区考察。先后参观考察漕湖开发区规划展示馆和阳澄湖旅游集散中心。

●冯梦龙村经农业农村部认定，获评全国农村创新创业孵化实训基地。

24日 中国银行—相城区全面合作协调推进领导小组第二次联席会议召开。

28日 长三角先进材料研究院成立大会暨长三角先进材料产业创新合作研讨会在相城区举办。现场，长三角先进材料研究院揭牌。

29日 相城区委四届十一次全会召开。回顾总结2019年工作，研究部署2020年任务，会议审议并通过《中共苏州市相城区委四届十一次全体会议决议》。

31日 相城消防救援大队挂牌仪式举行。

中国共产党苏州市相城区委员会

全面深化改革

【概况】 2019年，中国共产党苏州市相城区委员会（以下简称中共苏州市相城区委）全面深化改革委员会（简称深改委）把抓改革作为重大政治责任，坚持“无人不能改革、无事不可改革、无时不需改革”理念，集中力量突破重要领域和关键环节，全区改革工作取得良好成效。1月被农业农村部确定为全国农村一二三产业融合发展先导区创建名单，4月被南京海关确定为“以供应链为单元”的加工贸易保税监管新模式改革试点，7月江苏省市场监管局决定在相城开展无证无照经营查处平台试点应用工作，10月被省工信厅确定为省级车联网先导区。望亭发展的相关经验获市委主要领导批示，“不见面审批（服务）”标准化等有关做法在全省推广。

【重点领域改革】 2019年，中共苏州市相城区委深改委解放思想、大胆创新，强化督查，统筹推进年度改革计划，取得预期成效。

供给侧结构性改革 年内，首创推出“相城政策通”平台，为企业提供法律、金融、活动等各类咨询服务。深化工业企业资源集约利用综合评价改革，建立以亩均税收、亩均销售等6项指标为核心的“3.0版”企业综合评价体系。针对D类企业差别化征收223.85万元（不包含电费）。坚持落实差别化城镇土地使用税政策，至年末，A、B类企业共计减轻税负3572.62万元。全年新增减税降费30.49亿元。

“放管服”改革 年内，省级“不见面审批（服务）”标准化试点不断拓展提升，全区90%以上事项实现网上办理，“不见面审批”140万件，占比由上年的8.6%增至90%。市级“互联网+政务服务”工作示范点建设加快推进，10个公共服务事项实现“一网通办”。12个镇（街道、区）、134个村（社区）便民服务中心率先构建起覆盖城乡的标准化便民服务体系。“7×24小时”自助服务区率先实现镇级全覆盖。在省内率先推行“一窗一事一证”综合许可改革，实现“一件事”全流程最多跑一窗，发出全省首张“行业综合许可证”。优化建设项目审批流程，审批时间实现由“3550”向“1120”转变。推进“证照分离”改革，制定《相城区推开“证照分离”改革工作方案》《相城区全面推开公共场所卫生许可告知承诺制改革实施方案》。率先承接外资登记、股份公司设立登记工作权限。制定《相城区信息化建设管理改革方案》，明确全区信息化建设“1+8+N+X”总体框架，达到“集约、节约、综合、实用、专业、高效”的目标。

属地化改革 年内，出台《关于加强镇（街道、区）财政机构属地化管理的实施意见》，加强职能整合，实现统一集中监督管理。明确镇（街道、区）对学校、医院在党建、财务、干部人员、绩效等工作上的主体职责，业务主管部门指导监督、统筹协调等责任，实现管理资源下沉。逐步推进水务、农业农村、交通运输、市场监管等领域属地化管理工作。

市场化改革 年内，环卫基础设施建设市场化改革稳步推进，设计黄埭高新片区大中型垃圾综合转运站。完成环卫作业市场化改革及考核培训，实施人员、装备、不动产的排摸及划转。智慧

停车管理市场化项目扎实开展，完成中心城区停车设施普查。物业管理市场化改革有序开展，确定板块改革试点项目、改革试点模式和计划对接企业，各地上报搬迁安置小区试点17个。

科技金融体制改革　年内，建成“一园两基地三中心”科技金融服务平台，实施科技金融高质量发展专项扶持政策。科技金融产业园获评省级创业投资集聚发展示范区。全区共有各类科技金融企业250家，快速集聚产业基金140支，总规模1250亿元。中国人民银行长三角数字货币研究院正式揭牌。完成中国银行全面支持相城建设系列签约，设立中行长三角一体化综合经营办、中银金科子公司、中银投代表处。推出创新金融产品“相科贷”，提高企业融资的可获得性。

财政体制改革　年内，完善区镇两级财政体制，制定镇（街道、区）财政管理体制调整方案及元和高新区财政体制调整方案，加快形成有利于经济转型升级的现代财政制度，促进两级政府财力和事权责任相匹配。制定预备费管理办法，规范预备费使用管理。实施企业奖补类资金直接支付，提高资金运转效率。启动国库集中支付电子化改革试点，制定区级国库集中支付业务电子化管理暂行办法。

国有（集体）企业改革　年内，推进区属公司股权调整，完成区政府批复10批股权调整计划，共计77笔，金额共计344.3亿元。深化以管资本为主的职能转变和法人治理结构改革，健全国资监管制度体系，进一步提升经营性资产效益。推动镇级国有（集体）企业改革，指导完成清产核资、股权调整，建立现代化国有企业。新添2A及以上信用等级国有公司3家。

农业农村改革　年内，实施村（社区）集体经营性资产集中经营管理，在阳澄湖镇成立镇村级财务集中收付中心。冯梦龙村成功申报全国农村创新创业孵化实训基地项目。冯梦龙村冯埂上获批江苏省第三批特色田园乡村建设试点。农村人居环境整治全面铺开，保留村庄农房建设有序推进。新增高标准农田87.65公顷、高标准蔬菜基地6.67公顷。

社会治理改革　年内，深化“三官一律”司法服务进网格，全区72名法官及助理、63名检察官、94名警官及76名法律工作者下沉到598个城乡社区网格，实现网格全覆盖。社会综合治理网格化联动机制运行顺畅，全年受理处置12345、寒山闻钟论坛、公众监督等25个不同来源的工单220.64万条，办结率98.3%，市、区两级12345热线工单满意率超99%。推进信访系统标准化建设，制定《全区信访系统标准化建设工作方案》《创建“人民满意窗口”工作实施方案》，信、访、网、电等渠道受理的信访事项“及时受理率”达99%，“按时办结率”达100%，“参评率”和“满意率”达99%以上。

机构改革　年内，完成区级34个部门的“三定”规定印发。制定《区级机关事业单位优化调整实施方案》，完成全区事业单位的优化调整。在全区4镇7街道行政区划上，形成以相城经济技术开发区为“一区”主体，相城高新区、阳澄湖生态旅游度假区、国家级现代农业示范区等为“多园”的“一区多园”协同发展的管理架构，积极探索“区政合一”管理体制，实现全区镇（街道）及相应的功能园区深度融合。积极对上争取，明确高新区党工委管委会副处级建制，增加处级事业单位1个、科级事业单位2个、副处级领导职数9名。

【深改委会议】 2019年，中共苏州市相城区委深改委召开会议8次，审议通过改革方案和文件20余项。

第一次会议　4月4日召开，审议通过《中共苏州市相城区委全面深化改革委员会2019年重点改革任务》《推进五大产业高地建设协调机制》《相城区2019年省级服务业综合改革工作要点》等文件。

第二次会议　4月29日召开，审议通过《相城区信息化建设管理改革方案》等文件。

第三次会议　6月15日召开，审议通过《关于加强镇（街道、区）财政机构属地化管理的实施意见》等文件。

第四次会议　7月6日召开，审议通过《相城区环卫作业市场化改革方案》《相城区环卫基础设施建设运营市场化改革方案》《相城区智慧停车设施建设管理市场化改革方案》《相城区搬迁安置小区物业管理市场化改革方案》《相城区市政基础设施管理养护市场化改革方案》《相城区绿化养护管理市场化改革方案》《关于建立六大未来产业创新高地建设协调推进机制的通知》《关于建立苏州（相城）中日智能制造协同创新区建设协调推进机制的通知》等文件。

第五次会议　8月31日召开，审议通过《关于加强镇（街道、区）学校属地化管理的实施意见》

《关于加强镇(街道、区)医疗机构属地化管理的实施意见》《苏州市相城区镇(街道)相对集中行政处罚权工作方案》《苏州市相城区镇(街道)相对集中行政处罚权工作管理规定(试行)》等文件。

第六次会议　9月29日召开,审议通过《镇(街道、区)财政管理体制调整方案(试行)》《元和高新区财政体制调整方案(试行)》《相城区科技金融引领高质量发展若干扶持政策(试行)》等文件。

第七次会议　11月18日召开,审议通过《相城区全面推行行政执法公示制度执法全过程记录制度重大执法决定法制审核制度实施方案》等文件。

第八次会议　12月10日召开,审议通过《关于加强和规范相城区农房规划建设管理的指导意见》等文件。

区委重要会议和决策文件

【区委重要会议】 中共苏州市相城区委四届十次全体会议　7月26日在区会议中心召开。会议听取中共苏州市相城区委书记顾海东代表中共苏州市相城区委常委会所作题为《全面融入长三角,全力建设先导区,以更大的自信担当作为推动高质量发展新突破》的报告。全会部署下半年全区主要任务,要求重点抓好6个方面。一是全力抢抓一体化发展新机遇。努力构建先导区,全力融入大上海,着力打造共同体。二是全力打造高端化产业新高地。专注领先产业培育,激发产业发展动能,彰显功能板块特色。三是全力构建国际化合作新格局。打造国际化特色平台,集聚国际化创新资源,建设国际化功能配套。四是全力营造现代化环境新生态。打造优质的城市生态,建设优良的人文生态,营造优渥的发展生态。五是全力提升优质化民生新高度。优化公共服务供给,强化民生福祉保障,深化社会治理举措。六是全力激发集成化改革新动力。突出市场化、属地化、便利化改革。全会强调,要全面加强党的建设,激励全区党员干部用初心使命书写相城发展的新篇章。把提高政治站位作为首要之责,把锻造坚强队伍作为成事之要,把夯实基层基础作为固本之基,把优化党风政风作为关键之举。领导干部尤其是一把手,要有“谋略家”的高明、“实干家”的坚守、“内当家”的善治。

中共苏州市相城区委四届十一次全体会议　12月29日在区会议中心召开。会议听取中共苏州市相城区委书记顾海东代表中共苏州市相城区委常委会所作题为《十八而砺再进发,跨越赶超立潮头,以奋斗姿态激情书写相城开放发展新篇章》的报告。全会明确,要紧紧围绕“12345”战略思路,咬定“四立要求”的发展导向、“树标超标”的共同行动、“抢抓机遇”的现实之道不动摇,以十八而砺再进发、跨越赶超立潮头的奋斗姿态,确保如期高水平全面建成小康社会、全面完成“十三五”各项目标任务、开启基本实现现代化建设新征程,奋力谱写相城高水平开放、高质量发展、高定位赶超的新篇章。全会对2020年全区主要任务进行部署,要求重点把握好5个方面。一要做强实业再发力,着力建设长三角产业创新高地。奋力打造联动发展新高地,充分彰显高端产业新魅力,切实加快创新资源新集聚。二要开放创新再拓展,着力提升高质量发展新能级。不断拓展开放空间,不断扩大有效投入,不断推动创新转型。三要环境品质再提升,着力擦亮宜居宜业城市底色。更高标准提升“城市质感”,更大力度打造“绿色样板”,更强举措推进“乡村振兴”。四要营商环境再优化,着力激发体制机制改革活力。全力优化涉企服务,着力深化改革攻坚,激活市场主体活力。五要和谐安定再聚焦,着力高水平全面建成小康社会。致力打造高质量幸福民生,全面提升现代化治理能力,积极培育新时代城市精神。全会强调,要坚持以政治建设为统领,持续巩固拓展主题教育成果,坚定不移把初心使命落实到推动事业发展的成效上。矢志不渝守初心、担使命,始终不懈提能力、强作风,坚定不移强基层、固基础,驰而不息正风纪、去腐恶。领导干部要有“高瞻远瞩重谋划”的理念、“咬定青山争一流”的追求、“事在人为皆可能”的气概。

【决策文件】 2月19日,中共苏州市相城区委、区政府印发《关于表彰苏州市相城区2018年度高质量发展优秀企业和优秀人才的决定》。授予苏州二叶制药有限公司等9家企业纳税特别贡献奖、苏州上声电子股份有限公司等35家企业社会责任奖、苏州金宏气体股份有限公司等91家企业高质量发展创新奖、苏州市相城城市建设投资(集团)有限公司等79家企业纳税贡献奖、刘庆1人高质量发展特殊贡献人才奖、马登永等24人高质量发展创新引领人才奖。

4月10日，中共苏州市相城区委、区政府印发《苏州市相城区新时代文明实践工作实施方案》，要求以志愿服务为抓手调动各方力量，以资源整合为重点打造工作平台，以群众需求为导向创新方式方法，奋力谱写实现“12345”战略思路和跨越赶超发展新篇章。从建立组织体系、整合各类资源、组建志愿队伍、明确建设标准等4个方面做出任务安排，明确学习实践科学理论、宣传方针政策法规、培育践行主流价值等5个方面的工作内容。

6月25日，中共苏州市相城区委印发《关于表彰苏州市相城区先进基层党组织、优秀共产党员和优秀党务工作者的决定》，对开发区漕湖学校党支部等20个基层党组织、卢婧等20名共产党员和徐明宝等20名党务工作者予以表彰。

7月8日，中共苏州市相城区委、区政府印发《关于全面加强生态环境保护坚决打好污染防治攻坚战的工作方案》，要求切实加强生态环境保护，坚决打好污染防治攻坚战，加快建设“苏州市域新中心”“生态宜居中心”，奋力开创相城高质量发展新局面。从强化主体责任、强化问题检查、强化考核评价、强化责任追究等4个方面全面加强党对生态环境保护的领导；从调整优化空间布局、提档升级产业结构等4个方面推进绿色低碳循环发展；从强化重点行业大气污染治理、强化煤炭消费总量控制等6个方面坚决打赢蓝天保卫战；从严格太湖水污染防治、严格城乡黑臭水体治理等4个方面坚决打好碧水保卫战；从推进土壤污染管控修复、强化污染地块安全利用等4个方面坚决推进净土保卫战；同时要切实加强生态保护与修复，着力提升污染防治和环境风险防范能力，改革完善生态环境治理体系。

9月12日，中共苏州市相城区委印发《关于开展“不忘初心、牢记使命”主题教育的实施方案》，要求着力实现“五聚焦五自觉”目标：聚焦解放思想再出发，加深对习近平新时代中国特色社会主义思想的理解，自觉做到理论学习有收获；聚焦锤炼党性再提升，在思想上政治上行动上同以习近平同志为核心的党中央保持高度一致，自觉做到思想政治受洗礼；聚焦“三项机制”再推进，将其贯穿于使用干部、激励作为、推动工作全过程，自觉做到干事创业敢担当；聚焦转变作风再提效，着力解决群众的操心事、烦心事，整治形式主义、官僚主义，自觉做到为民服务解难题；聚焦政治生态再净化，严格规范党内政治生活，教育党员干部自省自警自律，自觉做到清正廉洁作表率。明确主题教育从2019年9月开始，11月底基本结束，不划阶段、不分环节，重点突出“四贯穿四在前”：将学习教育贯穿始终，在学懂弄通做实新思想上走在最前列；将调查研究贯穿始终，在理论联系实际上走在最前列；将检视问题贯穿始终，在勇于自我革命上走在最前列；将整改落实贯穿始终，在推进高质量发展上走在最前列。

10月28日，中共苏州市相城区委印发《关于命名苏州市相城区“最美奋斗者”的决定》，对王欣南等70名“最美奋斗者”予以命名，激励广大党员干部群众进一步增强“四个意识”，坚定“四个自信”，做到“两个维护”，不忘初心、牢记使命，以更大的自信担当作为助推相城高质量发展取得新突破！

12月26日，中共苏州市相城区委、区政府印发《苏州市相城区乡村振兴战略实施规划（2018—2022年）》。要求紧扣中共苏州市相城区委“12345”战略思路和“五大功能片区”战略定位，按照“产业兴旺、生态宜居、乡风文明、治理有效、生活富裕”的总要求，建立健全城乡融合发展的体制机制和政策体系，协调推进乡村产业振兴、人才振兴、文化振兴、生态振兴、组织振兴，加快推进农业农村现代化，为相城实现后发崛起提供有力的支撑和保障。基本形成以都市农业为基础的产业融合发展新格局，基本形成生态美丽宜居的乡村人居环境等5大发展目标。（韩愿强）

组织工作

【概况】 2019年末，全区有中共基层组织1515个，其中党委68个、党总支107个、党支部1340个。全年新发展党员301人，转入1357人，转出1427人。至年末，有中共党员25923人。2019年，中共苏州市相城区委共票决干部507人次，提拔、进一步使用科级干部111人，其中，正科职40人、副科职71人，女干部35人、党外干部8人。年内新招录公职人员10人。相城区获评2018年度苏州市人才科技工作创新进步地区，全区人才资源总量20.55万人，高层次人才总量1.57万人，分别增长24.5%、52.4%。

【基层党建】 基层党组织和党员队伍建设　2019年，中共苏州市相城区委组织部围绕中共苏州市相城区委、区政府重点工作，深化基层党组织和党员队伍建设，夯实执政根基。贯彻落实党的十九大精神，贯彻落实《中国共产党支部工作条例（试行）》等文件，各级党组织组织相关学习培训470期、覆盖13477人。印发《2019年区级机关党员干部政治理论学习实施意见》，发挥先锋阵地、党性教育基地、远程教育站点等作用，开展学习新思想活动6047次。强化党员仪式教育，完善新党员入党宣誓、重温入党誓词等政治仪式，以"七个一"为内容组织党员过好集体"政治生日"，每月固定一天开展"开放式"主题党日。成立"老书记讲习团"，面向广大党员、群众开展理论宣讲16次，听众2430人。全区各级党组织把学习贯彻习近平新时代中国特色社会主义思想和党的十九大精神作为首要政治任务，通过书记讲党课、专题研讨、微党课等形式，举办学习会8000余次。开展纪念中国共产党成立98周年系列活动，组织千余名党员参加升国旗仪式暨《歌唱祖国》千人大合唱，集中观看电影《我和我的祖国》，评选并表彰70名"最美奋斗者"。推广"行动支部"工作法，在全区打造产业发展类、便民服务类、社会治理类等行动支部320个，服务群众33.5万人次。深化"支部+网格"模式，实现基层社会治理"一张网"，设立三级网格598个，2098名网格党员在网格中凝聚民心、整合资源、解决难题。打造基层过硬队伍，推动村（社区）党组织书记、村（居）委会主任"一肩挑"。选派12名机关优秀年轻干部担任"第一书记"，助力征收搬迁、"263""331"专项行动等工作。加强村（社区）工作者职业体系建设，规范村（社区）工作者员额管理。严格执行村（社区）"两委"人员部门联审机制和备案管理制度。面向全社会进行"两新"组织专职党务工作者公开招聘，录用21名党务工作者，开办"两新"组织专职党务工作者培训班，组建"红色讲解员"参与党建阵地志愿讲解和日常管理服务。领导干部带头以普通党员身份参加组织生活，落实双重组织生活制度。推进党组织"六化"建设，常态化开展"周三午间一小时学习会"。黄桥街道占上村党委书记、村委会主任张祥元入选全省首批"百名示范"村书记，黄埭中学教师邢人德被命名为苏州市优秀共产党员，相城区人民检察院汪薇被命名为苏州市优秀党务工作者。构建"大党建"工作格局，在农村、社区、机关、"两新"、国企等领域积极强化党员先锋引领作用和党组织率先垂范作用。提升"两新"组织党的组织和工作覆盖质量，3人以上"两新"组织党组织单独组建率100%。开展相城区"两新"组织"庆祝中华人民共和国成立70周年"主题知识竞赛，承办2019年苏州市"两新"组织"庆祝中华人民共和国成立70周年"主题知识竞赛。国有企业党组织发挥"红领先锋"作用，区政府国资办"春申红雁"党建联盟获评全省国企党建"强基提质"提升工程优秀案例二等奖。

2019年9月29日，区领导重温入党誓词　　区委组织部　供稿

先锋"365"行动　2019年，围绕基层党建整体提升三年行动计划，以党组织"六化"建设为标准，以五大领域党建和全区域发展相融合模式，推动支部争当行动先锋、党员争当实践先锋，实现服务时间"全天候"、服务内容"全领域"、服务对象"全覆盖"、服务提升"全方位"。出台《深化先锋"365"行动，聚焦聚力高质量发展的实施意见》，全面提升先锋"365"品牌内涵，围绕"经济发展、改革开放、城乡建设、文化建设、生态环境、人民生活"六个高质量发展核心指标，构建"镇（街

2019年10月21日，"老书记讲习团"团长——黄桥街道占上村党委书记、村委会主任张祥元在"365"先锋馆为上海财经大学师生做宣讲

区委组织部 供稿

道、区）搭台、部门出力、支部行动、党员亮相"共驻共建、互联互动、先锋助力的区域化工作机制，组织18个区级机关党组织助推高质量发展共建项目。打造相城区"365"先锋馆、党建主题公园等重点项目，推进区、镇（街道、区）党群两级服务中心建设，形成区、镇（街道、区）、村（社区）、网格服务站四级阵地体系。开展区域党建工作站建设自查和重点督查工作，以"悟初心、强党性""祭英烈、忆党史""明法理、肃党纪""寻传统、正党风"四条路线整合23个参观教育点，形成"寻访红色足迹"党性体验专线。

软弱后进村党组织建设　2019年，中共苏州市相城区委组织部开展软弱后进村（社区）党组织排查，共排查出14个软弱后进村（社区）党组织需要进一步加强整顿，其中列入市级2个、区级12个，分别由区领导一对一挂钩联系、督促整改。选派机关优秀年轻干部担任软弱后进村（社区）党组织"第一书记"，按照"一村（社区）一策"建档整改，确保集中整顿取得实效。建立村（社区）"两委"人员部门联审机制和备案管理制度，联合区纪委监委、区法院、区检察院、相城公安分局等部门，对1101名村（社区）"两委"人员进行联审。

"不忘初心、牢记使命"主题教育　中共苏州市相城区委组织部切实把主题教育作为重大政治任务，主题教育覆盖全区61家参学单位、1500余个基层党组织、25000余名基层党员。聚焦主题主线，坚持学做结合。全区各级领导班子组织集中学习1380次，研讨交流366次。各级党组织学原文、悟原理，举办红色经典朗诵比赛等活动，聚焦本职工作，坚持问题导向。全区各级领导干部围绕转变政府职能、优化营商环境等方面确定调研课题408个，提出整改措施1299条。聚焦长效机制，坚持办好实事。开展"勇立潮头、对标赶超"专题活动，广大党员参加志愿服务万余次，为身边群众办实事好事2769件，增强群众的获得感、幸福感、安全感。

【干部管理】 2019年，干部工作围绕全区改革发展大局，坚持德才兼备、注重实绩的选人用人原则，严把选任关口，严格工作程序。

全方位配强班子　年内，深化综合分析研判机制，创新研判形式，组建8个联合考察组开展

2019年6月25日，"不忘初心、牢记使命"相城区纪念中国共产党成立98周年大会在区会议中心召开

区委组织部 供稿

区管领导班子届中考察，结合主题教育巡回指导工作走访班子，实现区管领导班子年度走访和考察“全覆盖”。创新开展领导干部“党性体检”，对区管领导干部进行“忠诚度、干净度、担当度、匹配度、认可度”的“五维”考量评价，形成全面精准“画像”。

高标准选配干部 年内，突出政治标准，深入实施领导干部德的纪实和考核评价，出台《关于开展区管党员领导干部任前政治体检的实施办法（试行）》，将体检结果作为干部提拔或进一步使用的重要依据。树立鲜明的选人用人导向，突出工作实绩，注重选拔长期扎根一线、甘于奉献、敢于担当的干部，真正把政治上靠得住、工作上有本事、人民群众信得过的干部选出来、用起来。

广领域分类建库 年内，围绕当前相城快速发展的实际需求，统筹干部队伍建设顶层设计规划，出台《相城区加强和改进优秀年轻干部培养选拔计划》，面向全区开展优秀年轻干部专题调研工作。通过机关事业人员招录、名校优生及选调生接收、海外高层次人才招引等方式，加大各类优秀年轻干部人才的吸收和储备力度。建立优秀年轻干部专业分类库，针对紧缺型干部人才，加强重点培养，不断优化干部专业结构，完善干部队伍多维度梯队建设。

搭建年轻干部成长平台 年内，深化“综合实践课堂”品牌内涵，整合各类挂职资源。先后选派13名机关年轻干部挂任软弱后进村（社区）党组织“第一书记”，6名基层年轻干部上到区级机关和重点项目挂职锻炼。选派1名海外高层次人才赴国家发改委、2名年轻科级干部赴市级机关部门、8名年轻干部赴园区各重点部门挂职。

精准开展干部教育培训 年内，落实《相城区干部教育培训三年行动计划》，健全完善干部教育培训体系。开展“提升党建引领高站位”“抢占经济产业新高地”“加快建设市域新中心”等7大专题48个重点培训项目，突出干部教育针对性和实效性。深化与清华大学、上海交通大学等名校合作，邀请国内有影响力、有学术地位的专家或专业领域领导来区授课，举办“相城大讲堂”10期，培训干部4500余人次，完成各级调训62人次。

提升年轻干部格局站位 年内，举办第二期青年干部培训班、第三期高层次专业人才区情研究班、第四期青年骨干假日成长训练营等重点班次。开创“跟团式”教培模式，组织优秀年轻干部参加相城投资推介会等活动。成立年轻干部“青锋成长社”，强化项目化管理和干部自我学习提能。

凝聚全面监督合力 年内，做好省委巡视迎检工作，认真梳理2016年以来中共苏州市相城区委选人用人、干部管理监督、专项整治等工作，根据省委巡视要求立行立改。着力开展联审检查工作，整合组织、编办、审计资源，对区交通运输局、区水务局、区市场监管局、区审计局4家单位进行“三责联审”。结合中共苏州市相城区委巡察要求，对区交通运输局、区水务局、区商务局、区住建局4家单位同步开展选人用人专项检查工作。严格做好领导干部个人有关事项报告的集中填报工作。

强化干部担当作为 年内，精选干部“三项机制”案例，向上报送鼓励激励案例2篇、能上能下案例1篇、容错纠错案例1篇，其中，“发挥考核正向激励、对三等功人员组织健康休养、加大典型宣传”案例被选送省委组织部。通过选树担当作为好干部，推动“三项机制”工作在基层落地生根。落实鼓励激励，择优分批进行公务员职级晋升，晋升为一级主任科员31人，晋升为三级主任

2019年5月4日，相城区第二期青年干部培训班及高层次专业人才区情研究班结业仪式举办
区委组织部 供稿

科员11人。对8名不适宜担任现职的干部作出“下”的探索，营造合理容错的良好环境和推进领导干部能上能下的良好氛围。

深化日常监管举措　年内，组织全区科级干部进行“三圈”情况对照检查，对“八小时之外”的“社交圈、生活圈、休闲圈”情况进行动态跟踪，从任前检查向日常检查延伸，提升监管覆盖面和实效性。发挥谈心谈话和提醒、诫勉、函询等抓手作用，注重干部心理关怀，做到平时常谈心、提拔必提醒、任前有谈话，全年共计开展谈心谈话147人次。

链接：2019年“相城大讲堂”授课情况

2月22日，邀请上海市委党校教授、城市科学研究会秘书长、城市发展研究与咨询中心主任王震国主讲“生态城市及其多元践行的现代化理念与优化策略”。

3月22日，邀请江苏省财政厅依法行政领导小组副组长兼政策法规处处长顾岳良主讲“全面加强专项资金管理中的风险防范”。

3月31日，邀请长江流域发展研究院常务副院长、上海市外来流动人口管理研究中心主任徐长乐主讲“长三角区域经济一体化发展的现状与趋势”。

4月25日，邀请上海市社会主义学院教授、党建研究会研究员、市委党校第四分校基层党建创新研究中心主任陈荣武主讲“提升新时代城市基层党建工作水平”。

5月24日，邀请北京国机智能研究院副总工程师、国家注册一级建造师、信息系统高级项目管理师王涛主讲“制造企业智能化转型升级的趋势、技术与社会影响”。

6月21日，邀请上海财经大学金融学院常务副院长、上海国际金融中心研究院执行院长赵晓菊主讲“绿色金融国际国内发展动态及苏州绿色金融的改革创新”。

7月12日，邀请政府津贴专家、黄鹤英才专家张敏主讲“新经济时代下大文化产业创新与发展”。

7月31日，邀请上海市科学学研究会名誉理事长、中国科学学与科技政策研究会区域创新专业委员会主任李健民主讲“关于实施创新驱动发展战略的思考”。

8月29日，邀请上海大学经济学院教授、上合组织外交研究院副院长、上海大学高等研究院党总支书记张恒龙主讲“聚焦当前经济形势与深化推进长三角一体化发展”。

9月21日，邀请上海市委党校马克思主义学院副院长、上海市习近平新时代中国特色社会主义思想研究中心研究员李宗建主讲“习近平新时代中国特色社会主义思想”。

【公务员工作】2019年，全区实有公务员1100人，参照管理工作人员225人。年内新招录公务员10人，全部进行任职培训，尽快完成角色转换。贯彻落实新修订的《公务员法》《公务员职务与职级并行规定》等法规制度文件，做好新旧规定的衔接。全区有798人进行职务职级套转，全年共有73人职级晋升，进一步畅通职级晋升通道，淡化职级晋升的工龄、资格资历等要素，更看重干部的政治品质、责任担当、德才表现、工作实绩，激励公务员通过实干实绩晋升。

公务员招录　2019年，通过公务员招录人员10人，其中法检系统7人，司法系统1人，乡镇街道2人。推行依法考录、公平考录和科学考录，加大对专业能力、专业精神的测评和考察，努力将高素质优秀人才选进公务员队伍。启动2020年公务员招录，完成招录岗位征集及初审报名工作，计划招录18人，1199人通过资格初审。

公务员管理　2019年度考核行政机关工作人员1516人，其中考核优秀364人，占比24.01%，

2019年5月10日，相城区年度考核记三等功表彰人员座谈会召开
区委组织部　供稿

首次组织记三等功人员健康休养。全年公务员初任培训10人。6月起，按照“应套尽套”原则，对全区40个部门、11个镇（街道）符合条件的798人按照综合管理类、行政执法类、法检助理三个类别分别套转职级。做好新旧职务职级并行规定的衔接，5月底前符合原晋升条件的30人晋升职级，其中晋升正处级4人，晋升副处级6人，晋升正科级8人，晋升副科级12人；6月份起，按照新规定在职务职级套转基础上，全区43人晋升职级，其中晋升二级调研员1人，晋升一级主任科员31人，晋升三级主任科员11人。

工资福利待遇　2019年完成日常工资变动审批工作（含按年度考核结果晋升级别和级别工资档次审批工作）772人次，其中新录用22人，转正定级58人，退休35人；办理机关工作人员一次性退休补贴核定103人；办理机关工作人员死亡后一次性抚恤金、丧葬费及遗属生活困难补助审批6人次；完成全区公务员（参公人员）、行政附属人员基本工资标准调整1521人。根据中共苏州市委组织部要求，组织开展全区公务员工资试调查工作，涉及公务员850人；开展各类津贴补贴统计整改工作，共排查1492人次。

2019年7月9日，相城区人才工作大会召开　　区委组织部　供稿

【人才工作】 党管人才　2019年，相城区人才工作以习近平新时代中国特色社会主义思想和党的十九大精神为指导，落实“人才是第一资源”的工作理念，围绕全区“12345”战略思路，紧贴全区“大研发、大文化、大健康”主导产业，以“产才融合”为工作主线，着力助推“六大未来产业创新高地”建设，紧扣全区人才引进三年计划要求，贯彻党管人才原则，完善工作机制、引进高端人才、聚焦人才培育、优化服务体系，加速集聚智力资源，实现人才引领高质量发展。相城区获评2018年度苏州市人才科技工作创新进步地区，全区人才资源总量20.55万人，高层次人才总量1.57万人，较2018年分别增长24.5%、52.4%。全区引才活动平台成效显著，引才质量不断提升，人才集聚效应凸显。全区各类人才队伍建设扎实推进，产业人才加快集聚，领军人才再创新高，重点人才工程实现突破。精选优质第三方机构开展人才项目申报辅导，申报国家级重大人才引进工程人才7人（创业1人、创新1人、青千1人、外专4人），引进国家特聘专家18人；立项省“双创人才”6人、“双创团队”1个、“双创博士”5人，超额完成“人才引进三年计划”指标，以最高档次的资助额度实现省“双创团队”零的突破；姑苏创新创业领军人才入选18人，市级以上领军人才新增数创历史新高；阳澄湖科技领军人才立项51人，阳澄湖文化人才入选4人；姑苏重点产业紧缺人才入选94人。获评2019年“江苏省企业首席技师”1人，申报2020年“江苏省企业首席技师”2人、“江苏大工匠”1人和“江苏工匠”3人，申报姑苏高技能领军人才1名，中亿丰建设集团申报“苏州市技能大师工作室”进入实地考察阶段。启动2020年区域重点发展项目综合选拔专业人才引进工作，计划引进第四批海外人才37人，做好第三批44名海外人才的入职和培训相关工作，优化考核管理机制，探索海外人才选聘工作方案。

年内，以“党建+”模式升级人才工作，做好对高层次人才的政治引领、政治关怀和政治吸纳工作。结合“不忘初心、牢记使命”主题教育活动，开展相城区“爱国·奋斗·奉献”主题报告活动，组织30名高层次人才参加省、市“爱国·奋斗·奉献”主题报告活动。围绕全区22名不同领域的高层次人才推出“新时代奋斗者”系列宣传报道，引导广大人才跟党一起创业、跟党一起奋斗、跟党一起圆梦。

1月25日，召开2018年度人才工作述职旁听会议。1月29日，启动申报2017—2018年度相城区人才乐居补贴和贡献奖励资金。3月5~6日，连续召开两场相城区高层次人才座谈会。3月22日，赴清华大学举办“才聚相城”校园引才系列活动之清华大学校园推介会暨专场招聘活动。3月23日，赴北京举办国家特聘专家专场对接沙龙。4月3日，西安交通大学博士后创新创业长三角基地落户相城。4月15日，举办“双招双引”培训班。4月24日，赴四川大学举办推介招聘活动。4月26日，赴武汉大学举办推介招聘活动。6月3日，召开2019年（第十一届）苏州国际精英创业周相城分会场暨长三角国际人才交流与项目合作大会组委会成员单位会议。6月21日，赴上海举办国家特聘专家专场对接沙龙。6月21日，长三角苏州（虹桥）创客育成中心在沪揭牌。7月9日，召开相城区人才工作大会。7月11日，召开2019年（第十一届）苏州国际精英创业周相城分会场暨长三角国际人才交流与项目合作大会。8月12日，举办相城区第十一批科技镇长团欢送会暨第十二批科技镇长团欢迎会。9月30日，相城区第四批“区域重点发展项目综合选拔专业人才”工作正式启动。10月28日，举办国家特聘专家专场对接沙龙。10月29日，举办2019福布斯中国30岁以下精英峰会（U30峰会）。11月1日，2019年度相城区名校优生落户奖励启动申报。11月5日，赴合肥开展2019年“校园苏州日”——走进中国科大系列活动。11月23日，举办2020年相城区区域重点发展项目综合选拔专业人才洽谈会暨专场面试。12月10日，苏州市人才公园开园。12月27日，举办2019年全区各界优秀人才联谊会。

工作机制 年内，推进和健全区镇产才融合工作机制建设，优化健全区镇挂钩联系板块制度，结合板块人才工作例会和实地走访调研，对重点人才指标开展分析研判，协调相关部门现场指导，切实提高区镇人才工作联动效力。优化完善“产才融合月度报表”报送制度，根据时序进度实时调整报送项目，畅通区镇人才工作重要数据。持续调整人才工作指标监测体系，更加偏重产业人才与重点项目，监测结果纳入全区高质量考核体系。

政策导向 7月9日，召开相城区人才工作大会，出台并发布《相城区人才引领高质量发展若干扶持政策（试行）》，从人才读懂政策的角度打造“一文读懂”的“人才新政20条”，并配合出台或修订顶尖人才“一事一议”资助、人才优惠优先购房、名校优生落户奖励、社会化引才奖励等人才政策操作管理办法或实施细则，在顶尖人才资助、重点产业支持、市场引才荐才、人才安居保障等方面实现重大突破，打造人才政策体系。

载体平台 年内，完善科技孵化器绩效评价体系，将在孵科技型企业数量、培育高新技术企业和在孵企业经济发展纳入考核评价体系，更加注重培育企业产业化程度。修订出台《科技孵化器绩效评估考核方案》《相城区科技创新高质量发展若干扶持政策（试行）》等一系列政策条款，强化企业经济效益，加强载体内在建设，聚焦载体产才融合。2019年，全区国家级科技企业孵化器申报1家，省级众创社区试点立项1家，省级科技孵化器共有8家已完成公示，新增公示数为历年最高；12家市级众创空间通过备案，新增备案数列全市第一。

2019年9月12日，相城区“不忘初心、牢记使命”主题教育动员大会在区会议中心召开
区委组织部　供稿

政产学研　年内，全区新增国家级博士后设站单位5家，新招收博士后21人，累计招收123人。大力实施校地合作，引进来自北京大学、清华大学、浙江大学、中国人民大学等15所高校的145名硕博研究生来区参加社会实践，对接企事业单位63家，参与技术或管理项目服务112项。科技镇长团成功对接知名院校和大院大所，促成相城区与苏州市职业大学共建“校地合作产教融合基地”，通过镇长团牵线达成人才项目和产学研合作23项。遴选第十二批科技镇长团9名成员挂职相城。

品牌活动　年内，围绕长三角一体化发展战略，举办2019年(第十一届)苏州国际精英创业周相城分会场暨长三角国际人才交流与项目合作大会，以“智汇长三角　才聚新相城”为主题，邀请超过1000人项目嘉宾、投融资专家、人才工作合作组织代表等参会，举办开幕式、国家级高层次人才活动2个、长三角主题活动6个，135个项目落户相城，比上年同期增长27.4%。围绕国际人才交流合作，举办2019苏州相城国际经贸恳谈周系列活动，邀请日本专家学者参加开幕式并发表主旨演讲，举办科技外交官相城行、福布斯中国30岁以下精英峰会、中日人才技术创新合作论坛等活动，营造国际人才交流合作氛围。继续依托全区“三圈一带”双招双引工作布局，打造“双招双引”高层次人才项目对接活动品牌，激发企业自主引才活力，在北京、上海和相城本土举办国家特聘专家对接沙龙活动，吸引84名国家特聘专家参与对接，全年落户国家特聘专家18人，完成人才引进三年计划年度指标。举办第九、第十届阳澄湖创客大赛，在上海、北京、成都、深圳等地举办分站赛，并首次成功尝试跨境路演，举办以色列、荷兰分站赛，共吸引740多个高层次人才项目报名，落户项目9个。结合区内重点产业领域企业的人才需求，对接国内名校的智力成果，实施校园引智计划，打造“才聚相城”校园引才活动品牌，举办清华大学、四川大学、武汉大学等专场推介活动。开展“校园苏州日——走进中国科大系列活动”，深入挖掘名校人才科技资源，更大力度集聚优秀青年人才。邀请341家次企业进入43家重点高校开展校园引才活动，累计提供岗位7161个，收到简历2903份，达成初步意向821人，其中博士19人、硕士358人、本科434人。

人才服务　年内，建立联系制度汇集意见诉求，进一步强化对高层次人才的联系服务机制，建立高层次人才联系服务微信群，制定《中共苏州市相城区委联系服务高层次人才工作方案》，推进四套班子领导定期走访联系服务高层次人才工作。升级网上服务平台便捷服务，高层次人才“一站式”服务平台正式运转，新增政策解读系统，新增“人才政策一点通”和“人才待遇掌中宝”功能。搭建人才安居乐业在线申报系统，开展名校优生落户奖励申报，完善人才证明申报系统。进一步明确阳澄英才卡的使用范围，目前已向各类人才发放401张。延伸专业服务，营造浓厚氛围，依托上海虹桥商务区“一园五中心”布局，建设“长三角苏州(虹桥)创客育成中心”。加快建立上海与相城区域人才联动机制，成立海创智库(相城)长三角双创服务中心。规划建设苏州市人才公园，打造人才元素与自然景观有机结合的城市人才生态主题公园。积极筹建长三角国际人力资本创新园区，吸引高端人力资源公司入驻，为相城区良好的产业发展提供更加专业的人才服务。

【老干部工作】 2019年末，全区有离休干部13人，机关退休干部517人(其中，享受县处级以上待遇32人，享受乡科级待遇268人)。年内，全区老干部工作坚持以习近平新时代中国特色社会主义思想为指导，深入贯彻党的十九大精神，认真落实中央和省、市、中共苏州市相城区委对老干部工作的部署和要求，围绕高质量发展走在前列的目标任务，统筹推进离退休干部党的建设、作用发挥、服务管理和老干部工作部门自身建设，切实提升老干部工作水平。

离退休干部党组织建设　年内，加强离退休干部党组织规范化建设，印发《相城区离退休干部党组织“六有一提升”达标创优工作方案》，按照“动员部署、自查摸底、整改推进、申报考核、全面推进”五个阶段有序推进达标创优工作，召开专题部署会推进落实，组织全区离退休干部党组织书记、党建助理员参加业务集中辅导。完善区、镇(街道)两级离退休干部阵地建设，区人大办、北桥街道、太平街道等机关单位完成退休干部党支部阵地建设。规范“三会一课”等组织生活制度，黄桥街道、黄埭镇离退休干部党支部按期完成换届选举工作。开展主题党日活动，在全区离退休干部党员中开展“颂祖国、感党恩、当先锋”主题党日活动。6月21日，组织全区离退休干部党组织书记、党建助理员观摩阳澄湖度假区洄泾社区党支部开放式主题党日活动。加强离退休干部党建品牌建设，将离退休干部党建工作融入中共苏州市相城区委、区政府中心工作，形成渭塘镇“老先锋党建引领服务团”、黄桥街道占上村“老书记工作室”、元和街道香城花园社区“330”志愿服务、北桥街道盛南社区“老党员暖心室”等党建品牌（项目）。北桥街道原文化站站长荣学润被评为全省老干部工作先进个人，元和街道离退休干部党组织书记徐明宝被评为相城区优秀党务工作者。

离退休干部服务管理工作　年内，落实阅读文件、通报情况、参加重要会议活动等制度，做好《苏州日报》《苏州广播电视报》《银潮》等报刊订阅工作，编印《苏相银龄学习汇》学习手册，及时将党的政策传达给离退休干部。年内，组织老干部参加考察活动和情况通报会2次。4月下旬，苏州市四套班子老领导一行考察相城区经济社会高质量发展情况。做好走访慰问老干部工作，组织夏季高温期间和国庆前夕走访慰问离休干部、重阳节期间走访慰问老干部活动。推进离休干部看病就医“三有一落实”工作，落实区人民医院、区中医院等4家定点医院。在2月底前完成23名居住相城的离休干部家庭医生服务签约工作。加强离休干部居家养老工作，调整10名社区结对人员。结合养老保险“中人”待遇改办工作，会同区人社部门组织政策解读会2次，答疑解惑，帮助老干部及时了解政策。加强老干部活动中心建设，开展讲座、征文、书画等各类活动30多场（次）。6月15日，苏州市老干部太极拳比赛在相城区市民活动中心进行，相城区代表队获优胜奖。　（范义哲）

宣传工作

【概况】 2019年，相城区宣传思想文化工作坚持以习近平新时代中国特色社会主义思想为指导，深入学习贯彻党的十九大精神，围绕“不忘初心、牢记使命”主题教育和全区“12345”战略思路，不断解放思想，为打造“生态宜居中心、科技创新中心、城市枢纽中心、未来活力中心”提供思想保证、精神动力、舆论支持和文化条件。

【理论建设】 2019年，中共苏州市相城区委坚持把思想理论建设作为根本性建设，把全面深入学习习近平新时代中国特色社会主义思想和党的十九大精神作为首要政治任务，中共苏州市相城区委理论学习中心组全年组织学习24次。首次采用网络直播形式开授党员冬训第一课，推进学习型党组织建设。中共苏州市相城区委宣传部、高铁新城获评2018—2019年度全省基层党员冬训工作示范单位。推广使用“学习强国”平台，实现有条件的党员全覆盖，有效供稿140余篇，活跃度和供稿量位居全市前列。围绕“不忘初心、牢记使命”主题教育，学习宣传贯彻《习近平新时代中国特色社会主义思想学习纲要》，“共话祖国好·奋进新时代”等主题，组织党员干部理论宣讲团、“老书记讲习团”“百姓名嘴”宣讲团等开展理论宣讲200余场，《群众》杂志刊发《打造“相城牌”理论服务直通车》《在宣讲中放大“老书记+”效应》等文章进行推介，“北太湖望亭指尖微讲堂”等3项理论宣讲品牌入选苏州市“众说学习”重点项目。社科联召开三届二次理事（扩大）会议，选举新一届社科联主席、副主席。高质量完成区级20项社科课题，入选市社会科学基金项目（应用对策类）2项、市社科普及创新引导扶持项目3项。加大社科普及力度，召开全区文艺界社科界座谈会，举办2019年社科普及宣传周活动、首届孙武文化活动日暨第四届孙武祭祀活动，《冯梦龙研究》出版至第5辑，“阳澄讲台”全年开授课程100余堂，相城区档案馆、冯梦龙纪念馆获评江苏省社科普及示范基地，相城区犯罪预防教育基地等5家单位被评为新一批区级社科普及基地，广播剧《六百年的约定》入选苏州市第十二届精神文明建设“五个一工程”。

【意识形态工作】 2019年，中共苏州市相城区委加强党对意识形态工作的全面领导，制定全区意识形态工作重点任务清单，出台《在中共苏州市相城区委巡察中开展意识形态工作责任制落实情况专项检查的实施办法》，形成定期联席会议制度，组织开展意识形态工作专项检查，排查意识形态领域防范化解重大风险，配合做好中共江苏省委第七轮巡视意识形态专项巡视的相关工作。制定全区党委（党组）网络安全工作责任制实施方案，压紧压实网络安全主体责任。做好中共苏州市相城区委网信委的转隶调整工作，召开区委网信委第一次全体

（扩大）会议，完善舆情立体监测和预警处置机制，制定舆情应对处置工作预案，针对每周重点舆情编印《网信周报》45期，针对重大舆情及时编印《舆情信息》，供主要领导和部门决策参考。年内，及时处置热点事件、苗头性舆情事件，推动网络舆情“发现在早、处置在小”。围绕庆祝中华人民共和国成立70周年、“不忘初心、牢记使命”主题教育、网络安全宣传周、建区18周年等重大主题，开展网上宣传。通过全区网评队伍、政务新媒体矩阵、有线智慧社区等平台载体，部署开展正面宣传引导206次，印发网络安全科普材料5000余册。举办“致敬七十载　奋进新时代”相城区网络文化季活动，开展“相城新花YOUNG大学生短视频大赛”“相城故事”“雅丹带你看相城”“玩转相城”等线上、线下子活动20余个，在新浪微博设置“相城网事见证美好”话题，吸引1100多万人次关注。

【舆论宣传】 2019年，中共苏州市相城区委宣传部围绕中共苏州市相城区委、区政府中心工作，完成日本、荷兰、德国及北京、上海、成都、武汉、广州、深圳等多场国内外投资推介。完成中国计算机学会（CCF）业务总部&学术交流中心落户、瑞穗银行签约、上海证券交易所苏南基地揭牌暨相城科技金融产业园开园、国际经贸恳谈周等60余个大型经贸活动。完成区“两会”、苏州市重大项目现场推进会、苏州第二届中国农民丰收节等100余个重点政务、节庆活动的宣传任务。参与机构改革、扫黑除恶专项斗争、非法金融专项治理、作风效能提升、“331”“263”专项行动、营商环境优化等重点工作的宣传报道。在中央、省、市报纸、电视、网站、广播等主流媒体上刊播新闻报道量超12000余篇，增长超30%。创新宣传模式，“今日相城”微信公众号“微信矩阵”功能上线，文章阅读点击量超3000人次的达378篇，占比41.1%，超万的72篇，占比7.8%，获得400余万人次阅读量。城市形象宣传片《中国名片·相城》，旅游口袋书《相守一城》日文、英文版推出，在苏州轨交2号线宣传推介“六大未来产业创新高地”，在虹桥火车站举办“乡愁小栈”相城城市形象展，实现约700万人次的城市品牌曝光，借力“iSuzhou”市级外宣平台发布报道500余篇。拓宽政务宣传渠道，“今日相城”抖音号、梨视频号短视频平台开通，抖音号累计收获超过1200万点击量、50万点赞量。组织评选2018年度“十大新闻”，确定“相土尝水地　枢纽中心城”相城城市形象宣传语。加强新闻网站和队伍建设规范化，协助制定《相城区人民政府网站新闻信息发布管理暂行办法》，出台《相城区新闻宣传工作管理办法（试行）》，积极做好区政府网站新闻栏目的信息采集、审核、发布、管理等日常运行维护工作。

【区域文化建设】 2019年，参与摄制电影《素面朝天》。该片由中宣部出品，苏州市委宣传部与巨匠影业（苏州）有限公司联合摄制，是首部取景拍摄、后期制作等全流程均在相城完成的电影。已完成成片并送专家评审，将在央视电影频道播出。参与摄制电影《花渡好时光》，该片90%的场景在相城取景，已杀青。新增黄埭高新区幸福蓝海影城作为“农村公益电影放映活动”放映点。苏州美生元信息科技有限公司薄彬和华皇电影（苏州）有限公司谭波分别被评为2018年度阳澄湖文化产业领军人才和阳澄湖文化产业重点人才。制定《相城区党政机关宣传品印刷制作管理工作实施意见》，召开新闻出版市场管理（安全）培训暨文明城市长效管理工作会议，在中秋国庆“两节”期间集中清查出版物市场。组织开展2017、2018年度苏州市重大版权推广运用计划项目验收和中期检查。举办“我的书屋·我的梦”少年儿童阅读实践活动。调整“扫黄打非”工作领导小组，开展“扫黄打非”暨出版物市场集中清查专项行动，举办“2019护苗”专项行动暨“绿书签”系列活动，净化社会文化环境。

【公共文化服务】 2019年，公共文化服务提质提效，公共文化服务网点镇（街道）、村（社区）全覆盖，“十分钟文化圈”初具规模，常态化开展“进百送万”等文化惠民活动。提升活动能级，先后举办中央电视台音乐频道春节特别节目《唱响新时代》苏州专场录制活动、冯梦龙文化节、北太湖文化旅游节等大型节庆活动，《唱响新时代》计划在2020年春节（初一至初七），通过CCTV音乐、CCTV综艺、CCTV综合频道播出专题节目90分钟。成立江苏乡村振兴智库研究院暨江苏大运河文化带小镇联盟，举办“诗咏运河”运河名城书法名家作品邀请展，积极参与大运河文化带建设。评选相城区文艺精品工程奖32项，原创锡剧小戏《爱在美好新生活》获评苏州市文华奖，情景剧《印象·望亭》在江苏大剧院展演，《文化相城》丛书编辑工作启动。突出规划引领，编制完成《相城区文化产业发展规划》《相城区文化艺术、体育设施布局专项规划》。全面加快平台载体建设，度假区蟹文化馆对外开放，冯梦龙村廉政文化教育基地项目、苏州市大剧院、苏州“179”科技文化创意产业节启动，苏州相城影视文化产业园获评2018年平台经济特色基地和苏州市第八批现代服务业集聚区。融入长三角国家一体化战略，与上海市嘉定区创意产业协会达成战略合作，举办“沪相协同　文旅共融”2019苏州相城阳澄湖生态旅游度假区片区（上海虹桥）投资推介会、第二届长三角国际文化产业博览会相城主题论坛，举办2019年苏州创博会相城分会场活动，推动文创产业为相城高质量发展赋能。

【文明城市建设】 2019年，坚持多措并举，推动精神文明建设创佳绩，群众性精神文明创建不断深入。一是主流价值引领有效有力。开展庆祝中华人民共和国成立70周年主题教育，组织升国旗仪式暨《歌唱祖国》千人大合唱、“礼赞·奋进”文艺汇演、庆祝中华人民共和国成立70周年暨建区18周年图片展巡展、“我的国·我的家”主题征文、“同唱祖国好·幸福舞起来”广场健身舞大赛选拔赛等系列活动。持续做大做强“三下乡”“我们的节日”“道德讲堂”等品牌活动。加大公益广告投放力度，积极营造扫黑除恶专项斗争的社会氛围。出台《关于进一步深化文明城市长效管理工作的实施意见》，制定《苏州市相城区社会文明程度指数测评标准（2019年版）》，升级“文明城市创建档案管理平台”，融入网格化社会治理，推动文明创建全域覆盖、纵深落实。完成2016—2018年度江苏省文明村镇、文明单位、文明社区、文明校园的申报指导和推荐工作。印发《小手拉大手，文明路上你我同行——致全区中小学生及家长的一封信》10万份，激发群众支持、拥护、参与创建的主人翁意识。

【道德风尚建设】 2019年，中共苏州市相城区委宣传部深化先进典型选树宣传，获评“相城好人”41人，“苏州好人”2人，望亭镇林亚萍、太平街道陈广建、黄埭高新区王建伟、漕湖开发区张正文4人获评“苏州时代新人”，北桥街道周六妹获评“中国好人”，黄埭高新区袁素泉获第七届江苏省道德模范提名奖，渭塘镇孙华妹家庭获评第二届江苏省文明家庭，并通过举办“崇德向善·你我相承”精神文明建设十佳新人暨最美相城人现场交流活动，营造学习先进、争当先进的浓厚氛围。

【未成年人思想道德教育】 2019年，未成年人思想道德建设创新发展。开展“扣好人生第一粒扣子”主题教育，举办“童心向党　同心同行”文明实践活动、“童心向党　童画相城”青少年绘画作品征集展示活动、“走读相城探秘成长”未成年人“七彩的夏日”系列活动，组织参与第九届“童声里的中国”少儿歌谣创作大赛，编印《童声里的中国·成长的歌谣》手册，推动小桔灯“理想信念成长营”等工作开展。壮大“澄心+”相城区未成年人健康成长指导中心志愿者团队，深化服务内容，出版《澄心沟通　E路成长》未成年人心理咨询案例汇编，处理紧急案例12起。评选一批区级未成年人社会实践体验站，莲花岛农事学堂等3家单位入选苏州市级体验站。

【志愿者服务】 2019年，推进新时代文明实践工作向纵深发展。举办“志愿·我行！”相城区新时代文明实践暨2018相城十大新闻发布仪式，推动各地各部门积极探索、创新实践，建成镇（街道、区）级新时代文明实践所13个、村（社区）级实践站125个、区级实践点21个、镇（街道、区）级实践点37个，注册志愿者16万余人，注册志愿服务团队1726个，登记活动6997项。召开区新时代文明实践志愿项目现场评审会，评选出一类志愿服务项目10个、二类项目20个。　（龚爱民）

统战工作

【概况】 2019年，相城区统一战线在中共苏州市相城区委的坚强领导下，紧扣大团结大联合主题，围绕中心、服务大局，贯彻落实中央和省委市委关于统一战线的各项决策部署，统一战线的凝聚力和向心力不断增强，团结范围进一步扩大，服务中共苏州市相城区委、区政府中心工作更加有力，各领域工作均取得新进展。引导民主党派和无党派人士积极参政议政、履职尽责和加强自身队伍建设，民进、农工党基层组织由支部升格为基层委员会。创优营商环境，助推政企沟通，促进非公经济健康发展，区工商联获评全国“五好”县级工商联。召开宗教场所安全工作专项整治行动部署会，排查整改安全隐患，抓实宗教领域安全工作，确保宗教领域的安全稳定。凝聚侨心侨力、拓展联系渠道，广泛团结港澳台同胞和海外侨胞。

【民主党派工作】 2019年，协助各民主党派和无党派人士开展“不忘合作初心，继续携手前行”主题学习教育，举办党外政协委员参政议政学习班、全区民主党派和无党派骨干分子培训班，帮助党外政协委员和参政议政积极分子进一步提高政治站位，坚定政治信念。召开党外人士座谈会、通报会4次，通报全区机构改革、人事安排、社会治理和主题教育工作等中共苏州市相城区委、区政府相关工作情况，听取社会各界对中共苏州市相城区委在改进工作作风、改进工作方法等方面的意见建议，鼓励支持民主党派和无党派人士围绕推进相城高质量发展，积极建言献策，履行参政议政职责。鼓励各民主党派、知联会围绕长三角枢纽经济、新农村建设、社区养老等课题开展国情区情调查，组织民主党派成员中的市、区人大代表、政协委员深入开展调查研究，转化为高质量的建议和提案50余个。支持各民主党派加强班子建设，协助民进、农工党做好基层委员会成立工作。定期研究民主党派干部培养、选拔和使用协商工作，帮助民主党派物色和培养一批新的代表人物和领导骨干。发挥各民主党派和无党派人士的人才、资源优势，打造社会服务工作品牌，支持民建举办“同心同行”慈善公益晚会、民革开展“博爱牵手·让爱传递”公益募捐、民盟启动“123”社会服务暖心工程、农工党开展“世界卫生日”义诊慰问活动。

【非公经济领域工作】 2019年，强化民营企业家特别是年轻一代的教育培训，建立100名年轻一代民营企业家人才库，组织39名年轻企业家参加北大高级管理工商研修班，举办5期“高质量发展·工商联大讲堂”。牵头组织区领导季度集中走访暨企业家沙龙活动，推动企业走访调研常态化机制建设。围绕区委、区政府中心工作深入调查研究，完成民营经济发展报告6篇。强化组织建设，区工商联获评全国“五好”县级工商联。引导民营企业积极履行社会责任，“相商乐助·爱在身边”三年募集任务两年提前完成，累计募集善款超过2000万元，黄埭、望亭、北桥、元和、天台等商会企业赴石阡精准扶贫捐赠财物50余万元。

【民族宗教工作】 2019年，相城区民宗局坚持以党的民族宗教政策为指导，着力维护民族宗教领域团结和谐稳定，以学习贯彻《宗教事务条例》为重点，依法加强对宗教事务的管理，推进民间信仰规范化管理，强化民族宗教重难点问题治理，确保全区民族宗教领域和谐稳定，为相城高质量发展做出贡献。

深化民族团结进步创建　年内，开展校园民族团结教育，推动党的民族宗教理论和民族宗教政策、民族宗教法律法规进课堂。推进少数民族流动人口服务管理体系建设，完善区、镇（街道）、村（社区）三级民族工作服务体系，纳入社会综合治理网格化管理，完善民族问题突发事件处置机制。开展少数民族人才摸底调研，完善少数民族干部人才信息库，加强少数民族代表人士队伍建设。落实党和国家的民族政策，积极保障少数民族群众合法权益，按规定办理少数民族学生中考、高考加分。

依法管理民族宗教事务　年内，严格管理宗教活动场所建设，控制宗教场所的扩建新建，明确由属地纳入网格化负责日常巡查监管。坚持规划先行优化宗教场所及民间信仰场所布局，结合优化民间信仰活动场所布局，协调推进兴国寺选址、春申君庙移交，觉林寺、白马寺、迎湖禅寺和太平禅寺等场所土地规划调整。坚持每季度组织安全大检查，及时整改宗教场所安全隐患。坚持重大活动审批报告制度，做好春节“烧头香”、复活节等活动的安全保障工作，确保全区宗教活动的安全稳定。

合理布局民间宗教场所　科学合理布局民间信仰活动场所，通过“并、合、留”办法推进优化民间信仰活动场所布局，区政府第52次常务会议审议通过全区民间信仰活动场所优化方案。10处民间信仰活动场所合并到批准的佛道教场所。

【港澳侨台及海外工作】 2019年，相城区侨务工作围绕全区发展大局，立足侨务工作职能，挖掘侨界各类资源，提升侨务工作服务水平。

服务发展大局　年内，区侨办加强对日经贸文化交流合作，承办中日书画篆刻交流展，挖掘中日交流合作潜力，助推相城高质量发展。发挥区侨办作为苏州（相城）中日智能制造协同创新区协调小组成员单位的作用，加强与日本中华总商会、全日本中国人博士协会、上海市欧美同学会留日分会的对接、联系联络，对上争取，通过省市侨务部门的关心和帮助，引进更多的侨界资源。

维护侨界权益　年内，听取侨企意见建议，召集区侨联企业家委员就“国际经贸环境变化对港澳台侨企业的影响及对策建议”专题调研内容开展座谈交流，商讨就出口企业、出口退税是否可以出台更优惠的政策，在企业（土地）并购方面，地方政府是否可以出台扶持政策，在引进人才方面要考虑多层次、多专业人才的引进，地方政府是否可以出台扶持政策，让人才真正落户到本土企业等意见建议，形成书面材料上报市侨联汇总。按照涉侨政策，做好“三侨考生”中考加分相关工作。

加强联络联谊　4月，区侨联陪同南通启东市委统战部、侨联交流学习考察团实地参观江苏省华侨文化交流基地——苏州御窑金砖博物馆、莲花岛等，围绕如何发掘地域特色历史文化底蕴，打造华侨文化交流基地，开展富有特色的侨界活动等进行交流。组团赴香港、澳门访问相关社团，同时接待香港苏州吴县同乡会来相城考察交流，加强联系联络工作。参与并安排2019“中国寻根之旅”夏令营江苏苏州营相关活动。（王　熙）

政法工作

【概况】 2019年，相城区政法工作坚持以习近平新时代中国特色社会主义思想为指导，贯彻落实中央、省、市、区部署要求，围绕为中华人民共和国成立70周年营造安全稳定的社会环境这条主线，防范化解重大风险，优环境强保障，服务人民群众，构建共建共治共享的社会治理新格局。

【维护社会稳定】 2019年，中共苏州市相城区委政法委加强风险隐患研判预警，对有苗头倾向或可以预见的风险提前制定工作预案，将工作做早做细做实。通过排摸掌握不稳定因素192起，钝化190起，钝化率99%。提前介入化解群体性事件，坚持抓早抓小，群体性事件预警率达100%，提前处置45起可能引发事件的隐患，全区没有发生有规模的群体性事件。切实加强重大安保。在各级“两会”、亚洲文明对话大会、江苏发展大会、中华人民共和国成立70周年大庆期间，成立区级安保实体化专班，交办督办重点问题、重点人员，开展劝返接回、落地稳控等工作。加强重点要素管控。落实对重点人员、重点物品、重点场所等的管控措施。深入开展地下宗教排查、邪教侦办打击工作。大力开展风险隐患排查工作。组织开展网格安全稳定隐患大排查大整治、维护公共安全专项行动、社会矛盾化解专项行动、安全稳定风险隐患大排查活动等多个专项行动，对全区安全稳定情况进行滚动式、不间断的全面排查，将风险隐患消除在萌芽状态。

【社会矛盾化解】 2019年，中共苏州市相城区委政法委深化矛盾多元化解机制建设。推进人民调解参与信访纠纷事项化解、参与法院诉前调解、参与物业纠纷化解体系，深化“访调”“诉调”“物调”对接，弘扬新时代“枫桥经验”。加快完善调解组织建设，出台《关于成立服务退役军人专门调解室的通知》工作方案，设立9个调解室和4个专门服务点。印发《关于在全区设立个人调解工作室的实施方案》，在各板块设立个人特色调解工作室12个。积极调动多方力量参与人民调解。发挥人民调解协会专业性调解作用，协助党委政府化解拆迁安置纠纷52起。围绕“元旦”“春节”“两会”等时间节点，发挥人民调解维护社会稳定“第一道防线”的作用。全区组织排查矛盾纠纷4265次，受理、调处各类矛盾纠纷7427件，成功调处矛盾纠纷7398件，调处成功率达99.61%。

【扫黑除恶专项斗争开展】 2019年，全区深入开展扫黑除恶专项斗争。开展重点行业领域17项专项治乱行动。持续推进非法金融活动专项治理，收集汇聚研判涉“贷”类举报线索21条。打掉涉“套路贷”团伙5个（其中涉恶犯罪集团3个），抓获犯罪嫌疑人34人，逮捕21人，破获案件119起，查扣涉案资产597.4万元，实现非法金融活动案件量和群众举报投诉量“两个大幅下降”。

【基层社会治理基础建设】 2019年，全区推进“网格+网络”融合，推动社会综合治理网格化联动机制建设，“三站”合一服务模式和“三官一律”司法服务进网格工作被编入《2019年全省创新网格化社会治理机制工作要点》，漕湖学校“校园盾牌”智慧平台创新专属网格社会治理新路径，以及“三官一律”司法服务进网格创新“政法资源”赋能高质量网格化社会治理工作经验，受到省市领导肯定。（金　洁）

2019年1月18日，市民参观相城区社会综合治理联动中心

区联动中心　供稿

【社会综合治理联动机制建设】2019年，相城区联动中心发挥联动机制作用，高效流转工单，全年受理处置“12345热线”、寒山闻钟论坛、公众监督、领导信箱、110移车类、网格巡查等25个不同来源的话务和工单220.64万条，办结率98.3%，市、区两级12345热线工单满意率超99%。加强资源整合，配合推动“两代表一委员”“三官一律”等资源下沉网格，全区法官及助理72人、检察官63人、警官94人、法律工作者76人下沉基层网格，实现网格服务全覆盖。促进系统融合互通，整合对接系统25个，实现社会治理相关信息互通、数据共享、集成应用。区联动中心获评2015—2018年苏州市社会治安综合治理先进集体。

（傅旻玥）

机构编制管理

【概况】2019年，中共苏州市相城区委机构编制委员会办公室（简称区委编办）以党的十九大精神为指导，紧扣中共苏州市相城区委“12345”战略思路，在全国率先出台《苏州市相城区机构编制有关事项报告办法（试行）》，建立健全机构编制监督检查体系；在全省率先开展“一县一区、一区多园”规范化管理和乡镇机构改革试点，构建“优化协同高效”的基层管理体制；在全市率先开展“党政机构”改革，推进机关事业单位优化调整；率先实施基层财政、学校和医院属地化管理，实现管理资源下沉；推进经济发达镇行政管理体制改革，指导渭塘镇高分通过省市评估验收；优化评价体系，打造高质量发展考核新模式。高标准规范机构编制管理工作，积极对上争取，明确相城高新区党工委管委会副处级建制，增加处级事业单位1个、副处级领导职数9名，设立省属事业单位“长三角先进材料研究院”。

【关键领域改革工作】2019年，区委编办实施“集成化”改革，探索基层体制创新。结合中共中央推进基层整合审批服务执法力量的要求，立足全面融入长三角一体化发展需求和五大功能片区产业特色，将推进乡镇机构改革与开发区“一县一区、一区多园”规范化管理等相关改革工作同谋划、同部署。在相城区4镇7街道的行政区划上，形成以相城经济技术开发区为“一区”主体，相城高新区、阳澄湖生态旅游度假区、国家级现代农业示范区等为“多园”的“一区多园”协同发展的管理架构。探索“区政合一”管理体制，实现相城区镇（街道）及相应的功能园区深度融合。实施“下沉化”改革，提高基层治理能力。开展经济发达镇行政管理体制改革，指导渭塘镇对标“1+4”改革任务，深化全域改革，打造“五指共创”服务管理品牌，推进基层治理体系和治理能力现代化，在中共苏州市委编办预评估中取得基本分第一、总分第二的成绩，通过中共江苏省委编办的评估验收。指导黄埭镇、渭塘镇深化经济发达镇行政管理体制改革，完善管理体制和运行机制，提升行政服务效能。开展综合行政执法体制改革，在区级层面构建五大领域综合行政执法队伍的基础上，完善以镇政府（街道办）为综合执法主体、综合行政执法局为具体执行机构的执法管理体制，根据各镇（街道）的实际情况，整合资源、下沉事权，根据“分批下放、分批实施”的改革思路，集中安全生产、劳动保障、镇容镇貌、城镇建设、市场监督等方面的执法事项，赋权各镇（街道）独立行使行政处罚权及有关的行政强制措施权，避免执法力量分散、重复执法等问题，推动实现“一支队伍管执法”。实施“属地化”改革，推动基层资源整合。针对财政条线，创新出台《关于加强镇（街道、区）财政机构属地化管理的实施意见》，各财政分局与各地财政和资产监督管理局合署办公，整合国有（集体）“三资”监督管理相关职能由财政和资产监督管理局统一行使，实现统一集中监督管理。针对各地学校、医院，厘清区级业务主管部门和属地政府的管理权限、明晰权责边界，明确镇（街道、区）对学校、医院在党建、财务、干部人员、绩效等工作上的主体职责，其业务主管部门负责总体规划、指导监督、统筹协调等工作，强化属地管理责任，实现管理资源下沉。针对其他领域，根据上级部门权力下放情况，推进水务、农业农村、交通运输等领域属地化管理工作。

【机构编制管理工作】 2019年，区委编办强化决策机制，严控机构编制管理。1月，《苏州市相城区机构改革方案》正式印发，完成区级30个部门的转隶组建工作。报请召开编委会3次，研究通过区级党政机关机构编制职数框架等重要事项6项；报请中共苏州市相城区委编委领导审批事项57项，落实退役军人服务机构设置和编制配备要求，同意增设相城第二实验中学等5所学校，优化调整全区事业单位；严格用编管理，报请召开机关企业事业单位用编用工联席会议5次；严格执行用编审批程序，严格控制超编进人，对30家区级部门进行股级领导任职认定，审核39个事业单位使用股级领导职数，实现机构编制有序管理。搭建更多平台，加大对上争取力度。结合区党政机构改革工作，在调优相关事业单位机构设置和编制配备基础上，积极向上请示汇报，争取增加科级及以上事业单位数量，增加处级事业单位1个。同时，根据上级部门要求及中共苏州市相城区委决策部署，在推进渭塘镇经济发达镇行政管理体制改革的基础上，对上争取副处职领导职数3名并已经省委编办批准；在探索“一县一区、一区多园”规范化管理模式的基础上，积极对上争取，其中，相城高新区党工委管委会副处级建制及副处职领导职数2名和度假区管理办公室副处级建制已经省委编办批准。

【机构编制监督检查】 2019年，区委编办创新制度建设，强化管理刚性约束。建立健全机构编制监督检查体系，在全国率先出台《苏州市相城区机构编制有关事项报告办法（试行）》，明确机构编制有关事项的报告主体、内容、方式及形式，建立问责机制、核查机制和联动机制，集成推进机构编制法制化、规范化、标准化监管体系建设；率先出台《苏州市相城区机构编制监督工作联席会议制度》，加强机构编制管理部门与执纪执法、监督检查等职能部门之间的沟通合作，把机构编制监督与监察监督、司法监督、行政监督有机结合起来，形成工作合力，召开机构编制监督工作联席会议1次。同时，深化机构编制监督管理工作的协同协作制度，加快实现机构编制管理共建、共享、共治机制，将机构编制责任标准化检查办法综合运用到“三责联审”工作中，明确检查内容，提升检查水平，确保检查实效，按照区“三责联审”领导小组统一部署，对区交通运输局、水务局、市监局和审计局等4家单位开展“三责联审”工作，对度假区、开发区等2家单位开展“三责联审回头看”工作；结合领导干部调任情况，对16家单位（部门）及主要领导开展任前告知承诺和离任备案自查工作，对新任主要领导发放《机构编制工作文件选编》和《机构编制法制化“口袋书”》，不断强化机构编制责任意识和纪律意识。

【绩效考核改革工作】 2019年，区委编办优化评价体系，打造高质量发展考核新模式。贯彻落实省委省政府、市委市政府关于全面推行综合考核的重大制度安排，紧扣相城区高质量发展走在前列的目标定位要求，强化以考核为“标尺”，“考”出干事创业的热情，“考”出万众一心的合力，“考”出高质量发展的内涵。根据考核任务分工，及时制定区级机关单位服务高质量发展（绩效管理）考核实施方案，着重考核重点工作情况、常规工作情况、依法高效履职情况和改革创新工作情况等方面的成效。坚持“定量”与“定性”相结合，“加分”和“扣分”相结合的方式，科学设置年度考核指标体系，实现精准发力，为加快建设“苏州市域新中心”，奋力迈出高质量、跨越式发展的坚实步伐提供保障。

【事业单位登记管理】 2019年，服务产业发展，实现事业单位登记新跨越。融入长三角一体化发展国家战略，结合相城区经济社会发展需要，聚焦产业发展新机遇，争取设立“长三角数字货币研究院”，助力相城成为数字货币产业先行区；聚焦人才引进新常态，优化调整中共苏州市相城区委党校机构设置及职责，争取增挂“苏州市长三角高层次人才培训中心”牌子；对接高铁新城管委会和江苏省产业技术研究院，积极对上沟通省、市事业单位登记管理局，成功设立省属事业单位“长三角先进材料研究院”。提升管理水平，构建事业单位监管新常态。积极开展事业单位法人登记工作，完成设立登记15家、变更登记140家、注销登记10家；以“键对键、不见面”的形式对全区262家事业单位法人年度报告进行审核，在区政府网站上将年度报告公示，接受社会监督；按照机构改革方案，新制、换发、注销机关群团统一社会信用代码证55件，及时更新事业单位网上登记管理系统，维护机构编制实名制库；积极做好行政许可、行政处罚“双公示”工作，推送“双公示”信息93条。创新开展单位法人培训工作，举办2019年度首期事业单位法人监督管理业务培训班，为进一步推动事业单位登记管理工作规范化、制度化奠定了扎实基础。

（李新旸）

巡察工作

【概况】 2019年，中共苏州市相城区委巡察工作办公室（简称区委巡察办）根据中共江苏省委关于巡视工作的统一部署，增强政治自觉，认识做好新时期巡察工作的重要意义；明确工作定位，准确把握常规巡察和专项巡察的目标任务；强化责任担当，切实加强组织领导不断提升巡察监督质效。3月26日，四届中共苏州市相城区委第七轮巡察暨第二轮农村“三资”管理和生态文明建设专项巡察书记专题会召开。4月2日，四届中共苏州市相城区委第八轮巡察暨第三轮农村“三资”管理和生态文明建设专项巡察工作动员部署会召开，宣布中共苏州市相城区委巡察组组长授权任职及任务分工，提出三个方面要求。8月5日，省委第八巡视组巡视苏州市相城区工作动员会召开。省委常委、苏州市委书记周乃翔就中共苏州市相城区委接受巡视监督、配合和支持巡视工作提出要求，省委第八巡视组组长张兆江作动员讲话，对做好巡视工作提出要求。中共苏州市相城区委书记、中共苏州市相城区委巡察工作领导小组组长顾海东主持会议并作表态发言。9月6日，相城区召开巡视立行立改部署暨村（社区）党组织回归本职专项巡察动员会。贯彻落实中央和省委、市委关于实施乡村振兴战略的决策部署，配合省委巡视相城工作，对相城区巡视立行立改进行专题部署，对村（社区）党组织回归本职专项巡察进行动员，把做好巡视巡察作为加强和改进工作的关键举措，进一步找差距、排问题、议措施、抓落实，推动相城经济社会发展迈上新台阶、取得新成效。会上，通报省委第八巡视组巡视相城立行立改相关要求，授权并宣读专项巡察组成员名单，中共苏州市相城区委书记、中共苏州市相城区委巡察工作领导小组组长顾海东讲话。

【巡察督查】 2019年，紧扣职责强化政治监督，开展两轮巡察，四届中共苏州市相城区委第八轮巡察暨第三轮农村“三资”管理和生态文明专项巡察、村（社区）党组织回归本职专项巡察，分别完成对4个部门、39个村（社区）以及90个村（涉农社区）巡察任务，反馈问题896条，移交问题线索23条。

下沉基层开展回访督查 年内，专项督查全区13个镇（街道、区）、48个村（社区）巡察反馈问题整改落实情况，整改完成率90%以上，发出2份巡察反馈问题整改落实催办函，提醒谈话5人。

加强协作形成监督合力 年内，修订巡监意见办法，梳理15项措施。向监委派出监察员办公室集中移送48个村（社区）问题线索47件，问题579条。派出监察员办公室开展日常监督79次，立案16件，提出问责建议13条。

严管厚爱加强队伍建设 年内，加强对巡察干部的日常监督管理，激发巡察干部比学赶超的浓厚氛围。2名巡察组副组长到上级巡视巡察机构“以干代训”，70多名专兼职巡察干部接受业务培训，2名“90后”优秀女干部“内挂”“外挂”巡察机构、经济部门领导岗位。

党　校

【概况】 2019年，中共苏州市相城区委党校（简称党校）根据《中共苏州市相城区委党校主要职责内设机构和人员编制规定》文件精神，增挂“苏州市长三角高层次人才培训中心”牌子（简称高培中心），承担全区党员、干部及公务员、事业单位工作人员轮训和培训任务，承担其他各类干部的继续教育和培训任务，承办党政群机关各类专题研讨班，承办长三角高层次人才的各类培训、课题研究和学术交流活动等工作。为进一步提升党校作为全区党员干部党性教育的主阵地地位，同时充分利用好苏州市长三角高层次人才培训中心的平台，助力相城区全面融入长三角的战略发展目标，党校努力打造成“党性教育的阵地、知识传授的营地、思想交融的园地、创智聚才的高地”。

【干部培训】 2019年，按照区干部教育培训相关要求，主动对接纪委、组织部、宣传部、统战部和发改委、商务局、科技局等部门单位，高质量办好各类主体班、委托班和联办班。3月24~30日，协助中共苏州市相城区委组织部举办相城区第二期区青年干部培训班，培训30人。3月10日、17日、24日，联合中共苏州市相城区委办、区政府办举办2019年相城区党政办公室系统业务能力提升班，培训200人。3月28~30日，3月31日至4月2日，协助中共苏州市相城区委组织部、发展和改革委员会举办相城区“聚焦未来产业，激发创新动能”产业提升发展培训班，培训100人。4月16~17日，协助区人才工作领导小组办公室、区商务局举办相城区“双招双引”培训班，培训50人。5月5~7日，协助区妇女联合会举办相城区妇联执委履职培训班，培训31人。配合市机构编制培训中心，完成2019年中编办南方培训基地培训任务。5月13~21日，2019年第一期国家级贫困县机构编制业务培训班举办，培训90人。5月23~31日，2019年第二期国家级贫困县机构编制业务培训班举办，培训86人。6月11~19日，2019年第三期国家级贫困县机构编制业务培训班举办，培训84人。9月16~24日，2019年西部边远地区机构编制业务培训班第一期举办，培训95人。10月10~18日，2019年 西部边远地区机构编制业务培训班第二期举办，培训95人。11月24~30日，2019年市县机构编制业务培训班第一期举办，培训90人。12月1~7日，《中国共产党机构编制工作条例》业务培训班举办，培训130人。12月1~7日，2019年市县机构编制业务培训班第二期举办，培训104人。12月9~13日，2019年事业单位登记管理业务研讨培训班举办，培训154人。

区委党校现场教学点——区会议中心“365”先锋馆　　区委党校　供稿

【现场教学点】 2019年，为提升党校（苏州市长三角高层次人才培训中心）的教学质量，按照课堂教育与基地教育相结合原则，挖掘相城区基层党建、产业创新、改革实践、新时代文明实践、文旅融合等建设成就，将其打造成首批现场教学点，与课堂教学一起联合推进。通过努力，将党校（苏州市长三角高层次人才培训中心）打造成面向长三角地区，有一定包容性和承载力的知识传授营地。依托相城区经济社会发展和党的建设的最新成果和特色历史、文化资源，坚持示范性、突出针对性、确保实效性，按照基层党建现场教学点、产业创新现场教学点、改革实践现场教学点、新时代文明实践现场教学点、文旅融合现场教学点，计推出现场教学点20个。

【长三角区域一体化发展智库联盟（苏州）】 2019年，依托中国智库、江苏省社会科学研究院智库、上海浦东改革与发展研究院、上海产业转型发展研究院、东吴智库、苏报智库、石湖智库等资源，成立“长三角区域一体化智库联盟”。智库联盟以“弘扬开放合作精神，服务‘长三角区域一体化发展’建设”为宗旨，围绕“长三角区域一体化发展”建设开展政策解读、战略研判、咨政建言、高峰论坛、人才培训、引智招产等工作，为长三角地区政府及有关部

2019年12月7日，首批五家长三角区域一体化发展智库联盟（苏州）单位在区会议中心获授牌　　区委党校　供稿

门决策，为地区繁荣发展贡献智慧力量。　（单方静）

档案　史志

【概况】 2019年，相城区档案馆获评江苏省社会科学普及示范基地、相城区新时代文明实践点。年内，区档案馆新增档案1527卷、113607件；共接待查档4016人次，电话咨询1752人次，调阅档案7024卷次。至年末，馆藏档案36类、93058卷、515577件。全区共有207个单位档案工作达到省星级规范标准，其中省五星级4个、省四星级1个、省三星级66个。编纂出版《相城年鉴（2019）》，全书版面文字76.8万字；完成区大事记编写工作。综合全区区级机关单位、垂直管理单位和镇（街道）、经开区、高新区、高铁新城、度假区供稿与主流媒体报道，注重书写体例、用语严谨性，记述重要活动适当扩充篇幅，逐月编写并刊载于《相城通讯》，全年成稿5.6万余字。完成《江苏年鉴》《苏州年鉴》《苏州纪事》中相城区相关内容的编写工作，校对《苏州志略》涉及相城区的内容等。指导镇（街道、区）、村及有关部门编纂名镇志、村志和部门志。配合相城区老区开发促进会编纂出版《苏州市相城区革命老区发展史》，提供资料，完成审阅指导服务工作。完成2019年苏州市地方志学会的课题和论文征集报送工作。

2019年，区专业档案中心获评市、区两级巾帼文明示范岗。新增区退役军人事务局、区行政审批局2家进驻单位。至年末，中心进驻单位10家，档案1366443卷、85774件，全年接待查档16576人次，调阅档案21648卷次。年内，开通苏州市图书馆专业档案中心自助取书点。依托中心建设平台，区城建档案馆在全省建设档案目标管理工作中，考核认定为省示范城建档案馆。

【档案规范化建设】 2019年，区档案局完成全区33家涉改党政部门、单位档案处置工作，上门业务指导37次，召开涉改单位专题协调会9次，指导制定档案处置方案17个。完成档案工作规范化测评、复查6家，其中省三星级测评2家、省三星级复查1家，区文商旅集团成为全区国企集团公司中首家通过档案工作省三星级测评的单位。年内，对全区各镇（街道、区）、区级机关、垂直部门及国有公司等67家单位（含企业）开展档案安全大检查，发现安全问题514个，收到安全隐患整改方案67份。年末，区档案局将档案安全检查“回头看”作为一项重点检查内容列入档案年度评价工作中。完善档案行政执法监督机制，4人通过行政执法资格考试。完成市档案局对阳澄研发产业园项目的执法检查工作，做好省级资金技改项目和市区重点工程项目档案验收工作。规范档案服务外包管理，做好档案服务外包企业登记备案，启动档案服务外包企业库建设工作，对工作人员进行身份审查和登记备案。加强全区档案外包项目的管理，与财政局联合制发《相城区区级部门预算单位档案项目归口管理办法》。

【档案资源建设】 2019年，区档案馆广泛征集特色档案，征集到费孝通题词、革命先辈李觉书信、黄埭十八景画卷等珍贵档案249件。完成原安监局、农业局等8家撤并单位1059卷15927件档案的整理、数字化及进馆接收工作，完成全区95个村共计10万件农村股权固化登记档案的移交进馆工作。完成北桥街道莲花庄村10位村民口述历史档案采集，录制音视频46千兆，口述文字整理转译近12万字，完成调研课题报告《追昔鉴今、存史资政，加强口述历史采集的实践探索》。

【档案信息化建设】 2019年，全区各级档案室建成档案数据资源目录数据库，进馆单位档案室室藏档案数字化率达到100%。建成以相城区数字档案馆为核心、以各立档单位数字档案室为基础的数字档案馆体系，并开始数字档案馆（室）系统的升级改版。建设档案信息资源共享体系，首次突破档案跨省利用限制，为异地查档群众提供“异地查档，跨馆出证”服务。年内共提供长三角地区民生档案“异地查档、便民服务”平台查档5例，黑龙江省远程查阅1例。

【档案文化品牌建设】 2019年，区档案馆首次举办珍档捐赠活动，开展“6·9国际档案日”系列宣传活动，发布“庆祝中华人民共和国成立70周年”档案资料征集启事，在“今日相城”微信公众号及《苏州日报》《扬子晚报》等新闻媒体推送报道，扩大档案文化影响力。开展“筑梦兰台　携手未来”爱国主义教育活动，组织9期近400名中小学生及其家长走进档案馆参与活动，推动档案文化的社会普及。组织全区档案系统积极参与申报苏州市档案文化精品评选活动，申报档案文化精品项目9个，全部获奖，其中区档案馆参与编拍并选送的《金砖档案永载史册——一块砖到一座馆的不朽历程》微视频，获2017—2019年度全市档案文化精品评选一等奖，区专业档案中心《相城记忆》主题宣传片获二等奖。融合方志、党史资源，依托“今日相城”微信平台，开展《相城的过去，可以在这里“鉴”上一面》《看得见的相城记忆，今日上新！》、“元和塘”系列文章等6篇信息推送宣传，点击阅读量近3万，留言100余条。与区委宣传部联合拍摄《相城故事》宣传片，点击量近千万。

【档案基础建设】 2019年，区档案馆提升馆库技术安防等级，完善大楼门禁和监控设备，实现24小时视频监控，档案库房重新规划布置电器线路，增设指纹门禁，实现双锁管理，库房消防系统升级改造为高压细水雾系统。完成馆内功能用房优化调整。完成馆内13万卷馆藏档案的盘库、倒架及数据校核工作。

2019年7月，“筑梦兰台·携手未来”爱国主义教育活动开展

区档案馆　供稿

【档案队伍建设】 2019年，区档案局创办“档案服务下基层”活动，点对点开展“定制培训”，共举办7期，全区各类档案人员600余人参训，提高全区档案人员的业务知识和操作能力。开展全区档案论文学术交流活动，精选6篇论文参加省、市学术交流活动。组织全区新上岗档案员参加网上培训和市档案局举办的继续教育培训。鼓励和支持全区专业档案人员申报档案职称，提升档案人员专业水平，成功申报高级职称1人、中级职称2人、初级职称5人。

（李敏瑜）

【党史工作】 2019年，以习近平新时代中国特色社会主义思想为指导，贯彻党的十九大和十九届二中、三中、四中全会精神，参加中共苏州市相城区委组织开展的新中国成立70周年系列活动，开展“不忘初心、牢记使命”主题教育。围绕区委、区政府重点工作，深化基层党组织和党员队伍建设，夯实执政根基。围绕党建引领高质量发展，以“七一”建党节、新中国成立70周年为契机，开展纪念中国共产党成立98周年系列活动。

【年鉴编纂创新】 2019年，区地方志办按计划推进组稿、编辑、校对、送审、定稿、出版等各项工

2019年1月29日,《相城年鉴(2019)》编纂启动暨业务培训会议召开

区档案馆　供稿

作。1月,《相城年鉴(2019)》启动编纂,3月完成年鉴资料采集,7月形成初稿,11月完成终审,12月出版发行。全书版面文字76.8万字,彩页设置“纪念改革开放40周年”“创新驱动”“城市建设”“幸福宜居”“精神文明”“魅力人文”图片专题,收录图照116幅,突出年度特色。年鉴采用分类编辑法,基本结构分类目、分目、条目3个层次,一些条目需要延伸的内容以链接方式补充。设“区情概览”“年度聚焦”等30个类目,178个分目;设条目879条,正文插入表格86张,随文图照157幅。“附录”类目中收录文献专载、媒体特载、年度荣誉、文件题录、统计资料等5个方面内容。全书记述和反映2018年苏州市相城区政治、经济、文化、社会、自然和生态建设等方面的年度状况,反映相城区经济社会发展取得的成绩和存在问题。

【志书编纂推进】 2019年,区地方志办指导镇(街道)、村及有关部门编纂志书。完成《苏州扶贫协作和对口支援志》中相城区援建春堆乡、石阡、泗洪、云阳的内容初稿。推进元和街道和黄埭镇中国名镇志的编纂工作。5月,在黄埭镇举行《黄埭镇志》编纂指导座谈会;12月,《黄埭镇志》四稿完成修改,《元和街道志》二稿修改完成。做好村志编纂工作。4~6月,排摸、汇总相城区行政村(社区)志书编纂情况。审阅指导《漕湖街道自然村变迁志》编纂。6月14日,相城区首部自然村变迁志《漕湖街道自然村变迁志》通过市级初审。12月3日,调研《占上村志》《方浜村志》编纂工作,督促村志编纂进度、经费落实等情况,向编纂单位进一步明确村志编纂要求,具体指导志书修改。12月,《凤凰泾村志》初稿完成编纂。做好部门志编修工作,主动对接、指导服务《相城区政法志》《相城区农业志》编纂工作。组织和参加《相城区政法志》编纂座谈会,具体指导帮助编纂老师修改志稿;审阅《相城区农业志》,提供相关材料,提出修改意见,做好验收工作。

【方志队伍和制度建设】 年内,加强业务培训,学习年鉴编纂理论知识,提高年鉴编纂业务能力。4月18~19日,参加2019江苏省年鉴编纂工作推进会暨业务培训;5月9~10日,参加第二十次全国地州区县年鉴研讨会暨第六届年鉴编纂出版质量评比颁奖会;5

2019年1月4日,《相城区政法志》编纂座谈会在区委政法委召开

区档案馆　供稿

月28日，参加苏州市年鉴编辑人员培训班，加强区地方志工作规范和制度建设。4~5月，制作并完善《相城年鉴》编纂出版基本流程，地方志书编纂出版流程，地方志资料征集流程，年鉴、志书借阅服务流程，相城大事记编辑流程，年鉴、志书宣传推广服务活动流程，相城区部门志、镇（街道、区）村地方志书审核验收流程等年鉴和方志工作的流程示意图；6月，2019年度相城区各镇（街道、区）方志工作半年度会议召开，地方志工作走入基层，培育方志平台撰稿队伍；11月，制定并完善《相城区地方志书报备审查验收及出版归档操作细则》；12月，举行全区方志工作业务会议，向全区镇（街道、区）从事方志工作的人员宣传贯彻《江苏省地方志工作条例》，征求《相城区地方志书报备审查验收及出版归档操作细则》意见，并座谈交流全区镇志、村志编纂情况，布置方志相关工作任务。

【地情文化宣传】 年内，加强运用市方志馆相城太平老街分馆、"今日相城"微信公众号、《相城信息》、苏州地情网、相城区政府网等平台地情文化宣传。4月19日，在市方志馆太平老街分馆展出相城区志、年鉴等书，让方志文化走进街道、走进百姓生活。推送文章《相城的过去，可以在这里"鉴"上一面》于"今日相城"微信公众号，阅读量3000多，留言100多条，赠送前50名留言者《相城年鉴（2018）》每人一册。推送3篇文章于《相城信息》，7篇工作简讯于苏州地情网，1篇文章于区政府网。配合做好庆祝中华人民共和国成立70周年活动工作。

（曹丽琴）

保密工作

【概况】 2019年，相城区保密部门在中共苏州市相城区委、区政府的坚强领导下，全面贯彻落实习近平总书记关于加强保密工作的重要讲话精神，中央和省委、市委关于加强保密工作的最新决策部署，加大保密宣传教育、监督管理，健全管理制度和工作责任，努力提高保密工作法制化和规范化水平，为相城高质量发展提供保障。

【保密宣传教育】 2019年，区保密部门在保密警示教育、普法教育的基础上，把保密宣传教育重点放在普及保密知识和具体技能上，使涉密人员既认识保密的重要性，更知道如何保密、保什么密。全区70余家单位征订国家保密局主办的《保密技术》《保密工作》等刊物，组织涉密人员进一步加强保密业务学习，提升保密工作实战能力。把保密应知应会内容列入中共苏州市相城区委常委会等多种会议中，反复强调保密工作的重要性，强化全区机关干部、职工的纪律意识、保密意识。学习最新《保守国家秘密法》《保守国家秘密法实施办法》等法律、法规和上级保密部门要求传达学习的有关文件，结合实际工作加强保密宣传教育。

【保密监督管理】 2019年，抓好涉密岗位的保密工作。突出重点岗位涉密事项的保密管理，特别是对涉密文件严格实行全过程监管，确保从起草、制作、编号、分发到使用、管理、保存的每一环节科学规范、不出差错，防止涉密文件随身携带、随意存放、随便复印等现象的发生。对全区机关废纸、废文件的回收按规定进行定期销毁。按照"控制源头、加强检查，明确责任、落实制度"的要求，切实抓好涉密计算机及网络的保密管理，对涉密计算机实行物理隔离，做到"涉密信息不上网、上网信息不涉密"，加强对各种U盘和光盘等涉密介质的保密管理，防止存储秘密信息失泄。组织全区机关单位、涉密军工企业开展保密自查自评、定密事项报备工作，以查促管、以查促改，完善保密标准化管理。（区国家保密局）

苏州市相城区人民代表大会

综　述

【概况】2019年，相城区人大常委会在中共苏州市相城区委的正确领导下，坚持以习近平新时代中国特色社会主义思想为指导，全面贯彻落实党的十九大和十九届二中、三中、四中全会精神，围绕中共苏州市相城区委"12345"战略思路，忠实履行宪法和法律赋予的各项职权。召开常委会会议9次、主任会议13次；开展执法检查、视察8次，专题询问1次，听取和审议"一府一委两院"专项工作报告44次，开展"16个三年计划人大在行动"系列监督活动6次，作出决议决定和审议意见36项；依法任免国家机关工作人员146人次，组织72名被任命人员向宪法宣誓，完成区四届人大三次会议确定的各项目标任务，为助推相城经济社会高质量发展贡献了智慧和力量。全区有1个区级人大常委会，黄埭镇、渭塘镇、阳澄湖镇、望亭镇等4个镇级人大常委会，元和街道、北河泾街道、黄桥街道、北桥街道、太平街道、漕湖街道、澄阳街道人大工作委员会等7个派出机构及区人大苏州阳澄湖生态休闲旅游度假区代表小组。至年末，全区有江苏省人大代表2人、苏州市人大代表33人、相城区人大代表222人、区第四届人大常委会组成人员24人。相城区四届人大设有常委会、法制委员会、财政经济委员会，常委会下设办公室、研究室、人事代表联络工作委员会、内务司法工作委员会、财政经济（农业农村）工作委员会、城建环保工作委员会、教科文卫工作委员会、外事民宗侨台工作委员会等8个工作机构。

【坚持党的领导】2019年，区人大常委会始终坚持和依靠党的领导，按照中共苏州市相城区委决策部署，紧扣全区发展大局，推动人大工作与时俱进。区人大常委会党组认真组织开展"不忘初心、牢记使命"主题教育，全面落实"守初心、担使命，找差距、抓落实"总要求，认真做到"五聚焦五自觉"。定期向中共苏州市相城区委汇报人大工作，提请中共苏州市相城区委出台《关于实施区民生实事项目票决制工作的意见（试行）》和《关于健全人大讨论决定重大事项制度、政府重大决策出台前向人大报告的实施方案》。完成中共苏州市相城区委交办的关于发展高质量教育的调研。坚持党管干部原则，依法行使人事任免权，确保中共苏州市相城区委推荐人选通过法定程序成为国家机关领导人员。

【服务大局】2019年，区人大常委会坚持围绕中心，服务大局，密切关注全区经济运行情况，主动适应、把握经济发展新常态，助推全区经济发展。听取和审议2019年上半年经济社会发展情况和下半年重点工作安排的报告、2019年上半年国民经济和社会发展计划执行情况的报告、2018年相城区本级决算草案的报告、2019年上半年总预算执行情况的报告、区本级预算调整方案的报告、2018年相城区本级预算执行和其他财政收支的审计工作报告、审计查出问题整改工作的报告等。检查《中华人民共和国中小企业促进法》贯彻实施情况，助力打造更加优质的营商环境。常委会会议首次专题听取相城区国有资产管理情况的报告，加快提升国有资产经营效益。进一步推进预算联网监督系统建设，在苏州大市范围内率先完成软件开发、硬件布置和系统运行。市人大常委会对相城区相关做法予以高度肯定，并召开专题现场会，组织各县级市（区）人大前来参观学习。以开展"16个三年计划人大在行动"系列监督活动为抓手，支持产业转型，听取和审议智能制造三年行动计划推进情况以及科技孵化器、高新技术企业、重点企业研发机构3个三年行动计划实施情况的报告。

【民呼我应】 2019年，区人大常委会紧扣人民群众最关心最直接最现实的利益问题开展监督，使发展成果更多更公平地惠及全区人民，让人民群众享有更多的获得感、幸福感和安全感。年内，区人大常委会听取和审议2018年度全区环境质量和环境保护目标完成情况的报告，检查《中华人民共和国水污染防治法》《苏州市禁止燃放烟花爆竹条例》《苏州市节约用水条例》贯彻实施情况，视察全区河道整治情况和阳澄湖综合整治工程建设情况。听取和审议关于绿化景观与重点湿地建设三年计划推进情况的报告。针对安全生产面临的严峻形势，组织代表视察全区安全生产工作。组织代表视察安置房建设、实事工程和重点项目建设情况，以督办"关于提升住宅小区物业服务管理水平，营造高质量的宜居安居乐居生活环境的议案"为抓手，开展专题审议和专项调研。听取和审议重点公共配套设施建设三年计划的推进和宗教养老工作情况。持续关注农业农村发展，听取和审议乡村振兴战略实施情况的汇报。

【依法治区】 2019年，区人大常委会加强对"一府一委两院"的法律监督和工作监督，积极推进依法行政和公正司法，维护社会公平正义，切实保障人民群众合法权益。继续打造"法治民声"文化品牌，开办人大"学法讲堂"，服务人大代表履职培训。发挥专家作用，聘请10名法律界人士担任区人大常委会法律专家顾问。开展执法检查前学法活动，引入专业机构服务执法检查，有效提升执法检查的质量和权威。推动政府依法行政，对2018年政府部门工作评议意见、部分审议意见整改落实情况、重点建议办理情况进行"回头看"。审议被任命的行政机关主要领导年度书面述职报告。对区发改委、区卫健委、区应急管理局、区审计局进行工作评议。开展规范性文件备案审查，制定《规范性文件备案审查程序规定》。加强与区监委的沟通联系，主任会议调研并听取区监委派出监察员办公室工作情况的汇报。支持公民依法参与司法事务、弘扬司法民主、维护司法公正，任命人民陪审员200名，组织区人大代表旁听庭审68人次。听取和审议区人民法院关于智慧法院建设情况的报告、区人民检察院关于检察公益诉讼工作的专项汇报，作出关于加强检察公益诉讼工作的决定。

【发挥代表作用】 2019年，区人大常委会高度重视发挥代表主体作用，加强和改进代表工作，创新工作方法，拓宽履职渠道，做好服务保障，支持人大代表依法履职。不断完善街道议政代表会制度，市人大常委会在相城召开全市街道人大工作会议，推广相城区经验做法。不断创新工作理念和工作方式，研究制定《关于人大代表进网格联系选民及意见处理办法》。713名区、镇人大代表和街道议政代表进驻区社会综合

2019年9月12日，相城区人大常委会庆祝中华人民共和国成立70周年暨纪念地方人大设立常委会40周年文艺演出在相城区市民活动中心举行
区人大办　供稿

治理网格，9~12月，累计收到选民意见建议355件，办结330件，形成快速响应群众诉求、一线化解基层矛盾的社会治理大联动格局。省、市人大高度评价相城区街道议政代表会制度、代表进网格两项工作，专程组织省级媒体团前来采访报道，并在省委人大工作会议上作为经验材料予以推广。认真督办人代会的116件代表建议，遴选出8条建议进行重点督办，并首次要求政府分管领导带头领办。首次采用专题询问形式督办重点建议，有效解决农房建设、黄埭镇域公交优化等难题。建议办成与采纳率98.3%，代表对承办工作满意和基本满意率100%。出台《关于规范运行镇、街道人大代表之家和代表接待站的意见》《网上“人大代表之家”建设管理暂行办法》，就进一步提升“家”“站”“网”建设管理水平作出明确规定。总结代表之家建设经验，发布《有“家”真好》主题宣传片。组织108名区、镇人大代表向原选区述职。开展四级代表统一接待日活动，182名人大代表在全区28个接待点接待选民245人次，收集意见建议259条。成功举办庆祝中华人民共和国成立70周年暨纪念地方人大设立常委会40周年系列活动。全年共邀请142名代表参与常委会会议，200余名代表参加工作视察、执法检查，配合市人大开展立法调研、建议督办等活动。组织部分区人大代表和人大干部赴省人大干部培训基地参加学习，在冯梦龙廉政文化培训中心举办人大代表履职能力提升培训班。推行《代表履职积分管理办法》，不断增强代表履职积极性和主动性。

区人大重要会议

【区四届人大第三次会议】 1月8~11日，在区会议中心召开，224名区人大代表参加会议。会议听取和审议区人民政府工作报告；审议、审查和批准相城区2018年国民经济和社会发展计划执行情况及2019年国民经济和社会发展计划草案的报告；审议、审查和批准相城区2018年总预算执行情况和2019年总预算草案的报告；听取和审议相城区人大常委会工作报告；听取和审议相城区人民法院工作报告；听取和审议相城区人民检察院工作报告；大会通过相应的决议。大会选举孔建新、杜敏、邱鸿、金瑞良、浦卫英、陶洪为区人大常委会委员，徐建东为区人民法院院长。会议期间，共确立议案1件，收到代表书面提出的建议、批评和意见116件。经大会通过，决定将《关于提升住宅小区物业服务管理水平，营造高质量的宜居安居乐居生活环境的议案》列为本次人代会议案，由区人民政府组织实施。大会闭幕前，中共苏州市相城区委书记顾海东作讲话。

【区四届人大常委会会议】 年内，区四届人大常委会召开会议9次。

第十九次会议　1月28日召开，会议听取、审议和表决区人大常委会2019年工作要点草案和有关人事任免事项。

第二十次会议　2月26日召开，会议听取、审议区政府关于区四届人大三次会议议案实施方案的汇报，2018年全区环境质量和环境保护目标完成情况的报告，听取、审议和表决区法院提请任命人民陪审员的事项，审议和通过区人大常委会各工作委员会名单、区人大常委会各工作机构对口联系单位名单。

第二十一次会议　4月26日召开，会议听取、审议区政府关于智能制造三年行动计划推进情况的报告、关于重点公共配套设施建设三年计划推进情况的报告、关于国有资产管理情况的报告；听取、审议和表决有关人事任免事项。

第二十二次会议　6月26日召开，会议听取、审议关于科技孵化器、高新技术企业和重点企业研发机构三年行动计划实施情况的报告，关于2018年相城区本级决算草案的报告，关于2018年相城区本级预算执行和其他财政收支情况的审计工作报告，关于2018年相城区本级决算草案审查结果的报告；听取、审议区人大常委会执法检查组关于《中华人民共和国中小企业促进法》在全区实施情况的报告、关于《中华人民共和国水污染防治法》在全区实施情况的报告；听取、审议和表决有关人事任免事项。

第二十三次会议　7月18日召开，专题询问2019年区人大常委会督办重点建议办理情况。（附表2）

第二十四次会议　8月22日召开，会议听取、审议区政府关于2019年上半年全区经济社会发展情况和下半年重点工作安排的报告，关于2019年上半年相城区国民经济和社会发展计划执行情况的报告，区政府关于2019年上半年相城区本级总预算执行情况的报告，区法院关于“智慧法院”建设工作的报告，区检察院关于开展公益诉讼检察工作的报告，区人大常委会内务司法工委关于加强检察公益诉讼工作的决定(草案)的报告;审议和通过相城区人大常委会街道工作委员会委员名单;听取、审议和表决有关人事任免事项。

第二十五次会议　10月31日召开,会议听取、审议区发改委、卫健委、应急管理局、审计局4个部门的工作报告;听取、审议区政府关于2019年相城区本级预算调整方案的报告,关于2018年相城区本级预算执行和其他财政收支审计整改意见落实情况的报告;听取、审议区人大财经委关于2019年相城区本级预算调整方案的审查报告;听取、审议市十六届人大相城代表团部分市人大代表履职报告。

第二十六次会议　12月13日召开,会议听取、审议和表决关于区四届人大四次会议有关事项;听取、审议区政府关于2020年区民生实事项目安排方案的报告,区人大常委会首次对区民生实事项目进行票决;听取、审议区人大常委会执法检查组关于《苏州节约用水条例》在全区贯彻实施情况的报告;听取、审议和表决有关人事任免事项。

第二十七次会议　12月26日召开,会议听取、审议关于区四届人大三次会议议案和代表建议办理情况的报告;审议、表决关于区四届人大四次会议有关事项;听取、审议和表决区人大常委会代表资格审查委员会关于区四届人大四次会议代表资格的审查报告;听取、审议区政府关于2019年相城区本级预算第二次调整方案的报告、区人大财经委关于2019年相城区本级预算第二次调整方案的审查报告;听取、审议和表决有关人事任免事项;审议区人大常委会工作报告(征求意见稿)。

【区四届人大常委会主任会议】 2019年,区四届人大常委会召开主任会议13次。

第三十一次主任会议　1月25日召开,会议听取全区机构改革方案及有关人事任命事项情况;研究讨论区人大常委会2019年工作要点草案,听取、审议区四届人大常委会第十九次会议有关事项。

第三十二次主任会议　2月21日召开,会议听取、审议有关人事任命事项,关于区四届人大三次会议议案实施方案的调研情况,关于2018年度全年环境质量和环境保护目标完成情况的调研汇报,区人大法制委、财经委关于2019年度主要工作安排情况的汇报;听取、审议区四届人大常委会第二十次会议有关事项;审议被任命的行政机关工作人员年度书面述职报告。

第三十三次主任会议　3月26日召开,会议听取、审议2018年工作评议意见整改落实“回头看”工作、关于加强预算联网监督相关工作制度建设情况的汇报及其他事项。

第三十四次主任会议　4月23日召开,会议听取、审议有关人事任免情况的说明,关于重点公共配套建设三年计划推进情况的调研汇报,关于智能制造三年行动计划推进情况的调研汇报和关于“区政府关于国有资产管理情况”的调研汇报,关于区人大预算联网监督系统建设进展暨举行预算联网监督系统启用仪式的汇报;讨论《中华人民共和国中小企业促进法》执法检查方案,听取、审议关于区四届人大常委会第二十一次会议有关事项。

第三十五次主任会议　5月31日召开,会议听取、审议宗教养老工作情况的汇报,关于规范运行镇、街道“人大代表之家”和代表接待站的意见,相城区人大常委会法律专家顾问库管理办法等6项制度和其他工作。

第三十六次主任会议　6月25日召开,会议听取、审议有关人事提请任命情况,关于科技孵化器、高新技术企业和重点企业研发机构三年行动计划实施情况的调研汇报,关于“2018年本级决算草案”“2018年本级预算执行和其他财政收支情况的审计工作报告”等事项的调研汇报,关于《中华人民共和国中小企业促进法》在全区实施情况的调研汇报,关于《中华人民共和国水污染防治法》在全区实施情况的调研汇报,区四届人大常委会第二十二次会议有关事项。

第三十七次主任会议　7月25日召开,会议听取、审议全区乡村振兴战略实施情况,2018年度有关审议意见整改落实“回头看”。

第三十八次主任会议　8月20日召开,会议听取、讨论区四届人大常委会第二十四次会议有关事项。

第三十九次主任会议　9月25日召开,会议听取、审议关于绿化景观与重点湿地建设三年计划推进情况的报告,关于人大代表进网格试点情况的汇报,研究讨论《关于评选表彰四届人大优秀代表、优秀代表建议和代表建议办理先进单位的意见》。

第四十次主任会议　10月24日召开,会议听取对区审计局、应急管理局、卫健委、发改委4个部门进行工作评议的情况汇报,部分市人大代表述职安排情况以及2019年区本级预算调整方案，审计查出问题整改工作情况；研究、讨论《苏州市节约用水条例》执法检查工作方案；听取、审议区四届人大常委会第二十五次会议有关事项。

第四十一次主任会议　11月22日召开，会议听取、审议全区扫黑除恶专项斗争工作的汇报、全区“散乱污”企业整治工作情况的汇报，讨论、研究区四届人大四次会议筹备工作方案等事项。

第四十二次主任会议　12月12日召开，会议听取、审议有关人事任免事项，关于部分区人大代表辞去代表职务等事项，区四届人大四次会议有关事项说明及筹备工作进展情况，2020年民生实事项目初步安排方案的报告，区四届人大常委会第二十六次会议有关事项。

第四十三次主任会议　12月25日召开，会议听取、审议有关人事任免事项，区四届人大四次会议代表资格的审查报告草案，关于2019年相城区本级预算第二次调整方案等事项调研情况，区四届人大三次会议议案和代表建议办理情况的报告，区四届人大常委会第二十七次会议有关事项；审议《区人大常委会工作报告（征求意见稿）》。

表2　2019年相城区人大常委会重点督办四届三次人代会议案和代表建议一览表

督办编号	督办部门	标题	提出人	主办	协办
1	人大办 城建环保工委	关于提升住宅小区物业服务管理水平，营造高质量的宜居安居乐居生活环境的议案	顾桂花、顾培庆等22名代表	住建局 城管局	纪委、监察委、组织部、宣传部、政法委、发改委、应急局、司法局、信访局、民政局、财政局、市监局、环境局、公安分局、资源规划局，各板块
2	人大办 城建环保工委	关于加强农房翻建统筹管理的建议	濮根英　王吕平	住建局	农业农村局、资源规划局
3	内务司法工委	关于完善村、社区居民自治公约（章程），为村、社区（自治组织）日常管理提供帮助的建议	刘文健	民政局	司法局
4	城建环保工委	关于打通优化黄埭镇全域公共交通的建议	张　栋　顾　婷 张新如	交运局	黄埭镇
5	人代联工委	关于帮扶当地40~50岁失业人员再就业的建议	沈洪明　范佳明	人社局	各板块
		关于搭建下岗、失业职工再就业信息平台的建议	何文健		各板块
		关于关心“263”“散乱污”整治后40~50岁人群就业问题的建议	王欣南　殷永明		各板块
6	人代联工委	关于增加家政人员、育婴师等培训机构的建议	张春燕　方海珍	人社局	财政局
7	财经工委 （农业农村工委）	关于修改“阳澄湖大闸蟹”地理标志产品认定的建议	惠林方　张春燕 汤明兰　顾敏杰	市场监管局	农业农村局
8	外事民宗侨台工委	关于加强出租房长效管理的建议	谢斌杰	公安分局	住建局、应急局
9	教科文卫工委	关于加强全区师资队伍与人才储备战略的建议	丁　俭　吴文英	教育局	编委办、人社局

执法检查

【《苏州市禁止燃放烟花爆竹条例》执法检查】 2019年1月中旬，根据市人大常委会对《苏州市禁止燃放烟花爆竹条例》贯彻实施情况开展联动执法检查的相关要求，区人大常委会成立执法检查领导小组。1月22日，组织部分区人大代表对相城区贯彻实施《条例》情况进行执法检查，检查组先后实地查看元和街道御窑社区、黄桥街道便民服务中心和澄阳街道康锦苑小区。检查组认为，近年来，相城区禁放工作成效显著，建议要：继续高度重视，充分认识禁放工作的反复性、复杂性、顽固性和重要性；继续强化组织保障，加大宣传力度，落实各项管控措施，充分发挥基层作用；继续强化齐抓共管，相关部门各司其职、通力协作，板块人大上下联动、形成声势，人大代表主动宣传、做好表率。

【《中华人民共和国水污染防治法》执法检查】 为推进《中华人民共和国水污染防治法》(简称《水污染防治法》)在相城区的贯彻落实,4月份,区人大常委会组成执法检查组,对相城区贯彻实施情况开展执法检查。为提升执法检查的规范性、针对性和严格性,检查组对相关法律法规进行了专题业务培训。检查过程中采取区、镇(街道)人大联动和全面自查自纠与重点检查相结合的方式。召开两次座谈会,分别听取区政府及相关职能部门工作汇报和部分基层代表、水污染防治重点单位的意见建议;实地检查苏州太湖中法环境技术有限公司、望亭312国道桥国考点、卡士酸奶(苏州)有限公司、永昌泾大桥断面点位、高铁新城污水处理厂等现场;首次邀请水污染防治专家参与检查,对部分水体水质进行现场抽检。检查组认为,近年来,相城区认真贯彻落实《水污染防治法》,坚持标本兼治、重在治本的工作思路,依法治污水、净湖水、保河水、促节水,水污染防治工作取得了阶段性成效,但排污总量与水环境容量之间的矛盾比较突出,污水收集和处理能力还有不足,水环境质量仍有差距。建议要进一步强化规划引领,推动产业转型升级;进一步突出防治重点,加快基础设施建设;进一步加强监督执法,形成社会良好氛围。

【《中华人民共和国中小企业促进法》执法检查】 为推进《中华人民共和国中小企业促进法》(简称《促进法》)在相城区的贯彻落实,区人大常委会于4月组成执法检查组,对相城区贯彻实施《促进法》情况开展执法检查。检查组先后举办专题培训会,召开3次执法检查领导小组全体会议、3次座谈会,听取区政府及相关职能部门、基层板块以及中小企业代表的意见建议,赴相关园区和企业走访调研。5月23日,检查组实地检查区行政审批局政务服务大厅、紫光工业互联网平台、苏州新门户·创客空间、区税务局办税服务厅。检查组认为,全区紧紧围绕《促进法》的贯彻落实,在政策扶持、完善服务、创新支持、加强引导等方面做了大量工作,不断优化中小企业营商环境,有效促进相城区中小企业的高质量发展,但还存在着学习宣传不够深入、工作管理机制还不够健全、服务效能有待提升等问题,建议进一步加强宣传培训、进一步健全工作机制、进一步完善服务保障、进一步加大扶持力度。

【《苏州市节约用水条例》执法检查】 为推进《苏州市节约用水条例》(简称《条例》)在相城区的贯彻实施,进一步促进节约用水,提高水资源利用效率,保护和改善生态环境,保障经济社会可持续发展,区人大常委会于10月组成执法检查组,对相城区贯彻实施《条例》情况开展执法检查。检查组先后举办《条例》专题培训,赴元和街道开展调研,召开2次座谈会,听取区政府相关职能部门及基层板块的意见建议,邀请第三方专家进行暗访评估、发放调查问卷和征求意见函,多渠道多方位了解情况。11月22日,检查组实地检查澄阳污水厂、罗普斯金铝业股份有限公司、古宫新村二期社区等现场。检查组认为,近年来,相城区节约用水宣传教育力度不断加大、节水管理日益规范、水资源利用率逐步提高,节水型社会建设持续推进,取得较好成效。但节水意识有待进一步增强,用水效率有待进一步提升,非常规水利用率有待进一步提高,节水监管机制有待进一步完善。建议加强学习宣传,提高社会节水意识;强化节水管理,提高水资源利用效率;注重科学环保,提高非常规水利用率;坚持齐抓共管,提高节水监管效能。

审议与任免

【审议工作】 2019年,区人大常委会形成审议意见17份。3月1日形成《关于区四届人大三次会议议案实施方案的审议意见》《关于2018年度全区环境质量和环境保护目标完成情况报告的审议意见》;4月29日形成《关于全区重点公共配套设施建设三年计划推进情况报告的审议意见》;5月5日形成《关于全区智能制造三年行动计划推进情况报告的审议意见》《关于区属企业国有资产管理情况报告的审议意见》;6月10日形成《关于全区宗教养老工作情况的审议意见》;7月5日形成《关于科技孵化器、高新技术企业、重点企业研发机构3个三年行动计划实施情况报告的审议意见》《关于2018年相城区本级决算草案以及2018年相城区本级预算执行和其他财政收支审计情况的审议意见》;8月7日形成《关于乡村振兴战略实施情况的审议意见》;8月8日形成《关于2019年重点建议办理情况的审议意见》；8月23日形成《关于相城区人民法院专项工作情况的审议意见》《关于相城区人民检察院专项工作情况的审议意见》；8月30日形成《关于相城区人民政府2019年以来全区经济社会发展情况的审议意见》；10月10日形成《关于绿化景观与重点湿地建设三年计划推进情况的审议意见》；11月12日形成《关于相城区人民政府〈关于2018年相城区本级预算执行和其他财政收支审计整改意见落实情况的报告〉的审议意见》；11月26日形成《关于全区扫黑除恶专项斗争工作情况的审议意见》《关于相城区"散乱污"企业（作坊）淘汰整治情况的审议意见》。

【任免工作】 2019年，区人大常委会任免干部146人次，其中区人大常委会及基层人大工作人员50人次，区人民政府工作人员47人次，区监察委员会工作人员8人次，区人民法院工作人员28人次，区人民检察院工作人员13人次。

表3　2019年相城区人大常委会任免工作情况表

时间	会议	任免情况
1月28日	区四届人大常委会第十九次会议	王执晴任区发展和改革委员会主任，刘云涛任区科学技术局局长，王蓓蕾任区工业和信息化局局长，许玮任区司法局局长，陆建男任区住房和城乡建设局局长，陈建军任区水务局局长，许国荣任区农业农村局局长，潘虹任区文化体育和旅游局局长，王建军任区卫生健康委员会主任，陈建叶任区退役军人事务局局长，顾学新任区应急管理局局长，羊一飞任区政府外事办公室主任，金国强任区政府国有资产监督管理办公室主任，戈晓文任区行政审批局局长，夏赵云任区市场监督管理局局长，金燕任区统计局局长，顾建明任区信访局局长，王海峰任区地方金融监督管理局局长。
4月26日	区四届人大常委会第二十一次会议	智永东任区人大常委会北桥街道工作委员会副主任，李惠忠任区人大常委会澄阳街道工作委员会副主任，免去李远区人大常委会北桥街道工作委员会副主任职务，免去李飞区人大常委会澄阳街道工作委员会副主任职务。 陈守东任区监察委员会委员，龚代林任区监察委员会委员，免去蒋永东区监察委员会委员职务。 滕文清任区人民法院审判委员会委员；乔宁宁任区人民法院民事审判第一庭庭长，免去区人民法院行政审判庭庭长职务；苏林泉任区人民法院行政审判庭庭长，免去区人民法院民事审判第一庭庭长职务；舒馨任区人民法院民事审判第一庭副庭长，免去区人民法院少年审判庭副庭长职务；路宽成任区人民法院审判员；宁璐任区人民法院审判员；靳义威任区人民法院审判员；沈琳任区人民法院审判员；候佳芸任区人民法院审判员；孙墨琪任区人民法院审判员；刘羽蕴任区人民法院审判员；免去王三男区人民法院审判监督庭庭长职务。
6月26日	区四届人大常委会第二十二次会议	周晓东任区人大常委会内务司法工作委员会副主任，免去赵黎平区人大常委会教育科学文化卫生工作委员会主任职务，免去丁萧区人大常委会研究室副主任职务，免去项英区人大常委会元和街道工作委员会副主任职务，免去查晴明区人大常委会太平街道工作委员会主任职务。 查焱任区人民政府副区长。朱佐任区民政局局长，免去潘永明区民政局局长职务。 管建华任开发区监察工作委员会主任，刘洪印任开发区监察工作委员会副主任。
8月22日	区四届人大常委会第二十四次会议	陈永亮任区人大常委会办公室主任，陆巧明任区人大常委会教育科学文化卫生工作委员会主任，沈志任区人大常委会研究室副主任，王晓珺任区人大常委会元和街道工作委员会副主任，许国荣任区人大常委会北河泾街道工作委员会主任，免去金巧荣区人大常委会办公室主任职务，免去胡国荣区人大常委会北河泾街道工作委员会主任职务。 陈伟杰任区人民政府副区长，免去马利忠区人民政府副区长职务。耿昌洪任区教育局局长，杨建伟任区工业和信息化局局长，周雪奇任区人力资源和社会保障局局长，朱雪花任区农业农村局局长，免去陆巧明区教育局局长职务，免去王蓓蕾区工业和信息化局局长职务，免去韩春祥区人力资源和社会保障局局长职务，免去许国荣区农业农村局局长职务。 干文建任区人民法院渭塘人民法庭庭长、审判委员会委员，免去区人民法院渭塘人民法庭副庭长职务；张嘉任区人民法院审判委员会委员；舒馨任区人民法院黄埭人民法庭副庭长，免去区人民法院民事审判第一庭副庭长职务；佘琼琼任区人民法院渭塘人民法庭副庭长，免去区人民法院民事审判第二庭副庭长职务；黄坚任区人民法院民事审判第一庭副庭长；魏丽玲任区人民法院民事审判第一庭副庭长；唐灿任区人民法院民事审判第二庭副庭长；路宽成任区人民法院立案庭副庭长；免去马奉南区人民法院审判委员会委员、审判员职务。
10月31日	区四届人大常委会第二十五次会议	分别接受丁萧、马文明、朱佐、杨建伟、李志远、金巧荣、胡国荣、查晴明、赵黎平辞去区第四届人民代表大会代表职务的请求。

续表

时间	会议	任免情况
12月13日	区四届人大常委会第二十六次会议	陈鹤任区人大常委会人事代表联络工作委员会主任，免去区人大常委会澄阳街道工作委员会主任职务；邹卫星任区人大常委会人事代表联络工作委员会副主任；杜敏任区人大常委会内务司法工作委员会主任；王凯荣任区人大常委会财经工作委员会副主任、农业农村工作委员会主任；龚刚任区人大常委会太平街道工作委员会主任；戴华平任区人大常委会漕湖街道工作委员会副主任；吕益良任区人大常委会澄阳街道工作委员会主任；免去李雪萍区人大常委会人事代表联络工作委员会主任职务；免去郭慧琴区人大常委会人事代表联络工作委员会副主任职务；免去周钰生区人大常委会内务司法工作委员会主任职务；免去孙伟强区人大常委会财经工作委员会副主任、区人大常委会农业农村工作委员会主任职务；免去张建国区人大常委会黄桥街道工作委员会主任职务。 何乃剑任区发展和改革委员会主任，免去区商务局局长职务；沈一明任区科学技术局局长；宋建春任区商务局局长；俞平任区应急管理局局长；巫晓慧任区地方金融监督管理局局长；免去王执晴区发展和改革委员会主任职务；免去刘云涛区科学技术局局长职务；免去顾学新区应急管理局局长职务；免去王海峰区地方金融监督管理局局长职务。 邓维华任区监察委员会委员。免去叶志荃区人民检察院检察员职务，免去许纯柔区人民检察院检察员职务，免去张华区人民检察院检察员职务，免去杨利区人民检察院检察员职务，免去邹克霆区人民检察院检察员职务，免去陈玲区人民检察院检察员职务，免去李晓春区人民检察院检察员职务，免去俞志斌区人民检察院检察员职务，免去龚代林区人民检察院检察员职务。 接受浦卫英辞去区第四届人大常委会委员职务的请求，分别接受孙伟强、李雪萍、宋建春、张建国、张春燕、周钰生、俞平、郭慧琴、蒋妍辞去区第四届人民代表大会代表职务的请求。
12月26日	区四届人大常委会第二十七次会议	周明峰任区人大常委会黄桥街道工作委员会主任。 接受朱小海辞去区人民政府副区长职务的请求，王执晴任区人民政府副区长。 邱一飞任区住房和城乡建设局局长，孙伟为任区卫生健康委员会主任，免去陆建男区住房和城乡建设局局长职务，免去王建军区卫生健康委员会主任职务。 接受徐华峰辞去区监察委员会主任职务的请求，免去陈守东区监察委员会委员职务。 寿樱任区人民检察院副检察长，免去金丽萍区人民检察院副检察长职务。接受朱文瑞辞去区人民检察院检察长职务的请求，寿樱任苏州市区人民检察院代理检察长。 接受金锡奇辞去市第十六届人民代表大会代表职务的请求。

视察调研

【安置房建设情况视察】 5月24日，区人大常委会组织部分区人大代表视察调研全区安置房建设情况。代表们实地查看华元家园、三角咀家园二期及三期、青阳小区一期、古宫新村三期等安置小区，详细了解项目建设标准、工程建设进度、群众回迁率、周边配套以及社区和物业管理等情况。代表们认为，近年来，区政府及各职能部门、各板块高度重视安置房建设工作，不断加大地块拆迁、方案设计、项目报建、工程建设、竣工验收、配套建设等工作力度，安置房呈现出“选址地段好、住宅密度低、建设品质高”的特征，工作成效明显。针对当前建设过程中存在的问题，建议要进一步增强责任意识，提升安置房建设的紧迫感；进一步增强协作意识，形成安置房建设的合力；进一步增强超前意识，破解安置房建设的“拦路虎”；进一步增强精品意识，确保安置房建设的质量安全。

【阳澄湖综合整治工程情况视察】 10月16日，区人大常委会组织部分区人大代表专题视察阳澄湖综合整治工程进展情况。代表们实地查看阳澄湖中西湖联通工程，渭泾塘、冶长泾综合整治工程现场，听取区政府关于阳澄湖综合整治工程相城区项目实施情况汇报。代表们认为，近年来，区政府及各相关职能部门和板块高度重视阳澄湖综合整治工作，根据市政府关于综合整治工程的规划部署，明确目标、细化举措，有序推进各分项工程的建设，工程建设成效明显。针对当前工程推进过程中存在的规划调整影响项目建设、项目建设推进速度有待加快等问题，代表们建议：要进一步增强责任意识，确保整治工程圆满完成；进一步加强统筹协调，形成整治工作强大合力；进一步重视长效管理，抓好整治后续规划。

【安全生产工作视察】 10月21日，区人大常委会组织专题视察

“不忘初心、牢记使命”主题教育调研暨全区安全生产工作。视察组实地查看苏州市惠利华电子有限公司、黄埭高新区西泾上工业集中区、中亿腾模塑科技（苏州）有限公司和苏州禹洲商业广场的有关情况，集中听取了关于全区安全生产工作的汇报。视察组认为，区政府和有关部门近年来始终高度重视安全生产工作，呈现出责任体系不断健全、依法治理不断深入、源头管控不断强化、监管机制不断完善等特点。针对下一步工作，建议要强化宗旨意识，提升对安全生产工作的思想认识；强化责任意识，提升风险防控的能力水平；强化法治意识，提升安全生产领域的监管力度；强化群众意识，提升全社会共同参与的工作氛围。

2019年5月24日，区人大常委会组织部分人大代表对全区安置房建设情况进行专题视察　　区人大办　供稿

【政府实事工程和重点项目建设工作视察】 11月14日，区人大常委会、区政协组织部分区人大代表、政协委员，联合视察2019年区政府实事工程和重点项目建设情况。代表、委员们先后实地查看了日益幼儿园、苏州第二图书馆、海美国际（苏州）智造研发社区和珍珠花园，详细了解项目的进度和推进情况，仔细询问项目推进过程中遇到的困难和问题。就视察组建议，各责任单位下一步要坚持问题导向，加强对上沟通协调，全力推进工程建设；坚持质量意识，把工程质量摆在首位，着力打造精品工程；坚持统筹协调，把加快推进实事工程和重点项目建设摆在更加突出的位置，合力确保目标完成；坚持精准科学完善项目决策机制，重视项目前期工作，务实谋划明年工作。

【调研工作】 2019年，区人大常委会以开展“不忘初心、牢记使命”主题教育为契机，以调研寻找初心、坚守使命，党组成员带头深入开展调查研究，着眼解决问题，形成《关于督办代表建议工作的实践与思考》等8篇调研成果。完成中共苏州市相城区委交办的关于发展高质量教育的调研，撰写《求真务实开拓创新以饱满的精神状态推动全区教育高质量发展的调研报告》，为办好人民满意的教育提供人大方案，调研报告获中共苏州市相城区委主要领导批示肯定。针对执法检查、集中视察、工作评议等活动，认真开展前期调研工作。常委会主要领导围绕生活垃圾分类工作，深入相关部门和基层开展专题调研。（姜春媛）

苏州市相城区人民政府

综述

【概况】 2019年，苏州市相城区人民政府（简称区政府）紧扣“12345”战略思路，贯彻新发展理念，深度融入长三角一体化发展，加速推进16个“三年行动计划”，狠抓项目招引建设、产业提质提效、城市品质提升、生态环境优化、民生福祉改善、社会稳定和谐等重点工作，推动全区经济社会高质量跨越式发展。全年完成地区生产总值890.08亿元，增长5.4%；一般公共预算收入120.05亿元，增长10.6%；全社会固定资产投资420.4亿元，增长9.7%；社会消费品零售总额241.7亿元，增长7%。工业投资增长8.5%，工业总产值和规上工业产值分别增长2.8%、1.1%。完成进出口总额54.9亿美元，注册外资3.6亿美元，实际使用外资2.3亿美元。

【效能建设】 2019年，相城区“放管服”改革深入推进，“不见面审批”办件超134万件，占比超90%。被列为市基层“互联网+政务服务”工作示范点，“一窗办理、全科服务”深度融合推进，镇、村两级标准化便民服务大厅，“全员全科社工”模式实现全覆盖。27个审批事项实行“证照分离”，10个公共服务事项实现“全区通办”。开展项目审批流程再造，一般工业项目实现20个工作日发放施工许可证。圆满完成区政府机构改革和“三定”规定的制定。乡镇机构改革基本完成，渭塘经济发达镇行政管理体制改革高分通过省级验收，学校、医院及基层“七站八所”属地化管理改革扎实开展。区属国资公司经济和社会效益明显提升，纳税额增长140%。镇级国有（集体）企业清产核资及股权调整有序推进，4家公司管理层级提高。新添AA及以上信用等级国有公司7家。信息化改革“1+8+N+X”总体框架形成。严格落实“基层减负年”要求，“三公经费”下降20.8%，基层公务用车改革有力推进。开展重大行政决策规范管理标准化体系化试点，实施重大行政决策事项5项。受理行政复议案件29起，政府信息公开申请77件。完成年度隐性债务化解任务，开展镇级债务风险分类管理，政府债务控制在限额以内。理顺区镇两级财政管理体制。规范政府投资项目工程价款支付、项目变更备案、竣工财务决算评审，小额工程项目全部纳入政府采购平台采购。完成财务审计项目30个、竣工结算审计132个，整改问题192个、增收节支5.2亿元。办理人大议案、建议117件，政协提案131件，满意率达100%。 （李晓晓）

区政府重要会议

【区政府全体（扩大）会议】 1月19日，区政府召开全体（扩大）会议。会议认真贯彻落实区委四届九次全体会议等一系列重要会议精神，回顾总结区政府2018年以来各项工作，研究部署2019年主要工作任务。中共苏州市相城区委副书记、区长张永清在会上强调，全区上下要紧扣区四届人大三次会议审议通过的目标任务，以项目建设为主题主线，早布置、早落实，确保完成全年各项目标任务。

【区政府常务会议】 2019年，区

政府共召开27次常务会议（即第四十六次至第七十二次常务会议），审议一批重要政策事项，作出相关决定，开展集体学习活动。

第四十六次常务会议 1月5日召开，审议《贯彻落实校车安全工程实施意见的通知》《2018年东西部扶贫协作自评报告》等事项，听取扫黑除恶专项斗争工作进展情况的汇报。

第四十七次常务会议 1月31日召开，审议《规范政府投资项目工程价款支付工作指导意见》《规范区级国有公司自建自购项目价款支付工作指导意见》《明确2019年度专项资金审批流程的意见》等事项，听取开展食品药品安全大排查大检查大督查专项行动有关情况、疫苗与预防接种彻查情况、"大棚房"问题专项清理整治行动进展情况的汇报。

第四十八次常务会议 2月16日召开，审议《区行政审批局事项划转的实施方案》《关于推进全区产业项目开工审批及竣工验收工作机制》《区级政府投资建设工程变更备案管理实施细则》等事项，听取"大棚房"问题专项清理整治行动工作推进情况、区级机关（事业单位）所属企业（国有资产）处置工作进展情况、区属公司2018年度经营业绩考核结果的汇报。

第四十九次常务会议 3月2日召开，传达推进"大棚房"问题专项清理整治行动电视电话会议精神，审议《信贷风险补偿专项资金管理办法（试行）》《科技型中小企业贷款操作管理办法（试行）》《住宅专项维修资金专户银行招标工作方案》等事项，听取2019年1~2月安全生产工作开展情况的汇报。

第五十次常务会议 3月9日召开，集体学习《中共中央关于加强党的政治建设的意见》，审议《政府网站建设管理工作方案》《政府网站新闻信息发布管理暂行办法》《政府政务公开信息发布管理暂行办法》《政府网站互动回应类栏目管理暂行办法》等事项，听取在全区开展河湖违法圈圩和违法建设专项整治工作情况的汇报。

第五十一次常务会议 3月16日召开，审议《苏州高铁新城大数据产业园发展规划》《2019年省级服务业综合改革工作要点》《深化服务贸易创新发展试点实施方案》等事项。

第五十二次常务会议 4月13日召开，集体学习扫黑除恶专项斗争有关会议精神和上级部署要求，传达市法治政府建设暨推进重大行政决策法治化工作会议精神，审议《信息化建设管理改革方案》《深入推进全区"互联网+政务服务"向基层延伸的实施意见》《人才引领高质量发展若干扶持政策》《提升就业质量促进充分就业的实施意见》《全面深化企业安全生产标准化建设工作的实施意见》等事项，听取2019年高质量发展个性指标有关事宜的汇报。

第五十三次常务会议 5月11日召开，集体学习《关于新形势下党内政治生活的若干准则》，通报迎接中央扫黑除恶专项斗争督导重点工作有关情况，专题分析近期全区安全生产形势，审议《全面加强生态环境保护坚决打好污染防治攻坚战的工作方案》《全国基层中医药工作先进单位复审工作实施方案》等事项，听取上级人大《中华人民共和国水污染防治法》执法检查迎检工作、优化完善太平街道等5个镇（街道）国有（集体）企业改革实施方案有关事宜、2019年残疾人就业保障金征缴工作的汇报。

第五十四次常务会议 5月25日召开，集体学习金融供给侧结构性改革有关政策，传达省、市、区委关于迎接扫黑除恶专项斗争督导工作有关部署要求及省化工产业安全环保整治提升工作推进会精神、市化工产业安全环保整治提升工作动员会精神，审议《公布2019年度重大行政决策事项目录的通知》《2019年度石阡县对口帮扶工作要点》等事项，听取明确2019年度经济适用住房（保障性住房）交易指导价格和政府回购指导价格有关事宜的汇报。

第五十五次常务会议 6月1日召开，集体学习"牢牢掌握意识形态工作领导权"，审议《开展2019年"安全生产月"活动的通知》《关于加强镇（街道、区）财政机构属地化管理的实施意见》《区级预备费管理办法（暂行）》等事项，并专题分析1~4月全区经济运行情况。

第五十六次常务会议 6月15日召开，集体学习公立医院综合改革有关政策，审议《工业企业资源集约利用综合评价实施细则（试行）》《打赢蓝天保卫战三年行动计划实施方案》《打好碧水保卫战攻坚实施方案》《闲置工业厂房处置的指导意见》《开发区政务服务改革方案》等事项，听取化工产业安全环保整治提升工作的汇报。

第五十七次常务会议 6月29日召开，集体学习《中华人民共和国电子商务法》，传达市安全生产工作大排查第八组半年度督查工作会议精神，审议《环卫作业市场化改革方案》《环卫基础设施建设运营市场化改革方案》《智慧停车设施建设管理市场化改革方案》《搬迁安置小区物业管理市场化改革方案》《市政基础设施管理养护市场化改革方案》《绿化养护管理市场化改革方案》等事项，听取2019年第一批阳澄湖科技领军人才计划拟立项情况的汇报。

第五十八次常务会议　7月6日召开，集体学习《地方党政领导干部食品安全责任制规定》，审议《聚焦企业关切进一步优化营商环境的实施方案》《2019—2020年深化“放管服”改革工作实施意见》等事项，听取2017年和2018年审计发现问题整改情况的汇报。

第五十九次常务会议　7月27日召开，传达全国、省、市公安工作会议精神，审议《违法用地综合整治三年行动计划工作方案》《本级财政资金竞争性存放管理实施办法（试行）》《本级社会保险基金定期存款招标方案（试行）》《本级非税收入财政专户资金存放招标方案（试行）》等事项，听取知识产权工作情况的汇报。

第六十次常务会议　8月10日召开，集体学习《中华人民共和国个人所得税法》，审议《打造六大未来产业创新高地实施意见》等事项，听取迎接省委、省政府安全生产巡查准备工作情况、2019—2020学年寒暑假对高中年级学习困难学生进行辅导帮扶实施情况、娄北片区优化提升相关情况的汇报。

第六十一次常务会议　8月17日召开，听取省第一安全生产巡查组下沉巡查迎检工作、迎接省纪委专项督查“三大监管平台”建设运行情况准备工作的汇报。

第六十二次常务会议　8月24日召开，集体学习《习近平新时代中国特色社会主义思想学习纲要》，审议《苏州市相城区镇（街道）相对集中行政处罚权工作方案》《元和高新区财政体制调整方案（试行）》《2019年度相城区银行业金融机构考核评价办法》等事项，听取1~7月全区经济运行情况和下一阶段重点工作建议、农村人居环境整治工作的汇报。

第六十三次常务会议　9月7日召开，集体学习《习近平新时代中国特色社会主义思想学习纲要》，审议《加强镇（街道、区）学校属地化管理的实施意见（试行）》《关于加强镇（街道、区）医疗机构属地化管理的实施意见（试行）》《2019年度镇级国有（集体）企业改革考核管理实施意见》《科技金融引领高质量发展若干扶持政策（试行）》等事项，听取2019年度区属公司经营业绩考核指标体系的汇报。

第六十四次常务会议　9月21日召开，集体学习习近平总书记关于校园安全工作的重要批示精神，审议《苏州市相城区信息化项目建设管理办法》《关于调整镇（街道、区）财政体制意见（试行）》等事项，听取全区“菜篮子”产品产供情况及苏州市开展农村人居环境整治工作专项考评情况的汇报。

第六十五次常务会议　10月12日召开，传达省、市有关创建全国双拥模范城（县）会议精神，专题分析1~9月经济运行情况，审议《关于相城区对照省第一安全生产巡查组巡查苏州情况的整改计划》《乡村振兴战略实施规划（2018~2022年）》《水土保持目标责任制考核办法（试行）》《生产建设项目水土保持监督工作细则（试行）》等事项。

第六十六次常务会议　10月25日召开，审议《全面推行行政执法公示制度执法全过程记录制度重大执法决定法制审核制度实施方案》等事项，听取化工产业安全环保整治提升工作推进情况、集中清理整治“散乱污”企业（作坊）违建百日专项行动推进情况的汇报。

第六十七次常务会议　11月9日召开，审议《相城区全面推开公共场所卫生许可告知承诺制改革实施方案》《相城区排水管网建设与管理工作实施意见》等事项，听取全国文明城市2019年年度测评迎检工作方案、第二届长三角国际文博会相城活动方案、2019年相城区工业企业资源集约利用综合评价工作、长三角先进材料研究院筹备成立相关工作的汇报。

第六十八次常务会议　11月16日召开，审议《相城区各镇及涉农街道党政主要领导公务用车实物保障办法》《相城区工业经济高质量发展若干扶持政策（试行）》等事项。

第六十九次常务会议　12月2日召开，传达党中央、国务院和省委省政府、市委市政府关于安全生产工作的指示精神和部署要求，听取市委市政府安全生产巡查迎检工作方案、相城区深入开展安全生产专项整治行动工作方案、区委区政府安全生产巡查组第一批巡查方案的汇报。

第七十次常务会议　12月7

日召开，集体学习国务院《重大行政决策程序暂行条例》，审议《阳澄湖水污染治理攻坚工作方案》《加强和规范农房规划建设管理的指导意见》等事项，听取2020年区级政府投资项目计划安排及2020年区属国有公司投资项目计划安排情况、2020年民生实事项目、重点项目有关情况的汇报。

第七十一次常务会议　12月24日召开，审议《深入开展安全生产专项整治行动工作方案》《农村人居环境整治攻坚战工作方案》等事项，听取政府工作报告起草情况、2020年经济社会发展主要预期目标安排的汇报。

第七十二次常务会议　12月30日召开，听取2019年总预算执行和2020年总预算草案报告及2020年区级财政预算安排情况，2020年省、市、区重点项目及苏州开放再出发大会签约项目情况，区属国有公司2020年度财务预算编制情况的汇报。（李　明）

2019年6月17~23日，苏州元和睦邻党建第一联盟开展节能宣传周活动

区政府办　供稿

民生实事项目

【概况】 2019年，相城区政府确定民生实事项目有6大类20个，计划总投资78.5亿元，2019年计划投资21.8亿元，全年累计完成投资23.7亿元，完成年度计划108.7%。

【就业社会保障工程】 2019年有项目2个，计划投资5825万元，年内完成投资7279万元，完成年度计划125%。

就业创业质量提升工程　至年末，提供就业岗位45996个，相城区户籍高校毕业生初次就业率95%以上，困难家庭失业人员动态清零，城镇登记失业率控制在3%以内。开展创业培训794人，扶持本区户籍市民、大学生创业1378人，职业培训18752人。遴选创业创新项目20个，其中1个项目获得“中国・苏州”大学生创业创新大赛二等奖，另有4个项目获评省级优秀项目。

提升养老服务设施　至年末，新建长泾社区日间照料中心、方埝社区日间照料中心、清水村日间照料中心3家；完成30户困难家庭无障碍改造。

【文体教育建设工程】 2019年，有项目3个，计划投资4.1亿元，年内完成投资5.7亿元，完成年度计划138%。

文化体育公共设施提升工程　至年末，建成凤凰泾村综合性文化服务中心、沈周村综合性文化服务中心、依云水岸社区综合性文化服务中心、康桥花园社区综合性文化服务中心、水漾花城社区综合性文化服务中心、三角咀家园综合性文化服务中心、凤凰泾村文体活动广场。新建钻石家园社区步道1.5千米、书香公园健身步道3千米、湖畔社区步道0.5千米、盛北公园健身步道2千米、望亭镇长洲苑湿地公园健身步道1.8千米。建成湘城小学启南书画苑。

文化体育公共服务提升工程　年内，举办“进百送万”文化志愿服务活动300余场，放映公益电影2000余场、传统曲艺演出6000余场。完成苏州市第九届广场健身舞大赛（相城区选拔赛）、相城区“篮协杯”中小学篮球赛、相城区“地平线杯”盛泽湖趣味马拉松活动等多个比赛，组织参加2019年苏州市《国家体育锻炼标准》达标赛、江苏省女篮比赛。

教育提升工程　至年末，相城第二实验中学主体建筑封顶，沈思港小学完成地下室及人防主体施工，日益幼儿园、漕湖开发区实验小学、大湾小学、大湾幼儿园、泗泾幼儿园建成投用。

【医疗卫生工程】 2019年，有项目3个，计划投资1308万元，年内完成投资1066万元，完成年度

2019年11月14日，2019年区政府实事工程和重点项目建设专题视察会议召开　　区政府办　供稿

计划81.5%。

合作共建“复旦大学附属中山医院长三角合作医院”　至年末，高级专家诊疗中心诊疗门诊病人1849人次。开展手术135台，举办学术讲座32次。相城人民医院有7个专科加入中山医院医联体专科联盟，开展新技术、新项目11项。

残疾人公共服务工程　至年末，北桥盛北、元和富元、元和蠡口、度假区阳澄湖畔、太平金澄、黄桥生田、渭塘凤凰泾、望亭镇中8家残疾人之家建成投用。

相城区公共场所母乳哺育室　至年末，圆融购物中心母乳哺育室、紫光楼宇职工子女托管中心母乳哺育室、北太湖游客中心母乳哺育室、漕湖邻里中心母乳哺育室、渭塘镇钻石社区邻里中心母乳哺育室及苏州中国珍珠宝石城母乳哺育室建成投用。

【便民服务建设工程】 2019年有项目5个，计划投资2.1亿元，年内完成投资1.8亿元，完成年度计划84.5%。

区、镇、村三级便民服务中心建设　至年末，各地便民服务中心大厅标准化建设完成；政务服务一体化软件支撑系统及镇（街道）、村（社区）政务服务一体化办公系统软件试运行；区政务服务大厅窗口智能化一体机、软件叫号等设备试运行；区各级政务服务排队叫号一体化平台试运行；区、镇（街道、区）14家24小时大厅全部建成投用。

厕所提升工程　至年末，新增1座位于度假区莲花岛北码头的3A级装配式公厕；新建北河泾景观及蠡太路、运河公园3座旅游厕所，改扩建渭塘珍珠宝石城4座旅游厕所。

相城区市民服务中心三期　至年末，完成二层楼面混凝土浇捣和地库周边防水工程施工，主楼主体施工完成总工程量进度40.1%。

阳澄湖镇客运站工程　至年末，项目竣工。

城区公交候车亭　全年建成候车亭35个，其中沈思港路4个、建元路4个、玉成路2个、安元路5个、织锦路2个、金砖路2个、御窑路8个、齐门北大街2个、广济北路2个、富元路4个。

【住房保障建设工程】 2019年，有项目1个，计划投资12.5亿元，年内完成投资13.8亿元，完成年度计划110.3%。全年建设保障房9706套房，建筑面积159.07万平方米。其中唐家花园项目一期主体施工建设完成，五众泾花园一期、雪泾家园项目一期、中环安置小区二期、中央公园安置小区、盛北九期二标、青阳新村二期、珍珠花园二期、果园新村四期8个项目正在施工中。

【环境整治提升工程】 2019年有项目6个，计划投资2.4亿元，年内完成投资1.6亿元，完成年度计划68.8%。

污水处理提升工程　至年末，一泓污水处理厂改扩建及有机废弃物资源循环再生利用中心项目灌注桩施工完成60%，城区污水处理厂已开工，黄埭污水处理厂已完工。

水污染防治工程　至年末，淘汰印染企业5家，11家金属表面处理企业全部淘汰。

大气污染防治工程　至年末，淘汰燃煤锅炉2台、煤改天然气锅炉3台。

环境监测能力提升项目　至年末，12个大气监测站点、15个水质监测站点已全部投入运行。

城北压缩转运站渗滤液处理设备提升工程　至年末，2座污水处理池设备完成安装，工程竣工。

永方路北延（春秋路—黄蠡路）绿化工程　至年末，基本完成工程建设。　（朱　远）

政务服务

【概况】2019年，相城区行政审批局全面贯彻落实国务院、省、市有关“放管服”改革工作精神，深入推进“互联网+政务服务”“不见面审批（服务）”标准化试点、探索实施“一窗一事一证”改革等工作。全区政务大厅全年受理办件1742325件，按时办结率100%，无违规审批。

【行政审批制度改革】1月28日完成转隶组建工作，涉及16个部门176个事项划转至行政审批局，实现“一枚印章管审批”。

深化改革融合　制定《相城区“一窗办理、全科服务”深度融合改革实施方案》，对审批事项由简单物理组合向深度化学融合转变，政务大厅窗口及工作人员分别再减少25%，较“一窗办理、全科服务”前分别减少64.5%、50.5%。

“不见面审批”升级　全区90%以上事项网上办理，市、区共43个审批系统互联互通。推进义务帮代办、EMS免费送等，为群众提供更多“不见面审批”服务。全年办理“不见面审批”事项222项，占比64.53%，“不见面审批”办件数1582573件，占比90.83%，占比由2018年初的8.6%增至目前90%以上。

“互联网+”体系完善　印发《相城区“互联网+政务服务”向基层延伸工作方案》，按照镇级示范型、标准型，村级示范型、标准型、普通型分类制定建设标准，编制《便民服务中心标准化手册》，经过整体推进、跟踪督促、第三方评估，13个镇级、134个村级便民服务中心完成标准化建设。实行统一标识、统一取号、统一管理、统一考核，在全市率先完成区、镇、村三级体系和标准化便民服务大厅全覆盖。

便民服务内容丰富　按照全省服务事项名称、编码、法定依据、流程等“三级六同”要求，重新认领镇级事项296项，村级51项，形成标准化、规范化目录清单。同时，根据各地需求，新增市民卡、水务、燃气缴费和圈存等便民服务，全区自助可办事项增加到18种，群众办事更加方便。

“一网通办”范围拓展　经过梳理，将与群众关系紧密的49个事项纳入首批“一网通办”范围，其中涉及卫健、残联、民政3个条线部门的10个事项完成深度融合。

“最多跑一次”创新　聚焦企业眼中的“一件事”，推行“一窗一事一证”综合许可改革，制定《相城区“一窗一事一证”综合许可改革实施方案》，首批将涉及批发和零售业、交通运输业、住宿和餐饮等75类35个事项纳入改革范畴。通过“一单申请、一窗受理、一次勘察、一科办结、一证体现、一档归并”，努力实践“一件事”全流程最多跑一次的目标。

市场准入便利　取消名称预先核准登记，全面推开网上名称自主申报，全面提升全程电子化登记比例，全区全程电子化登记比例由上半年的12%提升到69%；新开办企业刻制公章费用实行公章免费。推进证照分离改革，通过直接取消审批、审批改为备案、告知承诺、优化准入服务等四类要求对27个区级审批事项实行“证照分离”改革。做好外资登记管理权限、股份公司设立登记承接工作，对创智海美、中科医工、中美绿色、长江生态、相旅置业、中鑫国发、布瑞克农业大数据等84家重点企业进行特别指导和服务，行业领域涉及科技、金融、文化、农业、地产、健康等诸多方面。

工程项目审批加速　2019年，出台《产业项目开工审批和竣工验收工作机制》《2019年区领导挂钩推进产业项目工作方案》等制度性、改革性措施。围绕保障项目开工、投产，采取计划上墙、挂图督促、会商约谈、领导挂钩等措施，督促企业加快开工建设、竣工验收。探索科学精简审批事项、合理划分审批阶段、完善联合竣工验收机制、加强业务数据共享等一系列措施，保障建设项目审批环节不掉链子，工业项目从立项到施工许可发放审批时间在20个工作日内完成。全区共发放施工许可证255个，增长26.9%。

外事工作

【概况】2019年，相城区营造国际化营商环境，释放外事新动能，开创相城外事工作新局面。相城区人民政府外事办公室（简称区外事办）由政府办挂牌单位变成政府组成部门，正科级建制，下设事业单位苏州市相城区国际交流服务中心。年内，组织召开全区涉外管理工作会议；加强涉外安全宣传，发布《市民文明与安全出国（境）指南》；打造“相看天下”外事培训品牌，组织“涉外管理专题教育培训”，邀请原中国驻日本全权特命大使程永华作“中日关系的现状与展望”报告。协助做好江苏省在日本东京举办的经贸活动及省长出访日本活动、在荷兰北布拉邦省举办的“江苏—

荷兰经贸交流会”、江苏省在日本东京的第三方产业园推介会、“江苏·日本友好城市公务员交流会”等外事活动。配合苏州市外事办做好“一带一路”沿线国家风采集、“苏州之友”选评、“中日小大使”友好交流等活动。协助举办瑞穗银行签约仪式、“京彩纷呈筑梦相城”投资推介会、苏州（相城）中日智能制造协同创新区推介会、中意汽车技术（苏州）创新基地启动仪式、中奥智能驾驶创新中心成立庆典活动、FBC江苏2019智能制造产业商谈会in相城活动、苏州（相城）日本投资推介会、“沪融互通 相融相成”2019虹桥—相城产业联动创新推介会、日立集团“以数字经济和健康养老促进区域经济发展”经济技术交流会、华东地区韩国商会联合会活动、荷兰北布拉邦省创新日、进博会苏州（相城）中日智能制造高峰论坛、苏州地区意大利制造企业洽谈会等一系列国际活动。

全年共办理因公出国（境）团组24批65人次，核实来华申请材料23批40人次，接待来访外宾43批次643人次，报备使（领）馆来访20批45人次，核查并报备外媒工作人员4人次。

【外事工作改革】 2019年，相城区委外事工作委员会成立，7月12日组织召开第一次全体会议，听取2018年全区外事工作情况和2019年全区外事工作重点报告，审议通过《区委外事工作委员会工作规则》和《区委外事工作委员会办公室工作细则》，做好对外事工作的顶层设计和战略谋划。

【企业服务】 年内，推介APEC商务旅行卡，更新申办要求，提供在线指导，探索相关业务进驻区政务服务窗口，实现标准化、流程化一次性申办。办理商务卡申请6批16人次。

【友好交流】 打造“侬好，友城！”地方外事品牌 4月19日，区外事办组织开展“情牵意大利”外国人看相城活动；9~10月，组织开展“灵犀”海外交友主题活动。两场活动通过参观考察、友谊足球赛、“童绘家乡”、书信互动等方式，以经济互动搭建交往平台、以体育切磋碰撞少年活力、以艺术展示绵延友谊纽带、以文化弘扬深化彼此了解，让友城从多角度感知一个立体的相城。

推动中日青年交流互访 年内，区外事办牵线相城区南京师范大学附属实验学校参与“中日小大使”活动，与日本名古屋大学附属高中的优秀学生互访；引荐日本福冈县柳川高中友好访华团到访苏州市相城区陆慕高级中学，推动两校友好交流。

丰富民间对外交流内容 年内，区外事办配合相关部门、板块，做好“孙武文化节”“数字文创节”“中韩艺术展”“外国人品黄埭”、瑞穗银行苏州分行团建等多场民间对外文体交流活动。

（吕 芳 黄荟荟）

对口帮扶

【概况】 2013年，相城区与石阡县结成“一对一”帮扶关系，开展对口帮扶工作。2019年是决胜全面建成小康社会的关键之年，双方积极互动、突出重点，明确工作任务和责任单位。相城区加强与石阡县的沟通协作，锚定扶贫协作任务为使命，强抓深度贫困地区为重点，突出问题导向，在人才交流、资金扶持、产业合作、劳务协作、对口支援、互访对接等方面取得成效。

【人才交流】 2019年，相城区派出3名干部赴石阡县挂职帮扶，选派62名教师、医生、农技专家等技术人员到石阡县挂职；接纳石阡县1名干部到相城区政府办公室挂职学习；协助举办石阡县党政干部和专业人才培训班，培训石阡党政干部112人次、专业人才437人次；向石阡方输出3项新技术，带动当地脱贫7108人。

【资金扶持】 年内，相城区政府对石阡县、云阳县帮扶资金1773万元，其中石阡县1740万元，云阳县33万元。区级财政支付1500万元、乡镇（街道）财政支付240万元，增长150%。年内，社会各界向石阡县捐赠财（物）资金493万余元。

【产业合作】 年内，引导相城区3家企业在石阡县投资1000万元。企业带动贫困人口脱贫74人，其中吸纳就业17人、利益联结机制带动贫困户57人。引进江苏等东部企业到石阡县投资兴业，建产业园3个，带动贫困人口就业29人。新增援建扶贫车间3个，吸纳就业人数118人，其中建档立卡贫困户94人。全年通过采购，销售结对地区农特产品1569万元，带动778人脱贫。

【劳务协作】 年内，区人社局组织区内优秀企业赴石阡县参加“苏州·铜仁（石阡）劳务协作暨就业援助月专场招聘会”，开展对口扶贫招聘活动。招聘会现场提供就业岗位10000余个，当场签订就业意向500余人。区人社局联合石阡县金丰职业培训学校举办石阡县劳动力技能培训，为建档立卡贫困户开办就业技能培训班3期，培训107人，帮助贫困人口实现就业1303人，其中帮助贫困人口到相城区就业62人，帮助贫困人口贵州省内就业1105人，帮助贫困人口到其他地区就业80人，到江苏省稳定就业118人。相城中等职业学校数控专业招收12名石阡县优秀中职生学习，其中贫困学生8名，学制3年。

【对口支援】 年内，各镇（街道）党委政府负责同志带队组团赴石阡各乡镇考察对接，探索结对帮扶新模式，帮扶重心向贫困乡镇、贫困村延伸。至年底，实现镇镇结对、学校结对、医院结对全覆盖。相城12个乡镇结对石阡12个镇，相城29个村结对石阡30个村，苏州和相城2个社会组织结对石阡4个村，相城41个学校结对石阡47个学校，苏州及相城12个医院结对石阡23个医院。举办培训贫困村创业致富带头人培训班3期，培训145人，创业成功32人，带动贫困人口就业459人。

【互访对接】 年内，两地党政领导互访7次。中共苏州市相城区委副书记、区长张永清，中共苏州市相城区委常委、常务副区长潘春华，相城区副区长黄靖分别带队赴石阡县考察交流。贵州省铜仁市书记陈昌旭，铜仁市委常委、石阡县委书记皮贵怀，石阡县长田运栋先后来相城交流考察，双方就扶贫协作工作召开联席会议4次，推动落实2019年东西部扶贫协作工作。（区发改委）

信访工作

【概况】 2019年，相城区信访局开展信访矛盾攻坚，防范化解重大风险，提升信访工作质效，维护群众合法利益。受理群众信访1672件，增长4.57%；接待群众来访552批，增长35.58%，1046人次，下降11.28%；办理人民来信626件，增长49.05%。推进接待场所标准化建设，“人民满意窗口”创建通过省政府信访局验收。推动全区建立乡镇信访工作和联席会议机制，常态开展矛盾纠纷排查化解工作。

【领导干部接访下访】 2019年，区党政领导干部应接访128次，实际完成134次，完成率104.6%。制定领导干部接访下访工作安排，做好领导接访视频录像和接访记录，督促检查、跟踪办理结果，确保领导接访信访事项及时妥善化解。区级领导干部接访下访制度化带动乡镇（街道）领导干部随时接访下访工作经常化，区信访联席办定期进行督查统计，将督查结果纳入年度信访工作考核，全区领导干部接访下访工作实现常态化。

【接访工作规范化建设】 2019年，推进标准化建设，夯实信访工作基础，提升制度执行力度和标准应用深度，保证信访各项业务规范有序高效运转。

完成硬件升级改造　年内，按照全省信访工作标准化建设“三步走”时间表，完成群众来访接待大厅标准化改造，做好接待窗口软硬件设施升级使用。推动试点乡镇（街道）接待场所标准化改造，提高“人民满意窗口”创建活动实效。

完善业务标准体系　年内，结合上级要求和相城区实际，制定相城区来信办理、来访接待、网上信访事项办理、人民建议征集、复查复核等信访工作关键环节的工作标准，推进信访业务标准落地实施，引导全员精准把握标准、主动应用标准。

加强业务督促指导　年内，通过线上检查、实地督促、业务指导，解决标准不高、要求不严、业务不精问题，确保信访各项业务依标运行、操作规范、流转有序、工作高效，全面提升“四率”水平，提高全区信访业务规范化整体水平。

【信访积案化解】 2019年，围绕“控增量、降存量、保质量、防变量”工作目标，保持积极攻坚化解势头，加大信访矛盾解决力度，提高化解质效，努力实现事心双解，逐步固化工作机制，形成相城区积案化解工作经验。

落实领导包案制　年内，坚持“一人一策、一案一策”，将包掌握情况、包疏导教育、包帮扶救助、包解决化解、包依法处置、包停诉息访的“六包”要求落实到位，积极高位协调，形成化解合力，推动化解疑难复杂信访事项。

打好矛盾化解攻坚战　年内，全面排查梳理存量信访积案，区联席办每季度对矛盾攻坚开展会商会办，对政策性强、群众面广、久拖未决的重难点信访问题，明确化解责任，会商化解方案，在不突破原则底线、坚持公平正义和合理就地解决矛盾相结合的前提下，推动责任属地部门高质量做好化解稳控工作。

强化多元化解机制　年内，利用好“访调对接”工作机制，动员“两代表一委员”、专家学者、律师、乡贤等第三方力量参与会商会办、联合接待、信访听证等工作，推进依法提存、告知终结程序。通过法律指引、经济调节、道德教化、心理服务等工作，主动为生活困难、心理失衡、行为失范的信访人员依法提供帮助，高标准促进事心双解。（孟繁昌）

机关事务管理

【概况】 2019年，区机关事务管理中心坚持“精细化管理、精致化服务”的目标任务，在公共机构节能、公务用车管理、后勤综合服务保障及办公用房管理各个方面加强服务监督管理，走上“科学化、规范化、社会化”轨道，机关环境逐步改善，后勤保障能力明显增强。

【公共机构节能】 2019年，全区公共机构240家，一级公共机构54家，二级及以下186家，行政中心用电总量599.7万千瓦时，用水总量10.7万立方米，食堂天然气总量5.5万立方米。更换节能灯551个，实现行政中心节能灯更换率100%。相城区蠡口实验小学完成2019年省节能示范单位创建工作，在行政中心主楼设置“可回收物、有害垃圾临时存放点”，回收有害垃圾267.75千克、可回收垃圾1.3万千克、餐厨垃圾11.8万千克、其他垃圾3.1万千克。

【公务用车管理】 2019年，相城区配有公务用车（含执勤执法车）的党政机关42家，车改前全区用车总计197辆，车改后保留157辆，其中一般公务用车87辆，执勤执法用车70辆，比车改前减少40辆。落实“清风行动”专项督查有关要求，完成对21家党政机关、事业单位公务用车的管理使用情况抽查摸底工作，做好全省“一张网”信息平台车辆实时监管，通过抽查全区56家单位（部门）公务公车的行车轨迹与实际申请对比，规范14家单位（部门）补录103条申请数据。

【后勤综合服务保障】 2019年，强化机关食堂餐饮监管，依靠制度引领、责任推动、监督检查、奖罚激励等措施，设置特色窗口，调剂饮食，机关工作人员满意度较高。强化行政中心物业监管考核，注重规范用工、及时服务、常态督查、公正评比，解决突出问题，推进“平安机关”建设，提升社会化服务保障水平。全年零星维修1102次。抓好文件收发、会务保障等工作，收发报纸43.5万份、杂志5.37万份，会务保障1721次；平整区行政中心裸露绿地6067平方米，落实“定人、定时、定量、定区域”的保洁制度，加大对重点楼层、重点时段的清扫频次，实现保洁服务零投诉。对区级部门办公用房租赁、物业管理、办公设备与专用设备物资采购、装修及零星维修等进行扎口管理，围绕文件依据、扎口管理范围、预算申报流程、经费结算流程等方面制定相应的扎口管理办法，通过整合资源扎口管理，节约经费约514万元。执行代建规定，先后完成行政中心给水管网改造、区检察院大楼维修、区档案馆高压细水雾消防改造、法院阅读交流区改造、法院智慧诉讼服务建设等项目，通过委托代建，全年节约经费约395万元。

【办公用房管理】 2019年，根据国家机关事务管理局办公室《关于做好全国党政机关办公用房信息统计报告工作的通知》（国管办发〔2019〕22号）要求，合并五个区级机关，调整13个单位的办公用房；切实履行办公用房审核管理职责，审核元和高新区、黄埭高新区人民政府、区退役军人事务局、区委党校搬迁新址方案，并对已搬迁单位进行现场检查；对相城区党政机关闲置办公用房处置利用情况摸底排查，相城区已无闲置办公用房。（曹艾丽）

中国人民政治协商会议 苏州市相城区委员会

综　述

【概况】 2019年初，相城区四届政协有委员222人。年内，11人因工作调动调整等原因辞去职务，增补政协委员14人。至年末，区四届政协有委员225人，其中中共界别19人，工商联界别28人，工青妇界别26人，民宗侨台界别14人，教育文化界别25人，医药卫生界别16人，科学技术界别24人，经济界别34人，农业和农村界别16人，特邀界别23人。年内先后对12个议题开展各类专题协商，对8个课题开展专题调研，对10个重点项目开展专题视察，对2个政府部门开展民主评议。提出办理提案131件，跟踪督办重点提案17件，反映社情民意信息120条，与市政协联动开展“群租房”整治，会同区人大联合开展“政府实事工程和重点项目推进情况”专项民主监督。各政协工委、委员联络小组开展各类调研视察、民主监督、协商议事活动61次，收集各类意见、建议339条。各党派团体参加政协组织的各类活动96人次。

【政协委员进网格】 2019年，区政协222名委员下沉至全区12个一级网格、135个二级网格和35个三级网格。委员进网格排摸的一般问题类67条社情民意推送区社会综合治理联动中心交办落实，53条涉及区级层面的社情民意由区政协办公室归类、整理后上报中共苏州市相城区委、区政府，动态跟踪中共苏州市相城区委、区政府主要领导批示的办理落实情况。

【“三位一体”工作载体建设】 2019年，区政协探索协商议事室、委员之家（委员工作室）、社情民意联系点“三位一体”工作载体建设，推动政协协商与基层协商有效衔接，将省、市政协工作要求落实落细。全区镇级层面12个板块已完成“三位一体”载体建设全覆盖，开展协商议事13次，建成一批协商议事室。

【民主评议】 2019年，区政协围绕推进“深化机构改革，提高工作效能”建言，组织对区市场监管局、区生态环境局工作进行民主评议，提出8个方面意见建议；通过民主监督，推动加快职能转变，优化生态环境和营商环境，形成“相城经验”。

区政协重要会议

【区政协四届三次会议】 1月7~9日中国人民政治协商会议第四届苏州市相城区委员会第三次会议举行。应出席委员222人，实到213人。会议听取并学习中共苏州市相城区委书记顾海东代表中共苏州市相城区委所作的讲话，听取并审议四届区政协常务委员会工作报告和提案工作报告，列席区第四届人民代表大会第三次会议，听取并讨论中共苏州市相城区委副书记、区长张永清所作的政府工作报告及其他报告。会议期间，提案委员会收到提案179件，其中立案131件、并案27件、撤案7件、转社情民意14件，参加提案的委员464人次。《关于推进城市管理改革，提升城市管理水平的建议》被确定为区政协四届三次会议1号提案。会议选举秘书长和常务委员。

2019年1月7~9日，中国人民政治协商会议第四届苏州市相城区委员会第三次会议召开　　区政协办　供稿

【区政协四届常委会议】2019年，区政协四届常委会共召开常委会议4次。

十二次常委会议　1月8日召开第一次会议。中共苏州市相城区委常委、组织部部长葛宇红作提名推荐四届区政协秘书长、常委建议名单讲话；会议协商区政协四届三次会议《选举办法》（讨论稿）、四届区政协秘书长和常委候选人名单（讨论稿）、选举工作人员名单（讨论稿）。1月9日召开第二次会议。会议听取各界别组对中共苏州市相城区委书记讲话、政协两个工作报告、区政府工作报告，听取《选举办法》（讨论稿），秘书长、常委候选人名单（讨论稿），选举工作人员名单（讨论稿），《大会决议》（讨论稿）讨论情况的汇报。会议协商提出《选举办法（草案）》，秘书长、常委候选人名单（草案），选举工作人员名单（草案）。会议听取各政协工委、委员联络小组对《大会决议》（讨论稿）讨论情况的汇报，并修改《大会决议》（讨论稿）。

十三次常委会议　5月9日召开。会议传达学习贯彻全国两会精神，审议通过《中国人民政治协商会议第四届苏州市相城区委员会常务委员会关于调整专门委员会设置的决定（草案）》《关于开展"政协委员进网格"活动的实施意见（试行草案）》和有关人事任免事项的决定。

十四次常委会议　8月15日召开。会议学习贯彻习近平总书记在中共中央政治局会议分析研究当前经济形势和经济工作时的重要讲话精神，传达中共苏州市相城区委常委会精神；会议听取区政府"关于今年上半年政府工作情况的通报"、区政府办公室"关于2019年区政协委员提案办理工作情况的通报"；协商通过《有关人事任免事项的决定（草案）》《关于增补调整部分区政协委员的决定（草案）》《政协苏州市相城区委员会关于加强同区各民主党派、工商联和有关团体联系的暂行办法（草案）》《关于加强"政协委员之家"建设的指导意见（试行草案）》，政协苏州市相城区委员会关于《提案工作条例》《进一步提高提案质量的意见》等两个文件的草案，《关于加强相城区政产学研合作，促进企业技术创新的建议案（草案）》《关于加强和完善相城区居民住宅小区物业管理的建议案（草案）》。

十五次常委会议　12月20日召开。会议审议通过《关于召开政协第四届苏州市相城区委员会第四次会议的决定（草案）》，听取并讨论区《政府工作报告》（征求意见稿），听取并审议四届区政协常委会工作报告（草案）、四届区政协提案工作报告（草案），协商通过区政协四届四次会议议程（讨论稿）和日程（讨论稿），审议通过区政协四届四次会议秘书处正副秘书长和秘书处各组正副组长名单（讨论稿）、《关于表彰2019年度区政协先进政协工委（小组）、优秀主任（组长）和优秀政协委员、优秀联络员的决定（草案）》《关于表彰2019年度区政协优秀提案和提案办理工作先进单位的决定（草案）》，审议通过有关人事任免事项的决定（草案）、《关于增补调整区政协委员的决定（草案）》、《区政协2020年协商计划（草案）》。

【区政协四届主席会议】2019年，区政协召开主席会议8次。

二十次主席会议　1月31日，区政协召开四届二十次主席会议。会议学习贯彻习近平总书记近期系列重要讲话精神，部署区政协2019年主要协商工作和2019年提案办理督办工作，审议《关于区政协领导成员工作分工的通知（草案）》《关于正副秘书长及办公室工作分工的通知(草案)》。

二十一次主席会议　3月8日,区政协召开四届二十一次主席会议。会议协商讨论区政协创新改革工作、社情民意信息工作座谈会、2019年主席会议、区政协领导、各专委会督办重点提案工作有关事宜,通报委员履职管理服务平台使用情况和综合考评工作情况。

二十二次主席会议　4月15日,区政协召开四届二十二次主席会议。会议传达贯彻全国两会精神,协商讨论《中国人民政治协商会议第四届苏州市相城区委员会常务委员会关于调整专门委员会设置的决定》(讨论稿)、《关于开展"政协委员进网格"活动的实施意见(试行)》(讨论稿);会议通报"相城政协"微信公众号使用情况。

二十三次主席会议　6月18日,区政协召开四届二十三次主席会议。会议学习贯彻全国地方政协工作经验交流会精神,听取有关2019年提案办理督办工作的总结,协商讨论《苏州市相城区政协"发挥社会主义协商民主重要作用"考核实施细则》《苏州市相城区政协关于庆祝中华人民共和国成立70华诞暨纪念人民政协成立70周年系列活动方案》《关于加强和完善相城区居民住宅小区物业管理的调研报告》。

二十四次主席会议　8月14日,区政协召开四届二十四次主席会议。会议学习贯彻习近平总书记在中共中央政治局会议分析研究当前经济形势和经济工作时的重要讲话精神,贯彻落实省政协主席黄莉新调研相城区政协工作座谈会上的讲话精神,协商通过《有关人事任免事项的决定》(讨论稿)、《关于增补调整部分区政协委员的决定》(讨论稿)、《政协苏州市相城区委员会民主评议工作暂行办法(草案)》、《政协苏州市相城区委员会关于加强同区各民主党派、工商联和有关团体联系的暂行办法》(讨论稿),协商讨论政协苏州市相城区委员会关于《提案工作条例》(讨论稿)、《提案质量和提案办理质量评价办法(试行)》(讨论稿)、《进一步提高提案质量的意见》(讨论稿)、《关于加强"政协委员之家"建设的指导意见(试行)》(讨论稿)、《关于加强相城区政产学研合作,促进企业技术创新的建议案》(讨论稿)、2019年区政协助学协会资助贫困家庭新生名单(草案),审议通过《区政协四届十四次常委会议日程(草案)》。

二十五次主席会议　11月1日区政协召开四届二十五次主席会议。会议学习贯彻习近平总书记在中央政协工作会议暨庆祝中国人民政治协商会议成立70周年大会上的重要讲话精神、中共江苏省委政协工作会议精神和中共江苏省委常委、市委书记蓝绍敏在调研相城区时的讲话及中共苏州市相城区委"不忘初心、牢记使命"主题教育专题党课精神,协商通过《全区政协系统推动政协协商与基层协商有效衔接,建设"三位一体"工作载体的实施意见(试行草案)》。

二十六次主席会议　11月29日,区政协召开四届二十六次主席会议。会议学习贯彻落实中共苏州市相城区委关于政协工作会议的精神,协商讨论《关于召开政协第四届苏州市相城区委员会第四次会议的请示》《四届四次会议工作程序及有关工作分工一览表》《区政协2020年协商计划及工作要点》(讨论稿)、《区政协四届四次会议常委会工作报告》(讨论稿)、《区政协四届三次会议以来提案工作情况的报告》(讨论稿)。

二十七次主席会议　12月20日,区政协召开四届二十七次主席会议。会议传达学习中共苏州市相城区委第112次常委会议精神,审议《关于召开政协第四届苏州市相城区委员会第四次会议的决定》(讨论稿),有关人事任免事项的决定(讨论稿),《关于增补调整区政协委员的决定》(讨论稿),听取关于度假区政协工委有关组建情况的汇报,审议区政协四届四次会议特邀、列席人员名单(草案),区政协四届四次会议大会工作人员名单(草案),大会秘书处正副秘书长和秘书处各组正副组长名单(讨论稿),区政协四届四次会议议程(讨论稿)和日程(讨论稿)、《关于表彰2019年度区政协先进政协工委(小组)、优秀主任(组长)和优秀政协委员、联络员的决定》(讨论稿)、《关于表彰2019年度区政协优秀提案和提案办理工作先进单位的决定》(讨论稿)、区政协四届十五次常委会议议程(草案)和日程(草案)。

协商议政

【概况】 2019年,区政协围绕中共苏州市相城区委、区政府中心工作,精准选题、主动作为,在助推创新转型发展中履职尽责。对12个议题开展各类专题协商,围绕企业科技创新和小区物业管理

2个议题开展调研，形成建议案。

【建言献策】 2019年，区政协参政议政，向中共苏州市相城区委、区政府及相关部门建言献策。

建言加强政产学研合作　年内，由区政协分管领导牵头，特邀区有关部门专业人员和区政协委员参与组成课题调研组，召开座谈会6次，组织调研1次。通过了解政产学研合作促进企业技术创新现状、亮点做法、工作成效和难点问题，聚焦“六大未来产业创新高地”建设目标献策，重点开展“加强政产学研用合作”课题调研，向中共苏州市相城区委、区政府报送了《关于加强政产学研合作，进一步促进企业技术创新的调研》（建议案），提出了加大政府引领推动力、增强企业主体竞争力、强化平台载体吸引力、打造中介桥梁纽带传导力4个方面14条建议，区长张永清作出批示，要求区政府相关领导和部门“积极吸收落实，更好地促进全区企业技术创新和产业转型发展”。

建言加强住宅小区物业管理工作　年内，为进一步加强住宅小区物业管理工作，推进相城生态宜居中心建设，提高人民幸福指数，区政协专门成立课题调研组，召开座谈会3次，调研考察2次，对全区住宅小区物业管理情况开展专题调研。调研组先后到部分镇（街道）住宅小区开展实地调查，走访部分物业公司、小区业主代表和居委会工作人员，还专程赴上海等周边地区考察学习。围绕“城市精细化管理”建言，向中共苏州市相城区委、区政府报送《关于加强住宅小区物业管理工作的建议案》，总结5个方面突出问题并提出重视顶层设计、加大规范力度、完善小区自治制度、着力破解管理难题、深化安置住宅小区物业管理工作改革等5个方面建议。中共苏州市相城区委书记顾海东高度重视，专门批示要求“职能部门认真研究加以吸收，并进一步深化物业管理领域改革工作”。

【对口专题协商】 2019年，区政协就部分重点工作开展对口专题协商。

城市管理对口协商　在四届三次会议上，民革相城区基层委员会、无党派知识分子联谊会、朱燕来、李秋建、童少青、蒋丽琴、傅良娟提出的《关于推进城市管理改革，切实提升城市管理水平的建议》被确定为1号提案。对此，专题召开由区政府相关领导参加的座谈会，听取提案主办单位办理情况汇报，并提出“加强顶层设计，做到政府、社会、市民同心同行；强化创新意识，加强新方法、新技术、新标准运用；结合城市文明创建，推进城市管理精细化、法治化、智慧化；多向先进地区取经；从垃圾分类、违章搭建、内部管理、车辆停放等方面着手，提升小区物业管理水平”的建议，得到相关部门采用。

小区物业管理对口协商　4月12日，区政协召开对口协商会，就提高全区物业管理工作水平问题进行探讨，区住建局作通报。区政协从加强搬迁安置小区自治管理、加强维修资金把控、加强业主委员会建设等方面提出意见和建议，提高对物业管理工作的认识，深层次分析物业管理中存在的问题，协调好各部门关系，形成合力共同解决物业管理中的问题。

全区科技金融创新工作对口协商　6月12日，区政协开展全区科技金融创新工作对口协商活动。区金融监管局、区金控集团分别作情况通报。区政协对区金融监管局、区金控集团在科技金融创新方面所取得的工作成效给予肯定，并就科技金融创新工作如何做出相城特色、吸引更多优质资源集聚相城提出了相关建议，助力做好科技金融服务工作，做出相城特色和优势，吸引更多优质科技金融资源在相城集聚。

应急管理与安全生产工作对口协商　6月19日，区政协就全区应急管理和安全生产工作，与区应急管理局开展对口协商活动。区应急管理局作关于相城区应急管理和安全生产工作情况的通报。委员们对区应急管理局工作成绩表示肯定，并提出精简文件会议、细化培训考核、加强部门沟通协调等意见建议。

全区水质改善情况对口协商　7月18日，区政协赴阳澄湖度假区举行对口协商活动，实地视察全区水质改善情况，并就如何改善区域水质召开专题座谈会。与会人员到阳澄湖度假区百溇桥水质监测站视察阳澄湖周边水环境，了解湖断面水类等级，查看水质监测站监测系统运行情况。座谈会上，区生态环境局、区水务局、区农业农村局和区水务集团相关负责人分别作工作通报。政协委员们针对水质改善工作中遇到的难点问题建言献策，提出要加大源头治理和执法监管力度，建立长效机制，确保水环境治理持续向好，促进经济社会全面协调可持续发展。

全区民办教育事业发展情况界别协商　3月13日，区政协组织政协委员实地视察南师大苏州实验学校和苏城外国语学校，并在苏城外国语学校进行座谈。会上，区教育局作关于全区民办教育事业发展情况的通报。区政协提出要落实中共苏州市相城区委高质量发展工作思路，重视政府导向作用、社会力量兴办作用和专业团队管理作用的发挥，完善行业评价体系，为相城区教育事业更高质量发展贡献力量。

医联体运行情况界别协商　6月6日，区政协就相城区医联体运行情况组织开展界别协商。参会人员视察相城人民医院复旦大学附属中山医院专家高级诊疗区、远程会诊中心、"大国工匠"工作站，观看区域慢阻肺管理系统运行演示。座谈会上，区卫健委通报区域医联体运行情况。区政协提出要发挥专业技术优势，将建设成果向基层延伸，做到"一枝先开，百花齐放"；整体化推进信息建设，提高居民就医效率；加强宣传，引导居民适应分级诊疗的就医新格局；引导全社会理解和关爱医务人员，更好地为百姓服务。

文化旅游融合发展界别协商　8月16日，区政协赴区文体和旅游局召开全区文化旅游融合发展界别协商座谈会。区文体和旅游局作关于全区文旅融合发展情况的通报。区政协提出要在"为谁创造文化作品、为谁搭建健康平台、为谁设计旅游产品"上深入研究，将相城历史沉淀与现代文化旅游新载体有机结合，着眼未来人们的新需求，积极创新；要坚持高标准规划，构成多元化、生活形态多样化的特点去谋划和推进工作；要紧扣相城全面融入长三角一体化大局，加强前瞻性平台载体建设，努力办好有影响力的高端文体赛事等活动，持续提高相城知名度；要结合全区未来产业发展布局，切实做好服务扶持和规范指导工作，集聚更多文化产业品牌，培养更多工艺大师。

《相城区企业资源集约利用的建议案》跟踪协商　6月27日，区政协组织开展《相城区企业资源集约利用的建议案》跟踪协商活动。座谈会上，区工信局作关于开展工业企业资源节约集约利用情况的通报。区政协提出要做到淘汰和转型升级双向发力，并坚持公平公开、精准精确；要探索将服务业纳入评价体系，探索"分批供地"机制；要在准入机制上下功夫，动态化实行评价机制和评分标准；要完善企业申诉渠道，要从鼓励增加研发投入方面，推动全区企业创新发展；要在评价体系中引进企业家信用评价，营造企业遵纪守法氛围。

《关于加强相城区生产生活垃圾处置工作建议案》落实情况跟踪协商　9月3日，区政协对《关于加强相城区生产生活垃圾处置工作建议案》的落实情况进行跟踪协商。区城管局作全区生产生活垃圾处置工作情况的通报。区政协针对垃圾分类工作，提出意见建议要规划先行，加强顶层设计；从我做起，强化宣传教育；分类管理，加强专业指导；依法推进，加强法制化管理；绿色发展，养成良好习惯。

民主监督

【概况】2019年，区政协贯彻中央、省、市关于加强和改进人民政协民主监督工作的意见，组织开展环境综合整治及"散乱污""331"专项整治工作视察、特色研发产业发展情况（长三角国际研发社区）视察，联合开展区政府2019年实事工程重点项目进展情况视察，并围绕存在问题提出意见建议。在各类民主监督活动中累计提出意见建议150余条。围绕政府服务工作，助推部门工作提质增效，组织开展对区市场监管局、生态环境局工作的民主评议，向政协委员和群众发放调查问卷500多份，提出工作建议8条。向中共苏州市相城区委、区政府报送民主评议意见报告2篇。

【1号提案、重点提案督办】年内，区政协在四届三次会议期间立案的131件提案中，确定17件作为2019年度区政协重点督办提案，将5月份定为"提案办理协商督办活动月"。区政协主席、副主席，各专委会组织主办、协办单位领导、委员85人次，通过提案督办，发挥建言资政和凝聚共识双向发力的作用，助推全区高质量发展。17件重点督办提案按督办要求完成。

【视察工作】环境综合整治及"散乱污""331"专项整治工作视察　5月9日，区政协组织有关部门负责人和部分政协委员对区环境综合整治及"散乱污""331"专项整治工作情况开展专题视察。与会人员实地视察元和街道聚元商业街、黄桥街道生田村金荷小区、太平街道黎明村"散乱污"企业（作坊）淘汰整治现场的整治情况，听取"331"专班和环保局工作情况通报。部分政协委员作专题发言。中共苏州市相城区委常委、常务副区长潘春华作表态发言。区政协主席陈建国提出要深化整治，持续保持高压态势，要强化监督，严防隐患反弹回潮，要综合施策，优化成果提升等意见建议，并要求政协委员始终维护党委领导核心、服务改革发展中心、反映基层群众民心、凝聚社会各界人心，为发展大局和中心工作服务，为中共苏州市相城区委、区政府科学决策和推进工作提出更加有针对性、可操作的务实建议，为“331”“散乱污”专项整治贡献力量。

特色研发产业发展情况视察 7月24日，区政协开展特色研发产业发展情况专题视察活动。区政协领导、有关部门负责人及部分经济、科技界政协委员参加视察，区科技局、苏州高铁新城、北河泾街道相关负责人陪同视察。委员们视察江苏省先进材料技术创新中心、仕泰隆工业服务中心和高铁新城长三角国际研发社区展示中心。座谈会上，听取全区特色研发产业发展情况通报。部分政协委员提出推动科研机构、知名大学、科技创新平台及人才在相城落地扎根，推动研发成果商品化、市场化，运用研发成果为相城区企业提供支撑等建议。区政协建议要在中共苏州市相城区委、区政府致力打造全国领先“六大未来产业创新高地”的大背景下，提高站位，抢抓机遇，努力奋斗，促进新型研发机构成果转化和共享，引导创新要素集聚，加强平台载体建设，完善科技金融服务。

区政府实事工程、重点项目建设情况视察 10月11日，区政协主要领导及区政协办公室（研究室）、城乡委负责人到区交运局开展全区重点交通基础设施建设工作专题协商活动。与会人员实地视察春申湖路快速化改造工程四标施工现场和G312与G524互通改造工程现场，听取区交运局《全区重点交通基础设施建设推进情况通报》，听取相城交投集团对交通基础设施建设前期规划、工作任务完成、资金融资等方面情况以及工作中存在的困难和下一步工作思路。区政协建议下一步工作要落实规划先行，加快推进综合交通规划修编研究；要深化协调工作，保障相关问题解决到位；要处理好政府与市场的关系，加强项目建设质量监管，打造样板工程；要最大限度减少施工扰民问题。

11月14日，区政协组织部分政协委员，联合区人大常委会对2019年区政府实事工程和重点项目建设情况开展联合视察。区领导张永清、屈玲妮、陈建国、潘春华等参加活动。区人大代表、政协委员们视察日益幼儿园、苏州第二图书馆、海美国际（苏州）智造研发社区和珍珠花园。汇报会上，区发改委汇报2019年区政府实事工程、重点项目建设进展情况。区人大常委会主任屈玲妮对相关工作予以肯定，对下一步工作提出要求。中共苏州市相城区委副书记、区长张永清指出，将认真贯彻落实中共江苏省委常委、市委书记蓝绍敏来相城调研时明确提出的“四个立”的要求和中共苏州市相城区委提出的“勇立潮头、对标赶超，奋力争当高质量发展排头兵”的目标，加快推进区政府实事工程和重点项目建设，确保按期完成年度目标任务。张永清表示，区政府将做好产业项目建设，抓好城市能级提升，抓好政务环境优化，抓好精神面貌改善，凝聚全区上下干事创业、勇立潮头正能量，加强法治政府建设，解难题、谋发展、求实效。区政协主席陈建国主持汇报会，他表示，此次联合视察活动是依法监督和民主监督的有机结合，是提质增效和精简会议的积极尝试，是人大常委会、政协形成合力的良好契机，对推动实事工程和重点项目建设有着重要意义。

【民主评议】 10月17日，区政协召开民主评议工作会议。会上，区市场监管局、区生态环境局分别通报市场监管和环保工作情况。区政协副主席陆梅英、党组成员顾全兴分别作评议，肯定近年来区市场监管局、区生态环境局成绩，指出工作中存在的不足，提出意见和建议。副区长周立宏作表态发言。区政协主席陈建国紧扣评议意见，对区市场监管局、区生态环境局提出建议。（王　华）

综 述

【概况】 2019年，中共苏州市相城区纪律检查委员会、苏州市相城区监察委员会（简称区纪委监委）学习贯彻习近平新时代中国特色社会主义思想和党的十九届四中全会精神，增强"四个意识"，坚定"四个自信"，做到"两个维护"，忠实履行党章和宪法赋予的职责，坚决贯彻落实党中央重大决策部署和省、市、区委重要要求，坚持稳中求进工作总基调，深化标本兼治，各项工作坚定稳妥、扎实有效，呈现高质量发展良好态势，全区纪检监察综合考核位居苏州大市前列。

【纪检监察体制改革】 2019年，区纪委监委落实上级部署要求，抓好改革任务落实，以改革实效推动纪检监察工作高质量发展。

体制改革推进 制发派驻机构改革实施意见、区属国有企业纪检监察机构设置等文件，完成派驻纪检监察组更名、监督范围调整、设立派驻国企纪检监察组等改革任务，实现派驻监督全覆盖。组建相城经济技术开发区监察工委，明确机构、编制、人员和职责权限，监察监督格局完善。

派驻优势发挥 聚焦"监督的再监督"，紧盯被监督单位权力集中、廉政风险较大的关键岗位、关键环节，强化日常监督，做深"嵌入式"监督，对重大工程项目建设、生育保险基金等及时跟进监督，处置问题线索16条，立案9件，监督效能显现。

监察质效提升 强化派出监察员办公室功能作用，选优配强专兼职监察员，推行集中驻点办公、带案受训工作模式，各项制度、运行机制更加健全规范。统筹协调各镇（街道）纪（工）委力量，开展交叉监督，破解基层熟人社会监督难题，政务立案16件。

纪检监察重要会议

【中国共产党苏州市相城区第四届纪律检查委员会第四次全体会议】 2月2日，相城召开四届区纪委四次全会，区委书记顾海东等四套班子领导出席会议，区委常委、区纪委书记、区监委主任徐华峰主持会议。针对2019年纪检监察工作方向，区委书记顾海东要求：要自觉以习近平新时代中国特色社会主义思想为指导，深刻理解党中央对形势任务的最新判断，深刻理解党中央对"两个维护"的最新要求，深刻理解党中央"稳中求进"的工作基调，确保全面从严治党沿着正确方向前进；要不断巩固发展反腐败斗争压倒性胜利，持续深化纪检监察体制改革，牢固树立以人民为中心的发展思想，进一步深化标本兼治，为推动相城实现高质量、跨越式发展提供坚强纪律保障；领导干部要带头贯彻执行党内政治生活各项规定，带头严守党的政治纪律和政治规矩，带头强化组织观念，带头做到清正廉洁，在营造良好政治生态上做好表率。

全会审议通过区纪委常委会的《坚持稳中求进　深化标本兼治　推动新时代相城纪检监察工作高质量发展》工作报告。报告指出，2018年全区党风廉政建设和反腐败工作取得了新成效，并在传承发扬管党治党实践经验中开辟了新境界。2019年是中华人民共和国成立70周年，是全面建成小康社会、实现第一个百年奋斗目标的关键之年。纪检监察工作必须适应新形势、抓住新机遇、展现新作为，为相城区落实“12345”战略思路、加快建设“苏州市域新中心”提供坚强保障。

【四届区委专项巡察部署会议】 4月2日，相城区召开四届区委第八轮巡察暨第三轮农村“三资”管理和生态文明建设专项巡察工作动员部署会，对2019年首轮巡察工作进行动员部署，为营造良好政治生态和推动全区各项工作实现高质量发展提供坚强纪律保障。区委常委、纪委书记、监委主任、区委巡察工作领导小组副组长徐华峰出席会议并讲话。徐华峰指出，要增强政治自觉，深刻认识做好新时期巡察工作的重要意义，要认识到开展政治巡察，是保障相城高质量、跨越式发展的重要抓手，是贯彻以人民为中心发展思想的有效举措，是巡察机构践行“两个维护”的实际行动；要明确工作定位，准确把握常规巡察和专项巡察的目标任务，要坚持“高”的定位，深化巡察内涵，细化“巡”的重点，把准巡察方向，看齐“好”的标准，提高巡察质效；要强化责任担当，切实加强组织领导，不断提升巡察监督质效，要坚持精准发力，加强分类指导，要加强协调配合，凝聚工作合力，要增强内生动力，提升能力水平。

纪检监察工作

【正风肃纪】 2019年，认真贯彻上级关于作风建设的最新部署，严格执行中央八项规定精神，驰而不息纠“四风”、树新风。严肃查处顶风违纪行为，将查处违反中央八项规定精神问题作为工作重点，对“四风”问题线索优先处置。紧盯公车私用、私车公养等老问题、新表现，常态化开展“清风行动”，查处违反中央八项规定精神问题20起24人，通报典型案例7批次9人，释放越往后执纪越严的强烈信号。有力整治形式主义、官僚主义，深挖渭塘镇扫黑除恶宣传失误问题的根源，对背后隐藏的形式主义、官僚主义问题严肃追责问责，党纪立案4人，运用第一种形态处置2人，并在全区层面通报。协助区委开展“三看三提升”作风整治专项行动，靶向治理干部作风问题“十种新症状”，查处形式主义、官僚主义问题6起11人。为敢于担当的干部撑腰鼓劲，坚持严管厚爱结合、激励约束并重，严格落实“三个区分开来”要求，认真执行区委“三项机制”实施办法，对4名党员干部予以容错纠错，其中元和街道莫阳社区典型案例得到市纪委、市委组织部认可肯定，“为担当者担当”的导向更加鲜明。筑牢廉政思想防线，用好用活冯梦龙廉政文化资源，组织党员干部到“四知堂”接受廉政教育；冯梦龙村廉政文化教育基地VR视频在中央纪委国家监委网站展播，“冯梦龙”品牌效应进一步放大。开展“阳澄清波”廉政教育宣传月活动，举办“庆祝中华人民共和国成立70周年”廉洁故事主题征文，营造崇廉尚廉的良好社会氛围。

2019年4月17日，相城区作风建设大会召开　　区纪委监委　供稿

【审查调查】 2019年，坚持突出重点削减存量、零容忍遏制增量，持续保持高压态势、深化标本兼治。运用监督执纪“四种形态”处理618人次，第一、第二、第三、第四种形态分别占比77.8%、15.7%、2%、4.5%，“管住大多数”成为常态。精准有力惩治腐败，对党的十八大后不收敛、不收手，特别是十九大后仍不知止、胆大妄为的，发现一起查处一起。全区立案153件，其中乡科级8件，留置11人，移送检察机关15人，留置

案件办理质效得到市纪委监委肯定；严肃查办陆某某贪污、挪用巨大数额公款案件，“不敢腐”的震慑力不断强化。督促完善制度机制，加大案件查办力度，结合巡察监督、日常监督中发现的突出问题，聚焦行业性系统性腐败和作风问题，深入研究案发规律，查找制度漏洞，制发监察建议14份，督促完善“管行业就要管党风廉政建设”长效机制。

【督查问责】 2019年，严肃对待群众反映强烈的突出问题，坚决纠正损害群众利益的行为，接待来访群众50人次，受理信访举报416件次。扎实开展专项督查，加大教育、医疗等领域突出问题整治力度，督促开展义务教育学校违规办学和校外培训机构集中整治，推动“阳光食堂”等监管服务平台建设，督促相关单位对7名违规教师进行政纪处分，对7名违规挂证（兼职）取酬人员进行处理。集中整治基层“微腐败”，专项整治漠视侵害群众利益问题，排查筛选一批问题线索，加大直查直办力度，严肃查处基层干部贪污侵占、虚报冒领、截留挪用等问题，累计查处群众身边腐败问题21起。集中开展农村集体资产租赁情况驻点督查，督促解决存在的突出问题，推动“三资”监管规范有序运行。加强对减税降费等贯彻落实情况的监督检查，督促开展违建大棚房、违建别墅清理整治，推动解决静湖别墅等违法建设陈年积弊。开展安全生产大排查大整治专项监督，对黄埭镇火灾事故、漕湖开发区中毒事故开展问责调查，追责5家单位21人。深挖彻查涉黑涉恶腐败及保护伞，坚持把扫黑除恶同肃贪反腐、基层“拍蝇”结合起来，建立健全与政法机关线索共享、双向移送、快速反馈等机制，全力推进“打伞破网”。严肃查处涉黑涉恶腐败2人、保护伞3人。

2019年4月30日，区纪委监委领导督查澄阳街道扫黑除恶专项斗争、安全生产、“331”专项行动、“散乱污”淘汰整治等工作　　区纪委监委　供稿

【“两个责任”落实】 2019年，协助开展全面从严治党工作情况检查考核，专题听取基层纪（工）委履行党风廉政建设监督责任述职，推动“两个责任”落到实处。用好省、市两级“履责记实”平台，发挥“远距离、近监督”优势，增强履责实效性。强化问责工作，对7个党组织、22名党员领导干部进行党内问责，切实以问责树起管党治党制度刚性。严把干部选拔任用政治关、品行关、作风关、廉洁关，回复党风廉政意见500余人次，有效防止“带病”提拔。

（王　华）

民主党派　工商联
无党派知识分子联谊会

民主党派

【中国国民党革命委员会相城区基层委员会】 2019年，中国国民党革命委员会相城区基层委员会（简称民革相城区基层委员会）有下属支部2个、党员36人，其中人大代表3人、政协委员9人。年内，民革相城区基层委员会以习近平总书记重要讲话精神为指导，按照民革中央十三届第二次全委会精神和民革省委、市委总体工作要求，坚持“一个主题（思想政治建设）、两个重点（中华人民共和国70周年系列活动、示范支部建设）、三个‘一把手’工程（高层次和骨干人才发展、参政议政、精准扶贫）”。围绕党的中心工作、全区经济建设，关注社会发展热点，提出的“关于推进城市管理改革，切实提升城市管理水平的建议”被区政协四届三次会议列为1号提案，“关于加大民营企业发展扶持力度的建议”被列为2号提案，“设立党派联络人以及建立候备政协委员列席政协会议”建议被2019年区政协会议采纳。举办第五届“博爱牵手·让爱传递”慈善晚宴，筹得善款10万多元用于资助贫困儿童；与贵州省铜仁市思南中学开展“博爱牵手思南行三年行动计划”公益助学活动，组织民革企业家和党员捐款6.6万元结对帮扶；依托“中山展兴”慈善机构平台，募集捐款38.6万元，惠及贫困学生60人、特困户14人。

【中国民主同盟相城区基层委员会】 2019年，中国民主同盟相城区基层委员会（简称民盟相城区基层委员会）有下属支部委员会4个、盟员73人，其中人大代表2人、政协委员10人。年内，民盟相城区基层委员会以学习和践行中国共产党十九届四中全会精神和“不忘合作初心·继续携手前进”主题教育为核心，围绕区“五大功能片区”战略定位，以“关注社会热点，心系百姓民生”为突破口，提高盟员责任意识和大局意识，在经济建设、民生服务、建言献策、参政议政等方面持续发力。围绕医疗教育、交通出行、住房保障等社会群众关心的热点、难点问题，积极建言献策。2019年“两会”上提交政协提案5条，并开展保障民生相关课题调研，其中《失地及失业居民的现状及如何再就业研究》《相城区社区卫生服务站人才队伍现状分析》被民盟苏州市委立项。多次组织盟员前往贵州开展一系列对口扶贫活动，包括直接捐款，赠送书籍及书画作品，开展旅游推广和非遗传承讲座等。正式启动“123”暖心工程，在小区内开展医疗义诊、教育学习咨询、法律咨询等公益活动。

【中国民主建国会相城区基层委员会】 2019年，中国民主建国会相城区基层委员会（简称民建相城区基层委员会）下设3个支部，注重梯队培养，激活支部活力，创新基层组织形式，发展7名新会员，共有66名会员，其中人大代表1人、政协委员7人。年内，民建相城区基层委员会围绕“突出重点、尽力而为、创新举措、创造品牌”指导思想，鼓励会员服务社会、回馈社会。向苏州市民建提交提案10余件，其中3件被江苏省民建委员会采纳。与浦东新区民建委员会结对交流，共参与长三角一体化发展相关课题研究6项。组织会员前往杭州江干区调研长三角枢纽经济情况。

2019年12月8日，中国民主促进会苏州市相城区基层委员会成立大会召开
区委统战部　供稿

1月，民建相城区基层委员会举办“你我同心、你我同行”慈善晚会，筹得18.88万元善款并纳入基金池。参加相城区慈善会组织的“相商乐助·爱在身边”行动与“苏州民建爱心基金”项目，扩大相城民建慈善关爱范围。7月，协同苏州市邮储银行帮扶相城区30多户困难家庭。关爱服役家庭子女22户。

【中国民主促进会相城区基层委员会】 2019年，中国民主促进会相城区基层委员会（简称民进相城区基层委员会）建有教育组、文化组、综合组3个小组，发展新会员1人，会员总人数41人，其中人大代表2人、政协委员11人。年内，民进相城区基层委员会学习贯彻中国共产党第十九次代表大会精神，参加市、区级各类会议及各种培训学习，会员沈向忠承担的《大型商业综合体中配套建设美术馆等文化场所》和牛晓宇承担的《优化人才发展环境，激发人才创新活力》等均被列为民进苏州市委重点课题。会员周静静被评为民进全国组织建设先进个人，尤苑被评为“全国向上向善好青年”、扶贫助困好青年和全国优秀教师。

1月，相城民进会员赴渭塘镇翡翠家园社区，开展“民进送福，春联万家”写春联送祝福活动。5月，举办海峡两岸书画邀请展和庆祝中华人民共和国成立70周年书画邀请展。9月，在北桥街道举办“礼赞中华·活力相城”文物画展。

【中国农工民主党相城区基层委员会】 2019年，中国农工民主党相城区基层委员会（简称农工党相城区基层委员会），发展新党员5人，党员总人数30人，其中苏州市人大代表2人、苏州市政协委员1人，相城区人大代表1人、相城区政协委员6人。年内，农工党相城区支部在区人大常委会、区政协、农工苏州市委平台申报调研报告课题3项。1月，支部组织党员6人前往苏州市社会福利总院送去新春慰问。3月，组织全体党员集中开展“社情民意信息培训”专题学习，其做法在中国农工民主党《团结报》刊发报道。4月，委派3名党员参加区政协组织的党外政协委员集中培训学习。人大代表、政协委员参加各级履职活动20余次，提交社情民意10余篇。4月，组织医护专家走进相城区元和晨曦馨苑社区开展“世界卫生日”义诊及慰问活动。6月，选派2名党员代表参加农工党苏州市委举办的庆祝中华人民共和国成立70周年“我和我的祖国”演讲比赛。10月，组织党员参加在吴江区同里举办的“2019美丽乡村健康行”活动。

【中国致公党相城区基层委员会】 2019年，中国致公党相城区基层委员会（简称致公党相城区基层委员会）新发展党员6人，共有党员66人，其中苏州市政协委员1人、区政协委员9人。在2019年“两会”上，致公党相城区基层委员会提交提案8篇，均被采纳，其中《关于规范政府行政执法行为，

2019年9月11日，“不忘初心、牢记使命”主题教育征求各界人士意见建议座谈会召开
区委统战部　供稿

提高行政执法水平的建议》提案被列为区重点督办提案。年内，致公党相城区基层委员会响应致公党苏州市委员会在全市开展“致爱行动”的号召，结合实际，打造“法治惠民”“帮困助学”“公益义诊”三大特色品牌。3月，主办“致爱行动——致公党相城区基层委员会和相城区元和卫生院走进凌浜社区”义诊活动。5月，“苏州致公爱心基金”成立后，致公党相城区基层委员会全体党员捐善款15万余元。9月，与相城区慈善会、度假区管委会和相城区社会福利事业发展中心联合开展“爱在重阳，听书踏秋”重阳节主题活动，为福利中心孤寡老人外出提供一对一志愿陪护服务。

【九三学社相城区支社委员会】 2019年，九三学社相城区支社委员会发展新社员2人，共有社员20人，其中政协委员2人。年内，支社加强全体社员政治理论学习，提高政治素养，向区政协全会提交集体提案、调研报告各1篇，社员政协委员提交提案6篇。4月，参加社市委组织的“不忘合作初心，继续携手前进”主题培训。7月，参加区政协、区委统战部举办的党外政协委员参政议政学习培训班。联合苏州市第五人民医院走进社区，开展夏季防病知识宣教和健康咨询义诊活动，免费进行肝病筛查、血压血糖测量。10月，走进校园开展口腔保健送课活动。（王　熙）

相城区工商业联合会

【概况】 2019年，相城区工商联合会（总商会）（简称区工商联）有全区商会（协会）28家，其中基层商会12家、行业协会8家、异地商会8家。望亭商会、黄埭商会、玉山商会被评为省级“四好”商会，区工商联连续两年被评为“全国五好工商联”。

【和谐政商关系】 年内，区工商联牢牢把握“两个健康”工作主题，推动构建“亲”“清”政商关系，引导全区非公有制经济人士提振信心、凝聚力量，助推相城高质量发展。组织8名企业家参加苏州市非公代表人士理想信念教育培训班，前往遵义、铜仁接受革命传统教育。依托高校教育平台，组织区内39名年轻企业家参加第二期北大高级工商管理研修班。配合区委、区政府开展招商引资，做好牵线搭桥与经济联络服务工作，参与承办和协办“新时代民营企业家培养计划”等招商推介活动4次，邀请海内外1500余名各界知名人士到相城考察。搭建区域交流载体，提升经济服务水平，5月举办第二届江苏发展大会暨首届全球苏商大会系列活动——长三角（苏州）数字经济峰会，邀请原十二届全国政协副主席、国家电子政务专家委员会主任王钦敏等300多位国内外数字经济相关领域的领导、专家和企业精英，共同探讨长三角地区数字经济的未来与发展，以区域合作推动相城数字经济高地建设。10月，举办“2019苏州相城经贸恳谈周”开幕式暨日本江苏工商总会成立仪式，促成日本江苏工商总会与相城经济技术开发区签订友好战略合作协议，全力配合苏州（相城）中日智能制造协同创新区建设。建立年轻一代民营企业家人才库，开展民营企业运行情况及防范化解风险摸底调研，配合完成上规模民营企业数据收集，上报民营企业社会责任调研案例报告5篇，上报全区民营企业经济发展报告6篇。组织动员基层商会推进“相商乐助·爱在身边”三年行动，为辖区内残疾困难户和贫困儿童募集善款，至年末，募集善款累计超过2000万元。多次组织商会组织和爱心企业家赴石阡精准扶贫，全年各级商会及社会各界爱心企业家为石阡捐赠物资和资金累计60余万元。

（王　熙）

相城区无党派知识分子联谊会

【概况】 2019年，相城区无党派知识分子联谊会（简称区知联会）吸纳新会员4人，有会员47人。

【开展活动】 年内，区知联会共提交政协提案7个、人大议案1个。5月，区知联会各政协委员根据区政协《关于开展“政协委员进网格”活动的实施意见》，进村入户，广泛了解情况，全力为基层群众办实事、做好事、解难事。5月，组织会员到相城区福利院和相城区特殊学校开展爱心捐助活动。8月，组织会员前往相城区消防大队慰问消防大队全体指战员。11月，会员单位应邀前往苏州市第三看守所，为所里50余名涉罪未成年人开展法治讲座。（王　熙）

相城区总工会

【概况】 2019年，相城区总工会以“三看三提升”作风建设集中大整治活动为契机，开展“不忘初心、牢记使命”主题教育，按照“工作项目化、项目目标化、目标节点化、节点责任化”要求，对照标杆，帮助基层解决实际问题。围绕区委“12345”战略思路发展主题，坚定职工理想信念，推进工会改革创新。全年新建工会60家，新发展会员1.5万人。至年底，区总工会辖镇总工会4个，街道总工会4个，街道工会3个，开发区和度假区总工会各1个，建有区级机关交运、卫健、教育、国资4个系统工会。全区工会组织覆盖法人单位6888家，其中独立基层工会1578家，联合基层工会140家，工会会员合计23.36万人。

【服务发展和服务职工】 年内，相城区总工会探索改革创新，以板块工会为实施单位，采取订单模式，以送培训上门形式接受基层预定培训课程10堂，开展工会干部培训12次，参训工会干部2260人次。围绕“五大功能片区”新型产业开展技能竞赛，举办“首届影视动漫制作创意技能大赛暨高铁新城卡通吉祥物形象征集赛”，与团委联合举办相城区首届青年工匠技能竞赛，与人才办、人社局联合举办相城区第四届技能状元大赛，与相关部门联合举办建筑施工BIM技术应用技能竞赛、基层卫生岗位练兵和技能竞赛、公交驾驶员技能竞赛、“渔家乐”双湖烹饪技能比赛等多种行业技能竞赛。全年全区工会组织技能竞赛42场次，参与职工3万余人次。

“工会创业贷”工作持续扩面，全年有25家企业和职工个人申请，放款金额1144万元；加大服务职工创新力度，组织86名一线职工参加疗休养；做好职工大病求助工作，59名职工得到大病救助和临时救助，累计发放救助资金42.1万元；“春风行动”累计提供近7500个岗位。为高温一线职工“夏送清凉”累计发放物资49.9万元，为困难职工子女“金秋助学”发放助学金4.85万元，为病困职工和困难职工“冬送温暖”发放慰问资金36.1万元。发动基层开展岗位练兵，成功推荐33名一线职工参加学历提升班。强化职工安康权益，提升职工安全意识，举办2019年度“安康杯”竞赛活动，全年共有489家企业、16万余名职工参加。持续加强全区建会企业职代会、厂务公开等民管工作，要约工作保持100%，独立建会企业职代会建制率100%。紫光大厦职工子女托管中心成立后，解决大厦内企事业单位职工子女看护问题，首批有需求职工家庭93家，涉及102名子女，此项目获得2019年度全省基层工会服务职工优质项目一等奖。

【宣传教育】 2019年，区总工会组织职工开展工会十七大精神学习知识竞赛，全区共5000名职工参加。开展“五一劳动法治宣传月”“宪法宣传日”等主题普法活动，全年累计举办普法讲座等活动20次，1.8万名职工受训。组织参加“我和我的祖国·唱响职工最强音”第四届苏州市职工歌手大赛，获团体第二名；参加“当好主人翁、建功新时代”暨庆祝中华人民共和国成立70周年苏州职工羽毛球比赛，进入前八强。组织开展职工文化创建工作，苏州易德龙科技股份有限公司被评市职工文化建设示范单位。“五一”期间，《苏州日报》和苏州广电总台《今日相城》栏目，以“中国梦·劳动美”为主题，全方位、深层次、多角度展示多年来相城区涌现出的劳动模范和先进工作者风采。年内，1名职工荣获省五一劳动奖章，21名一线职工荣获市五一劳动奖章，2家企业荣获省五一劳动奖状，5家基层企事业单位荣获市五一劳动奖状，推荐“红色工匠”1名。

2019年4月30日，相城区召开劳动模范命名、表彰大会　区总工会　供稿

【工会改革】2019年，元和街道、望亭镇和渭塘镇推行镇级工会改革，召开改革动员大会，按照专兼挂职原则，配备镇级总工会领导班子。加强基层工会规范化建设，落实工会“大抓基层”的工作导向，区总工会出台基层工会“六个一”工作办法，夯实工会基础，激发基层工会活力。非公有制企业兼职工会主席履职津贴制度顺利推进，2018年度非公企业工会（联合会）主席履职津贴全部下拨发放。

【劳模管理和服务】年内，召开庆“五一”国际劳动节暨劳动模范命名大会，命名表彰全区各条战线的劳模先进81名。组织劳模疗休养2批，共30名。组织劳模体检，全区25名市级以上劳模参加体检。为23名中华人民共和国成立70周年70周岁以上的市级以上劳模发放慰问金2.15万元。为112名各级劳模发放荣誉津贴和医疗补贴13.14万元，为28名低收入和困难劳模发放补助24.09万元，为537名全区各级劳模发放春节慰问金22.98万元。

2019年3月7日，江苏省人大常委会副主任、省总工会主席魏国强到苏州市第二工人文化宫视察项目建设情况　区总工会　供稿

【苏州市第二工人文化宫建设】苏州市第二工人文化宫建设以争创“鲁班奖”为目标，采用“安全+品质”管理模式，通过综合运用BIM技术、智慧环境监测系统、工地信息化系统等管理平台，构建高效、安全、绿色的现场管理机制。通过实现全过程跟踪审计，提高资金使用效益；通过圆融商管团队提前介入，推动项目施工与招商无缝对接。至2019年12月，项目主体工程基本完成，累计完成投资近4亿元。3月、10月、11月，省人大常委会副主任、省总工会主席魏国强，苏州市人大常委会主任陈振一、苏州市政协副主席程华国等分别带队视察调研该项目。工程获“第十届江苏省土木建筑学会建筑创作奖一等奖”“2018年江苏省建筑施工标

准化三星级工地”等荣誉。

（邱晓春）

共青团相城区委员会

【概况】 2019年，共青团相城区委员会（简称团区委）全面落实共青团改革精神，在思想引领、创业创新、权益维护、组织建设等方面不断努力。围绕“不忘初心、牢记使命”主题教育开展专题学习、集中调研。持续深化“青春党建”品牌工作，坚持党建带团建，在海归青年群体中成立高层次专业人才联合团支部，营造“先学一步先热起来”的浓厚氛围。联合青商会开展“不忘初心跟党走，聚力发展再扬帆”主题党日活动，引导青年党员企业家坚定理想信念，争当实践先锋。至年末，相城区共有基层团组织1603个，其中团（工）委47个，团支部（总支）1303个，全区共有专兼职团干部2517人，团员总数27455人。团区委书记蒋妍被评为江苏省优秀共青团干部。

【主要会议】 共青团相城区委六届三次全体（扩大）会议 2月22日，共青团相城区委六届三次全体（扩大）会议在相城区团干青领空间召开，团区委书记蒋妍代表第六届委员会作《四大工程助力高质量发展·跨越赶超展现青春在相城》工作报告。会议卸免团区委第六届委员会转岗（离职）团干部委员职务，递补团区委第六届委员会委员，通报2018年基层团组织团费收缴、管理及使用情况，审议通过《关于2018年团费收缴、管理及使用情况的报告（草案）》，通报2018年相城区共青团工作标兵单位、2018年相城区共青团工作先进单位、2018年相城区共青团工作先进个人、2018年相城区基层团组织从严治团“6A”计划明星团支部（总支）、团干部。

中法青年领导者圆桌会议 2月26日，中法青年领导者圆桌会议在高铁新城召开。16位来自法国展望与创新基金会的青年企业家代表，与苏州、相城青年企业家面对面探讨企业发展，共商合作未来。会上，中法双方青年企业家围绕“一带一路”合作、中小企业国际化、人力资源服务业、工业互联网应用与实践、自动驾驶赋能高速物流等诸多领域开展精彩的主旨演讲。

相城区村（社区）青年骨干联谊会第四次会员大会 9月30日，相城区大学生村干部联谊会第四次会员大会召开，更名为相城区村（社区）青年骨干联谊会。联谊会领导班子成员首次全部由会员担任，彰显联谊会“自我教育、自我管理、自我服务、自我发展”的宗旨。会议启动“青春力量进网格”品牌活动，动员全区广大团员青年创新参与社会治理。

2019福布斯中国30岁以下精英峰会 10月29日，2019福布斯中国30岁以下精英峰会（U30峰会）在相城召开。来自海内外历届U30上榜者、榜单评委、福布斯集团高层、投资机构创始人、商业媒体代表及各领域领军人物齐聚一堂，分享创新、创业、创富前沿洞见。此次峰会旨在表彰新一代杰出精英代表者和决策者，并为他们搭建一个高端国际性舞台，感受全球商业前沿的强劲浪潮。

相城区青年商会2019年度会员大会 12月27日，相城区青年商会2019年度会员大会召开。会上，认捐西藏林周县青少年文化主题慈善项目、贵州石阡“春晖”爱心超市项目等慈善项目8个，共计20万元。是日，团区委联合区级机关相关部门举办2019年全区各界优秀人才联谊会，青

2019年10月29日，2019福布斯中国30岁以下精英峰会（U30峰会）在相城区举办

团区委　供稿

2019年5月4日，相城区纪念五四运动100周年主题活动在南师大苏州实验学校开展　　团区委　供稿

商会会员与来自全区各行各业的优秀人才参会。

【主要活动】 与时代同前行·与相城共成长——相城区纪念五四运动100周年主题活动　5月4日，相城区在南师大苏州实验学校报告厅举办“与时代同前行·与相城共成长”——纪念五四运动100周年主题活动。相城区委书记顾海东，苏州团市委副书记汤宁，区四套班子分管领导，区级机关各有关部门、各镇（街道、区）、各直属中学分管领导应邀出席，来自全区各条战线的团员青年和团干部200余人参加。活动当天，两名“全国向上向善好青年”巫晓慧、尤苑与大家分享心得，青锋成长社表演反映相城区跨越式高质量发展以及青年党团干部投身基层、勇创一流青春群像的舞台剧《我们都是好青年》，进行“十八岁成人礼”宣誓，区委书记顾海东围绕青年成长发展开讲“信仰公开课”。

“青”字号品牌活动　8月16日，团区委以建筑施工BIM技术为主题，联合区总工会、区人社局、区住建局举办相城区首届青年工匠技能比赛。10月16日，团区委以“不忘初心、牢记使命，立足岗位、建功立业”为主题，开展青年文明号系列活动。来自全区各地各单位的30名青年文明号创建集体代表、基层团干部到北太湖参加“岗位体验日”活动，并参与“十佳”青年文明号现场答辩。团区委书记蒋妍为全国“青年文明号”——苏州御亭现代农业产业园授牌。

庆祝中华人民共和国成立70周年系列活动　在少先队员中，开展“我为祖国呼号”苏州市少先队庆祝中华人民共和国成立70周年鼓号“快闪”展演活动；在青联委员中，开展“我与祖国共成长”主题活动暨相城区各界青年庆祝中华人民共和国成立70周年青春诗会活动。

相城区基层团组织从严治团“6A”计划总结会　1月17日，相城区基层团组织从严治团“6A”计划总结会在区会议中心召开。会议通过长视频现场回顾2018年“6A”计划工作成绩；开展区五大功能片区15名团干部团务知识PK赛，并举行颁奖仪式；集中分享“6A”计划开展过程中涌现出的明星团干部、团支部总结的优秀团建工作法。会议启动2019年新兴领域团建计划并举行揭牌仪式。2019年，相城区基层团组织从严治团“6A”计划获评江苏省共青团“10100”创新创优工程重点项目，并作为苏州团市委团

2019年10月16日，相城区青年文明号“岗位体验日”活动举行，并为苏州御亭现代农业产业园颁授全国“青年文明号”奖牌　　团区委　供稿

支部基础夯实行动的案例在全市推广。苏州团市委书记万利，中共苏州市相城区委常委、组织部部长、统战部部长葛宇红，苏州各市（区）团委书记、相城区基层团干部等共计200人参会。

【苏州—金泽中日青年交流中心启动建设】 6月6日，苏州—金泽中日青年交流中心启动建设并落地相城。中心建成后将展示苏州与金泽青年交流成果，开展两地青年交流活动。7日，召开苏州市青年联合会和日本金泽青年会议所第二十五次工作会议，苏州市青年联合会、日本金泽青年会议所、相城区青年联合会签订苏州—金泽中日青年交流中心项目三方协议。11月9日，联合区金融办、日本瑞穗银行苏州分行开展"手绘乡村"徒步行走主题活动。

【团干部培训】 7月21日，团区委举办2019年相城区团干部培训班，非公企业、村（社区）、乡镇（街道、区）、区级机关和中学中职团组织180余名团干部参加培训，其中包含贵州省铜仁市石阡县21名团干部。培训期间，团区委启动"团干增能行动"，联合青年社会组织定制团务课程，实现基层团干部业务基础加强全覆盖，基础团务工作被团中央、团省委通报表扬。（周　琪）

相城区妇女联合会

【概况】 2019年，相城区妇女联合会（简称区妇联）部署开展"巾帼心向党"三大工程、"巾帼建新功"三大行动、"巾帼暖人心"三大任务"三三三"行动。加强妇联组织建设，启动并推进"在你身边"妇女微家项目。年末，相城区共有基层妇联组织197个，专兼职妇联干部239名。年内，区妇联获2019年度江苏省妇联宣传舆论阵地建设先进单位、首届江苏女性融媒体创意大赛优秀组织奖、2019年度江苏省妇女融媒体影响力奖，"她书屋"活动获2019第十四届苏州阅读节"优秀活动奖"。

【妇联干部队伍建设】 健全妇联干部素质培养体系，年内举办区妇联第四届执委履职能力提升培训班、基层妇联干部培训班。全年组织长三角一体化相城女性上海学习提升营研学10期，各级妇联干部、执委、三八红旗手和女企业家代表等200余人次参加轮训。全年共建"妇女微家"50家，区妇联把思想政治引领贯穿服务各个"妇女微家"，将"妇女微家"延伸辐射到"妇女儿童之家"。举办相城区"在你身边"妇女微家项目建设培训会和推进会，推进妇联组织联系妇女全覆盖、服务妇女零距离、关爱妇女无缝隙。

【创新创业服务和营造妇女儿童发展环境】 2019年，区女性创新创业服务中心凝聚服务功能，开展政务服务"面对面"相城区女企业家走进工信局活动，全年深度服务企业近45家，举办创客加油站周四定期线下分享主题活动22次。深化"双学双比""巾帼建功"活动，举办2019年相城区育婴师职业技能竞赛。全区新增省级巾帼示范基地1个，市巾帼文明岗4个、区巾帼文明岗27个。苏州市相城区望亭镇御亭农产园人才科技组获全国巾帼文明岗称号。区妇联召开"巾帼建新功·乡村振兴巾帼行动"现场会和美丽庭院建设工作现场推进会，建立相城区乡村振兴巾帼学堂，组织动员广大妇女积极参与美丽乡村建设，完成105户苏州市美丽庭院示范户建设目标。

区妇联推动解决妇女儿童发展重难点问题。督促相关部门落实人大建议，进一步明确新建项目

2019年2月23日，区妇联开展长三角一体化相城女性上海学习提升营首期学习活动
区妇联　供稿

2019年5月29日，相城区“在你身边”妇女微家推进会举办

区妇联　供稿

中心公共场所母乳哺育设施相关内容，公共场所母乳哺育室建设连续两年被列入政府实事项目，2019年新建（改建）11家。承办苏州市妇联系统《反家庭暴力法》实施三周年纪念活动。建立“澄姐在你身边”线上、线下双服务平台，全年提供咨询服务160人次。年内，对上争取专项救助金14.4万元，持续救助“两癌”贫困妇女，24位“两癌”贫困妇女得到及时救助；带领女企业家和女性公益组织代表赴贵州石阡开展关爱行动，送去价值17万元的办公家具和课桌椅；帮扶全区流动儿童和困境儿童家庭，组织“腾讯99公益日”等爱心募捐活动，共筹善款7.15万元。

【家庭文明建设】 2019年，区妇联举办“十行百佳”优秀女性、最美家庭事迹展示、“传承好家风，文明过大年”“弘扬家国情·礼赞新时代”、“我的国，我的家”好家风好家训宣传分享会、相城她说“我的初心·我的使命”70周年初心故事分享会等系列家庭文明活动，开设“她书屋”专栏线上、线下活动。创新方式开展寻找最美家庭活动，抓住重要节点重点上报各类最美家庭127户，推动活动常态化、持续性，张凯家庭荣获2019年度全国“最美家庭”。

（姚　兰）

相城区文学艺术界联合会

【概况】 2019年，相城区文学艺术联合会（简称区文联）紧紧围绕区委、区政府部署要求。精心制定工作方案，出台《相城区文联各文艺家协会工作评估办法》。承办“礼赞·奋进”庆祝中华人民共和国成立70周年暨建区18周年文艺演出，庆祝中华人民共和国成立70周年书法美术大展、文物画展等活动。持续打造“中国曲艺之乡”品牌，顺利通过“中国曲艺之乡”建设工作复评，举办2019江苏省中国曲艺之乡（名城）工作现场会暨地方特色节目交流评审活动，分享曲艺之乡建设经验。以文艺活动形式紧扣相城发展脉搏，展现时代风貌，汇聚精神力量。精心组织开展特色文艺活动，持续打造地方特色文化品牌。举办全国首届阳澄湖艺术节暨第四届沈周文化节、“冶长泾杯”苏州市第五届戏曲票友大赛、苏州市音协歌词作者创作采风等活动，并在东大书店、太平书香小院举办多场品读分享会。组织民间文艺家参加第十五届中国（深圳）国际文化产业博览交易会，共获3金2银3铜8个大奖。以第三届苏州市“繁星奖”为契机，创编《又见阳澄湖》《阳澄湖寻梦》等精品文艺作品24个，创作书法、美术、摄影作品28件，理论研究类作品2件，共获得5金5银17铜。区文联会员钱卫军、陈鹏加入中国美术家协会。张慧旭作品入展全国第十二届书法篆刻展。郭姜燕出版新书，丁及、苏眉诗歌、散文作品发表在《作家》《人民文学》等刊物。

【文艺惠民服务】 2019年，区文联承办“最暖回家路”志愿服务活动，向高铁北站、元和街道、太平街道、北桥街道等地送春联10余场。持续举办“家在苏州·影像惠民”摄影公益活动，共拍摄全家福3000余张，8年里累计为相城区居民拍摄全家福5万多张，累计参加活动摄影家志愿者1000多人次。区书协开展书法援疆活动，组织会员爱心捐款，筹集善款9896元，向新疆松他克乡克青孜小学捐赠书法作品12幅。“书写好家风”志愿服务走进冯梦龙村，为文明户书写家风家训格言。开展向石阡捐赠书画活动，共捐赠书画作品42件、图书200余本。

【文化活动】 承办苏州市摄影家

2019年6月24日，江苏省中国曲艺之乡（名城）工作现场会在相城区召开
区文联　供稿

协会理事扩大会　2月17日，2019年苏州市摄影家协会理事扩大会在相城区黄埭镇召开。市摄影家协会主席张炎龙对2018年苏州摄影工作做总结，表彰一批在摄影领域取得优秀成绩的集体和个人。相城区摄影家协会荣获2018年度先进协会、最佳为民服务集体奖。

举办“美在相城”书画邀请展　5月11~22日，相城区文联主办、相城区美术家协会承办庆祝中华人民共和国成立70周年——“美在相城”书画邀请展。展览在张继馨艺术馆举行。共展出47位书画家作品。作品讴歌模范人物，描绘建设成就，弘扬中华民族奋发图强的精神。

【江苏省中国曲艺之乡（名城）工作现场会】　6月24日，相城区承办江苏省中国曲艺之乡（名城）工作现场会，江苏省文联党组成员、副主席、书记处书记刘旭东，中国曲协副主席、江苏省曲协主席盛小云，中国曲协曲艺之乡（名城）建设委员会秘书长、江苏省曲协副主席芦明，相城区委常委、宣传部部长吴好等出席会议。会上，全国曲艺之乡（名城）交流迎接中国曲协调研复核工作部署情况，与会专家对中国曲艺之乡（名城）建设提出相关意见和建议。会前，与会人员还赴北桥街道灵峰村及黄埭镇冯梦龙纪念馆、故居、书院，考察相城区建设中国曲艺之乡的成果。（区文联）

相城区哲学社会科学界联合会

【概况】　至年末，相城区哲学社会科学界联合会（简称区社科联），有社科类学会（协会、研究会）18家，会员65人。全区共建成省级社科普及基地2个、市级社科普及基地5个、区级社科普及基地10个。年内，区社科联订购《习近平新时代中国特色社会主义思想学习纲要》等学习材料，开展提升基层理论宣传实效性调研，推出优秀调研成果10篇。相城区档案馆、冯梦龙纪念馆获评江苏省社科普及示范基地。

【社科文化活动】　4月4日，召开全区文艺界社科界座谈会。5月12日，在苏州相城区孙武纪念园开展首届孙武文化活动日暨第四届孙武祭祀活动。9月9日，在苏州御窑金砖博物馆当代艺术中心举办中国苏州江南文化艺术·国际旅游节系列活动之“诗咏运河”运河名城书法名家作品邀请展开幕式，邀请运河沿岸20余座城市100余位书法名家参加活动。10月23日，区社科联开展社会科学普及宣传周活动。11月21日，举办第二届长三角国际文博会相城主题论坛，会上发布苏州科技文化创意产业带项目179个。12月17日，在阳澄湖度假区旅游集散中心广场举办中央电视台音乐频道春节特别节目——《唱响新时代》。

【社科成果】　年内，《长三角城市群文化产业融合创新发展路径研究》《检察机关服务民营经济发展的路径思考》课题获评江苏省社科应用研究精品工程市县专项课题，获苏州市社会科学基金项目（应用对策类）2项、苏州市社科普及创新引导扶持项目3项。完成区级社科课题20项，评审出重点课题4项、一般课题8项。出版《冯梦龙研究》第5辑。启动《文化相城》丛书编辑工作。出台《相城区社科类社会组织意识形态工作引导和管理办法（试行）》《关于相城区论坛、讲坛、讲座、年会、报告会、研讨会、演唱会等阵地管理实施细则》。（龚爱民）

相城区科学技术协会

【概况】　2019年，全区科协组织有区级学会（协会）12个、企业科协82家、农村专业技术协会2家、镇级科协12个、社区科普组织68个。新认定省科普教育基地1家，全区累计认定7家；新认定省青少年特色科学工作室1个，全区累计认定3家；新认定省科普惠农服务站1个，全区累计认定11家；新认定市科普教育基地3家，全区累计认定21家；新认定市科普示范社区3家，全区累计认定44家；新认定市科普惠农服务站1个，全区累计认定16家。

年内，区科协获评省科协2019年全国科技活动周暨江苏省第三十一届科普宣传周优秀组织单位，获评省科协2019年全国科普日优秀活动1项。相城经济技术开发区获评首批江苏省海外人才离岸创新创业基地，苏州市（相城）气象科普园被评为省科普教育基地。

【科普活动】 2019年，相城区科学技术协会（简称区科协）围绕“科普宣传周”“全国科普日”等重要节点，面向未成年人、农民、社区居民等重点人群，全年举办科普活动170余项，组织开展社区、校园科普讲座近70场，受益人数超过7000人次。全区累计安装科普信息屏113块，实现科普教育基地、科普惠农服务站、青少年科技特色学校和医疗机构广覆盖。

青少年机器人比赛 4月20日，区科协联合区教育局举办第二届相城区青少年机器人比赛，全区25所学校132支队伍参赛，决出一等奖37项、二等奖27项、三等奖30项，团体奖13项。5月11日，相城区承办2019年苏州市青少年机器人比赛，全区参赛队伍获76个奖项（占全市获奖数的11%），其中一等奖25个（占全市获奖数的12%），相城实验中学获初中组团体冠军，元和小学获小学组团体季军，元和小学、蠡口实小、蠡口中学获评优秀组织奖。

科普宣传周 5月23日，2019年全国科技活动周暨相城区科普宣传周启动仪式在元和小学举行。启动仪式上举行“共和国的脊梁”科学大师宣传进校园活动光盘颁发仪式、第二届相城区青少年机器人比赛、首届相城区魅力科技人物（团队）颁奖仪式。邀请中国科协“做中学”科学教育改革实验项目教学中心（东南大学）常务副主任、江苏省青少年科技教育协会培训工作委员会主任周建中作《青少年科技创新活动的选题与创新思维培养》专题报告。

全国科普日 9月18日，“礼赞共和国·智慧新生活”——2019全国科普日“相阡相爱·美味共享”美食科普品鉴活动在阳澄湖饮食健康文化科普教育基地举办。市科协副主席倪志强、区政府副区长曹岩、区科协主席何健、石阡县科协副主席李文芬，各承办、协办单位相关人员，阳澄湖镇、阳澄湖度假区社区居民，苏州新东方烹饪职业培训学校学生代表等250余人参加活动。烹饪大师用石阡食材现场示范制作苏州美味，普及美食科普知识。

表4　2019年相城区科普项目一览表

序号	科普项目类别	申报单位	项目名称	主管单位
1	科普活动类	苏州市相城区中医医院	举办苏州市相城区中医医院科普宣传月活动	望亭镇
2	学会（协会）服务能力提升计划	苏州市相城区青少年科技教育协会	承办2019年全国科技活动周暨相城区科普宣传周启动仪式	元和高新区
3	学会（协会）服务能力提升计划	苏州市相城区青少年科技教育协会	承办第二届相城区青少年机器人比赛	元和高新区
4	学会（协会）服务能力提升计划	苏州市相城区青少年科技教育协会	承担2018年相城区青少年科技创新奖励活动初审工作	元和高新区
5	学会（协会）服务能力提升计划	苏州市相城区青少年科技教育协会	组织开展青少年机器人比赛赛前集训	元和高新区
6	其他类	苏州市相城区蠡口中学	承办2019年苏州市青少年机器人比赛	元和高新区
7	科普活动类	苏州市相城区气象局	“新时代文明实践——我与气象”主题征文比赛	区气象局
8	科普活动类	苏州市相城区蠡口中学	蠡口中学校园科技创新节	元和高新区
9	科普活动类	苏州市新东方烹饪职业培训学校	组织开展2019全国科普日“相阡相爱·美味共享”美食科普品鉴活动	阳澄湖镇

2019年8月21~23日，铜仁市石阡县科技人员在望亭镇考察农旅融合发展情况 区科协 供稿

帮扶石阡 8月21~23日，铜仁市石阡县科协夏和梅主席一行6人来相城开展东西部扶贫协作工作对接，区科协何健主席陪同考察省级优秀科普教育基地御窑金砖博物馆、苏州市级特色田园乡村示范点冯梦龙村、江苏省智能农业示范园区御亭现代农业产业园以及吴中区东山镇茶叶基地等，并分享以农促旅、以旅强农、农旅融合，助推乡村振兴有关经验做法。

10月10~14日，根据石阡县科协提出的助推石阡茶产业发展的精准需求，区科协副主席赵云明和江苏农林职业技术学院教授、江苏省茶叶产业技术体系首席专家、江苏省茶叶学会理事长王润贤等4位专家前往铜仁市石阡县开展扶贫对接活动。走访石阡县茶叶加工企业6家、园区3个、专业合作社2个以及石阡县职业技术学校等，专家们对茶专业学生培养模式、做亮茶专业品牌、产业技术人才培养、服务全县茶产业发展等给出建议。 （张俊彦）

2019年10月10~14日，江苏省茶叶专家在石阡县指导茶叶采摘技术 区科协 供稿

相城区残疾人联合会

【概况】 年末，相城区有持证残疾人10488人，其中肢体残疾5157人、视力残疾1672人、听力残疾776人、言语残疾58人、智力残疾1042人、精神残疾1281人、多重残疾502人。年内，全区共完成受理评残846人次，发放残疾人证517本，基本完成全区10个镇（街道、区）签发十年有效期将满残疾人证换证工作。推进第三代智能残疾人证试点工作，完成全区139个村（社区）智慧助残终端安装调试。全区新建“残疾人之家”8家，对全区14户困难残疾人家庭实施无障碍改造“幸福亮居”工程。

2019年2月21日，相城区召开残联四届二次主席团全体会议。11月5日，省慈善总会会长蒋宏坤考察相城区慈善义仓。相城区民政局和残联合署办公。

【助残惠残新政】 2019年，相城区残疾人联合会（简称区残联）印发《2019年相城区“幸福亮居”工程实施方案》，对全区146名低保重度残疾人家庭进行摸底调查，对全区14户有需求无障碍改造家庭进行“幸福亮居”工程改造。相城区人民政府残疾人工作委员会印发《相城区有效期将满残疾人证换发工作实施方案》，决定在两年内，分批次组织开展全区范围内有效期将满残疾人证换发工作，并以此为契机，核查“假错空”残疾人证。

【残疾人救助】 2019年，区残联为全区174名无业重度及无业精（智）残3、4级人员缴纳社会保险补助金50.28万元；发放听障人员短信信息费补助180人共计3.24万元；发放残疾学生助学补助146人共计8.06万元；为全区2120名残疾人发放重度残疾人护理费补贴经费300.46万元，为全区424名残疾人发放托养服务护理费补贴费195.87万元。对符合条件新购或置换残疾人机动轮椅车发放购车补贴，共受理申请36辆，补贴金额5.5万元；完成残疾人燃油轮椅车辆维修补助以及电动轮椅车辆维修补助发放，补贴金额14.01万元；完成残疾人燃油轮椅车燃油补贴上级补助资金发放，全区全年为224辆残疾车发放补贴5.82万元。新办残疾人免费乘车爱心卡147张，支付爱心卡乘车费153.64万元。

【残疾人就业】 2019年，区残联举办春、秋两场残疾人就业招聘专场，共有61家单位参与招聘，提供岗位536个，达成意向36人。依托全区23家“残疾人之家”，累计帮助135名残疾人实现辅助性就业，就业创收近56万元。贯彻落实残保金征缴政策，共审核残疾人用工单位272家，安置残疾人就业803人。联合区人社局确定全区年内开发残疾人公益岗位数70个，公益性岗位安置残疾人20名。为全区6名残疾人发放自主创业补贴费1.8万元。优化残疾人培训方式，开展插花、美甲、室内园艺、辅助性就业、电商、法律法规、就业政策及职场礼仪等项目职业技能培训；联合各镇(街道、区)残联送职业技能培训进社区，全区共有203名残疾人接受职业技能培训。

【康复服务】 贯彻落实市政府《关于进一步完善残疾儿童康复救助制度的实施意见》文件精神，全面提高全区残疾儿童康复救助水平，全年共为217名残疾儿童实施抢救性康复救助，共补贴金额495.58万元；开展入户调查，实现残疾人辅助器具个性化适配统计与筛查全覆盖，全年为261名残疾人适配假肢、矫形器、助听器等辅助器具265件，合计87.86万元；继续开展“光明巴士进社区”视力筛查情况，为全区中老年居民提供免费视力筛查和眼病知识普及，共筛查14188人，完成白内障手术726例；开展青少年脊柱侧弯筛查服务，共筛查13所学校，筛查人数10191人；结合社区实际需求，举办“关爱听力健康”“康复辅具的适配与应用”“脑卒中的防治”“护眼从我做起——常见眼病”等讲座，丰富群众康复知识。

【残疾人活动】 *残疾人文体活动* 区残联搭建残疾人文艺演出平台，举办第二十九个全国助残日残疾人文艺汇演；组织参加苏州市第六届社区型残疾人文体活动兴趣团队(小组)展评活动，范玉民《阳光路上》获歌唱类一等奖，创智舞蹈队《故乡的大运河》获舞蹈类一等奖。举办全区残疾人羽毛球比赛、射击比赛；组织相城特校学生参加2019年苏州市智障青少年趣味运动会；相城聋人篮球队卫冕2019年苏州市聋人篮球锦标赛冠军；组织残疾人门球队定期训练，并组织参加苏州市第五届残疾人门球锦标赛，获道德风尚奖。

助残圆梦活动 5月，第二十九个全国助残日期间，区残联开展各项“助残圆梦”活动。组建相城区新时代文明实践助残圆梦志愿服务支队、医疗康复助残志愿服务队、法律援助助残志愿服务队、文旅助残志愿服务队、阳澄税情助残志愿服务队，漕湖街道“残疾人之家”在相城区新时代文明实践点正式挂牌。联合区慈善会，成立“助残圆梦”冠名基金，募集资金11.66万元，为肢体残疾人捐赠电动轮椅30张，为瘫痪重度残疾人捐赠电动护理床3张，为困难残疾家庭大学新生捐赠笔记本电脑1台。“源溶基金”推出“源溶基金·情系四季”系列活动，并启动“融(溶)夏·源溶天使计划”，定向帮助残疾儿童和特殊儿童；太保寿险苏州分公司启动“太温暖”助残帮困公益行动“一日捐、一日行”项目。结合“六个一”基层走访活动，了解残疾人帮扶需求，全区各级领导干部走访慰问残疾困难家庭400户。

“学听跟”专项活动 2019年，相城区残联开展“学听跟”专项活动，举办“我和我的祖国演讲”比赛。制定《相城区残联“三带动三活动”——“学听跟”专项活动实施方案》，团结带领广大残疾人听党话、跟党走。(张　烨)

相城区红十字会

【概况】 至年末，相城区红十字会(简称区红十字会)建有基层红十字会47个，其中医疗卫生团体会员12个，中小学校红十字会26个，乡镇(街道)红十字会9个，共有红十字会员8555人，其中青少年会员5582人。全区共有红十字志愿者1048人，建成志愿服务队4支，社区红十字服务站6个，红十字“博爱家园”1个，救护培训基地1个。

【社会救助和救护】 2019年，区

2019年11月5日，省慈善总会领导一行考察区慈善义仓

区卫健委　供稿

红十字会开展“博爱送万家”活动，发放米236袋、油236桶，救助金8万元，总价值10万元，受益家庭128户。救助白血病儿童3名，定向救助贫困学生2名，共发放救助金3.6万元。

年内，实施公益性应急救护培训项目，制定2019年实施方案，遵循“应训尽训、急需先训”原则，统筹推进救护培训“五进”，全年培训初级救护员727人，普及性培训5792人。

【“三献”工作】 2019年，参加无偿献血3247人次，献血量91.44万毫升。完成造血干细胞报名采样64人，与白血病患者初配成功10例，其中1例高配相合通过体检最后完成捐献。

8月7日上午，在黄埭镇政府为相二院医生汪东升赴苏大附一院捐献造血干细胞举办欢送仪式。12日上午，在苏大附一院完成200毫升造血干细胞采集，成为相城区第六例、卫健系统首例成功捐献造血干细胞志愿者。

9月21日，第五个“世界骨髓捐献者日”期间，区红十字会承办苏州市“世界骨髓捐献者日”主题宣传活动暨苏州市造血干细胞捐献者联谊活动。

2019年，遗体捐献新增登记75人、角膜66人、器官57人，成功捐献遗体6例、角膜5例、器官3例。

【红十字会志愿服务】 2019年，相城区捐遗志愿服务队在“御窑社区博爱家园”“盛南社区周六妹工作室”开展捐遗登记报名及咨询活动。红十字养老照护志愿服务队在“博爱家园”周边开展养老照护志愿服务，全年共服务老人425人次。（杭　彬）

相城区关心下一代工作委员会

【概况】 2019年，相城区关心下一代工作委员会（简称区关工委）有各类关心下一代工作委员会545个，其中乡镇（街道、度假区）关工委12个、社区（村）关工委142个、教育系统关工委31个、民企关工委299个、政法系统关工委5个、农委系统关工委1个，其他各级机关系统关工委55个。有法制教育关爱工作团（队）154个，法制教育报告团19个，共有3109名离退休老干部、老战士、老专家、老教师、老模范“五老”参与关心下一代工作。全区有132个社区（村）建成“五有五好”基层关工委。

【组织和宣传工作】 2019年，区关工委办公室在原有2位驻会干部基础上新增一位年轻干部担任主任，一位退休科级干部为副主

2019年9月，区红十字会在相城区繁花中心承办苏州市“世界骨髓捐献者日”主题宣传活动

区红十字会　供稿

任。全区镇(街道、度假区)关工委优化领导班子,主任由同级党委副书记、党委委员兼任,关工委常务副主任由退二线班子领导担任,并配备优秀。全区有46名大学生村干、33名"五老"骨干参与镇级关工委工作。

推行"关工、社工、义工"三结合工作模式　年内,多个乡镇、街道成立"五老"工作室,北桥、望亭、黄桥等3个乡镇、街道"五老"工作室被评为苏州市优秀"五老"工作室。

重视宣传报道工作　年内,区关工委在中国关工委"关心下一代"网站上发表文章38篇,在省关工委"江苏少年"网站上发表文章29篇,在苏州市关工委网站上发表文章83篇。区关工委本级网站全年发表图文975篇,区关工委微信公众号全年推送微信47期,选送图文稿件141篇,至年末总粉丝5131人,总阅读量16729人次。元和街道关工委通信员队伍健全,全年在各级关工委网站上发表文章占全区发表总数的50%以上。

【专题学习和主题教育】2019年,区、镇两级关工委组织学习十九大、十九届四中全会精神,习近平新时代中国特色社会主义思想。组织习总书记2015年8月25日在纪念中国关心下一代工作委员会成立25周年暨全国关心下一代工作表彰大会上的重要讲话专题宣讲会、学习会、主题培训班126场次,参加学习、培训的关工委成员、"五老"骨干和关工志愿者3900余人次。4月起,区关工委在全区青少年中开展"传承爱国精神,争做'三有'新人"主题教育活动。选择有代表性的5所学校(有中学、小学、公办、民办、中等专科学校)举办主题教育活动启动仪式。各学校和村社区辅导站结合实际开展主题活动。湘城小学关工委分批组织各年级小朋友参观阳澄湖地区抗日斗争史迹陈列馆,采访当年张家浜战斗中"母子英烈"的后人陆智铃老人。太平街道金澄、青漪社区关工委联合举办故事会,邀请区名师讲师团为青少年讲述《梁家河》——习总书记在陕北高原插队的故事。学习习总书记从小不惧困苦、艰苦奋斗、艰辛创业的革命乐观主义精神。元和街道香城花园社区志愿者带领辖区16名青少年组成"雏鹰小分队",利用双休日参观苏州未成年人社会实践基地——御窑工坊,了解御窑金砖的历史文明和制作技艺,亲手体验"非遗"工艺云锦缂丝的织造过程。

5月31日,区关工委在望亭中心小学举行主题教育活动推进仪式。望亭镇党委委员、基层关工委常务副主任和400多名师生代表参会。活动期间,"传承爱国精神""五老"宣讲团到社区作巡回宣讲报告36场次,受教育青少年17000余人次,举办"道德讲堂""读书会"、演讲会、征文比赛241场次,组织参观廉政展览会、少年法庭、气象科普园、冯梦龙纪念馆、江抗陈列馆、荻溪文史馆等爱国主义教育基地、德育教育基地230余批次,观看爱国主义教育制片、微电影、视频短片等359场次。

【校外教育辅导站】2019年,全区有校外教育辅导站(含中心辅导站12个)154个,有135个辅导站与邻近中小学建立"校站挂钩"共建共创联系制度,有校外教育辅导员1969人,其中在职教师513人、"五老"辅导员817人、大学生村干部256人,其他志愿者383人。

区关工委指导各地关工委开展创建特色品牌辅导站活动。黄桥街道大庄村"小梅花"课堂以国学教育为主导,常年带领青少年从事公益活动;元和街道日益社区萤火虫辅导站全方位培育外来未成年人健康成长、成才;太平街道"少儿民俗体验课堂"传承学习民俗文化;望亭镇果园社区"御亭稻香文化"辅导站传承学习民俗文化,探访望亭历史和大运河文化;北桥街道寺泾社区少儿评弹特长辅导站长期免费培养少儿评弹技艺。首批5家校外辅导站作为优质品牌辅导站上报市关工委验收。

在职电脑专职教师进校外教育辅导站,全年组织举办电脑专题培训活动67场次,参加学习培训的中小学生2300余人次。

【预防青少年违法犯罪】2019年,区关工委与区政法委综治办密切配合、协同关爱工作团成员单位开展法制教育和关爱工作,坚持"重点重抓",做细做实基础工作,落实"创零"工作责任制。

结合"创零"开展评选"好少年"六有校外辅导站活动。常年开设爱国主义、法制教育课程,开展社会实践活动;辖区内无未成年人犯罪。年末评出首批好少年校外辅导站43个,其中连续10年以上无未成年人犯罪的金牌好少年辅导站19个,连续5年以上无未成年人犯罪的银牌好少年辅导站24个,均予以授牌表彰。

2019年,全区12个镇(街道、区)关工委中,有6个实现"零犯罪",其中度假区、漕湖街道关工委连续6年实现"零犯罪"。望亭镇关工委连续5年实现"零犯罪"。

(叶元元)

法治 军事

法治建设

【概况】 相城区司法局(简称区司法局),下设办公室、依法治区工作科、普法与依法治理科、基层工作和社区矫正工作科、公证律师管理科5个科室。2019年,区司法局制定《2019年相城区法治政府建设工作要点》,调整区建设法治政府工作领导小组成员,分解依法行政组织部署的任务,落实法治政府建设责任制。年内召开全区法治政府建设暨推进重大行政决策法治化工作会议,部署相城区法治政府建设工作。根据苏州市对相城区2018年依法行政考核反馈情况进行整改,集中梳理突出问题,研究解决方案,相关整改落实情况上报苏州市建法办。

【法治政府建设】 2019年,中共苏州市相城区委专题研究部署法治政府建设重大事项,出台《中共苏州市相城区委全面依法治区委员会2019年工作要点》,制定《2019年相城区法治政府建设工作要点》。年内开展法治政府建设暨法治营商环境专项督查,加强对各地各部门法治政府建设工作的督促指导。区司法局定期向中共苏州市相城区委、区人大常委会和苏州市人民政府报告年度法治政府建设情况,落实各镇(街道、区)政府(办事处、管委会)和各部门向区政府报告年度法治政府建设制度。完善政府常务会议学法、部门领导班子集体学法制度,落实领导干部任前法律知识考试制度,全年组织非人大任命领导干部参加法律知识考试7次,参与考试干部71人。完善公务员和行政执法人员学法培训制度。通过“相城大讲堂”,贯彻依法治国、依法执政理念。区级机关开展“法治开讲”系列宣讲、案例评析、旁听庭审、技能比拼、网络竞答等活动。

2019年5月29日,全区法治政府建设暨推进重大行政决策法治化工作会议召开

区司法局 供稿

【政府职能履行】 2019年,相城区开展集中行政许可权改革,成立相城区行政审批局,将“3550”和其他行政服务事项涉及的16

个部门182项事项首批划转。区行政审批局规范梳理划转事项要素及流程，项目建设服务区纸质申请材料减少30%，社会事务审批时间缩短60%，市场准入服务审批时间缩短33%。推进“不见面审批（服务）”标准化，全年实行“不见面审批”事项222项，占64.53%，“不见面审批”办件数158.26万件，占90.83%。建立审批与监管信息推送机制，审批结果在1个工作日内反馈相关部门，审批与监管无缝对接。推动照后减证和简化审批工作，靠前指导服务企业，围绕办好“一件事”，推行“一窗一事一证”综合许可改革。制定《相城区“证照分离”改革方案》，根据直接取消审批、审批改为备案、告知承诺、优化准入服务等4类要求，对27个区级审批事项实行“证照分离”。区市场监管局启动全区域“双随机一公开”抽查工作，检查内容涉及工商、质监、食药监、物价、知识产权、食盐等26类72项，检查企业927家。全年累计创建信用贯标企业298家、省级信用示范企业2家、市级信用示范企业30家。建立守信联合激励机制，对诚实守信市场主体优先提供公共服务便利。按照“党政同责、一岗双责、失职追责”原则，行使安全生产专业委员会职能，落实行业主管部门直接监管、安全监管部门综合监管、地方政府属地监管职责。

【规范性文件管理】 2019年，区司法局落实《苏州市行政规范性文件制定和监督管理规定》，出台《相城区信贷风险补偿专项资金管理办法（试行）》《相城区科技型中小企业贷款操作管理办法（试行）》《关于加强和规范相城区农房规划建设管理的指导意见》等3个规范性文件，并向市政府和区人大常委会报送备案。建立规范性文件制定主体资格制度，公布相城区行政规范性文件制定主体清单50个。年内制定《区政府法律事务工作规则》，建立健全政府法律顾问制度，完善法律顾问选聘和考核机制。区政府、各部门、各镇（街道、区）普遍建立法律顾问制度，各村（社区）实现法律顾问全覆盖。区司法局统一管理区级部门法律顾问聘请工作，建立法律服务律师事务所库，根据各类单位法律服务需求强度对区级机关法律顾问实行分类管理。出台《相城区聘请律师担任区级机关法律顾问考核办法》，根据考核结果定期调整律所库规模。发挥法律顾问参谋助手作用，法律顾问全年出具重大行政决策、重大事项、政府合同、规范性文件等法律意见90余份。

【程序规范决策】 2019年，相城区成立区重大行政决策规范管理标准化体系化试点工作小组，出台《相城区重大行政决策规范管理标准化体系化试点工作实施方案》。公布区政府2019年重大行政决策目录，制定《关于加强和规范相城区农房规划建设管理的指导意见》，修订《相城区区属国有公司资产出租管理暂行办法》等4个事项纳入目录。建立健全重大行政决策网上运行系统，推动各地各部门落实重大行政决策网上运行工作，强化决策程序刚性约束。区住建局对辖区内建议保留村庄现场调研，公示草案文本，召开村民座谈会，征求村民意见，发放调查问卷，邀请相关领域专家论证。开展风险评估，对可能引发的社会稳定风险、环境风险、经济风险等进行综合评估，得出风险等级，作为决策实施的重要依据。对《相城区数字经济产业发展规划》和《相城区文化产业发展规划（2018—2035）》等两项重大行政决策开展决策后评估工作，评估报告通过区政府门户网站“法治政府建设”专栏向社会公布。

【行政执法体制改革】 2019年，相城区完善以镇（街道）政府（办事处）为综合执法主体、综合行政执法局为具体执行机构的执法管理体制，整合资源、下沉事权，根据“分批下放、分批实施”改革思路，集中安全生产、劳动保障、镇容镇貌、城镇建设、市场监督等方面的执法事项，赋权各镇（街道）独立行使行政处罚权及有关行政强制措施权，实现“一支队伍管执法”。年末，《苏州市相城区镇（街道）相对集中行政处罚权工作方案》呈报省政府审批。出台《相城区全面推行行政执法公示制度执法全过程记录制度重大执法决定法制审核制度实施方案》《相城区行政执法公示办法》《相城区行政执法全过程记录办法》《相城区重大行政执法决定法制审核办法》，落实行政执法“三项制度”，规范行政执法行为。全面梳理机构改革后的全区行政执法机关，重新审核确认执法主体资格，公布第一批3大类行政执法主体50个。落实行政执法人员资格制度，组织全区执法人员“换证”考试。制定《相城区2019年行政执法监督工作计划》《2019年全区行政执法监督工作要点》，开展2019年度全区行政执法监督专项督查活动，区司法局会同区检察院组成联合检查组，对区市场监管局、区应急管理局、区生态环境局等重点执法部门及经济发达的渭塘镇、黄埭镇开展督查。

【权力监督】 2019年，区司法局加大各类政府信息公开力度，保障人民群众的知情权、参与权、表达权和监督权，提高政府工作透明度，打造“阳光政府”。区政府门户网站全年更新各类信息12227条，其中更新政务信息429条，内容涵盖经济发展、重大项目建设、环境保护、教育卫生、社会管理等众多群众关心关注的领域。区政府全年受理政府信息公开申请74件，均依法依规答复。严格执行区人大常委会决议决定，自觉接受人大常委会、政协和社会监督，广泛听取各民主党派、工商联、无党派人士和人民团体的意见建议，认真办理人大代表建议和政协委员提案。落实法院司法建议和检察院检察建议，行政机关负责人参加行政应诉，主动接受司法监督。

【行政复议应诉】 2019年，区司法局加强复议应诉工作分析研判，促进行政机关提高执法水平，减少行政争议。规范行政复议案件受理、审理工作，注重采用听证方式审理案件。加强办案人员业务学习，规范复议案卷制作，提高行政复议办案质量。建立行政复议应诉情况通报制度，行政复议应诉情况分析及时通报各地各部门。年内区政府受理行政复议案件29起，审结26件，综合纠错率38.5%。 （蒋 磊）

公 安

【概况】 2019年，苏州市公安局相城分局（简称相城公安分局）完成中华人民共和国成立70周年大庆、进博会等国家重大安保任务。打防管控协同推进，扫黑除恶知晓度位列全市第二、满意度位列全市第一。启动城市动态巡防，全年总警情下降47.2%，违法犯罪警情下降11%，侵财类警情下降8.2%；破案率提高5.2%。年内完成消防队伍转制衔接工作。交通事故下降5.2%，死亡事故下降5.6%。校园盾牌“十防十建”、智慧小区“七防七建”项目在全省推广。深化“放管服”改革，推广智慧一体机。相城公安分局和派出所、交警中队两级行政许可窗口进驻区、镇两级行政许可中心的经验被省公安厅推广。推进“双网融合”。相城公安分局获苏州市公安系统集体三等功；刑警大队获评省厅扫黑除恶先进集体，并记集体三等功；中心商贸城派出所获评市局“十佳警队”；黄埭派出所获评市局“中华人民共和国成立70周年大庆安保”先进集体，并记集体三等功；相城公安分局干警立功受奖60余人次。

【维稳工作】 2019年，相城公安分局坚持情报先行，防早防小，有效钝化不安定因素208起，钝化率100%，未发生规模群体性事件。完成“2019第二届中国·苏州·相城漕湖金秋龙舟赛”“2019苏州相城国际经贸恳谈周系列活动”等大型活动安保21场次54起。“三到位一处理”落地工作机制获苏州市公安局“十优机制”提名奖。

【中华人民共和国成立70周年大庆安保工作】 2019年，相城公安分局高度重视中华人民共和国成立70周年大庆安保工作。9月10日起，党政专班联合进驻，与公安专班一体化运行，统筹推进各项工作。坚持严管严查，紧盯“人、事、物、地、网”五大治安要素持续发力。开展多轮次集中清查行动，严格执行战时巡防勤务和“135分钟”快速反应机制，盘查人员32.7万余人次。

2019年7月1日，相城公安分局举行“践行新使命、忠诚保大庆”决战决胜大庆安保誓师大会

相城公安分局 供稿

【打击犯罪】 2019年，相城公安分局健全靠前指挥、快速反应、警力调度、部门协作等长效机制。八类案件立案147起，破案123起，破案率83.7%。相城公安分局在元和、黄埭、渭塘、太平驻点办公，就近勘查，全年勘查各类现场1704起。根据视频线索破获案件539起。

【扫黑除恶专项斗争】 2019年，相城公安分局紧扣"治根"步骤，聚焦重点问题和关键环节，参与侦办涉黑组织2个，自办在侦涉黑组织1个，摧毁恶势力犯罪集团4个、涉恶犯罪团伙11个。围绕"黑恶积案清零、问题线索清零"目标，提高线索核查率和办结率，梳理线索776条，办结519条，办结率67.7%，12条央督线索全部移交办结，九类案件积案破案率94.3%。移交纪检监察线索43条。

【经济犯罪侦查】 2019年，相城公安分局共受理经济犯罪案件57起，立案44起；破获经济犯罪案件29起，涉案总值30509.83万元。稳妥处置重大涉众型经济案件，统筹推进源头治理、案件侦查和追赃挽损工作，全年非法集资案件立案2起，涉案资金1799万余元；破非法集资案件3起。

【治安管理】 2019年，相城公安分局推进动态巡防体系建设，设立巡防片区4个，每个片区组织民警带领警辅开展动态巡防。加强场所行业管控，开展娱乐服务场所专项整治，重点整治营利性陪侍违规行为，发出整改意见书221份，落实整改隐患294处，处罚103家，停业整顿5家。寄递业实行重点地区、重点行业、重点人员"三必检"，处罚8家、抄告邮政部门处罚1家。全区易制爆单位165家、剧毒化学品单位5家、放射源单位危险化学品单位2家安全案（事）件"零发生"。开展"331"专项整治工作，组织村（社区）、公安、城管、安监、消防、楼道长等力量划片包干，排摸出租房屋12.98万户，整治隐患2.2万余处，责令整改493起、行政处罚22起。整治市、区级挂牌地区4个，群租房合规改造率82.66%。按照"硬隔离、装器材、定面积、重建设"要求，开展出租房、"三合一"场所合规化改造，增设应急照明灯、烟感报警器、逃生绳梯等消防设备10.9万余套，建设电动车充电设施4428套，建成电动车集中停放点17.1万平方米，可容纳7.2万余辆电动自行车安全充电。

【查禁工作】 2019年，相城公安分局开展"全国禁毒示范城市""无毒社区"创建工作，全年破获涉毒案件147起，其中刑事案件22起、治安案件125起，缴获各类毒品1659.02克。推进扫黄禁赌、棋牌室整治"百日行动"、娼赌警情压降等专项行动，破获娼赌刑事案件30起，查处娼赌行政案件157起。破获环食药犯罪刑事案件6起。破获销售伪劣产品案3起，涉案价值50万余元。

【人口管理】 2019年，相城公安分局全面推进警务网格、综治网格"双网融合"，构建公安三级网格组织，社区民警进村（社区）"两委"班子占82.8%。推进"二维码"数字门牌项目进程，实行地址编码规范化、科学化、标准化，标注地址810万条，标注完成率95%。通过"一标多实"系统申请门牌31.8万余个。年内完成小区安防设施改造提升工程12个，累计完成42个。推进省内跨地市户口迁移一站式办理、居民身份证异地受理、无户口人员落户、全国人像比对等户籍管理工作。

【出入境管理】 2019年，相城公安分局受理中国公民出国（境）证件3.44万件。受理境外人员业务676件。办理境外人员临时住宿登记6.52万人次。推广国家移民局"全国通办"和"国家移民局"App，完善24小时自助服务大厅，增加自助服务一体机功能，实现"服务不打烊"。开展"三非"外国人专项行动，查处违反住宿登记规定案件31起，"三非"案件23起，其他违反出入境法律法规案件8起。

【道路交通管理】 2019年，相城公安分局加快城市道路交通综合治理及"铸盾亮剑"工程重点项目建设速度，推进智慧交通二期工程建设，对凤阳路湘太路口、广济北路太阳路口、采莲路泰元路口等处实施交通优化工程，整改交通安全隐患49处。开展"除隐患、防事故、保大庆"交通安保整治攻坚战、"百日整治"等专项整治行动，开展酒驾毒驾整治、超限超载整治、假牌假证套牌集中整治行动。常态开展酒驾整治180余次，查处醉酒驾驶322起、饮酒驾驶382起。破获交通肇事案件28起，查处危险驾驶案件323起。查处各类交通违法行为41万余起，其中渣土车违法行为1.7万起、非机动车违法行为1.72万起、超限超载2297起。

【科技信息化建设】 2019年，相城公安分局推进“六星科技·纵横警务”建设，完善纵横贯通的系统数据，试点启动数据赋能“微中心”建设。改造望亭环市域卡口的超级卡口2套，新建车辆卡口124套，累计建成车辆卡口210套。推进“雪亮工程”社会面资源联网，投资1200万元，103个商品房小区、学校、商业综合体2.4万路高清监控接入相城公安分局互联网平台，完成80%。建成云存储大数据机房及区公安图像信息联网和共享平台，汇聚整合公安、城管、环保、安监、教育、交通等政府部门自建高清监控和社会面监控视频数据。

【法制建设】 2019年，相城公安分局完善执法监督管理机制，案管中心实体化运作，建立递进式约谈机制，组织开展取保候审类案件专项评查行动，开展涉赌涉娼、征地搬迁、殴打他人类警情专项交叉互评。健全执法规范化建设，制定《关于以“扫黑除恶”专项斗争推动规范执法办案12项制度》，制定行政复议应诉工作规定，规范工作流程。重大案件专人盯案、随警作战。建成太平派出所等法治文化建设示范基地。

【队伍建设】 2019年，相城公安分局在“建立党建积分制考核办法，注重结果应用”“发挥支部战斗堡垒作用和党员先锋模范作用”两个作用上下功夫。健全党内政治生活制度，依托民主生活会、组织生活会、民主评议党员等基本制度，开展批评与自我批评，增强党章党规意识，用廉洁自律准则、纪律处分条例规范和约束干警行为。全年组织实景现场教学45场次，深化“1235”党建工作体系建设，开展党建品牌创建活动，中心商贸城派出所党支部被评为全省公安机关先进基层党组织，望亭派出所被评为市局先锋工程党建示范点，漕湖派出所战时临时支部、高铁新城派出所车站广场党建服务站等形成品牌。民警参加警衔晋升培训145人，参加实战轮训252人。年内，评聘苏州市公安局兼职民警教官10人，聘兼职辅警教官13人。选优配强领导班子，选拔副科干部7人，调整科职干部2批3人。

（陆佳闽）

法　院

【概　况】 2019年，相城区人民法院（简称区法院）坚持司法为民、公正司法工作主线，忠实履行法律职责，统筹推进司法改革和智慧法院建设，锻造过硬司法队伍。年内建成规范化、集约化、智能化、精准化“智慧诉讼服务中心”，服务中心被列为苏州法院试点窗口。全年受理各类案件2.08万件，增长7.74%，审执结案件1.8万件，增长13.71%；员额法官人均结案485.84件，结案率86.46%，结收案比103.89%。区法院总结的“综合集约送达工作经验”得到最高法院肯定，并在全省法院系统推广。区法院被评为2016—2018年度“江苏省文明单位”。

【刑事审判】 2019年，区法院收到刑事案件818件，审结818件，判处罪犯1325人。审结故意伤害和盗抢骗等案件292件569人。维护市场经济秩序，审结非法吸收公众存款、合同诈骗、非法经营等经济犯罪案件7件10人。审结危害食品药品安全犯罪案件6件22人。审结涉毒品犯罪案件29件47人。审结贪污贿赂、渎职等职务犯罪案件9件9人。充分保障被告人合法权益，刑事辩护全覆盖。柔性审理与教育挽救相结合，审结未成年人犯罪案件18件27人。

【民商事审判】 2019年，区法院收到民事案件6393件，审结6753件。加强与区妇联及相关单位协调，引入心理疏导和干预机制，审结婚姻家庭案件1036件。审结房屋买卖、租赁合同纠纷案件1306件。区法院针对房产中介公司利用租金差变相吸收和利用资金，在资金链断裂后卷款跑路，引发群体性案件情况，及时发出情况通报并妥善处理。区法院牵头召开劳动人事争议仲裁委联席会议，构建信息互通、工作互融、机制互动的纠纷化解机制。审结各类劳动争议案件363件，执行到位工人工资1063.6万元。新收商事案件2963件，审结2984件。9月29日，区法院召开新闻发布会，发布维护社会诚信建设商事典型案例。出台服务保障民营企业发展实施意见，组建“相法企业法律风险巡讲团”，印制发放《法律风险提示50项》红皮书，深入乡镇街、道街、企业开展讲座、座谈等送法活动，提升企业法治竞争力。发送司法建议，规范银行“线上、线下”贷款业务，依法审理金融案件，维护辖区金融秩序稳定。强化结构调整，推动供给侧结构性改革，审结破产案件14件，盘活资产13.37亿元。综合运用破产重整、和解制度拯救尚有营运价值的企业，正信电子科技有限公司重整成功、重获新生。

【行政审判】 2019年，区法院收到行政诉讼案件52件，审结53件。加大协调力度，平衡各方权益，妥善化解涉及搬迁类批量行政案件12件，服务保障全区环境综合整治。依法裁定准予执行行政机关作出的45件强制处罚决定，支持行政机关依法履行市场、安全监管和环境、土地保护等职能。判决行政机关限期履行法定职能、撤销或部分撤销行政行为案件2件，行政执法更加规范。加强司法与行政良性互动，发布行政审判白皮书，总结近3年行政审判案件特点，提出工作建议。

【执行工作】 2019年，区法院收到执行案件6639件，执结6942件，执行到位金额4.48亿余元。加强内部联动，移送"执转破"案件16件，化解执行积案901件。坚持常态化集中攻坚，开展"天网行动""春雷季""凛冬季"等专项执行行动7次。加大财产处置力度，司法网拍成交量增长29.17%，成交金额增长17.61%。区执行局完成异地搬迁，实体化运作执行指挥中心"854"模式（8类事务5类服务4项管理），对37个流程节点进行可视化管控，执行更趋规范高效。

【司法为民】 2019年，区法院与区联动中心加强协作，携手打造矛盾纠纷共处共治格局。延伸审判服务，共建法治乡村。全院62名法官及助理全部下沉至149个二级网格，面向网格长、网格员、调解员，全年举办讲座培训9次，受众1294人次。针对"醉驾碰瓷"、非法放贷案件多发现象，向相关部门发出司法建议，及时反馈，跟踪处理。加强法律指导，共建富裕乡村。针对涉及国有（集体）资产租赁案件大幅增长的趋势，召开全区农村集体资产管理涉诉纠纷法律问题座谈会，促进集体资产经营管理更加规范有序，源头防范类似案件发生。发挥审判职能，共建美丽乡村。

【提升办案质效】 2019年，区法院建成"五位一体"一站式综合集约送达中心，全年完成送达任务2.77万次，平均送达时间缩短77.3%。综合集约送达工作经验得到最高法院肯定，并在全省法院现场会上推广。规范化、集约化、智能化、精准化"智慧诉讼服务中心"被列为苏州法院试点窗口，构建以电子诉讼服务为核心，贯通大厅、网络、热线、移动端服务的新模式，实现各项业务"一网通办"。抓好电子卷宗随案同步生成、智能编目等基础工作，引入智能中间库，推动审判流程再造，速裁和执行案件实现全程无纸化办理。建成人员分流管控、智能安检一站式服务系统，方便当事人和律师快速进出，保障司法安全。出台《院庭长审判监督管理职责规范性意见》，明确院庭长8大管理职责。院庭长办案实现常态化、实质化，审执结案件8932件，占总数的49.69%，增长17.69%。发挥审判委员会和专业法官会议的示范、引领和指导作用，提高审理质量，统一裁判尺度。实现办案全流程管控信息化、通报常态化、督办严格化，促进法官提高办案效率。全院法定审限内结案率上升14.83个百分点；平均审理期限减少37.29天；6个月以上未结案件251件，减少38.93%。开展重点评查和专项评查7次，涉案1235件，将评查结果与业绩考核紧密挂钩。出台"分调裁审"工作规则，推进案件繁简分流、先行调解、速裁快审工作。简易程序适用率73.15%；人民调解工作室等诉前分流案件967件，速裁组审结

区法院特邀人民调解员调解一起医患纠纷案　　区法院　供稿

速裁案件3657件。成立道赔案件专门速裁组，统一裁判尺度、缩短审理周期，调撤率70.16%。落实“将非诉讼纠纷解决机制挺在前面”要求，加强与区司法局合作，完善诉前多元解纷联动衔接机制，畅通与区妇联、工商联、住建局等对接渠道；聘请25名律师调解员、23名特邀人民调解员，加强诉前调解工作。推动全区无讼村（社区）创建工作，在各板块设立审务工作站，加强巡回服务、上门服务，为各板块解决矛盾纠纷提供培训指导，实现审务进基层、法官进网格全覆盖，力争将纠纷化解在源头、解决在当地。

【扫黑除恶专项斗争】 2019年，区法院先后召开院长办公会、院务会、专题推进会20次，部署扫黑除恶专项斗争。与区检察院、区公安分局联合出台文件，对黑恶势力犯罪案件办理明确职责清单、健全协作机制、实现无缝对接。加大“打财断血”力度，注重财产刑适用，铲除恶势力犯罪经济基础，执行到位金额70.29万元。开展“套路贷”虚假诉讼专项治理暨非法金融活动专项整治，维护金融秩序和社会稳定。深挖彻查，严格落实“一案三查”，向扫黑办移送线索89条。

【普法宣传】 2019年，区法院面向妇女、儿童、老人等特殊群体，开展形式多样的普法宣传工作。参与“法律进家庭”启动仪式暨《反家庭暴力法》实施三周年宣传活动，举办妇女维权、未成年人权益保护、扫黑除恶等群众欢迎的法律知识讲座7次。为保护未成年人合法权益，推进在校生法治宣传教育和权益保障等工作，区法院承办第四届江苏省中等职业学校在校生模拟法庭大赛省级决赛。拍摄微电影《护爱回家》，在苏州市第四届法治微电影、微视频大赛中获三等奖和最佳人气奖。选取道赔案件、物业纠纷群体性案件开展巡回审判，减轻群众诉讼负担，增加法制宣传效果。争取南京海事法院苏州法庭落户相城，助力优化法治营商环境。举办“法院开放日”，邀请人大代表、政协委员旁听案件庭审、现场视察、参加座谈12次、参加活动代表137人次，寄送《法院工作通报》272册。

【队伍建设】 2019年，区法院开展“清积案、提质效”百日攻坚战和“审判质效提升”百日办案竞赛，评比“每月之星”，评选优秀庭审、文书，形成攻坚克难、奋力赶超的工作合力。完成内设机构改革，择优选拔7名年轻干警担任中层干部。出台青年法官培养工作意见，推行初任法官导师制度，举行首届青年法官论坛，举办先进典型交流会，加强法官、书记员多岗位、多部门锻炼培养，促进青年干警综合能力提升。区法院的商事课题获最高院司法大数据专题协作研究优秀奖，1篇论文获苏州市哲学社会科学优秀成果三等奖，1名法官被评为首届全市审判业务专家。与区司法局、律师协会建立实习律师进法院机制，5名实习律师协助法官办理案件，推进法律职业共同体建设。

（方　芳）

检　察

【概况】 2019年，相城区人民检察院（简称区检察院）根据中共苏州市相城区委机构改革要求，按照业务类别、案件罪名等要素，重新整合6个业务部门和2个综合部门，将第四检察部调整为公益诉讼办案部，配齐办案力量，强化民事、行政和公益诉讼工作。组建公益诉讼、扫黑除恶、职务犯罪、经济犯罪、速裁案件等专业化办案团队。在重大刑事申诉案件、未成年人诉讼监督案件等疑难复杂案件中探索组建临时性跨部门办案组，打破部门壁垒，形成工作合力，提升办案精准度。落实院领导带头办案制度，入额院领导直接办理重大复杂案件152件。根据中共苏州市相城区委《关于支持检察机关开展公益诉讼工作的意见》和区人大常委会《关于加强检察公益诉讼工作的决定》，以行政公益诉讼督促相关主管单位依法履职，助力法治政府建设。深化司法责任制改革，人力资源的85%配置到办案一线，建立扁平化司法办案模式，突出检察官办案主体地位，检察官自主决定率78%。完善绩效考核等配套制度，全程动态跟踪办案数量、质量、效率、效果。依托案件管理大数据平台，实现案件同步监控，评查案件414件，刊发《案件监管分析报告》16期。年内，区检察院获评全国检察宣传先进单位、江苏省文明单位等。在苏州市检察院组织的综合考核评比中名列第三，获评全市先进基层检察院。检察综合业务部（案管工作）、检察政治工作部（干部人事工作、机关党建工作）、检察综合管理部（人民监督工作）全市检察机关条线考核中均名列第一，分别被记集体三等功。全院干警及检察院下设部门获市级以上荣誉40余次。区检察院创设的“办案+服务、宣传+保护、调解+预诊、走访+调研、学习+监督”融入式党建项目获评苏州市优秀党建品牌。

【检察检务】 2019年，相城区检察院受理提请批准逮捕案件464件761人、移送审查起诉案件995件1433人。经审查后批准逮捕448人、提起公诉828件1148人。努力降低审前羁押率，对247人作出不批准逮捕决定。监督侦查机关立案7件16人，监督撤案7件7人，建议行政机关移送涉嫌犯罪案件4件4人。纠正漏捕5人，纠正遗漏移诉罪行21人，纠正遗漏同案犯2人。深化审判监督工作，对刑事裁判提出抗诉3件，建议再审2件；强化刑事执行监督，向社区矫正执行单位发出刑事执行检察建议23份，书面纠正违法3次。强化民事诉讼监督工作，发出民事再审检察建议4份，提请市检察院抗诉1件，发出民事审判和执行活动监督检察建议17份。坚守法治原则和政策，经严格依法审查不批捕16人，对侦查机关移送认定为涉黑涉恶犯罪案件，依法不予认定7件。区检察院与监察机关建立协作机制，全年受理监察机关移送审查起诉的职务犯罪案件17件17人，均由检察长或分管检察长担任主任检察官，提前介入率100%，提起公诉15件15人。探索在职务犯罪中适用认罪认罚从宽制度，制定《职务犯罪认罪认罚案件办理程序指引》，职务犯罪认罪认罚适用率94.1%。

【扫黑除恶专项斗争】 2019年，区检察院依法精准打击黑恶势力犯罪，健全工作机制，出台《涉黑涉恶案件全程介入引导侦查机制》《重大黑恶势力犯罪案件会商制度》，通过提前介入、引导侦查、案件会商，从严从快处理“套路贷”、开设赌场等涉黑涉恶犯罪。加强“打财断血”力度，发出财产刑执行检察建议17件，督促执行到位71.6万余元。

【检察服务】 2019年，区检察院坚持对各类市场主体依法平等保护，批准逮捕破坏社会主义市场经济秩序的犯罪嫌疑人26人，提起公诉54人。对严重危害民营企业及其人员权益的刑事案件依法起诉21件39人。从保护企业发展的需要出发，依法审慎办理涉企案件，制定涉企案件经济影响评估机制，对企业及其主要人员轻微犯罪行为依法不起诉26人，最大限度降低司法办案对企业经营造成的负面影响。加强检察系统与企业联系，举办“检察开放日”2次，回应企业司法诉求。区检察院与区工商联会签《关于健全沟通联系机制护航民营经济高质量发展实施意见》；与区公安分局、区市场监管部门建立市场监管领域犯罪联席会议制度，营造相城区法治化营商环境。开展帮困扶贫工作，全年向28名刑事特困被害人发放司法救助金30.2万元，彰显司法温情。妥善处理各类信访案件319件，全年信访接待满意率99.8%，促成轻微刑事案件和解13件。开展“检察预诊”，结合办案形成社会风险研判报告30余篇，开展购房资格审查、职业资格人才引进等领域的专项整治。落实“谁执法谁普法”责任制，建立犯罪预防教育基地，开展多元化、互动式法治宣教，接待参观群众2600余人。拍摄的防范诈骗微电影获评江苏省“以案释法”好视频。

【公益诉讼】 2019年，区检察院围绕“散乱污”整治、别墅拆违等专项行动，在环境保护、国有资产、国土资源等领域发出检察建议20份。依法办理食药领域刑事附带民事公益诉讼案件6件

2019年1月25日，区检察院赴阳澄湖镇开展大闸蟹养殖情况专项检查
区检察院　供稿

23人，向食品药品生产、销售企业和个人索赔损害赔偿金71.7万元。区检察院撰写的“食药领域刑事附带民事公益诉讼惩罚性赔偿金适用困境调研报告”获省检察院肯定。开展销售假冒“阳澄湖大闸蟹”案件检察公益诉讼专项工作，与行政机关协同整治，形成“阳澄湖大闸蟹”品牌保护长效机制。区检察院办理的大闸蟹食品安全刑事附带民事公益诉讼案件被最高人民检察院在全国两会期间重点宣传。

【未成年人司法保护】 2019年，区检察院加强未成年人特殊保护，坚持“少捕慎诉少监禁”原则。开展“盏心护航检察官法治进校园”活动，区检察院检察长和12名检察干警担任辖区中小学法治副校长，全年开展校园法治宣讲17次，接受法治教育的学生6000余人。区检察院未成年人司法保护工作被评为2019年度苏州市重点青少年群体“成长护航工程”一等奖。

【人才队伍建设】 2019年，区检察院举办春申讲堂、业务沙龙等岗位练兵活动70余次。深化文化育检，完善检察文化软硬件建设，提振专业精神，提升工作品质。落实“鼓励激励、容错纠错、能上能下”三项机制，年内提拔中层正职干部3人、副职干部3人，员额检察官晋升等级7人。区检察院代表队在全市刑事案件审查汇报竞赛中获第一名，并代表苏州检察机关参加全省比赛。汪薇入选全省检察机关青年领军人才，孙兴峰、何俊强获评苏州市检察机关青年精英人才，邵科、尤颖丽、陆瑶获评全市检察机关“十佳书记员”。　（陈梦初）

司法行政

【概况】 2019年，相城区成立中共苏州市相城区委全面依法治区委员会和办公室，设立法治建设议事协调机构4个，配备联络员队伍30人，形成以中共苏州市相城区委全面依法治区委员会办公室为核心、协调指导小组为分支、法治建设工作联络员为骨干的三级组织网络。司法行政系统以机构改革重组为契机，打造“法惠阳澄”品牌，为相城高质量发展、跨越式赶超提供法治保障。年内元和司法所朱建东获评司法部坚持发展“枫桥经验”实现矛盾不上交试点工作表现突出个人，黄埭司法所杨英获评司法厅全省社区矫正机构先进个人，荣睿律师事务所李旭获评省优秀律师党员，同益大地律师事务所刘文健获评相城区劳动模范，区人民调解委员会徐伟民调解工作室获评全省金牌个人调解工作室。

【依法治理】 2019年，相城区司法局（简称区司法局）健全党委领导法治建设工作机制，制定《区委全面依法治区委员会工作规则》《协调小组工作规则》《办公室工作细则》《全面依法治区工作信息旬报制度》等工作制度，完善依法治区工作制度体系。下发《2019年全面依法治区工作要点》，明确各单位各部门在全面依法治区工作中的责任和目标。落实《相城区党政主要负责人履行推进法治建设第一责任人职责考核办法》，以清单压实党政主要负责人具体职责，确保第一责任人履职有章可循、有迹可查，年底结合部门绩效考评考核，将法治建设第一责任人的职责落到实处。

【公共法律服务】 区司法局根据全区公共法律服务均等化3年行动计划，完善公共法律服务平台建设，拓展法律援助覆盖面，在法院、检察院、信访大厅、劳动仲裁等部门设立律师参与值班的法律服务站（法律援助站）。出台《关于深入推进法律工作者进网格工作的实施意见》，提升“三官一律”进网格工作质效，全区76名法律工作者深入二级网格141个、三级网格598个，提供法律意见320件，接待法律咨询2200人次，参与人民调解案例110件，通过“法润民生”微信工作群发布法治资讯6.71万条。实施司法行政惠民实事工程8项，开展全覆盖入驻式调研活动，全年接待各类法律咨询2154次，其中热线接听1749次，来访咨询405次。办理法律援助案件736件，增长223%。依托公检法司一体化工作机制办理刑事类法律援助案件324件，受理民事申请类案件389件，结案件满意率100%。村（社区）法律顾问为120家小微企业提供针对性的法律体检，为基层群众、村（社区）组织提供法律咨询4500人次，开展法制讲座300场次，向村（社区）提供法律意见、法律论证500余次，修改审查合同23件，印制便民卡1500份，出具法律文书10件。建立基于区块链技术架构的公证服务应用平台，引入区块链技术参与公证办理，将平台应用延伸至涉及电子证据存管、虚拟财产转让等互联网业务。将公证服务融入民生保障、企业发展，发挥公证服务在经济社会的作用，全年办理各类公证3517件。

【法治宣传】2019年，区司法局根据区机构改革和部门职能调整相关情况，重新梳理法治宣传工作领导小组、普法工作队伍和普法责任清单、普法责任制重点联动项目清单、“一月一法”普法案例清单3张。普法责任清单明确各成员单位法治宣传的重要内容、主要节点和形式方法；联动项目清单明确宪法主题宣传、防范金融风险系列宣传、“法润相城春风行动”等涉及15个牵头部门43个重点项目；案例清单围绕宣传节点和热点难点纠纷确定以案释法主体16个。截至年末，发布“劳动用工”“婚姻家事”“消费维权”等文字视频专题案例40个，上报司法部案例库21篇。利用“相城普法”微信平台，开展“法惠阳澄”十佳新人评选活动，扩大各项法治惠民工作的社会知晓度。开展第二季“悦法谈”活动，“礼赞我的祖国·与宪法同行”主题演讲参赛选手57人。严格落实非人大任命领导干部任前法律知识考试，全年6批次53人参加任前考试。推出“童画宪法”“法治非遗”“模拟法庭”“宪在开讲”法治体验项目4项。“宪在开讲”法治体验营系列宣传入选相城区志愿服务项目，并获资金扶持。开展“小眼睛看宪法”“乘着国际法旅行”等法治体验营30余场，青少年参与互动2500余人次。宪法馆全年接待观众501批次3.5万人次。拍摄法治微视频《寻找宪法》和微电影《晨光》，分获苏州市第五届法治文化节电影大赛一、二等奖。

【人民调解】区司法局围绕“70周年大庆”“元旦”“春节”“两会”等时间节点，发挥人民调解维护社会稳定“第一道防线”的作用，组织排查矛盾纠纷4265次，受理、调处各类矛盾纠纷7427件，调处成功7398件，调处成功率99.61%。推进人民调解参与信访纠纷事项化解、参与法院诉前调解、参与物业纠纷化解，深化“访调”“诉调”“物调”对接。出台《关于成立服务退役军人专门调解室的通知》工作方案，设立调解室9个、专门服务点4个。印发《关于在全区设立个人调解工作室的实施方案》，设立个人特色调解工作室15个。发挥人民调解协会专业性调解作用，协助党委政府化解搬迁安置纠纷52起。健全“诉调对接”实体化、社会化运作，调解各类案件151件，调解成功率98.3%。

2019年11月21日，区法院举办第四届江苏省中等职业学校在校学生模拟法庭大赛决赛　区法院　供稿

【社区矫正和安置帮教】2019年，区司法局组织开展全区社区矫正安全隐患排查、督查专项行动，消除社区矫正风险隐患，及时处理社区服刑人员违法违规行为，减少监管盲区。落实分级处遇制度，对“重点”“严格”等级人员实行加强型管理，对“普通”“宽松”等级人员实行兜底型管理。对一般风险的社区服刑人员，通过“一网三通”、矫正小组监督管理及教育矫正等措施，提高分类管控水平。望亭镇建立全区首个损害修复实践基地，组织200余人次参加集中农务劳动，累计产出蔬菜400余千克，赠予敬老院、社会福利院等公益性组织和特困家庭，体现修复秩序、回报社会的损害修复效果。

【律师工作】2019年，相城区有注册律师事务所27家、执业律师370人，公职律师部门3家、公职律师3人。全区27家律师事务所与350家企业开展“法企同行·风险防控”专项行动，精准对接企业法律服务需求。通过对企业开展法治体检，及时发现企业在发展中的苗头性、趋势性风险，提高法律服务的针对性和预见性；开展法治宣传，引导企业坚定发展信心，提高依法经营和管理水平；紧扣民营企业发展的“痛点”，提供优质服务，帮助民营企业解决实际法律问题。为120家小微企业提供针对性的法律体检。

【扫黑除恶专项斗争】 2019年，区司法局设立扫黑除恶专项斗争工作领导小组及办公室，由专职联络员负责处理领导小组办公室日常工作。年内召开专题会议37次，其中局党组会11次、局长办公会14次、局扫黑除恶专项斗争领导小组会9次。出台文件15个。全区76名法律顾问参与线索排摸、人民调解、公证办理、基层法律服务等工作条线同步开展涉黑涉恶线索摸排。法律服务行业开展专项警示教育整顿专项培训活动，报备案件97件，确认涉黑涉恶35件。发放宣传资料9万余份，设置固定宣传平台850块，电子宣传平台50块、发布新媒体宣传信息75条，传统媒体宣传30次，短信、微信提示宣传12万余条，开展集中宣传活动130次。

（蒋　磊）

人民武装

【概况】 2019年，相城区人民武装部（简称区人武部）党委围绕适应新体制、履行新职能、担当新使命，坚持把政治建设摆在首位，围绕上级党委工作部署，讲标准重质量，坚持聚焦使命抓备战保打赢，坚持严明纪律抓班子带队伍，坚持基于效果抓建设攻难关，完成思想政治教育、机关军事训练、民兵组织整顿、年度征兵工作、双拥共建等各项职能工作。

【党建工作】 2019年，根据军委国防动员部和省军区党委扩大会议精神，区人武部围绕“不忘初心、牢记使命”“传承红色基因、担当强军重任”两大主题，开展“四个意识”“三个维护”教育。采取理论跟学、集中辅导、读书交流和个人自学等多种形式，组织干部职工学习。提出学习重点，印制成学习小手册，编组练习测试卷，制作宣传栏图板。区人武部党委按照《党委工作条例》，对重大事项和敏感问题集体研究决定，将发扬民主与正确集中贯穿到党委决策全过程。区人武部党委贯彻全面从严治党要求，加强民主集中制建设，严肃党内生活。9~11月，开展“不忘初心、牢记使命”主题教育，制订学习计划，组织部分部领导、部机关人员及乡镇（街道）专武干部顺道前往红色延安，接受红色教育，组织干部职工观看国庆阅兵庆典和电影《我和我的祖国》，赴北桥街道参加向中越自卫反击战一等功臣周云泉，淮海战役、渡江战役抗敌英雄薛慧春颁发“庆祝中华人民共和国成立70周年”纪念章等系列活动。党委班子重点围绕“四对照四查找”，按照红脸出汗的要求，从严从实撰写检查剖析材料，带头把自己摆进去、把工作摆进去、把职责摆进去，实事求是检视自身问题差距，开展批评与自我批评，并将上半年要求的聚焦“四个带头”“六个必讲”，以及第一批主题教育单位“五个检视”“四个讲清”要求，搞好检查剖析，以普通党员身份参加所在党支部或党小组的专题组织生活会。

【国防教育】 2019年，区人武部以区委党校、青年民兵之家、学校、企业、社区等为宣传阵地，结合民兵整组、军事训练、征兵等工作，采取各种宣传教育形式开展国防教育。6月，结合征兵宣传工作，宣传国防法规和征兵政策，印制征兵宣传手册5000份，下发宣传挂图120套，发送征兵短信10000余条。7月，以军队院校和国防生招生为宣传主题，分别在陆慕中学、黄埭中学进行国防教育宣传，发放军校招生简章和国防宣传资料近1000份，接受学生和家长咨询230余人次。扎实抓好学生军训工作，组织辖区内4所高中和1所中专2000余名学生军事训练。征兵期间，制作下发3200份关于征集高学历青年和高校应届毕业生入伍优抚优惠政策的宣传手册，并利用户外电子大屏20处滚动播放征兵宣传视频。12月，按上级文件要求，协调舞台剧《领航新时代、共筑强军梦》在辖区的宣传演出，以直观形式把国防教育、双拥共建推送到广大人民群众中去。

【安全管理】 区人武部把加强安全管理、确保部队稳定作为政治任务，摆上重要位置。落实《安全条例》，抓好安全管理措施，落实安全检查和安全分析制度，规范日常工作程序。坚持每月组织安全形势分析，梳理问题、消除安全隐患。根据人员变动情况，调整安全管理领导小组、“三防四反”领导小组，明确分工和责任。抓好人、车、枪、弹、财、密的管理，严格车辆使用派遣，严格涉密载体使用管理制度，严格涉密文件发放、传阅、保管和收缴，严格涉密介质使用，人防、技防、物防三结合，全年无泄密问题发生。兵器室启用后，从各个环节把牢安全主线。选派思想过硬、能力全面、业务精通的干部职工参加军分区组织的专业培训。召开专题安全形势分析会，从实际出发发现问题解决问题，进一步对部机关进行安全设施改造，更新兵器室灭火器，升级安装保密室视频监控，更换办公室保密柜。

【情报信息网建设】 区人武部利用民兵情报信息系统，实现辖区内专武干部和民兵营长侦报情报信息全员参与、全网覆盖。与公安、消防、610办和信访办等军地相关单位联系沟通，拓展情报来源渠道，完善情报共享机制，有效确保情报触角横向到边、纵向到底、不留死角。2019年，民兵情报信息系统运行通畅，提升梳理、汇总辖区重要民情社情功能。截至年末，使用系统上报情报信息1.26万条，一些重要情报为上级第一时间掌握辖区民情社况提供参考。

【民兵整组工作】 2019年，区人武部机关分成两个工作组，参加各基层单位整组点验，检查整组工作相关情况，点验程序规范，参点人员到点率98%。区所属分队编组基本达到组织结构布局与战时兵员动员需要相适应的要求。做好迎接军委国防动员部民兵调整改革任务落实情况专项检查，召开迎检工作部署会，组织基层武装部部长对照考评细则逐项落实。11月，区人武部领导带领军事科对各板块迎检工作落实情况逐个检查，加强督导，落实工作责任。2019年，依托城管中队建立战备执勤、应急维稳、抢险救灾“三位一体”民兵应急分队，发挥“平时服务、急时应急、战时应战”职能，参加地方经济建设、文明创建、扫雪除冰扶贫帮困活动。

【征兵工作】 2019年，相城区严格按照《中华人民共和国兵役法》《征兵工作条例》《征兵五率量化考评细则》规定，认真部署，严密组织征兵工作。区征兵办联合相城公安分局、区退役军人事务局等部门，加大宣传力度，拓宽兵员来源渠道，吸纳取得本地居住证满3年以上的新居民应征。突出征集重点，根据相城区高学历应征青年相对较少这一情况，发动基层武装部对各自辖区内每一位高校学生的入伍意愿和毕业情况调查摸底，并在高校学生毕业返乡的第一时间上门入户宣传征兵政策法规，掌握高学历青年底数，开通大学生应征绿色通道。7月，各镇（街道）组织兵役登记青年参加目测初检。9月完成复检和政审。科学筹划役前培训和适应性训练，从入伍动机、思想素质和体能水平等方面全面考评，好中选优，不合格的及时淘汰。把牢廉洁征兵关口，区纪委全程参与廉洁征兵监督，落实廉洁征兵监督员制度，坚持集体定兵、公开定兵，名单张榜公布，接受群众监督，实现优质、安全、廉洁、和谐的征兵工作目标。

2019年6月19日，区人武部组织民兵应急连成建制训练
区人武部　供稿

【双拥共建工作】 2019年元旦、春节期间，区人武部开展双拥慰问工作，把优待金、军烈属慰问金送到优抚对象家中。做好退伍军人信息采集，协助相关部门制作下发“光荣之家”标牌。8月份，政治工作科申请助学经费3.9万元，资助13名家庭贫困且品学兼优的学生，并邀请区教育局和相关学校领导一并参加发放仪式。年内，还与苏州军分区协同参加对淮安市淮安区仇桥镇晶墩村的专项帮扶，为扶贫工作贡献一份力量。

【后勤保障】 2019年，区人武部围绕军事斗争准备的有关要求，全面做好民兵整组、专武干部训练、战备值班、伙食保障等后勤工作。

年度经费预算和预算执行 2019年，根据部党委制订的年度

2019年7月30日，区人武部领导走访慰问辖区现役军人家属

区人武部　供稿

工作计划和本级财力情况，认真筹划，合理分配，本着压缩消耗性开支，资金安排向军事训练和安全保密投入倾斜的原则，制定周密详细的年度经费预算。在执行工作上坚持制度、坚持标准，大项开支经办公会或党委会批准，每月计划经费开支提交部办公会研究，全年经费开支严格在预算范围内进行。10月份，做好2020年度区财政专项经费的预算申报，参加区预算协调会，落实地方财政支持经费。

后勤装备管理　2019年，区人武部健全教育整顿，规范车辆派遣、"两证一匙"集中保管制度，组织驾驶员学习交通安全法规，强化安全行车意识，确保行车安全。组织车辆及驾驶员年度审验，核查军车号牌、行车执照、ETC、驾驶证等使用管理情况，完成车辆技术状况常规检测、驾驶员审验工作。

财务制度管理　2019年，区人武部贯彻落实"部财区管"财务制度，实施公务卡结算，每月定期到分区报账。规范清理各类票据，做好账户资金清查治理自查自纠。梳理年度及往年凭证，查漏补缺，建立凭证登记表册，整理归档，安全入库。

营房设施维护　2019年，加强营产营具的维护管理，修补武装部办公楼楼顶、办公楼部分墙面，更换监控、防盗门、供水管道、电灯、空调、热水器及消防器材等设备。

职工福利保障　7月份，调整在职职工2人、退休职工2人工资标准。9~10月，核对上报机关事业单位职工住房公积金缴存基数和基础信息，调整事业编在职职工2人、退休职工2人的住房（租金）补贴，解决武装部职工住房（租金）补贴问题。根据地方公益性岗位待遇要求，妥善处理3名公益性岗位兵器室管理员的福利待遇。　（吴耀峰）

国土资源管理与水资源管理

【概况】 2019年，苏州市国土资源局相城分局（简称市国土局相城分局）紧扣全区“12345”战略思路，对照区委、区政府重点工作任务，注重规划引领，强化要素保障，推进节约集约，严格执法监管，优化服务指导，各项工作稳步推进。结合2035版城规最新成果，争取上级支持，中心城区土地规划调整方案获自然资源部批准，有效解决高铁新城中、南部片区，元和高新区部分地块用地瓶颈；调剂流量上图调规获省自然资源厅批准，解决国际医疗健康中心、诺德安达国际学校等项目用地问题。加大存量盘活和低效用地再开发力度，全年盘活存量建设用地207.73公顷。助推相城区美丽乡村建设，传承农村江南水乡特色历史、文化和田园风貌，配合区村庄规划修编，核发3张乡村建设工程规划许可证，因地制宜创新利用乡村建设用地，引领乡村振兴发展，为冯梦龙图书馆、冯梦龙党建文化馆、冯梦龙山歌文化馆等特色乡村重点项目规划审批服务。对标全区高质量发展目标，主动找准优化服务发力点，共核发建设项目选址意见书77份，建设用地规划许可证213份，规划设计意见书67份；核发建设工程规划许可证146份，办理建筑设计方案审定意见书295份，办理工程规划变更144份；核发建筑工程规划合格证106份；32个拟上市地块完成精细化研究；指导24个工业项目挂牌前基本确定设计方案，望亭华纳精密模具、中亿腾英普科技、江苏快而捷物流共38个产业项目通过项目预审制获益，为企业争取宝贵时间。按照“真实、真实、再真实”要求，基本完成第三次全国国土调查任务，相城区三调总图斑4.7万个，调查成果已报自然资源部核查。完成相城区规划展示馆更新布展（2019）项目，包括展示馆展陈、多媒体设备和影像资料更新，抢抓施工节点，确保展示馆按时交付开馆。参与苏州（相城）数字经济创新产业园（一园五中心）展览展示中心建设，包括现场勘测、外地考察、展示中心规划设计等，确保顺利开馆。完成《苏州规划·相城特刊》第三期编辑和发行，特刊展示相城公共空间新形象，解析解读相城提升城市魅力、吸引创新人才规划亮点，聚力呈现水、绿、城、文交相辉映的城市风貌。

【机构改革】 2019年，根据《关于市自然资源和规划局职责机构编制转隶方案的通知》，明确将市国土资源局相城分局、市规划局相城分局职责，原区发展和改革局组织编制主体功能区规划职责，原区水利局水资源调查和确权登记管理职责，原区农业局森林、湿地等资源调查和确权登记管理、林业管理职责等整合，组建苏州市自然资源和规划局相城分局，作为市自然资源和规划局派出机构。不再保留市国土资源局相城分局、市规划局相城分局。同时，将市国土资源局相城分局监督防治地下水污染职责划转至生态环境部门，市国土资源局相城分局农田整治项目管理职责划转至区农业农村局，市国土资源局相城分局地质灾害防治职责划转至区应急管理局。5月30日，苏州市自然资源和规划局相城分局

（简称市资规局相城分局）正式挂牌成立。

【规划编制】 2019年，加强与苏州总规、区级各部门、五大功能片区对接，根据专家咨询会意见对定位、生态本地、指标体系等成果进行优化完善，基本完成《相城区分区规划暨城乡协调规划（2035）》编制，重点保障苏相合作区、中日产业园等重大产业载体建设，协调保障重点项目空间诉求。同时，开展增量预案研究，为全区《国土空间规划》编制夯实基础。协助各板块做好控规修编报批，澧湖开发区、渭塘镇、黄桥街道等控规调整获批，进一步提升公共服务水平和城镇空间品质；长三角国际研发社区04单元控规以及全区“禁建区”9个占补平衡项目方案通过市政府批复，一批重点项目开工建设问题得以解决。全力推进26个专项规划成果深化，着重对全区综合交通、轨交线网、商业网点、文体设施、消防、人防、地下空间等规划成果进行深化完善。

【城市设计】 2019年，启动编制《相城区城市色彩研究》并完成终期成果专家论证，对全区整体城市色彩统筹设计，科学有效管控城市整体景观环境色彩要素，精塑相城城市形象。做好城市重要片区城市设计，针对环阳澄湖周边、澧湖周边、盛泽湖周边滨湖地区，完成城市设计编制，对滨湖地区城市形象和品质等做出全面、系统的控制和引导，尊重地域环境，凸显文化特色。持续做好城市更新工作，配合板块开展元和活力岛城市副中心区域、陆慕老街区域、渭塘镇区城市设计，对城市风貌和公共空间品质等提出优化设计方案，凸显地方特色并塑造高品质人居环境。

【用地保障】 2019年，阳澄湖国际研发产业园获省厅单列指标7.53公顷，省级节约集约模范区获省厅奖励指标33.33公顷；推进购买66.53公顷规划建设空间规模，保证2019年省重点国开健康城、高铁新城产业项目落地；竞买2019年第四期节余指标51.2公顷，保障2020年省重点项目京东长三角智能电商产业园、渭塘明珠产业园、迎湖花苑动迁房等最新用地需求。全年共上报征地批次和单独选址项目48批（项），征地737.87公顷，增长51.2%，为各类项目顺利实施提供有力保障。全年供地481.67公顷，西公田路西延二期、青阳新村二期、开发区实验中学、市疾病预防控制中心等43个项目完成供地，至年底，全区列入2019年开工的安置房、学校、道路等项目全部解决用地问题。

【土地复垦整治】 2019年，以“三优三保”“增减挂钩”政策为抓手，抢抓全区大力度淘汰落后产能的强劲东风，加强工作指导，严格督促考核，落实激励政策，全年验收确认新增农用地294.51公顷，比计划多完成20.27公顷，超额完成年度目标任务，其中开发区通过验收68.27公顷，渭塘通过验收67公顷，贡献突出，为全区建设发展腾出新空间。

【土地指标调剂】 根据《相城区土地相关指标有偿调剂使用的实施意见（试行）》文件精神，在保障各地自身用地需求的基础上，节余指标，按照“谁复垦谁受益”原则进行有偿调剂。2019年，共开纳61个缴费清单，涉及农用地233公顷，涉及金额41.1亿元；回购“三优三保”、城乡建设用地增减挂钩复垦土地农用地计划指标164.13公顷，耕地占补平衡指标181.07公顷，收购金额30亿元。

【土地上市】 2019年，牵头做好产业项目土地供应，提前介入，第一时间掌握拟供地项目情况，建立项目储备库，会同区商务、区行政审批等部门，在严把项目质量、容积率要求、建设标准的前提下，主动服务，提前指导，促进项目快落地、早开工。年内，全区上市成交产业用地66宗、面积163.8公顷，再创历史新高，分别增长136%和87%。上市经营性用地8批22宗、面积149.47公顷，出让金总额268.47亿元，增长74%。

【查纠违法用地】 2019年，充分认清执法监察工作面临的严峻形势，牢固树立守土有责意识，关口前移控增量，综合整治消存量。会同区农业部门圆满完成全区32宗“大棚房”问题项目专项整治，涉及项目占地面积38.95公顷。农地非农化现象得到有效遏制，设施农业项目管理得到规范和加强。开展执法检查，对自然资源部年初下发的868个卫片检查图斑进行逐一核实，逐宗拍照上传，经分局多轮会商会办后形成处理意见，共拆除复垦52个（6.17公顷），立案查处18个（6.73公顷）。年内，违法用地立案查处12宗（11.77公顷），认定违法建设项目41个。落实整改措施，全部完成南京督察局例行督察整改项目。开展“绿卫2019”森林草原执法专项行动、"绿盾2019"自然保护地监督检查专项行动、2019年度苏州市湿地资源监督检查，全面排查林地、湿地违法违规行为，严格按照有关规定依法处理发现的问题，制定整改方案，强化跟踪督办，确保整改实效。

【绿化造林】 2019年，深挖造林绿化潜力，造林目标6.67公顷，实际完成14.6公顷，超额完成年度造林任务。新建、更新及完善农田林网控制面积133.33公顷，完成森林抚育66.67公顷；创建绿化示范村1个（迎湖火烧场村），申报国家森林乡村1个（迎湖村）。相城区陆地森林覆盖率33.51%、林木覆盖率20.75%。

【湿地保护修复】 2019年，履行牵头单位职责，重点统筹推进相城区重点湿地建设三年行动计划，修复和改善湿地生态环境，共实施湿地项目6项，全部完成年度计划任务，完成养殖池塘标准化改造66.67公顷，开展盛泽湖滨岸带恢复工程、荷塘月色湿地公园植被维护和清理工程、春申湖公园建设工程、虎丘湿地草坡入水滨岸改造示范工程、北河泾景观及蠡太路改造工程（PPP项目）。相城区自然湿地保护率67.4%。

【不动产登记服务】 2019年，实行房源审核、购房资格审核、银行贷款审批、交易核税等线上办理，存量住宅线上核税，线上预约登记，减少办事群众重复取号及等候时间，缩短窗口办理时间，精简登记材料，降低办事成本，制定不动产登记流程图并向社会公布，办证时间缩短至2个工作日内，存量房转移登记实现0.5个工作日办结。多元化创新服务方式，启用不动产登记渭塘办理点受理网签存量住宅资金托管、核税纳税、登记过户、抵押权注销、查档等业务，并实行全区通办，打通便民利企"最后一公里"。继续通过政府购买服务提供免费继承公证服务。集中开展"服务提升月"活动，采用6S管理标准，规范窗口服务礼仪，深化服务内涵，切实提升服务质量，改进工作作风。不动产抵押登记业务推行"互联网+抵押登记"模式，企业办理银行贷款可以同步办理抵押登记。全年累计发证110906本，其中不动产证书80450本（信息表35324份，证书45126本），证明30456份。 （马国民）

【水资源管理】 2019年，区水务局指导全区自备水用户统一安装电子计量设施，接入智慧水利平台实行实时在线监管。封井1口，增设1口地下水监测井及应急供水井。对全区24条区级以上河湖、34个断面每月开展水质监测。成立4个蓝藻防控应急工作组，增购吸取式蓝藻船2条，建设藻水分离站2座，设置太湖蓝藻拦截网5千米，全年累计出动打捞人员31594人次、船只15376船次，打捞蓝藻9486.04吨、水草13047.26吨。全年创建节水型载体20家，审计用水3家。（李路佳）

生态环境保护

【概况】 2019年，相城区生态环境局制定《相城区关于全面加强生态环境保护坚决打好污染防治攻坚战工作方案》《相城区打好碧水保卫战攻坚实施方案》《相城区打赢蓝天保卫战三年行动计划实施方案》《相城区打好阳澄湖生态优化攻坚战行动计划（2019—2020）》《相城区电镀（线路板）企业环保安全整治提升工作方案》以及《相城区2019年土壤污染防治工作计划》等专项工作方案或工作计划，推进环境保护各项重点工作，打击各类环境违法行为，

2019年6月5日，区生态环境局开展"6·5"环境日主题宣传活动暨北太湖健步走活动

区生态环境局 供稿

2019年12月，相城区在第六届绿色发展峰会上荣膺“2019绿色发展优秀城市”称号　　区生态环境局　供稿

解决损害群众健康突出环境问题。全年区域环境空气质量和水环境质量呈好转趋势，环境空气质量优良天数比例占74.9%，提高1.5个百分点，PM2.5平均浓度41微克/立方米。省考以上断面水质平均达标率75%，优Ⅲ比例75%［阳澄湖心断面达Ⅳ类水（目标Ⅳ类）、312国道桥断面达II类水（目标Ⅲ类）、鹅真塘断面达Ⅲ类水（目标Ⅱ类）、北桥大桥断面达Ⅲ类水（目标Ⅳ类）］。2019年，成立5支企业志愿者服务队，推动全民关心、支持、参与生态文明建设。6月5日，区生态环境局组织开展“6·5”环境日主题宣传活动暨北太湖健步走活动。上半年，开展“美丽乡村”摄影作品征集及展览活动，展出作品22幅。年内，《中国青年报》《人民日报》等国家级媒体对相城区环保工作及散乱污整治工作宣传报道8次。相城区“散乱污”企业（作坊）淘汰整治及环境整治工作被评为“第二届江苏生态环境十大先进典型”，以“2019绿色发展优秀城市”入围“点赞2019绿色中国典范”。

【阳澄湖生态优化行动】 2019年，实施阳澄湖生态优化攻坚战两年行动（2019—2020），突出工业源、生活源、农业源等源头治理，完成点源污染治理，城镇污水和垃圾处理处置，面源污染治理，码头及船舶污染治理项目，活水畅流及河道整治项目，生态修复项目，预警监测体系建设等七大方面17项重点工程项目，计划投资约10.75亿元，完成投资约10.83亿元，约占计划投入资金的101%。

【大气污染防治工程】 2019年，实施《相城区打赢蓝天保卫战三年行动计划实施方案》，整治淘汰10~35蒸吨/时燃煤锅炉5台，完成工业企业有机废气整治690家。完成107家工业企业工业废气在线监控安装工作。启动应急管控22次，合计94天。其中红色1次，持续时间4天；橙色6次，持续时间54天；黄色3次，持续时间11天；臭氧专项管控12次，持续时间25天。出动执法人员超过1.5万人次，检查企业5000余家次、工地1000余个次、其他污染源500余个次，确保各项管控措施落实到位，切实降低重污染天气的不利影响。

【“散乱污”企业整治和淘汰】 重污染企业综合整治。2019年，相城区落实《相城区环境保护和污染治理三年行动计划》，完成13家电镀（线路板）企业年底前接入Ⅲ类污水厂或实施含一类污染物（铬、镍、镉、银、铅、汞等）废水零排放，淘汰4家印染企业、11家金属表面处理（酸洗、铝氧化、喷涂）企业、61家VOCs重点排放

新华日报

2019年06月06日 星期四

我省发布生态环境 十大先进典型

本报讯 6月5日，省生态环境厅发布“第二届江苏生态环境十大先进典型”，分别是：长江大保护，南京守好江苏“第一站”；聚泥成岛，宜兴太湖湖滨生态湿地修复创新路；生态贾汪践行“两山”理论，百年煤城的绚丽蜕变；漏湖不再有“隔”，还来生态美景；苏州相城区“散乱污”企业（作坊）淘汰整治；昆山组建江苏首支区镇环保执法检查员队伍；生态环境损害赔偿“南通模式”；泰州在全国率先开展“长江大体检”；卫星遥感+无人机技术，助力建筑工地扬尘源监测；江苏省绘制长江（江苏段）环境风险地图。

（许海燕）

2019年6月5日，苏州相城区“散乱污”企业（作坊）淘汰整治被江苏省生态环境厅列入十大先进典型　　区生态环境局　供稿

企业、5台10~35蒸吨/时燃煤锅炉，1家化工企业转入化工园区，三年行动计划两年完成。

“散乱污”企业（作坊）淘汰。2019年，联合相关部门和板块采取定期专项整治或联合执法，淘汰整治“散乱污”企业（作坊）2836家。累计淘汰整治总数12709家，关停比例81.2%；清理村级工业区36个，腾空土地226.67公顷，累计清理村级工业区总数61个，腾空土地公顷。

【生态保护】 2019年，区生态环境局开展“三线一单”编制工作，划定“一圈、两河”（阳澄湖生态保护圈，望虞河、西塘河生态安全带）生态保护红线，制定国、省考断面强制减排达标工作方案。区域生态环境状况指数69.55，生态红线面积162.93平方千米，生态环境质量逐年改善。

【循环经济和清洁生产】 2019年，区生态环境局为企业清洁生产、综合利用、污染治理、设施建设等生产、经营、污染防治活动提供指导和帮助，推进传统制造业绿色改造和重点耗能企业节能技改，审核重点企业清洁生产8家。

【环保建设项目审批】 2019年，相城区审批建设项目192个，劝阻、否决污染严重、选址不合理或不符合国家产业政策及区域总体规划建设项目约360个。7月，印发《苏州市相城区2019年排污许可证审核工作的实施意见》，审核国家排污许可证799张，对698家企业固定污染源排污许可进行清理整顿。

【环境执法监管】 2019年，区生态环境局共受理各类环境信访3699件，与2018年同期4215件相比下降12.2%，其中废气、废水投诉下降幅度均超过30%。

区生态环境局查处一批环境违法企业，有效减少环境信访投诉。全年共出动执法人员2129人次，检查企业940厂次，对152家涉嫌环境违法企业立案处罚，建议罚款金额1929余万元，下达处罚决定127件，处罚金额1406余万元，与2018年基本持平，实施新环保法配套办法8件。

【环境质量监测】 2019年，全年完成6个市级考核及控制断面、15个环境资源区域补偿面断面、23个“断面长”制考核断面、87个区级考核断面监测工作，完成交通噪声（12点位）、区域噪声（14点位）等监测工作，全年分析各类样品5120个，获得各类监测数据706710余个，开具各类监测报告120余份。（刘　霖）

表5　2019年相城区生态文明建设重点工程进度表

序号	项目名称	2019年建设内容	2019年计划投资（万元）	进展情况	完成投资额（万元）	备注
一	污染物总量排放削减工程					
1	大气污染防治工程	淘汰整治5台燃煤锅炉	500	基本完成，所有燃煤锅炉12月30日前停用	1200	完工
2	淘汰黄标车	淘汰国Ⅰ、国Ⅱ高排放汽油车	2000	淘汰车辆4000辆	1600	完工
3	水污染防治工程	依法关停淘汰5家印染企业，依法关停淘汰11家金属表面处理企业，13家电镀线路板企业开展Ⅰ类污染物零排放工程	25200	5家印染企业关停已基本完成（其中1家已签订关停协议过渡生产至2020年6月）；11家金属表面处理企业已全部关停。13家电镀线路板企业Ⅰ类污染物零排放工程已完成（其中1家因关停取消安装）	26000	○完工
4	“散乱污”淘汰整治	全面完成“散乱污”企业（作坊）淘汰整治收尾工作并清理整治村级工业集中区40个，腾出土地214.13公顷	/	已基本完成，腾出土地261.07公顷	/	完工
二	化工行业整治提升工程					
5	区化工生产企业整治专项行动	关停整治17家化工企业	/	关停整治化工企业17家	/	完工
三	水环境生态优化工程					
6	相城区企业生活污水收集处理项目	完成总数30家的企业生活污水收集处理	50	已完成	50	○完工

续表

序号	项目名称	2019年建设内容	2019年计划投资（万元）	进展情况	完成投资额（万元）	备注
7	工业企业清洁生产审核	完成10家工业企业清洁生产审核	/	已完成	/	○完工
8	相城区河湖流域增殖放流工程	主要河道增殖放流，主要放流品种为鲢鱼、鳙鱼等	60	已完成	60	○完工
9	养殖池塘标准化改造工程	完成阳澄湖镇养殖池塘标准化改造66.67公顷	1500	已完成	1500	★○完工
四	城乡河道整治工程					
10	济民塘及入湖河道整治工程	2019年完工	10000	已基本完成河道清淤工作	10000	○完工
11	渭泾塘整治工程	疏（拓）浚河道9.43千米，新建、改建护岸13.51千米，堤防加固12.8千米	14017	基本完工	14017	★○完工
12	城区防洪及河道畅流三期工程	新建2座闸站，整治7条河道	6000	已完工	6000	★完工
五	挥发性有机物治理工程					
13	挥发性有机物治理（计划三年内任务）	淘汰VOCs排放重点企业61家	1220	已淘汰关停61家	1220	★完工
14	秋冬季大气污染专项治理	整治提升VOCs排放企业287家	5740	关停和验收完成337家	6740	完工
六	农药化肥减施工程					
15	化肥减量增效行动	阳澄湖流域化肥施用量较2015年削减4%，实施休耕轮作，推广测土配方肥、绿肥	300	已完成	300	○完工
16	农药使用零增长行动	阳澄湖流域农药使用零增长，实施粮油、蔬菜农药集中配送，推广高效低毒低残留农药	30	制定2019年相城区农药“零差价”集中配送及农药包装废弃物及地膜残膜回收处置的实施方案，已完成集中配送农药招标，中标100个低毒低残留农药品种，用于稻麦油蔬菜作物的防治，完成麦季农药配送和正在实施春季蔬菜农药配送，完成水稻农药配送	30	○完工
七	环境基础设施提升工程					
17	城西污水处理厂改扩建工程	近期扩建8万吨/日，2019年度完成整体工程的70%	25000	原概算总投资为52000万元，根据签订合同，总投资调整为44500万元，目前已完成整体投资的94%。水池主体结构、综合体结构建设阶段	30000	★○完工
18	一泓污水处理厂改扩建及有机废弃物资源循环再生利用中心项目	提标2万吨/日、扩建2万吨/日，处理220吨有机污泥（200吨餐厨垃圾、20吨地沟油）及配套工程，2019年度完成整体工程的30%	15000	原概算总投资为38000万元，根据签订合同，总投资调整为32600万元，目前已完成整体投资的43%。综合处理单元南区灌注桩施工完成60%；2-2基坑东侧三轴搅拌止水帷幕、挡墙施工完成；6a-6a三轴搅拌挡墙施工完成	12000	★○完工
19	漕湖产业园污水处理厂二期工程	扩建至6万吨/日，2019年度完成整体工程的50%	20000	原概算总投资为42000万元，根据签订合同，总投资调整为35000万元，目前已完成整体投资的60%。基坑开挖阶段，完成土方开挖85%，设备部分M1、M2已定标	18500	★○完工

续表

序号	项目名称	2019年建设内容	2019年计划投资（万元）	进展情况	完成投资额（万元）	备注
20	高新区污水处理厂新建工程	启动高新区污水处理厂项目（12万吨/日）建设	1000	项目建议书修改成稿	500	
21	新建污水管网工程	已建道路新建污水管网30千米	5000	已完成	5000	★○完工
22	相城区污水转输管工程	总长度约18.9千米。2019年内开工建设，完成整体工程的30%	6000	已完成整体工程的30%	6000	★○完工
23	农村生活污水治理提升工程	开工建设农村生活污水改造提升项目（1000户、小型处理设施改造30个）完成整体工程的50%	3500	农村生活污水治理完成整体工程的70%，累计已完成700户；小型处理设施改造正在实施中	3500	★○完工
24	城北压缩转运站渗滤液处理设备提升工程	完成城北压缩转运站污水处理设施及排网通污水管网铺设	900	2座污水处理池已经完成建设，厌氧塔、废气处置设施建设已经完成，设备房基础和主体钢架已完成建设，正在设备安装	900	★完工
八	绿化和湿地保护工程					
25	望虞河河道绿化工程	建设望虞河河道沿线绿化	1200	已完工	1200	★完工
26	永方路北延绿化工程	建设永方路北延两侧绿化	1200	已基本完工	1200	完工
27	书香公园二期工程项目	建设书香公园二期绿化景观	5000	已完工	5000	★完工
28	嘉元路景观绿化提升工程	建设嘉元路道路绿地	5000	已完工	5000	★完工
29	虎丘湿地公园（相城区）	三标段施工中，计划开展四、五标段景观提升工程	5000	一标段审计完成，已出具审计报告。二标段在审计中。三标段已在扫尾阶段，准备竣工验收。四标、五标目前处在施工图阶段	5000	★完工
30	美丽村庄建设	建设10个以上三星级康居乡村	2000	已完成建设12个	4030	完工
九	环境监管能力提升工程					
31	新增水质监测站点	新增水质监测站点（10个简单站，5个浮标站）	1315	15个水质监测站点已全部安装并验收，正式投入运行	1315	○完工
32	大气监测点位全覆盖	完成大气监测点位全覆盖，全区新增12个大气监测站点	700	12个大气监测站点均已完成验收，已正式投入使用	700	完工
33	工业废水在线监测	完善工业废水在线监测系统，新增监控企业50家	1000	目前50家完成安装在线工作	1000	完工
34	工业废气在线监测	100家涉气企业安装在线监测	1000	生态文明工业废气在线监测更新：105家已完成（其中23家企业已安装废气在线监控，82家企业已安装电监控）	1050	完工
35	监控预警大平台建设项目	扩展完善平台建设并升级改造	500	因区信息化项目建设机制改革，结合“数字政府”建设，该项目调整至2020年实施	0	
十	其他环境和生态保护工程					
36	苏虞线第五期航道整治工程	苏张支线至界泾河航道整治	2300	已完工	2477	完工
37	绿色交通工程	购置新能源公交车94辆，淘汰老旧公交车94辆	12500	新购车辆114辆已全部到位	15927	完工
38	相城区码头污染治理工程	北河泾街道、北桥街道2家码头截污整治。渭塘镇2家码头拆除、场地平整或灭失码头功能	247	已完成整治	247	○完工

续表

序号	项目名称	2019 年建设内容	2019 年计划投资（万元）	进展情况	完成投资额（万元）	备注
合计			181979		189263	104%

注：★代表同属苏州市生态文明建设“十大工程”，小计15个；○代表同属阳澄湖生态优化攻坚战重点项目，小计17个。

水利水务

【概况】 2019年，相城区水务局（简称区水务局）持续深化落实“河（湖）长制”改革，推进各项水利工程、农村水利建设和水土保持工作。大力整治黑臭水体，保持河道长效养护，强化水资源管理，严格水政执法，高质量推进城乡生活污水治理三年行动计划。年内，印发《相城区水务局2019年度安全生产工作要点》，全年开展安全生产检查81次，发现安全生产隐患45个，均整改到位；召开安全生产例会4次。区水利工程管理中心成功创建省三级水利工程管理单位。年内，区水务局两个下属事业单位水费管理所、堤闸管理所分别更名为区水资源管理中心、区水利工程管理中心。2019年，相城区智慧水利洲道巡查系统上线。

【“河（湖）长制”改革】 2019年，区水务局深化“河（湖）长制”改革，推进“一事一办”清单任务，全年完成重要河湖“一事一办”清单任务60项。全面完成七浦塘、太湖、望虞河、阳澄湖、元和塘五大河湖水岸同治。完善市、区两级交办单销号制度，制定《相城区河长制工作交办单销号管理办法》，全年累计转发市级交办单28张，下发区级交办单27张。完善河长制公示牌，探索行政河长与民间河长有效衔接机制，形成“区镇村+民间河长”工作体系，弥补基层河长巡河“最后一公里”的短板。开展“两违”排查整治，年内针对首批核查出的206处重要河湖“两违”问题，完成整治197处，累计拆除违建面积16.5万平方米。

【水利工程建设】 2019年，区水务局完成国务院“172项节水供水重大水利项目”望虞河西岸控制工程及省级重点水利工程望虞河除险加固工程验收和管理移交工作。推进望虞河拓浚工程和永昌泾拓浚整治工程。完成京杭大运河相城段堤防加固工程、城区防洪及河道畅流三期工程。实施阳澄湖生态修复工程、济民塘及入湖河道整治工程、苏州市渭泾塘整治工程。

2019年，全区疏浚河道37条共长41.12千米，完成土方87.83万平方米，建设生态河道6.86千米，圩堤加固0.85千米，新建护岸、挡墙3.12千米，新建旺家角闸站，共完成投资7163万元。完成2018年度土地出让金项目验收和2019年度土地出让金项目申报。推进农业水价综合改革，2019年完成改革面积4666.67公顷，改革实施区域末级渠系管理组织覆盖率100%，灌溉泵站计量设施实现全覆盖。

【水土保持】 2019年，区水务局完成《相城区长江经济带生产建设项目水土保持监督执法专项行动实施方案》编制，核查全区涉嫌违法项目，5个涉嫌未批先建项目全部完成水土保持方案审批。年内，区政府办印发《相城区生产建设项目水土保持监督工作细则（试行）》《相城区水土保持目标责任制考核办法（试行）》。全年共完成建设项目水土保持审批35个，实际到账水土保持补偿费59.58万元。

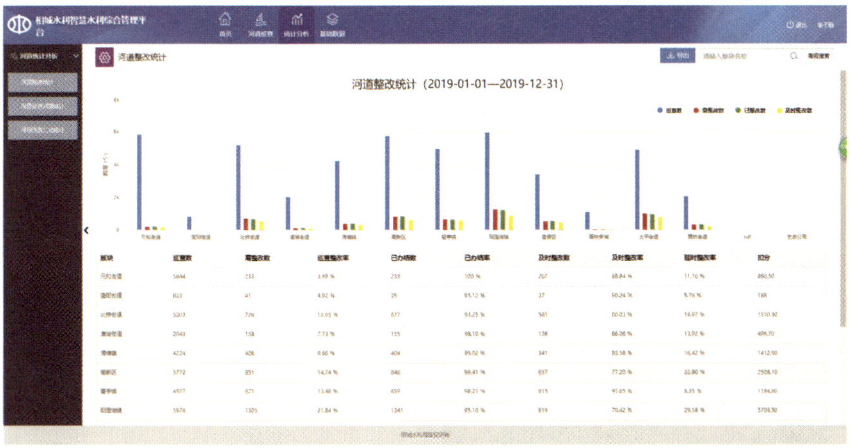

2019年，相城区智慧水利洲道巡查系统上线　　区水务局　供稿

【黑臭水体整治及河道养护】 2019年，相城区城镇建成区32条和农村45条黑臭河道全部完成整治工作，夏圩港黑臭河道整治工作作为江苏省城镇黑臭水体治理样板工程在全省推广。利用天上无人机、陆上巡查员、水上保洁船无死角巡查区级河湖，全年累计巡查河道46377条(段)，问题河段6404处，完成整改河段6183条；累计巡查湖泊4161次，发现问题并整改347次。制定《相城区2019年河道养护管理工作计划》，每月通报河道养护管理情况。

【水政执法】 2019年，区水务局对辖区范围内重点河湖及水事违法行为易发水域进行拉网式执法巡查，全年水政执法巡查1013次、2407人次。开展“一湖两河”联合执法、重点河湖联合执法、水务水资源专项执法等行动，下达责令停止水事违法行为通知书4份、责令限期改正水事违法行为通知书39份，立案查处4起，罚款共计46万元。开展全区水政监察人员业务培训，共计30人参训。

【生活污水与供排水设施建设】 2019年，区水务局完成9个新建小区给水工程建设，6个小区二次供水设施改造，受益居民约5900户，累计完成投资471.9万元。启动北渔村老旧管网改造，涉及管道4.7千米，总投资424.6万元。持续推进“一厂一策”改造，实施城西、漕湖、北桥一泓3座污水厂新改扩建，总建设规模16万吨/日，总投资13.5亿元。年内，启动城区、澄阳、北桥一泓、望亭4座污水处理厂提标改造项目，完成高铁新城、黄埭2座污水处理厂提标改造项目，出水水质达到苏州特别排放限值标准，累计完成投资191万元。持续开展“控源截污”治理工作，全年累计完成40个居住小区、10个企事业单位、565个工业企业的雨污分流改造，新改建污水管网131千米，完成投资5000万元。稳步推进农村生活污水接户率提升治理工作，全年开工村庄117个，完工101个，累计完成投资3480万元。

2019年4月17日，区水务局组织拆除涉水违法建设房屋　　刘磊　摄

【抗洪抢险】 2019年汛期前，各地各部门组建各类应急抢险综合队伍161个，配备各类型号常用移动水泵305台；区级配备防汛应急泵车5台。推进农村基层防汛预报预警体系项目建设。6月5日，组织渭泾塘整治工程围堰坍塌及溺水应急演练。汛期(6~9月)相城区平均总降水量539毫米，比常年同期偏少7.7%，日最大降雨量为8月10日163.3毫米。全区遭受多次强降雨、台风过程，其中台风“利奇马”造成影响最大，台风过境导致道路出现积水点11处，3处监测站点超出警戒水位。但未在全区造成重大影响，未出现因灾死亡事故，未造成重大经济损失。　　(李路佳)

城乡绿化

【概况】 2019年，相城区园林绿化办公室立足于“高起点规划”“高标准建设”，推进实施三年行动计划，加快构建绿地系统，全力提升全区园林绿化建设管理水平。全年新增(改造)绿地面积约236万平方米，建成区绿地率38.85%。书香·人才公园景观绿化工程设计获2019年度苏州市城乡建设系统优秀勘察设计奖。

开展绿化养护管理市场化改革，建立高效、灵活、科学的养护管理模式，加强人员专业技能培训，统一标准要求，完善监督考核，发挥国资企业规范管理的引领作用，“政企分开、管养分离”，

提升全区绿化养护管理水平。

年内，区园林绿化办根据《绿化景观与重点湿地建设三年（2018—2020年）计划》，落实三年行动中当年度计划工程项目，完成投资3.17亿元。优化完善《相城区绿地系统规划》。

【绿化重点工程】 2019年，相城区实施绿化重点工程6项。完成书香·人才公园建设，面积约12万平方米，总投资额6000万元，为苏州首个人才主题公园，是苏州与相城区人才引进、人才交流、人才培养的特色平台载体。建设总面积约6万平方米，总投资额4900万；平门塘绿化建设工程（外国语学院段）、朝阳河景观改造项目，建设总面积约15万平方米，总投资额4000万元；望虞河河道绿化工程项目，绿化面积约39万平方米，总投资额1200万元；永方路北延及G312永方路出入口绿化工程，建设面积约39万平方米，总投资额4800万元；凤阳路绿化改造工程，绿化面积约7万平方米，总投资额600万元。

【“三个一”精品工程】 2019年，相城区着力提升整体景观形象，满足居民幸福感和获得感。以样板精品工程推动全区绿化建设水平提升，共完成嘉元路、长平路等7条景观示范道路，常楼公园、张花公园、桂花公园等9个公园，苏锡高速出入口望亭互通等9个门户节点。

【绿化管护】 2019年，加强对采莲路、人民路、相城大道等路段共653万平方米绿化的养护管理，委托属地养护管理面积约467万平方米。制定《相城区园林绿化综合管理平台应用考核办法（试行）》，完善养护责任机制、督查机制、考核惩处机制和迁移机制，狠抓长效管理和精细化养护。

【绿化整治】 2019年，区园林绿化办主要完成“两路一河”沿线、高速公路出入口绿化及环境专项整治，包括望亭运河公园、望虞河河道、黄埭绕城高速出入口、长平路东桥绕城出入口改造等工程，沿线范围绿化及环境得到明显改善，完成年度目标，在苏州市2018—2019年度绿化及环境专项整治绿化单项2019年度工作检查考核中获第3名。 （张晓红）

平门塘绿化建设工程（苏州外国语学校段） 区园林绿化办 供稿

综　述

【概况】 2019年，区住建局党组按照高质量发展新要求，贯彻落实区委四届十次全会精神，围绕城镇建设的重点、热点和难点问题，理清工作思路、明确工作目标，突出重点狠抓落实，创新模式优化举措，完善制度强化监管，全面加强机关作风建设，推进区域城市化建设，提高城市管理水平，规范建筑行业行为，提升行政效能，团结带领全局干部职工，凝心聚力、扎实苦干，顺利推进各项工作。

【全面推进区域城市化建设】 2019年，有序推进房屋征收搬迁安置。扎实开展住房保障工作。加快棚户区改造进程，争取上级各类奖补资金，城镇建设取得实际成效。推进特色田园乡村建设，完成通过第一批市级试点项目验收。整治提升撤并镇建设，开展示范镇、建制镇建设。规范农村住房建设管理。精准推进海绵城市建设，出让土建项目经营性土地均附加海绵城市建设具体指标条件，并在规划设计条件中提出。

【稳步提高城市管理水平】 日益规范房地产市场监管。严格执行限购政策，全面规范购房资格审查及相关审批流程，防堵审核漏洞。强化日常巡检，开展房地产市场乱象专项整治百日行动。不断提升物业管理服务水平，制定《相城区搬迁安置小区物业管理市场化改革方案》，加强住宅专项维修资金管理，鼓励和引导物业服务企业争先创优。优化防灾减灾和人防管理水平，发挥人防工程平战结合作用。开展人防系统腐败问题专项治理，针对存在问题抓好整改落实。提升城市综合管理水平。做好城镇燃气行业安全生产监管。开展瓶装液化气经营市场秩序专项整治和燃气安全宣传活动。严格把关竣工归档资料的审核、接收、整理、入库等。

【强化监管建筑行业行为】 稳步提升工程质量安全监管水平。高频次开展安全生产检查，确保安全生产形势平稳。组织各类质安巡查和专项整治。创新优化信息化监管手段，全面提升建筑工地现场管理水平。严格落实行政处罚，提高震慑效果。精细管理，创精品工程，一批工程项目获省级、市级奖励或被评为优质项目。稳步推进建设工程招投标管理，重点协调监管政府实事工程、重点工程招投标工作。规范代建行为，拟定区级政府投资项目代建管理意见。加强对建设、监理、施工单位的监督指导，规范工程建设行为。逐步提高建筑市场行业管理水平。切实维护建设领域劳动关系和谐，做好农民工工资支付保障及信访调处工作。推进建筑产业现代化工作。

城市综合改造

【概况】 2019年，全区共完成征收（搬迁）签约4743户，新（续）建安置房项目36个，基本建成棚改保障性住房1736套，争取上级各类奖补资金，有序推进特色田园乡村项目建设，开展撤并镇、示范镇、建制镇建设，推进人防工程建设和专项治理。

特色田园乡村建设成效显著。黄埭高新区冯梦龙村冯埂上获批省级试点；第一批市级试点项目通过验收，望亭镇迎湖村南河港获评苏州市特色田园乡村精品示范村，冯梦龙村冯埂上获评苏州市特色田园乡村；新增市级试点阳澄湖度假区莲花村中西舍，开始项目前期准备。

【征迁和安置】 全年完成征收（搬迁）签约4743户，面积267.58万平方米。其中，完成签约社会民生保障项目1个、产业项目3个、上市拍卖地块4个。新（续）建安置房项目36个，项目面积共550.37万平方米，其中建成交付78.37万平方米。交付（未竣工备案）安置小区34个，完成不动产初始登记27个，协调推进项目7个。

【住房保障】 加快棚户区改造进程，协调对接各镇（街道），实际开工棚改保障性住房4908套，基本建成1736套；开工建设公租房项目（高铁新城）影视产业园配套人才公寓。争取上级各类奖补资金，棚户区改造年度累计申请国开行拨款49亿元，获专项债券下达资金15.7亿元。果园三期安置小区获2019年第二批保障性安居配套基础设施建设中央预算内投资1200万元资助；众泾花园、雪泾花园、唐家花园等10个安居工程获拨中央和省级财政保障性安居工程（棚户区改造）专项资金6949.55万元。

【城乡建设规范化、生态化】 开展撤并镇、示范镇、建制镇建设。至12月底，被撤并镇完成建设项目18个，投资1.5亿元；示范镇完成建设项目15个，投资4.13亿元；建制镇完成建设项目15个，投资1.94亿元。进一步规范农村住房建设管理，《关于加强和规范相城区农房规划建设管理的指导意见》列入区年度重大行政决策项目。精准推进海绵城市建设，对接资源规划部门，土建项目经营性土地出让均附加海绵城市建设具体指标条件，并在规划设计条件中提出。至12月底，37宗出让地块附加海绵城市建设条件，涉及面积1.92平方千米，确定试点工程5个，列入投资计划510万元。

表6　2019年相城区美丽城镇建设项目进度明细表（被撤并镇）

被撤并镇	项目序号	项目名称	项目类别	计划实施年限	计划投资总额（万元）	本年度计划投资额（万元）	年度完成投资（万元）	形象进度或实施情况	备注
元和街道陆慕片区	1	全域城市设计	完善规划编制	2019.3—2019.12	470	470	470	完工	
	2	商业网点布局规划		2019.6—2019.12	165	165	165	完工	
	3	嘉元路立面改造	环境集中整治	2019.1—2019.8	2600	2600	2600	完工	
	4	垃圾分类工作		2019.4—2019.8	47	47	47	完工	
	5	老新村改造（古巷二期）	配套基础设施	2019.2—2019.12	3400	3400	3400	完工	
	6	城区3A公共卫生间休息室4座		2019.4—2019.12	200	200	200	完工	
	7	万泾花园配套用房装修工程	完善公共服务	2019.1—2019.12	380	380	380	完工	
	8	香城花园日间照料中心		2019.7—2019.9	30	30	30	完工	
	9	道路桥梁检测	健全长效机制	2019.3—2019.12	47.5	47.5	47.5	完工	
	10	道路养护费用		2019.1—2019.12	1000	1000	1000	完工	
	11	24小时临时便民区	其他实施项目	2019.2—2019.3	85	85	85	完工	
	12	繁花邻里人才公寓装修		2019.1—2019.6	913	913	913	完工	
	13	活力大厦D幢装修		2019.6—2019.12	3817	3817	3817	完工	
黄埭镇东桥片区	14	河道疏浚	环境集中整治	2019.1—2019.12	150	150	150	庄郎浜、孔家里、四图浜三条河道清淤完成	
	15	管线整理		2019.3—2019.6	15	15	15	完成对长旺路的弱电线路整理	
	16	爱民路改造工程	配套基础设施	2018.8—2019.12	1950	1150	1150	工程已全部结束，已递交验收申请	续建

续表

被撤并镇	项目序号	项目名称	项目类别	计划实施年限	计划投资总额（万元）	本年度计划投资额（万元）	年度完成投资（万元）	形象进度或实施情况	备注
黄埭镇东桥片区	17	东桥幼儿园	完善公共服务	2018.1—2019.9	1912	500	500	工程结束	续建
	18	网格化管理	健全长效管理	2019.1—2019.12	—	—	—	按照社会服务管理"一张网"要求，健全区域管理体制，依托社会综合治理平台，推进"智慧黄埭"建设，实现社会治理精细化	
合计					17181.5	14969.5	14969.5		

表7　2019年苏州市美丽城镇建设项目进度明细表（示范镇）

示范镇	序号	项目名称	项目类别	计划实施年限	计划投资总额（万元）	年度计划投资（万元）	年度完成投资（万元）	形象进度或实施情况	备注
黄埭镇	1	管线整理	环境整治	2019.3—2019.6	15	15	15	已完成	
	2	黄埭高速出口绿化景观工程	综合提升	2018.9—2019.6	1861	1261	1261	已完成	续建
	3	高阳路改扩建工程		2018.10—2019.12	3200	3200	3200	已完成	续建
	4	康阳新村二期二标段		2018.2—2019.12	16928	9312	9312	已完成	续建
	5	锡埭路改扩建工程		2018.10—2019.10	1950	1450	1450	道路工程竣工	续建
	6	国资改革	探索创新	2019.1—2019.12	—	—	—	成立苏州相城高新建设发展有限公司，以股权、资产收购集体公司的方式，完成净资产审计和资产评估，通过在苏州市农村产权交易中心挂牌完成股权收购，实现集体资产转为国资	
渭塘镇	7	相城区渭塘镇玉盘家园一区、三区综合整治工程	环境整治	2018.7—2019.8	745	745	745	工程已验收结束	
	8	相城区渭塘镇2018年度控源截污改造工程	综合提升	2018.6—2019.12	5300	4300	4300	工程结束，等待验收	
	9	相城区渭塘镇相城大道立面整治工程	综合提升	2019.4—2019.7	886	886	886	工程已初验完成	
	10	相城区渭塘镇渭中路立面整治工程	综合提升	2019.4—2019.7	1461.25	1461.25	1461.25	工程已初验完成	
	11	相城区渭塘镇凤起南路（G524—茶叶浜）工程	综合提升	2019.3—2019.12	6346	6346	6346	工程结束，等待验收	
	12	相城区渭塘镇凤起西路（渭中路—渭泾塘路）工程	综合提升						
	13	相城区渭塘镇渭泾塘路（G524—茶叶浜）工程	综合提升						

续表

示范镇	序号	项目名称	项目类别	计划实施年限	计划投资总额（万元）	年度计划投资（万元）	年度完成投资（万元）	形象进度或实施情况	备注
渭塘镇	14	相城三院综合楼建设	综合提升	2016.11—2019.12	10000	7000	7000	主体结束，装修、市政施工	
	15	渭塘集宿楼	综合提升	2018.6—2020.6	10029	6029	6029	进入室外市政阶段	
合计					58721.25	42005.25	42005.25		

表8　2019年苏州市美丽城镇建设项目进度明细表（建制镇）

建制镇	序号	项目名称	项目类别	计划实施年限	计划投资总额（万元）	年度计划投资（万元）	年度完成投资（万元）	形象进度或实施情况	备注
望亭镇	1	御亭花苑、紫薇花苑新增外立面改造工程	环境整治	2019.7—2019.12	908	908	908	已完成	
	2	马驿路北延停车场	环境整治	2018.11—2019.4	650	450	450	已完成	
	3	藻水分离站	环境整治	2019.2—2019.6	220	220	220	已完成	
	4	新旺农贸市场	综合提升	2019.3—2019.12	2035	2035	2035	已完成	
	5	府前公园及古建灯光	综合提升	2018.12—2019.4	450	350	350	已完成	
	6	牡丹路西延	综合提升	2019.1—2019.12	4000	4000	4000	已完成	
	7	中学扩建	综合提升	2018.12—2020.1	3900	3600	3600	水电、后三通收尾阶段	
	8	集装箱文创园	探索创新	2019.2—2019.5	570	570	570	已完成	
阳澄湖镇	9	爱丁堡小区南侧环境整治工程	环境整治	2019.6—2019.12	400	400	400	完工	
	10	藻水分离站工程	环境整治	2019.1—2019.5	300	300	300	完工	
	11	阳澄湖镇南部区域市政改造提升工程	综合提升	2019.4—2019.12	5300	5300	5300	完工	
	12	阳澄科技产业园新建道路	综合提升	2019.5—2019.12	950	950	950	完工	
	13	文新弄道路改造	综合提升	2019.5—2019.12	200	200	200	完工	
	14	完善公共自行车网点建设	综合提升	2019.6—2019.12	60	60	60	完工	
	15	法治文化阵地建设	探索创新	2019.1—2019.12	30	30	30	完工	
合计					19973	19373	19373		

【人防工程建设和专项治理】 依法推进人防设施建设，全区完成人防工程立项批准项目43个，结建面积38.43万平方米；竣工项目24个，面积19.73万平方米。完成桂花公园防灾避难场所建设，相城实验中学被列入“江苏省防震减灾科普教育基地”名录。强化人防工程安全管理，逐一巡查在用人防工程172个，配合市人防执法大队整改问题项目2个。开展人防系统腐败问题专项治理，自查清理2013年后竣工、在建、拟建项目，催缴历年缓交人防易地建设费3701.37万元，走法律程序解决“康盛风电”问题。（王　燕）

公用事业

【概况】 2019年，新建中压天然气管网26千米，加快推进备用气源站建设，编制完成《苏州市相城区城镇燃气专项规划（2018—2035）》，开展液化气“瓶改管”和城镇燃气安全生产工作。

【供水】 全区有供水厂1座，日供水能力30万吨。区供水公司下辖5家供水服务所。2019年，供水公司按照“保供水、降漏损、提服务”要求，全力做好安全供水保障和服务，全部实现统一收取水费、统一开具电子发票、统一24小时热线服务。供水公司自来水用户25.47万户，抄见水量7033.42万吨，漏损率10.83%，供水销售及二次供水维护收入1.65亿元。年度承办服务工单56575件，其中热线中心接听53575个，回访12326个；联动中心、公众监督、领导信箱等工单3300件；文明城市建设现场测评2件。配合完成苏州城区第二水源—阳澄湖引水工程（相城段）和苏州市相城水厂二期建设。做好极端天气供水保障和春节供水防冻抢修工作，保障夏季供水充足。委托第三方水质检测机构对全区管网水、末梢水和二次供水水质开展日常水质检测工作，供水水质综合合格率100%。开展老旧管道改造和分区计量方案设计工作。

（李路佳）

【供电】 2019年，相城区全社会用电量63.6亿千瓦时，下降2.6%。其中工业用电38.41亿千瓦时，下降6.8%；城乡居民生活用电量10.24亿千瓦时，增长1.6%。最高用电负荷114.1万千瓦（7月30日13时45分），减少43.69万千瓦。年平均负荷率67.54%，上升14.78%。至年底，全区拥有3.5万伏及以上变电站32座，变压器总量4956兆伏安。其中22万伏变电站5座，容量2580兆伏安；11万伏变电站22座，容量2206兆伏安；3.5万伏变电所5座，容量170兆伏安。3.5万伏及以上输电线路64条，长度约590千米；1万伏配电线路423条，长度约3217千米。10月，苏州供电公司设立相城供电服务中心，设置综合管理部及大客户服务班、综合服务班、营业班3类班组，发挥“前台”作用，采取末端融合区域协调模式，承担区域内全部用户供电服务职责，实现客户供电服务属地化、网格化，缩短服务半径，快速响应客户用电需求。

（区发改委）

【供气】 至年底，新建中压天然气管网26千米、通气中压天然气管网283.81千米，通气小区223个，天然气工商用户946户，居民用户192574户。加快推进区燃气公司与金华润泽能源有限公司LNG储配站和相城燃气渭塘备用气源站建设，努力完成2020年采暖季前不低于年用气量5%的应急储气能力的目标。

【城镇燃气安全生产与档案管理】 2019年，编制完成《苏州市相城区城镇燃气专项规划（2018—2035）》（中期成果），制定《相城区城镇燃气中压管线安全监管责任清单》《相城区城镇燃气设施场站安全监管责任清单》。加快推进“瓶改管”工作，完成黄埭供销合作生活广场、漕湖商业广场、黄桥农贸市场、元和街道聚元街等餐饮集中区“瓶改管”，共计84家瓶装液化气餐饮用户更换管道天然气。引导企业归并重组，不断减少液化石油气经营企业，规范瓶装液化气市场秩序。全区有瓶装液化气经营企业4家，有液化石油气储配站6个，其中5个停止充装。开展瓶装液化气经营市场秩序专项整治，检查燃气企业54家次，发现安全隐患178处，要求限期整改。严格把关竣工归档资料的审核、接收、整理、入库等，至12月底，共审核工程档案项目100个，开具档案接收凭证109份，接待档案查询890人次（共查阅档案3114卷）。

城市管理

【概况】 2019年，相城区全面推进城市管理市场化改革；完善环卫系统建设，推动环卫设施设备终端建设、“厕所革命”、垃圾分类，抓实公共自行车等市政设施建设与管理。区城管局联合区住建局、区水务局、区资规局、“263”办和各镇（街道、区）属地等单位，开展集中整治违法建设“双月攻坚”专项行动、集中清理“散乱污”企业（作坊）违建百日专项行动、户外广告集中整治接续行动和渣土管理专项整治行动等。区城管局获评2019年度苏州市城市管理工作先进单位。

【机构改革】 2019年，通过转隶组建机构，梳理部门职能，推行市场化改革等措施，推动城市管理体制改革。将原下属事业单位相城区城市照明管理处、相城区管线管理所整建制划转至区交通运输局，撤销下属事业单位环境卫生管理处，成立城市管理综合服务中心，促使机构进一步精简，工作重心向管理职能聚焦。区城管局牵头，联合住建、交运、园林绿化办等部门和区属国有企业，围绕环卫作业、环卫基础设施建设、智慧停车建设与管理、搬迁安置小区物业管理、市政基础设施管理养护、绿化养护管理六个方面，开展市场化改革。全区环卫作业全部由区属国有企业运营，彻底改变政府“统包统揽”的管理模式。

【环卫系统功能建设】 2019年，区城管局持续推进“厕所革命”，新改建公厕35座。度假区北码头

2019年7月13日，区城管局开展垃圾分类宣传进地铁活动
区城管局　供稿

创新引入装配式公厕，助力提升景区形象。调整成立相城区生活垃圾分类工作领导小组，制定作业标准、实施办法、考核方案等，开展“六进”（进企业、进学校、进机关、进社区、进商圈、进轨交）等公益宣传活动共253次；全面投放生活垃圾分类设施，全区居民小区、保留行政村农村生活垃圾分类覆盖率分别94%、100%；逐步提升终端处置能力，建成大件垃圾处理点2处、绿化垃圾处理点3处；各类易腐垃圾资源化处理站37座，日处理能力60吨。

【智慧化停车建设】 2019年，区城管局持续开展机动车停车泊位建设，建成停车场17处，新增停车泊位3218个。启动3处轨道交通P+R停车场优惠换乘，服务车辆59.24万次，节省市民停车费6.41万元。

年内，推行智慧停车建设，完成系统平台开发及中心城区元和街道、澄阳街道、高铁新城停车数据普查，同步实施3个板块80个公共停车场智慧停车设施改造。

年内，全区完成公共自行车站点建设79个，更新投放公共自行车3550辆。自2013年公共自行车项目实施后，共投入站点437个、车桩11910个、自行车11725辆；累计办卡约2.5万多张，月平均借还车次47.6万次，每车日均借车量2.3次。

【市容市貌创优整治】 2019年，区城管局着力开展户外广告设施整治提升接续行动，重点对违法违规设置、存有安全隐患、管理不规范及部分户外广告布局设置与规划和上级技术规范相冲突。户外广告设施开展集中整治处理，累计拆除各类广告设施3585处，面积9.6万余平方米。组织指导相关板块开展创建“红旗街道”、示范路、示范社区、标准化道路创优竞赛活动。元和街道、黄埭镇、渭塘镇、望亭镇获评红旗街道，元和街道嘉元路、春申路获评示范路称号，元和街道姚祥社区、南亚花园社区获评示范社区。参与文明城市复评，加大公益宣传和问题整改力度，及时协调、处置市区两级反馈问题3500余件。

【城管规范执法】 2019年，全区共查处城市管理行政执法案件100712起，涉案金额605.82万元，增长49.16%。适时公开公示重点敏感案件处理流程，公示行政

2019年12月30日，润元路道路停车收费高位视频桩安装　区城管局　供稿

处罚事项228条。在集中整治违建"双月攻坚"专项行动、集中清理"散乱污"企业(作坊)违建百日专项行动中,拆除违建面积173万余平方米。多措并举管控建筑渣土垃圾,落实建设与施工单位责任,严格审批渣土处运证,全年勘察工地现场336个,退回整改108个。查处渣土运输类案件244起,处罚金额106.42万元,增长104.71%。(王维虓)

建筑业管理

【概况】2019年,相城区按照高质量发展新要求,围绕城镇建设热点、难点问题,突出重点,狠抓落实,全面推进区域城市化建设,有序推进建筑产业现代化。全区在监房建项目289个,竣工验收项目149个,办理工程发包项目462个,实施代建合同备案项目61个。

年内,创新优化信息化监管手段,相城区建设工程综合监管平台投入使用。

2019年,众泾片区城镇化建设项目-2标段项目荣获"詹天佑奖",新建润元小学(含幼儿园)工程、苏地2010-B-66号地块姑苏裕沁庭西区工程-W3工程、苏州市第五人民医院迁址新建工程(安装)等12个项目获评"扬子杯"优质工程奖,新建玉成小学1#综合楼、相城天虹广场项目、苏州市第五人民医院迁址新建工程(安装)等37个项目获评苏州市"姑苏杯"优质工程奖,相城区华元家园动迁安置小区项目、大湾小学及大湾幼儿园项目等15个项目获评省标化星级工地,苏州阳澄湖维景国际度假酒店(商旅中心)二期工程、新建澄云小学、苏州圣大保罗服饰新建服装生产车间项目等37个项目获评市标化工地,众泾小区项目获詹天佑住宅单项奖,苏州第二图书馆工程拟报2019年度中国建筑工程钢结构金奖和中国安装工程优质奖(中国安装之星)。

年内,盛泽湖文化宫项目获评省级建筑产业现代化示范项目,中亿丰建设集团股份有限公司被列为省级建筑产业现代化示范基地,苏州五嘉晨PC构件生产基地被列为市级建筑产业现代化示范基地,共获奖补资金430万元。其中盛泽湖文化宫项目获省级建筑产业现代化示范城市2018年度装配式建筑项目奖补资金250万元,中亿丰建设集团股份有限公司获2018年度江苏省建筑产业现代化示范基地奖补资金100万元,苏州五嘉晨PC构件生产基地获2018年度苏州市建筑产业现代化示范基地奖补资金80万元。姑苏裕沁庭(东区)多层住宅项目通过首批省级建筑产业现代化示范项目评估。

【工程质量安全监管】至12月底,全区在监房建项目289个,建筑面积1570万平方米;新受理房屋建筑监督工程项目228个,建筑面积744.9万平方米;竣工验收项目149个。组织各类质安巡查和专项整治17次,检查工程项目564个次,建筑面积3974.41万平方米;开具质量安全隐患整改书880份,责令53个工程项目停工整改,通报批评16个工程项目,记录不良行为5家,挂牌监管项目4个。高效开展安全生产检查,台风"利奇马"登陆相城期间,及时转移安置建筑工人11000余人。对存在重大隐患建设项目立案14起,处罚金额52万元。

【工程招标】2019年,重点协调政府实事、重点工程招投标监管,主动对接参建各方、相关监管部门,协调X352县道改扩建工程、各板块安置房建设等市、区重点项目招投标(直接发包备案),加快项目推进,按期完成重点项目前期进度工作节点。进一步规范代建行为,拟定《关于加强区级政府投资项目代建管理的意见》。至12月底,实施代建合同备案项目61个,项目总投资58.78亿元,代建费共6517.39万元,88.5%为全过程代建方式。监督指导建设、监理、施工单位,规范工程建设行为,遏制非法转包、违法分包等。至12月底,全区工程发包项目总数608个,工程造价361.04亿元,总面积906.73万平方米。其中公开项目432个,工程造价232.08亿元;邀请招标9个,工程造价13.63亿元;直接发包176个,工程造价115.33亿元。

【建筑市场管理】2019年,打好扫黑除恶治乱主动仗,向区内建筑企业发放住建领域扫黑除恶宣传海报101份,共签订《扫黑除恶专项斗争企业承诺书》109份,全面排查项目186个,抽查区内9个项目管理人员到岗情况、"挂证"乱象、违法发包、转包、违法分包及挂靠等违法行为,并督促整改问题。切实维护建设领域和谐劳动关系,做好农民工工资支付保障和信访调处工作,指导监测农民工实名制管理。"一对一"约谈在建房地产项目103个,报请苏州市住建局通报批评情节严重参建单位9家;受理农民工

2019年6月21日，相城区“安康杯”建筑施工安全生产知识竞赛举行

区住建局　供稿

工资结算纠纷118起，涉及金额4426.6万元，督办结案率100%，未发生造成重大社会影响的群体性事件。

【建筑产业现代化和基地建设】 推进建筑产业现代化，高标准完成装配式建筑和成品住宅目标任务，建设用地中明确装配式建筑项目20个，建筑面积220.83万平方米；新开工装配式建筑项目建筑面积223.72万平方米，竣工成品住宅面积33.2万平方米。推进产业基地建设，其中苏州五嘉晨PC构件项目投产使用，阳澄湖镇绿建住工PC构件项目进入主体施工阶段。（王　燕）

房地产管理

【概况】 2019年，相城区房地产严格执行限购政策，开展房地产市场乱象专项整治百日行动。年内，全区新增商品房12199套，建筑面积145.52万平方米；有可售房源14989套，建筑面积203.98万平方米；累计销售商品房15663套，建筑面积173.71万平方米，增长18.65%，均价22300元/平方米，增长26.65%。新增物业管理项目15个，加强住宅专项维修资金管理，有14个项目获评苏州市级示范物业管理项目。

【房地产市场管理】 严格执行限购政策，全面规范购房资格审查及相关审批流程，实行随机分配和双人联审制度，防堵审核漏洞。强化日常巡检，开展房地产市场乱象专项整治百日行动，现场检查商品房售楼场所16家、房地产经纪机构70余家，开具现场整改通知书34份、限期整改通知书1份，对尚未登记入网经纪机构发放告知函15份，约谈问题突出房地产经纪机构1家。

【物业管理服务与创优亮点】 至12月底，全区累计新增物业管理项目15个，面积329.5万平方米。以区四届人大三次会议议案办理为契机，谋划提升物业管理水平，起草议案答复初稿报区人大审定。拟定《相城区搬迁安置小区物业管理市场化改革方案》，促进搬迁安置小区物业服务规范化、标准化建设。加强住宅专项维修资金管理，公开招标确定中国银行相城支行等6家银行为相城区住宅专项维修资金专户管理银行；全年归集维修资金2.51亿元，使用维修资金13笔，共计698万元。鼓励和引导物业服务企业争先创优，中海珑湾锦园、裕沁庭东区等14个项目获苏州市级示范物业管理项目称号，其中魅力花园获评省级示范物业管理项目。（王　燕）

交通 邮政

交通综述

相城区交通运输局（简称区交运局）设办公室、行政许可服务科、综合建设科、财务审计科、综合运输科、安全监管科等科室6个。2019年3月机构改革，科室调整为办公室（党建科）、综合建设科、综合运输科（区交通战备办公室）、政策法规和安全监管科等科室4个，完成区照明处、区管线所整建制转隶，区交通运输综合行政执法大队、区交通运输管理服务中心、区交通运输信息中心、区交通工程质量监督中心、区铁路事务服务中心、区管线与照明管理中心的“一大队五中心”改革框架基本构成。2019年，相城区境内公路总里程1046.69千米，其中高速公路77千米、一级公路145.61千米、二级公路千327.57千米、三级公路342.25千米、四级公路154.27千米。不断优化以“高速公路为骨架、一级公路为干线、二级以上公路为次干线、等级公路成网”的区域公路网体系。全区内河航道22条，通航总里程194.17千米，其中等级航道5条62.91千米，包括三级航道1条6.53千米，五级航道2条24.76千米，七级航道2条31.62千米，等外级航道17条131.26千米。通航船闸2座，望亭、渭塘、黄埭港口作业区3个。其中，望亭港泊位4个，岸线长度280米；渭塘港泊位17个，岸线长度1300米；黄埭港泊位22个，岸线长度1300米，港口企业43家。全区拥有采莲换乘中心、京沪高铁苏州北站、富元路换乘枢纽等公交换乘枢纽3个，其他公交首末站、停车场、回车场55个。现有公交站点1577个、候车亭1091个（含智能电子站牌50个）、简易站杆点486个。

交通设施建设与养护

【概况】 2019年，区交运局有序推进相城区交通运输建设工程、道路建设工程，加强管养举措，拓展配套服务，交通设施建设与养护工作同步进行。全年投入交通设施建设、交通设施养护、航道设施建设和养护等资金85.06亿元。

相城区G312与G524节点工程施工现场　　区交运局　供稿

【道路建设】 2019年，全区安排道路建设项目55个，年度计划投资78.1亿元，实际完成投资82.71亿元，完成率105.91%。其中27个区级道路项目完成投资75.79亿元，完成率106.95%；28个镇级道路项目完成投资6.81亿元，完成率95.19%。永方路北延工程（春秋路—太阳路）（东挺河路—黄蠡路）、G312与S228节点工程、广济路北延工程等24个项目完工或实现通车。

【公交场站建设】 2019年，区交运局完成新（改）建阳澄湖首末站、生田村首末站、冯梦龙村停车场、望亭运河公园首末站、长洲苑湿地公园停车场、太阳花园首末站、阳澄湖畔花苑首末站等公交首末站、停车场8个，完成新建采莲换乘中心、冯梦龙村停车场公交专用充电桩共12根（一桩二枪），新建城区公交候车亭35个。龙道浜P+R配套公交设施项目开始施工，完成地下室负二层施工。基本完成全区46处公交场站的标准化改造，完善场站设施功能配套，规范场站标识系统。

【道路与航道养护整治】 2019年，全区公路养护大中修工程投入资金3651余万元，小修保养资金2123万元，保洁资金2974万元，乡村道养护投入资金9103万元。相城区公路安全生命防护工程、2019年度应急抢修工程、相城区路域环境整治工程等6个道路养护项目完工。推进“四好农村路”示范县建设工作，完成太阳路6.2千米农村公路提档升级工程项目，投入1.27亿元。改造桥梁7座，完成投资940余万元。完成县道、乡道、镇村公交线路的村道安全生命防护工程153.41千米，完成投资3910余万元。完成望亭镇御亭路、黄埭镇果园路等2条“海棠花红路”，望亭镇何杭路、黄埭镇长平路、黄桥街道永方路等3条“平安放心路”创建工作。2019年，全区航道养护工程投入3475.9万元，航道应急抢修工程投入53.5万元，航道保洁投入440万元，合计投入3969.4万元。苏虞线第五期航道整治工程完工，设置航道护岸4088米，投资2477万元；苏虞线第六期航道整治工程完成护岸设置1500米，投资800万元；2019年度市干线航道桥梁隐患整治工程完工，完善苏虞线太东公路桥等7座大桥的安全设施，望虞河葑塘泾大桥、苏张线广济北路桥、苏张线凤北荡路桥设置防撞桩，投资198.9万元；应急抢修苏虞线渭塘段、花南段71.3米航道护岸，投资53.5万元；主要航道保洁投入440万元。

交通运输

【概况】 2019年，区内有公路客运企业9家、水路客运企业1家、公路货运企业3084家。相城公交公司全年新购114辆公交车，淘汰报废老旧车辆94辆，年末，有公交车辆671辆，其中清洁能源和新能源车辆占82.7%。

【客运】 2019年，区内有配载省际班线1条、县际班线5条。区内有公路班线客运企业2家，客运车辆1234辆；有水路客运企业1家，客运船舶30艘；有汽车租赁企业19家，车辆542辆；出租客运企业4家，出租车1049辆；公交企业1家，公交车671辆。年内，全区境内营业性公路客运量3833.2万人次，客运周转15.84亿人千米，分别下降0.6%和0.8%。营业性水路客运量59.7万人，客运周转量540.2万人千米，分别增长1.9%和2.6%。

【货运】 2019年，全区有公路货运业户3084家，其中大件运输许可业户3家、危险货物运输企业14家；有货运车辆6444辆，其中危险品货运车辆672辆。全年公路货运量15798万吨，货物周转量22.24亿吨千米，分别增长

2019年，新能源汽车投入运营　　区交运局　供稿

6.8%、6.5%。水路货运量88.7万吨，货运周转量3.8亿吨，分别增长5.5%、5.2%。

【公共交通】 2019年，开设相城区公交线路87条，其中相城公交公司75条，市区其他4家公交公司8条，无锡、常熟、昆山运营的跨市公交线路4条，公交车辆671辆。2019年《相城区公交线网优化实施规划》定稿，微循环线路全面启动，全年新辟公交高峰2号、855支线、822支线、886路等4条线路，优化调整公交822路、87路、817路、80路、876路5条线路；配合春申湖路快速化改造、南天成路西延、澧湖大道东延、G524施工等工程建设需要，调整和恢复公交线路95条次，同时对801路、802路、807路、815路、833路、882路、852路、夜8、高峰16号等9条线路实施延时增班或班次优化；增设相城第三实验中学、生田村首末站、如元路澄阳路东、苏州第二图书馆南站等55个公交站，撤销张华、驾友培训中心②、矫埂站等6个公交站。

交通管理

【概况】 2019年，区交运局充分利用一个中心、两个平台，继续加强行业监督管理，加强交通工程质量监管。打造硬实力，提升软实力，交通管理能力再上新台阶。

【路政管理】 2019年，区交运局执行干线公路365天巡查制度，完成巡查里程12余万千米，清除非法标志标牌430块、摊点360个，制止并责令纠正路域环境违法违规行为89起。开展路域环境整治86次，查处涉路违法违规案件147起，整治各类问题256个。全区国省干线公路MQI（《公路技术状况评定标准》的简称）值97.35，县道MQI值91.9，优良路率95%，乡村道好路率89%。

【运政管理】 2019年，区交运局组织开展路域环境整治、网约车、“黑驾培”、危险品运输、道路运输投诉举报，无证码头专项执法等各类专项行动1400余次，出动执法人员3200余人次，处置突发事件20余起，立案查处违法违规案件840起。吸取无锡高架侧翻事故教训，规范化、制度化、常态化推进超限超载治理工作。联合交警部门路面查处违法超限超载车辆282辆，卸驳载货物2941.93吨。非现场处罚102起，约谈高频超限超载企业6批次12家次。全区普通公路超限率由2018年的2.19%下降至1.56%，违法超限超载率持续下降。

【航政管理】 2019年，区交运局组织相关科室开展航政巡航249天，巡航里程2.76万千米，航标巡标280座次，巡标里程1892千米，航标正常率100%。配合区行政许可局完成航评6件；移交查处非法行为2起，收取航道赔（补）偿费185.57万元。开展安全检查63次，其中检查港口码头48次，检查在建水运工程15次，排查、整改隐患131处，整改率100%。

【机动车维修管理】 2019年，全区检测营运车辆7880辆次，其中等级评定7830辆次。区内4家汽车尾气排放治理维护站（M站）治理尾气排放不合格车辆58辆次。至年末，全区有机动车维修企业469家，其中一类维修企业21家、二类维修企业88家、三类维修企业360家，维修从业人员2300余人。

【管线和照明管理】 2019年，照明设施养护累计完成养护投入

2019年9月6~16日，区交运综合执法大队开展超限超载夜查整治行动

区交运局　供稿

近1000万元，照明设施亮灯率99.2%，完好率98.9%，处置各类路灯故障、事故近660起。全年市政公共配套设施三年行动计划累计建设各类管网650.4千米，其中新建供水管网47.94千米、新建污水管网49.92千米、新建雨水管网113.58千米、新建燃气管网31.92千米、新建电力管网276.57千米、新建通信管网130.49千米。澄阳路3.24千米综合管廊建成投用，完成春申湖路综合管廊建设1.63千米。富元路东延二期、支二路、支三路、相四路等7个照明工程建设全部完成，新建路灯254杆，更换灯具168个。

交通运输信息管理中心监控室　　区交运局　供稿

【交通环境整治】 2019年，区交运局对照交通干线沿线环境综合整治5项行动要求，围绕铁路、高速公路、国省干线、内河干线航道沿线及港口码头，开展自查自纠，通过省级考核验收。对区内京沪高铁、沪宁城际、京沪线等3条铁路沿线开展“回头看”行动，处置隐患问题18个；排查区内绕城高速、苏嘉杭高速、沪宁高速、苏锡支线等4条高速公路沿线及桥下空间，巩固75处桥下空间治理成果，清理违规广告设施、非法搭建物46处。对G312、G524、S228、S230等4条国省干线82千米用地红线范围开展非标整治、路域环境整治，累计巡查里程5.48万千米，修复沥青路面坑塘6.11万平方米，更换雨污水井盖140块、标志牌266块、防撞护栏936米。综合整治全区内河港口码头118个，依法取缔非法码头75个，腾出空间39.4万平方米，恢复岸线6.6千米。完成苏虞线第5期航道整治工程护岸建设4088米。

【交通安全监管】 2019年，整治旅游车、三类以上班线客车、危险品运输车（简称“两客一危”）运输、交通工程建设、机动车维修等行业安全隐患1027个，开展行业培训3次，培训400余人次，扩大行业规范传导覆盖面。全区“两客一危”企业新增运输车辆23辆，新增危险品运输车辆占3.8%，综合监管平台“两客一危”前端监测动态监管信息19625条，其中异常类工单1998条。

【交通工程质量监督】 2019年，相城区交通工程质量监督中心新受理质监项目9个，在建交通工程项目11个，其中续建项目4个、新建项目7个。质监中心全年开展质量安全综合检查6次、安全专项检查17次，排查整改隐患726处，发出质量安全监督通报12份、停工令6份。组织参与消防、高空坠落等大小应急演练7次，安全生产形势总体稳定。完成交工验收项目4个、竣工项目2个，其中聚金路南延工程被评定为优良工程。累计工程实体质量抽检15895点（组），总体合格率94.3%；原材料抽检340批次，合格率99.1%，工程质量基本受控。引导工程项目创建“平安工地”，其中G312与S228节点（苏州中环北线二期工程配套项目）、524国道（原227省道）相城区段改扩建工程获2019年度省级“平安工地”示范工地称号。推进G312与G524节点工程、524国道（原227省道）相城区段改扩建项目品质工程创建工作。推出《苏州市相城区交通工程安全文明标准化图册（试行）》方案，健全质量分析报告制度与联合小组检查制度。

【智慧交运】 2019年，相城区交通运输综合监管平台项目三期建设完成，实现综管系统、综合展示系统、运行监测系统的云部署，并通过二级等保测评。综管系统（交运通）更新升级，政务信息管理、年度任务管理模块上线，综合展示系统完成年度数据更新、影像资料叠加、UI界面升级。全年通过综合监管平台处置“两客一危”信息25835条；受理信访投诉3110件，均已移交相关职能部门处置。强化微信公众号服务功能，实现市运管处、区交通运输行业服务相关业务数据公开查询，微信公众号关注量突破1.6万人，全年推送交运文章297篇，其中阅读量破千文章135篇，图文总阅读量35.9万人次。9月，区域交通运输行业综合管理信息平台获评苏州市2019年度第十八批科技发展计划（民生科技）项目。11月，成功创建成江苏省首个“交通运输信息化综合应用示范县”。（林　陈）

邮　政

【概况】 中国邮政集团公司苏州市相城分公司（简称邮政相城分公司）下设11个邮政支局（所），2019年，有从业人员263人。邮政相城分公司有邮运汽车26辆、二轮电动车14辆、三轮电动车38辆、摩托车50辆，投递段道148条，投递总里程5315千米，其中农村投递里程3420千米。全年营业收入9415万元，增长7%，增幅位居苏州市前列。

【邮政服务】 2019年，邮政相城分公司以邮政窗口资源为基础，依托全区198家邮掌柜加盟店，围绕市场需求，打造线上、线下相结合的邮政综合便民服务平台，为村社居民提供代缴水电煤气费、通信费及各类政务代办的公共服务和平信收寄、报刊订阅、邮品销售等邮政服务。邮政相城分公司打造“邮乡邻”社区品牌，致力于将优质平价农产品送进社区，开展社区活动82场，补贴资金10万元。增设“警邮E站通”服务网点4个，为群众提供补换领机动车驾驶证、机动车驾驶人联系方式变更备案等业务11项，助力交管服务便民化。

2019年12月26日，邮政相城分公司和区妇联联合举行爱心包裹捐赠活动
邮政相城分公司　供稿

【绿色邮政】 邮政相城分公司确立绿色发展理念，倡导生产方式转变，提供绿色产品和组合服务，开展绿色品牌系列活动。塑造“效率、和谐、可持续、负责任”的绿色邮政品牌形象，促进包装绿色化、减量化，推广应用绿色低碳包装材料，启动“邮惠菜场”计划。该计划依靠邮政支付体系，优化线下消费场景，减少现金交易环节，同时向交易双方投放优惠补贴，提高群众满意度。全年帮扶菜场11个，服务摊位近700户。

【邮政文化】 围绕“营造氛围、突出重点、整合资源、正向引导、提升素质”总目标，各地邮政支局对接学校，成立集邮读书兴趣俱乐部38家。定期举办集邮知识讲座，组织学生参观邮政支局、学习基本金融知识，参与“小小报童”等邮政文化普及活动，邮政文化在全区中小学校广泛有效传播，提升学生综合素质。2019年，邮政相城分公司致力于“爱邮梦想”全民公益活动，引导社会力量投入慈善帮扶活动，为广大群众提供参与公益事业的平台。结合校园帮扶、校企帮扶，向贵州省铜仁市石阡县、新疆维吾尔自治区喀什市、青海省玉树藏族自治州等地的中小学校传递爱心包裹1995个。
（蒋俊伟）

信息业

综　述

2019年2月，相城区完成机构改革，16个部门176个事项划归区行政审批局托管，区信息中心启动全区信息化改革工作。6月，发布《苏州市相城区信息化建设管理改革方案》。发挥各领域牵头部门的统筹协调作用，形成开放协同、高效共享的良性互动局面。为推动信息化项目建设流程再造，加强项目审核监督，提高项目建设管理水平，相城区创新加入数字科技公司和8个平台牵头部门参与项目建设监管过程。科学论证信息化项目，重点压缩调整区级部门新建项目22个。根据“功能集成、数据集成、人员集成”总体原则，“政府对外服务、集成指挥和综合治理对内管理”两个主线贯穿整个“数字政府”改革工作，拟定“数字城市”集成指挥和综合治理中心协同业务处置路线图和接入数据路线图，形成1个集成指挥大厅、6个区级分中心、12个镇（街道、区）分中心的指挥调度模式，实现相城区区域“一网通办、一网统管”。

电子政务服务

【概况】 2019年，相城区施行信息化改革，通过强化顶层设计、推进集约化建设、创新公司化运营模式，全面提升信息化发展效能。依托“1+8+N+X”基本框架，逐步推进1个中心、8个综合管理平台、N个应用和X个模块建设，整合全区政务信息资源和业务协同流程，启动“数字城市”集成指挥和综合治理中心及分中心建设，形成特色鲜明、符合实际的“数字政府”相城范式。推进“互联网+政务服务”“不见面审批（服务）”标准化试点，探索“一窗一事一证”改革工作。全区政务大厅受理办件174.23万件，按时办结率100%。

【政务网络平台】 2019年，相城区通过政务网络平台发布新闻信息10.95万条、视频新闻1986期、部门信箱信件4.72万件，发布政务公开信息9771条，点击率超3亿人次。相城区社会综合治理联动中心累计受理处置12345热线、寒山闻钟论坛、公众监督、领导信箱、110移车类、网格巡查等25个不同来源话务和工单220.64万条，日均处置6084条，办结率98.3%，市、区两级12345热线工单满意率超99%。

【“互联网+”体系服务】 2019年，区行政审批局印发《关于深入推进全区“互联网+政务服务”向基层延伸的实施意见的通知》，按照镇级示范型、标准型，村级示范型、标准型、普通型分类制定建设标准，编制《便民服务中心标准化手册》，完成13个镇级、134个村级便民服务中心标准化建设，统一标识、统一取号、统一管理、统一考核，实现区、镇、村三级体系和标准化便民服务大厅全覆盖。制定《相城区“一窗办理、全科服务”深度融合改革实施方案》，对审批事项由简单物理组合向深度化学融合转变，政务大厅窗口及工作人员分别减少25%。全区90%以上事项网上办理，市、区43个审批系统互联互通。为群众提供义务帮代办、EMS免费送、“不见面审批”等服务，全年发生“不见面审批”事项222项，“不见面审批”办件数158.26万件。

【便民服务】 2019年，区行政审批局按照全省服务事项名称、编码、法定依据、流程等“三级六同”要求，重新认领镇级事项296项、村级51项，形成标准化、规范化目录清单。根据各地需求，新增市民卡、水务、燃气缴费和圈存等便民服务，全区自助可办事项增加到18种。拓展“一网通办”服务范围，将与群众关系紧密的49个事项首批纳入“一网通办”办理，涉及卫健、残联、民政3个条线部门10个事项完成深度融合。制定《相城区“一窗一事一证”综合许可改革实施方案》，推行“一窗一事一证”综合许可改革，批发和零售业、交通运输业、住宿和餐饮业等75类35个事项纳入改革范畴。通过“一单申请、一窗受理、一次勘察、一科办结、一证体现、一档归并”，实现“一件事全流程最多跑一次”的目标。

【市场准入项目审批服务】 2019年，相城区全面推行网上名称自主申报，全区全程电子化登记比例由年初的12%增至69%。全免新开办企业刻制印章费用。根据审批改备案、告知承诺、优化准入服务等4类要求，实行“证照分离”区级审批事项改革27个。做好外资登记管理权限、股份公司设立登记承接工作，特别指导和服务科技、金融、文化、农业、地产、健康等重点企业84家。出台《产业项目开工审批和竣工验收工作机制》《2019年区领导挂钩推进产业项目工作方案》，围绕保障项目开工、投产，采取计划上墙、挂图督促、会商约谈、领导挂钩等措施，督促企业加快开工建设、竣工验收。探索科学精简审批事项、合理划分审批阶段、完善联合竣工验收机制、加强业务数据共享等一系列措施，保障工业项目从立项到施工许可发放审批在20个工作日内完成，全年发放施工许可证255个，增长26.9%。（朱蓉芬）

信息化项目建设

【概况】 2019年，相城区利用“互联网+”创新手段，提升企业信息化水平，推动企业上云平台。年内，漕湖开发区获评首批省级工业互联网示范工程“互联网+先进制造业”基地培育对象；紫光云引擎科技（苏州）有限公司入围国家级工业互联网创新发展工程项目，获评国家级制造业“双创”平台试点示范项目和国家级制造业与互联网融合试点示范项目。年内，获评省级工业互联网发展示范企业2家、省级两化融合贯标重点培育企业12家、省星级上云企业64家，苏州微缔软件股份有限公司微缔精益制造执行管理系统软件V3.0产品荣获省工信厅第十七届江苏省优秀软件产品奖（金慧奖）。全年软件产业主营业务收入22亿元。

【工业互联网平台】 2019年，相城区工信局加快工业互联网建设，全年有5个工业互联网平台（项目）入围国家级工业互联网平台，3个工业互联网平台入围省级工业互联网平台。

国家级工业互联网项目　2019年9月，紫光云引擎科技（苏州）有限公司工业互联网平台试验测试体系建设等3个平台和安全领域项目入围工信部工业互联网创新发展工程项目；10月，紫光云引擎科技（苏州）有限公司基于紫光UNIPower的研发设计能力开放平台项目被工信部评为2019年制造业“双创”平台试点示范项目；11月，紫光云引擎科技（苏州）有限公司工业互联网平台企业安全综合防护系统项目被工信部评为2019年制造业与互联网融合试点示范项目。

省级工业互联网平台　2019年3月，江苏亨通工控安全研究院有限公司被省工信厅列入江苏

2019年8月9日，相城区颁发全省首张行业综合许可证
区行政审批局　供稿

省级工业互联网服务资源池；紫光云引擎科技（苏州）有限公司UNIPower工业互联网平台被省工信厅评为江苏省跨行业跨领域工业互联网平台，江苏仕泰隆物联网有限公司仕泰隆装备云平台被评为江苏省培育类工业互联网平台。

【两化融合贯标企业】 2019年8月，经企业申报、各地推荐、专家评审、网上公示等环节，江苏斯可馨家具股份有限公司、苏州市冯氏智能科技有限公司、嘉联益科技（苏州）有限公司等12家企业被省工信厅评为2019年江苏省两化融合贯标重点培育企业。年末，全区有省级两化贯标企业34家。

【星级上云企业评定】 2019年，江苏斯可馨家具股份有限公司等30家企业被省工信厅评为2019年江苏省首批星级上云企业。其中，江苏斯可馨家具股份有限公司、吴通控股集团股份有限公司、苏州华亚智能科技股份有限公司3家企业被评为五星级企业；苏州未来电器股份有限公司、江苏美的清洁电器股份有限公司、美特科技（苏州）有限公司等9家企业被评为四星级企业；江苏凯尔生物识别科技有限公司等18家企业被评为三星级企业。苏州富鸿齐电子有限公司等34家企业被省工信厅评为2019年江苏省第二批星级上云企业，其中苏州富鸿齐电子有限公司被评为四星级企业，苏州源慧达智能科技有限公司等33家企业被评为三星级企业。

【“相融长三角”智能制造高峰论坛】 6月21日，“相融长三角”智能制造高峰对话活动在上海举行。工信部人才交流中心、相城区政府领导分别致辞，并为“相城区智能制造产业联合会”揭牌。与会专家学者、企业代表围绕中小企业如何进行智能化改造，共话智能制造新趋势，共商合作共赢新机遇。著名经济学家、先进制造专家指导委员会主任任玉岭围绕《弘正雅学风，扬智能引擎》作主题演讲，四川省经济和信息化厅副厅长王建翔围绕《中国智能制造展望》作主题演讲，中国科学院院士赵淳生围绕《超声电机的发展及其在高端（智能）装备上的应用》作专题报告，国家智能制造专家、研究员、教授级高级工程师王涛围绕《智能制造的核心机制与技术》作专题报告，苏州电信云计算运营中心总监黄健作《企业上云政策、趋势，典型解决方案及案例分享》专题交流、现场推介。

（吴越宇）

“智慧相城”建设

【概况】 2019年，相城区利用网络平台、大数据管理系统推动“智慧相城”建设，在智慧管理、智慧产业、智慧民生等领域探索管理方法，提升管理水平。

【智慧管理】 2019年，区联动中心在相城区网格化社会综合治理联动平台一期的基础上，进行知识库更新、信息发布系统、操作系统优化及公众开发等功能扩展，优化8+N大屏展示系统、分析评价功能，实现话务系统，用户认证系统，话务系统业务检测与预警系统，全要素采集网格通VPN硬件，移动视频终端存储等硬件增容。通过标准数据接口，实现区级各委、办、局数据汇聚、系统对接，为网格化联动平台提供数据支撑和应用支撑。通过构建全要素采集系统，实现试点网格内涵盖人口、企业、监管对象、部件、房屋、社会组织等数据的采集上报和更新查询。通过对系统的不断优化升级，最终形成“覆盖全面、信息融合、多方协调、全民参与”的网格化社会综合治理联动平台。

【智慧产业】 2019年，相城区工信局为提高惠企政策宣传覆盖度，精简申请流程，加快申请响应，采用网络平台+服务资源相结合的模式，利用大数据、人工智能等技术手段，建设“相城政策通平台”，为企业提供线上、线下一站式综合服务。通过“相城政策通平台”，企业可以智能匹配扶持政策的准备数据报告。精确查询省、市、区工信条线相关政策的详细情况，了解最新的政策发布等行业信息，进行线上相关政策项目的委托申报等，帮助企业快速了解政策匹配情况，及时把握申报良机，最大程度获取政策支持。

【智慧民生】 2019年，区人社局为解决企业关停转移劳动力再就业问题，推动全区居民充分就业、高质量就业，制订“相城区促进高质量就业提升计划”，开展就业大调查，建设“相城区居民就业服务平台”。通过排摸全区居民就业状况，建立全区居民就业基本信息库，促进精准就业帮扶；通过构建就业上门服务事项登记机制，为就业服务提供翔实数据支撑；通过构建失业人员服务机制、困难人员帮扶机制、企业劳动力余缺调剂机制、基层就业服务活动管理机制等，为就业人员和企业搭建双向沟通选择渠道；通过建立

就业画像档案、就业工作互动机制等，改善和推进就业服务工作，提升就业服务工作的针对性、准确性和及时性。（徐　明）

通　信

【**概况**】2019年，相城区电信局下辖10个支局，有营业网点156个，平均每个网点覆盖面积3.02平方千米，有员工122人。区电信局围绕智慧相城、提速降费、4G深度覆盖、5G建设、线路建设等工作重点，全年铺设通信接入光缆0.36万皮长公里，累计4.81万皮长公里。累计开通4G站点1643个，完成4G站点深度覆盖。规划建设58个5G站点，配合完成春申湖路、G524、漕湖大道等市政建设项目建设工作。至年末，全区电信固定电话用户9.45万户，天翼移动电话在网33.23万户，宽带用户19.09万户，FTTH（Fiber To The Home，光纤到户）覆盖率100%，实现全光接入，接入光交接箱1948个，光交接箱平均覆盖面积0.25平方千米。光纤总端口36.02万个，实占21.99万个，实占率61.05%；宽带用户平均速率134M。全年实现经营收入4.15亿元。

【**电信运营商**】江苏省广电有线信息网络股份有限公司苏州分公司　江苏广电苏州分公司下设分支广电站18个，区级集团业务由苏州分公司集团客户部直接管理，现有员工117人。全年完成投资4100万元，推进FTTH网络覆盖和4K高清化升级，有线智慧镇（街道）基本实现覆盖。全年新增宽带用户0.14万户，累计2.69万户。截至年末，全区拥有有线电视用户16.95万户，有线网络双向改造覆盖率99%，双向改造覆盖用户23.72万户，高清互动用户15.41万户。全年实现综合业务收入2.5亿元。

中国移动通信集团江苏有限公司苏州东区分公司　2019年，中国移动通信集团江苏有限公司苏州东区分公司有员工205人，有全业务营业厅159家。公司大力推动相城区政府、集团、企事业单位信息化水平，助力信息化建设，物联网及第四代移动通信网络规模进一步扩大。全年完成投资1.6亿元，新建4G基站245座，累计1855个；新建5G基站143座；新建通信接入光缆1080皮长公里，累计1.04万皮长公里，实现全区4G网络连续覆盖以及5G基站重点区域覆盖；建成小区宽带驻地网45个，累计建成521个，光纤宽带用户覆盖数超过32万户。至年末，全区拥有移动电话用户68.1万户。

中国联合网络通信有限公司苏州市分公司相城区局　2019年，中国联通相城区局现有员工32人，营业厅46个。全年完成投资1480万元，持续推进移动网络建设和基础网络建设，新建4G宏基站站点230个，累计1349个；新建4G室分站点12个，累计376个；新建通信接入光缆700皮长公里，累计5800皮长公里。宽带小区建设力度继续加大，新建宽带小区48个，新覆盖3万户，累计覆盖19万户，平均宽带接入速率100兆，全区宽带接入率达到60%。至年末，全区拥有个人公众客户28.2万户、个人宽带用户3.6万户、企业客户0.93万户。2019年实现综合业务收入1.22亿元。（吴越宇）

综　述

【概况】 2019年，相城区坚持农业农村优先发展总方针，以实施乡村振兴战略为总抓手，以农业供给侧结构性改革为主线，围绕农村一二三产业融合发展，聚焦主导产业，加快培育农村发展新动能，扎实推进美丽乡村建设，全区都市现代农业产业发展质量加快提升，农村人居环境进一步改善，城乡融合发展水平显著提升。2019年，按照区委统一部署，相城区农业农村局圆满完成转隶组建工作，对外加挂相城区政府扶贫工作办公室牌子，相城区委农村工作领导小组办公室设在相城区农业农村局。1月25日，相城区农业农村局成功挂牌，3月份完成局内设机构改革，10月份完成下属事业单位改革，涉农职能进一步整合优化。

【现代农业建设】 2019年，相城区围绕全域城市化打造现代都市农业、生态农业和休闲农业，不断提升全区农业现代化发展水平。全年粮油作物种植面积2626.67公顷。全区实现农林牧渔总产值19.82亿元。苏州市阳澄湖现代农业园突出绿色高效渔业发展，做大做强阳澄湖大闸蟹品牌；苏州御亭现代农业产业园依托太湖生态资源，打造北太湖休闲观光旅游风景区与稻香小镇；苏州市黄埭循环农业示范区加快创建全国农村一二三产业融合发展先导区；苏州漕湖生物农业产业园打造蔬菜、花卉基地及漕湖绿色生态休闲带；渭塘现代农业示范园突出渭塘珍珠特色品牌，发展现代农业休闲观光旅游项目。倪家湾水之田农业园打造集农业体验、休闲、度假为一体的休闲农业园区。黄埭镇冯梦龙村获评全国农村创新创业孵化实训基地，苏州阳澄湖生态休闲旅游有限公司、苏州牧谷农业科技发展有限公司2家企业晋升全国休闲农业与乡村旅游五星级企业（园区）。

【生态宜居乡村建设】 2019年，全区有行政村（涉农社区）94个。加大美丽生态宜居乡村建设力度，主抓村庄清洁行动、美丽乡村建设，聚焦垃圾污水处理、“厕所革命”、村容村貌提升等重点环节，全面推进农村人居环境整治。建立由区长任总召集人的农村人居环境整治工作联席会议制度，实施农村人居环境“红黑榜”和第三方监督检查机制。年内，建设黄埭镇冯梦龙村（石桥村）、望亭镇迎湖村（下圩田）等三星级康居乡村16个，建设阳澄湖度假区清水村、阳澄湖镇消泾村2个康居特色村。全区累计建成美丽村庄示范点21个、三星级康居乡村120个、康居特色村3个，望亭镇迎湖村获评全国乡村治理示范村。

农业发展

【概况】 2019年，相城农业以“优质、高效、生态、品牌”为目标，充分挖掘各地乡村资源优势，着力推动农业园区提档升级，农村一二三产业融合发展水平显著提升，农业新型经营主体不断壮大。全区现代农业园区总面积8386.67公顷。拥有市级及以上农业龙头企业20家，农民专业合作社41家、家庭农场10家，绿色、有机食品企业23家。年内，全区休闲观光营业收入超9.5亿元，农产品电商销售额7.28亿元。

【农业发展质量提高】 推进“三高一美”建设。划定粮食生产功能区1733.33公顷，年内新增高标准农田87.67公顷、高标准蔬菜基地6.67公顷，小林农业、福家农庄2家公司创建高标准蔬菜生产示范基地。着力提升全区绿色优质农产品占比，年内成功创建“苏州大米”区域公用品牌建设示范基地2家。2019年，标准化改造池塘304.8公顷，推进中华绒螯蟹良种培育和“政产学研”融合，与中国水产科学研究院淡水渔业研究中心合作开展阳澄湖区域的中华绒螯蟹良种选育工作，成功培育中华绒螯蟹良种F5代大眼幼体，并在相城区推广，建立河蟹“863”生态养殖模式，渔业转型升级加快。全面完成“大棚房”问题专项清理整治，恢复农业生产功能面积4.44公顷。

【产业融合发展载体打造】 以培育融合发展载体促进“农业+”多业态发展。黄埭镇全力创建全国农村一二三产业融合发展先导区，完成农田基础改造提升一期项目，实施智慧农业系统改造提升一期项目，建成廉政文化培训中心、冯梦龙书院等项目，油坊、冯梦龙农耕文化园等建成开放，举办2019年苏州市中国农民丰收节系列活动；望亭镇开展第二届北太湖稻香小镇丰收文化节等各类活动，打造“太湖稻城、油菜花海”休闲农业景观，农家乐等新业态发展进一步规范，乡村旅游发展势头良好；阳澄湖度假区依托大闸蟹、渔文化和彩稻等打造生态休闲美食旅游品牌。年内，苏州阳澄湖生态休闲旅游有限公司和苏州牧谷农业科技发展有限公司获评全国休闲农业与乡村旅游五星级企业（园区），全区新增“江苏省休闲农业精品村”3个（冯梦龙村、迎湖村、清水村）、“江苏省主题创意农园”3个（倪家湾水之田农业园、苏农花苑创意农园、相城区麦田禾盛创意农园）、市级休闲农业精品村2个（清水村、丰泾村），牧谷农场成功创建苏州市共享农庄。全区拥有休闲观光基地547个，休闲观光营业收入超9.5亿元，累计接待游客642万人次。

【农村创业创新促进】 争取创业创新平台 2019年，第三届江苏省农村创业创新大赛在相城区举办。布瑞克公司获成长组一等奖，并在全国农村创业创新大赛决赛中获成长组二等奖；冯梦龙村获评全国农村创新创业孵化实训基地。

壮大农村创业创新主体 鼓励农业龙头企业、家庭农场、农民专业合作社等做大做强。12月，举办2019海峡两岸（苏州相城）农业博览会，促进海峡两岸企业农产品贸易交流与合作。全年新增苏州市级农业产业化龙头企业3家（苏州景致餐饮管理有限公司、苏州福家农庄有限公司、苏州市欧可巧克力食品有限公司）；挂牌江苏股权交易中心“农业板”企业3家（苏州泰进食品有限公司、苏州银猴淀粉有限公司、苏州福家农庄有限公司）；新成立农业产业化联合体6个，认定农业产业化省级示范联合体3个、市级农业产业化联合体5个。

不断提升企业创新能力 2019年，苏州健飞肠衣有限公司、苏州博田自动化技术有限公司2家企业获评苏州市“十佳农业创新企业”，布瑞克（苏州）农业互联网股份有限公司、苏州园科生态建设集团有限公司、苏州健飞肠衣有限公司3家企业获评苏州市“十佳”农业科技企业，祯祥（苏州）食品有限公司、苏州健飞肠衣有限公司2家公司获评苏州市“十佳”农产品加工企业，苏州市相城区阳澄湖镇剑成水产生态养殖专业合作社获评2019年苏州

2019年9月23日，苏州市中国农民丰收节在黄埭镇冯梦龙村举办
区农业农村局 供稿

市"十佳"农民合作社，望亭镇董巷家庭农场和新埂后桥湾家庭农场获评省级示范家庭农场，望亭镇麦田禾盛家庭农场获评2019年苏州市"十佳"家庭农场。

推动数字农业发展　2019年，苏州博田自动化技术有限公司和布瑞克（苏州）农业互联网股份有限公司项目入选"2019数字农业农村新技术新产品新模式优秀项目"，麦田禾盛家庭农场入选全省家庭农场典型案例，苏州市相城区金香溢农机服务专业合作社入选全省社会化服务典型案例。

农村电商深入发展　全区拥有农业电子商务企业200余家，其中，规模以上的农产品电商销售企业67家。销售产品涵盖大宗农产品、大闸蟹、珍珠、果品、蔬菜、稻米等，2019年全区农产品电商销售额7.28亿元。

表9　2019年相城区农业产业化联合体情况表

序号	联合体名称	成立时间	级别	认定时间	种养规模	带动农户数量（户）
1	苏州市迎湖粮食产业化联合体	2018.10.26	市级	2019.3	393.33公顷	100
2	苏州市毛氏水产产业化联合体	2018.10.29	市级	2019.3	1000公顷	80
3	苏州园科生态产业化联合体	2018.12.11	省级	2019.3	386.67公顷	5800
4	苏州市阳澄湖苏渔水产产业化联合体	2018.11.3	市级	2019.3	160公顷	130
5	苏州泰进河蚬产业化联合体	2018.12.24	市级	2019.5	1333.33公顷	400
6	苏州健飞肠衣产业化联合体	2018.12.25	省级	2019.12	5000头	5000
7	苏州益友冠玉枇杷产业化联合体	2018.12.26	省级	2019.12	233.33公顷	100
8	苏州市银猴农业产业化联合体	2019.10.15	省级	2019.12	118.39公顷	1200
9	苏州市相城区阳澄湖镇剑成水产生态养殖专业合作社产业化联合体	2019.5.13	市级	2020.1	74.27公顷	800
10	苏州布瑞克智慧农业产业化联合体	2019.9.29	市级	2020.1	4.88公顷	20000
11	欧可食品精深加工联合体	2019.10.8	市级	2020.1	29.33公顷	125
12	苏州景致配送农业产业化联合体	2019.10.14	市级	2020.1	700.67公顷	687
13	苏州福家农业产业化联合体	2019.10.9	—	—	200公顷	500

【农产品质量安全建设加强】 2019年，组织申报省级优质基地7个，申报绿色食品14个，其中新增绿色大米企业6家（苏州市现代农业产业园农耕俱乐部有限公司、苏州御亭现代农业产业园发展有限公司、苏州美人半岛现代农业发展有限公司、苏州市相城区双湖优质大米专业合作社、苏州市相城区德标生态农业专业合作社、苏州市相城区双桥农业发展有限公司），全区累计拥有绿色、有机食品企业23家，产品46个，产地规模1433.33公顷，产量2295.56吨。苏州市相城区双湖优质大米专业合作社和苏州市迎湖农业科技发展有限公司申报创建"苏州大米"区域公用品牌示范基地。全年地产蔬菜、果品快速检测4308批次，合格率100%。苏州市中巷上农业科技专业合作社、苏州市小林农业科技发展有限公司、苏州麦田禾盛家庭农场有限公司、苏州市迎湖农业科技发展有限公司、苏州忆乡源生态农业有限公司、苏州福家农庄有限公司、苏州海澄农业科技有限公司、苏州阳澄湖金一大闸蟹养殖专业合作社、苏州天地园农业科技有限公司、苏州市毛氏阳澄湖水产发展有限公司和苏州市新高度种业科技有限公司等11家绿色有机食品企业创建成农产品质量追溯管理示范企业。

【农业外向发展推进】 2019年，组织企业参加第五届江苏优质农产品（南京）展销会、第二十一届江苏农业合作洽谈会、第十七届中国国际农产品交易会、第十七届江苏名特优农产品（上海）交易会、2019苏州金秋优质农产品展销会、第十八届苏州优质农产品交易会以及"绿色风"等活动。组织举办2019海峡两岸（苏州相城）农业博览会。

种植业　养殖业

【概况】 大力推广绿色生产方式，增加绿色优质农产品供给，保障“菜篮子”产品稳定供应，推动种植业绿色高质量发展。2019年，全区实种水稻1773.33公顷，亩产601千克，比上年增产11千克/亩，总产量15948吨，比上年增产995.6吨；实种小麦813.33公顷，亩产266千克，比上年增产3千克/亩，总产量3237吨，比上年增产124吨；实种油菜33.33公顷，亩产131千克，比上年减产0.7千克/亩。

【粮食作物】 2019年，全区水稻种植面积1773.33公顷，小麦813.33公顷。水稻供种面积1626.67公顷，供种数量9.86万千克，补贴金额29.29万元，全区水稻集中育供秧面积12公顷。水稻以南粳46、南粳5055、苏香粳100、武运粳30为主栽品种，小麦推广扬麦16号、镇麦10号等，粮油作物优良品种覆盖率95%以上。全区耕地休耕面积790.9公顷，补贴资金297.43万元。在太湖流域一级保护区建设农作物病虫害绿色防控示范区，种植南粳46、苏香粳100优质稻米品种，实施病虫草害绿色防技术，采用农业生态控害措施、理化诱控产品及其技术、示范推广生物农药和高效低毒低残留农药、病虫害统防统治等措施减少太湖流域一级保护区化学农药使用量。

【经济作物】 2019年，全区种植油菜33.33公顷，平均亩产131千克。蔬菜播种面积2200公顷，总产量5.42万吨。实施市级规模菜田补贴项目，补贴面积360.87公顷，下达补贴金额235.05万元。压实稳产保供责任，蔬菜自给能力不断提升。林果种植面积174公顷，总产量0.49万吨。

【养殖业】 2019年，全区存栏生猪0.55万头、家禽0.41万羽。全年出栏生猪0.8万头，家禽出栏0.93万羽，猪肉产量460吨、禽肉产量17吨、禽蛋产量12吨。水产养殖总面积2733.33公顷，其中池塘养殖面积2200公顷、湖泊围网养殖面积533.33公顷。水产品产量1.11万吨，其中淡水捕捞930吨，淡水养殖产量1.02万吨。鱼类产量6745吨，虾类产量1225吨，河蟹产量2182吨。渔业产值8.82亿元。

2019年3月12日，相城区渔业资源增值放流活动在盛泽湖月季公园开展
区农业农村局 供稿

农业服务

【农资供应】 年内，实施水稻良种补贴项目，9个乡镇（街道）补贴面积1626.67公顷，补贴金额29.28万元。开展农作物大面积生产和技术培训指导。组织开展水稻生产技术巡回培训，全区种粮大户、合作社负责人、农技人员等200余人参训，强化水稻育秧、绿色高产高效种植技术、化学农药减施绿色防控、化肥减量施用、休耕轮作等培训内容，进一步宣传农业生态环境保护和绿色生产技术理念。开展农药集中配送和农药包装废弃物及地膜残膜回收处置，全区配送农药销售额572.2万元，回收农药包装废瓶袋共计72.5万件，地膜残膜4.92吨，累计补贴金额212.51万元。开展小麦“一喷三防”药剂物化补助工作，免费发放“一喷三防”防控药剂24863包，共计13万元。开展重大植物疫情监测与防控，下达加拿大一枝黄花和福寿螺防控经费20万元。

【农机服务】 年内，制定2019年乡镇农机化发展考核评分标准和农机购机补贴工作方案，细化购机补贴工作操作程序，完善购机补贴信息公开专栏。重点深入乡镇举办购机补贴政策宣讲活动。全面推进水稻机械化种植，全区集中育秧点面积12公顷，机械化种植比例近85%。多种方式开展农机培训工作，组织“走出去”维修实训。指导各地农机专业合作社统一、规范开展农机作业服务，按照绩效考核评分标准进行奖补。强化夏收夏种期间农机化工作指导。

【新型职业农民培育】 不断提升新型职业农民培育培训质量。御亭现代农业产业园和犹龙休闲农业基地入选苏州市第一批新型职业农民教育实训基地。全年培育培训新型职业农民210名，认定77名。举办农业职业技能、农产品电子商务、乡村农技员、新型农业经营主体带头人培训班7期，培训学员730人次；加强基层农技推广体系建设，开展基层农技推广人才培训，提升服务能力和水平，累计培训70人。苏州市毛氏阳澄湖水产发展有限公司入选江苏现代农业（河蟹）产业技术体系推广示范基地。

【农业行政执法】 加大全区农资经营单位巡查力度，应用全省农业行政执法信息系统实现农业执法业务流程管理信息化、科学化、标准化和规范化。深化源头治理，全年农资打假专项整治行动共147家次、397人次，农药专项整治105家次、296人次，立案查办违法经营假劣农药行为3起，罚没违法款项6039元，没收非法物资约9.9千克。牵头做好农村假劣食品专项整治行动，检查食品生产、经营主体300余家次，查处假冒伪劣食品案件6件。查获电力捕鱼案200起，收缴电捕鱼工具200套，查处无证捕捞6起，收缴丝网10口300余米，清除地笼网1000多个，立案查处电捕鱼案件1起、行政处罚1人。全年地产蔬菜、果品快速检测4308批次，合格率100%。瘦肉精抽样检测2.3万份，牛肉药物残留抽检数370份，确保无瘦肉精检测阳性样品流入市场。开展农机打非治违、变拖专项整治活动，年检各类农业机械75台，组织开展农机安全隐患大排查5次，查出存在安全隐患农机库和农机具12台次，发放整改书12份。

【石阡对口帮扶】 2019年，相城区深入推进相城—石阡现代农业产业园区建设，种植枇杷、蓝莓、猕猴桃等苗木，实施生态停车场、给水管道、生态厕所等基础设施建设项目。整合提升石阡县农业大数据项目，推进石阡县县域数据采集规划，完成经济，人口与就业，国内贸易和旅游，农业等数据入库，不断优化石阡县农业大数据平台。开展农业技术人才交流25人次。加强产销对接，依托布瑞克农业互联网公司大数据和农牧人电商平台，助力石阡特色农产品上行销售。4月，贵州铜仁“梵净山珍”（苏州）展示中心落户相城。共建农产品直供基地，搭建从产地到零售终端全产业链，稳定产销渠道。

农村经济建设

【农村集体“三资”管理】 完善农村集体“三资”管理，推动村（社区）集体经营性资产经营管理规范化、制度化、信息化，促进村（社区）集体经济发展。2019年，组织开展农村集体资产清产核资工作“回头看”，重点排查清产核资数据、操作程序、产权归属及档案资料。完成各地农村集体“三资”管理专项治理和村（社区）集体经营性资产集中经营管理专项督查，对镇村集体资产清产核资、集体资产资源交易、第三方代理等进行全面督查。开展村镇集体公司股权（资产）转让审核，全年完成9家集体公司股权或资产转让审核，其中元和高新区6家、望亭镇2家、北桥街道1家，涉及股权转让6.76亿元，资产转让0.61亿元，计7.37亿元。年底，全区94个村（涉农社区）村级集体总资产81.54亿元，总负债27.63亿元，净资产53.91亿元。全年村级可支配收入9.94亿元，村均可支配收入1057万元。39个村村均可支配收入超1000万元，38个村村均可支配收入500万~1000万元。各村全年在苏州市农村产权交易平台累计完成资产资源出租5871笔，成交额4.28亿元。

【农村扶贫】 2019年，区农业农村局向北桥街道鹅东村、新北村和阳澄湖镇沈周村、十图村4个苏州市级集体经济薄弱村下达市级公共服务补贴资金30万元，共计120万元，主要用于村临时性用工补贴、环境整治、公共设施维护等。12月，苏州市纪委牵头对全市脱贫转化薄弱村达标情况进行集中检查，相城区4个经济薄弱村符合市薄弱村脱贫转化标准（村级和人均稳定性收入分别为250万元、1000元）。其中鹅东村村级稳定性收入297万元、人均收入1325元，新北村村级稳定性收入335万元、人均收入1177元，沈周村村级稳定性收入346万元、人均收入1543元，十图村村级稳定性收入259万元、人均1273元。

国家现代农业示范区

【阳澄湖现代农业产业园】 2019年，阳澄湖现代农业产业园持续推进水产养殖业绿色高效发展，提档升级基础设施和配套设施，全面提升园容园貌，获省级现代渔业产业园区市级考评第一名。产业园确立"一主四核"现代渔业发展体系发展思路，做大做强阳澄湖大闸蟹主导产业，完善高标准池塘核心养殖基地建设和制度，示范推广池塘生态系统修复技术、"863"绿色养殖技术和"虾、蟹、鱼"生态高效养殖技术，逐步搭建育种平台，兼顾发展青虾、罗氏沼虾、鲥鱼、刀鱼、鲈鱼等水产品。产业园全年实施养殖池塘标准化改造工程304.8公顷，累计实施1563.13公顷，通过阳澄湖镇农村集体资产交易中心完成池塘发包工作。实施"阳澄湖1号"中华绒螯蟹新品系培育项目，完成中华绒螯蟹F5代蟹苗培育。开展饲料配比、疫病防治、营养成分等试验分析，制定相关技术标准。虾蟹养殖核心区推广河蟹"863"生态养殖模式，亩均产量130千克，其中大规格蟹占总产量的65%。"阳澄湖"牌大闸蟹通过绿色食品、有机产品、出口备案认证，全年销售额约1亿元，包括电商销售约2500万元，线下销售约7500万元。实施高标准农田建设30公顷，包括种植小麦53.33公顷、亩产300千克，种植水稻146.67公顷、亩产600千克，水稻区大米、菜籽油销售额约180万元。

【御亭现代农业产业园】 2019年，御亭现代农业产业园继续推动农文旅融合发展，提升产业质量。重视农业休闲重点项目建设，顺利通过南河港特色田园乡村市级试点验收，全面启动仁巷特色田园乡村建设，推动区域内特色村落向特色田园乡村转型发展；完成金沙滩路（迷宫）露营地建设、稻香公园稻田体验区景观提升等系列工程；新增北太湖大道彩色步道，全面提升、亮化北太湖大道生态休闲景观；稻香特色公交站台投入使用，北太湖旅游专线正式开通，旅游导视系统进一步完善；望亭历史文化街区御亭文驿（望亭风物文创旗舰店）、非遗展示馆等对外营业。提升产业发展品质，完成"太湖稻城"品牌绿色大米认证，启动"北太湖""稻香小镇"商标注册；丰富产业园农旅新业态，新增"盆景猕猴桃种植""有机酵素肥料种植模式示范推广"等4个优质农业项目，新增农家乐2家（味稻农家乐、味府农家乐）、民宿1家（墨舍民宿）。打响旅游节庆品牌，举办"2019北太湖文化旅游节"系列活动，第二届"太湖稻城杯"文旅设计大赛影响力持续扩大。推动旅游项目多元化，太湖源乡民宿集群、"悦季望湖"精品酒店等项目洽谈落地。墨舍人文主题民宿获评2019年度苏州乡村旅游十大精品民宿，驿路稻花农家乐获2019苏州相城阳澄湖"双湖会·渔宴鲜"烹饪技能比赛一等奖。望亭历史文化街区落成开放，接待预约服务正式上线。1月，产业园获评全国休闲农业与乡村旅游园区四星级企业（园区）、全国巾帼文明示范岗、全国青年文明号、江苏省智慧旅游示范基地；接待参观200余批次，直接服务游客30万余人次。

御亭现代农业产业园水稻种植基地　　蒋伟　摄

【黄埭循环农业示范区】 2019年，黄埭循环农业示范区加快建设全国农村一二三产业融合发展先导区。年内完成先导区一期高标准农田基础设施改造提升工程87.67公顷，总投资1421万元。与浙江大学合作打造农业技术推

2019年4月27日，春季“农行杯”苏州美丽乡村健康行暨冯梦龙文化节在黄埭镇冯梦龙村开幕　　区农业农村局　供稿

广中心合作基地，重点建设先导区现代农业大数据控制中心，开发智慧农业综合信息管理平台，建立农情监测管理系统、水肥一体化系统、果品基地可视化监控、物联网生产智慧管理与品质全程安全追溯系统。引进辰裕种业等农业项目落户冯梦龙村。4月，举办2019春季“农行杯”苏州美丽乡村健康行暨冯梦龙文化节开幕式，4000余名徒步健身爱好者在冯梦龙村感受美丽乡村农文旅融合发展新面貌。5月，江苏梦龙米业有限公司注册成立，通过产学研合作推广梦龙越光大米和宁香粳系列优质稻米品种。建成廉政文化培训中心、四知堂、冯梦龙书院等项目，党建馆、德本堂、油坊、冯梦龙农耕文化园建成开放。犹龙休闲农业基地被评为苏州市新型职业农民教育培训基地，冯梦龙村成功申报全国农村创新创业孵化实训基地和第二批国家全域旅游人才培训基地现场教学点。提升先导区内田园乡村风貌，完成张埂上、石桥头三星康居乡村建设和冯埂上特色田园乡村建设项目。9月，举办2019年苏州市中国农民丰收节，以“春申梦龙说丰年”为主题，围绕“庆祝丰收、弘扬文化、振兴乡村”组织开幕式和“时光里的浓情”丰收广场展销、“丰收了，中国”丰收商城促销月等系列活动。

【澧湖生物农业产业园】 2019年，澧湖生物农业产业园打响“澧湖滩”农产品品牌，以一二三产业融合发展促进农业增效。打造集农业科技示范、高效生产、休闲观光、农业学术交流、科普教育等功能于一体的现代农业园区。全年接待市民、学生等科普参观、现场教学等活动17批次，累计人数800余人；组织农户参加各类农交会、农博会、绿色风等活动9次，提升园区农产品知名度。引进各类新型农业经营主体，发展多形式适度规模经营，引进苏州励通农业科技有限公司、苏州君缘文化传播有限公司、“薇花园”蝴蝶兰、“林花朝来”水培绿植、励心园艺等新型农业经营主体7家，累计入驻优质种植户、专业合作社及企业42家。培育科技示范户24户，累计认定新型职业农民19名。与苏州市蔬菜研究所、苏州农校、苏州市种子管理站等科研院校开展合作，引进推广农业新品种新技术及规模化种植、标准化生产、品牌化销售模式，助推农民增收。组织开展设施蔬菜绿色防

黄埭循环农业示范区冯梦龙村猕猴桃种植基地　　区农业农村局　供稿

苏州漕阳生态农业发展有限公司田园小综合体示范基地——倪家湾水之田农业园
区农业农村局　供稿

控技术、新优品种种植管理技术等培训，提高农户科学种植水平。

【渭塘现代农业示范园】 2019年，渭塘现代农业示范园着力提升产业质量，创建农产品品牌。福家农庄蔬菜基地建设配送中心，完善蔬菜基地配套功能，成功创建省级标准化蔬菜园和苏州市绿叶菜核心基地。新申报绿色食品企业2家（苏州福家农庄有限公司和苏州市北雪泾农业开发有限公司），其中苏州福家农庄有限公司白菜、南瓜获绿色食品认证。福家农庄获评苏州市级农业产业化龙头企业，成功创建苏州市农机示范基地。10月，福家农庄联合农业园区企业成立渭塘镇首家农业产业联合体。渭塘乡情馆连续两年获评相城区社科普及示范基地。加大人才培育，新增认定新型职业农民5名，累计认定新型职业农民19名。年内，农业园提升园区环境，定期维护河道清洁，拆除河道围网养殖2家，建设园区垃圾集中堆放拖运点——黄船棚垃圾站。

【倪家湾水之田农业园】 2019年，倪家湾水之田农业园坚持以科技为引领，加快推动农业产业升级，获评“江苏省主题创意农园”。3月，农业园内高科技智能温室运行。该温室大棚由农业园在2017年投入1000多万元启动建设，面积7100多平方米，温室以玻璃作为采光材料，骨架由经热镀锌防锈处理的钢构件组成，采用全球领先温室管理自动化公司PRIVA操作系统，实现对遮阳、降温、加温、通风换气、灌溉等设备自动控制。年内，温室大棚种植西瓜、甜瓜、黄瓜、草莓、番茄等品种，并通过各级媒体宣传，不断扩大品牌知名度。农业园还种植枇杷、杨梅、翠冠梨等果树，并通过发展休闲农业延长产业链增加收入。年内，农业园完善生鲜仓库、电子屏及监控设备等温室配套设施和安全设施，完成农业机器人项目；持续提升园内景观，完成月季及粉黛草种植及景观造型布置，完成公共卫生间、农资仓库等基础设施建设。农业园坚持以特色农业产业为主导，举办各类果品采摘和休闲农业项目，打造主题鲜明的现代城市农园，被授予苏州市科普基地称号。

（叶　静）

工 业

综 述

【概况】 2019年，相城区全面推进高质量发展，经济增速、运行质态同步提升，出台《相城区工业经济高质量发展若干扶持政策（试行）》，推动工业互联网、智能驾驶等“六大未来产业”发展。至年底，全区完成工业总产值1635.45亿元，增长2.8%，其中，完成规模以上工业总产值1226.81亿元，增长1.1%，实现主营业务收入1329.09亿元，增长2.9%，实现工业利税103.93亿元、利润77.77亿元。全年完成工业投资67.27亿元，增长8.5%，其中完成技改投资38.79亿元，下降16.5%。全年关停淘汰落后产能企业382家。全年工业用电量38.41亿千瓦时，下降6.8%。全区重点工业行业主要有化学原料、化纤、橡胶塑料、非金属矿物、有色金属、金属制品、通用设备、专业设备、汽车、电气机械、电子设备、电力，全年实现产值1053.62亿元。

2019年3月25日，“工信连千企”之相城青商会、女企协走进工信局暨区工业经济高质量发展专项资金项目申报指南首发仪式举办　区工信局　供稿

2019年，全区新增国家级企业技术中心1家，省级企业技术中心15家，累计国家级2家、省级53家；新增省级示范智能车间11家，累计25家。新增江苏斯可馨家具股份有限公司等12家省级两化融合管理体系重点培育企业，累计国家级3家、省级34家。10月，相城区智能网联汽车公共测试道路顺利通过认定，成功创建首批省级车联网先导区。10月26日，江苏省车联网先导区在苏州高铁新城揭牌，《相城区智能网联汽车示范应用指导意见》发布。11月，漕湖开发区获评首批省级工业互联网示范工程“互联网+先进制造业”基地培育对象，江苏美的清洁电器股份有限公司入围省级优秀工业设计产品金培育库。12月，苏州市春菊电器有限公司、美特科技（苏州）有限公司获评省级工业设计中心，苏州微缔软件股份有限公司获评省级优秀软件产品奖（金慧奖），江苏新安电器股份有限公司获评首批省级智能工厂；新黎明科技股份有限公司、苏州未来电器股份有限公司获评省级小巨人企业。

2019年10月26日，江苏省车联网先导区在苏州高铁新城揭牌　　区工信局　供稿

表10　　2019年相城区50家工业骨干企业主要经济指标完成情况表

单位：万元

序号	企业名称	工业产值	主营业务收入	利税总额	利润总额
1	上海华电电力发展有限公司望亭发电分公司	398923.2	398923.2	37944.8	17689.4
2	苏州市相城区江南化纤集团有限公司	38434.9	357459.6	1488.2	143.2
3	苏州明纬科技有限公司	136200.6	297273.2	70184.6	68932.7
4	美特科技（苏州）有限公司	285536.0	277095.5	26134.8	26246.7
5	江苏新苏化纤有限公司	94270.0	252620.4	670.8	66.4
6	苏州创泰合金材料有限公司	56802.9	243012.2	−2390.1	−1482.8
7	苏州欧菲光科技有限公司	236941.2	236852.4	−16904.4	−22996.9
8	江苏新安电器有限公司	233768.7	230020.6	10933.6	8732.2
9	江苏美的清洁电器股份有限公司	220221.1	216314.2	23065.5	21795.6
10	苏州市春菊电器有限公司	173558.0	173076.9	22806.1	22247.3
11	楼氏电子（苏州）有限公司	164471.8	164941.7	15933.0	15705.8
12	苏州领裕电子科技有限公司	146569.2	159765.1	19402.4	18270.2
13	苏州远华商品混凝土有限公司	143821.5	146560.1	4902.5	83.6
14	苏州新港合纤有限公司	51616.9	139986.0	−482.5	−945.2
15	苏州二叶制药有限公司	175130.3	135275.7	20758.1	10885.3
16	苏州华东食品有限公司	124109.8	123795.3	638.1	1134.7
17	苏州特雷卡电缆有限公司	107858.1	121388.1	−385.3	−716.7
18	苏州住电装有限公司	111795.6	114295.0	2223.9	1893.5
19	江苏江南高纤股份有限公司	87764.5	104176.1	9791.7	8997.9
20	苏州道森钻采设备股份有限公司	52935.0	102879.9	9435.5	9022.6
21	苏州易德龙科技股份有限公司	100604.6	101243.3	14552.8	13777.8
22	苏州上声电子股份有限公司	93327.7	98340.2	7585.3	6559.9

续表

序号	企业名称	工业产值	主营业务收入	利税总额	利润总额
23	苏州扬子江新型材料股份有限公司	47107.3	96810.7	1467.7	429.6
24	嘉联益科技(苏州)有限公司	88625.0	93948.6	-4331.0	-4608.8
25	苏州联胜化学有限公司	87695.1	89472.9	12188.0	8711.1
26	苏州波发特电子科技有限公司	83245.0	83828.2	4408.1	2929.4
27	苏州兴禾源复合材料有限公司	80966.2	82273.7	2909.3	2181.9
28	苏州金宏气体股份有限公司	89696.0	80469.1	21609.4	16030.2
29	苏州事达同泰汽车零部件有限公司	77497.7	77348.2	7930.1	6400.8
30	苏州富鸿齐电子有限公司	76457.8	75827.8	9328.4	8886.3
31	苏州仕净环保科技股份有限公司	71973.0	72176.8	10873.5	8522.3
32	天合汽车零部件(苏州)有限公司	66872.5	68755.6	-3830.8	-3830.8
33	鲁特运动服饰(苏州)有限公司	73500.0	68377.0	180.2	171.4
34	苏州万隆汽车零部件股份有限公司	63877.6	67649.9	5114.9	3108.5
35	卡士酸奶(苏州)有限公司	58206.3	66395.7	27008.6	26512.4
36	苏州建通光电端子有限公司	66664.1	66029.0	381.6	-330.1
37	晶学(苏州)金属有限公司	64670.7	64844.0	2892.9	2687.6
38	苏州立方混凝土有限公司	62783.8	62783.8	1961.2	1550.8
39	禾邦电子(苏州)有限公司	60877.4	61304.5	9138.8	8789.5
40	苏州新颖新材料科技股份有限公司	62076.6	61012.9	1710.8	636.6
41	苏州市星火混凝土有限公司	57224.2	59078.1	2559.0	595.6
42	江苏凯尔生物识别科技有限公司	57085.7	57469.3	309.3	82.5
43	阳立电子(苏州)有限公司	54840.0	56709.9	375.7	125.5
44	新黎明科技股份有限公司	56379.8	55413.7	10051.3	6012.9
45	苏州天禄光科技股份有限公司	55502.1	54821.6	9711.1	9329.5
46	苏州中创铝业有限公司	52218.9	52218.9	4848.7	4536.6
47	苏州久鼎水泥制品有限公司	48740.0	51338.3	3459.1	1717.6
48	苏州市相城区燃气有限责任公司	51091.8	51091.8	10961.4	9669.3
49	苏州强新合金材料科技有限公司	50855.1	50261.6	5778.4	3891.0
50	苏州普发科技有限公司	51525.2	49280.2	4724.9	4363.8

【规模以上工业企业】 至年底，区内有工业企业1万余家，其中年主营业务收入2000万元以上工业企业765家、超亿元工业企业289家、超10亿元工业企业21家。全年实现规模以上工业产值1226.81亿元，增长1.1%；其中，轻、重工业产值分别为360.13亿元和866.68亿元，分别增长6.4%和下降0.9%，占规模以上工业比重分别为29.4%和70.6%；民营工业和三资企业产值分别为785.19亿元和380.89亿元，分别增长1.7%和0.1%，占规模以上

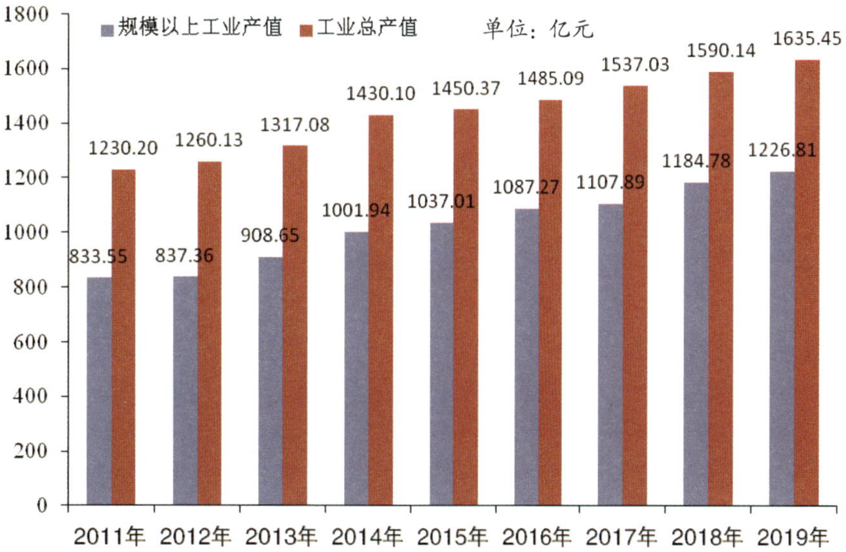

2011—2019年相城区工业总产值(规模以上工业产值)完成情况图

工业比重分别为64%和31%；大中型企业完成产值583.83亿元，下降1.9%，占规模以上工业比重为47.6%。

【新兴产业】 年内，全区市标战略性新兴产业有新能源，新材料，生物技术和新医药，软件和集成电路，节能环保，智能电网和物联网，新型平板显示，高端装备制造八类，市标战略性新兴产业和高新技术产业产值分别完成656.29亿元和678.45亿元，分别下降1.6%和1.6%，占规模以上工业比重分别为53.5%和55.3%；其中，高端装备制造、智能电网和物联网、新材料产业发展稳步攀升，分别完成产值159.14亿元、120.66亿元和147.45亿元，占全区新兴产业产值24.2%、18.4%和22.5%。

表11 2019年相城区规模以上工业重点行业产值完成情况表

行业名称	企业数（个）	工业产值（万元）	主营业务收入（万元）	利税总额（万元）	利润总额（万元）
计算机、通信和其他电子设备制造业	111	2962384.08	2968554.50	170245.00	210065.40
电气机械和器材制造业	93	1806970.67	1966886.90	190528.50	218074.50
金属制品业	104	1108363.97	1098826.30	46139.90	76498.00
通用设备制造业	86	799690.57	791294.00	42905.70	62942.60
汽车制造业	39	652836.29	633315.10	22163.70	35934.20
非金属矿物制品业	28	639848.17	653842.00	28526.30	51240.70
橡胶和塑料制品业	79	626468.30	631911.90	42048.50	55568.10
专用设备制造业	35	549992.50	593010.70	65364.10	79598.40
电力、热力生产和供应业	2	401080.10	400871.50	18237.00	38492.40
有色金属冶炼和压延加工业	29	362610.06	546847.90	−4085.00	753.70
化学纤维制造业	14	352872.10	933097.30	7093.40	11999.70
化学原料和化学制品制造业	15	273055.90	273840.00	34514.40	44996.60

表12 2019年相城区新兴产业产值完成情况表

单位：亿元

类别	合计	漕湖开发区	元和高新区	黄埭高新区	阳澄湖度假区	黄桥街道	太平街道	渭塘镇	阳澄湖镇	望亭镇
新能源	0.9	—	—	—	—	—	—	—	—	0.9
新材料	147.4	30.1	6.6	67.3	1.3	0.4	—	22.7	13.3	5.7
生物技术和新医药	42.8	21.0	3.2	17.5	—	—	—	—	1.1	—
软件和集成电路	36.9	3.5	0.7	21.5	—	9.6	—	—	—	1.6
节能环保	96.7	36.7	—	10.4	0.9	17.4	9.1	10.7	10.7	0.8
智能电网和物联网	120.7	78.0	—	25.9	—	3.9	9.7	—	—	3.2
新型平板显示	51.8	13.2	—	29.2	—	3.9	—	2.7	1.4	1.4
高端装备制造	159.2	75.0	13.7	13.7	—	1.0	15.8	23.4	5.5	11.1
总计	656.4	257.5	24.2	185.5	2.2	36.2	34.6	59.5	32.0	24.7

【重点项目建设】 2019年，确定80个区级重点工业新建（续建）项目和49个重点工业技改项目，共完成投资61.73亿元。苏州国方汽车电子有限公司柴油高压供轨系统等汽车电子装置产品生产项目，国机智能（苏州）有限公司焊接机器人生产项目，苏州创泰合金材料有限公司生产轻量化合金材料、高性能电子铝型材及再生铝项目等32个项目完成或超额完成年度投资计划；苏州久禾智能装备有限公司智能热处理设备的研发、设计、制造项目，苏州天禄光科技股份有限公司扩建LED导光板、LED背光模组、LED液晶整机生产项目，苏州友创金属制品有限公司医疗行业支架上金属

制品配套件产品生产项目等21个项目竣工投产。

【国家、省、市企业技术中心认定】 苏州金宏气体股份有限公司企业技术中心被国家发改委、工信部等认定为国家级企业技术中心。11月，苏州事达同泰汽车零部件有限公司、泰马克精密铸造（苏州）有限公司、苏州苏明装饰股份有限公司等15家企业技术中心被省工信厅认定为江苏省企业技术中心。12月，苏州轰天炮光电科技有限公司、苏州兴禾源复合材料有限公司等15家企业技术中心被市政府认定为苏州市第二十三批市级企业技术中心。

2019年7月4日，相城区企业技术中心申报培训会举办

区工信局 供稿

【省重点技术创新项目导向计划】 3月，苏州富士特金属薄板制品有限公司飞机内饰结构件制造技术攻关项目，江苏苏鑫装饰（集团）公司三点弹簧销固定自平衡铝合金幕墙系统研发与应用项目2个质量攻关类项目，苏州阿罗米科技有限公司超高强单碳纳米管增强铝基复合材料规模制备与应用关键技术研发等4个核心技术突破类项目，以及苏州市春菊电器有限公司二合一充电式旋风吸尘器项目研发等27个新产品研发类项目被省工信厅列入2019年江苏省重点技术创新项目导向计划。

表13　2019年相城区被认定为国家级、省级企业技术中心一览表

序号	企业名称	技术中心名称
1	苏州金宏气体股份有限公司	苏州金宏气体股份有限公司企业技术中心
2	苏州事达同泰汽车零部件有限公司	苏州事达同泰汽车零部件有限公司企业技术中心
3	泰马克精密铸造（苏州）有限公司	泰马克精密铸造（苏州）有限公司企业技术中心
4	苏州苏明装饰股份有限公司	苏州苏明装饰股份有限公司企业技术中心
5	苏州宝丽迪材料科技股份有限公司	苏州宝丽迪材料科技股份有限公司企业技术中心
6	苏州朗威电子机械股份有限公司	苏州朗威电子机械股份有限公司企业技术中心
7	苏州领裕电子科技有限公司	苏州领裕电子科技有限公司企业技术中心
8	苏州市意可机电有限公司	苏州市意可机电有限公司企业技术中心
9	江苏迪飞达电子有限公司	江苏迪飞达电子有限公司企业技术中心
10	苏州亚太金属有限公司	苏州亚太金属有限公司企业技术中心
11	中亿腾模塑科技（苏州）有限公司	中亿腾模塑科技（苏州）有限公司企业技术中心
12	苏州宝成汽车冲压有限公司	苏州宝成汽车冲压有限公司企业技术中心
13	苏州市苏品宅配文化有限公司	苏州市苏品宅配文化有限公司企业技术中心
14	苏州伊塔电器科技股份有限公司	苏州伊塔电器科技股份有限公司企业技术中心
15	苏州派克顿科技有限公司	苏州派克顿科技有限公司企业技术中心
16	苏州中创铝业有限公司	苏州中创铝业有限公司企业技术中心

表14　2019年相城区被列入江苏省重点技术创新导向计划项目一览表

序号	企业名称	项目名称
1	苏州富士特金属薄板制品有限公司	飞机内饰结构件制造技术攻关项目
2	江苏苏鑫装饰(集团)公司	三点弹簧销固定自平衡铝合金幕墙系统研发与应用项目
3	苏州阿罗米科技有限公司	超高强单碳纳米管增强铝基复合材料规模制备与应用关键技术研发
4	法泰电器(江苏)股份有限公司	FTM2系列热磁式过载报警不脱扣断路器的研发
5	苏州华亚智能科技股份有限公司	液晶屏自动清洗生产线研发
6	博能传动(苏州)有限公司	高效率重载荷减速传动关键技术的研究
7	苏州市春菊电器有限公司	二合一充电式旋风吸尘器项目的研发
8	苏州道森钻采设备股份有限公司	非常规油气采收新型分离除砂设备的研发与产业化
9	苏州联胜化学有限公司	环保涤纶染色载体的研究与产业化
10	苏州普发科技有限公司	锂电吸尘器的智能化及实用性研究
11	苏州万隆汽车零部件股份有限公司	隐形安全气囊汽车仪表板总成激光切割工艺研究
12	苏州新颖新材料科技股份有限公司	家电用环保超硬彩色金属板
13	新黎明科技股份有限公司	智能消防应急照明和疏散指示系统研发项目
14	苏州黑盾环境股份有限公司	数据中心用间接蒸发空调系统研发与产业化
15	江苏美的清洁电器股份有限公司	M3智能扫地机器人
16	吴通控股集团股份有限公司	5G板对板连接器开发及产业化
17	苏州易德龙科技股份有限公司	电子显微镜控制系统
18	太航常青汽车安全系统(苏州)股份有限公司	智能汽车转向盘的研发
19	美特科技(苏州)有限公司	微型高保真全音域防水内置受话器的研发及产业化
20	苏州科阳光电科技有限公司	晶圆级声表射频滤波器封装产品
21	江苏凯尔生物识别科技有限公司	屏下指纹识别模组研发及产业化
22	苏州金宏气体股份有限公司	9N电子级正硅酸乙酯的研发及产业化
23	苏州二叶制药有限公司	依诺肝素钠注射剂及配套原料药项目
24	苏州扬子江新型材料股份有限公司	高强度纳米石墨烯彩涂板的研发
25	苏州宝联重工股份有限公司	新型连铸去毛刺机的研发
26	苏州优霹耐磨复合材料有限公司	耐磨辊轮堆焊用高强度硬面材料的研发
27	苏州天禄光科技股份有限公司	特殊制成导光板的研发
28	禾邦电子(苏州)有限公司	具有多频段易组装的FPCB天线
29	江苏江南高纤股份有限公司	康丽复合短纤维
30	苏州纽克斯电源技术股份有限公司	大功率植物补光驱动电源
31	苏州市商祺光电有限公司	超薄印制导光板
32	苏州吉人高新材料股份有限公司	智能响应性复合环保涂料的研发
33	苏州欧菲光科技有限公司	智能座舱域控制器设计与开发

2019年5月24日，“工信连千企”之智能制造专题讲座举办　　区工信局　供稿

2019年6月21日，“相融长三角”智能制造高峰对话活动在上海举行　　区工信局　供稿

【智能制造】 11月，江苏美的清洁电器股份有限公司被市工信局评为2019年苏州市智能工厂，福耀玻璃（苏州）有限公司钢化炉外成型车间等16个企业车间被市工信局评为2019年苏州市示范智能车间。12月，江苏新安电器股份有限公司被省工信厅评为2019年江苏省智能工厂，苏州易德龙科技股份有限公司服务器板卡智能生产车间等11个企业车间被省工信厅评为2019年江苏省示范智能车间。至年底，全区规模以上工业企业智能化改造率90%以上，新增推广应用工业机器人（机械手臂）849台，累计2874台。

表15　2019年相城区省级示范智能车间一览表

序号	企业名称	车间名称
1	江苏新安电器股份有限公司	高性能工业控制板智能制造车间
2	苏州易德龙科技股份有限公司	服务器板卡智能生产车间
3	苏州科阳光电科技有限公司	传感器芯片晶圆级封装智能制造车间
4	苏州华亚智能科技股份有限公司	新能源及电力输配装置产品智能制造车间
5	美特科技（苏州）有限公司	微型超薄受话器智能制造车间
6	苏州吴通智能电子有限公司	装配印刷电路板智能制造车间
7	嘉联益科技（苏州）有限公司	电子电路表面组装智能制造车间
8	苏州欧菲光科技有限公司	汽车电子智能制造车间
9	苏州清馨健康科技有限公司	口腔健康护理智能制造车间
10	达成包装制品（苏州）有限公司	高性能瓦楞纸箱智能生产控制车间
11	艾尔发智能科技股份有限公司	多轴伺服机械手智能制造车间

【专精特新企业培育】 12月，新黎明科技股份有限公司、苏州未来电器股份有限公司2家企业被省工信厅评为2019年省级专精特新小巨人企业。苏州金宏气体股份有限公司、苏州帝瀚环保科技股份有限公司、苏州宝丽迪材料科技股份有限公司、苏州仕净环保科技股份有限公司4家企业被市工信局评为2019年苏州市专精特新中小企业。

【企业资源集约利用】 2019年，围绕“搭平台、建机制”，以“亩产论英雄”为导向，以提高全要素生产率为目标，以工业大数据平台为支撑，组织实施基于企业综合评价结果的差别化政策和分类指导精准服务制度，建立以亩均税收、亩均销售等6项指标为核心的“3.0版”企业综合评价体系。按时间节点稳步推进数据采集、体检表发放、参评对象确定等，按时进行双公示双公布，完成新一轮综合评价。

【去产能降能耗】 坚决推进去产能等专项整治行动，全年淘汰和整治低端、低效产能企业（作坊）382家，腾出生产空间折合土地面积约50.8公顷，节约标煤1.42万吨。开展化工产业安全环保整治提升行动，对列入整治范围的31家化工生产企业，按照关闭退出、异地迁建、限期整改、整治提升和停产整改等要求，进行分类处置和整改落实。严格落实能耗强度和能源消费总量“双控”各项举措，加强重点耗能企业节能监察监测，推动苏州东盛锻造有限公司、中亿腾模塑科技（苏州）有限公司等企业开展节能改造项目，规模以上工业企业产值能耗稳步下降。7月，东泽节能技术（苏州）有限公司、江苏瑞斯曼节能技术有限公司2家企业被市工信局列入2019年苏州市节能新技术（产品）目录。

【首届企业家大会】 11月30日，相城区召开首届企业家大会。会议贯彻落实全市重点民营企业座谈会精神，动员全区广大企业家，共抓新机遇、共谋大发展，全力推动相城经济社会高质量发展。大会现场，发布相城区高质量发展扶持政策，区领导顾海东、张永清、屈玲妮、陈建国、毛伟向企业代表赠送《苏州市相城区高质量发展服务手册》。手册涵盖服务业、科技、工业、商务、文化体育旅游、质量品牌建设和知识产权、科技金融、人才8个部分、38个大类、160个条款。会上，中亿丰建设集团有限公司发出“勇创大业、奉献相城”的倡议，江苏省产业技术研究院、苏州市春菊电器有限公司、福耀集团、紫光

2019年11月30日，相城区召开首届企业家大会　　区工信局　供稿

数码集团交流发言。大会向企业家们送上相城区“支持企业家干事创业十条措施”大礼包，内容涵盖“热线+联络+表彰+宣传+沙龙+走访+培训+企业家大会+扶持政策+政策解读”等十项措施。

六大未来产业

【概况】 相城区突破传统路径依赖，在产业培育、机制创新上抢先机，创新引领经济转型升级。在大研发、大文化、大健康三大未来产业的发展框架下，打造全国领先的六大未来产业创新高地，2019年新增高新技术企业111家，增长42%，高新技术产业产值占规上工业总产值比重为56.3%。至年底，相城区入驻专业研发公司1000多家。集聚有大数据企业518家，其中紫光云引擎获评国家级特定区域工业互联网平台；有工业互联网企业138家；有科技金融企业250家，全区有科技金融基金128支，总规模超1200亿元，上海证券交易所苏南基地、中国（苏州）创投数字研究基地相继落户，获评江苏省县域金融生态环境综合评估第一名；有智能驾驶企业52家，智加科技、初速度、奇点汽车全球研发中心等一批行业领先企业相继落户，长三角G60科创走廊智能驾驶产业联盟成立大会在相城成功举行并发放苏州首批智能网联汽车测试牌照；有先进材料企业170家，长三角首家先进材料技术创新中心在相城区挂牌运营；有生物医药企业90家，重点打造生物医药国际研发社区，拥有二叶制药、长风药业等一批优质企业。

【大数据（区块链）产业】 至年底，相城区共集聚大数据企业518家。建成上海虹桥苏州（相城）数字经济创新产业园，推动欧洲创新创业走廊、紫光SAP工业互联网联合创新中心、苏宁C2M平台、相城（武汉）智能网联汽车产业创新创业中心、思迈集团、博科测试等高质量大数据项目落户；推进“数字产业化、产业数字化”，推动56.4亿大数据项目建设；天禄光获评省级工程研究中心、魔门塔获评苏南国家自主创新示范区独角兽企业；仕泰隆、更美互动、泰丰文化等50家企业入选苏州市人工智能和大数据企业库，累计125家；同济区块链、中核苏电等7家企业获评苏州市人工智能和大数据示范企业，获上级资助资金350万元。高铁新城大数据产业园成功创建省级生产性服务业集聚示范区、相城科技金融产业园成功创建江苏省创业投资集聚发展示范区；成立长三角G60科创走廊智能驾驶产业联盟，建成长三角智能驾驶智控中心，智能网联汽车公共测试道路国内领先，成为首批“江苏省车联网先导区”；紫光UNIPower平台获工信部平台功能性能评测五星认证（全国仅3家），武珞信息技术科创园获省级孵化器备案，大数据与车联网（苏

州）创新中心、旦旦众创入选省众创空间。（张文亮）

【工业互联网产业】 至年底，全区集聚工业互联网重点企业138家。3月，江苏亨通工控安全研究院有限公司被省工信厅列入江苏省级工业互联网服务资源池；紫光云引擎科技（苏州）有限公司、江苏仕泰隆物联网有限公司2家企业被省工信厅评为江苏省工业互联网发展示范企业（平台类）。9月，紫光云引擎科技（苏州）有限公司工业互联网平台试验测试体系建设等3个平台和安全领域项目入围工信部工业互联网创新发展工程项目。9月，江苏斯可馨家具股份有限公司等30家企业被省工信厅评为2019年江苏省首批星级上云企业；10月，苏州富鸿齐电子有限公司等34家企业被省工信厅评为2019年江苏省第二批星级上云企业。10月，紫光云引擎科技（苏州）有限公司基于紫光UNIPower的研发设计能力开放平台项目被工信部评为2019年制造业"双创"平台试点示范项目。11月，紫光云引擎科技（苏州）有限公司工业互联网平台企业安全综合防护系统项目被工信部评为2019年制造业与互联网融合试点示范项目。11月，漕湖开发区被省工信厅评为江苏省工业互联网示范工程首批"互联网+先进制造业"基地培育对象。（吴越宇）

【智能车联网产业】 至年底，全区集聚智能驾驶重点企业52家，累计拥有5张智能网联汽车路测牌照。10月，相城区被省工信厅评为江苏省首批车联网先导区；高铁新城一期8.4千米智能网联汽车公共测试道路通过省工信厅认定。推动长三角智能网联汽车产业示范区智控中心和智能驾驶公共服务平台，推动成立苏州市智能网联汽车产业创新联盟。10月，成功举办"2019国际（苏州）智能驾驶技术创新大赛""第二届全球智能驾驶峰会暨2019长三角G60科创走廊智能驾驶产业峰会"。（吴越宇）

2019年10月26日，苏州高铁新城智能网联汽车公共测试道路（一期）发布及公共服务平台启动　区工信局　供稿

【科技金融产业】 2019年，相城区持续强化产业集聚效应，提升数字金融服务水平，不断创新政银合作模式，培育引进金融机构、基金、金融科技企业、地方金融机构等各类数字金融企业250家，聚力建设数字金融产业创新高地。长三角数字货币研究院（长三角金融科技有限公司）、上海证券交易所苏南基地等高水平平台投入运行。建立总规模5000万元的风险补偿资金池，并在此基础上开发创新金融产品"相科贷"。与中国银行签订战略合作备忘录，在信贷支持、基金设立、机构引进等方面深化全方面合作。相城科技金融产业园获评江苏省创业投资集聚发展示范区；相城区因金融生态环境良好，蝉联全省县域金融生态环境综合评估第一，获评2016—2018年度全省金融生态优秀县。（陈林子）

【先进材料产业】 至年底，全区集聚高成长性先进材料企业170家，其中上市企业6家、规上企业55家（含高企21家）、人才企业32家（其中高企5家，规上1家）、高企117家，集萃新材料研发有限公司（江苏先进材料技术创新中心运营主体）1家，建有国家企业技术中心2个、省级院士工作站2个、省级工程技术研究中心12家、市级工程技术研究中心56家，长三角先进材料研究院、海鹰空天材料研究院、苏州大学先进材料产业研究院、北科大功能材料与能源应用协同创新研究院等科研院所4家。主要集中在漕湖开发区、黄埭高新区，分布在高分子材料以及金属材料两个行业。

2019年，全区先进材料企业总销售额295亿，净入库税收7.5亿。11月，长三角先进材料研究院经省委编办批准为省属科研类事业单位（中国工程院干勇院士任首任院长），获评2019年度苏州市新型研发机构。12月28日，举办长三角先进材料研究院成立大会。

（张昱昊）

【生物医药产业】 至年底，全区集聚生物医药企业90家，其中31家入市级生物医药企业库。年内，突出打造黄埭高新区生物医药国际研发社区产业主核，重点推进漕湖开发区国际医疗健康中心及元和高新区复旦大学大健康（苏州）创新中心、数字大健康产业园2个医疗康养创新区建设。围绕“四医”（医药、医械、医疗、医学）方向，持续加大有效投入，推动130亿生物医药项目建设。8月，牵头承办由国家发改委与日立集团举办的“以数字经济和健康养老促进区域经济发展”经济技术交流会，黄埭高新区承办相城区（深圳）科技创新投资推介会。10月，元和高新区举办2019长三角大健康投资论坛。12月，区卫健委牵头举办中日大健康产业科技创新合作论坛等活动，优化投资环境，促进生物医药产业向更高质量发展。

（张文亮）

工业产业

【概况】 2019年，相城区重点工业行业主要有化学原料、化纤、橡胶塑料、非金属矿物、有色金属、金属制品、通用设备、专业设备、汽车、电气机械、电子设备、电力，实现产值1053.62亿元，占全区规模以上工业总产值的85.9%，实现主营业务收入1149.23亿元，实现工业利税88.62亿元、利润66.37亿元。其中计算机通信和其他电子设备制造业、电气机械和器材制造业产值分别为296.24亿元和180.7亿元，分别下降4.6%和增长5.7%，占规模以上工业比重分别为24.1%和14.7%。非金属矿物制品业增幅最大，完成产值63.98亿元，增长41.5%；化学纤维制造业降幅最大，完成产值35.29亿元，下降13.4%。

【化学原料和化学制品制造业】 2019年，全区化学原料和化学制品制造业有规模以上工业企业15家，主要生产涂料、合成橡胶等，年产涂料3.3万吨、合成橡胶0.78万吨。全年完成产值27.31亿元，下降1%，实现主营业务收入27.38亿元，增长3%，实现工业利税4.5亿元、利润3.45亿元。苏州联胜化学有限公司入围全区工业企业50强。3月，苏州联胜化学有限公司环保涤纶染色载体研究与产业化项目，苏州吉人高新材料股份有限公司智能响应性复合环保涂料研发项目被省工信厅列入2019年江苏省重点技术创新项目导向计划新产品研发类项目。苏州金华润泽能源有限公司启动实施液化天然气、压缩天然气分装项目，项目总投资1.1亿元，项目达产后可年分装8万吨天然气，可新增销售收入5120万元。8月，苏州吉人高新材料股份有限公司、苏州清馨健康科技有限公司被省工信厅评为2019年江苏省两化融合贯标重点培育企业。11月，苏州清馨健康科技有限公司牙膏生产智能制造车间被市工信局评为2019年苏州市示范智能车间。12月，苏州清馨健康科技有限公司口腔健康护理智能制造车间被省工信厅评为2019年江苏省示范智能车间。

【化学纤维制造业】 2019年，全区化学纤维制造业有规模以上工业企业14家，年产化学纤维38.91万吨。全年完成产值35.29亿元，下降13.4%，实现主营业务收入93.31亿元，下降3.9%，实现工业利税1.2亿元、利润0.71亿元。苏州市相城区江南化纤集团有限公司、江苏新苏化纤有限公司、苏州新港合纤有限公司、江苏江南高纤股份有限公司4家企业入围全区工业企业50强。年内，苏州市相城区江南化纤集团有限公司完成工业产值3.84亿元，实现主营业务收入35.75亿元；江苏新苏化纤有限公司完成工业产值9.43亿元，实现主营业务收入25.26亿元。

高性能复合短纤维生产线技改项目 该项目由江苏江南高纤股份有限公司于2017年12月启动实施，项目总投资3.8亿元，其中设备投资2.8亿元。2月，该项目被市工信局列入2019年苏州市重点工业投资项目。达产后可实现年产高性能复合短纤维4万吨规模，可新增销售收入4.6亿元。

差别化涤纶毛条生产线技改项目 该项目由江苏江南高纤股份有限公司于2017年12月启动实施，项目总投资4.1亿元，其中设备投资2.6亿元。项目利用企业原有厂房生产，达产后可实现年产差别化涤纶毛条4.2万吨规模，可新增销售收入4.1亿元。

复合短纤维生产线升级改造项目 该项目由江苏江南高纤股

份有限公司于2018年1月启动实施，项目总投资2.2亿元，其中设备投资1.1亿元。项目达产后可实现年产8万吨复合短纤维，可新增销售收入1.5亿元。

【橡胶和纸塑制品业】 2019年，全区橡胶和塑料制品业有规模以上工业企业79家，年产塑料制品16.92万吨。全年完成产值62.65亿元，增长5.4%，实现主营业务收入63.19亿元，增长5.1%，实现工业利税5.56亿元、利润4.2亿元。11月，泰马克精密铸造（苏州）有限公司技术中心、苏州宝丽迪材料科技股份有限公司技术中心被省工信厅认定为2019年省级工业企业技术中心。

电动工具塑料外壳技术改造及注塑机自动化改造项目　该项目由永儒塑胶工业（苏州）有限公司于2018年1月实施，总投资3000万元用于购置设备。达产后可新增销售收入4000万元。

【非金属矿物制品业】 2019年，全区非金属矿物制品业有规模以上工业企业28家，主要生产水泥、商品混凝土、钢化玻璃、中空玻璃等，年产水泥342.5万吨、商品混凝土566.23万立方米、钢化玻璃73.31万平方米、中空玻璃171.6万平方米。全年完成产值63.98亿元，增长41.5%，实现主营业务收入65.38亿元，增长42.5%，实现工业利税5.12亿元、利润2.85亿元。苏州远华商品混凝土有限公司、苏州立方混凝土有限公司、苏州市星火混凝土有限公司、苏州久鼎水泥制品有限公司4家企业入围全区工业企业50强。

汽车玻璃配件生产项目　该项目由苏州亨得利汽车配件有限公司于2019年7月开工，总投资1亿元。项目用地面积1.24公顷，建筑面积1.5万平方米。

装修垃圾处置及资源化利用工程　该项目由苏州市建筑材料再生资源利用有限公司于2019年1月实施，总投资4950万元，其中设备投资1590万元。达产后可新增销售收入1800万元。

【有色金属冶炼和压延加工业】 2019年，全区有色金属冶炼和压延加工业有规模以上工业企业29家，主要生产铝合金、铜材、铝材等，年产铝合金1.12万吨、铜材1.17万吨、铝材7.92万吨。全年完成产值36.26亿元，增长3.5%，实现主营业务收入54.68亿元，增长38.7%。苏州创泰合金材料有限公司入围全区工业企业50强。年内，苏州创泰合金材料有限公司完成工业产值5.68亿元，实现主营业务收入24.3亿元。

轻量化合金材料、高性能电子铝型材及再生铝生产项目　该项目由苏州创泰合金材料有限公司于2017~2019年实施，总投资1亿元。一期项目开始试生产，项目用地面积18.67公顷，建筑面积10.2万平方米。二期项目于2019年3月开工。

【金属制品业】 2019年，全区金属制品业有规模以上工业企业104家，主要产品有金属切削工具、不锈钢日用制品、锻件等，年产金属切削工具695.37万件、不锈钢日用制品0.28万吨、锻件2.86万吨。全年完成产值110.84亿元，下降3%，实现主营业务收入109.88亿元，下降2.5%，实现工业利税7.65亿元、利润4.61亿元。苏州兴禾源复合材料有限公司、苏州中创铝业有限公司、苏州强新合金材料科技有限公司3家企业入围全区工业企业50强。3月，苏州富士特金属薄板制品有限公司飞机内饰结构件制造技术攻关项目被省工信厅列入2019年江苏省重点技术创新项目导向计划质量攻关类项目，苏州优霹耐磨复合材料有限公司耐磨辊轮堆焊用高强度硬面材料研发项目被列入新产品研发类项目。8月，苏州利达铸造有限公司被省工信厅评为2019年江苏省两化融合贯标重点培育企业。11月，苏州中创铝业有限公司技术中心被省工信厅认定为2019年省级工业企业技术中心，苏州中创铝业有限公司自动焊接流水线车间被市工信局评为2019年苏州市示范智能车间。

医疗行业支架上金属制品配套件产品生产项目　该项目由苏州友创金属制品有限公司于2018年6月开始实施，总投资1.5亿元。项目用地1.42公顷，建筑面积2万平方米。

合金实心圆棒等合金产品生产项目　该项目由苏州欧美克合金工具有限公司于2018年7月开始实施，总投资1.5亿元。项目用地1.24公顷，建筑面积2.1万平方米。

阀门毛坯技术改造项目　该项目由苏州奥斯锻造有限公司于2019年3月启动实施，总投资2400万元。达产后可实现年产阀门毛坯1万吨，可新增销售收入1亿元。

【通用设备制造业】 2019年，全区通用设备制造业有规模以上工业企业86家，主要生产金属切削机床、阀门、减速机、影像投影仪、金属紧固件等，年产数控金属切削机床725台、减速机27.23万台、影像投影仪25.03万台。全年完成产值79.97亿元，增长4.3%，实现主营业务收入79.13亿元，增长4.3%，实现工业利税6.29亿元、利润4.29亿元。3月，博能传动（苏州）有限公司高效率重载荷减速传动关键技术研究项目被省工信厅列入2019年江苏省重点技术创新项目导向计划核心技术突破类项目，苏州黑盾环境股份有限公司数据中心间接蒸发空调系统研发与产业化项目被列入新产品研发类项目。8月，苏州市冯氏智能科技有限公司、苏州亚太金属有限公司、苏州黑盾环境股份有限公司被省工信厅评为2019年江苏省两化融合贯标重点培育企业。11月，苏州亚太金属有限公司技术中心、苏州市意可机电有限公司技术中心被省工信厅认定为2019年省级工业企业技术中心，艾尔发智能科技股份有限公司多轴伺服机械手智能制造车间、苏州珈玛自动化科技有限公司多轴联动加工中心智能车间被市工信局评为2019年苏州市示范智能车间。12月，艾尔发智能科技股份有限公司多轴伺服机械手智能制造车间被省工信厅评为2019年江苏省示范智能车间。

机电产品及配件等精密机械加工生产项目　该项目由苏州市意可机电有限公司于2019年1月启动实施，总投资4.2亿元。2月，该项目被市工信局列入2019年苏州市重点工业投资项目。项目用地面积2.7公顷，建筑面积5万平方米，达产后可实现年产机电产品及配件840万件，可新增销售收入3.2亿元。

谐振杆自动化生产线技术改造项目　该项目由苏州市协诚五金制品有限公司于2019年1月实施，总投资2100万元。达产后可新增销售收入3500万元。

【专用设备制造业】　2019年，全区专用设备制造业有规模以上工业企业35家，主要生产模具、环境污染防治专用设备等。全年完成产值55亿元，增长6.3%，实现主营业务收入59.3亿元，下降1%，实现工业利税7.96亿元、利润6.54亿元。苏州仕净环保科技股份有限公司、苏州道森钻采设备股份有限公司入围全区工业企业50强。11月，苏州派克顿科技有限公司技术中心、中亿腾模塑科技（苏州）有限公司技术中心被省工信厅认定为2019年省级工业企业技术中心，苏州华亚智能科技股份有限公司苏州华亚智能工厂项目被市工信局评为2019年苏州市示范智能车间。12月，苏州华亚智能科技股份有限公司新能源及电力输配装置产品智能制造车间被省工信厅评为2019年江苏省示范智能车间。

液晶屏自动清洗生产线研发项目　3月，苏州华亚智能科技股份有限公司液晶屏自动清洗生产线研发项目被省工信厅列入2019年江苏省重点技术创新项目导向计划核心技术突破类项目。苏州道森钻采设备股份有限公司非常规油气采收新型分离除砂设备的研发与产业化项目、苏州宝联重工股份有限公司新型连铸去毛刺机的研发项目被列入新产品研发类项目。

立式加工中心、龙门等机械设备生产项目　该项目由苏州市台群机械有限公司于2018年3月启动实施，总投资9.9亿元。2月，被省工信厅列入2019年江苏省重点工业投资项目，被市工信局列入2019年苏州市重点工业投资项目。项目用地面积6.67公顷，达产后可实现年产立式加工中心2000台、龙门300台，可新增销售收入15亿元。

【汽车制造业】　2019年，全区汽车制造业有规模以上工业企业39家，主要产品有电子开关、高频制管机、轿车新型门板、汽车轴承座、汽车安全气囊等汽车零部件及配件。全年完成产值65.28亿元，下降1.8%，实现主营业务收入63.33亿元，下降9.5%，实现工业利税3.59亿元、利润2.21亿元。苏州事达同泰汽车零部件有限公司、天合汽车零部件（苏州）有限公司、苏州万隆汽车零部件股份有限公司3家企业入围全区工业企业50强。3月，苏州万隆汽车零部件股份有限公司隐形安全气囊汽车仪表板总成激光切割工艺研究项目、太航常青汽车安全系统（苏州）股份有限公司智能汽车转向盘的研发项目被省工信厅列入2019年江苏省重点技术创新项目导向计划新产品研发类项目。11月，苏州宝成汽车冲压有限公司技术中心、苏州事达同泰汽车零部件有限公司技术中心被省工信厅认定为2019年省级工业企业技术中心，福耀玻璃（苏州）有限公司钢化炉外成型车间被市工信局评为2019年苏州市示范智能车间。

汽车玻璃生产项目　该项目由福耀玻璃（苏州）有限公司于2018—2019年实施，总投资31.8亿元。2月，被省工信厅列入2019年江苏省重点工业投资项目，被市工信局列入2019年苏州市重点工业投资项目。项目用地面积

31.33公顷，建筑面积32.56万平方米。达产后可实现年产400万套汽车玻璃、1600万片包边总成玻璃，可新增销售收入50亿元。

柴油高压供轨系统等汽车电子装置产品生产项目　该项目由苏州国方汽车电子有限公司于2019—2020年实施，总投资10亿元。项目用地面积4.33公顷，建筑面积5万平方米。

汽车样车车身产品生产项目　该项目由菲格瑞特（苏州）汽车科技有限公司于2018—2019年实施，用地3.3公顷，建筑面积3.6万平方米。

汽车变速箱油封骨架自动化生产技术改造项目　该项目由苏州市宝成汽车冲压有限公司于2018—2019年实施，总投资1800万元。达产后可新增销售收入4000万元。

汽车仪表台出风口自动化生产线技术改造项目　该项目由苏州新中达汽车饰件有限公司于2019—2020年实施，总投资1500万元。达产后可新增销售收入3500万元。

塑料CCB产品项目　该项目由苏州恒源盛模塑有限公司于2019—2020年实施，总投资1500万用于购置设备。达产后可新增销售收入2000万元。

【电气机械和器材制造业】 2019年，全区电气机械和器材制造业有规模以上工业企业93家，主要生产低压开关板、电力电缆、原电池、电冷热饮水机、家用吸尘器等，年产低压开关板8.1万面、电力电缆34.04万千米、原电池及原电池组6677万只、家用吸尘器2157.75万台。全年完成产值180.7亿元，增长5.7%，实现主营业务收入196.69亿元，增长9.2%，实现工业利税21.81亿元、利润19.05亿元。苏州明纬科技有限公司、江苏美的清洁电器股份有限公司、苏州市春菊电器有限公司、苏州特雷卡电缆有限公司、苏州住电装有限公司、新黎明科技股份有限公司、苏州普发科技有限公司7家企业入围全区工业企业50强。年内，苏州明纬科技有限公司完成工业产值13.62亿元，实现主营业务收入29.73亿元、利税7.02亿元、利润6.89亿元；江苏美的清洁电器股份有限公司完成工业产值22.02亿元，实现主营业务收入21.63亿元、利税2.31亿元、利润2.18亿元；苏州市春菊电器有限公司完成工业产值17.36亿元，实现主营业务收入17.31亿元、利税2.28亿元、利润2.22亿元。3月，苏州阿罗米科技有限公司超高强单碳纳米管增强铝基复合材料规模制备与应用关键技术研发项目、法泰电器（江苏）股份有限公司FTM2系列热磁式过载报警不脱扣断路器研发项目被省工信厅列入2019年江苏省重点技术创新项目导向计划核心技术突破类项目；苏州市春菊电器有限公司二合一充电式旋风吸尘器研发项目、苏州普发科技有限公司锂电吸尘器智能化及实用性研究项目、新黎明科技股份有限公司智能消防应急照明和疏散指示系统研发项目、江苏美的清洁电器股份有限公司M3智能扫地机器人项目、苏州纽克斯电源技术股份有限公司大功率植物补光驱动电源项目被列入新产品研发类项目。11月，苏州伊塔电器科技股份有限公司技术中心被省工信厅认定为2019年省级工业企业技术中心，江苏美的清洁电器股份有限公司美的B5D除螨吸尘器被省工信厅列入2019年江苏省优秀工业设计产品培育库，江苏美的清洁电器股份有限公司美的清洁电器数字化智能制造工厂被市工信局评为2019年苏州市智能工厂，江苏美的清洁电器股份有限公司苏州吸尘器经营体总装车间、苏州科固电器有限公司高效耐高温转向器智能制造车间、苏州大原电器有限公司健身器材电机转子智能制造车间被市工信局评为2019年苏州市示范智能车间。12月，苏州市春菊电器有限公司工业设计中心被省工信厅认定为2019年江苏省工业设计中心，新黎明科技股份有限公司、苏州未来电器股份有限公司被省工信厅评为2019年江苏省科技小巨人企业。

家用清洁电器技改项目　该项目由苏州市春菊电器有限公司于2019年3月开始实施，总投资12亿元，项目用地5.3公顷，建筑面积12万平方米。达产后可新增销售收入10亿元。

电源供应器产品生产项目　该项目由苏州明纬科技有限公司于2019年11月启动实施，总投资9.4亿元，项目用地面积6公顷。达产后可新增销售收入14亿元。

HID照明产品等制造、研发、营销等建设项目　该项目由苏州纽克斯电源技术股份有限公司于2018年6月启动实施，总投资60亿元。2月，被市工信局列入2019年苏州市重点工业投资项目。项目用地面积4.05公顷，建筑面积5.6万平方米。达产后可实现年产HID驱动电源100万台、LED驱动电源100万台、智能集中控制系统2000套、单灯控制器10万台，可新增销售收入16亿元。

【计算机、通信等电子设备制造业】 2019年，全区计算机、通信和其他电子设备制造业有规模以上工业企业111家，主要生产打印机、路由器、组合音响、光电子器件、电子元件、印刷电路板等，年产打印机30.58万台、路由器67.53万台、组合音响47.37万台、光电子器件3287万只、电子元件129.62亿只、印刷电路板441.6万平方米。全年完成产值296.24亿元，下降4.6%，实现主营业务收入296.86亿元，下降3.2%，实现工业利税21.01亿元、利润17.02亿元。美特科技（苏州）有限公司、苏州欧菲光科技有限公司、江苏新安电器股份有限公司、楼氏电子（苏州）有限公司、苏州领裕电子科技有限公司、苏州易德龙科技股份有限公司、苏州上声电子有限公司等17家企业入围全区工业企业50强。美特科技（苏州）有限公司全年完成工业产值28.55亿元，实现主营业务收入27.71亿元、利税2.61亿元、利润2.62亿元；苏州欧菲光科技有限公司完成工业产值23.69亿元，实现主营业务收入23.69亿元；江苏新安电器股份有限公司完成工业产值23.38亿元，实现主营业务收入23亿元、利税1.09亿元、利润0.87亿元。3月，吴通控股集团股份有限公司5G板对板连接器开发及产业化项目、江苏凯尔生物识别科技有限公司屏下指纹识别模组研发及产业化项目、禾邦电子（苏州）有限公司多频段易组装FPCB天线项目、苏州市商祺光电有限公司超薄印制导光板等9个项目被省工信厅列入2019年江苏省重点技术创新项目导向计划新产品研发类项目。8月，嘉联益科技（苏州）有限公司、苏州领裕电子科技有限公司、苏州天禄光科技股份有限公司被省工信厅评为2019年江苏省两化融合贯标重点培育企业。11月，江苏迪飞达电子有限公司技术中心、苏州领裕电子科技有限公司技术中心、苏州朗威电子机械股份有限公司技术中心被省工信厅认定为2019年省级工业企业技术中心，江苏新安电器股份有限公司高性能工业控制板智能制造车间、苏州市吴通智能电子有限公司装配印刷电路板智能生产车间、嘉联益科技（苏州）有限公司电子电路表面贴装智能车间、苏州易德龙科技股份有限公司服务器板卡智能生产车间被市工信局评为2019年苏州市示范智能车间。12月，苏州金宏气体股份有限公司技术中心被国家发改委、工信部等认定为国家级企业技术中心。12月，江苏新安电器股份有限公司高端控制器智能工厂被省工信厅评为2019年江苏省首批智能工厂，江苏新安电器股份有限公司高端汽车电子主板智能制造车间、苏州易德龙科技股份有限公司服务器板卡智能生产车间、苏州科阳光电科技有限公司传感器芯片晶圆级封装智能制造车间、美特科技（苏州）有限公司微型超薄受话器智能制造车间、苏州市吴通智能电子有限公司装配印刷电路板智能生产车间、嘉联益科技（苏州）有限公司电子电路表面组装智能车间、苏州欧菲光科技有限公司汽车电子智能制造车间被省工信厅评为2019年江苏省示范智能车间，美特科技（苏州）有限公司工业设计中心被省工信厅认定为2019年江苏省工业设计中心。

高端电子线路板项目 该项目由苏州易德龙科技股份有限公司于2019年6月开始实施，总投资12亿元，项目用地面积6.67公顷，建筑面积13万平方米。

通信基站射频系统扩建项目 该项目由苏州波发特通讯技术股份有限公司于2017—2019年实施，总投资3.2亿元，项目用地面积2.53公顷。

金属结构件项目 该项目由苏州泽宇科技有限公司于2019年开始实施，总投资3亿元。2月，被市工信局列入2019年苏州市重点工业投资项目。项目用地面积2公顷。达产后可新增销售收入8亿元。

生产指纹识别模组项目 该项目由江苏凯尔生物识别科技有限公司于2017~2019年实施，总投资3亿元，项目用地面积2.93公顷，建筑面积4万平方米。

液晶显示用导光板生产建设项目 该项目由苏州市商祺光电有限公司于2019年2月开始实施，总投资1.5亿元，项目用地面积1.34公顷。

清洁电器生产技改项目 该项目由江苏美的清洁电器股份有限公司于2018年1月启动实施，于2019年12月竣工，总投资4500万元。达产后可新增销售收入5亿元。

智能手机受话器生产线技术改造项目 该项目由美特科技（苏州）有限公司于2017年1月启动实施，于2019年12月竣工，总投资3300万元。达产后可新增销售收入2亿元。

陶瓷天线自动化生产线技术改造项目 该项目由禾邦电子（苏州）有限公司于2018年1月启动实施，总投资3000万元。达产后可新增销售收入2亿元。

高效散热器自动化生产线技术改造项目 该项目由苏州市尧峰电子有限公司于2018年4月启动实施，总投资2377万元。达产后可新增销售收入5000万元。

【电力、热力生产和供应业】 2019年，全区电力生产业有规模以上工业企业2家。全年完成产值40.11亿元，下降9.9%，实现主营业务收入40.09亿元，下降9.9%，实现工业利税3.85亿元、利润1.82亿元。上海华电电力发展有限公司望亭发电分公司入围全区工业企业50强。年内，望亭发电分公司完成工业产值39.89亿元，实现主营业务收入39.89亿元、利税3.79亿元、利润1.77亿元。

煤场扬尘治理改造工程项目 该项目由上海华电电力发展有限公司望亭发电分公司于2019年12月启动实施，总投资1.6亿元，项目建成后可完成国家下达的空气质量改善目标和主要大气污染物总量减排目标任务。（吴越宇）

镇、街道产业园（工业园）

【长三角国际研发社区】 长三角国际研发社区位于苏州高铁新城中部片区，规划面积10平方千米。规划区域总体形成“一环、一核、两轴、四组团”的空间布局。“一环”指连接环秀湖与金如意湖的双湖景观环；“一核”指由城市公园、商业中心、会展中心以及文化体育中心共同组成中央服务核；“两轴”指沿澄阳路城市活力轴、沿富翔路城市发展轴；“四组团”指慧如意研发组团、会议酒店组团、玉如意研发组团、梦如意研发组团，愿景是打造生态典范、产业典范、城市典范、生活典范。研发社区坚持“以人为本、国际顶级”的发展定位，规划水面覆盖率20%，绿地覆盖率35%，其中环秀湖、如意湖构筑“双湖板块”，与阳澄湖太湖水系相连，整体建筑密度0.17，容积率0.78，街区形态呈现“环形放射”状。全域规划6条地铁线，设站14个。至2019年，研发社区入驻中国计算机学会业务总部（学术交流中心）、集萃微纳自动化研究所、托普索先进催化技术研究所、沃泰丰能电池科技、苏科斯、中科院脑机融合智能技术研究所、省先进材料技术创新中心、中荷（苏州）科技创新园等项目；敲定引进研究所5家、高端研发公司20家，培育孵化高新技术公司100家，其中，省先进材料技术创新中心争创国家级先进材料技术创新中心。社区将依湖建设苏州市国际会议酒店、苏州市国际会展中心、苏州大剧院、苏州国际文化体育艺术中心以及苏州美术馆、图书馆等功能配套项目。立足“以研发为产业、以技术为商品”的发展理念，用5~8年时间集聚10万以上高科技研发人才，打造长三角区域具有国际影响力的“东方硅谷”。还将通过建设一批新型产业技术研发机构、引进一批高端研发公司，打造具有技术研发、技术服务、技术交易等核心功能的专业研发社区，目标率先建成“国内最前列、国际有影响”的研发产业集聚区。

【苏州太平工业产业园】 苏州太平工业产业园（简称工业园）成立于2001年7月，东至兴太路，南至蠡太路，西至聚金路，北至元春路，涉及花溇、乐安和聚金3个行政村，占地面积257.25公顷，实际工业用地156.91公顷。2019年，工业园实现工业总产值95.5亿元，增长8.2%；规模以上工业产值73.36亿元，增长10.5%；21家规模以上工业企业产值超亿元，其中4家企业增幅超50%；高新技术和新兴产业产值分别为50.72亿元、35.09亿元，分别增长19.6%、19.4%，其中规模以上产业产值占比69.1%和47.8%。

太平工业园坚持高质量发展导向，兼顾经济效益、社会效益、生态效益，全面整合发展资源，精细谋划，助推街道产业提效。全力推进工业园“退二优二”，盘活存量用地。规划建设太平生态科技研发社区，占地面积15.6公顷，总投资25亿元，形成区域总部经济、科技创新中心、生态研发中心、人才交流中心为核心的“1个总部、3个中心”产业功能定位。坚持研发为主，配套高端制造产业，高标准建设生态科技研发社区，按容积率大于2.5、亩均税收超100万元标准，打造产值50亿元级产业集群。（王梓凯）

【苏州阳澄湖数字文化创意产业园】 苏州阳澄湖数字文化创意产业园位于相城区太平街道金澄路，占地面积15公顷，规划投资30亿元。2011年6月获批“江苏国家数字出版基地”园区，8月开园。2013年12月获批国家级科技企业孵化器，2016年获评全国版权示范园区（基地）。2018年7月获评江苏省新闻出版广电（版权）系统先进集体，8月获评第三批省级生产性服务业集聚示范区，10月获评江苏省非遗版权贸易（苏州）基地。园区总占地面积10公顷，分三期推进。其中一期两幢办公楼2万平方米用于孵化企业；二期两幢办公楼3.7万平方米致力于加速企业发展；三期共有办公用房6.8万平方米，包括10幢总部大楼及研发大楼1幢，致力于发展总部经济。产业园按“专、精、特”数字出版样板园区标准建设，以数字出版产业为核心，注重文化创意、版权贸易、科技研发、数字经济产业，初步形成“1+X”产业发展模式。

2019年，文创园新入驻企业68家。苏州引领智家网络科技有限公司获批苏州市人工智能和大数据应用示范企业。成功举办第二届创意阳澄数字文创节太平专场、2019生态环境技术交流会、苏州（相城）中日环保科技产业创新发展推介会、2019苏州相城阳澄生态新区（上海）国际协同创新推介会等活动。加强国际交流与合作，奥瑞琪国际孵化器落户太平；主动拓展日资经济贸易合作新途径，实现招商质效新突破，与苏州令华合作招商，成立荻溪仓数字文创产业联合创新中心，联合地方与高校智力资源，挖掘、梳理太平地区文脉资源，“政产学”联动，做大做强文化创意产业。参展苏州创博会、深圳文博会等大型展会。拥有上海理工大学出版印刷与艺术设计学院、上海视觉艺术学院德稻罗伊·阿斯科特大师工作室、苏州工艺美术职业技术学院、苏州大学艺术学院和苏州百年职业学院5家战略合作单位。 （王梓凯）

【北桥街道工业园】 2016年3月，成立北桥街道工业园管理办公室，管理区域为原希望工业园二区及家具工业园，东至苏虞张路，南至凤北荡路，西至广济北路，北至凤北公路。2019年，北桥街道工业园管理区域共出让土地130宗（其中家具工业园35宗），累计出让土地面积219.47公顷（其中家具工业园34公顷）。至年底，区域内共有企业410家，其中规模以上企业28家，高新技术企业18家，以电子电器、金属制造、家具制造为主导行业。

2019年，北桥街道工业园新进工业企业项目20个，合计经营面积68.95平方千米，总投资额5.62亿元。其中苏州利德精工制造有限公司为高新技术企业，注册资本5480万元，总投资3亿元，其中工业设备投资1.5亿元，主要生产经营织机片梭及纺织配件，精密机件和汽车空调压缩机轴承及配件，精密机械加工，产品销往亚洲、欧洲、南美等数十个国家和地区。公司发明一种片梭织布机踏盘箱装置（专利号：ZL 201510109542.7）、一种片梭织壳体焊接方法（专利号：ZL 201610025270.7）、一种汽车变速箱齿轮及其热处理工艺（专利号：ZL 201610772179.1）等获国家知识产权局发明专利认证，片梭织布机踏盘箱装置（产品编号：160507G1125N）、高耐磨耐冲击DI型片梭（产品编号：170507G0051N）等获省科学技术厅高新技术产品认定。苏州德粤通风机电设备有限公司工业设备投资500万元，获批高新技术企业资质、民营科技企业资质、贯标企业资质，主要生产消防风机风柜、轴流风机、厨房风机、排烟防火调节阀、消声器、离心风机、净化器等，通过ISO9001-2000、VDA6.1、ISO/TS16949、ISO14001认证。 （刘怡琳）

【海美国际（苏州）智造研发社区】 海美国际（苏州）智造研发社区在渭塘镇，属于产业园（工业园）性质。社区占地13.48公顷，总投资7亿元，其中一期占地3.25公顷，投资2.4亿，由海美控股投资建设运营管理。社区按照“研发—孵化—加速—产业化—上市”的企业培育发展思路，聚焦智能制造主题，同时发展生产性服务业与创新创业型企业，金融产业服务和数据科技平台，商务服务等，为新智造新服务产业生态型国际化智慧园区。

商贸流通

综 述

【概况】 2019年，区商务局落实国家、省、市、区关于商务领域消费促进有关决策部署，供需两端同发力，优化全区商业网点规划，推动商贸载体转型升级，践行绿色发展理念，创建全市唯一省级绿色商场——相城区繁花商业中心。加快流通方式创新，创建供应链创新与应用重点培育企业，越海物流（苏州）有限公司和苏州金宏气体股份有限公司入选江苏省第一批供应链创新与应用重点培育企业名单，其中越海物流（苏州）有限公司获评市级供应链体系建设第二批试点单位。湘城供销合作社老大房食品厂和黄埭天福食品厂获评第二批“江苏老字号”企业，苏州高铁新城苏相云商·众创空间、苏州高铁新城电子商务产业园等5个项目获评电子商务示范项目，超额完成全区平台载体三年行动计划。鼓励商贸企业和电商企业参展推广本土品牌，挖掘消费内生动力，培育消费新兴热点，拉动消费需求增长。全年完成全区22个加油站的双层罐改造，打赢污染防治攻坚战。全区商贸平稳发展。

6月13日，举办全区商贸行业安全生产培训会议，组织近60家企业专题学习商贸领域安全知识。

繁花商业中心　　区委宣传部　供稿

表16　2019年相城区重点限上批发企业销售情况表

序号	单位	板块	销售额（万元）	上年同期（万元）	增速
1	紫光数码（苏州）集团有限公司	高铁新城	2071906.0	1769063.5	17.1%
2	布瑞克（苏州）农业信息科技有限公司	高铁新城	195879.2	150524.0	30.1%
3	苏州凡宁金属材料有限公司	望亭镇	172478.7	176848.3	-2.5%
4	苏州市至诚国际贸易有限公司	黄埭高新区	125508.2	141118.9	-11.1%

续表

序号	单位	板块	销售额（万元）	上年同期（万元）	增速
5	艾贝斯贸易（苏州）有限公司	阳澄湖镇	95271.4	57693.6	65.1%
6	苏州阳波化工有限公司	元和高新区	80263.0	93660.4	-14.3%
7	苏州市益文油品有限公司	望亭镇	78763.4	90952.9	-13.4%
8	苏州广汇营销有限公司	元和高新区	68656.0	68030.9	0.9%
9	苏州山脉国际贸易有限公司	高铁新城	59777.8	26188.2	128.3%
10	苏州凯恩进出口有限公司	漕湖开发区	51820.2	53619.9	-3.4%
11	中纸在线（苏州）电子商务股份有限公司	太平街道	46361.0	48191.3	-3.8%
12	苏州惠满州贸易有限公司	望亭镇	42090.2	44097.6	-4.6%
13	苏州爱迪克国际贸易有限公司	元和高新区	40329.7	54159.6	-25.5%
14	中集安瑞科能源装备（苏州）有限公司	高铁新城	39433.5	52668.5	-25.1%
15	苏州蒙牛乳业销售有限公司	元和高新区	34443.5	28541.9	20.7%
16	苏州旺得福建材有限公司	望亭镇	33457.1	28610.7	16.9%
17	苏州诚亚工程机械有限公司	黄埭高新区	31914.6	35712.2	-10.6%
18	苏州市海台贸易有限公司	元和高新区	31401.7	33207.0	-5.4%
19	江苏渭西集团公司	渭塘镇	27069.5	29086.2	-6.9%
20	苏州市凌威钢铁贸易有限公司	黄埭高新区	21835.7	22134.1	-1.3%
21	苏州市胜飞达物资有限公司	黄埭高新区	21440.5	22914.1	-6.4%
22	苏州市景成纸业有限公司	黄埭高新区	21405.6	21909.0	-2.3%
23	苏州东风汽车销售服务有限公司	望亭镇	21164.4	15493.8	36.6%
24	苏州久禾纸业有限公司	黄埭高新区	19831.1	20538.6	-3.4%
25	苏州博卡贸易有限公司	太平街道	19473.4	23255.7	-16.3%
26	苏州汇楷电子商务发展有限公司	元和高新区	18539.9	22643.4	-18.1%
27	苏州赛帕汉特种油品有限公司	黄埭高新区	16265.7	19386.8	-16.1%
28	苏州市天地国际贸易有限公司	黄埭高新区	16108.6	19816.8	-18.7%
29	苏州泰山有色金属材料有限公司	望亭镇	15925.7	16979.9	-6.2%
30	苏州嘉禾食品有限公司	黄桥街道	15884.1	15827.6	0.4%
合计			3534679.4	3202875.4	10.4%

表17　2019年相城区重点限上零售企业销售情况表

序号	单位	板块	销售额（万元）	上年同期（万元）	增速
1	苏州元星汽车服务有限公司	元和高新区	208890.7	211137.8	-1.1%
2	苏州骏宝行汽车销售服务有限公司	元和高新区	141550.6	133475.7	6%
3	苏州捷骏汽车销售服务有限公司	元和高新区	127158.3	115350.4	10.2%
4	苏州奥润汽车销售服务有限公司	元和高新区	78764.6	72681.4	8.4%
5	苏州东昌汽车销售服务有限公司	元和高新区	42662.0	49884.2	-14.5%
6	苏州欧亚伟业实业有限公司	漕湖开发区	41123.7	37241.7	10.4%
7	苏州宾捷汽车销售服务有限公司	元和高新区	36063.1	31693.7	13.8%
8	苏州瑞源汽车销售服务有限公司	元和高新区	35720.1	34520.3	3.5%
9	苏州诚隆汽车销售服务有限公司	元和高新区	34686.4	37594.0	-7.7%
10	苏州亿龙汽车销售服务有限公司	元和高新区	32742.8	25467.8	28.6%
11	苏州裕达丰田汽车销售服务有限公司	元和高新区	28669.6	30610.7	-6.3%
12	苏州东昌凯帝汽车销售服务有限公司	元和高新区	26787.2	34092.1	-21.4%
13	苏州都市飞云汽车销售服务有限公司	元和高新区	26389.5	20367.3	29.6%

续表

序号	单位	板块	销售额（万元）	上年同期（万元）	增速
14	苏州常城汽车销售服务有限公司	元和高新区	22131.8	31466.2	-29.7%
15	苏州万华汽车维修服务有限公司	元和高新区	21745.8	21511.7	1.1%
合计			905086.2	887095	2.0%

表18　2019年相城区重点限上住宿企业销售情况表

序号	单位	板块	销售额（万元）	上年同期（万元）	增速
1	苏州高铁金科大酒店有限公司	高铁新城	6967.2	2186	218.7%
2	苏州市相城区辅特酒店管理有限公司	元和高新区	2569.6	2857	-10.1%
3	苏州金澄大酒店有限公司	太平街道	2006	2165.4	-7.4%
4	苏州南亚国际会展中心有限公司	元和高新区	1187.5	3096.5	-61.7%
5	苏州维多利亚酒店有限公司	黄桥街道	390.7	460.6	-15.2%
6	苏州阳澄湖维景国际度假酒店有限公司	阳澄湖度假区	156.7	1517.8	-89.7%
合计			13277.7	12283.3	8.1%

表19　2019年相城区重点限上餐饮企业销售情况表

序号	单位	板块	销售额（万元）	上年同期（万元）	增速
1	苏州白金汉爵大酒店有限公司	元和高新区	29383.3	32961.4	-10.9%
2	江苏七欣天餐饮管理连锁有限公司	元和高新区	22789.6	49280.6	-53.8%
3	苏州新黄埭大酒店有限公司	元和高新区	5920.1	5079.3	16.6%
4	苏州新绿色团膳管理有限公司	黄埭高新区	4928.8	3079.9	60%
5	苏州市珀丽春申湖度假酒店有限公司	黄埭高新区	3090.3	3848.2	-19.7%
6	苏州顺风港大酒店有限公司	元和高新区	1380.3	1438.8	-4.1%
7	苏州市相城区水天堂大酒店有限公司	漕湖开发区	1171	1266.7	-7.6%
8	苏州市相城区万家灯火餐饮有限公司	元和高新区	690.7	669.4	3.2%
9	苏州贝塔餐饮管理有限公司	渭塘镇	311.4	396.4	-21.4%
合计			69665.5	98020.7	-28.9%

【市场监测】 2019年，区商务局及时掌握拟调库企业经营情况，跟踪监测在库限上重点企业情况，提高数据监测分析水平。全区有117家入库企业，其中批发业企业69家、零售业企业33家、住宿业企业6家、餐饮业企业9家。

【重点商业项目】 2019年，相城区8个重点商业建设项目投资23.42亿元，超额完成年度计划投资任务，其中超亿元项目有高铁新城吾悦广场投资12.9亿元，绿地服装城项目投资1.49亿元，维景酒店二期工程投资1.7亿元，澄阳邻里中心投资1.5亿元，雅戈尔酒店投资1.74亿元，禹州商业广场投资2.74亿元。

【商务领域安检】 2019年春节、五一和十一期间，区商务局联合区住建局、市场监督管理局、应急管理局等相关部门开展商贸领域安全生产大检查，累计发放安全告知书202份。全年召开安全生产培训会议2次，委托第三方安全机构对58家重点商贸企业开展安全检查评估，排查整改安全隐患497项。　　（钱江云）

商贸服务

【概况】 2019年，相城区商务局紧扣“创新驱动”聚力发展电子商务等线上经济，依托区内电子商务示范创建优势，借助区内传统优势产业，促进全区电子商务蓬勃发展；不断丰富完善成品油监管方式，引入第三方安全机构对全区加油站（点）开展安全检查评估，实现安全监管专业化、精细化和常态化，制定《相城区开发区、加油站和商业场所安全生产专项整治行动实施方案》《相城区全面开展成品油市场秩序专项整治行动方案》，突出重点领域，开展安全生产专项整治行动，全区成品油市场平稳有序。

【电子商务】 2019年，相城区继续抢抓互联网发展契机，借助区内传统优势资源和产业转型升级，挖掘相城电商发展新动能，实现电商应用水平提质增速，不断优化电商发展环境，推动全区电子商务高质量创新发展。

电商交易　2019年，相城区电子商务稳步发展，企业电子商务应用水平提升。全区网络零售额实现184亿元，增长41%。其中农产品网络零售额33.57亿元。区内电商平台企业交易额超亿元6家，超5000万平台企业10家，电商应用企业交易额3000万以上超20家，主要分布在大闸蟹、家具、服装等行业。

电商示范项目　2019年，区商务局继续推进全区平台载体三年行动计划，创建省级以上电子商务示范项目5个，其中高铁新城苏相云商·众创空间获评首批省级电子商务众创空间，苏州高铁新城电子商务产业园获评2019—2020年度江苏省电子商务示范基地，中纸在线（苏州）电子商务股份有限公司获评2019—2020年度江苏省电子商务示范企业。

农村电子商务　相城区在获评电商进农村综合示范县和省级电商十强县的基础上，布局农产品上行，推进农村电商有层次有特色发展。2019年，全区农产品网络零售额实现89.48亿元，居全市前列。农村电商示范领先，阳澄湖镇十图村、岸山村分别获评第八批、第九批江苏省农村电子商务示范村。全区有省级农村电商示范镇2个、省级农村电商示范村13个、省级乡镇电商特色产业园（街）区3个。

垂直电商　随着互联网与传统行业的深化融合，垂直化电商平台快速发展。区内目前典型垂直电商平台10家，涉及农产品、家具、纸张等行业。布瑞克大宗农产品集购平台电商全年实现交易额18.1亿元。锦然玻璃“找玻璃”平台全年实现6.3亿元交易额，中纸在线全年实现交易额4.2亿元。黏胶行业乐胶网平台全年实现电商交易额1.23亿元。农牧人致力于农产品资源整合，工匠汇致力于五金工具的在线产业链接。

直播电商　相城区直播电商中服饰服装、家居家装、食品酒水行业排在前三，消费品行业成为直播风向标。“双十一”“双十二”时大闸蟹、珍珠、家具各专业市场联合开展专题直播，开拓新流量。其中，专注学习桌椅的电商企业爱果乐与薇娅首次合作，10分钟销售额就突破1000万元。

【成品油监管】 2019年，全区有加油站（点）53座，其中中石化14座、中石油18座、中石化（壳牌）10座、民营加油站（点）11座。区商务局制定下发《相城区全面开展成品油市场秩序专项整治行动方案》等文件，开展成品油市场专项整治。完成全区22个加油站双层罐改造。全年召开加油站（点）安全生产工作会议3次，市、区领导带队检查加油站（点）4次，联合相关职能部门开展安全检（督）查5次，全年聘请第三方安全机构对全区在营加油站实施安全评估检查2次，督促企业做好安全生产工作，保障成品油安全平稳供应。开展打击非法流动加油车专项整治行动，推动成品油安全管理水平提升，查处10起非法加油案件，扣车17辆，刑事拘留12人，行政拘留7人。6月12日，举办全区加油站（点）双层罐改造推进暨安全生产培训会议，组织三大石油公司相城片区和区内在营加油站近50名负责人开展加油站（点）安全生产知识专题培训。（钱江云）

【烟草经营】 2019年4月28日，原吴中、相城区烟草专卖局（分公司）分设，成立相城区烟草专卖局（分公司），搬至相城区采莲路1122号，独立运作。5月6日，相城区烟草专卖局（分公司）挂牌。

2019年，区烟草专卖局（分公司）践行“争当苏州烟草高质量发展‘优等生’”的目标，全年实现销售卷烟6.43万箱，销售收入28.02亿元，增长1.2%；实现税利1.86亿元。出击整治蠡口烟草市场，强化与公检法的联合打假力度，打击卷烟贩假售假行为，查处各类涉烟违法案件162起，增长60.4%；查获违法卷烟2021.88万支，增长16.87%；总案值1928.53万元，增长11.45%。推进“放管服”改革，做好新规解读，指导网上办理，消化增量，提高效率。全年办理烟草许可类事项1242件，新办741件，变更申请64件，延续申请437件，审批注销327件，依职权收回144件。（宋思敏）

开放型经济

综　述

【概况】 2019年，相城区开放型经济运行稳中向好，外贸进出口维稳提质，利用外资有序推进，招商引资量质并举。全年引进项目339个，计划投资总额862.98亿元，新增省级跨国公司地区总部——苏州特雷卡电缆有限公司，1家试点园区（春申国际科创园）和1家重点企业（苏州派克顿科技有限公司）获评市级服务贸易重点项目，新增江苏美的清洁电器股份有限公司等服务外包企业4家，新增江苏佰家丽新材料科技有限公司和苏州市新大地五金制品有限公司2家市级出口名牌企业。修订《相城区推进商务高质量发展若干扶持政策（试行）》，制定商务扶持政策配套申报指南，让财政资金扶持惠及区内外贸外资企业。区商务局获评2019年度苏州市联合年报工作先进单位。

全年，举办多期助力外向型经济发展业务培训班。4月，围绕长三角区域经济一体化发展、宏观经济形势、相城区人才政策等主题举办"双招双引"培训班。11月，围绕"六大未来产业创新高地"主题，赴成都举办"双招双引"培训班，强化招商人员对"一带一路与自贸区发展""数字经济与人工智能""互联网、大数据的发展与应用"等领域的产业解读。12月，举办2019年相城区开放型经济业务培训班，重点解读《外商投资法》，专题学习服务贸易、境外投资等。

4月12日，全省外资工作座谈会在苏州高铁新城召开，省商务厅就推动全省招商引资工作、促进外资提质增效等进行交流和工作部署。9月，相城区6位外企高管获苏州市政府"见证苏州·卓越外企人士"通报表彰。10月24日至11月1日，举办2019年苏州相城国际经贸恳谈周，《新华日报》对此给予整版聚焦报道。

【苏州（相城）中日智能制造协同创新区】 2019年，聚焦中日经贸

2019年4月12日，全省外资工作座谈会在相城区高铁新城召开
区委宣传部　供稿

合作，加快对日推介步伐，重点打造苏州（相城）中日智能制造协同创新区，签约日资项目34个。建立对日招商联络站和相城区招商服务中心富山县支援中心，促进对日合作提质升级。5月，苏州（相城）中日智能制造协同创新区在江苏日本开放创新合作交流会上获重点推介，相城区在上海虹桥商务区举办苏州（相城）中日智能制造协同创新区推介会。7月，举办苏州（相城）日本投资推介会。11月，在进博会期间举办苏州（相城）中日智能制造协同创新论坛。12月，举办苏州相城（大阪）投资推介会。12月31日，省商务厅公示省级国际合作园区，苏州（相城）中日智能制造协同创新区中心区入选，为苏州市唯一入选合作园区。

【服务贸易】 2019年，相城区商务局出台《相城区深化服务贸易创新发展试点实施方案》，编制《相城区服务贸易工作简报》，下达全区服务贸易发展目标，推动服务贸易新模式、新业态发展，提升服务贸易在对外贸易中的比重。春申国际科创园获批市级服务贸易创新发展试点园区，苏州派克顿科技有限公司获评市级服务贸易创新发展重点企业。

【摩擦应对】 区商务局成立贸易摩擦领导小组，指导协调贸易摩擦突发事件处置，落实中美经贸摩擦重点涉案企业区领导挂钩联系制度和动态监测制度，梳理对美涉案出口企业名单和对美进口企业名单，排查监测贸易风险，指导鼓励企业参与美方加征关税商品排除。

【市场和品牌】 2019年，区商务局通过展会平台开拓国际市场，组织395家企业和1393位专业观众报名观展进博会，5家企业（10个摊位）参展华交会，29家企业（51个摊位）参展第125届广交会，29家企业（53个摊位）参展第126届广交会。江苏佰家丽新材料科技有限公司和苏州市新大地五金制品有限公司被认定为2019—2020年度苏州市出口名牌企业。

外　贸

【概况】 2019年，全区完成货物进出口额54.91亿美元，增长0.6%。其中出口额42.96亿美元，增长3.7%；进口额11.95亿美元，下降9.3%。其中与“一带一路”沿线国家和地区实现货物进出口额13.57亿美元，增长8.8%。受中美贸易摩擦影响，对美货物进出口额10.66亿美元，下降3.5%。完成服务贸易1.93亿美元，增长24.56%。服务外包接包合同额3555万美元，离岸执行额2935万美元。

2019年，全区一般贸易进出口额41.83亿美元，增长6.5%，加工贸易进出口额12.96亿美元，下降14.8%，一般贸易占全区贸易进出口额的76.2%，比上年同期占比提高4个百分点，贸易结构得到优化。（钱江云）

表20　2019年相城区20强企业进出口情况表

序号	名称	进出口（万美元）	增减	出口（万美元）	增减	进口（万美元）	增减
1	楼氏电子（苏州）有限公司	39568.48	-10.4%	24238.13	-0.5%	15330.35	-22.5%
2	苏州市春菊电器有限公司	23706.94	39.9%	22213.44	37.9%	1493.50	77.3%
3	江苏美的清洁电器股份有限公司	18325.28	3.4%	17961.62	2.0%	363.66	238.8%
4	苏州明纬科技有限公司	17526.16	-6.0%	16701.08	-1.9%	825.08	-48.8%
5	苏州住电装有限公司	14171.43	-6.8%	7992.02	-0.8%	6179.41	-13.6%
6	艾贝斯贸易（苏州）有限公司	13756.84	62.8%	13744.84	62.6%	12.00	—
7	苏州华东食品有限公司	13176.96	53.4%	—	—	13176.96	53.4%
8	苏州道森钻采设备股份有限公司	11232.23	23.7%	10729.99	22.9%	502.24	44.4%
9	鲁特运动服饰（苏州）有限公司	10080.36	—	9599.10	—	481.26	—
10	阳立电子（苏州）有限公司	9633.76	-23.6%	6838.49	-23.0%	2795.27	-25.0%
11	苏州欧菲光科技有限公司	9593.49	-64.3%	8159.79	-62.6%	1433.70	-71.6%
12	晶学（苏州）金属有限公司	9348.45	53.4%	9348.45	53.4%	—	—
13	江苏新安电器股份有限公司	9318.49	-8.8%	4820.62	-14.8%	4497.88	-1.3%

续表

序号	名称	进出口（万美元）	增减	出口（万美元）	增减	进口（万美元）	增减
14	苏州易德龙科技股份有限公司	8278.98	12.4%	3094.99	22.3%	5183.99	7.2%
15	苏州上声电子股份有限公司	8250.93	-14.4%	8196.38	-14.1%	54.55	-43.0%
16	苏州凯恩进出口有限公司	7073.43	-13.0%	6498.76	-1.2%	574.67	-63.1%
17	卡克特（苏州）压力控制有限公司	6904.50	0.9%	6608.95	2.4%	295.55	-23.4%
18	必赛斯汽车科技（苏州）有限公司	6588.39	-18.3%	4843.83	-19.1%	1744.56	-15.9%
19	苏州中创铝业有限公司	6095.30	21.7%	6094.99	21.8%	0.32	-95.5%
20	嘉联益科技（苏州）有限公司	5761.38	78.3%	1052.16	-13.5%	4709.22	133.6%

利用外资及境外投资

【概况】 2019年，相城区完成注册外资3.61亿美元，下降67.9%，其中二产占49.1%，三产占50.9%。新设苏州平保健康科技有限公司、均达电子（苏州）有限公司、辉慈健康管理（苏州）有限公司等64个外资项目，增长42.2%，注册外资2.78亿美元，下降76.8%；增资苏州特罗普企业管理有限公司、苏州特雷卡电缆有限公司等22个外资项目，增长57.1%，增资金额2.48亿美元，增长133.2%。实际使用外资2.32亿美元，增长0.54%，其中服务业（不含房地产）实际使用外资5915万美元，占比25.5%；战略性新兴产业实际使用外资9780万美元，占比42.2%。苏州特雷卡电缆有限公司获批江苏省第十批跨国公司地区总部，提升利用外资质量和水平。年内新批苏州上声电子股份有限公司、苏州易德龙科技股份有限公司、苏州地平线地毯制造有限公司等14家境外投资企业，中方协议投资额8148万美元。

表21　　2019年相城区利用外资产业结构情况表

外资分类	二产	三产	外资分类	二产	三产
注册外资（万美元）	17709	18389	实际使用外资（万美元）	4989	18175
其中：项目数（个）	33	59	其中：项目数（个）	15	15
占比	49.1%	50.9%	占比	21.5%	78.5%

【扶持服务外资企业】 2019年，相城区执行最新版外资准入负面清单和鼓励外商投资产业目录，扩大行业门类和业务领域对外开放。区商务局修订《相城区推进商务高质量发展若干扶持政策（试行）》，同时制定商务扶持政策配套申报指南，利用财政资金扶持区内外资企业。聚焦投资管理领域和事中事后监管，复制推广自贸区改革试点经验，提高相城投资便利化水平。开展外企服务月活动，强化重点企业联系制度，实地走访30家企业，组织225家企业参加营商环境调查线上问卷，强化精准施策。

年内，着力提高利用外资大项目支撑作用。全年在相城区注册1000万美元以上的外资项目（含增资）有苏州平保健康科技有限公司、均达电子（苏州）有限公司、辉慈健康管理（苏州）有限公司等12个，注册外资4.3亿美元，占往年注册外资总量的119%。

【推动境外投资发展】 2019年，相城区推动境外投资发展，组织企业参加省、市商务部门组织的"走出去"培训、苏州"一带一路"海外文化贸易推广项目推介会、埃及苏伊士经贸合作推介会等相关培训会，对上声电子、康平科技（苏州）股份有限公司等企业开展"一对一"境外投资服务，增强企业境外投资风险防范能力。

（钱江云）

招商引资

【概况】 2019年，相城区商务局聚焦三大产业，围绕六大未来产

2019年3月23日,苏州相城(北京)投资推介会在北京举办

区委宣传部　供稿

业方向,举办北京、成都、武汉、上海、广州、深圳及日本、德国、以色列等国内外投资推介会和经贸恳谈周等活动,签约项目327个,总投资额856亿元,落户率67.6%。其中超亿元项目160个,超10亿元项目16个。

【国内招商】 北京招商活动　3月23日,在北京举办"京彩纷呈·筑梦相城"苏州相城(北京)投资推介会。签约项目45个,投资额241.7亿元,涉及新一代电子信息、智能驾驶、科技金融、新材料、大数据、文化创意等多个领域。500多位来自海内外的院士学者、商业领袖、行业精英、创业新锐参会。

成都招商活动　4月25日,在成都举办"共享机遇·蓉通相城"苏州相城(成都)科技创新投资推介会暨2019长江经济带产业合作交流论坛。签约项目10个,投资额13.6亿元,其中超亿元项目3个,项目涉及新一代电子信息、高端装备制造、人工智能科技等领域。

武汉招商活动　4月27日,在武汉举办"枢纽中心城·共筑科创梦"2019苏州相城(武汉)科技创新投资推介会。签约项目12个,投资额14.6亿元,项目涉及智能驾驶、新能源、智能制造、产业基金等多个领域。会上,相城(武汉)智能网联汽车产业创新创业中心揭牌,2019国际(苏州)智能驾驶创新技术大赛举行启动仪式。

上海招商活动　5月17日,在上海虹桥商务区举办苏州(相城)中日智能制造协同创新区推介会,对苏州(相城)中日智能制造协同创新区发展规划进行解析,推介相城投资环境,推动建设协同创新区。

6月21日,在上海举办"沪融互通·相融相成"2019虹桥—相城产业联动创新推介会。签约项目51个,投资额237.75亿元,项目涉及新一代电子信息、高端装备制造、智能制造、医疗健康、科技金融、新材料、数字经济、文化创意等新兴产业。国家有关部委、上海市、江苏省、长三角区域合作办公室、虹桥商务区、苏州市和相城区领导,海外驻华机构、相关知名企业、银行、高校、科研院所负责人等1300多位嘉宾参会。会上,上海虹桥苏州(相城)数字经济创新产业园宣布启用,长三角苏州(虹桥)创客育成中心、长三角苏州(虹桥)文化产业创新中心、长三角苏州(虹桥)离岸创新中心揭牌,长三角会商旅文体示范区联动平台·苏州(相城)中

2019年4月27日,苏州相城(武汉)科技创新投资推介会在武汉举办

区委宣传部　供稿

2019年6月21日，2019虹桥—相城产业联动创新推介会在上海举办
区委宣传部　供稿

心、长三角国际人才服务中心·苏州（相城）中心、长三角虹桥·苏州（相城）产业创新联动中心被授牌。

11月7日，在上海国家会展中心举办“协同创新·合作共赢”2019苏州（相城）中日智能制造协同创新论坛，签约6个项目，涉及智能制造、大数据等新兴产业领域。政府部门、知名日资企业、金融机构、服务机构等300余位嘉宾参会。

广州招商活动　7月31日，在广州举办“相穗相融·创新共赢”2019苏州相城（广州）科技创新投资推介会，签约项目18个，涵盖智能制造、大数据应用、科技研发、医疗教育等各个领域。会上，华南理工大学学生就业创业实践基地、华南理工大学电子与信息学院人体数据科学（苏州）创新中心揭牌。

深圳招商活动　8月2日，在深圳举办“智汇鹏城·相融相成”苏州相城（深圳）科技创新投资推介会，签约项目16个，涵盖智能制造、新能源、科技研发、生物医药等领域。会上，深圳—相城创新创业合作平台成立。

相城国际经贸恳谈周　10月28日，在相城区会议中心举行2019苏州相城国际经贸恳谈周开幕式暨日本江苏工商总会成立仪式（首次将“恳谈会”拓展为“恳谈周”），签约40个项目，涉及新一代电子信息、高端装备制造、智能制造、医疗健康、科技金融、新材料、数字经济、文化创意等新兴产业。会上，日本江苏工商总会揭牌成立，长三角国际研发社区宣告启动建设，武汉大学苏州研究院相城科教服务中心揭牌。国家省市领导、著名专家学者、知名企业领袖、投融资机构负责人、创新创业人才和相关企业代表参会。

【海外招商】　日本招商活动　7月2日，相城区赴日本东京举办“聚焦智能制造·中日协同创新”苏州（相城）日本投资推介会，8个项目签约入驻苏州（相城）中日智能制造协同创新区。会上，相城对日招商联络站揭牌。日本世界500强企业、行业龙头企业、知名金融机构等300多名嘉宾参会。

12月2日，赴日本举办“中日协同创新·聚焦智能制造”2019苏州相城（大阪）投资推介会，聚焦中日国际合作，搭建技术、产品、商机交流平台，推动苏州（相城）中日智能制造协同创新区共

2019年10月28日，2019苏州相城国际经贸恳谈周开幕式暨日本江苏工商总会成立仪式举办
区委宣传部　供稿

2019年7月2日，苏州（相城）日本投资推介会在日本东京举办
区委宣传部　供稿

建。中日投资机构及金融专家、日本知名大学代表、日本知名企业负责人等100余名嘉宾参会。

德国招商活动　12月16日，赴德国慕尼黑举办苏州相城（德国）科技创新推介会。会上，智能驾驶仿真测试中心项目、中欧经济技术人才交流促进会人才引进战略合作项目和Eldisy汽车密封系统项目签约。中德工业交流中心苏州相城经济技术开发区招商引资联络处揭牌。德国知名企业、金融机构、高等院校、科研院所精英和学者近120名嘉宾参会。

以色列招商活动　12月19日，赴以色列特拉维夫市佩雷斯和平创新中心举办苏州相城（以色列）投资推介会，3个产业项目和1个服务业项目签约。会上，苏州相城—以色列技术成果转移中心揭牌。中华人民共和国驻以色列大使馆公使衔参赞戴玉明，以色列外交部亚洲司东北亚司司长阿米尔·拉蒂，以色列—亚洲商会主席长马坦·维尔奈，橡树咨询有限责任公司管理合伙人梅耶·赛盖夫，相城区委副书记、区长张永清及以色列政府部门、知名企业、商会协会、科研院所相关负责人120余人参加活动。

【重点招商项目】　苏州爱果乐科技有限公司项目　3月1日，苏州市相城区元和高新区与苏州爱果乐科技有限公司签约爱果乐项目，投资额3亿元。爱果乐专注全新、健康儿童学习桌椅行业，集研发、生产、销售、服务于一体。依托行业领先科技创新能力和综合服务能力，项目4月注册完成后至年底，实现营业额2.1亿元，税收900余万元。

中亿腾科技项目　3月23日，相城区望亭镇政府签约中亿腾科技项目，投资额5亿元。中亿腾科技为苏州珀亿塑胶电子有限公司与美国KMGPS公司合作成立的中外合资项目，主要从事汽车零部件、医疗耗材、模具的组装、测试、研发与生产。该项目将合并中亿腾塑模科技（苏州）有限公司、英普亿塑胶电子（苏州）有限公司，整体搬迁至望亭智能制造产业园内，打造全新智能制造生产基地。

长三角数字货币研究院项目　3月1日，设立长三角金融科技有限公司。3月29日，长三角数字货币研究院成立。11月底，中国人民银行将苏州列为全国首批4个数字货币应用试点城市之一。研究院由苏州高铁新城管委会与央行数字货币研究所全资子公司深圳金融科技有限公司合作组建。围绕中国人民银行总体工作安排，承担国家法定数字货币研发任务，开展金融科技与数字货币技术研究及相关应用开发和试验项目试点，同时培育金融科技产业。

中鑫国发基金项目　5月17日，苏州市相城区金控集团与中国银行、国发创投签约，共同发起设立中鑫国发基金，投资额10亿元。重点投向新一代信息技术、高端装备、新材料、新能源、节能环保以及生物医药等领域，发挥金融助推产业升级、资本助力科技创新引领作用。

生命科技港项目　6月21日，黄埭高新区与欧筑健康科技发展有限公司签约上海欧筑生命科技港项目，投资额12亿元。项目建成后，将引进20家以上高端医疗器械及生物医药、生命健康企业。力争建成国内一流、国际知名的医学产业园，成为江苏省高科技园区发展标志性示范基地、江苏全面接轨上海示范区、相城经济发展新亮点和新产业支撑，带动当地经济强劲增长和财政收入大幅增加。

铂睿科技项目　6月21日，相城区黄桥街道与苏州铂睿科技有限公司签约智能照明研发及产业化项目，投资额3亿元，注册资本

1亿元。公司致力于城市照明、室内照明、相关灯饰产品研发、生产制作。项目建成投产后，将联合南京航空航天大学机电学院技术团队和北京理工大学自动化学院技术团队共同建立智能灯具项目研发中心，计划投资8500万元，成立局域功能AI智能灯具研发中心、LED灯具LiFi功能研发中心、植物生长照明研发中心。

苏州钧达项目 6月21日，相城区渭塘镇政府与海南钧达汽车股份有限公司签约苏州钧达项目，投资额6亿元。该项目占地2.4公顷，建成后预计年产30万套汽车轻量化饰件，可实现年利润总额2.5亿元，纳税额超过6500万元。

汽车智能装备研发项目 6月21日，相城区太平街道与苏州凌创电子系统有限公司签约汽车智能装备研发项目，投资额6亿元。公司研发生产高转速新能源汽车动力总成实验台，独立完成新能源高速测试台架生产设计及试验检测，达到客户标定标准。

博腾项目 8月2日，苏州市相城区黄埭高新区与博腾制药生物药CDMO项目签约博腾项目，投资额15亿元。项目方为国内领先的医药研发生产外包组织（CDMO），在小分子CDMO领域拥有30余项专利技术，将致力于建立全球领先的生物制药服务平台，全面为国内制药企业和药物研发机构提供创新药CMC服务、MAH委托生产服务、临床试验服务、创新药原料药到制剂定制端到端研发及生产服务、生物大分子药服务等综合服务，逐步构建全球领先制药服务一站式开放合作服务平台。

联想（苏州）未来科技数字中心项目 10月22日，苏州市相城区经济技术开发区与联想（北京）信息技术有限公司签约联想（苏州）未来科技数字中心项目。该项目拟在开发区打造联想（苏州）未来科技及数字运营服务中心，为用户提供包括超大规模数据中心、软件定义数据中心、高性能计算、云计算、人工智能、5G等一系列端到端完整解决方案，助力企业实现数字转型。

江苏德邦物流有限公司项目 10月28日，相城区元和高新区与德邦物流股份有限公司签约江苏德邦物流有限公司项目。江苏德邦物流有限公司/德邦（上海）运输有限公司苏州分公司年内落户相城，3个月实现税收240.6万元。

星诺奇科技项目 10月30日，相城区阳澄湖镇政府与苏州星诺奇科技股份有限公司签约星诺奇科技项目，投资额5亿元。

京东长三角智能电商产业园项目 12月25日，苏州相城区经济技术开发区与北京京东世纪贸易有限公司签约京东长三角智能电商产业园项目，投资额35亿元，其中一期投资17亿元。项目拟在开发区建设亚洲一号物流仓库，建筑面积约40万平方米，其中包括库房、分拣中心及其他附属配套设施，为集大型办公、存储及配送于一体的自动化仓储项目。项目建成后主要作为自用物流仓库，部分用于配套智能装备生产和研发。

长三角先进材料研究院项目 12月28日，长三角先进材料研究院在相城区揭牌成立。研究院由江苏省、中国科学院、中国宝武钢铁集团和中国钢研科技集团共同发起，具体由江苏省产业技术研究院与相城区政府合作共建，与江苏先进材料技术创新中心一体化运营。长三角先进材料研究院实行理事会领导下院长负责制，首任院长由中国工程院院士干勇担任，以材料产业前沿引领技术和关键共性技术与应用研发为重点，打造创新资源集聚、组织运行开放、治理结构多元、具有国际影响力的材料科技产业创新中心。

（钱江云）

民营经济

民营经济发展

【概况】 2019年，全区有规模以上民营工业企业572家，占全区规模以上工业企业总数的74.8%，民营工业完成规模以上工业总产值785.19亿元，增长1.7%，占全区规模以上工业总产值的64%，其中规模以上私营企业完成工业产值681.62万元，增长2.2%。全年新增个体工商户9633户，增长4.7%，累计65050户；新增注册资金8.74亿元，下降0.3%，累计51.99亿元；个体工商户户均注册资本7.99万元，下降5.9%。新增私营企业5952户，下降11.8%，累计38727户；新增注册资本315.32亿元，增长0.8%，累计2090.57亿元；私营企业户均注册资本539.82万元，下降2%。

【"相城政策通"平台推出】 2月，区工信局融合政策发布、政策解读、智能匹配、线上申报等政策全流程服务，首创推出"相城政策通"平台，为企业提供线上到线下一站式综合服务，实现政企互动双向对接，畅通政企沟通的快捷通道，扩大惠企政策宣传推介覆盖面，打通企业服务"最后一公里"。至年底，平台有效汇集国家、省、市、区，工信、科技、发改、人才等各级各类惠企政策1418余条，注册用户1504个，基本实现"足不出户查询惠企政策、随时了解申报进度"。

【"工信连千企"服务企业活动】

发布区工业经济高质量发展专项资金项目申报指南　3月25日，区工信局联合团区委、区妇联举办"工信连千企"之相城青商会、女企协走进区工信局暨区工业经济高质量发展专项资金项目申报指南首发式。首发式上，向苏州未来电器股份有限公司等民营企业代表赠送《相城区工业经济高质量发展专项资金项目申报指南》首发纪念版，详细解读《相城区工业经济高质量发展若干扶持政策（试行）》，进行现场互动交流。

举办智能制造专题讲座　5月24日，区工信局举办"工信连千企"之智能制造专题讲座，北京国机智能研究院副总工程师王涛围绕智能装备对生产方式的变革，智能制造核心机制与技术，智能工厂落地之道，作《制造企业的智能化转型升级的趋势、技术与社会影响》主题演讲。

企业服务月集中走访活动　7月，区工信局开展"工信连千企"之企业服务月集中走访活动，区工信局领导带队实地走访区内重点企业、重点项目，了解掌握企业生产经营状况、项目建设情况，集中走访企业180家。向企业发放《相城区工业经济高质量发展专项资金项目申报指南》《"12345"中小企业服务体系手册》，宣贯各级扶持政策，辅导项目申报，帮助企业对上争取项目、资金、政策。

中小企业专题服务活动　8月22日，区工信局联合区司法局举办"工信连千企·司法惠万家"相城区中小企业专题服务活动。活动现场发布"65455111"企业服务热线，围绕法律服务金融产品——企业诉讼费用法律保险现场推介，推广"企业购买保险、律师提供法律服务、保险公司承担费用"发展新模式，降低企业诉讼成本。"相城法润讲堂"讲师团律师围绕"企业财税风险识别与解决"作专题讲座。　（吴越宇）

【重点民营企业】 苏州市相城区江南化纤集团有限公司 1984年10月成立，该集团是涵盖化纤制造、热电、投资、地产等多个领域的产业集团，2003年在上海证券交易所主板上市。拥有19万吨复合短纤维和3.6万吨涤纶毛条产能，主要产品有皮芯型复合短纤维、并列中空型复合短纤维、定岛海岛复合短纤维、高丽纶、细旦涤纶毛条、高收缩涤纶毛条、有色涤纶毛条、PTT涤纶毛条、富莱克毛条等，主要用于卫生材料、特种纸、高档皮革、毛纺等领域，在国内外市场有较高认知度。建有国家级企业技术中心、省级工程技术研究中心和省级博士后科研工作站。2014年，公司被评为省级优秀民营企业。2015年，被评为省级创新示范企业。2017年，被评为国家级两化融合管理体系贯标试点企业。2019年，公司完成工业产值3.84亿元，实现主营业务收入35.75亿元。

苏州欧菲光科技有限公司 2006年10月成立，该公司是国内领先的精密光电薄膜元器件制造商，拥有精密光电薄膜镀膜技术自主知识产权，长期从事精密光电薄膜元器件的研发、生产和销售。欧菲光智能车联项目启动后，推动建设汽车智能车联产品研发、制造基地，构建国内快速发展、最大规模的全球供货汽车电子企业。公司建有国家级重点实验室、省级企业技术中心和省级工程技术研究中心。2015年，公司被评为省级管理创新优秀企业。2016年，被评为省级两化融合管理体系贯标试点企业。2019年，公司汽车电子智能制造车间被评为省级示范智能车间。全年完成工业产值23.69亿元，实现主营业务收入23.69亿元。

江苏新安电器股份有限公司 1989年8月成立，该公司从事家电用电脑控制器、汽车用电子智能控制器的研发、制造及销售。公司拥有国际先进的全套生产和试验检测设备，主要生产传感器、音频接口、变频驱动、ECU控制器、车载电源等多种电子智能控制器，产品广泛应用于家用电器、汽车电子等行业，是凯斯库、博世等汽车的零配件供应商，产品与惠而浦、三星、海信等国内外知名企业相配套。公司为省高新技术企业，建有国家级博士后科研工作站、省级企业技术中心和省级工程技术研究中心。2016年，公司被评为省级两化融合管理体系贯标试点企业。2019年，公司高端控制器智能工厂被评为省级首批智能工厂，高端汽车电子主板智能制造车间被评为省级示范智能车间。全年完成工业产值23.38亿元，实现主营业务收入23亿元、利税1.09亿元、利润0.87亿元。

1994年成立，该公司是集各类吸尘器研发、制造、销售、服务于一体的大型综合小家电制造企业。专业生产吸尘器、吸尘器电机、加湿器、净化器等产品，具备年产家用清洁类电器1000万台制造能力。公司是省高新技术企业，建有国家级博士后科研工作站、省级企业技术中心、省级工程技术研究中心和省级工业设计中心。2015年，公司被评为国家级两化融合管理体系贯标试点企业。2017年，被评为省级管理创新优秀企业。2019年，公司被评为省级星级上云企业。全年完成工业产值22.02亿元，实现主营业务收入21.63亿元、利税2.31亿元、利润2.18亿元。

苏州市春菊电器有限公司 1987年9月成立，该公司是国内开发生产健康清洁电器的主要厂家，产品有真空吸尘器、蒸汽清洗器、空气净化器、空气加湿器、电磁炉等五大类，78%为出口产品，主要出口欧洲、澳新地区、南北美、亚洲等地区。公司建有省级企业技术中心和工业设计中心。2019年，公司完成工业产值17.36亿元，实现主营业务收入

2019年8月22日，“工信连千企·司法惠万家”相城区中小企业专题服务活动举办
区工信局 供稿

17.31亿元、利税2.28亿元、利润2.22亿元。

苏州领裕电子科技有限公司 2006年10月成立，该公司主要研发生产片式元器件、敏感元器件及传感器、频率控制与选择元件、混合集成电路、电力电子器件、光电子器件、新型机电元件等新型电子元器件。公司建有省级企业技术中心。2019年，公司被评为省级两化融合贯标重点培育企业。全年完成工业产值14.66亿元，实现主营业务收入15.98亿元、利税1.94亿元、利润1.83亿元。

苏州二叶制药有限公司 1981年4月成立，该公司是江苏省首家从事青霉素类生产企业，产品齐全，规格众多，发展为生产口服原料药、无菌原料药、青霉素粉针剂、头孢粉针剂、冻干粉针剂、小容量注射剂和胶囊剂等多品种、多规格的综合型制药企业，产品涉及抗感染类、心脑血管类、消化系统类和抗肿瘤类等多个领域。公司建有省级企业技术中心。2015年，公司被评为省级创新示范企业。2019年，公司被评为省级星级上云企业。全年完成工业产值17.51亿元，实现主营业务收入13.53亿元、利税2.08亿元、利润1.09亿元。

苏州易德龙科技股份有限公司 2001年5月成立，该公司主营业务涉及通信、工业控制、消费电子、医疗电子、汽车电子等电子制造领域，产品涵盖通信类、工业控制类、消费电子类、医疗电子类、汽车电子类等，专注定制化研发、供应链管理、产品制造、产品测试方案及测试系统开发、售前工程技术支持、产品新工艺开发、产品焊接可靠性测试、产品工艺过程可靠性保障测试等整体解决方案。公司建有省级企业技术中心。2014年，公司被评为国家级两化融合管理体系贯标试点企业、省级管理创新优秀企业。2019年，公司服务器板卡智能生产车间被评为省级示范智能车间。公司全年完成工业产值10.06亿元，实现主营业务收入10.12亿元、利税1.46亿元、利润1.38亿元。

苏州上声电子有限公司 1992年7月成立，该公司主要生产经营汽车扬声器及相关电子产品，包括福特林肯高档轿车扬声器、别克轿车扬声器、赛欧轿车扬声器等。汽车用扬声器国内市场占有率45%以上，排名全国第一。产品与大众、通用、福特、克莱斯勒等国内外主要品牌汽车配套，出口量占公司总产量的50%以上。公司为国家高新技术企业，建有国家级博士后科研工作站、省级企业技术中心和省级工程技术研究中心。2019年，公司完成工业产值9.33亿元，实现主营业务收入9.83亿元、利税0.76亿元、利润0.66亿元。

苏州金宏气体股份有限公司 1999年成立，该公司是江苏省气体工业协会副理事长单位、苏州市工业气体协会理事长单位。为品种最全的气体单体生产公司，产品包括液态气体、高纯气体、特种气体、混合气体、医疗用气体及干冰等。公司建有国家级重点实验室和省级工程技术研究中心。2009年，公司在相城新建总部。2013年，公司被评为省级管理创新示范企业。2014年，公司7N电子级超纯氨被评为省级专精特新产品。2016年，被评为省级两化融合管理体系贯标试点企业。2018年，被评为省级科技小巨人企业、省级服务型制造示范企业。2019年，公司技术中心被认定为国家级企业技术中心、省级星级上云企业。公司全年完成工业产值8.97亿元，实现主营业务收入8.05亿元、利税2.16亿元、利润1.6亿元。 （吴越宇）

财政　税务　金融

财　政

【概况】 2019年，相城区财政局贯彻落实区委、区政府决策部署，围绕全区重点工作任务，推进财政管理体制改革，完善资金绩效管理，发挥财政服务保障作用，支持“12345”战略思路实施，服务全区高质量发展。2月21日，召开2019年相城财政系统工作会议。3月22日，区财政局邀请省财政厅专家做客相城大讲堂。11月14日，根据区政府办印发《关于调整镇（街道、区）财政体制的意见（试行）》，区财政局完善区镇两级财政体制，加快形成有利于经济转型升级的现代财政制度，促进两级政府财力和事权责任相匹配。12月4~5日，中国资产评估协会部分地方协会会长现场座谈会在相城召开。12月，相城区财政局被江苏省精神文明建设指导委员会授予江苏省文明单位称号。

财政收入　全年完成一般公共预算收入120亿元，增长10.6%。其中税务部门完成111.08亿元，增长8.9%；财政部门完成8.97亿元，增长37.6%。税比92.5%，财政收入增幅、税比分别列全市第1和第2位。

财政支出　全年完成一般公共预算支出82.7亿元，增长11.5%。其中，保障民生支出57.69亿元，占一般公共财政预算支出的69.8%；GDP八项支出67.7亿元，增长11.1%。

2019年2月21日，相城区财政系统工作会议召开　　区财政局　供稿

表22　　2019年相城区一般公共预算支出情况（分科目）统计表

单位：万元

项目	本年累计	增减额	增减
一般公共预算支出	826905	85500	11.5%

续表

项目	本年累计	增减额	增减
1.一般公共服务支出	167102	17522	11.7 %
2.国防支出	372	-90	-19.5 %
3.公共安全支出	52600	-977	-1.8%
4.教育支出	172802	16400	10.5%
5.科学技术支出	64059	3522	5.8 %
6.文化旅游体育和传媒支出	6409	529	8.1%
7.社会保障和就业支出	66533	1137	1.7 %
8.卫生健康支出	68684	19608	40.0%
9.节能环保支出	18751	720	4.0%
10.城乡社区支出	66023	9447	16.7%
11.农林水支出	32115	-10093	-23.9%
12.交通运输支出	21252	6105	40.3%
13.资源勘探信息等支出	10029	1978	24.6%
14.商业服务业等支出	5036	-990	-16.4%
15.金融支出	90	90	—
16.援助其他地区支出	5717	2687	88.7%
17.自然资源海洋气象等支出	6409	-714	-10.0%
18.住房保障支出	47679	15289	47.2%
19.粮油物资储备支出	1161	-493	-29.8%
20.灾害防治及应急管理支出	6131	—	—
21.其他支出	7	-1865	-99.6%
22.债务付息支出	7932	-495	-5.9%
23.债务发行费支出	12	12	—

【财政改革管理】 年内，区财政局推进乡镇财政事权和支出责任划分改革，完善区镇两级财政体制。落实基层财政属地化管理改革，夯实基层财政力量。深化预算管理改革，加大预决算公开力度，制定2019年度专项资金审批流程意见，优化专项资金拨付内部操作流程，完善专项资金审批、拨付流程。制定预备费管理办法，规范预备费使用管理。深入推进预算绩效管理，完成2019年度区级24家单位40个专项资金项目的绩效目标专家评审和目标批复。完成2018年度32个专项资金项目绩效再评价，完成“商务转型发展扶持经费”等4个项目的重点绩效评价。启动国库集中支付电子化改革试点，提升财政资金安全和支付效率。落实政府新会计制度，规范政府财务管理。加强财政“放管服”改革，划转“代理记账设立审批”行政审批事项，400万元以下小额工程项目纳入政府采购。

【财政监督检查】 2019年，区财政局开展惠民惠农财政补贴资金“一卡通”、经济薄弱村相关帮扶资金等专项检查，完成减税降费政策实施效果监督检查。做好财政“同级审”整改工作，深化与人大监督联网平台数据衔接，主动接受人大、审计部门监督。完善预算执行动态监控预警规则，全年预算执行动态监控系统共预警3773笔。发挥财政投资评审作用，全年完成工程建设评审项目74个，累计送审金额19.67亿元，核减资金2.98亿元；完成征收（搬迁）评审项目44个，累计送审资金20.45亿元，核减资金0.28亿元。

【政府债务管理】 2019年，区财政局全面贯彻落实上级出台的一系列加强政府债务管理的制度规定。开展乡镇债务风险评估，制定乡镇债务分类管理方案。加强债务情况动态监测，推广应用省隐性债务综合监管系统。开展政府性债务专项审计，规范政府债务还本付息预算管理，政府债务控制在限额以内。依法合规推进隐性债务化解，压实化债责任。做好隐性债务置换工作，优化债务结构。

【会计管理】 2019年，区财政局服务相城区高质量发展，开展全区会计人员的信息采集，完成7855名会计人员的信息采集。完善重点企业会计人员库，收录1994名各类企业会计人才。高级会计师资格评审通过率85.7%。

（焦佳朝）

税　务

【概况】 2019年，相城区税务局落实减税降费政策，全面推进“1+5”税收征管体系建设，完善税费服务，完成全年收入任务。年内，区税务局获评“江苏省五一劳动奖”，获得“2016—2018年度江苏省文明单位”“江苏省节水型企业（单位）”荣誉称号，区税务局创作的《一纸平安》获评“江苏新时代‘巾帼志愿者优秀暖心故事’”，3名个人分别获得江苏省税务局国税地税征管体制改革专项工作奖励人员三等功、2019年全省档案学术交流会一等奖、江苏省第四次全国经济普查优秀工作者。相城区税务局扎实开展“便民办税春风行动”，不断优化办税流程、提升服务质效、解决纳税人办税的痛点、难点、堵点，推动构建稳定、公平、透明、可预期的税收营商环境，形成网上办税为主、自助办税为辅、实体办税兜底的便利办税模式。

表23　　2019年相城区税务系统组织收入情况统计表

单位：亿元

项目	本期	上年同期	增减	累计
一、各项收入合计	246.16	226.90	19.26%	8.49
（一）税收收入	195.47	187.57	7.90%	4.21
1.中央级	83.06	84.17	−1.11%	−1.32
2.地方级	112.41	103.40	9.02%	8.72
#市级收入	1.31	1.38	−0.06%	−4.64
#区县级一般预算收入	111.10	102.02	9.08%	8.90
（二）社会保险费	44.33	33.16	11.17%	33.68
（三）非税收入	6.35	6.17	0.19%	3.01
#教育附加	2.92	2.92	0.01%	0.19
二、出口退税（含免抵调库）	−40.06	−37.44	−2.61%	3.01
#出口退税	−30.25	−30.76	0.51%	−1.66

说明：根据《关于调整完善增值税留抵退税地方分担机制及预算管理有关事项的通知》（财预〔2019〕205号）通知，增值税留抵退税地方分担的50%部分，15%由地方分担，35%由省级财政垫付。公告临近年终，为方便决算，区县级公共财政预算收入仍按原留抵退税分担比例即中央50%地方50%计算。

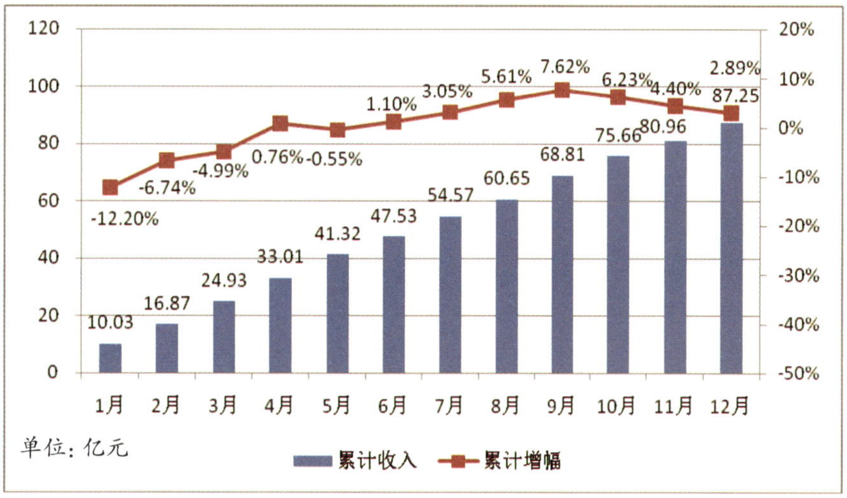

2019年增值税全口径收入完成情况图

表24　　2019年企业所得税分行业入库情况统计表

单位：亿元

项目	本期	上年同期	增减额	增减	占比
合计	40.44	41.64	−1.20	−2.88%	100.00%
其中：房地产业	17.19	20.02	−2.84	−13.89%	42.50%
制造业	14.08	14.36	−0.29	−1.73%	34.80%
批发和零售业	2.74	2.69	0.05	1.63%	6.78%
建筑业	2.37	1.44	0.93	59.39%	5.85%
其他	4.07	3.13	0.95	30.24%	10.07%

【税收收入】 2019年，全区累计组织各项收入246.16亿元，增收19.26亿元，增长8.49%。其中完成税收收入195.47亿元，增长4.21%；完成社会保险费44.33亿元，增加11.17亿元，增长33.68%；完成非税收入6.35亿元，增长3.01%。

税收收入中，完成税收直接收入185.67亿元，增长2.64%；办理免抵调库9.8亿元，多调3.12亿元，增长46.76%。

非税收入中，教育费附加2.92亿元，增加0.01亿元，增长0.19%；其他基金费3.43亿元，增加0.18亿元，增长5.54%。

两级收入中，完成中央级收入83.06亿元，地方公共财政预算收入112.41亿元，其中区县级公共财政预算收入111.1亿元，增收9.08亿元，增长8.9%。

【减税降费】 年内，区税务局贯彻党中央、国务院关于减税降费的决策部署，先后制定下发9批职责任务清单，对表销号，有序推进。第一时间成立减税降费领导工作小组，实行“一把手”负责制，抽调全局骨干力量成立8个工作组，全方位、大纵深推进相城区减税降费工作。精心制作减税降费总台账，下设7个目录，全年共接受4次减税降费专项督查。建立退税集中办公小组和全流程集中办公场所，减少各环节流转时间，集中处理14批次退税数据。在办税服务大厅设置“减税降费”专窗，同步开展线上、线下服务。运用新媒体开展政策宣传，尝试移动端直播培训、朋友圈点对点推送信息等。分行业、分税种开展新政辅导，共举办80余场线下培训，覆盖纳税人28.43万人次。简化税收优惠享受流程，变

表25　2019年个人所得税分项目入库情况表

单位：亿元

项目	本期	上年同期	增减额	增减	占比
合计	9.85	14.23	−4.38	−30.78%	100.00%
其中：工资薪金	5.36	7.95	−2.59	−32.61%	54.42%
经营所得	1.18	1.61	−0.43	−26.65%	11.95%
利息、股息、红利所得	1.47	1.39	0.08	5.51%	14.89%
财产转让所得	1.61	3.08	−1.47	−47.71%	16.33%
其他	0.24	0.21	0.03	15.28%	2.41%

表26　2019年分税种入库情况表

单位：亿元

项目	本期	上年同期	增减额	增减	占比
税收收入合计	195.47	187.57	7.90	4.21%	100.00%
其中：1.增值税	87.25	84.80	2.45	2.89%	44.64%
#增值税直接收入	77.45	78.12	−0.68	−0.86%	39.62%
2.企业所得税	40.44	41.64	−1.20	−2.88%	20.69%
3.个人所得税	9.85	14.23	−4.38	−30.78%	5.04%
#工资、薪金所得	5.36	7.95	−2.59	−32.61%	2.74%
#财产转让所得	1.61	3.08	−1.47	−47.71%	0.82%
4.地方“十税”	48.87	38.86	10.01	25.75%	25.00%
#契税	17.47	14.04	3.43	24.47%	8.94%
#土地增值税	16.47	9.57	6.89	72.02%	8.42%
5.消费税	0.38	0.37	0.01	1.74%	0.19%
6.车辆购置税	8.68	7.66	1.02	13.29%	4.44%

表27　2019年分片区镇级一般公共预算收入完成情况表

单位：亿元

片区（乡镇）	本期累计	上年同期累计	增减额	增减
合计	111.10	102.02	9.08	8.90 %
1.区级	9.14	9.51	−0.36	−3.80 %
2.阳澄生态新区（高铁新城）	24.31	22.99	1.32	5.73 %
高铁新城	12.13	9.86	2.27	23.06 %
渭塘	6.91	7.36	−0.45	−6.16 %
太平	5.27	5.77	−0.50	−8.68%
3.漕湖国家级经济技术开发区	19.16	17.44	1.72	9.88%
4.黄埭高新区	20.81	19.41	1.40	7.21%
黄埭	14.03	13.49	0.55	4.06%
望亭	6.78	5.93	0.85	14.36 %
5.元和省级高新区	31.90	27.22	4.68	17.19 %
元和	24.23	19.97	4.26	21.33%
黄桥	7.67	7.25	0.42	5.78 %
6.阳澄湖生态旅游度假区	5.77	5.45	0.32	5.90 %
阳澄湖	5.39	5.01	0.38	7.56 %
度假区	0.38	0.44	−0.06	−12.94 %

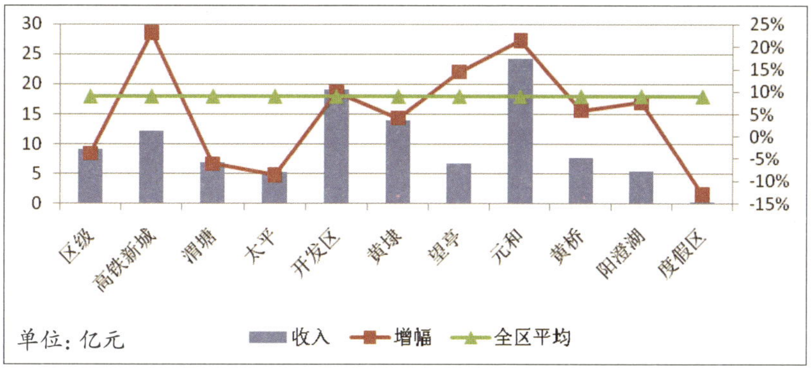

2019年分片区镇级一般公共预算收入完成情况图

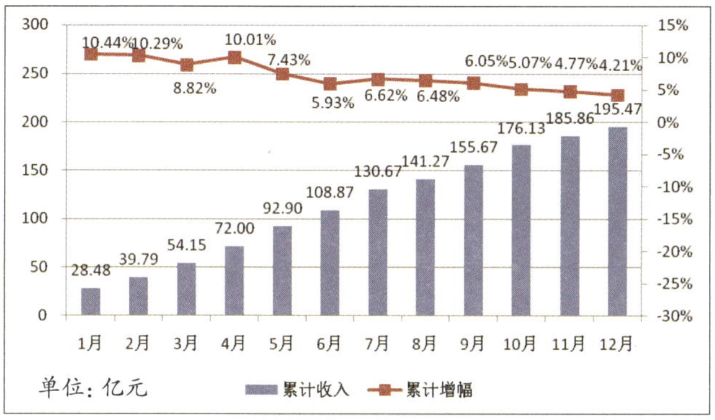

2019年月度税收收入走势图

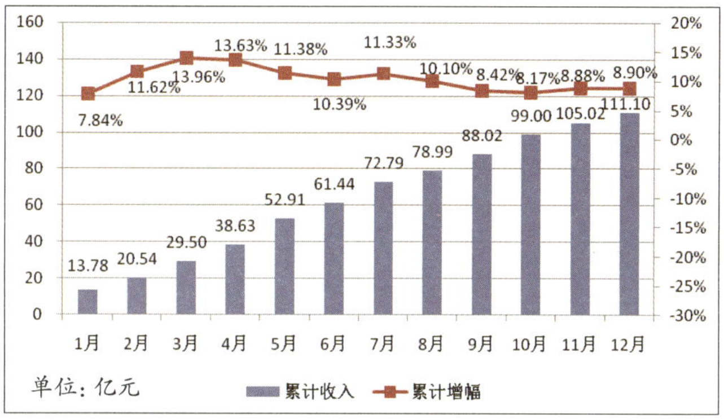

2019年月度地方公共预算收入走势图

依申请退税为主动退税，计退税（费）418万元。全年新增减税降费30.49亿元，其中，深化增值税改革，落实增值税降率等政策，减免14.8亿元；落实小微企业普惠性减税政策，减免5.44亿元；贯彻新修订的个人所得税法，重点落实六项专项附加扣除政策，新增减税5.38亿元，惠及约6.7万纳税人；落实社会保险费降率政策，减免2.8亿元。4月23日，区税务局与黄桥街道占上村举行党建结对共建暨“减税降费”宣传基地授牌仪式。

2019年2月19日，税务工作人员与纳税人进行减税降费辅导交流

区税务局　供稿

【优化税收营商环境】 2019年，相城区税务局以江苏省税务局“1+5”税收征管体系为基础，梳理办税延伸点征管清单事项109项、便民点涉税柜面事项25项，建立“以一分局集约服务为主导，属地化办税服务点为延伸，其他个私办便民窗口为社会化服务网点协同服务”的纳税服务运行机制，打造20分钟办税服务圈。通过网上办税、邮寄配送等方式，实现“网上办”业务占比95%，发票领用线上办理率97%。发挥办税厅导税台“总调度”作用，根

据业务类型，快速引导、分流近50%办税人员至自助区办理。全面落实104个“全程网上办”和13类155项“最多跑一次”事项，取消60项税务证明。新办企业套餐办理时长由半个工作日压缩为9分钟。大数据梳理130个高频问题，通过微信公众号对外解答。实现市场主体退出便利化，落实税务登记简易注销工作，占比超72%。提升税企沟通质量，加大特服号管理力度，全年人工接听共12.87万次，接通率94%。按时处理各类涉税举报366件，准期回复率100%。

【税收风险防范】 相城区税务局成立全面依法行政领导小组，制定小组议事规则，规范执法行为。深化内控机制建设，制定涵盖六大管理业务领域内控制度，加强督察内审监督，开展减税降费政策落实、欠税追征、个体税收管理等专项督查，查找并整改薄弱环节。排查税收工作风险，梳理税收执法与行政管理中的风险点，升级改造出口退税管理模式，完善土地增值税清算审核制度，优化存量房交易流程，健全税收资金账户安全管理、票证管理等制度，最大限度降低执法风险。加强风险应对人员的业务培训，着重提升应对人员的风险敏感性和快速处置能力。统筹发布省局、市局推送的各批次任务，年内，共完成风险应对644户次，移送稽查2户次，全区纳税评估取得应对总成效超2亿元。做好风控任务统筹及二次分析，共发布并完成179户次事中事后快速防控任务，对6批“销售收入小、长期零申报”企业进行发票批量调整。密切掌握防虚打骗动态，按季召开风险管理工作例会，全年查实骗购虚开纳税人12户，减少75户。参与市税务局快防模块升级改造，新业务流程模块上线后，安排师资人员参加培训。

【依法治税】 2019年，相城区税务局建立健全法制工作机制、统筹依法行政、指导规范执法、强化执法监督等举措。成立全面依法行政领导小组，制定全面依法行政领导小组议事规则，按季召开会议。组建税收法律工作团队，由全区税务系统取得公职律师证书或法律职业资格、律师资格人员加入，参与重大税务案件的审理、行政复议、行政诉讼等法制工作。先后参与全区“悦法谈”主题演说、“一月一法”普法案例征集等多项活动。落实执法“三项制度”，将其充分融合到具体制度建设和流程设计之中，强化过程控制，促进税务机关严格规范公正文明执法。加强司法涉税协作，重视不动产拍卖环节税收征管，及时对法院提供的不动产拍卖信息进行税款计算。完成法院司法拍卖税款追缴62户，涉及税费1940余万元。年内，相城区税务局共受理2起行政复议案件，经行政复议和行政应诉工作领导小组会议集体审议后，申请人均撤回行政复议申请。开展执法责任考评与过错追究，依托内控平台，及时掌握税收执法疑点核查反馈情况，查找问题产生原因，落实整改举措，完成12类指标计932条疑点过错陈述申辩。全面加强督察内审监督，持续开展减税降费督察督办工作，完成高新技术企业、增值税发票管理风险等5批次省、市两级下发疑点核查任务。开展欠税追征专项督察及“回头看”，形成欠税追征督察报告。

【队伍建设】 2019年，相城区税务局狠抓队伍建设，持续巩固扩大国税地税机构合并成果，进一步深化干部队伍“四合”。落实全员业务能力提升计划，鼓励青年骨干走上讲台，锻炼能力。注重全员知识更新和综合能力提升，组织干部分批走进复旦大学，参加综合类知识培训。邀请上级局税

2019年10月24日，相城区税务局举办相城区增值税发票管理系统2.0版（综合服务平台）业务专题辅导培训班　　邵颖之　摄

收骨干、专家到相城区为基层税务干部搭建充电学习、咨询解惑平台。聚焦税收事业发展重点、实际工作难点、纳税人和缴费人关心热点，以基层分局为重点，开展全员岗位练兵活动。选树表现优异的先进典型予以通报表彰。创新人力资源管理模式，着眼未来青年干部的培养，注重在基层一线和困难艰苦岗位上培养锻炼年轻干部。探索年龄较大干部的岗位匹配机制，搭建业务骨干才能展示平台。开展纪检谈话，先后完成对5个派出机构、15个内设部门共50多人谈话。强化婚丧喜庆等事项报告工作，开展公务接待费、公车运行维护费、会议费支出情况自查自纠。紧盯重点领域、关键环节和重要岗位的廉政风险，开展全面排查，列出涉农税收优惠备案、土地增值税清算审核等11类风险。加强“八小时以外”监督，定期组织自查自纠，对税务干部交往情况进行监督管理，涵盖“社交圈”“生活圈”“休闲圈”等。全年处置5件问题线索，对4户企业进行“一案双查”。开展形式主义、官僚主义问题集中整治，与第三方合作开展两次作风效能建设明察暗访，发出《作风效能建设明察暗访检查整改通知书》6份。开展为期两个月的“三看三提升”作风建设集中大整治活动和漠视侵害群众利益问题专项整治行动，净化征纳关系。

（沈伟民）

金融业

【概况】 2019年，全区金融业发展水平持续提升，共集聚各类科技金融企业250家，其中各类基金140支，总规模1250亿元，基金管理公司39家；区块链、数字货币等金融科技企业27家，地方金融机构10家，传统金融机构34家；落地“一园两基地三中心”、长三角数字货币研究院等高层次平台载体12个。推动重大项目融资工作，建立风险补偿资金池，推出相科贷、阳澄英才贷等政府支持信贷产品，强化与银行等大型金融集团全面战略合作；完善出台金融支持高质量发展扶持政策，推动科技金融特色产业创新高地建设，相城科技金融产业园获评江苏省创业投资集聚发展示范区。举办长三角科技金融产业发展峰会，助推相城高质量发展基金年会、中国年度创投大会等大型科技金融活动，持续提升科技金融产业的影响力、辐射力，全区科技金融体系逐步完善。创新风险排查预警机制，优化区域金融生态环境，金融生态环境建设持续良好。防范化解金融风险、营造诚实守信的金融生态环境、维护良好的金融秩序等做法获省级督查激励；相城区获评2016—2018年度金融生态优秀县，蝉联全省县域金融生态环境综合评估第一。

【银行业】 2019年底，辖区内银行机构存款余额1700.12亿元，增长17.65%。表内贷款余额2010.84亿元，增长24.42%。投放相城区内实体经济贷款余额552.38亿元，增长18.45%。不良贷款率0.14%，下降0.02个百分点。

表28　　2019年相城区银行存贷款情况表

单位：亿元

银行名称	存款		表内贷款		投放相城区实体经济贷款	
	期末余额	增长	期末余额	增长	期末余额	增长
国开行	51.77	151.68%	157.78	64.68%	2.92	-25.13%
农发银行	8.10	0.87%	23.98	-6.22%	—	-100.00%
工商银行	166.15	14.82%	239.02	20.81%	92.06	25.29%
农业银行	253.16	4.02%	265.38	8.09%	71.12	2.76%
中国银行	201.07	13.79%	246.39	25.38%	32.43	-9.46%
建设银行	196.65	4.47%	204.09	12.31%	32.75	1.17%
交通银行	27.02	20.36%	41.28	10.49%	1.95	-36.07%
苏州银行	257.08	14.93%	152.70	14.95%	90.81	4.15%
江苏银行	66.34	17.13%	85.18	22.01%	4.32	-0.86%
光大银行	38.46	29.28%	63.21	74.18%	30.96	57.96%
华夏银行	33.01	27.70%	41.83	8.71%	10.86	-3.89%

续表

银行名称	存款		表内贷款		投放相城区实体经济贷款	
	期末余额	增长	期末余额	增长	期末余额	增长
浦发银行	44.00	11.99%	61.18	9.48%	25.28	14.34%
中信银行	39.53	36.45%	59.61	40.69%	11.83	165.25%
招商银行	40.10	22.71%	54.51	20.01%	49.47	23.03%
邮储银行	7.13	35.83%	37.52	9.77%	4.30	12.27%
民生银行	44.73	-12.12%	54.02	13.99%	9.92	-2.84%
宁波银行	47.70	41.42%	30.00	45.63%	8.05	89.41%
兴业银行	39.32	36.62%	58.93	73.12%	20.69	195.99%
泰隆银行	4.68	29.50%	7.05	13.81%	6.69	13.82%
苏州农商行	21.12	56.79%	17.22	11.53%	14.24	2.08%
南京银行	42.61	2.82%	48.19	14.71%	11.26	-1.92%
恒丰银行	31.05	14.96%	19.94	33.29%	0.62	-18.42%
江西银行	6.25	—	4.74	—	3.01	—
浙商银行	24.35	—	14.13	—	13.45	—
平安银行	8.74	—	22.97	—	3.38	—
总和	1700.12	17.65%	2010.85	24.42%	552.37	18.45%

【非银金融】 2019年，全区保险业保费收入增加13.57亿元，赔付支出增加3.68亿元。证券业累计实现证券交易金额487.19亿元，期末托管市值111.74亿元。担保业务增加164笔，新增担保金额14.87亿元。典当公司典当总额2.55亿元，典当余额0.61亿元。小贷公司各项贷款期末余额16.76亿元，其中农贷余额11.66亿元，科贷余额5.1亿元。商业保理业务累计投放32笔、10.97亿元。融资租赁业务投放共7笔、6.3亿元。

【直接融资】 2019年，全区上市（挂牌）企业总数36家（上市7家、新三板挂牌29家），新增新三板挂牌企业3家（邦岑新材料、微缔软件、炫之彩）。新增债券融资30笔，总金额136.3亿元；债券融资余额221.1亿元，较年初增长65.1%。

【政银合作】 2019年，全区有银行一级支行24家，新增江西银行股份有限公司苏州相城支行、浙商银行股份有限公司苏州相城支行、平安银行股份有限公司苏州相城支行、江苏苏州农村商业银行股份有限公司科技金融产业园支行4家。区金融办加强与各大金融机构创新合作，与中国银行签订全面战略合作备忘录，在信贷支持、中日智能制造协同创新区建设、基金设立、机构引进等方面深化全方面合作。建立总规模5000万元的风险补偿资金池，与各银行、担保公司联合开发创新金融产品“相科贷”。协调区内各大银行出台“阳澄英才贷”综合金融服务方案，为各类人才提供优惠完善的金融服务。

【科技金融】 2019年，相城区出台《相城区科技金融引领高质量发展若干扶持政策（试行）》《相城区打造科技金融特色产业创新高地的实施意见》等文件，大力培育引进各类科技金融机构，打造覆盖企业生命周期的全方位、多层次的金融服务体系。“一园两基地三中心”等科技金融平台投入运行，引进长三角数字货币研究院、长三角金融科技有限公司、中国银行长三角综合经营办公室、中银金科子公司、中银投苏州代表处等高水平科技金融机构，长三角数字货币研究院建设列入省金融监管局长三角一体化发展金融专题组重点推进工作清单。

【金融监管】 2019年，相城区建立创新风险排查预警机制，通过综治网格员、义务金融监察员、风险防控专员、金融领域扫黑除恶专班四支队伍排查风险，线上利用省、市、区三级预警监测平台预警风险，织紧织密金融风险防控一张大网，不断优化区域金融生态环境。相城区被评为“2016—2018年度金融生态优秀县”，蝉联全省县域金融生态环境综合评估第一。（佟易航）

【金融机构选介】 中国工商银行

相城支行　2019年，中国工商银行相城支行以转型提质和高质量发展为主线，抓改革、谋发展、补短板、防风险、强管理、提质效，存贷款余额分别为166.2亿元和239.06亿元。全年投放实体经济贷款91.92亿元，投放小微企业贷款30.44亿元。支持全区7个重大产业项目落地，授信13.9亿元，给予1.2亿元融资支持。与区行政审批局、阳澄湖镇、望亭镇银湖村等建立战略合作关系，开展全方位合作。（邹燕俪）

中国银行相城支行　2019年，中国银行相城支行以服务社会经济民生为己任，践行长三角一体化发展国家战略，以中国银行与相城区全面合作为引领，主动融入区域建设，全面加强与区内各级政府、各企业合作，人民币贷款较年初新增50.12亿元，其中公司贷款新增44.05亿元。推出"相科贷""中银征信贷""中银信保贷"等特色化融资产品，助力相城区打造智慧化、数字化现代化城区。（严　媛）

中国建设银行相城支行　2019年，中国建设银行相城支行存、贷款余额分别为198.35亿元和203.44亿元。着力提升三个能力，落实"三大战略"，成功推动相城区住建局公租房系统上线，落地"建融家园"建设；先后与区行政审批局、区法院、开发区财政局合作开发"案款系统""党群综合服务平台""安心养老平台"等多个平台项目。强化扶贫攻坚，完善品牌体系，发布"相心聚力·善建行远"公益品牌，依托劳动者港湾举办"安康驿站"揭牌等活动，联合区市场监管局、区金融监管局走进学校、社区，举办多场公益宣传活动。相城支行营业部获评"2017—2018年度全国青年文明号"。（陈　敏）

苏州银行相城支行　2019年，苏州银行相城支行秉持"以小为美、以民唯美"的服务理念，不断加强金融创新，抢抓发展机遇，以优质金融服务全面支持区内实体经济发展。全年存贷款总量分别为257.08亿元和152.7亿元，其中支持区内实体经济贷款余额95.93亿元。（钟苏晔）

邮储银行相城支行　2019年，邮储银行相城支行存贷款总量分别为7.3亿元和40.04亿元。邮储银行坚持以"服务三农、服务实体经济、服务社会民生"为中心，致力于提供更便捷的金融服务。分行第三党支部携手元和街道凌浜社区、胡巷社区共建"党建+金融"基地，实实在在关心周边百姓。坚持普惠金融服务，有效解决辖区内企业融资难、融资贵的问题。（张　吉）

2019年11月15日，中国银行全面支持苏州市相城区建设系列签约仪式在相城区举行　　区金融办　供稿

招商银行相城支行　招商银行相城支行秉承"因您而变"的服务理念，切实服务实体企业。为科技型中小企业推出"高新贷""信保贷""结算流量贷"等标准化产品，为小微企业量身定制"生意会"等。为中小企业客户设计一系列小企业抵押贷款、小额信用贷款、POS商户贷款、小微企业供销流量贷款、小企业AUM信用贷款等产品，加大小微企业投放占比，助推普惠金融。至年末，支行存贷款余额分别为40.1亿元和54.51亿元，其中实体企业贷款36.63亿元，小微企业贷款29.12亿元。（陈　刚）

苏州农村商业银行相城支行　2019年，苏州农村商业银行相城支行存贷款总额分别为21.12亿元和17.22亿元。吴江农村商业银行更名为苏州农村商业银行，将网点与社区、商业体相融合，推动网点转型，举办"小小银行家""一个苏小鱼，一城梦想家"等活动，努力提高知名度。积极探索业务模式新思路，优化客户结构，不断下沉经营重心，坚守"支农支小，服务实体，服务民生"，推出锦e贴、首惠贷、法人贷等多种小微产品。更好服务相城广大科创企业，提供"债、贷、股、资"多位一体专属金融服务，推动产业高端化。设立科技金融产业园支

行暨科创金融中心，为聚焦服务相城科技金融产业园和相城科创企业发展专营银行。（钱 燕）

南京银行相城支行 2019年，南京银行相城支行全年存贷款总量分别为42.61亿元和65.54亿元。落实“回归本源、服务实体”的战略方针，深耕当地市场，共建相城经济，全年累计投放小企业贷款19.45亿元，普惠金融余额1.89亿元。成功开展“鑫高企”金融服务直通车活动，为百余户小微企业对接意向贷款金额2亿元。开展重点围绕“个人信息保护宣传”“防范电信网络诈骗宣传”“支付安全宣传”“抵制非法集资宣传”“理财知识宣传”等活动。（杨佳佳）

2019年5月5日，南京银行相城支行金融服务进工地
南京银行相城支行 供稿

江西银行苏州相城支行 2019年4月，江西银行苏州相城支行开业。坚持“服务地方经济、服务中小企业、服务市民百姓”市场定位，围绕总行“稳、变、进、服”的具体要求，深化服务内涵，创新金融产品。利用创新贷、房抵快贷、个人大额存单、家装分期等特色产品开拓业务，开发相科贷、阳澄英才贷专属产品，支持和满足相城区企业和居民的金融需求。（华月晓）

泰隆银行蠡口支行 2019年，泰隆银行蠡口支行存款总量4.68亿元，增长1.07亿元；各项贷款总量7.05亿元，增长0.87亿元。推进泰惠贷、融e贷等产品，支持相城区小微企业发展。携手黄桥街道、望亭镇项路村、苏州阳澄湖数字文化创意产业园共建“党建+金融”基地，推出“红色蜂巢贷”缓解小微企业融资难、担保难等问题。通过“公益+金融”的形式，服务企业，服务基层。支行全年开展各项公益服务百余次，服务企业三百余家，服务居民上千人。

（徐映菊）

浙商银行相城支行 2018年11月8日，浙商银行相城支行成立。至2019年底，存贷款余额分别为24.36亿元和13.06亿元。通过资产池、应收款链、易企银三大特色金融平台等公司产品和个人业务拳头产品，提供多元化金融服务，帮助区内企业丰富融资渠道，降低融资成本，提高财务收益。履行社会责任，开展消费者权益、金融之家、“致敬城市守护者”公益赠饮等活动。（周荣英）

平安银行相城支行 2019年4月18日，平安银行相城支行正式开业，各项业务快速发展。至12月末，支行存款总额9.05亿元，贷款余额24.57亿元。秉承平安集团“科技+金融”的理念，提供一站式综合金融产品和服务，发挥多渠道优势，发展普惠金融，

2019年4月26日，江西银行苏州相城支行开业典礼举行
江西银行苏州相城支行 供稿

支持小微企业发展。全年累计投放小微贷款1.86亿元。与元和街道多个社区合作开展图书捐赠、“小小银行家”、走进社区等活动。

（施俊杰）

中国人寿保险相城支公司 2019年，中国人寿保险相城支公司实现总保费6.22亿元，增长7.28%；续收保费4.64亿元，增加10.35%；全年赔付支出7447万元。支公司下设14个网点，覆盖相城区、苏州高新区、苏州工业园区。承保相城区医疗、教育、养老等企业年金保险和苏州高新区大病保险业务。探索“医疗+保险+互联网”合作创新模式，成功搭建商保直付平台，实现与医院数据对接和实时理赔。（施嘉明）

苏园担保 2019年，苏园担保融资性担保发生额13.37亿元，年末在保余额12.91亿元，为108户企业提供117笔融资担保服务，全年实现担保费收入1610万元。积累准备金1.92亿元，保障企业抗风险能力。合作银行数22家，授信额度47.7亿元；与中国银行、浦发银行等14家银行签订“相科贷”协议，与苏州银行园区支行签订“绿色智造贷”协议，创新业务品种，开拓合作渠道。

（徐 琳）

苏州南亚融资担保有限公司 2019年，苏州南亚融资担保有限公司融资性担保发生额1.51亿元，服务区内中小微和“三农”企业38户。合作银行数16家，授信额度9.9亿元。年内，分散公司担保风险，与省再担保签署《比例再担保合同》，与市再担保签署《机构再担保业务合作协议》，与市金融办合作开展“信保贷”业务，与区金融服务中心合作开展“相科贷”业务。（蔡琳韻 佟易航）

上市公司

【概况】 2019年，全区新增邦岑新材料、微缔软件、炫之彩新三板挂牌企业3家。至年底，全区共有上市企业7家，梳理排摸科创板重点推进企业5家。新三板挂牌企业29家，拟新三板挂牌企业2家。引进上海证券交易所苏南基地，年内举办上市培训活动4场。

【新增新三板挂牌公司简介】 苏州市邦岑新材料股份有限公司 2019年3月，苏州市邦岑新材料股份有限公司在全国股转系统挂牌。证券简称：邦岑股份。证券代码：873203。公司位于相城区黄埭镇，主要产品包括服装面料、钢材、木制品、包装箱、胶粘带等，并自营和代理各类商品及技术进出口业务。

苏州微缔软件股份有限公司 2015年4月，苏州微缔软件股份有限公司在全国股转系统挂牌。证券简称：微缔软件。证券代码：832400。2019年9月，公司整体搬迁至相城区元和街道。主营计算机软件设计开发、销售，智能设备与计算机硬件及系统集成销售和服务等。

苏州炫之彩新材料股份有限公司 2019年10月，苏州炫之彩新材料股份有限公司在全国股转系统挂牌。证券简称：炫之彩。证券代码：873381。公司位于相城区阳澄湖镇，主营循环新型包装材料技术研发、产品结构设计与测试服务，包装制品生产与销售，包装装潢印刷品印刷等业务。

（吴国庆 佟易航）

2019年9月27日，苏园担保“相科贷”签约仪式在相融大厦长三角国际路演中心举行

苏园担保 供稿

表29　　2019年相城区上市（挂牌）企业一览表

序号	企业名称（证券简称）	类别（上市、挂牌）	上市、挂牌时间	企业所在地
1	江南高纤	上市	2003.11	黄埭高新区
2	罗普斯金	上市	2010.1	黄埭高新区
3	科斯伍德	上市	2011.3	黄埭高新区
4	扬子新材	上市	2012.1	黄埭高新区
5	吴通控股	上市	2012.2	漕湖开发区
6	吉人高新	新三板挂牌	2014.12	黄埭高新区
7	金宏气体	新三板挂牌	2014.12	黄埭高新区
8	伊塔科技	新三板挂牌	2015.1	阳澄湖镇
9	喜之家	新三板挂牌	2015.2	元和高新区
10	新阳升	新三板挂牌	2015.3	黄埭高新区
11	久美股份	新三板挂牌	2015.4	黄埭高新区
12	中标科技	新三板挂牌	2015.7	黄埭高新区
13	未来电器	新三板挂牌	2015.7	漕湖开发区
14	帝翰环保	新三板挂牌	2015.8	太平街道
15	中纸在线	新三板挂牌	2015.11	太平街道
16	道森股份	上市	2015.12	太平街道
17	英多智能	新三板挂牌	2015.12	黄桥街道
18	郎威股份	新三板挂牌	2015.12	黄埭高新区
19	黑盾股份	新三板挂牌	2016.1	阳澄湖镇
20	仕净环保	新三板挂牌	2016.1	太平街道
21	银奕达	新三板挂牌	2016.2	黄埭高新区
22	捷帝股份	新三板挂牌	2016.3	阳澄湖镇
23	中固建科	新三板挂牌	2016.5	高铁新城
24	新黎明	新三板挂牌	2016.7	阳澄湖镇
25	启阳股份	新三板挂牌	2016.12	阳澄湖镇
26	司巴克	新三板挂牌	2016.12	黄桥街道
27	厚利春新	新三板挂牌	2016.12	漕湖开发区
28	易德龙	上市	2017.6	漕湖开发区
29	华达环保	新三板挂牌	2017.11	望亭镇
30	百联科技	新三板挂牌	2017.11	漕湖开发区
31	迪飞达	新三板挂牌	2018.12	望亭镇
32	长天科技	新三板挂牌	2014.1（2018年迁入）	太平街道
33	泰丰文化	新三板挂牌	2017.3（2018年迁入）	元和高新区
34	微缔软件	新三板挂牌	2015.4（2019年迁入）	元和高新区
35	邦岑股份	新三板挂牌	2019.3	黄埭高新区
36	炫之彩	新三板挂牌	2019.10	阳澄湖镇

综合经济管理

经济发展与改革

【概况】2019年，相城区围绕"12345"战略思想，以融入长三角一体化发展为目标，抢抓机遇，谋划全局，全力推进产业转型升级。完成全区全社会固定资产投资420.35亿元，增长9.7%；实现地区生产总值890.08亿元，增长5.4%。不断完善中日（苏州）智能制造产业合作示范区"一核两翼"功能布局，大数据产业、工业互联网产业、科技金融特色产业、智能驾驶产业、先进材料产业、生物医药产业等"六大未来产业"集聚企业967家，黄埭高新区光电信息国际研发社区、元和高新区天虹科技文化国际研发社区、黄桥国际智能研发社区等6个国际研发社区投入使用。高铁新城大数据产业园、华测检测分别获评省级生产性服务业集聚示范区和领军企业，小样青年社区获评省"双创"示范基地，全区经济持续稳中有进。12月，相城区发改委被江苏省精神文明建设指导委员会授予2016—2018年度江苏省文明单位称号。

2019年3月，黄桥国际智能研发社区施工现场　　区发改委　供稿

【融入长三角一体化】年内，以融沪接轨为目标，开展"沪苏高铁一体化发展""虹桥—相城深度合作""长三角高质量创新发展"等课题研究，调整充实相城区推进长三角区域一体化工作领导小组，建立完善各专项小组架构，成功争取相城区被国家《长三角区域一体化发展规划纲要》列为支持与虹桥、昆山等省际毗邻区域开展深度合作地区，苏州高铁北站被《〈长江三角洲区域一体化发展规划纲要〉江苏实施方案》列为加快推进建设的两个综合交通枢纽之一，长三角国际研发社区、中日（苏州）智能制造产业合作示范区等11项内容被列入《〈长江三角洲区域一体化发展规划纲要〉苏州行动计划》，为相城融入长三角一体化打开发展空间。对接国家发改委和上海市，争取相城区相关内容被纳入《虹桥国际开放枢纽总体方案》；持续推进虹桥相城大厦"一园五中心"（"一园"指数字经济创新产业园，"五中心"指展览展示中心、科技创新中心、文化创意中心、基金发展中心和人才交流中心）建设，苏州市级长三角苏州（虹桥）创客育成

中心、文化产业创新中心、离岸创新中心成功落户，主动承接上海各类创新资源，被虹桥商务区授予长三角会商旅文体示范区联动平台·苏州（相城）中心、长三角国际人才服务中心·苏州（相城）中心、长三角虹桥·苏州（相城）产业创新联动中心。

【对外交流合作】 年内，推动中日（苏州）智能制造产业合作示范区创建，完成《中日（苏州）智能制造产业合作示范区总体方案》编制，加快集聚步伐，打造新时代对日开放合作产业生态。对接中日合作项目118个，预计总投资百亿美元，其中包括日中创新研究院、日本产业振兴研究院等平台类项目38个，松澜投资、住江织物、三井住友地产等产业类项目80个。推进长三角国际研发社区、黄埭生物医药国际研发社区等12个国际研发社区建设，实际完成投资额55.7亿元，完成全年计划的134.3%，其中车联网大数据国际研发社区等6个国际研发社区投用。

【营商环境优化】 年内，区政府召开营商环境推进会议，推动各单位树立优化营商环境"一盘棋"的责任意识，部署年度推进优化营商环境的各项任务，提出打造"审批最少、流程最优、机制最活、效率最高、服务最好"的营商环境。在苏州市率先出台《相城区聚集企业关切进一步优化营商环境实施方案》，成立区优化营商环境工作领导小组，建立营商环境合作共建机制。打造区一体化在线政务服务平台，改造升级审批业务流程，启用信用查询、修复等功能，加强监管力度，开展政务服务"一件事""证照分离""一网通办"及综合行政执法等改革。

【高质量发展监测考核】 年内，出台《2019年度镇（街道、区）推进高质量发展考核实施方案》，形成整套涉及经济发展高质量、改革开放高质量、城乡建设高质量、文化建设高质量、生态建设高质量、人民生活高质量六大类42项考核指标的共性指标体系及13套涉及经济发展高质量、改革开放高质量、科技人才高质量、城乡建设高质量、生态环境高质量、文教卫生高质量、民生幸福高质量和社会稳定高质量八大类44~95项考核指标的个性指标体系，实现共性指标与个性指标相互补充、相互融合。区共性指标考核对象为除北桥街道、漕湖街道、澄阳街道以外的10个镇（街道、区），由区统计局负责收集汇总；区个性指标考核对象为13个镇（街道、区），由区发改委负责收集汇总。同时强化省、市高质量发展共性、个性指标进度监测。

【规划编制】 5月中旬，相城区根据省、市《关于做好"十四五"规划编制有关工作的通知》，启动"十四五"国民经济和社会发展规划纲要编制，形成《相城区"十四五"规划纲要编制工作方案》，明确规划编制各项任务及时间节点。多次召开"十四五"规划编制工作推进会，建立规划编制联系人制度。完成"十四五"时期相城区全面深化改革目标、思路和重大举措研究、"十四五"时期相城区人才发展战略研究等48项"十四五"规划前期重点课题研究，征集拟纳入上级"十四五"规划基本思路的重点内容，并持续开展对上争取，征集"十四五"重点专项规划目录，形成初稿。完善《苏州相城区电力设施规划（2017—2035）》，保障电网结构合理，安全可靠，能满足负荷增长。

【政策研究】 2019年，为贯彻落实省、市服务业创新发展理念，主动适应和引领经济发展新常态，区发改委制定《相城区服务业高质量发展若干扶持政策（试行）》，进一步激发企业活力，促进服务业更高质量发展。至年末，聚集大数据企业518家、生物医药企业90家。其中仕泰隆、更美互动、泰丰文化等125家大数据企业入库市级人工智能与大数据企业库，位列苏州大市第二；同济区块链、中核苏电、引领智家等13家企业获评市级人工智能与大数据应用示范企业，位列全市第一；31家生物医药企业入库市级生物医药企业库，黄埭生物医药国际研发社区获评市级生物医药产业园。

【重点改革】 4月，出台《相城区2019年省级服务综合改革工作要点》，围绕创新、融合、集聚、改革四大主线，用活服务业推进机制，确保高水平完成省级服务业综合改革试点任务，年内圆满完成五大类18项具体任务。区发改委以供给侧结构性改革为主线，全力贯彻落实清费减负政策，全年分两次降低一般工商业电费7.25分每千瓦时，调整税率下调管道天然气销售价格0.02元每立方米，全年减少企业支出近2000万元；及时调整、动态更新收费目录清单，开展2018年度收费巡访，行政事业性收费总额下降14%，涉企收费总额下降16.38%。

【资金与指标争取】 2019年，区发改委争取到国家2020年第一批专项债券资金、保障性安居工作2019年第二批中央预算内投资计划资金、服务业发展引导资金、储备粮油保障经费等共计2.17亿元。相城区高铁新城大数据产业园成功获批省级生产性服务业集聚区，小样社区获批省级双创示范基地，国际医疗健康（苏州）中心被纳入省级重大项目计划，苏州市华测检测技术有限公司获批省级生产性服务业领军企业，苏州天禄光科技股份有限公司、中亿丰建设集团股份有限公司获评省级工程研究中心，苏州市华测检测技术有限公司获评省级服务业引导资金重点扶持项目。美特科技（苏州）有限公司、楼氏电子（苏州）有限公司、苏州易德龙科技股份有限公司、布瑞克（苏州）农业互联网股份有限公司、苏州市相城区人工智能和大数据产业联盟获评省级服务业两业融合试点。长三角国际研发社区被纳入市级重点项目投资计划，相城影视产业园获批市级平台经济特色基地，望亭稻香小镇获批市级特色小镇，江苏泰丰文化传播股份有限公司、江苏国都互联科技有限公司等7家企业获批市级大数据应用示范企业，中纸在线（苏州）电子商务股份有限公司获批市级平台经济示范企业，苏州微缔软件股份有限公司、新黎明科技股份有限公司等4家企业获批市级服务业创新示范企业。

【固定资产投资管理】 2019年，区发改委根据年度全社会固定资产投资目标要求，加强对区、镇固定资产投资的管理和研究，细化月度固定资产投资任务，持续协调推进“放管服”改革、优化改善营商环境，进一步扩大有效投入，全年共完成全区全社会固定资产投资420.35亿元，增长9.7%，完成年度目标任务。第二产业完成投资67.27亿元、增长8.5%，其中完成工业技改投资38.79亿元；第三产业完成投资353.08亿元，增长10.1%，占比84%。国有投资128.96亿元，增长51.5%；民间投资265.09亿元，下降6.9%，占比63.1%；外资投资26.31亿元，增长95.7%。新建投资102.17亿元，增长22.2%，扩建投资25.11亿元，增长16.1%。

【信用体系建设】 2019年，区发改委持续完善信用建设机制，出台《2019年相城区社会信用体系建设工作要点》，调整社会信用体系建设领导小组成员，推行“政府承诺+社会监督+失信问责”机制，进一步推动形成各部门齐抓共管信用建设。按月统计信用“双公示”信息，全年累计收录信息近13万条，包括21个区级部门行政许可信息11.4万条，19个区级部门行政处罚信息1.25万条；累计出具信用审查报告33份，为企业和社会公众信用查询提供报告依据284份；出台《相城区2019年上半年企业诚信“红黑榜”》，梳理3个红榜类目，上榜企业66家，及1个黑榜类目，上榜企业95家；为区内150余家企业开展信用修复培训，受理企业信用修复申请50件，其中获省级信用示范企业认定2家（苏州金宏气体股份有限公司、江苏美的清洁电器股份有限公司）、市级信用示范企业30家、省级信用贯标企业298家，为125家企业下达各类信用奖励资金170万元。（张文亮）

国有资产监督管理

【概况】 2019年，相城区人民政府国有资产监督管理办公室（简称区国资办）完成转隶组建工作，1月25日举行揭牌仪式。年内，出台《区政府办公室关于进一步完善国有企业法人治理结构的实施意见》和《相城区国资办以管资本为主推进职能转变方案》，进一步健全国有企业法人治理结构，加快实现以管企业为主向以管资本为主转变。推进落实做强做优做大区属国资国企“三年行动计划”，坚持强党建与抓改革、促经营双轮驱动。至年末，区属公司资产总额1069.77亿元，增长16.44%；净资产总额419.24亿元，增长21.7%；净利润3.21亿元，增长1683.33%。

2019年，在苏州市国资改革发展创新项目评选中，“相城区构建区镇两级国资监管大格局”获评最佳项目，“相城区国有企业党建‘红领先锋’行动”获评优秀项目。

【区镇两级国企改革】 年内，实施区级机关（事业单位）所属企业（国有资产）处置改革，实现区级经营性国有资产集中统一监管全覆盖。指导乡镇（街道、开发区）财政机构属地化管理改革，统一组建财政和资产管理局（办），整合基层资金、资产、资源“三资”监管职能，实现镇级国有（集体）企业统一归口管理。

推进解包还原、清产核资工作　推进区属公司解包还原，持续深化区属国资国企改革，推动国有资本布局结构调整，增强企业市场活力。指导10个板块出台国资国企改革方案，并牵头对全区镇级国有（集体）企业开展清产核资。全年清产核资工作对全区镇级国有（集体）企业至2018年底盘盈盘亏、投资挂往来、债权债务、内部交易等事项进行抵销调整。进一步理清镇级国有资产状况，推进镇级国有企业改革。

引导国有资本合理流动　推动“创新产业母基金”与乡镇（街道、开发区）合作设立产业引导子基金。指导区属六大国企积极承接推进信息化项目建设管理改革及城市综合管理市场化改革，稳妥落实环卫作业与设施建设、智慧停车设施建设与管理、拆迁安置小区物业管理、市政基础设施管理与绿化养护等方面市场化改革，参与构建“政府主导、国企承接、市场参与、管理高效、考核有力”的城市综合管理体系。

制定《度假区主要国有公司上收区级管理意见》　明确股权调整路径、资产债务处理、档案资料管理、人员安排等主要问题。解决度假区国有公司之间、国有公司与区级公司之间股权交织、权责不清的问题，保障资金稳定周转，防范金融风险发生。

规划10批股权调整方案　推进国有资本布局结构调整，理顺股权关系，解决区属公司之间、区镇两级公司之间相互交叉持股的问题。

制定高质量发展改革考核指标体系　会同区农业农村局、区财政局、区审计局制定改革考核任务指标，印发《2019年度相城区镇级国有（集体）企业改革考核管理实施意见》，对10个板块下达改革任务。

【国资大监管格局构建】　推进国资信息监管平台三期建设，将监管范围延伸到各板块国有（集体）企业，开发企业信息、财务经营、基建投资、企业采购等11个模块，实现国有（集体）企业运营动态实时信息“一网监控”。年内，109家区属国有公司、331家乡镇级国有（集体）公司被纳入平台管理。逐步构建全区国有资产监管“一盘棋”大格局。

完善国有资产投资评审制度　加强建设项目前期评审和变更备案评审。2019年，概预算项目净调减约4.8亿元，变更备案核减0.27亿元。

经营性资产专项调研　实现区属国有企业经营性资产现场盘点全覆盖，深入摸清区属国有企业经营性资产运营情况，督促区属国有企业落实闲置资产盘活整改方案。起草出台《苏州市相城区属国有企业资产出租管理暂行办法》，规范相城区属国有公司资产出租行为。（钱晨佳）

【苏州市相城金融控股（集团）有限公司】　2019年，苏州市相城金融控股（集团）有限公司（简称金控集团）实现营业收入8342万元、净利润2823万元，上缴税收2752万元。至年末，集团总资产37.4亿元，净资产21亿元，集团于8月获AA评级。年内，集团新设苏州市相城科技金融服务中心有限公司和苏州市相城数字科技有限公司两家子公司，形成“母基金、直投基金、债权业务、实业投资、科技金融服务和信息化业务”六大业务板块。

母基金业务　相城母基金全年新批复子基金14只，累计批复子基金21只，总规模270.91亿元。签约中美绿色、国新科创和中银国发债转股三只规模超50亿元重大产业基金，引导IDG、广发信德、耀途资本等国内知名基金落地。集团构建“九维评价体系”筛选优质子基金管理人，更加规范管理和市场化运作，获评《母基金周刊》政府引导基金100强。

直投基金业务　年内，集团新设直投基金3只、天使基金1只，累计管理直投基金11只。全年新增投资企业6家，包括长风药业、新黎明科技、未来电器、相城检测股份、实光半导体、海之博科技等。投资企业创鑫激光成功登陆科创板。集团获评2019年度省发改委“江苏省创业投资品牌领军企业”“江苏省创业投资优秀团队（陶陈灵团队）”。

债权业务　集团聚力构建“股债联动”业务体系，年内新获融资租赁、科技小贷、融资担保三块业务牌照，新设苏州市相城融资租赁有限公司、苏州市相城融资担保有限公司和苏州市相城科技小额贷款有限公司三家孙公司。债权业务全年投放26笔，累计投放金额16.31亿元，其中保理投放16笔，投放金额7.56亿元，融资租赁投放10笔，投放金额8.75亿元。

实业投资　集团在上海虹桥购置相城大厦正式挂牌，上海虹桥—苏州（相城）数字经济创新产业园6月开园运营，基金发展中心率先启用，上海市副市长许昆林亲自为产业园特色楼宇授牌。建设展览展示、科技创新、文化创意、基金发展和人才服务“五大中心”，引导长三角苏州（虹桥）离岸创新中心、创客育成中心和文化产业创新中心三个苏州市级平台以及长三角会商旅文体示范区、长三角国际人才服务中心、虹桥·相城产业创新联动中心三个虹桥商务区平台落户产业园，打造苏沪联动发展示范载体。发挥产业园桥头堡作用，全年举办各类招商推介活动13场，充分发挥展览展示中心窗口功能，累计接待各级领导、客商40余批次。

科技金融业务　科技金融“一园两基地三中心”于5月正式启用。科技金融产业园获评江苏省创业投资集聚发展示范区，中国天使联合会长三角分会、西交大博士后创新创业长三角基地等平台落户。两基地实现实体化运营，上交所苏南基地正式揭牌，并举办多场科创板活动；创投研究基地开展实体化运作，并在创投大会成功发布研究成果。三中心功能持续提升。科技金融服务中心集“线下+线上”于一体，线下大厅完成68笔基金代办服务，线上综合金融服务平台正式运行；规划展示中心接待来访嘉宾107批次；长三角国际路演中心成功举办GP-LP对接会、韩国高科技企业路演、跨境路演等活动46场，成为长三角区域较活跃路演场所。金融招商成效显著。全年接洽招商项目107个，落户项目12个，包括来福谐波、盖亚环境、英嘉通半导体、凌创电子、博腾生物等优质项目。全面参与全区重大招商活动，承办中国年度创投大会、中关村双星汇、春申湖创投高峰论坛、中以人工智能及物联网高峰论坛、长三角大健康产业论坛、四医投融资对接会等活动十余场。

信息化业务　5月，组建数字科技公司，全面参与全区信息化改革顶层设计，按照“1+8+N+X”总体框架，协助出台全区信息化项目建设管理办法，理清信息化项目建设流程。稳步推进项目建设，组织清产核查，摸清全区国有信息化资产情况；推进智慧停车、数字政府等项目建设，探索适合相城区数字政府建设道路；严格把关项目评审，参与可行性方案初审和立项资金评审，累计接收任务书48份，对接评审项目48个，核减预算1051.21万元。全面托管信息中心，承接区信息中心机房运维和管理，开展机房运维、安全保障、应急管理、环境监测等业务。

2019年，科技金融产业园、苏州市相城基金管理有限公司、苏州市相城创业投资有限责任公司分别被江苏省发改委评为江苏省创业投资集聚发展示范区、江苏省创业投资领军品牌、江苏省创业投资优秀团队。　（孙　鹏）

【苏州市相城交通建设投资（集团）有限公司】 2019年，苏州市相城交通建设投资（集团）有限公司（简称交投集团）把握“三年行动计划”关键年思路主线，深度谋划集团主业布局发展规划，做好集团主业发展的同时，实现企业经济效益和社会效益双提升。至年末，集团总资产498亿元，净资产158亿元，营业收入2.2亿元，分别增长30%、27%、75%。相城检测年产值超4500万元，同比实现翻番，企业整体实力实现大幅度提升。全年共建设项目33个，完工11个，累计完成投资69.5亿元，项目完工数量、投资额创历史新高。其中，申湖路隧道主体结构完成过半，G524节点项目主线年内通车，澧湖大道开始主体施工。S228节点改造工程提前半年完成通车目标。S228节点、G524改扩建项目两项工程获评省“示范工地”，永方路北延工程等3项工程获评省“标化工地”。坚持创新发展，狠抓经济运行提品质，标准化作业保安全，专业化布局树品牌。拓展市场融资渠道，融资结构不断优化，公司债和债权融资计划等直融产品同步发行。集团3家公司通过ISO质量体系认证。通标公司组建完成，获市政三级总承

2019年，苏州市相城区通标交通工程维运有限公司揭牌　交投集团　供稿

包资质。相城检测完成股份制改革并获评市工程技术研究中心。配合城管改革，智慧停车业务完成试点工作。合作成立新亿泰公司，混凝土产品年末完成试投产。繁花中心项目获省级绿色商场荣誉。（刘　练）

【苏州市相城水务建设投资（集团）有限公司】 苏州市相城水务建设投资（集团）有限公司（简称水务集团）2017年11月组建，为相城国有资本投资有限公司全资子公司，下辖苏州市相城水务发展有限公司、苏州市相城供水有限公司、苏州市相润排水管理有限公司、苏州市相城环境卫生服务有限公司四家子公司，从事自来水生产和安全供应服务保障、污水收集处理达标排放及再生利用、水务项目设计投资建设（含代建）运营、环卫综合保洁转运及基础设施建设运营等业务。集团共有工作人员501人。2019年，水务集团完成净利润3767万元，营业收入4.2亿元，资产26.3亿元，净资产13.5亿元。

年内，在供排水管理一体化基础上，集团积极与相关板块协调沟通，完成相关板块供排水管网资产划拨及漕湖、一泓污水处理厂收购。8月底，全面完成供排水资产一体化改革。9月，成立环卫市场化筹备组，对接各板块及板块下属7家环卫站，11月正式完成环卫市场承接工作，接收七家环卫站正式员工及劳务工共1996人，实现平稳过渡。

全年区域售水量7032万吨，漏损率9.21%。整合各板块服务窗口，建立三级服务体系，业务受理进驻区行政审批局、各板块便民服务中心及部分村社区便民中心；各服务窗口开通报装、缴费、查询、过户、阶梯水价、水费减免等6项日常业务受理。全年24小时服务热线“65761000”接听来电53575个，处理上级各类工单共3300个，回复率100%。全面配合相城区营商环境提升，优化供水接入流程，简化接入材料，实施并联审批、联合踏勘，实行限时办结。

全年完成污水处理量5689万吨，主要污染物削减量1.1万吨，氨氮削减量1204吨，总磷削减量182吨，总氮消减量1251吨。各污水处理厂出水水质均达到一级A排放标准。全区污水管网安全稳定运行，全年完成雨水管网清淤疏通295千米，养护污水管线约405千米。

年内有序推进实施重点工程、实事工程共计11个，其中省级重点4个、市级重点3个、区级重点1个、区级实事3个，累计完成投资额10.9亿元。2019年经营项目涉及38个新建小区给排水工程建设。

年内继续推进太湖中法污泥资源化利用项目，启动二期项目，建成后可实现500吨日处理量。与北控水务合作成立轻资产平台，开拓水务行业技术咨询服务领域，承接长三角国际研发社区生态水系保护与建设规划研究项目，对接水务局水系调度项目、高铁水街水质改善项目、二次供水集成项目。与南大博域环保技术研究院合作成立相城环保公司，致力于区域环境综合治理；成立土壤修复技术研究院有限公司，致力于土壤方面技术研究开发与运用，积极筹建检测中心。1月31日，相城区城区防洪及河道畅流二期工程完工验收。3月1日，苏州市渭泾塘整治工程开工。4月3日，望虞河西岸控制工程完工验收。6月5日，苏州市渭泾塘整治工程开展防汛应急演练。7月25日，以“青春起航，传递梦想”为主题的集团青年人才库暨“接力工程”启动。8月9日，集团下属水务公司负责

2019年8月21日，苏州市水务局和京杭大运河沿线高新区、姑苏区、吴中区、吴江区水利条线领导调研京杭大运河相城段堤防加固工程

水务集团　供稿

实施的省重点水利工程京杭大运河相城段堤防加固工程顺利通过水下工程阶段验收。8月21日，苏州市水务局和京杭大运河沿线高新区、姑苏区、吴中区、吴江区水利条线领导调研水务集团下属水务公司负责实施的省重点水利项目京杭大运河相城段堤防加固工程。9月4日，供排水资产一体化完成。10月28日，水务集团供排水服务厅入驻各板块便民服务中心。10月30日，水务集团下属水务公司实施的望虞河西控工程相城区段顺利通过水利部稽查。11月1日，集团正式承接漕湖国家级经济开发区、元和省级高新区、黄埭高新区三个片区的环卫作业，涉及元和高新区、黄埭高新区、北桥街道、黄桥街道、漕湖街道、澄阳街道、望亭镇。（张琪慧）

【苏州市相城城市建设投资（集团）有限公司】 2019年，苏州市相城城市建设投资（集团）有限公司（简称城投集团）总资产536.86亿元，净资产170.58亿元，营业收入14.76亿元，净利润4.99亿元，实际缴纳税金2.11亿元。

年内，城投集团新建、续建项目49个，总建筑面积394.22万平方米，总投资额约166.87亿元。其中，市重点项目1个、安置房项目20个、学校项目8个，其他公建项目等20个，全年项目建设总量创历史新高。集团公司建设管理的苏州众泾家园获评2019中国土木工程詹天佑奖优秀住宅小区表彰项目工程质量单项优秀（保障房项目），新建润元小学（含幼儿园）工程1#、2#行政楼获2019年度江苏省优质工程奖“扬子杯”奖杯，苏州市第二工人文化宫、相城第三实验中学项目、苏州阳澄湖维景国际度假酒店（商旅中心）二期工程获“2018年度建筑施工标准化星级工地”称号，华元家园动迁安置小区项目、渭塘镇安置房珍珠花园一期项目获“2019年江苏省建筑施工标注化星级工地”称号，新建玉成小学1#综合楼、新建润元小学（含幼儿园）工程1#、2#行政楼、相城区市民服务中心二期室内装饰公共装饰工程等项目获2019年苏州市“姑苏杯”优质工程奖。

年内，城投集团优化投融资结构，与苏州万科合作开发苏地2019-WG-34号地块，与仁恒集团、区交投集团合作开发苏地2019-WG-25号地块，与越秀集团、苏州联胜置业有限公司合作开发苏地2019-WG-40号地块；与区金控集团合作成立长三角教研科技产业园，助力打造长三角国际教育科技研发社区；入股开发区漕湖空天置业有限公司。至年底，集团累计到账投资收益4031.61万元，增长117.72%。全年集团直接融资63亿元，2018年综合成本6%，2019年综合成本5.35%，下降0.65%。2019年，集团正式获上海新世纪资信评估服务有限公司发布的AA+信用评级，入选中国地方政府投融资平台县级前十名榜。

2019年，苏州市相城国有资本投资有限公司、苏州市相城区国有资产经营管理有限公司、苏州市相城建设发展有限责任公司以及苏州市相城城乡发展投资有限公司由城投集团实行代管。苏州市相城建设发展有限责任公司完成区棚户区改造项目总投资242.38亿元；“三优三保”项目总投资79.65亿元，完成拆迁面积157.58公顷，完成复垦土地面积113.86公顷。

集团公司共引进商户140余家，2019年总体出租率由2018年的49.5%提升至90.7%；租金收取由2018年的4890万元增长至6702万元，增长37.06%。集团公司下属公司相融物业与苏南万科物业强强联合，引进“睿服务”管理模式，打造“相融物业”品牌，推进物业混改，全年收入3192.3万元，实现盈利613.93万元，较2018年的115.78万元增长430.26%。在水一方大酒店年度完成营收4715万元，较2018年的2793万元提高68.81%；完成净利润123万元，较2018年的-454万元提高127.09%。城投集团自主开发水的韵花都三期项目，全年完成认购760套，认购总额18.2亿元，超额完成年度17亿元的认购指标。城投集团全面接收阳澄湖度假区18家国有公司，总资产70亿元，净资产4.69亿元，年底完成清产核资和接收工作。

9月，苏州市相城城市建设投资（集团）有限公司在水一方大酒店被江苏省餐饮行业协会分别评为“中华人民共和国成立70周年江苏餐饮业名企名店”“江苏餐饮业2019—2020年度喜宴婚宴品牌标杆”“江苏餐饮业2019—2020年度机关膳食品牌标杆”。

（青　格）

【苏州市相城生态建设开发有限公司】 2019年，苏州市相城生态建设开发有限公司（简称生态公司）有二级子公司苏州市相城生态建设管理公司、苏州市相城生态景区管理公司、阳澄湖投资有限公司、苏州市相城区生态农业示范园区开发有限公司和苏州市相城绿联环境管理有限公司。

全年实现资产82.58亿元，增长23.83%，指标完成率100.7%；净资产43.45亿元，增长14.64%，超额完成年度指标；营业收入2亿元（含土地分成收入1.74亿元），增长113.98%，超额完成年度指标；净利润1.5亿元（含土地分成收入1.74亿元），提前完成四项重要指标年度目标。

10月，生态公司收购"双甲级"资质苏州东大建设监理有限公司70%的股份，完成混改。监理业务迅速取得突破，市场覆盖全市，实现监理费营业收入1200万元，新签合同74个，新增合同金额近3000万元。年末，成功中标京东数字产业园（昆山）建设监理项目（项目总投资超10亿元）、联东U谷苏州总部基地建设监理项目（项目总投资超7亿元）两个标志性项目，其监理业务顺利进入多个区内乡镇板块项目监理招标库。

生态公司不断拓宽业务范围，紧抓全区环卫作业、安置房物业管理、绿化养护市场化改革，成立二级子公司绿联环境管理公司，有序推进三大改革承接。至年底，环卫作业与涉及高铁新城、阳澄湖度假区、太平街道、渭塘镇、阳澄湖镇5个板块（约661万平方米）实现无缝对接，完成包括作业车辆300辆、中小型垃圾转运站5座、工人休息点15个、资源化处理站8个等资产盘点和人员（746人）接收；绿化养护完成区属和部分板块绿化养护范围边界测绘（约3600万平方米），确定具体分级养护等级并确立合作意向；安置房物业管理完成阳澄湖镇澄苑和湘苑小区、度假区湖畔小区3个试点小区的接盘与运营。

（陆志强）

【苏州市相城文商旅发展（集团）有限公司】 2019年，苏州市相城文商旅发展（集团）有限公司（简称文商旅集团）以促进集团公司高质量发展为目标，全面推动国有资本向集团主营业务板块和"3+2"主导产业集中，在"五大功能片区"建设中发挥国有企业引领示范和战略支撑的作用。通过培育文旅产业"新亮点"，拓展业务范畴"新领域"，搭建产业融合"新平台"，全年实现净利润357.83万元，营业收入3304.76万元，净资产6.15亿元，资产总计8.22亿元。

推进冯梦龙村廉政教育基地建设和运营　2019年，冯梦龙村廉政教育基地完成冯梦龙书院、廉政文化培训中心、四知堂、黄公荡生态农庄、新言堂和德本堂建设，中国农民丰收节期间卖油郎特色油坊和农耕文化园项目正

悦季·蝶来精品度假酒店　　　　区生态公司　供稿

式对外开放，山歌文化馆和冯梦龙文化研究中心启动前期筹备工作，项目业态初具规模。基地着力提升市场化运作水平，举办“美丽乡村健步行”“闲情田园·古韵黄埭”2019年冯梦龙文化节、“德泽渊源·耕读梦龙”乡村阅读季和中国农民丰收节活动。全年累计接待团队1251批次、游客13万人次，营业收入超100万元。基地入选2019年度苏州乡村旅游精品路线和苏州十大水乡特色建筑，冯梦龙书院获评省级社科普及基地。冯梦龙廉政文化培训中心交付使用，并成功创建全国农村创新创业孵化实训基地，形成党风廉政教育、乡村振兴、苏州廉洁文化和吴文化等多项培训主题。至年底，圆满完成区人大代表履职能力提升班、区国资办党委基层党员冬训班等71批培训，参训6300人次。

提升御窑金砖博物馆服务品质　完成苏州御窑金砖博物馆相城首家AAAA级景区创建；加强学术交流和研究，承办清宫史研究会2019年理事会暨明清御窑金砖学术研讨会；加强档案建设，《金砖档案　永载史册》宣传片获评苏州市档案文化精品一等奖；挖掘金砖非遗文化内涵和品牌效应，利用馆内闲置库房，打造金砖文创体验馆及土作馆。博物馆全年共接待团队959批次、游客53万人次，增加228%，成为名副其实的苏州文化旅游“网红打卡地”。博物馆宣传片投放上海5个地铁站和社区，并在苏州北环快速路隧道循环播放，景区影响力和辐射范围显著提升。

完成相城·苏州市全域旅游服务中心建设　建设集信息咨询、旅游投诉、文创展示、志愿服务和便民服务于一体的大型综合旅游公共服务平台。2019年7月，服务中心正式对外开放，至年底共为1.1万名游客提供出行服务。

启动元和塘陆慕老街改造项目　与元和街道密切配合，启动项目方案设计。与远洋集团、江苏建工、北京国锐等业内知名企业合作洽谈，在陆慕老街改造项目建设中将传统文化项目、创新文化业态和商业配套项目相结合，打造有别于传统老街开发模式的全新文化创意街区。

推进苏州市大剧院项目　加快项目筹建，加快完成项目设计任务书，为发布项目方案国际招标信息做前期准备。为提升项目建成后的运营管理水平，文商旅集团正与保利剧院管理有限公司洽谈，拟成立管理公司，借助保利剧院的资源和管理经验，丰富演出剧目，培养公司管理团队，力争将苏州市大剧院建成全国领先的特色公共文化空间。

拓展业务“新领域”　苏州阳澄喜柯大酒店一期、二期装修竣工并对外营业，累计接待宾客3.9万人次。酒店管理公司荣获“That's 2019年度最具潜力酒店管理集团”奖项。拓展酒店管理业务，与桂林四季春天酒店、绍兴世贸天际以及中粮大悦城项目接洽，对外输出酒店管理业务，寻求合作共赢，助力喜柯品牌立足相城、走向全国。助力乡村振兴发展，建成仓储能力3万吨的相城区粮食储备库，结束相城区外储粮历史。全年完成地方储备小麦、粳稻储备任务3万吨。集团下属犹龙文化公司获评苏州市第一批新型职业农民教育基地。整合区域融媒体资源，成立文化传媒公司，拓展文化传媒、展览展示、文创研发和体育赛事等相关业务。加快管理团队建设，借助地方文化资源优势，结合产业基础，提升相城文化服务效能。

搭建产业融合“新平台”　打造上海虹桥相城数字经济创新园区B区。抢抓新时代长三角一体化发展战略，建设融合文化创意和展览展示两大中心数字经济创新园区B区，打造长三角一体化的“相城前台”和“相城品牌”。文商旅集团与虹桥商务区管委会合作项目开始运作，推进虹桥商务区长三角会商旅文体示范区联动平台·苏州（相城）中心建设。打造长三角国际人力资本创新园区。依托集团下属人力资源公司资源，拓展新业务，获批劳务派遣许可证和人力资源服务许可证，公司派遣员工增至1000余人，引进人力资源产业链公司10家。与高铁新城管委会协作推动园区建设，确定项目载体改造、招商政策和运营合作协议等内容。

（马　欣）

市场监督管理

【概况】 2019年，相城区市场监督管理局围绕相城区“12345”战略思路和高质量发展要求，创新工作方法，提升服务效能，推进“深化改革、强化监管、服务发展”的工作目标，聚焦热点难点，创新发展思路，狠抓工作落实，有效维护健康有序的营商环境、市场环境和消费环境。

1月，相城区被江苏省食品安全委员会评定为江苏省食品安全示范区。2月，相城区知识产权局被江苏省知识产权局评为2018年度省知识产权工作成绩突出单位。

【市场主体管理】 全力抓好“263”“331”和“散乱污”清理整治，依法对9254家空壳、挂靠、僵尸、虚假市场主体进行清理退出。全系统共清理相关市场主体10928户，完成率117.89%。结合扫黑除恶专项斗争，大力开展阳澄湖大闸蟹专项整治、职业索赔人专项整治、垄断市场行为专项整治等监管领域专项行动。2018年12月，国家市场监管总局正式作出批复，授予相城区市场监督管理局外商投资企业登记管理权。2018年12月12日起，区市监局行使总局授权范围内的外商投资企业登记管理权。原本由苏州市市场监督管理局登记的外资企业，将由相城市场监督管理局登记核发，同时履行外资企业的管理权，对外资企业进行属地监管。

【质量强区建设】 全年完成质量信用A级企业申报21家，获评18家；质量信用AA级企业申报7家，获评2家；质量信用AAA级企业申报3家，获评1家；苏州市质量奖企业申报11家，获评6家；苏州市市长质量奖企业申报6家，获评1家；江苏省质量奖企业申报评审2家。中亿丰建设集团股份有限公司获评江苏省质量管理优秀奖。相城区连续两年被评为质量强市先进地区。

2019年1月4日，相城区颁发外资企业登记管理权下放后的首张营业执照　　严怡婷　摄

【企业监督管理】 开展全区危险化学品和危险化学品包装物及容器产品生产许可获证企业专项监督检查，对全区7家相关生产企业进行全覆盖检查。开展全区电动自行车生产销售专项检查，检查电动自行车市场销售主体230家次，其中多次现场检查2家电动自行车生产企业。对全区电线电缆、防爆电气、砂轮、食品用纸包装等重点工业产品开展专项检查，对14家相关产品生产企业进行现场检查。

【标准工作】 指导安高智能科技、博田自动化、碧海玻璃等21家企业发布30项国家标准和行业标准；申报国际先进标准标志备案21项，申报江苏省标准化试点项目3项，其中金宏气体战略性新兴产业标准化试点成功获批立项；助力产业提档升级，落实创新资助美的清洁电器、太湖美珍珠、协力化工等企业24家。

【计量工作】 区市场监督管理局全年完成33家市场主体1399台电子秤、69家医疗机构1309台计量器具的免费检定。组织开展7场商品包装、集贸市场、加油机、高速公路、超限站超重检查设备等专项检查。全年处理计量投诉举报事件15起。辖区内苏州市相城区元惠物业管理有限公司、江苏华润万家超市有限公司阳澄湖西路店、中国石油天然气股份有限公司江苏苏州太东路加油站、苏州市相城澄湖石化有限责任公司花倪加油站、苏州宝岛眼镜有限公司相城天虹分公司5家单位获评“2018年江苏省诚信计量示范单位”。

表30　2019年相城区计量保证、合格确认单位

序号	单位名称	序号	单位名称
1	江苏江南高纤股份有限公司(保证确认)	5	苏州施莱医疗器械有限公司(合格确认)
2	苏州市相城区江南化纤集团有限公司(保证确认)	6	苏州轰天炮光电科技有限公司(合格确认)
3	苏州罗普斯金铝业股份有限公司(保证确认)	7	苏州富邦机械链传动制造有限公司(合格确认)
4	苏州二叶制药有限公司(保证确认)	8	苏州亚太金属有限公司(合格确认)

【食品药品安全监管】 区市场监督管理局全年清理(注销)食品生产企业1家、食品销售单位671家、餐饮单位923家。规范生产经营行为,全年检查食品生产企业255家次、销售单位5922家次、餐饮单位4147家次;立案查处食品案件97件,结案180件,罚没款183.38万元;圆满完成全国第六届中小学生艺术展演、长三角(苏州)数字经济峰会等26项重大活动的食品安全保障。全区核发药品经营许可证20家,变更152家,换发92家,注销27家。核发医疗器械经营企业许可证40家,变更17家,延续4家,注销8家,非零售药店二类医疗器械经营备案57家,一类生产企业备案4家。办理非特殊化妆品备案1096件。

【特种设备安全监察】 相城区将特种设备安全工作列入政府工作目标考核体系,建立特种设备安全生产专业委员会监管点清单。全区共有特种设备使用单位4086家,特种设备2.11万台,其中锅炉326台、压力容器3900台、电梯9482台、起重机械3620台、场(厂)内专用机动车辆3676台、大型游乐设施6台、压力管道79条。全年排查隐患1483条,涉及2846家单位1.07万台特种设备。立案查处44起,罚没款103.6万元。培训考核作业人员1023人次。办理特种设备开工告知2126台,使用登记3706台,停用131台,注销1329台。

【消费维权】 全年,区市监局中心平台登记分流各类咨询、投诉、举报等1.03万件,上升25.02%;重点加大对“职业举报人”投诉举报的督查督办,受理处办此类投诉举报1986件,下降15.02%。

2019年5月20日,区市场监督管理局联合苏州市计量测试院对蠡口实验小学教室进行光照度检测　　严怡婷　摄

【执法处罚】 全年一般程序立案344件,结案359件,实现罚没款874.2万元,移送公安机关涉刑案件6起,共10人被公安机关采取刑事强制措施。在“相城普法”发布《相城区2018年市场监管领域十大典型案例》以及消费者维权行政调解典型案例。牵头梳理新一轮机构改革后新增权力事项清单1230项,梳理下放行政处罚权26项和行政强制措施权21项,并出具风险评估报告。

(严怡婷　李　芬)

价格监督管理

【概况】 2019年,区发改委根据市政府下达的价格调控目标任务,及时制定《苏州市相城区2019年价格调控目标责任制实施意见》,将任务分解到有关镇(街道、区)和区级部门。加强价格调节基金管理和使用,强化区内10家农产品平价商店规范管理,注重发挥平价商店激励机制,全年落实平价商店市级奖励资金60.8万元。年度居民消费价格指数累计上涨3%,完成居民消费价格总水平年度涨幅调控3%左右的目标。

全年开展监督检查23次,组

织教育医疗领域乱收费、新推楼盘开展商品房销售价格行为巡查和大闸蟹水产交易市场、电动车上牌服务收费行为、涉企收费等价格专项检查13项，涉及服务对象124家，移交执法大队案件4宗。

【价格管理】 2019年，区发改委强化房地产市场价格监管，共完成商品房价格备案申报50批次，面积137.1万平方米，平均备案价格每平方米2.55万元。全区商品房销售面积173.7万平方米，其中住房销售面积144.4万平方米，销售均价每平方米2.44万元，基本保持房地产市场健康平稳发展；推进资源环境价格改革，根据“同城同价”原则，及时公布每季度蒸汽销售价格；贯彻落实上级文件精神，分两次降低一般工商业电价，累计下调一般工商业电价每千瓦时7.25分，降价幅度10%以上，全年为一般工商业用户增收近1500万元；及时疏导管道天然气销售价格，将中央增值税改革红利传导至用户。落实社会救助和保障标准与物价上涨挂钩联动机制，及时启动临时物价补贴，合计发放1617.8万元，惠及18.8万余人次，保障低收入居民基本生活水平不因物价上涨而降低。

【收费管理】 2019年，区发改委加强行政审批中介服务收费监管，全面清理行政事业性收费和政府制定价格经营服务性收费，落实上级要求降低非住宅类不动产登记收费标准等收费项目。年内，对全区110余个收费单位开展行政事业性收费巡访，做到收费、非税、票据合一，重点核查收费项目、内容、标准和票据开具等。向社会公布《苏州市相城区行政事业性收费项目目录（截至2019年12月31日）》《苏州市相城区实行政府定价、政府指导价的经营服务性收费项目目录（截至2019年12月31日）》和《苏州市相城区区级行政许可中介服务收费目录清单（截至2019年12月31日）》；网上宣传公布幼儿园、中小学收费标准，落实义务教育阶段各项收费优惠政策，加强学校服务性收费和代收费项目管理，落实民办教育差别化收费政策，完善民办非普惠性幼儿园收费政策。（区发改委）

【知识产权保护】 2019年，全区授权专利7867件，增长30.14%，万人有效发明专利拥有量44.2件，兑现2018年各类转型升级奖励2535万余元。年内，完成区级专利资助7900件，兑现2018年度各类转型升级奖励共2535.86万元。法泰电器（江苏）股份有限公司、江苏江南高纤股份有限公司、新黎明科技股份有限公司、苏州未来电器股份有限公司4家企业被评定为2019年度国家知识产权优势企业；江苏美的清洁电器股份有限公司专利（吸尘器的集尘装置ZL 2014 1 0148128.2）被评为2019年第十一届江苏省专利项目优秀奖；苏州未来电器股份有限公司（智能低压电器附件在泛在电力物联网中的应用）和苏州金宏气体股份有限公司（高纯氢气的制备和应用高价值专利培育计划项目）分别被确定为苏州市2019年度企业专利导航计划项目及苏州市2019年度高价值专利培育计划项目。

（严怡婷）

统　计

【概况】 2019年，相城区统计局围绕全区“12345”战略思路，紧扣高质量发展要求和16个“三年行动计划”工作目标，注重提高数据质量，不断改革创新，打好第四次全国经济普查攻坚战。年底，“四经普”入户登记和数据审核工作全面完成，共登记从事第二、第三产业活动的法人单位2.99万个，产业活动单位3.15万个，个体经营户4.3万个。

【统计调查】 2019年，统计部门贯彻执行各专业年定报工作制度，对接税务、市场监管、编办等部门，做好名录库维护管理。按照“先入库、后有数”审核确认原则，印发《2019年相城区“四上”单位调库工作说明》，规范审批标准和工作流程，精准完成调库工作。对“四上”单位进行全覆盖式年定报业务培训，高质量完成2018年年报2019年定报工作。保质保量完成农村住户调查、采购经理调查、总部经济调查、工业品价格调查、劳动力调查、“三新农业”统计调查工作、企业减税降费情况满意度调查、新生代农民工调查问卷、农民工市民化等各项调查。

【统计服务】 2019年，统计部门强化高质量发展进度监测，做好进度数据收集，加强分析测算比对，完成2018年和2019年季度、年度推进高质量发展监测评价考核各项工作，各板块固底板、补短板、树样板、拉长板，及时反映高质量发展进展。不断丰富统计资料发布模式，编印《2018年相城区国民经济和社会发展统计公报》《2018年相城统计年鉴》《相城区情区力2018》《2019年相城统计月报》《2019年上半年相城高质量发展监测专报》《2019年相城高质量发展监测专报》《经济普查简报》，树立统计服务产品品牌。强化经济运行监测，对重点企业、重点项目、重点行业开展预警预判，做好GDP20项指标跟踪及GDP监测。

【依法统计】 2019年，统计部门牢固树立依法统计、依法治统理念，学习领会习近平总书记等中央领导关于统计工作重要讲话指示批示精神，集中学习《关于深化统计管理体制改革提高统计数据真实性的意见》《统计违纪违法责任人处分处理建议办法》《防范和惩治统计造假弄虚作假督察工作规定》等统计法律法规和统计改革重要系列文件精神。全面执行统计执法检查“双随机”制度，开展对3个乡镇24家统计调查单位统计执法检查。完成对140家新增联网直报企业规范化验收、33家联网直报企业“回头看”和29个村（社区）统计机构规范化验收。法治、信用相结合，在黄埭高新区开展“不催报”改革试点。定期报送《领导干部违规干预统计工作记录台账》，营造遵法、学法、守法、用法的良好氛围。

【第四次全国经济普查】 2019年1月1日，相城区全面进入第四次全国经济普查正式登记阶段。统计机构坚持“谋划从早、措施从细、落实从严”导向，突出工作重点，夯实普查基础，合理安排进度，创新工作方式，狠抓数据质量。组织召开多次业务研讨会议、调研座谈会议、工作布置会议、数据会审会议等。开展各板块经普督查调研和事中事后质量抽查。精心组织、多措并举，圆满完成第四次全国经济普查。相城区第四次经济普查领导小组办公室被推荐为“江苏省第四次全国经济普查先进集体”。（张文亮）

审　计

【概况】 2019年，相城区审计局完成审计项目189个，查出应缴财政款入国库资金193.13万元，查补税收入库2294.34万元，耕地占用税补征入库3824.4万元，收回租金及应收款项1939.39万元，盘活财政资金1.42亿元；节约工程建设资金5.56亿元，出具移送处理书2份。12月，相城区审计局被江苏省精神文明建设指导委员会评为2016—2018年度江苏省文明单位。

【领导干部经济责任等主业审计】 党政领导干部审计　受区委组织部委托，全年完成领导干部经济责任审计项目20个，在领导干部经济责任审计项目中，嵌入政务信息系统、非税（罚没）收入、政府采购管理等专项审计调查，结合太平街道党政领导干部经济责任审计，较好地实现“一审多项”“一审多果”“一果多用”。在开展太平街道党政领导干部经济责任审计中，同步开展自然资源资产审计，重点关注生态环境整治财政支出、自然资源资产管理、生态环境保护等情况。

重大政策措施落实情况审计　核查6家区属国有公司和10个乡镇（街道）债务化解工作开展情况及隐性债务化解任务完成情况。关注审计项目相关税费优惠政策落实情况，清理规范涉企政策。开展拖欠民营企业中小企业账款情况专项审计调查，主要清查区属国有企业和相关单位是否

2019年12月26日，相城区审计局审计监督黄桥街道社区卫生服务中心医疗废弃物管理规范化
金宇玮　摄

存在拖欠民营企业、中小企业账款情况。按照规模，建立完善国企国资审计"三年审一次，一次审三年"的轮审机制，将"三重一大"、内控管理等纳入审计监督范围，监督企业健康发展。

全面监督重大项目建设情况　以合同执行为主线，从招投标、施工管理、进度款支付、签证变更备案等方面，全年开展重大项目建设情况跟踪审计15个，完成工程计量审定额83.27亿元，发出审计意见单272份。完成镇级抽查复审项目94个，复审11.7亿元，对有质量问题的5个项目出具调整报告。按照省厅统一部署，前往高新区开展乡村振兴战略贯彻落实情况跟踪审计，重点关注涉农项目建设、农村"三资"、薄弱村扶持资金等管理使用情况，保障专款专用、用出实效，并将相关案件线索移送当地纪委。

开展中小学、医院、卫生院审计　对全区28所中小学，10家医院、卫生院进行全覆盖审计，统一制定审计方案，统筹实施项目管理，重点关注近五年里财政财务支出，全面摸清教育、卫生系统下属事业单位资金、资产、内控等方面情况。围绕审计发现的问题形成专题汇报，深入分析研判，为深化行业改革，推进基层治理能力现代化提供审计依据和审计建议。

【信息化审计】 年内，推广运用"总体分析、发现疑点、分散核实、系统研究"的数字化审计模式，对全区预算执行单位2555项指标和固定资产管理系统中2.6万条资产信息分析研判，精准开展疑点排查和部门审核，发现固定资产系统未充分利用，管理效果不明显，12家预算单位正常经费指标执行率较低等问题。

审计整改管理系统平台建设　加大审计整改管理系统平台建设，将审计发现问题清单导入管理系统，有效整合动态同步、督促落实、预警提醒、统计分析等功能，实现"问题清单"和"整改清单"无缝对接。升级政府投资审计管理平台，建立跟踪督办、网上审理、统计分析等线上办公模块，导入2004年后所有项目的建设信息和审计数据，加快推进文书电子化，对审计项目进行线上动态跟踪管理。

运用BIM技术和无人机航拍手段推力审计　春申湖路快速化改造项目、苏州市第二工人文化宫等重大项目跟踪审计运用BIM技术和无人机航拍手段，建立三维动态模型，低空收集影像数据，完善跟踪审计项目数据库，提升审计精准度。全面关注实际运用效果，提炼项目调研成果。

【审计结果运用】 2019年，按照省审计厅要求，针对2016—2018年审计发现问题整改情况开展"回头看"专项行动，通过督促被审计单位自查自纠，39个问题整改到位，增收节支、减少损失浪费金额142.91万元。印发《相城区乡镇审计整改"回头看"专项行动工作方案》，指导全区各板块、乡镇（街道）内审机构对2017年、2018年乡镇审计发现问题整改落实情况开展集中检查，248个问题整改到位，实现增收节支和减少损失浪费117.26万元，推动建章立制37项。

首次与区监察委员会联合发文，对2018年相城区本级预算执行和其他财政收支审计中发现的问题给予全区通报，明确整改工作主体责任和整改时限，提出查找薄弱环节、完善各项制度，对整改不力、屡审屡犯单位进行问责等具体要求，进一步增强被审计单位落实整改主动性。深度挖掘、着力反映影响和阻碍改革、创新、发展宏观性问题，以综合报告、审计专报等形式向区委、区政府专题汇报，推动审计成果转化为发展动力。撰写防范化解债务风险、"263""331"专项整治行动等内容审计专报5篇。　　（李淡宁）

海　关

【概况】 2019年，苏州海关驻相城办事处（简称海关相城办）牵头推进"以供应链为单元"保税监管改革试点。海关相城办落实苏州海关"六新"目标要求，围绕相城区"3+2"主导产业目标定位、16个"三年行动计划"重点工作以及"12345"战略思路，持续优化进出口营商环境，全力促进相城区开放型经济高质量发展。

2月27日，根据机构改革要求，原苏州检验检疫局相城办事处职能和人员整体转隶至海关相城办。海关相城办下辖9个科室，其中4个科室承担南京海关加工贸易集中作业职能。加工贸易集中作业改革荣获2018年度苏州中心城市科学发展创新单项奖。

【维护国门安全】 2019年，海关相城办开展安全生产监管隐患大排查、大整治，定期赴2家保税监管场所和7家出口危化产品生产企业实地检查，逐项排除安全隐患。强化进出口商品检验监管，发现不合格商品3批，1批美国进口

2019年7月23日，海关相城办服务保障企业货物顺利出口现场
海关相城办 供稿

激光治疗仪检验不合格获总署警示通报。推动“多查合一”改革落地见效，开展非涉税核查作业14起，查获各类违规情事3起。加强综合治税，加快嘉联益等企业涉案手册处理进度，实现补税入库到位。牵头组织苏州海关产地证退证查询，完成退证查询21份。持续加大考核指标管控力度，提高联网账册核销质量，报核及时率、结案及时率均100%。推动南京海关加工贸易作业中心建设，强化作业中心与现场协作配合，有效提升加工贸易监管效能。

【聚焦改革创新】 2019年，海关相城办深化加工贸易集中作业改革，完善作业制度汇编，总结运用“逻辑判别法”“行业比较法”“数据分析法”“成本计算法”等“集中核销六法”，分行业分类别实施专业化审核。探索以供应链为单元保税监管改革，对供应链核心企业和上下游企业实施整体监管，推进8项便利措施，试点企业相关业务办理时间及成本减少一半以上；改革思路及相关做法被海关总署采纳吸收。配合“金关二期”加工贸易管理系统上线推广，做好系统上线联系、协调、分析、排查、反馈等工作，12月底前相城区企业全部切换。对资信良好加工贸易企业实行“白名单”制度，免收风险担保金，累计为相城区企业节省约1.5亿元流动资金。实现对外贸易经营者备案和原产地企业备案“两证合一”，原产地自助打印覆盖率由年初的15.1%提高到25.6%。

【助推区域发展】 2019年，海关相城办全方位开展专题政策宣讲，开展6轮集中企业调研和乡镇座谈，召开9场政策宣讲会，走访重点企业24家，覆盖约350家企业、200名关务人员。突出精准服务，建立服务企业名录，办事处各科室与辖区重点企业一一挂钩，快速准确了解企业需求，关企联系群入群企业人员近300名。用好问题清零机制，建立跨科室志愿服务团队，实现问题受理、分发、研判、回答、反馈一条龙服务，做到有求必应、快速响应。全年收到企业锦旗3面、表扬信1封，解决企业急难愁盼问题10余个。制定十项支持相城区地方经济发展的重点工作举措，向地方报送《相城区外贸运行情况分析》2期和工作专报1期。推动海关总署各项改革便利措施落地，简化加工贸易手（账）册手续，减少深加工结转、外发加工等业务环节。优化加工贸易废料交易共管机制，发挥移动平台功能，参与《苏州市加工贸易废料交易管理办法》修订，配合市行政审批局举办废料交易平台7周年总结会，扩大平台影响力。（万宇翔）

科技　教育

科技综述

【概况】 苏州市相城区科技发展局，2019年1月更名为苏州市相城区科学技术局（简称区科技局）。全区科技工作以实施创新驱动核心战略为主线，推动创新资源集聚，夯实产业发展基础。全年科技经费财政投入6.41亿元，占本级财政支出的7.75%，全社会研发投入占地区生产总值的3.3%。642家企业享受加计扣除额，折合减免企业所得税4.98亿元，189家高新技术企业享受减免所得税额2.91亿元，完成高新技术产业产值678.45亿元，占规模以上工业产值的55.3%。全年争取市级以上科技经费1.49亿元。

【科技企业】 2019年，全区新认定国家高新技术企业259家，其中漕湖开发区55家、元和高新区16家、黄埭高新区38家、高铁新城14家、阳澄湖度假区5家、黄桥街道20家、太平街道17家、渭塘镇39家、阳澄湖镇25家、望亭镇30家。高新技术企业全年净增178家，累计认定551家，增幅47.7%。高新技术企业培育省库入库360家，市库入库355家，获省培育资金671.24万元。“全国科技型中小企业信息库”入库企业712家，新增省民营科技企业403家，新增“省科技企业上市培育计划”入库企业7家，累计37家。“市瞪羚计划”入库企业19家，市高成长创新型培育企业入库4家，苏南国家自主创新示范区独角兽企业1家、潜在独角兽企业3家、瞪羚企业9家。

【科技项目】 2019年，区科技局组织科技计划项目申报，做好科技项目流程管理和绩效考核工作。全年获批苏州市科技计划项目27项，其中重点研发产业化项目4项、科技成果转化项目17项、医疗器械与新医药后补助项目1项、农业产业关键技术创新工程后补助项目2项、民生科技项目3项。

表31　2019年相城区获批市级科技计划项目情况表

序号	项目名称	单位名称
1	区域交通运输行业综合管理信息平台科技示范工程	区交通运输信息管理中心
2	一氧化氮介导的自噬流在七氟烷后处理复苏后心肌保护中的作用	苏州市相城人民医院
3	紧邻深大基坑群的交叉地铁隧道风险控制与安全保障技术应用研究	中亿丰建设集团股份有限公司
4	罗氏沼虾“南太湖2号”生态高效养殖技术研究与开发	苏州市毛氏阳澄湖水产发展有限公司
5	蓝莓绿色高效栽培关键技术创新	苏州御湖园农业科技有限公司
6	阿奇霉素胶囊0.25g（批件号2018B03760）	苏州二叶制药有限公司
7	基于多源感知技术的加工毛刺激光精密整形机器人的研发及产业化	苏州华亚智能科技股份有限公司

续表

序号	项目名称	单位名称
8	射频滤波器芯片晶圆级封装技术的研发及产业化	苏州科阳光电科技有限公司
9	智能车间物联网运维平台的研发及产业化	苏州微缔软件股份有限公司
10	半导体用超高纯电子级正硅酸乙酯的研发及产业化	苏州金宏气体股份有限公司
11	元泰有色金属(苏州)有限公司铝熔炼双式炉生产流程管控开发	元泰有色金属(苏州)有限公司
12	元泰有色金属(苏州)有限公司各部门小仓库问题解决方案开发	元泰有色金属(苏州)有限公司
13	元泰有色金属预熔炉排程解决方案	元泰有色金属(苏州)有限公司
14	水田拖拉机宏微精准导航控制技术研究与设备开发	苏州博田自动化技术有限公司
15	FTM2热磁式过载报警不脱扣断路器的研究与开发	法泰电器(江苏)股份有限公司
16	创新包装设计研发	苏州伍洲设计包装有限公司
17	真空灌注环氧树脂体系	苏州圣杰特种树脂有限公司
18	风力叶片用手糊树脂体系	苏州圣杰特种树脂有限公司
19	一种低温快速固化环氧树脂	苏州圣杰特种树脂有限公司
20	环保型水性外墙保温材料粘接剂	苏州圣杰特种树脂有限公司
21	研发一种可制备“抗压强度达C30”的透水混凝土的环氧树脂	苏州圣杰特种树脂有限公司
22	东营南效水厂浸没式PVC复合膜/PVDF复合膜的污染及防止措施	苏州立升膜分离科技有限公司
23	无阀超滤净水装置	苏州立升膜分离科技有限公司
24	米卡芬净钠工艺技术的研究与开发	苏州二叶制药有限公司
25	PET吸声装饰艺术板材的研究与运用	江苏佰家丽新材料科技有限公司
26	新型大输液用高分子材料的开发	苏州市朗腾工贸有限公司
27	共混型热塑性弹性体的开发	苏州市朗腾工贸有限公司

【科技人才】 2019年，全区引入国家特聘专家18人，自主培育省“双创人才”6人+1团队（3人），自主培育姑苏创新创业领军人才18人，新增阳澄湖科技领军人才51人。姑苏创业天使计划立项企业25家，入选种子期企业和创业团队4个，入选数比2018年增加一倍。

【科技金融】 2019年，全区新增科贷通企业87家，获贷款49499.02万元；80家企业获科技贷款贴息487.21万元，16家企业获得科技保险费补贴63.69万元。开展“高企贷”特色融资服务，举办“创鑫意・融智力・助高企——苏州相城区‘鑫高企’金融服务直通车”活动。排摸4个批次融资需求企业74家，其中12家企业获得授信3200万元，8家企业通过预审批签约5000万元，32家企业经“一对一”沟通达成授信合作意向资金1.5亿元。

【科技创新政策落实】 2019年，全区企业研发费加计扣除政策落实企业642家，增长54.7%；加计扣除额19.94亿元，增长74.48%；折合减免企业所得税4.98亿元，增长74.13%。189家高新技术企业享受企业所得税15%的优惠税率，实际缴纳企业所得税4.37亿元，减免企业所得税2.91亿元。出台《相城区科技创新引领高质量发展若干扶持政策（试行）》，全年兑现区级科技创新政策奖补资金2.77亿元。

【科技研发机构简介】 科技企业孵化器（众创空间） 2019年，全区入选国家级科技企业孵化器1家、省级众创社区试点1家、省级科技孵化器（众创空间）7家；市级众创空间通过备案12家，新增备案数列全市第一。全区累计建有区级及以上科技孵化器48家，其中国家级科技企业孵化器3家、国家级众创空间3家、省级科技企业孵化器9家、省级众创空间14家、省级以上科技孵化器板块全覆盖。

表32 2019年相城区区级及以上科技孵化器情况表

序号	所在板块	级别	类别	载体名称
1	漕湖开发区	国家级	科技企业孵化器	西安交通大学苏州漕湖科技园
2		国家级	科技企业孵化器	苏州小样青年社区
3		国家级	众创空间	西交创客
4		国家级	众创空间	苏州小样创咖
5		省级	科技企业孵化器	苏州相城区科技创业园
6		区级	科技企业孵化器	江苏省(苏州市)机器人与智能制造孵化器
7		区级	众创空间	苏州天宫智创空间
8	元和高新区	省级	科技企业孵化器	苏州元联科技创业园
9		省级	众创空间	相城珞珈之鹰
10		省级	众创空间	青禾众创
11		省级	科技企业孵化器	武珞信息技术科创园
12		市级	众创空间	大数据与车联网(苏州)创新中心
13		省级	众创空间	旦旦众创
14		市级	众创空间	迈家众创
15		区级	众创空间	创智云谷
16		区级	科技企业孵化器	零到壹同舟创业孵化器
17		区级	科技企业孵化器	苏州数字健康产业园
18		区级	众创空间	金控蒲公英
19	黄埭高新区	省级	科技企业孵化器	春申国际科创园
20		省级	科技企业孵化器	中科相城科创园
21		省级	众创空间	春申启创汇
22		省级	众创空间	哇哩空间
23		省级	众创空间	南坡之林众创空间
24		市级	众创空间	智享众创
25		区级	众创空间	安博西新物种物联科创社区(众创空间)
26	高铁新城	国家级	众创空间	新门户·创客空间
27		省级	科技企业孵化器	苏州新门户科技企业孵化器
28		省级	众创空间	齐思妙想众创空间
29		省级	众创空间	圈时代众创空间
30		省级	众创空间	苏州亿达创智中心
31		市级	众创空间	苏聚酷
32		市级	众创空间	链谷众创空间
33		区级	众创空间	苏州华友会
34		区级	众创空间	腾讯云创新应用基地
35		区级	众创空间	青云汇杰众创空间
36		区级	众创空间	G&D创新谷
37		区级	众创空间	Sigma Space
38	度假区	省级	众创空间	阳澄湖众创空间
39		国家级	科技企业孵化器	苏州阳澄湖数字文化创意园
40	太平街道	省级	众创空间	C+创业方舟
41		市级	众创空间	澜空间·绿翼
42		区级	科技企业孵化器	阳澄湖节能环保产业园
43	黄桥街道	省级	众创空间	相城黄桥·创客邦

续表

序号	所在板块	级别	类别	载体名称
44	黄桥街道	省级	科技企业孵化器	苏州黄桥科创园
45	渭塘镇	省级	科技企业孵化器	清华大学苏州汽车科创园
46	阳澄湖镇	省级	众创空间	澄汇智谷众创空间
47	望亭镇	省级	科技企业孵化器	苏州御亭现代农业科创园
48		省级	众创空间	御亭创客汇

企业研发机构　2019年，全区新增省级工程技术研究中心5家、市级32家、区级21家，累计建有区级以上工业技术研究中心471家。全区大中型工业企业及规模以上高新技术企业284家，其中大中型工业企业106家、规模以上高新技术企业235家，研发机构建有率100%，有效建有率100%。

新型研发机构　2019年，长三角先进材料研究院、江苏集萃脑机融合智能技术研究所、江苏集萃托普索先进催化技术研究所入选苏州市新型研发机构建设（新建类）。至年末，全区已建在建新型研发机构（培育）34家。

2019年12月28日，长三角先进材料研究院成立大会举办

区科技局　供稿

长三角先进材料研究院　2019年12月28日揭牌成立，长三角先进材料研究院（简称研究院）落户苏州高铁新城，旨在打造材料领域国际一流的新型研发机构和国家级材料创新基地。研究院由江苏省、中国科学院、中国宝武钢铁集团和中国钢研科技集团共同发起，江苏省产业技术研究院与相城区人民政府合作共建。研究院所在的过渡场所已完成实验室一期建设，计划2020年底投入使用。

江苏集萃脑机融合智能技术研究所　2019年8月成立，在由苏州高铁新城与中国科学院半导体研究所共建的苏州脑机融合研究院的基础上，由江苏省产业技术研究院、苏州高铁新城和中国科学院半导体研究所陈弘达团队三方共建，以企业方式运营，是新型国际化研发机构，重点围绕脑机融合智能技术的关键器件、核心算法、关键应用等领域开展创新研究。

江苏集萃托普索先进催化技术研究所　2018年4月成立，由江苏省产业技术研究院、苏州高铁新城和丹麦托普索公司三方合资建设，坐落在苏州高铁新城长三角国际研发社区启动区。研究所聚焦炼油、环境领域，从事新材料和化学品等过程中催化技术的研发和服务，为中国客户提供先进的最优技术解决方案。

表33　2019年相城区市级及以上工程技术研究中心情况表

序号	项目类别	申报单位	项目名称	所属板块
1	省工程技术研究中心	苏州宝丽迪材料科技股份有限公司	江苏省功能母粒工程技术研究中心	漕湖开发区
2		太航常青汽车安全系统（苏州）股份有限公司	江苏省汽车安全气囊系统工程技术研究中心	漕湖开发区
3		苏州市意可机电有限公司	江苏省高精密航空结构件制造工程技术研究中心	黄埭高新区
4		苏州亚太金属有限公司	江苏省中大功率混合动力总成工程技术研究中心	黄桥街道
5		苏州市冯氏智能科技有限公司	江苏省精密钣金智能加工工程技术研究中心	漕湖开发区

续表

序号	项目类别	申报单位	项目名称	所属板块
6	市工程技术研究中心	江苏吴通物联科技有限公司	苏州市通信微波器件工程技术研究中心	漕湖开发区
7		苏州兴禾源复合材料有限公司	苏州市兴禾源外观复合材料工程技术研究中心	漕湖开发区
8		苏州双荣橡塑有限公司	苏州市双凤道多功能吸尘器地刷工程技术研究中心	漕湖开发区
9		苏州迈科凯恩精密制造有限公司	苏州市迈科凯恩高端钢木家具工程技术研究中心	漕湖开发区
10		苏州鑫宇表面技术有限公司	苏州市强耐久性塑料粉末制造工程技术研究中心	漕湖开发区
11		苏州微谱检测技术有限公司	苏州市持久性有机污染物检测及防治工程技术研究中心	元和高新区
12		世亚电子(苏州)有限公司	苏州市世亚电子安全稳定铝合金梯工程技术研究中心	元和高新区
13		苏州市台群机械有限公司	苏州市高端立式加工中心工程技术研究中心	黄埭高新区
14		江苏苏鑫装饰(集团)公司	苏州市苏鑫建筑节能门窗及幕墙设计与一体化工程技术研究中心	黄埭高新区
15		苏州市商祺光电有限公司	苏州市导光板工程技术研究中心	黄埭高新区
16		苏州市瑞昌机电工程有限公司	苏州市智能压缩机装测线工程技术研究中心	黄埭高新区
17		苏州兰索精密钣金有限公司	苏州市精密智能快递柜工程技术研究中心	黄埭高新区
18		苏州巴洛特新材料有限公司	苏州市新型装饰材料工程技术研究中心	黄埭高新区
19		苏州菲利达铜业有限公司	苏州市高性能毛细铜管工程技术研究中心	黄埭高新区
20		苏州锦祥精密模具有限公司	苏州市高精密双色注塑模具工程技术研究中心	黄埭高新区
21		苏州市创怡盛实业有限公司	苏州市高精密打印机用刷类部件工程技术研究中心	黄埭高新区
22		苏州市永力塑胶有限公司	苏州市园林工具配件工程技术研究中心	阳澄湖度假区
23		合威电子(苏州)有限公司	苏州市电声设备工程技术研究中心	黄桥街道
24		苏州圆格电子有限公司	苏州市高性能组立磁铁工程技术研究中心	黄桥街道
25		苏州英维铂精密机械有限公司	苏州市高性能SAW滤波器工程技术研究中心	太平街道
26		苏州市大华精密机械有限公司	苏州市车用精密金属零部件工程技术研究中心	太平街道
27		苏州博宏源机械制造有限公司	苏州市高精度磨抛设备工程技术研究中心	渭塘镇
28		苏州市泰源精密铸造有限公司	苏州市压铸模具工程技术研究中心	渭塘镇
29		苏州冬宝光电科技有限公司	苏州市精密结构件冲压注塑工程技术研究中心	渭塘镇
30		苏州华瑞腾航空设备有限公司	苏州市民用航空厨房插件工程技术研究中心	渭塘镇
31		苏州友创金属制品有限公司	苏州市友创易拆装显示器支架工程技术研究中心	阳澄湖镇
32		苏州通达物流机器有限公司	苏州市通达物流设备工程技术研究中心	阳澄湖镇
33		苏州市苏城轨道交通设备有限公司	苏州市苏城轨道车辆电动门窗工程技术研究中心	阳澄湖镇
34		苏州国华特种线材有限公司	苏州市高性能振子器件工程技术研究中心	阳澄湖镇
35		苏州沃卡斯展览器材制造有限公司	苏州市高精度多功能展示器材工程技术研究中心	望亭镇
36		苏州万旭光电通信有限公司	苏州市万旭柔性线路板智能化SMT工程技术研究中心	望亭镇
37		苏州安德货架制造有限公司	苏州市RFID智能物流仓储货架工程技术研究中心	望亭镇

（张昱昊）

教育综述

【概况】 2019年，全区有公办学校61所、民办学校26所。全区公民办学校招收新生27013人，毕业学生23586人，吸纳外来人员子女入学50842人。公民办学校在校学生10863人，比上年增加6105人。全区公办学校共有教职员工6106人。全年实施学校建设项目17个，其中竣工项目8个，新开工建设项目5个，按序推进建设项目4个，完成建设投资13.82亿元。全区学校占地面积333.82万平方米，校舍建筑面积214.08万平方米，体育运动场（馆）面积108.32万平方米，藏书298.27万册。全区建有未来教室的学校占93%，重点场所建有无线网络的学校占96%，拥有触摸一体机等交互式终端的普通教室1410个，占93%。18所学校建成江苏省中小学智慧校园，2所学校申报苏州市四星级智慧校园。3所学校建成苏州市首批中小学创客实践室建设实验学校，4所学校建成苏州市首批机器人项目实验学校，6所学校建成苏州市首批创客实验学校。加强校园安全管理，完善区、片、校三级安全工作管理网络，明确区教育局、镇（街道、区）安全管理权限，强化学校安全主体责任。发挥区校园安全保卫专业委员会职能，联合区市场监管局开展学校及周边食品安全联合整治督查，推进学校食堂五常法先进管理模式、明厨亮灶工程和阳光食堂信息化监管服务平台，完成率100%。贯彻《教育督导条例》，常态化开展中小学、幼儿园挂牌督导。规范整治校外培训机构，全区新增学科类培训机构23家，有证培训机构共53家。46家无不良办学行为的有证学科类培训机构被列入白名单，向社会公示。

2019年，南京师范大学相城实验小学建成投用　　区教育局　供稿

表34　　2019年相城区（公办）教育事业基本情况表

类别	学校数（所）	招生总人数（人）	在校学生人数（人）	毕业生人数（人）	专任教师人数（人）
合计	61	22764	88355	20028	5660
1.小学	21	7994	42044	5714	2278
2.初中	11	4489	13374	4358	1173
3.九年一贯制学校	1	665	2568	417	159
4.十二年一贯制学校	1	716	2935	368	207
5.完中	1	968	2708	864	240
6.高中	2	1142	3315	1033	398
7.普通中等职业学校	1	980	3202	1120	240
8.特殊教育学校	1	42	123	0	26
9.幼儿园	22	5768	18086	6154	939

【教师队伍建设】 2019年，全区有专任教师5660人。公办幼儿园教师本科以上学历占87.65%、大专学历占12.35%；小学教师本科及以上学历占93.41%、大专学历占5.6%；初中教师本科及以上学历占98.86%；普通高中教师本科及以上学历占100%，其中具有研究生学历、教育硕士学位的教师占21.68%；职业高中教师本科及以上学历占100%，其中具有研究生学历、教育硕士学位的教师占31.67%。至年末，全区有教授级高级教师5人，省特级教师30人，市名教师名校长41人，市学科带头人181人，区学科带头人561人，区教学能手606人，区教坛新秀1013人。全年招聘年金制教师325人，引进骨干教师10人，定向招聘免费幼儿师范男生4人。依托学科教研基地和教师通识培训基地，举办各级各类培训451项，参训教师4.07万人次。开展“一师一优课、一课一名师”活动，获评县优课129节、市优课34节、省优课4节、部优课2节。完成线上教育中心相城分中心建设工作，有序开展线上直录播课程，上传区级录播课260节、校级录播课850节。推进教师交流工作，本学年度结对交流教师数143人、交流教师数253人。年内区专任教师中获评区级劳动模范1人、区优秀教育工作者121人、市周氏德育奖26人。入选“姑苏教育人才计划”1人、入选“阳澄湖教育人才

计划”42人，新增区级技能大师工作室3个、区名师工作室4个。组织教师参加各类比赛，获国家级奖项4人、省级奖项24人、市级奖项77人、区级奖项80人。

【学前教育】 2019年，全区有幼儿园52所，其中独立建制公办园22所，分园、村园13所，民办园17所，学前看护点4个；在园幼儿2.79万人，比上年增加157人。区教育局以幼儿园联盟共同体为抓手，促进园所共同发展。形成“网格化管理、组团式服务”机制，通过“园际联盟、组团发展、公民结对、对口共建”等形式，实现对各级各类幼儿园监管、服务全覆盖。全区创建省优质幼儿园8所，创建市优质幼儿园4所，通过省市复审的优质幼儿园4所。推进课程游戏化建设，全区设立省级课程游戏化建设项目2个。

【义务教育】 2019年，全区有小学34所，其中包括公办九年一贯制学校1所、公办十二年一贯制学校1所、民办学校5所。在校学生5.13万人，其中外来务工人员子女2.78万人。小学适龄儿童入学率、巩固率、跟踪毕业率、升学率均为100%。全区初中16所，其中包括完中1所、九年一贯制学校1所、十二年一贯制学校1所，民办一贯制学校2所，在校学生16723人。全区初级中学持续推进名师引领的有效教学实践研究项目，新增“新时代苏州有效教学研究”项目学校7所，承办“新时代苏州有效教学研究”第四届年会，1篇学术论文和2篇课例分析在苏州市获奖。蠡口中学“互联网+”助力小组合作制课堂革命行动研究入选省薄弱初中质量提升项目，黄埭中学、望亭中学获评市课程基地项目各1个，太平实验小学、珍珠湖小学、渭塘实验小学获评市小学特色文化建设项目。漕湖学校、北桥中学、相城区第一实验小学初中课程基地、小学特色文化建设项目在市级视导中分别获“示范”和“优秀”成绩。蠡口中学、苏州大学实验学校获评市前瞻性教学改革项目各1个。

【普通高中教育】 2019年，全区黄埭、陆慕普通高中2所，望亭完中1所，苏州大学实验学校十二年一贯制学校1所，民办高中1所，在校学生5246人。2019年相城区参加高考1213人，其中参加文化普通类高考1112人。文化普通类本一进线364人，进线率32.73%；文化普通类本二进线948人，进线率85.25%。本二以上达线总人数1051人，其中艺术类进线103人，本二以上总进线率86.64%。被海外大学录取16人。推进国际课程建设，公办普通高中建立国际理解教育基地。黄埭中学、望亭中学获评市课程基地项目各1个。

【特殊教育】 2019年，全区有相城区特殊教育学校1所，在校学生96人，送教学生27人。发挥特殊教育学校指导中心作用，推动全区各板块融合教育资源中心建设，通过融合教育资源中心验收11所。成立相城区特殊教育专家委员会，加强融合教育师资培训，健全特殊儿童教育保障制度。

【中等职业教育】 2019年，全区有相城中等职业教育学校1所，教师240人，全年招收新生965人。学校与德国手工业行会（HWK）合作，建有中德技术工人培训中心，开设精密机械师、工业机电师两个德国双元制班。推进现代学徒制，中餐烹饪专业与苏州市新黄埭大酒店开展的新黄埭餐饮现代学徒制成为市级试点项目。在国家、省、市职业院校技能大赛中，获奖学生81人次。在第三十四届全国青少年科技创新大赛中获国家级银牌、省级一等奖；在苏州市职业教育创新创业大赛中职组创新项目中，获一等奖1个、二等奖3个、三等奖10个。在第二十三届全国发明展览会暨金砖国家技能发展与技术创新大赛中，学生作品获金奖2个、铜奖2个。学校获江苏省现代化专业群（计算机应用）、江苏省中等职业学校文明风采大赛优秀组织奖、全国第六届中小学生艺术展演先进集体等荣誉称号。

【民办教育】 2019年，相城区开展公办和民办幼儿园结对活动，每一所公办园带教1~2所民办园，公办幼儿园在学校安全管理、教学管理等各个方面对民办幼儿园进行指导，提升民办园办园质量。区教育局教育科和督导室加强对民办学校违规办学行为专项治理工作。相城区扩大优质教育资源供给，引进美国荟同国际学校、英国诺德安达学校、山峰国际双语学校、上海美高学校、新加坡伊顿幼儿园5所国际学校（幼儿园）。

【素质教育】 2019年，区教育局围绕建设有亲和力的学生发展中心、创新有感染力的课堂范式、开发有生命力的特色资源、发展有鲜活力的学生社团、打造有创造力的育人团队、构建有影响力的共育平台等6个方面开展素质教

2019年6月18日，美国荟同学校落户苏州高铁新城签约仪式举行
区教育局　供稿

育。《基于学生发展核心素养的中小学生命教育课程资源开发》在首批市级苏州市中小学生品格提升工程项目调研中被认定为优秀项目。获区十佳优秀社团称号4个，3所学校获区社团建设先进学校称号。4所学校被评为苏州市家庭教育项目先进学校。48人被评为省、市三好生，26人被评为省、市优秀学生干部。4所学校获评"十三五"第二批苏州市科学教育综合示范学校。全区各学校团体或个人在重大科技比赛中共获省级及以上大奖27个，北桥中学承办第五届全国青少年机器人及人工智能创新大赛。2019年苏州市青少年机器人比赛中，相城实验中学获初中组团体冠军。全区新增全国足球特色学校3所、全国足球特色幼儿园1所，新增苏州市艺术特色学校8所。澄阳小学、黄桥实验小学、湘城小学等9所学校被命名为"苏州市体育传统项目学校"。

【社区教育】 2019年，全区有社区教育中心8个，均达到省标准；居民学校141所，其中达到省标准化居民学校119所。学习型乡镇（街道）通过率100%，有全国农村优秀学习型乡镇（街道）1个、省示范老年大学1所。推进社会教育，统筹协调发展。推进省级社区教育示范区创建工作，按照省级标准调研各个乡镇，查漏补缺。开展社区教育研究，年内获评苏州市社区教育优秀论文一等奖、三等奖各1篇。立项苏州市社会教育课题3个，创建社区教育游学项目，延期结项1个，培育项目1个。

【国际交流】 2019年，相城区推进国际课程建设，公办普通高中建立国际理解教育基地，启动中外融合课程实验项目；增进全区境内外友好学校互动交流，全年签约中外友好学校（区）10对；拓宽全区教育系统对外交流渠道，组织310名师生参加境外研学旅行。教育系统全年接待境外来访30批次，成功举办中美校长国际论坛暨第五期相城教育论坛。

【教育扶贫】 2019年，区教育局开展教育扶贫工作，全年资助学生2367人次，拨付金额206.19万元。免除高中建档立卡学生学杂费、中专学生学费、幼儿园学生保教费5635人次，免除金额619.63万元。办理高校生源地贷款6人，贷款金额7.6万元。全区6名援疆教师充分融入当地学校，完成援疆任务。拨付对口帮扶石阡教育专项资金57.7万元，与石阡结对学校47所，选派170名教师赴石阡支教。石阡学校先后选派4批次65名骨干教师来相城结对学校跟岗交流。试行"1+2"联合办学模式，石阡2018级数控专业12名贫困生来相城就读，开辟扶贫脱困新途径。（曹周斌）

文化综述

【概况】 2019年1月，根据《苏州市相城区机构改革方案》，相城区整合区文化体育局和区旅游局职能，组建相城区文化体育和旅游局（简称区文体和旅游局），1月26日挂牌。区文体和旅游局设办公室、公共事业科、资源促进科、产业发展科（行政服务科）等科室4个，附设相城区文物管理委员会办公室、相城区文化市场综合执法大队、相城区文化体育和旅游事务服务中心、区文化馆等事业单位4个。年内编制《相城区文化艺术、体育设施布局专项规划》《相城区全域旅游规划》，制定《相城区文化、体育、旅游产业高质量发展若干扶持政策（试行）》《相城区规范旅游民宿发展的试行办法》（讨论稿）。按照“宜融则融，能融尽融”原则，推动相城区文体和旅游融合发展。细化惠民举措，加快文体和旅游公共服务体系建设，实现全区村（社区）综合性文化服务中心全覆盖。区文化体育和旅游局、人民网创业投资有限公司、苏州高铁新城管委会在阳澄国际电竞馆联合举办首届人民网科技创新创业大赛长三角赛区决赛，现场颁奖，创投文创产业研究院揭牌。苏州相城影视文化产业园被评为2018年平台经济特色基地和苏州市第八批现代服务业集聚区，阳澄湖集散中心被评为“全球最美客运站”，望亭墨舍被列入2019年度苏州乡村旅游十大精品民宿，御窑金砖博物馆成功创建相城首家国家AAAA级旅游景区，御窑金砖博物馆和冯梦龙村成功创建第二批国家全域旅游人才培训基地现场教学点。

【文化事业】 2019年，相城区有文体中心12个、图书分馆16个、评弹书场23家、区级注册群众文化组织36个、文艺家协会7个、镇级注册文联协会2个。村（社区）综合性文化服务中心标准化建设全覆盖。年内通过“中国曲艺之乡”建设工作复评，举办“进百家社区·送万家欢乐”文化志愿服务；歌舞《又见阳澄湖》、小组唱《阳澄湖寻梦》获第三届苏州市群众文化艺术“繁星奖”金奖；举办“礼赞·奋进”庆祝中华人民共和国成立70周年暨建区18周年文艺演出、“诗咏运河”运河名城书法名家邀请展、全国首届阳澄湖艺术节暨第四届沈周文化节等特色文化活动。

文化设施建设　2019年，全区106个村（社区）综合性文化服务中心完成标准化建设，全区人均室内公共文化设施面积0.32平方米。年内建成凤凰泾村、沈周村、依云水岸社区、三角咀家园等综合性文化服务中心10个，太平街道文体中心、相城区“文艺之家”开放使用，凤凰泾村文体活动广场、湘城小学启南书画苑建成投用。

文艺创作　2019年，相城区基层文化工作者创作《小城故事》等移风易俗、弘扬时代新风题材的文艺作品20多个，创编的评弹表演唱《奋进新时代》《时代新风赞》、锡剧小戏《家的守护》《幸福账单》，有时代气息和艺术质量。相城区参加苏州市第三届群众文化艺术节，入选决赛文艺作品24件，创作书法、美术、摄影作品28件，理论研究类作品2篇；音乐类节目获金奖2个，戏曲类节目获银奖、铜奖各1个，曲艺类节目获铜奖1个，美术作品获金奖1个、铜奖4个，摄影作品获金奖1个、银奖2

个、铜奖4个。年内加入中国美术家协会的区文联会员2人。张慧旭创作的书法中堂作品入展全国第十二届书法篆刻展。郭姜燕创作的《若丁人家》《离别之后》《公鸡山的故事》出版，丁及、苏眉的诗歌、散文作品多次在《作家》《人民文学》等一线文学刊物上刊登。

文化惠民活动　2019年，相城区举办"进百送万"文化志愿服务活动300余场，放映公益电影2000余场，演出传统曲艺6000余场。开展"2019最暖回家路"——春运文化志愿服务活动，组织送春联活动10余场次。区摄影家协会继续开展"家在苏州·影像惠民"公益摄影活动，拍摄"全家福"照片3000余张，累计拍摄5万余张，参加活动的摄影家志愿者累计1000余人次。4月，"书写好家风"志愿服务走进冯梦龙村，相城区10位书法家为文明户书写家风家训格言20余幅。9月，举办全国首届阳澄湖艺术节暨第四届沈周文化节。9~10月，开展区级机关午修学堂"尤克里里"、瑜伽教学班、迎春小幅美术作品展等活动，并在东大书店、太平书香小院举办多场品读分享会。12月10日，开通国内首条书香文旅专线，将苏州第二图书馆、御窑金砖博物馆、铂尔曼酒店等文旅景点连成一线，方便居民群众浸润书香、品味经典。

展演活动　5月，在张继馨艺术馆举办庆祝中华人民共和国成立70周年"美在相城"书画邀请展，展示作品47件，参观人数200余人。10月28日，相城区庆祝中华人民共和国成立70周年暨建区18周年文艺汇演在相城区阳澄国际电竞馆举办。晚会分为"永遇乐""渔家傲""沁园春""阳澄红""采莲令"等11个篇章，有歌舞、评弹、小品、情景剧等多种文艺表演形式，参演节目11个，观众1200余人。相城区文旅节目《印象·望亭》在江苏大剧院展演并举办研讨会，北桥少儿评弹受邀参加"谢谢您，我的祖国——江苏省第五届学生资助成效汇报演出"。

2019年10月28日，相城区举行"礼赞·奋进——相城区庆祝新中国成立70周年暨建区18周年文艺演出"活动　　区文体和旅游局　供稿

【文化产业】　2019年，区文体和旅游局出台《相城区文化、体育、旅游产业高质量发展若干扶持政策（试行）》，加强企业服务，组织参与各类文旅招商活动，激发产业活力。全区文化产业结构、质量、整体竞争力提升，动漫游戏、影视、电竞等优势产业引领带动效应明显，产业规模持续扩大。

文化企业　2019年，相城区有文化企业1855家，其中文化核心领域企业994家。全区有规上文化企业67家，占文化企业总数的3.6%。规上企业中文化核心领域企业15家。全区营收过亿的文化企业14家，其中规上企业11家。2019年，全区文化企业营收299.29亿元，增长18.33%，全年税收4.48亿元。

文化招商活动　2019年，区文体和旅游局赴上海参加"阳澄沪联　枢纽互动"苏州相城阳澄生态新区推介会，赴北京参加"京彩纷呈　筑梦相城"相城（北京）投资推介会。4月9日，区文体和旅游局、阳澄湖度假区、阳澄湖镇和区文商旅集团在上海联合举办"沪相协同　文旅共融"阳澄湖生态旅游度假片区专题推介会。4月19~21日，参加第八届中国苏州文化创意设计产业交易博览会，通过政府搭台、企业唱戏，助力全区文化产业高质量发展。相城展馆获第八届中国苏州文化创意设计产业交易博览会优秀组织奖和展示设计奖。5月21日，参加长三角（苏州）数字经济峰会，区文体和旅游局向人民大学文化产业研究院、上海历史博物馆、上海仓嘉文化、同济大学设计艺术研究中心等组织和企业介绍相城文化产业资源、营商环境和发展规划，寻找合作途径。6月21日，区文体和旅游局组织参加"沪融互通　相融相成"苏州相城（上海）国际协同创新推介会，对接长三角优质文化产业资源，吸引高端人才和企业落户相城。10月24日，区文体和旅游局参加苏州相城国际贸易恳谈周系列活动，推介相城区文旅产业资源、招商引资环境。举办第二届创意阳澄数字文创节(苏州市创博会相城分会场)，高铁新城专场设“聚焦动漫赋能产业”论坛。青瞳视觉科技有限公司等一批影视动漫企业与高铁新城签订协议，落户相城；太平专场与捷克企业合作的“奥瑞琪国际孵化器”“荻溪仓众创空间”等项目揭牌启动。11月30日，首届人民网科技创新创业大赛长三角赛区决赛暨颁奖盛典在相城区阳澄国际电竞馆举办，人民创投文创产业研究院同时揭牌。

文化产业政策扶持　2019年，区文体和旅游局加大对重大项目、创建评优、新兴业态、紧缺人才等的政策扶持力度，引导传统文化企业产业转型升级。

扶持重点文化企业发展，2019年，对上争取各类文化产业扶持资金366.67万元。另外，经过组织申报、实地考察、专家评审、区文产办专题会议研究等环节，对区内5个文化产业项目拨付区级文化产业扶持资金共97.5万元。

表35　2019年相城区文化产业对上资金争取情况统计表

类别	资金名称	企业	板块	金额(万元)
省级	省级文化产业引导资金	虚幻竞技(苏州)文化传播有限公司	高铁新城	200
市级	市级文化产业引导资金	江苏泰丰文化传播股份有限公司	元和高新区	55
市级	市级新兴业态文化创意企业奖励资金	虚幻竞技(苏州)文化传播有限公司	高铁新城	30
		江苏泰丰文化传播股份有限公司	元和高新区	30
市级	苏州市文化产业贷款贴息项目补贴资金	苏州荣成纸业有限公司	漕湖开发区	30.23
		苏州市博来特油墨有限公司	渭塘镇	21.44

【文物和非物质文化遗产】　文物　2019年，相城区有文徵明墓、陆慕御窑址、沈周墓等省级文保单位3家；新增市级文保单位1家，累计16家；新增市级控保单位1家，累计3家；区级控保单位16家。

区文体和旅游局落实文物保护单位日常安全检查、文物安全值班、可移动文物库房各项制度，做好香花桥、湘城粮仓、观桥、城隍庙山门、熙馀草堂等文保单位修缮方案的审批工作。年内与苏州市考古研究所合作，抢救性勘探望亭月城地下遗址，发现良渚、东周、明代重要文化层3个。配合市考古队做好苏地2018—WG—42地块的抢救性考古挖掘工作。5月，开展“5.1国际博物馆日”、文化和自然遗产日的宣传活动。8月，元和街道福昌桥和阳澄湖镇陆士龙祠堂被命名为第八批市级文保单位，望亭镇伍象桥被命名为第五批市级控保建筑。9月28日，首次文物画展在北桥街道大师谷举办，展出绘画作品52件，展期14天。

非遗　2019年，相城区文体和旅游局组织相城区第七批非物质文化遗产代表作名录和区第七批非物质文化遗产项目代表性传承人的申报、评审、公示和公布工作，列入区级非遗名录项目4个，被命名为区级非遗项目代表性传承人5人。至年末，全区有非遗项目50个，其中国家级非遗项目1个、省级非遗项目8个、市级非遗项目1个、区级非遗项目34个。5月，苏州缂丝织造技艺等6个非遗项目10余名传承人赴深圳参加第十五届中国(深圳)国际文化产业博览交易会，获3金2银3铜。12月，组织非遗传承人参加深圳文博会冬季精品展，参展作品获4金1银5铜。年内，黄埭冯梦龙培训中心、阳澄湖镇和漕湖开发区分别组织缂丝、铜炉、珍珠和草编等10个非遗项目集中展示，举办“吴地文化·相城人

表36　2019年相城区第七批非物质文化遗产代表性项目名录

序号	项目	类别	申报及保护、传承主要责任单位
1	传统服装制作技艺(旗袍)	传统技艺	望亭镇文体教育服务中心
2	苏派鸟笼制作技艺	传统技艺	元和街道文体教育服务中心
3	苏州装裱技艺	传统技艺	阳澄湖镇文体教育服务中心
4	苏绣(盘金绣)	传统美术	太平街道文体教育服务中心

文”“吴地文化·四季风俗”讲座。区文体和旅游局配合《游遍江苏》栏目组，拍摄砖雕、缂丝等项目宣传片。

【文化市场管理】 2019年，区文体和旅游局先后出台《苏州市相城区国庆期间文化体育和旅游市场执法监管方案》《2019年相城区文化体育和旅游市场整治“百日行动”实施方案》等文件。全年检查文化场所304家次，出动检查人员912人次，整改场所7家次，行政立案处罚17件，取缔“黑网吧”11家。受理12345、12318和市支队转报举报投诉20次，处结率100%。开展“扫黄打非”暨出版物市场集中清查专项行动，出动检查人员142人次，检查场所92家。

安全管理　区文体和旅游局根据《冬季安全生产和消防安全隐患大排查暨安全监督执法检查专项行动方案》《整治“九小场所”及小微企业火灾隐患专项行动方案》《相城区文体和旅游局开展安全稳定风险隐患大排查活动实施方案》，对区内影院、网吧、歌舞游艺娱乐场所等单位进行安全隐患排查，开展火灾隐患专项整治工作，与辖区内娱乐场所经营主体签订安全责任承诺书600余份，发送安全提示1000余条。

年检年报工作　2019年，组织308家文化市场经营单位完成2019年度统计年报工作，对89家出版物零售单位、313家印刷企业年报年检情况进行审核。

【图书馆】 2019年，相城区图书馆藏书43.26万册，全年接待读者67.59万人次，举办读者活动次数144次，参与人数15098人，放映国内外优秀影片102部。新增天虹商场、高铁新城和机关食堂图书自助投递点3个。利用元旦、腊八节、春节、元宵节、清明节等传统节日，开展“猜灯谜”“送春联”“品腊八粥”“亲子手工”“送书香好礼”等群众喜闻乐见的活动。继续开展“悦读妈妈”亲子阅读、书香共建等阅读活动，满足不同群众对阅读的需求。

苏州第二图书馆开馆　苏州第二图书馆位于广济北路2383号，建筑面积4.56万平方米，共建设7层，其中地下1层，地上6层，分为南北两个区域，具备公共图书馆服务、文献存储集散、配套服务三大功能。12月10日，苏州第二图书馆正式对外开放。开馆当天，“传承文明　服务社会——新时代公共图书馆高质量发展研讨会”同期开幕。

全民阅读活动　4月20日，幸福元和“书式生活”——2019年元和高新区阅读节在繁花中心户外广场开幕，现场借书，免费发放宣传资料和《善用图书馆》《苏州大讲坛》《相约健康》等图书。7~8月，区文体和旅游局、苏州图书馆、苏州幼儿师范学校联合举办“书海拾贝”——我悦读我快乐系列活动4期、非遗“泥塑”文化进社区分馆4期、七彩夏日——“我是小小银行家”2期、“玩转魔方世界”、先锋讲坛进社区等活动，累计参加活动人数1000余人。9~10月，组织开展纪念孔子诞辰日系列活动“体验吴文化·传递书香情”“阅读点亮梦想·阅读让城市更加文明”“童心绘童画·庆祝中华人民共和国成立70周年”、庆祝中华人民共和国成立70周年系列展览、“第十届我给孩子讲故事比赛”等活动，累计参与活动人数1000余人。

体育综述

【概况】 2019年，全区有相城区体艺馆、电竞馆各1个，文体教育服务中心12家，二类体育公园2

苏州第二图书馆外景　　区文体和旅游局　供稿

个，三类体育公园1个，室外体育运动场、综合性室外体育健身运动场7处，健身步道240余千米，室内游泳场馆23家，各类足球场地9个。全区体育场地总面积约为224万平方米，人均公共体育场地面积3平方米。相城区代表队健身舞曲目《点赞新时代》获苏州市第九届广场健身舞大赛总决赛二等奖。

【体育设施建设】 2019年，改建相城区体艺馆室外门球场2片，建成望亭镇长洲苑湿地公园和占地450平方米的运河公园文体广场，新增渭塘镇钻石家园社区、度假区湖畔社区公园健身步道、元和街道书香公园健身步道、北桥街道盛北公园健身步道10.8千米，新增智能健身路径2套。

【体育社团活动】 2019年，区文体和旅游局发挥区体育总会作用，组建优质社团、俱乐部，做好板块群众体育单项服务工作。武术协会、老年人体育协会、篮球协会年内承办多项省级赛事。至年末，全区有各类体育社团（俱乐部）24家，区级体育协会会员7900余人。相城区武术协会、老年人体育协会承办长三角武术精英赛，篮球协会分别组织三人制篮球、五人制篮球、篮球甲级、篮球乙级、城乡大联动篮球赛等系列赛事。

【全民健身】 2019年，全区开展三对三篮球、五人制篮球、羽毛球、乒乓球、足球、健身气功、太极拳剑、广场舞、健身跑、象棋、围棋、门球等群众广泛参与的体育赛事活动近30项。黄埭镇、高铁新城、元和街道、渭塘镇、黄桥街道等镇（街道）分别组织参加人数过千的全民运动会。

【赛事活动】 “地平线杯”盛泽湖趣味马拉松赛　4月20日，苏州市相城区“地平线杯”盛泽湖趣味马拉松赛在阳澄湖镇盛泽湖畔开跑，赛程分设5千米迷你跑、11.6千米健康跑、21.0975千米（半程马拉松），参赛选手800多人。

“舞动江苏”广场舞大赛　6月28日，“同唱祖国好·幸福舞起来”——2019年“舞动江苏”广场舞大赛在相城区阳澄湖生态休闲旅游度假区集散中心举行，全区广场舞爱好者400多人参赛。

2019第二届中国·苏州·相城漕湖金秋龙舟赛　10月13日，2019第二届中国·苏州·相城漕湖金秋龙舟赛在漕湖湿地公园举行，苏州各市、区34支队伍650名选手参赛，瑞士、法国、美国、加拿大等外籍选手也组队参赛。赛会设公开组22人组、女子组12人组、男子组12人组等3个组别竞赛项目。亚瑟教育宜商队获公开组22人组别冠军，德威学院龙舟队获女子组12人组别冠军，苏州太湖国际会议中心龙舟队获男子组12人组别冠军。

旅游业

【概况】 2019年，区文体和旅游局编制《苏州市相城区全域旅游规划》，制定《关于促进相城区旅游民宿规范发展的指导意见（试行）》。年内相城区规划重点旅游项目16个，投入建设资金28.6亿元。区内有国家AAAA级旅游景区1个、国家AAA级旅游景区3个、四星级旅游饭店1家、省级旅游度假区1个、全国农业旅游示范点1个、省级4星级乡村旅游区3个、省级3星级乡村旅游区1个、省级生态旅游示范区1个、省级自驾游基地1个、江苏省研学旅游示范基地1个、市级旅游商品研发基地1个、旅行社13家，其中4星级旅行社1家。全年接待国内外游客524.75万人次，增长3.93%；旅游总收入97.8亿元，增长6.85%。

2019年3月19日，御窑金砖博物馆获评国家AAAA级旅游景区
区文体和旅游局　供稿

【旅游项目建设】 重点旅游项目建设 2019年，全区建成度假区蟹文化馆、苏州阳澄喜柯大酒店（二期）、望亭墨舍人文主题民宿、盛泽湖月季园智慧路灯系统和南门游客中心、苏州地方志馆荻溪分馆、冯梦龙村道路景观提升工程、虎丘湿地公园景观提升工程、北太湖景区提升工程等。黄公荡生态农庄项目建设启动，完成文徵明家风艺术馆及长廊展陈方案的初步设计。

酒店项目建设 2019年，建成全季酒店、苏州阳澄喜柯大酒店、铂尔曼酒店、苏州市朗韵致晟酒店等四星级标准及以上酒店4家，并投入运营。

旅游配套设施项目建设 建设旅游厕所被列入2019年相城区政府实事工程，年内投资247万元，建成旅游厕所7座，先后投入使用。其中高铁新城2座、望亭镇1座、渭塘镇4座。

【旅游宣传推介】 2019年，区文体和旅游局通过官方微信、微博推送旅游信息1000余条，策划组织国庆七天乐·邂逅最美相城、欢乐亲子游——食在相城玩在田园、莲花岛亲子摄影等活动6次，制作软文、游记、短视频，宣传相城旅游文化及旅游线路。购置特装展位，参加2019苏州国际旅游展，游客关注量5万余人次。组织文化、旅游企业参加广州国际旅游展览会、南京房车展览会等专业展会，赴福州、青岛、桂林等地开展推介营销活动，开拓中远距离游客市场。与苏州"好行"合作，在高铁站开设旅游专线车，实现高铁—品蟹无缝对接。与同程合作，在线上、线下进行旅游营销宣传。利用苏州站出口处的LED电子显示屏，宣传推广相城区文旅产品。举办江苏省旅游协会2019年会暨苏州相城文化旅游宣传推介会，现场签约旅游合作项目17个。与上海市长宁、闵行、青浦三地开展深度合作，签署战略合作协议11份。在上海、南京、杭州等长三角重点城市联合投放相城旅游广告。

【旅游特色活动】 2019年，区文体和旅游局根据相城区廉政文化、水文化、稻作文化、美食文化等相城特色，先后举办2019阳澄湖旅游节、江南采莲节、阳澄湖畔·油菜花季、北太湖文化旅游节、悦享四季·乐活相城等特色活动。12月17~18日，相城区举行承办江苏省旅游协会2019年会暨苏州相城文化旅游宣传推介会，与会领导和专家考察御窑金砖博物馆、冯梦龙村。江苏省旅游协会培训基地落户相城，揭牌仪式在冯梦龙廉政文化培训中心举行。

【旅游市场管理】 2019年，区文体和旅游局印发《相城区旅游市场秩序专项整治工作方案》，重点打击不合理低价游和超范围经营等扰乱旅游市场秩序的违法违规行为。全年受理旅游投诉案6件，处结率100%。开展旅游包车团队、旅行社质量保证金、旅游购物场所、团队接待等专项检查，累计出动检查人员234人次，发出旅行社质量保证金催缴函2份，上报吊销旅行社经营许可证请示1份，取缔旅游购物场所1家，责令购物场所停业整改1家。根据《2019年扫黑除恶专项斗争宣传工作方案》，设置扫黑除恶固定宣传平台58块、电子宣传平台2块，发布新媒体6条，开展集中宣传活动1次，发放宣传资料300余份。依托相城区旅游投诉电话（66181108），实行旅游投诉24小时值班制度。

【旅游安全监管】 区文体和旅游局年初出台《2019年相城区旅游安全工作方案》，调整专委会组成人员，明确各项工作任务。每月组织旅游企业开展安全隐患排查工作，区旅游安全生产专业委员会先后组织相关成员单位开展联合安全大检查7次，发现重点安全隐患52个，限期整改，并督查整改落实情况。做好假日期间安全检查工作，坚持24小时值班制度，联合区应急管理局、公安（治安）、消防大队、市场监督管理局、海事等部门对全区重点旅游企业进行安全生产大检查。根据《相城区旅游突发公共事件应急预案》，区文体和旅游局指导旅游企业完善旅游安全应急预案，定期组织旅游突发事故应急预案演练，提升旅游突发性事件应急救援能力。

【旅游对口帮扶】 区文体和旅游局贯彻落实《苏州市相城区对口帮扶石阡县五年规划（2016~2020年）》，利用相城旅游官方微博、微信等新媒体平台推送石阡旅游宣传资讯15条，在相城各景区、酒店、游客中心等地播放石阡旅游宣传片，发放石阡旅游宣传资料，推介石阡旅游资源。邀请区内景区、酒店、旅行社等旅游企业15家，参加石阡在相城召开的招商、旅游、农特产品推介会，助推石阡旅游发展。 （张 雨）

卫生健康

综 述

【概况】 2019年1月，根据《苏州市相城区机构改革方案》，将相城区卫生和计划生育局、相城区民政局承担的区老龄工作委员会职责与相城区安全生产监督管理局的职业安全健康监督管理职责整合，组建相城区卫生健康委员会（简称区卫健委），原区卫计局撤销。10月，相城区卫生计生采购管理中心更名为相城区卫生健康发展中心，相城区老龄工作委员会办公室更名为相城区医养融合指导中心。

【医卫体制改革】 2019年，区卫健委根据《关于加强镇（街道、区）医疗机构属地化管理的实施意见（试行）》，明晰公办医疗机构干部管理、人员管理、绩效管理等8个方面的权责边界，形成各司其职、相互支持、互为补充、协调发展的管理模式。建立跨区域医联体，相城人民医院7个专科加入复旦大学附属中山医院医联体，元和卫生院加入上海复旦大学附属华山医院皮肤科专科联盟，漕湖人民医院成为上海交通大学附属仁济医院长三角区域结直肠外科协作单位。年内有综合医联体1个、专科联盟6个，新建消化专科联盟1个。深化呼吸专科联盟建设，完成慢性呼吸病筛查3509人次、规范管理606人次，呼吸专科联盟开展的区域一体化慢阻肺防治管理模式被评为健康长三角医疗卫生治理最佳实践案例，漕湖人民医院被评为省级基层医疗卫生机构慢阻肺综合防治基地。深化消化专科联盟建设，完成消化道早癌筛查556人次、内镜检查64人次。推进公立医院改革，推进相城区中医医院章程制定工作。全区公办医疗机构全部通过省阳光采购平台采购药品和医用耗材，优先使用和配备国家集中采购“4+7”试点扩围和国家谈判的中选药品。开展高值医用耗材采购使用管理突出问题专项整治。

【复旦大学附属中山医院长三角合

2019年1月2日，相城区人民政府与复旦大学附属中山医院签署合作共建复旦大学附属中山医院长三角合作医院框架协议　　区卫健委　供稿

2019年7月25日，区委书记顾海东（右一）到相城人民医院考察长三角合作医院合作共建情况　区卫健委　供稿

作医院】2019年1月，相城区政府与复旦大学附属中山医院签署合作共建“复旦大学附属中山医院长三角合作医院”框架协议，相城人民医院加挂“复旦大学附属中山医院长三角合作医院”（简称“长三角合作医院”）牌子。5月，“大国工匠”周平红教授内镜工作站和高级专家诊疗中心揭牌。全年开展“长三角合作医院”门诊诊疗1849人次、手术135台，推广新技术、新项目11项。相城人民医院呼吸内科获评苏州市临床重点专科，相城人民医院消化内科获评苏州市临床重点专科建设单位。

【重点项目建设】 2019年，太平卫生院新院启用，相城区第三人民医院住院部进入装修阶段，新建社区卫生服务站2家，启动澄阳街道和北河泾街道社区卫生服务中心建设，配合做好市疾控中心、市妇幼保健院项目建设工作。“互联网+医疗健康”区域PACS平台、区域聚合支付系统、家庭医生签约系统、疾病监测平台、区域卫监管理系统、“531”工程急诊及专科中心系统等建成并投入运行。

【健康“531”系列行动】 2019年，区卫健委开展健康市民“531”行动计划，完成心脑血管筛查2.51万人、肿瘤筛查914人、高危妊娠筛查7427人。相城区中医医院、区第三人民医院、区漕湖人民医院等3家医院向市民健康管理综合服务平台提升转型。开展健康市民“531”倍增计划，新建骨质疏松防治点3个、慢阻肺防治点2个、儿童哮喘防治点1个。完成儿童水痘疫苗接种1.21万剂次、初三学生麻腮风疫苗接种3753剂次、65岁以上老年人肺炎疫苗接种2.1万剂次，新生儿先天性心脏病筛查率94%。推进健康卫士“531”行动计划，建成相城区区域卫监管理系统平台。推进健康场所“531”行动计划，新增江苏省健康社区1家、江苏省健康村3家、江苏省健康单位3家、苏州市健康社区3家、苏州市健康村1家、苏州市健康单位6家。

【计划生育服务管理】 2019年，区卫健委严格执行计划生育目标管理责任制和“一票否决”制，完成生育登记5477例、再生育审批119对，常住人口出生政策符合率99.32%，男女出生人口性别比值107.98。计划生育奖励扶助政策全面兑现，计划生育事业经费支出4731万元。完成评先评优、党员联审72批次707人。开展计生特殊家庭关怀关爱活动，流动人口计划生育管理服务率98.43%。全区有“连心家园”17家，建成苏州市“连心家园”示范点3家。购买特扶老人护工险888人，支付金额16.2万元，走访慰问失独家庭365户、伤残家庭239户。

【公共卫生服务】 2019年，按照常住人口基本公共卫生服务经费补助标准每人84.38元，免费提供14项基本公共卫生服务。相城仁医“九进网格”管理模式被评为健康长三角医疗卫生治理最佳实践案例。落实重大疾病防治专项规划，加强重大和重点疾病防控，传染病疫情总体平稳，法定传染病报告率100%。相城区被确定为江苏省慢性病综合防控建设达标区。儿童预防接种门诊标准化建设率100%，免疫规划疫苗基础免疫接种率大于95%。高血压、2型糖尿病患者规范管理率大于60%。全区严重精神障碍患者报告患病率3.92‰，规范管理率91.29%，无肇事肇祸案（事）件发生。实施母婴阳光工程、妇女儿童健康幸福工程等政府实事项目，规范孕产妇和儿童健康管理服务，全年未发生孕产妇死亡，婴儿死亡率1.71‰。开展家庭医生签约服务，相城区第三人民医院家庭医生团队被评为苏州市十强家庭医生团队，普通

2019年5月22日，“相城仁医进万家·九进网格送健康”活动在北河泾街道开展
区卫健委　供稿

人群家庭医生签约率37.94%，重点人群家庭医生签约率73.53%，新建家庭病床293张。

【老龄健康服务】 2019年，全区共有老年护理院5家，实际开放养老床位1088张。相城区中医医院御亭家园护理院被评为苏州市优秀医养结合服务团队。区医养融合指导中心开展重阳节走访慰问活动，区福利中心获第三届“江苏省敬老文明号”称号。

【综合监督管理】 2019年，全区卫生监督行政处罚立案82起，结案82起，罚款51.59万元。加强职业卫生监管，检查企业25家，立案2家，对1家企业进行上门宣教，并约谈责任人，对9家区级挂牌督办重大事故隐患单位的职业病危害隐患整改工作进行督查和跟踪指导。完成“双随机一公开”监督抽检127家。加强学校、住宿、美容美发等公共场所卫生的监督管理，抽检学校教学环境和生活饮用水情况，行政处罚7所学校。开展医疗服务质量管理、打击无证行医、医疗机构依法执业、疫苗接种等专项整治行动，取缔“黑诊所”32个，记分处理医疗机构12个、医师3人。

医疗卫生

【概况】 2019年，全区有各类医疗卫生机构196个，其中医院15所、卫生院5个、社区卫生服务中心（站）77个，民营医疗机构63家。全区有卫生工作者5932人，其中卫生技术人员4794人。卫技人员中，医生1826人，每千常住人口拥有医生2.48人；护士2150人，每千常住人口拥有护士2.92人。医疗机构实际开发床位5192张，平均每千常住人口拥有床位7.04张，其中民营医疗机构床位1003张。全年诊疗总量571.47万人次，出院8.55万人次，病床使用率87.6%。

【医政管理】 2019年，全区审批医疗机构16个，注销医疗机构5个，校验医疗机构95个。相城区中医医院通过二级甲等中医医院评估验收。规范诊疗行为，以医疗技术临床应用管理、医院感染管理、医疗质量安全核心制度落实等为重点，定期开展医疗质量专项检查。相城人民医院呼吸内科获评苏州市级临床重点专科，相城人民医院消化内科获评苏州市级临床重点专科建设单位。区医患纠纷调解办调处医患纠纷20起，调解成功率100%，未发生重大医疗纠纷事件。

【人才与科教】 2019年，全区招聘备案制卫技人员136人。4月，选派10名基层医疗机构卫技人员挂职锻炼。11月，举办“大健康大发展”专题培训班。实施科教强卫战略，立项苏州市级科技项目11个。全年发表SCI论文7篇、中文科技核心期刊论文14篇。医技人员“三基三严”培训覆盖率100%。召开学术年会3次，举办省级继续教育项目2期、市级继续医学教育项目30期、区级继续医学教育项目59期，参训5522人次，继续医学教育覆盖率100%。选派30名全科医师、住院医师参加规范化培训，结业17名。

【社区卫生】 2019年，全区建立家庭病床293张，家庭医生签约服务对象28万人，重点人群签约率72.42%。黄埭镇卫生院通过江苏省示范乡镇卫生院验收，北桥盛南、东桥旺庄、黄埭长泾、黄桥生田、望亭堰头、阳澄湖澄苑、元和蠡口等7家社区卫生服务站被确认为省示范村卫生室，黄埭镇卫生院妇科通过省级基层医疗卫生机构特色科室验收。

【**中医药服务**】 2019年，相城区通过全国基层中医药工作先进单位复核评审，2个省中医综合诊疗区（中医馆）建设项目通过验收，中医综合服务区建设率100%。免费提供6类15项以上的中医药适宜技术，完成65岁以上老年人中医体质辨识和中医药健康指导服务4.5万人，65岁以上老年人中医药健康管理服务率超过60%。

疾病预防控制

【**概况**】 2019年，相城区完善疾病预防控制体系，落实重大疾病防控措施和基本公共卫生服务项目，相城区被确定为江苏省慢性病综合防控建设达标区。黄埭镇东桥胡桥村通过江苏省重点灭螺工程项目验收，并被评为典范工程。相城区疾病预防控制中心获“全国优秀健步走单位奖”和苏州市疾控系统信访维稳先进集体、苏州市结核病防制工作先进集体、苏州市性病防治工作先进集体、苏州市重点职业病监测与职业健康风险评估先进单位等荣誉。

【**突发公共卫生事件应急处置**】 2019年，全区报告处置突发公共卫生事件1起，调查处置登革热病例1例。区疾控中心加强学校、托幼机构传染病和食物中毒等突发公共卫生事件监测预警，每周形成风险评估报告。6月，举办诺如病毒感染聚集性疫情应急处置演练。9月，举办登革热防控桌面演练。

【**传染病防治**】 2019年，全区报告传染病病例和疑似病例6485例，及时报告率和审核率均为100%。区疾控中心加强霍乱、细菌性痢疾、手足口病等重点肠道传染病防控，落实腹泻病门诊制度，登记就诊腹泻病例4273例，检索数1335例，检索率31.24%。开展孕产妇住院病例监测617例，采样检测112例，检出流感阳性5例。举办学校常见传染病防控知识等培训6次，发放流感、诺如病毒感染知识等宣传资料1.3万余份。

【**结核病防治**】 2019年，全区登记活动性肺结核病人244例，病原学阳性率60.6%，追踪、转诊到位率、涂阳病人的密切接触者筛查率均为100%。登记发现耐多药病人3例，市级定点医院收治3例，纳入收治率100%。处置学校结核病散发疫情10起，开展密切接触者筛查600余人次。开展携手防控结核共建健康校园活动，利用“3·24”世界防治结核病日、世界卫生日等开展结核病健康教育活动24场，发放宣传折页1.5万余份，制作宣传画、宣传版面120余块。

【**艾滋病防治**】 2019年，召开相城区艾滋病防治工作领导干部培训会议，落实各级政府和部门责任。推进国家艾滋病综合防治示范区建设工作，完成HIV抗体检测80071人次，发现HIV抗体阳性102例，累计报告HIV感染者580人，为322例患者免费提供抗病毒药物治疗。开展国家级艾滋病哨点监测工作，监测吸毒人员423人。深入监管场所、学校、工厂、社区和娱乐场所等地开展艾滋病教育宣传活动265场，发放相关宣传材料1万余份。推进青年学生艾滋病防治关口前移，实现江苏省黄埭中学高一和高三学生艾滋病防治教育全覆盖。与苏州市第五人民医院签订《相城区艾滋病感染者和病人管理工作委托协议》，实现“一站式”管理。

【**血吸虫病防治**】 2019年，完成11个镇（街道）225个流行村查螺工作，查螺面积181万平方米。黄埭镇东桥胡桥村通过江苏省重点灭螺工程项目验收，灭螺面积16.37万平方米。开展血吸虫病血清学筛查6448人，粪检300人，阳性病例2例。完成在册晚血病人体检147

2019年6月14日，区疾控中心在黄埭中学举行“艾滋病防治知识传播校园行”活动
区卫健委　供稿

人，完成血防询检4.12万人。

【寄生虫病防治】 2019年，全区11家疟疾门诊镜检站完成血检1153例，未发现阳性病例。完成儿童蛲虫感染调查500例，检查结果均为阴性。完成肠道线虫查病1000例，未发现阳性病例。

【地方病防治】 2019年，选取阳澄湖、度假区、东桥、黄桥、渭塘5个地区为监测点，开展零售市场碘盐监测工作，采集盐样20份，碘盐含量均合格。对全区200例8~10岁学生、101例育龄妇女开展碘营养监测，儿童尿碘中位数每升169.65微克，合格碘盐食用率99.5%，孕妇尿碘中位数每升185.2微克，合格碘盐食用率100%。监测相城人民医院甲状腺疾病住院病例119例，病种分类发现甲状腺功能亢进48例、结节性甲状腺肿38例、甲状腺囊肿33例。

【免疫规划】 2019年，全区13家儿童预防接种门诊实施微信预约接种，适龄儿童新建卡1.18万人，建卡率100%。完成国家免疫规划疫苗接种24.62万人次，其中常住儿童接种9.8万人次、流动儿童接种14.82万人次，第一类疫苗基础免疫接种率大于95%。完成适龄儿童水痘疫苗接种1.21万剂次，接种率97.3%。完成初三学生麻腮风疫苗接种3753剂次。完成流动人口预防接种积分审核2263人。开展数字化凭证入托入学接种证查验工作，查验2.19万人，补种5435针次。对1204名麻疹疑似病例密切接触者提供应急接种服务。加强疑似预防接种异常反应监测，报告疑似预防接种异常反应263例。

【慢病防治】 2019年，全区建立居民健康档案59.41万份，建档率80.82%，档案使用率70.82%。65岁以上老年人健康管理4.84万人，管理率75.91%。管理高血压患者6.68万人，规范管理率67.32%；管理糖尿病患者1.93万人，规范管理率69.67%。开展心脑血管高危人群筛查2.51万人，发现脑血管高危人群4558人、心脏病高危人群4160人。脑血管高危人群中接受颈动脉超声检查893人，心脏病高危人群中接受心脏超声检查105人。完成血脂管理、职业人群慢性病管理、双生子调查等工作，开展全民健康生活方式评估调查和行为危险因素监测，发动居民参加苏州市网上戒烟大赛，开展全区慢性病健康宣传5次，举办健康讲座59场。举办健康生活方式指导员培训，开展“减盐行动”和“三减三健”等专项行动。启动国家级伤害干预试点项目2项，在元和、黄桥、太平、阳澄湖、度假区组建预防老年人跌倒干预小组5个，举办小组活动16次、健康教育讲座3次；在黄埭组建高血压身心健康促进干预小组3个，完成小组干预活动10次、调查问卷960人次。

【健康教育】 2019年，区卫健委加强全民健康知识普及宣传，营造健康生活方式支持性环境，开展城乡居民健康素养及烟草流行监测工作。开展大型宣传活动12次、健康教育咨询活动470次、健康讲座641场，接受群众现场咨询6.7万余人，发放宣传材料28.1万余份。建设“健康相城”视频联播平台，在社区卫生服务中心、站中布点安装机顶盒90个。

【卫生监测】 2019年，采集食品、水质、公共场所等样品1509件，完成健康危险因素检测6354项次。完成中小学生免费健康体检3.96万人，建立学生健康档案3.96万份。加强学校传染病监测预警，开展学校教学环境监测12次，学生因病缺课监测覆盖率100%。实施儿童口腔健康幸福工程，完成儿童口腔检查3318人、窝沟封闭2750人。开展医疗机构、托幼机构消毒质量监测，样品检测合格率100%。开展食品安全风险监测，发现疑似食源性急性胃肠炎病例633例，检出阳性14例。完成社区人群食源性疾病调查问卷1200份。完成食品污染物监测采样65批次。选取60户居民183人，抽样调查居民食物消费量与健康状况。对黄桥、北桥、望亭、度假区4个监测点开展农村生活饮用水卫生监测，合格率100%。开展区内丰枯水期饮用水采样工作，采集饮用水样品696件。登记建区后职业性尘肺病患者基本信息230人。完成重点行业类型企业重点职业性危害因素监测30家。开展蚊、蝇、鼠、蟑螂四种病媒生物的密度监测。

妇幼保健

【概况】 2019年，全区有母婴保健技术服务机构12家，从事母婴保健技术服务医护人员140人，持证上岗率100%。婴儿活产数9362人，婴儿死亡率1.71‰，出生缺陷率8.39‰，5岁以下儿童死亡率2.46‰。孕产妇数9285人，未发生孕产妇死亡。

【妇幼基本公共卫生服务项目】

2019年，全区孕产妇9285人，孕早期检查率87.59%，孕产妇健康管理率86.74%，产后访视率95.29%，新生儿访视率94.78%。全区0~6岁儿童健康管理率98.2%，0~36个月儿童中医药健康管理率74.93%。完成在园儿童视力筛查25693人，建立儿童视力健康电子档案10073人，年度任务完成率100%。免费增补叶酸1792人。完成免费宫颈癌检查25651人、乳腺癌检查25014人，发现宫颈癌6例、乳腺癌16例。完成免费孕前优生健康检查1594对，目标人群覆盖率93.76%。免费使用避孕药具12737人。

【预防艾滋病、梅毒和乙肝母婴传播项目】 2019年，孕产妇艾滋病、梅毒、乙肝表面抗原检测率100%，发现艾滋病阳性孕妇3人、梅毒阳性孕妇29人、乙肝表面抗原阳性产妇分娩新生儿383人，新生儿乙肝免疫球蛋白注射率99.7%。

【婴幼儿健康筛查工程】 2019年，全区户籍儿童建卡3731人，高危儿筛查3731人，高危儿筛查率100%。建立高危儿健康档案371人，指导干预训练1291人次，转诊125人，康复治疗28人，有效干预率96.23%。

【母婴阳光工程】 2019年，全区发放母婴阳光工程免费券2500套。完成孕妇产前筛查9208人，确诊"21三体综合征"3例、"18三体综合征"1例、染色体异常患儿5例，均采取相应阻断措施。完成新生儿疾病筛查9301人，新生儿29种疾病筛查率99.35%，确诊先天性甲状腺功能减低症4例。完成新生儿听力筛查9139人，新生儿听力筛查率97.62%，确诊听力障碍儿童12例，其中重度听力障碍2例，极重度听力障碍3例。完成先天性心脏病筛查8802人，筛查率94.02%。

【产科质量管理】 2019年，太平街道社区卫生服务中心、元和街道社区卫生服务中心创建规范化门诊通过市级评审。实行高危孕产妇分级分类管理，妊娠风险筛查7427人，对筛查出有高危因素的进行风险评估5381人，高危孕产妇专案管理1076例，高危孕产妇管理率100%，未发生孕产妇死亡。婴儿活产数9362人，剖宫产率35.44%。开展围生期抑郁障碍干预项目，完成孕期、产后抑郁症筛查12798人次。

【妇幼依法管理】 2019年，全区8家分娩机构引产证明合格率100%。签发出生医学证明4615份，换发103份，补发144份，废证率0.39%。完成外省出生医学证明真伪协查15份，未发现伪证。移交相城区档案馆出生医学证明（2015—2016年）18655份。

【托幼机构卫生保健】 2019年，全区有幼儿园48所，其中达到江苏省托幼机构卫生保健合格标准41所，预评审合格7所。建成萌芽保健室45家，保健人员持证上岗率100%，儿童入园体检率和工作人员体检率100%。

卫生监督

【概况】 2019年，全区实施公共场所卫生监督量化分级管理，推进"双随机、一公开"机制，开展公共场所、学校卫生、放射卫生、医疗机构执业行为、疫苗等专项检查，监督检查单位1259家次，结案82起，罚款51.59万元。

【公共场所卫生监督】 2019年，全区有宾馆住宿业、美容美发业、沐浴业和游泳场所等公共场所605家。区卫监所开展宾馆住宿业、游泳场所、集中空调通风系统、美容美发、沐浴行业等专项检查6次，立案查处44起。

【生活饮用水监督】 2019年，区卫监所加强二次供水单位水质抽检，涉水产品生产企业监督检查覆盖率100%。对全区20家涉水产品生产企业开展卫生信用评价工作，评选A级单位2家、B级单位17家、C级单位1家。开展水质处理器网络销售端专项检查，从3个网络销售平台分别检查2家相城区企业生产经营的20批次产品，涉水产品卫生许可批件均齐全。对一家企业生产销售未取得涉水产品卫生许可批件的情况予以立案查处。

【学校卫生监督】 2019年，区卫监所对48所中小学校开展学校卫生综合评价工作，评价率96%。抽检27所学校教学环境和生活饮用水情况，责令整改7所，行政处罚7所。

【医疗服务市场监督】 2019年，区卫监所开展医疗机构依法执业、传染病防治监督、母婴保健和计划生育、中医备案诊所以及国家双随机等专项检查，立案查处23起，罚没金额24.08万元。开展打击非法行医专项行动，检查诊

2019年9月，区卫生监督所工作人员对游泳场所进行水质卫生采样

区卫健委　供稿

所65家，取缔黑诊所37家，收缴药品900千克、仪器设备11台。开展疫苗与预防接种联合督查，责令10个单位整改。

【消毒产品监督】 2019年，区卫监所监督检查消毒产品生产企业21家，责令整改5家，立案查处3家，检查覆盖率100%。开展卫生用品监督巡查、抽检工作，抽检23款产品均合格。完成消毒产品销售单位专项监督检查375家，检查（抑）菌制剂1072种，责令整改9家。完成抗抑菌制剂企业专项检查7家。开展全区餐饮具集中消毒服务单位专项监督检查，抽检结果全部合格。

职业健康

【概况】 2019年，相城区申报职业病危害企业5596家，其中漕湖开发区405家、元和高新区243家、黄埭高新区873家、高铁新城9家、阳澄湖度假区20家、黄桥街道343家、北桥街道571家、太平街道459家、渭塘镇945家、阳澄湖镇796家、望亭镇932家。全区接触职业病危害因素职工5.54万人。

【监督检查】 2019年，全区申报职业病危害因素企业113家，完成职业病危害因素现场监测企业50家。开展尘毒危害企业职业健康检查，检查11家，警告处罚3家。开展重大职业病危害隐患企业专项督查，责令关停搬离7家，取消职业危害相关工艺流程1家，立案查处1家。

【宣传培训】 2019年，相城区开展《职业病防治法》宣传进企业活动，组织卫生监督员和协管员进行职业卫生监督管理培训，累计培训企业500家、职业卫生管理人员1000余人。　（王　燕）

养老事业

【概况】 2019年，相城区共有60周岁以上老人10.96万人，比2018年增加1564人，占户籍总人口的24.46%。其中80周岁以上老人1.56万人，增加486人；90周岁以上老人2029人。全年为80周岁及以上老年人发放尊老金1038.04万元，重阳节期间，走访慰问百岁老人，发放慰问金3万元。年内，组织8个部门对全区各类养老机构，特别是农村敬老院的安全工作检查4次，老龄事业健康发展。

【养老服务】 2019年，全区为符合条件的老年人提供多种上门服务，累计服务60.27万小时，政府购买服务支出1620.95万元。全区培训养老护理员88人，新建日间照料中心（含助餐点）5个，完成困难家庭无障碍设施改造33户。引进多家养老服务组织（企业），社会化运营的日间照料中心45家。

【养老机构】 2019年，相城区完善公建民营养老机构管理办法，推进公办养老机构改革，印发《相城区2019年养老院服务质量建设专项行动实施方案》，加大养老服务社会化发展扶持力度。年内新增养老机构3家。至年末，全区共有养老机构12家，床位总数2325张，其中护理型床位1902张，占81.81%。全区各养老院落实养老护理和救助安全生产专委会职责，加强养老机构安全管理，坚持每季度例会、多部门联合检查、每季度通报整改制度。

【老年优待政策】 2019年，相城区继续为65周岁以上老年人购买人身意外伤害保险，为养老机构和居家养老服务组织购买综合责任保险。通过购买服务方式，委托第三方养老服务机构为全区80周岁以上老年人提供每月4小时

表37　　2019年相城区敬老院情况表

敬老院名称	占地面积(平方米)	建筑面积(平方米)	床位数(张)	收住五保老人(人)
阳澄湖敬老院	14674	10340	182	23
黄埭敬老院	2870	2700	48	17
区福利中心	20010	6666	150	48

居家养老上门服务，惠及老年人13000余人，为180名低收入或经济困难的特殊老年人提供政府购买的每月36小时或48小时居家养老上门服务。

健康促进与爱国卫生

【概况】 2019年，全区开展城乡爱国卫生运动，普及健康素养知识，推动国家卫生镇、村复审，开展健康教育宣传活动，全区居民健康素养水平25.6%。区爱卫会配合各地做好春冬季灭鼠和夏秋季灭蚊蝇等工作，全区城乡环境面貌持续改善，人民群众健康水平进一步提高。

【卫生城镇创建】 2019年，全区建成国家卫生镇4个、省卫生村66个。黄埭镇、阳澄湖镇和望亭镇通过国家卫生镇市级复审，5个省级卫生村通过市级复审。至年末，全区实现省卫生村全覆盖。

【健康城市建设】 2019年，元和街道绿色时光社区被评为江苏省健康社区，望亭镇迎湖村等3个村被评为江苏省健康村，相城经济开发区澄阳小学等3家单位被评为江苏省健康单位，黄埭高新区埭川社区等3个社区被评为苏州市健康社区，望亭镇宅基村被评为苏州市健康村，阳澄湖司法所、渭塘中心幼儿园等6家单位被评为苏州市健康单位。

【健康教育和健康促进】 2019年，区爱卫会组织爱国卫生与健康教育知识宣传活动，全年举办健康大讲堂10场，组织大型宣传活动11次、健康教育咨询活动349次、健康讲座479次，发放健康教育宣传材料159种，直接受益5.1万人次，播放健康教育视频4670小时。

【病媒生物预防控制】 2019年，全区投放鼠药1650余千克、灭蟑药1.1万包、新建毒饵廊500多个，发放踏板式鼠笼1100个、粘鼠板1200块、粘蝇板5000块、各类消杀剂800千克。对垃圾中转站、农贸市场、公厕等重点场所和点位定期消杀，做到规范操作，安全投药，建立药物发放台账，妥善保管除四害药物。

【禁烟控烟】 2019年，以“世界无烟日”为契机，区爱卫会开展海报巡展、“烟草和肺部健康”校园控烟讲座、“拒吸第一支烟，做不吸烟新一代”和“我身边的控烟故事”演讲比赛、第三届“健康江苏·我为控烟发声”公益接力等系列“世界无烟日”主题宣传活动，广泛宣传烟草危害，提高公众健康意识，共同创造“无烟生活”。

【农村改厕】 2019年，相城区开展第31个“爱国卫生月”系列活动，继续进行农村“厕所革命”，按照“集中连片、整村推进”原则，全面推进厕所粪污治理，切实加强改厕与农村露天粪坑治理，全面取缔各村区域内的露天粪坑，全区所有行政村改厕普及率99.99%。 （王　燕）

人力资源

综　述

2019年，相城区人力资源和社会保障局（简称区人社局）坚持“人才优先、民生为本”的工作主线，人才集聚稳中有升，人事管理科学规范，就业创业活力纷呈，劳动关系和谐有序，社会保障提质扩面。至年末，全区人才总量20.7万人，增长24.5%；高层次人才总量1.57万人，增长52.4%。全年组织事业单位公开招聘活动4场，引进第三批区域重点发展项目专业人才44人。举办各类现场招聘会545场，提供就业岗位5.6万个。区人社局赴47所院校开展校园招聘活动，提供就业岗位8331个。全区获评省级和谐劳动关系创建示范园区1个，获评省级优秀基层调解组织1家、市级5家。全区参保单位23193家，增长17.53%，各类社会保险缴费人数165.3万人次，增长8.11%，城乡居民养老、医疗保险参保率99%以上。

人才工作

【概况】 2019年，相城区出台《相城区社会化引才奖励办法》《相城区名校优生落户奖励办法（试行）》《阳澄湖柔性引才计划实施细则（修订）》，完善人才政策体系。全年入选姑苏重点产业紧缺人才计划94人，增长77.36%；入选阳澄湖紧缺专技人才“企业技术人才”198人，增长15.12%。苏州矽典微智能科技有限公司、苏州睿智瀚医疗科技有限公司2家企业入选省级留学回国人员创新创业A类项目。苏州市相城区在水一方大酒店马守奎获评江苏省企业首席技师，中亿丰建设集团股份有限公司梅建华砌筑技能大师工作室获评苏州市技能大师工作室。全年新增人才工作合作组织7家，新建以色列特拉维夫、荷兰阿姆斯特丹等海外引才联络站2家。举办第十一届苏州国际精英创业周相城分会场暨长三角国际人才交流与项目合作大会，规模为历年之最。举办第九、第十届阳澄湖创客大赛，设置分站赛8场、决赛2场，报名参赛的高层次人才项目740余个，年内落户项目9个。连续举办10届阳澄湖创客大赛，吸引30多个国家近4000个高层次人才项目报名参赛；举办分站赛、决赛27场，47个项目成功落户，30人次入选省、市、区各级领军人才计划。首次承办全国博士后学术论坛暨长三角博士后创新创业项目对接会，西安交通大学博士后创新创业长三角基地、中国苏州（相城）留学人员回国服务联盟揭牌。举办长三角中日人才技术创新合作论坛，日本江苏总商会长三角创新创业基地揭牌，与中日青年促进会华东分会签署人才工作合作协议。

【第十一届苏州国际精英创业周相城分会场】 7月9~12日，“智汇长三角，才聚新相城”2019年（第十一届）苏州国际精英创业周相城分会场暨长三角国际人才交流与项目合作大会在相城举办。立足相城区“六大未来产业创新高地”建设需要，结合长三角一体化发展布局，举办开幕式及特色子活动8场。开幕式吸引诺贝尔奖获得者、中外院士、大院大所负责人、行业领袖以及海内外嘉宾等1000余人参会。开幕式上，成立相城区专家顾问委员会，并为诺贝尔物理学奖获得者乔治·斯穆特、中国科学院院士邓子新、中国科学院院士王建宇3名顶尖专家颁发聘书。同时，长三角国际人力资本创新园区、中国科学院半导体研究所—苏州脑机融合研究院、江苏省产业技术研究院苏州脑机融合智能技术研究所揭牌。第十一届苏州国际精英创业周相城分会场签约创新创业项目143个、增长36.2%，落户项目135个、增长27.36%，位列全市第二。

【第九、第十届阳澄湖创客大赛】 7月9日，2019年（第九届）阳澄湖创客大赛决赛在相城区会议中心举办。第九届阳澄湖创客大赛共吸引390个高层次人才项目参赛，经过上海、华北区、西南区和长三角4场分站赛和线上选拔赛选拔，大数据、智能驾驶、工业互联网、先进材料、生物医药等领域的16个优质项目晋级决赛，决出特等奖1个、一等奖2个、二等奖3个、三等奖4个。10月28日，2019年（第十届）阳澄湖创客大赛总决赛在高铁新城举办，报名参赛高层次人才项目350余个，经过珠三角、以色列（跨境路演）、荷兰（跨境路演）、长三角4场分站赛选拔和总决赛项目评审，大数据、智能驾驶、工业互联网、先进材料、生物医药等领域的17个优质项目晋级总决赛，决出一等奖1个、二等奖2个、三等奖3个。

【企业博士后管理服务】 2019年，西安交通大学博士后创新创业长三角基地落户相城，相城区首次承办全国博士后学术论坛暨长三角博士后创新创业项目对接会。全区新增博士后21人，累计123人；共建有省级以上博士后工作站65家，其中国家级博士后工作站57家、省级博士后工作站8家。获中国博士后科学基金资助4人，累计25人，入选江苏省“双创博士计划”资助5人，累计40人，省“六大人才高峰”高层次人才项目资助2人，累计7人，省博士后科研资助3人，累计47人，省资助招收博士后3人。

【全国博士后学术论坛暨第六届省部共建留学人员创业园协作会启动仪式】 7月10日，相城区在高铁新城举办2019年全国博士后学术论坛暨第六届省部共建留学人员创业园协作会启动仪式。启动仪式上，为G60科创走廊博士后创投服务中心（江苏苏州）、中国苏州（相城）留学人员回国服务联盟、西安交通大学博士后创新创业长三角基地授（揭）牌。西安交通大学与苏州市相城金融控股（集团）有限公司，同济大学与中亿丰建设集团股份有限公司，东南大学与苏州市建筑科学研究院集团股份有限公司分别签订博士后战略合作项目。

2019年7月31日，第十届阳澄湖创客大赛启动仪式举行

区人社局　供稿

【“才聚相城”校园引才系列活动】 2019年3月22日，相城区举办清华大学校园推介会暨专场招聘活动，52家重点企业、8个政府部门和国有企业、11家事业单位提供就业岗位700余个，进场洽谈交流学生近400人，收到简历281份，达成初步就业意向52人。4月24日，举办四川大学校园推介会暨专场招聘活动，26家重点企业提供就业岗位364个，进场洽谈交流学生240余人，收到简历130份，达成初步就业意向32人。4月26日，举办武汉大学校园推介会暨专场招聘活动，进场洽谈交流学生260余人，收到简历154份，达成初步就业意向48人。

【高校研究生社会实践活动】 2019年，清华大学、北京大学、中国人民大学、浙江大学、吉林大学、西安交通大学、北京师范大学等15所高校145名硕士、博士研究生来相城参加社会实践，为63家企事业单位112个技术或管理项目提供服务。完成技术项目、管理项目75个，取得阶段性成果37个，翻译外文资料20万余字，意向申

2019年7月3日，高校研究生相城社会实践见面会举办

区人社局 供稿

请专利5项，开办培训班49期，培训477人次，创造间接经济效益1300余万元。相城基地获评清华大学研究生社会实践“五星基地”称号。相城区向清华大学捐赠20万元设立“清华之友—相城英才奖学金”，资助优秀硕士、博士研究生40人。

人事管理

【概况】 2019年，全区实有在编事业编制人员7330人。区人社局组织公开招聘活动4场，招录24人。围绕区域重点发展项目建设需求，引进优秀专业人才44人。完成机构改革后事业单位人员岗位调整和人员转隶，教师职称初定实现网上申报，完善“海归人才”薪酬管理体系。

【公开招聘】 2019年，区人社局组织事业单位公开招聘、专业化青年人才定岗特选和选聘应届优秀毕业生等公开招聘活动4场，招录24人，其中，事业单位工作人员4人、定岗特选人员8人、应届优秀毕业生2人。配合教育、卫生和法检系统招录事业编和企业年金制教师142人、备案制卫计人员219人、公益性岗位人员12人。引进第三批区域重点发展项目专业人才44人，招录第四批区域重点发展项目专业人才38人。

【事业单位管理】 2019年，全区有各类应设事业单位245个，实有7330人，合同签订率100%，办理解聘合同251人次。区人社局事业单位人事管理系统及时录入与更新单位信息、人员信息、岗位设置、岗位聘用等数据。所有单位、人员信息全部更新数据库。

【专业技术人员职称评审】 2019年，受理中、高级职称申报材料809份。其中，审核上报正高级职称材料1份、高级职称材料200份、中级职称563份、初级职称45份。办理职称初定初级1045人。区人社局协助教育局评审一级教师147人、二级教师40人。

【工资福利待遇】 2019年，落实“到龄即办”退休政策，建立完善到龄催办制度，统一和规范退休审批手续，全年办理事业单位人员退休审批78人。办理事业单位工作人员死亡后一次性抚恤金、丧葬费和遗属生活困难补助审批32人次。审批事业单位退休人员基本养老金调整63人。组织6名事业单位技术工人参加技能岗位技术等级考核培训。

就业创业

【概况】 2019年，区人社局出台《关于提升就业质量促进充分就业的实施意见》《苏州市相城区失业保险支持企业稳定就业岗位返还操作细则》，加大政策扶持力度。开发相城区就业服务平台，提供精准就业服务。全区城镇失业人员实现再就业681人，城乡就业困难人员实现再就业2970人，劳动年龄段内有就业愿望、处于失业状态并有劳动能力的本地户籍人口就业率95%，困难家庭失业人员动态清零，全区城镇登记失业率1.84%。推动创业带动就业，西安交通大学苏州漕湖科技园获评江苏省创业孵化示范基地。成立相城区人事经理协会，首批入会单位75家。成立相城区职业技能鉴定中心，完善技能人才评价体系，推动企业开展职业技能等级认定，取得资质企业28家，发放职业技能等级证1341张。推动以赛促训，259人通过相城区技能状元大赛、育婴员职业技能竞赛获得高级工证。

【大学生就业】 2019年，全区开发基层公共服务公益性岗位30

个，录用高校毕业生2人。全区户籍离校未就业高校毕业生总数652人，就业495人，参军4人，升学131人，出国3人，实现离校高校毕业生实名制登记率和就业服务率两个100%。接收高校毕业生和青年就业见习（实习）学员509人次，本区户籍高校毕业生年末总体就业率98%。

【就业援助】 1月，相城区开展以"就业帮扶，真情相助"为主题的"就业援助月"活动，帮助各类就业困难人员和残疾登记失业人员实现就业。3月，开展以"服务企业，充分就业"为主题的"春风行动"，以外来务工人员、被征地农民、未就业高校毕业生等重点人群为服务对象，搭建供需平台、提供就业服务。年内，办理就业困难人员认定2883人，发放公益性岗位补贴和社保补贴229人次36.93万元，发放用人单位吸纳就业困难人员社保补贴4255人次377.76万元，发放灵活就业人员社保补贴10.3万人次5749.33万元，发放稳岗返还补贴1384.63万元，涉及企业639家。

【创业扶持】 2019年，全区发放创业社保补贴4895人次399.52万元，一次性开业扶持补贴100人次30万元。举办创业培训班19期，结业794人。支持自主创业1378人，其中扶持农村劳动力自主创业172人、引领大学生创业156人。新增省级创业孵化基地1家、市级创业孵化基地4家，全区累计建成市级及以上创业孵化基地23家、成功孵化企业924家，吸纳就业9311人。

【人力资源服务产业园】 2019年，完成区级人力资源服务产业园启动区改造，吸纳高端人力资源入驻企业10家，举办人力资源服务论坛（讲座）4次，改建澧湖开发区人力资源市场。打造长三角国际人力资本创新园区，入驻互联网创新型人力资源企业6家。"一园三中心"入驻人力资源服务机构29家，营业收入1.63亿元。

【市场招聘】 2019年，相城区举办各类现场招聘会545场，6646家次用人单位提供就业岗位5.6万个，达成初步就业意向1.6万人。开展"才聚相城"校园推介会暨专场招聘、中国科学技术大学"校园苏州日"等校园引才活动，组织409家次企业赴47所院校举办校园招聘会，提供就业岗位8331个，收到简历3031份，达成初步就业意向876人。加强与智联招聘网合作，打造苏州相城招聘专区，免费为40家次企业发布职位信息125个。

【第六届"百校联百企"技能人才校企合作洽谈会】 4月22日，相城区举办2019苏州相城"百校联百企"技能人才校企合作洽谈会。会上为相城区亨通工控公共实训基地、姚长英面塑技能大师工作室、陈加华机电技能大师工作室、马张霞现代商务技能大师工作室、袁中平砖雕技能大师工作室和陈广建精工智造技能大师工作室6家相城区高技能人才培养载体，以及临沂大学、临沂市工业学校、南京理工大学泰州科技学院、武昌职业学院、常州信息职业技术学院和淮安信息职业技术学院6家第三批"相城区技能人才培养输出基地"授牌。58所职业院校、113家企业250余人参加洽谈会，50余家企业与职业院校现场签订人才培养和输送合作意向书。30多名院校代表实地考察苏州领裕电子科技有限公司、欧菲光科技有限公司和江苏新安电器股份有限公司等企业。

【职业技能培训】 2019年，全区培训城乡劳动力1.12万人，企业在岗职工岗位技能提升培训2.15万人。做好政府培训补贴资金申

2019年4月22日，苏州相城"百校联百企"技能人才校企合作洽谈会举办

区人社局　供稿

请的受理、审核、上报，全年经审核拨付政府补贴培训费151万元。

【第四届相城区技能状元大赛】10月30日，区人社局举办第四届相城区技能状元大赛暨苏州市技能状元大赛选拔赛，共设数控加工中心（三轴）、叉车、中式烹调、西式面点、焊接等竞赛项目5个，选手参赛182人，决出5个职业（工种）的“相城区技能状元”5人、“相城区技术能手”25人。苏州富柏利精密机械有限公司尤俊烽和苏州新东方烹饪职业培训学校蒋玉红参加苏州市技能状元大赛，分获数控加工中心（四轴）、西式面点项目三等奖。

【对口精准扶贫】区人社局与石阡县就业局签署2019年度石阡县—相城区劳务合作协议，石阡县金胜人力资源服务有限公司与相城区人力资源行业协会代表签署用工合作框架协议。组织20家次企业赴石阡县开展劳务协作交流2次、专场招聘2次，提供就业岗位2775个，达成初步就业意向88人。铜仁市建档立卡贫困户在相城区稳定就业三个月以上有63人，提前完成年度劳务协作扶贫任务。为石阡县150人培训职业技能。

劳动监察与仲裁

【概况】2019年，全区审批特殊工时企业26家、2635人，其中综合计算工时企业5家、1448人，不定时工时企业21家、1187人。为28家建筑企业办理工资保证金退保手续，涉及退保金1118万元，涉及工资656.26万元。发挥协调劳动关系三方委员会作用，完善工资协商制度，工会企业工资协议签订率95%。开展专项检查10次，区劳动监察大队受理投诉举报案件1091件，区仲裁院受理劳动人事争议仲裁案件1052件。建立基层劳动争议调解中心12家、法律援助工作站12家、规模以上企业调解组织53家。吴通控股集团股份有限公司劳动争议调解委员会获评江苏省劳动人事争议优秀基层调解组织。苏州易德龙科技股份有限公司、苏州锦湖针织制衣有限公司、苏州迈科恩精密制造有限公司劳动争议调解委员会和澄阳街道、漕湖街道劳动人事争议调解中心获评苏州市劳动人事争议优秀基层调解组织。苏州相城经济开发区漕湖产业园（漕湖街道）获评省级和谐劳动关系创建示范园区，24家企业获评苏州市劳动关系和谐企业，204家企业获评相城区劳动关系和谐企业，2个产业园获评相城区劳动关系和谐工业园区。

【劳动监察】2019年，区劳动监察大队受理投诉举报案件1091件，行政处罚10件，处罚金额71.26万元，行政处理2件，纳入劳动保障监察严重失信名单单位12家，列入重大劳动保障违法行为单位7家，列入人社部拖欠农民工工资黑名单单位2家。前移下沉劳动保障监察，做实“两网化”管理。年内镇级平台调解简单劳资纠纷748起，调解成功率100%。实施“互联网+书面审查”，审查各类用人单位6036个。推进“两网化”考核，提升平台运行效率，完善台账制度。划入网格用人单位平均每户采集2次。开通“快立、快调、快结”绿色通道，提高突发性群体性事件处置效率，高效处置群体性事件5起，为375个员工追讨工资、经济补偿金约177万元，移送公安机关涉嫌欠薪逃逸案件3起。

【劳动关系专项行动】2019年，区人社局开展农民工工资支付专项检查、女职工劳动保护专项检查、清理整顿人力资源市场秩序专项行动、用人单位高温劳动保护、根治欠薪、用人单位社会保险“应保未保”情况、娱乐场所劳动用工、禁止使用童工和保护未成年工合法权益等专项检查10次，为178名职工追讨工资250.3万元，依法取缔非法职业中介254家，行政处罚违反规定招用未成年人企业2家。

【劳动仲裁】2019年，区仲裁院受理各类劳动人事争议案件1052件，涉及职工1608人、金额4706万余元。其中，受理10人以上集体劳动争议案件32件，涉及职工714人、金额1502万元。全年结案1040件，按期结案率100%，其中裁决结案383件，调解、撤诉结案650件，调撤率62.5%，劳动人事争议调解成功率60%以上。受理省调解平台流转案件991件，调解成功率97%。全区5个基层仲裁庭调解案件243件，占调解总量的23.1%，调解仲裁工作实现关口前移。劳动人事争议法律援助工作站接待来人来访1286人次，调解案件68件，法律援助297件。（陈　斌）

社会民生

社会保险

【概况】 2019年，全区有参保单位23193家，新增3459家，增长17.53%；各类社会保险缴费人数165.3万人次，新增12.4万人次，增长8.11%。城镇职工企业养老保险参保总数26.24万人，新增1.74万人，增长7.1%。职工医疗保险参保人数33.98万人，城镇职工失业、工伤、生育参保缴费人数分别为25.16万人、25.37万人、29.18万人。12月6日，相城区社会保险监督委员会召开2019年工作会议。年末，城乡居民参加社会保险24.44万人，征地保障32.1万人。城乡居民养老、医疗保险参保率99%以上。强化欠费预警和社保催缴联动工作机制，基金收缴率超过99%。

【养老保险】 企业养老保险　2019年，全区企业领取养老金71203人，新增4617人，人均每月1740元。1月，6.7万名职工人均养老金待遇从每月1651.5元增加到1759.7元，平均增资108.2元，增幅6.55%。7月，0.23万名职工人均养老金待遇从每月1362.2元增加到1467.6元，平均增资105.3元，增幅7.73%。1312名老年居民月平均养老金调整至507元，增长6%；5.9万名被征地农民养老金从每月990元提高至1045元，增长5.56%。全年累计审批养老退休5095人，其中特殊工种58人，符合病退条件提前退休27人。

机关事业单位养老保险　2019年，深化机关事业单位养老保险改革，全区2014年10月至2018年12月到龄应改办退休待遇机关事业单位退休人员652人。年末，完成待遇核定和待遇差额补发480人，“中人”待遇改办完成率73.62%，改办人员待遇差额和新标准工资均补发到位，共涉及资金656万元。

【医疗保险】 2019年，全区医疗保险参保总人数58.42万人，其中职工基本医疗保险参保单位23181家，参保人数33.98万人，占总人数的58.17%，其中在职缴费29.44万人，离退休4.54万人；城乡居民医疗保险参保24.44万人。学生（少儿）医保11.85万人，非就业居民医保12.59万人。城乡居民医疗保险全区覆盖率100%，户籍人口城乡居民医疗保险覆盖率超过99%。1900名中度以上失能参保人员享受“长护险”待遇752万元，4.1万人次享受大病保险待遇5823.36万元。全区居民医保参保人员普通门急诊170万人次，增长2%；普通门急诊医疗费用总额36313万元，增长14%；门急诊次均费用213元，增长13%；医保门诊大病（门诊特定项目）就诊人次10.1万人次，增长3%；次均费用560元，增长20%；门诊大病医疗费用总额5681万元，增长24%。全区居民医保参保人员住院4.9万人次，增长2%；住院次均费用10689元，增长2%；住院医疗费用总额52894万元，增长6%。实施跨省异地就医联网结算，跨省结算1798人次2491万元，省内异地结算7537人次685万元。全区16家定点医疗机构异地就医联网覆盖100%。城乡居民医保参保人员全年门诊和住院医疗费用8.92亿元，其中基金支付4.21亿元，增长7%。

【生育、工伤和失业保险】 2019

年，全区参加生育保险29.18万人，征缴生育保险基金0.99亿元，支付生育保险基金0.91亿元，降低4.15%。参加工伤保险25.37万人，征缴工伤保险基金0.86亿元，支付工伤保险基金0.98亿元。全年认定工伤1750件，减少115件，降低6.2%。受理劳动能力鉴定1363件，减少8.4%；举办劳动能力鉴定专场12期，鉴定1557人，增长10.7%。开展工伤预改善项目10家，完成工伤预防培训669人，发现并整改工伤隐患432处。参加失业保险25.16万人，征缴失业保险基金1.25亿元。

【全民参保】 2019年，按照“查不漏户、户不漏人、人不漏项”要求，开展全民参保登记工作，走访本地户籍人口2850人，走访率100%，采集率94.98%。

【社保稽核监察】 2019年，加强稽核监察，查实违规单位（企业）30家48人次，追回资金83.96万元。开展生育保险待遇支付专项稽核，调查取证134家单位251人，处理11家单位21人，追回资金41.54万元。

【退休人员社会化管理】 2019年，纳入社会化服务老年居民13.17万人，社会化管理率99.52%。走访慰问老年居民1.24万人次，累计发放慰问金169.77万元。开通免费健康体检定点医疗机构41家，惠及4.52万名企业退休人员。 （陈　斌）

社会救助

【概况】 2019年，相城区吸引爱心企业（社会团体）、爱心家庭（个人）设立“冠名基金”，成立国奥助学帮困基金、助残圆梦冠名基金、爱龄慈善助老冠名基金、顺佳基金、新绿色团膳助学帮困基金、相老师助学助困基金、春菊助困基金、苏州点点爱心社助学基金、乐享苏州公益研学基金、中信检测助学助困基金，规范“冠名基金”运作。落实生活救助、医疗救助、教育救助、助残救助、孤儿救助、临时救助等社会救助政策，保障困难群体的基本生活，城乡居民最低生活保障标准提高至每人每月995元，困难群体年度人均收入达到1.9万元。

【最低生活保障】 2019年，全区共有低保户645户1242人，低保边缘重病困难对象1396户1464人，特困人员282户285人。相城区根据苏州市政府文件精神，将低保标准从每人每月945元提高到995元，集中供养和分散供养五保对象保障标准由原来每人每月1323元提高到1393元。全区新增低保对象117户307人，退保152户365人，新增低保边缘重病困难对象138户152人，退保340户340人。全年累计向低保、低保边缘重病困难对象发放救助金2156.06万元，户均补助10563.72元，人均补助7967.7元，补助资金由区级财政和乡镇财政各占50%。

【社会救助】 医疗救助　2019年，相城区对低收入家庭开展平时医疗救助、年度医疗救助和自费医疗救助，全年拨付医疗救助资金8138.4万元，救助7.92万人次，其中实施保费救助4710人次、155.27万，实时医疗救助61868人次、1064.36万元，大病保险救助12553人次、6877.33万元，年度专项医疗救助74人次、41.44万元。

慈善救助　2019年，相城区开展各类募捐活动，募集善款2010.26万元。全年助学、助医、助老、助孤、助残、助困等慈善救助支出5097.74万元，累计救助近2万人次。吸引爱心企业（社会团体）、爱心家庭（个人）设立“冠名基金”。年末，全区有冠名基金42个，募集善款318.8万元。发放临时救助资金224户次77.45万元。定向发放区内贫困高中段（技校类）学生助学金10.2万元，受助学生51人。 （刘　博）

社会福利

【概况】 2019年，区民政局做好残疾人补贴信息系统上线工作，持续数据动态更新，及时发放补贴金额。相城区社会福利事业发展中心获“江苏省示范性养老机构”“全省民政系统政风行风建设示范单位”“江苏省敬老文明号”等称号。超额完成福利彩票销售任务。

【社会福利事业】 儿童福利　2019年，相城区集中养育孤儿保障标准由每月2360元提高到每月2510元，散居孤儿保障标准由每月1880元提高到每月2070元。建立区未成年人社会保护成员单位联席会议制度，各板块组建基层困境未成年人社区督导员队伍。

残疾人福利　2019年，区民政局为困难残疾者1961人发放补助702.68万元，重度残疾人2120

人发放护理费补贴300.46万元，残疾者424人发放托养服务护理费补贴195.87万元。

【相城区社会福利事业发展中心】 2019年，根据机构改革要求，苏州市相城区社会福利中心和福彩中心合并，成立相城区社会福利事业发展中心。中心位于太平街道，占地面积7501平方米，建筑面积6666平方米，分设老年中心、儿童福利中心和福彩中心，总投资1635万元，设182张床位（132张老人床位、50张儿童床位）。年内，将养老床位升级为护理床位，配备医务室、监控机房、阅览室、棋牌室、健身区、活动室、会议室、多功能厅，设置室外周界和室内监控系统，绿化面积80%以上，集生活、医疗、康复、文化娱乐等多功能老年公寓、孤残儿童养护和康复为一体，成为综合性社会福利机构。年末，相城区社会福利中心收养老人65人、弃婴17人。

2019年，相城区福彩中心销售各类福利彩票2.42亿元，其中电脑票销量1.83亿元，即开票销量2408万元，中福在线销量3451万元，完成销售任务的151%，筹集福彩公益金2219万元、发行费627万元。（粟　琳）

民政事务

【概况】 2019年，相城区进一步规范民政专项事务管理，强化社会组织监管，开展“坚持‘三个跟党一起’，争当‘红色社工’”系列活动；开展全区慈善组织专项检查，检查11家慈善组织和1家从事慈善活动的社会组织。年末，全区共注册登记社会团体119家，其中行业性社团21家、专业性社团33家、学术性社团11家、联合性社团54家。注册登记民办非企业单位172家，其中教育类30家、卫生类1家、文化类22家、体育类7家、社区服务类58家、其他54家。注册登记基金会1家。开展排查整治违规建设殡葬设施专项行动，摸底排查全区殡葬服务设施，乡镇公益性骨灰安放设施覆盖率100%；深入开展移风易俗宣传教育活动，下发《关于深入推进移风易俗弘扬时代新风的实施意见》，在殡仪馆举办首个开放日宣传教育活动。指导全区所有板块完成地名规划编制工作，新制、更换城区道路路名牌176块，开展不规范地名清理整治行动，为32条道路、1座桥梁、13个住宅区和建筑物申报标准地名，将涉及重名的村级河流“西塘河”改为“五星河”，督促2个使用不规范地名小区楼盘使用标准名称。

【社会组织管理】 年内，相城区新增社会团体2家、民办非企业单位12家。开展2019年社会组织年度检查工作，应检社团117家，实检112家，参检率95.7%；应检民办非企业单位145家，实检134家，参检率92.4%。

社区组织等级评估　2019年，相城区开展社会组织等级评估工作，截至年末，认定等级社会组织66家，其中4A级社会组织2家、3A级社会组织37家、2A级社会组织10家、1A级社会组织17家。

社会组织抽查　2019年，全区抽取社会组织12家，执法人员4人，由专业财务机构、社会组织业务主管（指导）单位相关人员开展联合执法，完成社会组织定期抽查及“双随机、一公开”抽查和事中事后监管工作。

社会组织核准　2019年6月，相城区核准苏州市相城区智能制造产业联合会（主管单位区工信局），12月核准苏州市相城区人事经理协会（主管单位区人社局）等社会团体2家，核准民办非企业社会组织12家。

表38　2019年相城区核准民办非企业社会组织情况表

社会组织名称	法定代表人	业务主管单位	成立时间
苏州市相城区聪而慧青少年服务中心	陆彩娟	团区委	2019.1.7
苏州市相城区北桥盛北残疾人之家	顾　微	区残联	2019.1.22
苏州市相城区雷米足球俱乐部	朱庭钰	区体总	2019.2.2
苏州市阳澄湖生态休闲旅游度假区莲花日间照料中心	顾金元	区民政局	2019.4.8
苏州市相城区阳澄湖沈周残疾人之家	俞中其	区残联	2019.5.29
苏州市相城区阳澄湖岸山残疾人之家	毛建刚	区残联	2019.5.29
苏州市相城区心之力青少年成长训练营	蒋　辉	团区委	2019.6.17
苏州市相城区太平金澄残疾人之家	毛骁靓	区残联	2019.8.1

续表

社会组织名称	法定代表人	业务主管单位	成立时间
苏州市相城区元和富元残疾人之家	顾建东	区残联	2019.8.26
苏州市相城区元和蠡口残疾人之家	陆卫强	区残联	2019.9.2
苏州市相城区望亭残疾人之家	赵希舟	区残联	2019.10.17
苏州市相城区日益幼儿园	柳桂珍	区教育局	2019.11.12

【婚姻和收养登记】 2019年，区民政局婚姻登记服务中心办理各类婚姻登记业务、收养登记业务共7031件，其中结婚登记2999对、离婚登记1658对、婚姻证件补发1924对、接待婚姻档案查询428人次、办理收养登记22例，登记合格率100%。

【殡葬管理】 2019年，相城区推进殡葬工作改革，实行惠民殡葬，区殡仪馆全年火化遗体3813具，其中2816具遗体火化享受惠民殡葬政策，免除基本殡葬服务费369.22万元。

【地名和勘界工作】 2019年，区民政局完成《国家地名词典》和《中华人民共和国标准地名志》相城部分编纂。按地名命名申报程序，做好地名申报和审批，全年命名、调整、更名、注销地名69个。加强地名文化保护和清理整治不规范地名，加大对违规使用地名的整治力度。牵头完成“锡苏线”相城区与锡山段、相城区与新吴段界线联检，联检报告上报苏州、无锡两地政府。（粟　琳）

表39　2019年相城区地名位置（变化）情况表

序号	标准名称	地名类别	所属行政区域	位置	变化类别
1	果园新村	住宅区	相城区望亭镇	将“果园新村”指称住宅区的地名范围调整为：相城区望亭镇仕莫泾（地名规划方案名，下同）东侧绿化带以东、果园路南侧绿化带以南、金家角路以西、施公桥路以北，仕莫泾西侧规划道路（未命名，下同）以东、果园路向西延伸段（未命名）南侧绿化带以南、仕莫泾西侧绿化带以西、施公桥路规划向西延伸段（未命名，下同）以北，以及长洲苑路东侧规划用地以东、果园路规划向西延伸段（未命名）南侧绿化带以南、仕莫泾西侧规划道路以西、施公桥路规划向西延伸段以北	调整
2	筑孚雅苑	住宅区	跨相城区元和街道、黄桥街道区域	位于广济北路以东、汤埂河（俗称，下同）南侧绿化带以南、文灵路向北延伸段（未命名，地名规划方案名“文灵路”，下同）以西、兴盛路规划向东延伸段（未命名）以北，以及广济北路以东、张庄河（系黄蠡路南侧河道，俗称）南侧绿化带以南、文灵路向北延伸段及轨道交通4号线张庄站1号出入口和4号出入口以西、汤埂河北侧绿化带及轨道交通4号线张庄站1号出入口以北范围内	命名
3	紫珺兰园	住宅区	相城区元和街道	位于相城区元和街道采莲路东侧绿化带以东、轨道交通2号线富元路站附属用房南侧规划道路（未命名，地名规划方案名“敦学街”）以南、相城大道西侧规划道路（未命名，地名规划方案名“朱巷村街”）以西、朱巷农贸市场北侧规划道路（未命名，地名规划方案名“西尚书街”）以北范围内	命名
4	朗阅嘉园	住宅区	相城区澄阳街道	位于相城区澄阳街道相城大道东侧规划道路（未命名，地名规划方案名“井亭桥街”）以东、泰元路以南、澄月路西侧规划用地及泰元农贸市场以西、康元路以北范围内	命名
5	天樾人家	住宅区	相城区渭塘镇	位于相城区渭塘镇翡翠路以东、采珠河（系芳草庭南侧河道，地名规划方案名）南侧绿化带以南、荒田浜（系钻石路西侧河道，地名规划方案名）西侧绿化带以西、珍珠湖路北侧绿化带以北范围内	命名

续表

序号	标准名称	地名类别	所属行政区域	位置	变化类别
6	四季和鸣雅园	住宅区	跨相城区元和街道、黄桥街道	位于文灵路向北延伸段以东、汤埂河南侧绿化带以南、织锦路向北延伸段（未命名，地名规划方案名“织锦路”，下同）以西、新建道路（地处水岸名都花园北侧，未命名，地名规划方案名“方泉路”）以北，以及文灵路向北延伸段及其东侧规划用地和轨道交通绿地以东、张庄河（系黄蠡路南侧河道，俗称）南侧绿化带以南、织锦路向北延伸段以西、汤埂河北侧绿化带及文灵路向北延伸段东侧规划用地和轨道交通绿地以北范围内	命名
7	润元名著雅苑	住宅区	相城区元和街道	位于相城区元和街道顾恺之街（系润元名著花园西侧新建道路，未命名，地名规划方案名）规划向北延伸段（未命名，地名规划方案名“顾恺之街”）以东、规划道路（未命名，地名规划方案名“小桥里街”）以南、陆慕下塘街（系润元名著花园东侧新建道路，未命名，地名规划方案名）规划向北延伸段（未命名，地名规划方案名“陆慕下塘街”）以西、古元路规划向西延伸段（未命名，地名规划方案名“古元路”）以北范围内	命名
8	迈湾雅苑	住宅区	相城区黄桥街道	位于相城区黄桥街道迈湾花园东侧新建道路（未命名，地名规划方案名“史埂上街”）以东、永青路以南、苏埭路西侧新建道路（未命名，地名规划方案名“黄塔街”）以西、华元路北侧绿化带以北范围内	命名
9	瀑布大楼	高层建筑物（大楼）	相城区元和街道	位于相城区元和街道澄和路东侧	注销（历史地名）
10	瀑布广场	广场	相城区元和街道	位于相城区元和街道瀑布大楼东北侧	注销（历史地名）
11	四季和鸣商业广场	综合性大型建筑区域（广场）	跨相城区元和街道、黄桥街道区域	位于文灵路向北延伸段及轨道交通4号线张庄站3号出入口和轨道交通绿地以东、四季和鸣雅园及轨道交通4号线张庄站3号出入口以南、四季和鸣雅园以西、汤埂河（系横贯四季和鸣雅园河道，俗称）北侧绿化带及轨道交通绿地以北范围内	命名
12	锦上和风华苑	住宅区	相城区元和街道	位于相城区元和街道文灵路向北延伸段及其东侧规划用地和轨道交通4号线姚祥站3号出入口以东、沈家庄河（系横贯水岸名都花园河道，俗称，下同）南侧新建道路（未命名，地名规划方案名“塘前河路”）以南、织锦路向北延伸段（未命名，地名规划方案名“织锦路”，下同）以西、安元路及文灵路向北延伸段东侧规划用地以北，以及文灵路向北延伸段以东、四季和鸣雅园南侧新建道路（未命名，地名规划方案名“方泉路”）以南、织锦路向北延伸段以西、沈家庄河北侧绿化带以北范围内	命名
13	芯汇未来华庭	住宅区	相城区北河泾街道	位于相城区北河泾街道相城大道东侧绿化带以东、轨道交通2号线南侧绿化带以南、芯汇都市景苑西侧规划道路（系民乐路规划向南延伸段，未命名，地名规划方案名“民乐路”）以西、蠡太路以北范围内	命名
14	福杭路	道路（路）	相城区望亭镇	将“福杭路”指称道路的起点调整为相城区望亭镇普安港路。经调整后，“福杭路”指称道路的起止点为：东南起普安港路、西北至望东路（地名规划方案名）	调整
15	普安港路	道路（路）	相城区望亭镇	位于相城区望亭镇启新路南，东北起京沪铁路西侧绿化带、西南至福杭路	命名
16	启新路	道路（路）	相城区望亭镇	位于相城区望亭镇普安港路北，东北起京沪铁路西侧绿化带、西南至福杭路	命名
17	杭桥路	道路（路）	相城区望亭镇	位于相城区望亭镇福杭路东，东南起普安港路、西北至启新路	命名
18	徐元河路	道路（路）	相城区元和街道	位于相城区元和街道水烟浜（系香城颐园西侧河道，俗称）西、宋泾港（系香城颐园北侧河道，俗称）南，南起润元路、至北折西至齐门北大街止	注销（历史地名）

续表

序号	标准名称	地名类别	所属行政区域	位置	变化类别
19	北街	道路(路)	相城区元和街道	位于相城区元和街道原陆慕镇区域	注销（历史地名）
20	顾恺之街	道路(街)	相城区元和街道	主体位于相城区元和街道润元名著花园、润元名著雅苑西侧，东起陆慕下塘街（系润元名著花园东、南侧新建道路，未命名，规划规划方案名）、至西折北至阳澄湖西路止	命名
21	申明亭巷	道路(巷)	相城区元和街道	位于相城区元和街道采莲路东，南起阳澄湖中路、北至申明亭巷桥南堍	命名
22	陆慕街	道路(街)	相城区元和街道	位于相城区元和街道齐门北大街西，主体地处紫玉坊、紫玉花园和苏州市相城区元和小学西侧，南起阳澄湖西路、至北折东至齐门北大街止	命名
23	前杏桥街	道路(街)	相城区元和街道	位于相城区元和街道纪元路向西延伸段（未命名，地名规划方案名“纪元路”）北、苏州市相城区元和小学南侧，东起齐门北大街、西至陆慕街	命名
24	小外滩街	道路(街)	相城区元和街道	位于相城区元和街道齐门北大街西，主体地处花好月圆花园西、北侧，东起齐门北大街、至西折北复折东至齐门北大街止	命名
25	文徵明路	道路(路)	跨相城区元和街道、黄桥街道	将跨元和街道、黄桥街道区域，主体地处元和街道区域，位于广济北路西、华元路北，东起元和街道广济北路、至西折南（经黄桥街道区域）至元和街道华元路止	命名
26	南河埂巷	道路(巷)	相城区元和街道	位于相城区元和街道采莲路东，南起春申湖中路216号居住区域（地处绿色时光花园北侧）次出入口、北至毛泾路（系朝阳河花苑南侧新建道路，未命名，地名规划方案名）	命名
27	尚学街	道路(街)	相城区元和街道	位于相城区元和街道塘前河路南、苏州市相城区玉成实验小学北侧，东起御窑路、西至金砖路向北延伸段（未命名，地名规划方案名“金砖路”）	命名
28	塘前河路	道路(路)	相城区元和街道	位于相城区元和街道尚学街北，东起御窑路、西至文灵路向北延伸段	命名
29	西尚书街	道路(街)	相城区元和街道	位于相城区元和街道敦学街南、紫珺兰园南侧，东起朱巷村街（系相城大道西侧新建道路，未命名，地名规划方案名）、西至采莲路	命名
30	敦学街	道路(街)	相城区元和街道	位于相城区元和街道富元路南、紫珺兰园北侧，东起朱巷村街（系相城大道西侧新建道路，未命名，地名规划方案名）、西至采莲路	命名
31	田爿巷	道路(巷)	相城区元和街道	位于相城区元和街道采莲路东，南起敦学街、北至富元路	命名
32	孟良墩街	道路(街)	相城区元和街道	位于相城区元和街道太阳路南、富元雅苑北侧，东起采莲路、西至齐门北大街	命名
33	申明亭巷桥	桥梁	相城区元和街道	位于相城区元和街道申明亭巷北端、跨万泾港（河道，俗称）	命名
34	鹤云雅苑	住宅区	相城区望亭镇	位于相城区望亭镇鹤溪路东侧绿化带以东，望亭中心幼儿园、望亭中心小学以西，牡丹港（未命名，俗称）南侧绿化带以南，牡丹路北侧绿化带及望亭中心幼儿园以北范围内	命名
35	宽泰铂园	住宅区	相城区澄阳街道	位于相城区澄阳街道相城大道东侧绿化带以东，康元路南侧绿化带以南，规划道路（未命名，地名规划方案名“井亭桥街”）以西，蠡塘河北侧绿化带及其北侧污水处理提升泵站以北范围内	命名
36	硕学街	道路(街)	相城区太平街道	位于相城区太平街道金澄路南、金澄别墅和苏州市相城区太平中学北侧，东起金澄花园一区次出入口、西至映雪街	命名
37	阁楼街	道路(街)	相城区太平街道	位于相城区太平街道金澄路北、金澄花园一区北侧，东起兴太路、西至金澄花园一区北侧居住区域（未命名）主出入口	命名
38	民万巷	道路(巷)	相城区太平街道	位于相城区太平街道南中街东，南起济民路、北至富民巷	命名
39	萤灯街	道路(街)	相城区太平街道	位于相城区太平街道聚金路东、金澄天地花园东侧，南起硕学街、北至金澄路	命名

续表

序号	标准名称	地名类别	所属行政区域	位置	变化类别
40	映雪街	道路(街)	相城区太平街道	位于相城区太平街道聚金路东，主体地处春天璟墅东侧、苏州市相城区太平中学西侧，南起金瑞路、北至硕学街	命名
41	夏圩街	道路(街)	相城区澄阳街道	位于相城区澄阳街道澄阳路西侧，南起纪元路、北至虹阳路	命名
42	西白荡街	道路(街)	相城区澄阳街道	位于相城区澄阳街道阳澄湖东路以南，南起苏州活力阳澄酒店管理有限公司在水一方酒店，向东折北再折向西至尊园路	命名
43	永昌泾花苑	住宅区	相城区漕湖街道	将"永昌泾花苑"指称住宅区的地名范围调整为：相城区漕湖街道马家娄河（系珺睿庭东侧河道，未命名，地名规划方案名）东侧新建道路（未命名，地名规划方案名"马家娄路"）以东、永昌泾（河道，未命名，俗称）南侧新建道路（未命名）以南、御窑路西侧绿化带以西、漕湖大道以北	命名
44	翠樾庭	住宅区	相城区元和街道	位于相城区元和街道文灵路及其东侧轨道交通4号线姚祥站2号出入口等轨道交通设施周边绿地以东、安元路及文灵路东侧轨道交通设施周边绿地以南、织锦路以西、西朱庄路以北范围内	命名
45	金桥港路	道路(路)	相城区澄阳街道	位于相城区澄阳街道苏州大学第二实验学校南侧，东起方基浜街，西至澄云路	命名
46	方基浜街	道路(街)	相城区澄阳街道	位于相城区澄阳街道苏州大学第二实验学校东侧，南起金桥港路，北至蠡塘河路	命名
47	荷岸晓风花园（曾用名：筑孚雅苑）	住宅区	跨相城区元和街道、黄桥街道区域	将"筑孚雅苑"指称住宅区地名更名为"荷岸晓风花园"	更名
48	马家娄路	道路(路)	相城区漕湖街道	位于相城区漕湖街道永昌泾花苑西侧，南起漕湖大道，北至永昌泾花苑北侧新建道路（未命名）	命名
49	任浜路	道路(路)	相城区漕湖街道	位于相城区漕湖街道漕湖大道以北，东起马家娄路，西至广济北路	命名
50	五星路	道路(路)	相城区漕湖街道	将"五星路"指称道路的南起点调整为漕湖大道。经调整后，"五星路"指称道路南起漕湖大道、北至卫渭路	调整
51	黄蠡路	道路(路)	跨相城区黄桥街道、元和街道	将"黄蠡路"指称道路的西止点调整为相城区黄桥街道东挺河路。经调整后，"黄蠡路"指称道路的起止点为：东起元和街道齐门北大街、西至黄桥街道东挺河路	调整
52	旺巷浜街	道路(街)	相城区黄桥街道	位于相城区黄桥街道永方路西，南起三角咀家园北侧新建道路（未命名，地名规划方案名"粉青街"）、北至永青路	命名
53	薛埂上街	道路(街)	相城区黄桥街道	位于相城区黄桥街道苏埭路东、君汇上品花园东侧，南起春申湖西路向西延伸段（未命名，地名规划方案名"春申湖西路"）、北至荷馨街	命名
54	德成街	道路(街)	相城区黄桥街道	位于相城区黄桥街道苏埭路东，南起永青路、北至东街	命名
55	黄塔街	道路(街)	相城区黄桥街道	位于相城区黄桥街道苏埭路西、逅湾雅苑东侧，南起华元路、北至永青路	命名
56	史埂上街	道路(街)	相城区黄桥街道	位于相城区黄桥街道黄塔街西、纵贯逅湾雅苑和逅湾花园，南起华元路、北至永青路	命名
57	占木路	道路(路)	相城区黄桥街道	位于相城区黄桥街道史埂上街西、纵贯逅湾花园和芊浔嘉园，南起华元路、北至永青路	命名
58	四房里街	道路(街)	相城区黄桥街道	位于相城区黄桥街道占木路西、芊浔嘉园西侧，南起华元路、北至永青路	命名
59	毛泾路	道路(路)	相城区元和街道	位于相城区元和街道建元路以北，东起相城大道、西至采莲路	命名
60	宣公路	道路(路)	相城区元和街道	将"宣公路"指称道路的南起点调整为华元路，止点调整为御窑路。经调整后，"宣公路"指称道路南起华元路、向北折西至御窑路止	调整
61	纪元路	道路(路)	跨相城区澄阳街道、元和街道	将"纪元路"指称道路的西止点调整为相城区元和街道陆慕下塘街（未命名，地名规划方案名，下同）。经调整后，"纪元路"指称道路跨澄阳街道、元和街道区域，东起澄阳路、西至陆慕下塘街	调整

续表

序号	标准名称	地名类别	所属行政区域	位置	变化类别
62	建元路	道路（路）	相城区元和街道	将“建元路”指称道路的西止点调整为广济北路。经调整后，“建元路”指称道路东起相城大道、西至广济北路	调整
63	聚贤路	道路（路）	相城区元和街道	将“聚贤路”指称道路的西止点调整为永方路。经调整后，“聚贤路”指称道路东起悟真路、西至永方路	调整
64	沈思港路	道路（路）	相城区元和街道	将“沈思港路”指称道路的西止点调整为永方路。经调整后，“沈思港路”指称道路东起御窑路、西至永方路	调整
65	玉成路	道路（路）	相城区元和街道	将“玉成路”指称道路的东起点调整为御窑路。经调整后，“玉成路”指称道路东起御窑路、西至广济北路	调整
66	金砖路	道路（路）	跨相城区元和街道、黄桥街道	将“金砖路”指称道路的止点调整为御窑路。经调整后，“金砖路”指称道路跨元和街道、黄桥街道区域，西南起人民路，向东北折北再折东至御窑路止	调整
67	织锦路	道路（路）	跨相城区元和街道、黄桥街道	将“织锦路”指称道路的北止点调整为黄蠡路。经调整后，“织锦路”指称道路跨元和街道、黄桥街道区域，东南起人民路、向西北折北至黄蠡路止	调整
68	文灵路	道路（路）	跨相城区元和街道、黄桥街道	将“文灵路”指称道路的南起点调整为陆洞桥河（未命名，俗称，下同）北侧围墙，北止点调整为黄蠡路。经调整后，“文灵路”指称道路跨元和街道、黄桥街道区域，南起陆洞桥河北侧围墙、北至黄蠡路	调整
69	阁楼里	住宅区	相城区太平街道	位于相城区太平街道阁楼街北侧规划用地以东，搁楼上自然村无名道路南侧规划用地以南，搁楼上自然村无名道路以西，阁楼街以北范围内	命名

基层民主自治与社区建设

【概况】 2019年，相城区全面推进“全员全科社工”服务模式改革；以社区服务社会化为抓手，全力推进三社联动；修订村规民约（居民公约），提升村（居）民自治水平；围绕贯彻“协商于民、协商为民”的方针，指导各地探索建立基层民主协商体制机制，形成渭塘镇“12345”工作法、元和街道“156”工作法等亮点做法。全面推进社工职业化建设，制定《相城区村（社区）工作者员额管理暂行办法》《相城区村（社区）工作者职业培训暂行办法》系列指导意见。

【社区服务社会化】 2019年，相城区完成第二轮社区服务社会化工作，开展个案服务128个，建立家庭需求档案5765份，招募社区志愿者855人，培育社区社会组织27个，开展社区工作者能力提升活动45次，社区工作者参与585人次，举办社区睦邻友好活动451场，探索解决社区治理难点问题46例，居民参与总数43268人次。印发《相城区深化社区服务社会化实施方案》，创新转变相城区社区服务社会化模式。

2019年11月21日，相城区城乡社区治理创新交流会在北桥街道召开
区民政局（残联） 供稿

【全科社工服务】 2019年，相城区印发《关于全面推行“全员全科社工”服务模式的实施方案》，优化全科社工服务模式，推行全员全科工作制。组织乡镇、街道社区工作者进行全科培训，全年培训社区工作者2700余人次。全科社工走出大厅，走进服务网格，走向百姓，全科网格人员“提人知户、提户知事、提事知情、提情知策”。

【村规民约（居民公约）修订】 2019年，相城区指导各村（社区）修订村规民约（居民公约）和自治章程，努力体现公民道德和社会主义核心价值观以及本村（社区）实际和热点难点问题。同时结合新形势、新要求，吸纳关于破除迷信、移风易俗、尊老爱幼、扫黑除恶、环境保护、平安边界等条款，做到因地制宜、有的放矢。9月26日下午，相城区优秀村规民约（居民公约）和自治章程评审会在相城区民政局召开，共有20份村规民约和自治章程参与评选。

【民主协商】 2019年9月，相城区召开全区城乡社区民主协商工作推进会，推进城乡社区民主协商工作。截至年末，初步形成渭塘镇“12345”工作法和元和街道“156”工作法两种社区民主协商模式。

【社区人才建设】 2019年，组织全区340人参加全国社会工作师职业资格考试，考试合格57人。年末，全区累计持证社工684个，万人持证率9.3%。组织全科社工参与相城区社区工作者建设前期研究规划工作，提高相城区社区工作者职业化水平。（莫　君）

居民生活

【概况】 2019年，相城区城镇居民人均可支配收入持续稳步增长。年末，城乡居民储蓄存款605.33亿元，增长14.8%。实现社会消费品零售总额240.23亿元，增长6.4%。全年销售商品房172.58万平方米，增长20.7%。城镇居民人均住房面积54.1平方米。城镇居民人均生活消费支出3.66万元，增长6.9%。

【居民经济收入】 2019年，相城区城镇居民人均可支配收入62891.1元，增长8.3%。其中工资性收入42332.2元，增长8.2%；经营性收入5112.5元，增长4.5%；财产性收入3892.8元，增长12.7%；转移性收入11553.6元，增长9.1%。

【居民消费支出】 2019年，城镇居民人均生活消费支出3.66万元，增长6.9%。其中，食品烟酒消费9490.2元，增长1.7%，占生活消费支出的25.9%；衣着消费2552.5元，增长7%，占生活消费支出的7%；居住消费8463.8元，增长9.5%，占生活消费支出的23.1%；生活用品及服务消费2465.8元，增长9.1%，占生活消费支出的6.7%；交通通信消费5605.8元，增长7.6%，占生活消费支出的15.3%；教育文化娱乐消费5438.9元，增长9.7%，占生活消费支出的14.9%；医疗保健消费1232.1元，增长10.7%，占生活消费支出的3.4%；其他用品和服务消费1333.7元，增长8.5%，占生活消费支出的3.6%。

【居民耐用消费品拥有量】 2019年，全区每百户城镇居民拥有家用汽车114辆、摩托车11.3辆、洗衣机114.7台、电冰箱114台、彩色电视机242台、空调机301.3台、照相机31.3架、固定电话55.3部、移动电话324部、电脑99.3台。

（区统计局）

住房公积金管理

【概况】 2019年末，相城区在全市资金高位运行情况下保障可持续运行。全年参加公积金制度11.76万人，增长15.65%，净增缴存人数1.59万人，公积金制度覆盖面55.94%，增幅7.57%，为全市第一。苏州市住房公积金管理中心相城分中心（简称相城分中心）全年归集公积金19.14亿元，完成年度计划的110.94%，累计归集92.92亿元，增长25.96%。全年共为职工办理公积金提取13.41亿元，累计提取61.28亿元；发放公积金贷款5.03亿元，累计发放贷款9795户、34.55亿元。为区廉租住房建设实现补充资金731万元，累计实现4819万元。年末账面资金14亿元，资金使用率60.61%。

【公积金制度扩面】 2019年，相城区进一步扩大公积金制度覆盖范围。3月，召开全区公积金扩面推进会，将任务分解落实至各板块。相城分中心面向企业单位全年召开十场政策宣讲培训会。各板块因地施策，紧抓任务落实。11月冲刺阶段，创出单月净增缴存人数3600人的历史记录。年内全面完成市级下达的“净增1.42万公积金缴存职工”的年度任务，净增人数连续四年创新高。

2019年12月7日，相城分中心参与时代文明实践（高铁北站）志愿者服务
住房公积金相城分中心　供稿

【"放管服"改革创新】 推进"放管服"改革，在服务大厅实现承办银行全业务"一站式"办理的基础上，进一步将数字证书窗口纳入公积金服务窗口统一管理，配合区行政审批局实施"一窗受理"深度融合工作，调整优化窗口布局和咨询引导服务。依托"苏州公积金"手机App、微信公众号、网上办事大厅等渠道，增加网上预约等业务功能，拓宽"不见面服务"范围，实现公积金查询、提取等9项业务"零跑路"。

【服务提质增效】 相城分中心推进公积金"五民"支部行动，引领服务提升，坚持中午不间断业务服务值班制度，对特殊困难职工提供预约和上门服务，组织党员志愿者进社区和企业开展服务和宣传。服务大厅发挥女性职工优势做实文明举措，开展服务提升培训，强化服务考评力度，成功创建相城区和苏州市两级"巾帼文明岗"。分中心通过设立"住有所居帮扶基金"进行精准帮扶，年内共向29名困难职工发放帮扶款2.75万元，累积帮扶54人共5.15万元。（乐仲毅）

安全生产监督

【概况】 2019年，原相城区安全生产监督管理局转隶相城区应急管理局（简称区应急局）。全年全区发生生产安全事故（不含道路交通事故和火灾事故）16起，死亡16人，事故起数下降6.3%，死亡人数下降15.5%。全年未发生较大及以上事故，安全生产形势总体稳定。

安全生产行政执法　年内，共对安全生产违法行为立案528件次，罚款1538.25万元。其中事故处罚立案11件次，罚款279.25万元；事前处罚立案517件次，罚款5万元以上44件次，罚款1259万元，案均值2.44万元。除去职业健康类行政处罚案件后，事前行政处罚立案515件次，上升15.73%；事前处罚罚款5万元以上43件次，上升30.3%。罚款1252.5万元，上升25.59%；案均值2.43万元，上升8.48%。

安全生产重点行业领域专项整治　年内，区应急局开展三级政府挂牌安全生产重大事故隐患督办和安全生产专项整治工作，完成8项市级、32项区级、60项镇级"挂牌督办"重大事故隐患的整改。安全生产专业委员会牵头，分别在道路交通领域、人员密集场所、建筑施工、瓶装液化气经营市场秩序、危险化学品企业、粉尘涉爆企业、电气火灾综合治理、油气输送管道、交通运输"两客一危"、城市管理领域、特种设备、压力管道等12个重点领域对安全生产突出问题开展专项整治。

【企业安全生产主体责任落实】 年内，区应急局完成安全生产标准化建设一级创建1家、二级创建21家，全区25家涉及危险化学品化工企业和危险化学品带储存经营企业全部完成二级标准化创建。三级复审企业提交材料198家，三级复查企业531家，质量审计企业233家；创建小微企业743家、小微复审企业514家，开展对达标小微企业标准化运行质量审计和"回头看"检查402家。采取"试点先行、示范引领、全面覆盖"方法，762家规模以上企业开展双重预防机制建设，完成安全风险清单编制和安全风险评估分级管控668家。完成安责险投保1252家，完成安全总监备案728家。

【危险化学品安全监管】 2019年，全区化工（危险化学品）企业二级标准化申报5家，通过5家。区应急局完成各类政务事项办理173件，其中危险化学品经营许可106件、危险化学品生产许可审查3件、危险化学品建设项目安全条件审查2件、危险化学品建设项目安全设施设计审查3件、危险化学品安全评价报告备案9件、重大危险源备案3件、非药品类易制毒化学品备案18件、应急预案备案25件、拆除方案备案4件，注销危险化学品经营许可证38张。通过政府招标购买第三方服务，对辖区28家危险化学品企业进行标准化核查。开展高层建筑违规生产储存使用危险化学品专项整治，检查无储存经营企业46家，发现并整改问题37项。对28家化工企业开展危险化学品专项整治工作，聘请中国化学品协会对其中12家重点企业开展深度检查指导工作，检查发现一般隐患862项、重大隐患30项。对全区72名危险化学品企业主要负责人及安全管理负责人进行培训并考核。

【工贸企业安全监管】 年内，区应急局打击工贸重点领域安全生产非法违法行为，促进企业安全生产主体责任落实，对粉尘涉爆、有限空间、金属冶炼、涉氨制冷、电镀（线路板）企业等工贸行业重点领域企业开展大排查大整治，对工贸重点领域企业进行全面排查，共排查检查企业717家、检查2072家次，发现并整改一般隐患4994处、重大隐患62处，停止作业105处，停止使用设备设施269套（台），停产停业整顿62家，立案查处59起，处罚金额227.13万元。 （刘思沁）

应急管理

【安全生产教育】 安全生产月活动 2019年，相城区应急局开展全国第18个安全生产月活动，举办安全生产月启动仪式、安全生产专题文艺演出、现场咨询、“安康杯”职工安全生产知识竞赛等活动。全区共开展“安全生产大讲堂”和公开课54场，举办论坛、培训等51场，发放宣传资料3万余份，接受群众咨询2万人次，举办各类应急救援演练50场，开展4场危化品企业“安全生产公众开放日”活动，5000余人参加危化品及全民安全应急知识竞赛。各大公共场所电子显示屏播放安全警示短视频、安全提示、公益广告共976条次；利用媒体平台、政务网站和客户端等推送安全生产月相关宣传信息150余篇。

生产安全事故警示教育展 分析研判相城区安全生产工作形势，选取5年里常见多发典型的6类生产安全事故，以及消防安全事故，通过还原事故发生经过、剖析事故发生原因、公布事故调查处理结果等方式举办警示教育活动集中展览，在全区各板块开展巡展12场，参观人员近万人。

【防灾抗灾】 安全生产应急救援演练 7月19日，举行苏州市建设工程深基坑事故应急救援演练。此次演练共调用救援直升机1架、斯太尔牵引车、龙吸水大流量排水车和阿特拉斯钻机等抢险救援车辆20多辆，公安、消防、住建、城管等部门的救援队伍以及中铁四局集团、蓝天救援队和金汇通航等社会救援队伍22支、200余人参加演练。

“5·12防灾减灾日”广场宣传活动 5月10日上午，区委宣传部、区卫健委、区水务局、区气象局等20多个部门在元和街道水漾花城社区开展相城区“5·12防灾减灾日”广场宣传活动。悬挂宣传横幅、设立宣传展板、发放宣传手册、开展现场服务咨询等，向群众宣传防灾减灾知识，活动当天发放宣传册500多册（页）、宣传用品200多件。

2019年7月19日，在相城区春申湖路快速化改造项目现场举办苏州市建设工程深基坑事故应急救援演练 区应急管理局 供稿

建立气象灾害防御工作站　2019年，相城区应急局与相城区气象局合作在全区12个乡镇建立气象灾害防御工作站，及时向公众发布气象灾害预警信息。

综合减灾示范社区建设　9月，水漾花城社区完成综合减灾示范社区创建工作，并通过国家减灾委验收。（刘思沁　陈敬峰）

消防救援

【概况】 2019年12月31日，苏州市相城区消防救援大队挂牌成立，由中国人民武装警察部队苏州市消防支队相城区大队改制。相城消防救援大队下辖蠡口消防救援中队，黄埭、北桥、望亭、高铁新城、阳澄湖等地方政府专职中队5个；有大、中队指战员47人，合同制消防战斗员134人，合同制消防文员56人。年内，区财政拨付消防经费5438.26万元。相城消防救援大队共接处警2008起，现场处置火灾事故453起，其中成灾事故70起，死亡1人，直接经济损失302.05万元。火灾起数上升34.8%，成灾事故数下降19.1%，死亡人数上升1人，直接财产损失下降37.2%。相城消防救援大队组织指战员对辖区人员密集场所、易燃易爆场所、劳动密集型企业等重点场所、单位和火灾易发多发区域进行实地开展"863"六熟悉演练，及时修订灭火救援预案300余份，组织开展实地、实战演练400余次，有效提升灭火救援实战能力。

2019年12月31日，苏州市相城区消防救援大队挂牌

区消防救援大队　供稿

【消防监督】 2019年，区消防救援大队开展"防风险保平安迎大庆"专项行动，先后对人员密集场所和"九小场所"开展综合治理，对高层建筑、电气火灾、城市商业综合体等进行一系列消防安全执法检查，配合区"331"专班持续推进"331""9+1"专项治理，推动全区开展夏季安全消防、"散乱污"及违建集中整治"双月攻坚"专项行动，全方位、广覆盖进行火灾隐患排查整治。全年共检查单位2.92万家次，督促整改火灾隐患和消防违法行为6.27万处，临时查封84家，责令"三停"18家，下发处罚决定书1314份，罚款400余万元，4家市、区两级挂牌督办重大火灾隐患单位全部整改销案。结合部门工作职能，做好公众聚集场所投入使用和营业前的消防安全检查。全年受理公众聚集场所投入使用和营业前消防安全检查项目557个，上升182.7%。

2019年11月9日，119消防宣传月活动启动仪式在繁花中心广场举办

区消防救援大队　供稿

【消防宣传】 2019年，相城消防救援大队重点开展"七进"宣传活动，推进社会化消防宣传，"消防宣传进社区""消防宣传进学校"、消防志愿者服务等专项活动取得较好成效。依托消防宣传车、社区微型站，深入辖区居民住宅小区开展疏散逃生演练、广场主题宣传等活动；强化微信、QQ等新兴媒介的使用，借助全区户外大屏、户外固定宣传广告牌、交通路况电子显示屏、LED滚动宣传栏、宣传橱窗等固定阵地，全方位开展社会面宣传。相城消防救援大队全年深入企业、学校、社区开展消防安全知识宣传和培训100余次，利用消防宣传车进村入户宣传50余次，播放电动车停放充电引发火灾防范常识宣传和典型火灾案例警示30余条，组织开展火场疏散逃生演练30余次，累计发放各类宣传资料5万余份。

（田春风）

退役军人事务管理

【概况】 2019年1月25日，相城区退役军人事务局在区信访局大楼一楼挂牌。5月10日，在在水一方酒店召开相城区退役军人事务工作会议。5月16日，在区委会议室召开区委退役军人事务工作领导小组会议，区委书记顾海东、政法委书记高玉宇出席。10月18日，在区便民服务中心举行相城区退役士兵秋季专场招聘会。

8月，相城区纪委张凯被省委退役军人事务工作领导小组授予首届"江苏最美退役军人"称号。

【军转干部安置】 2019年，全区共接收安置军转干部17人，其中正团职2人、副团职1人、营以下12人、自主择业人员2人，符合政府安排工作的退役士兵4人。全区安置军队转业干部安排行政岗位10个、参公事业岗位4个、事业单位岗位1个，参公岗位以上安置率93%；推出8家单位9个岗位安置符合政府安排工作的退役士兵，安置事业单位岗位3人、区属国有企业1人，安置事业单位岗位率75%。年内完成96名退役士兵的接收安置和落户工作。

【优抚优待】 年末，全区有残疾军人214人，"三属"（烈士遗属、因公牺牲军人遗属、病故军人遗属）70人、在乡老复员军人50人、带病回乡人员28人、烈士子女9人、遗孀139人、遗属283人，60周岁以上农村籍退役士兵1141人。全年发放优抚对象抚恤、补助费和慰问金总计3188万元（区财政承担2745万元）。为全区543名优抚对象缴纳医疗参保费用（或参保补贴）总计407万元。全区共采集退役军人和其他优抚对象信息1万多条，重新核定区参战人员审批材料395份。1.22万件优抚对象个人档案送入区级档案中心并全部核查完成。完成141名烈士事迹录入英烈网站系统。相城区烈士纪念馆共接待社会团体43批，共计1400余人。做好2019年春节、"八一"双拥慰问工作，发放慰问金275万元。4月，安排53名重点优抚对象参加为期6天的省荣军医院短期疗养。5月，区、镇（街道）、村（社区）三级退役军人服务体系实现全覆盖。9月，13名退役军人获得"庆祝中华人民共和国成立70周年"纪念章。（杨　洁　林爱平）

2019年1月25日，相城区退役军人事务局挂牌　　张鸿彪　摄

开发区 高铁新城 高新区 度假区

相城经济技术开发区

【概况】 相城经济技术开发区（简称开发区）行政管辖北桥街道、漕湖街道、澄阳街道，设有苏相合作区，下辖12个行政村，13个社区，辖区总面积93.7平方千米，辖区人口近17万人，其中户籍人口7.76万人。2019年，开发区完成工业总产值478.6亿元，增长10.1%。完成全社会固定资产投资90亿元，增长11.2%。完成一般公共预算收入20.07亿元，增长9%。完成新兴产业产值257.5亿元，占规模以上工业产值比重为62.1%；完成高新产业产值247.6亿元，占规模以上工业产值比重为59.7%。全年新增注册外资及港澳台资1.76亿美元，到账外资及港澳台资3879万美元。开发区成功获批江苏省国际合作园区。

【改革创新】 2019年，开发区成立全面深化改革领导小组，统筹推进经济运行体制改革、体制机制改革、国资国企改革等8个专项小组的课题研究工作。深化经济运行机制改革，出台《产业投资项目准入指导意见》等产业政策文件8份，健全产业发展政策体系，系统构建包含6大类19项内容的经济运行体系制度框架，涉及项目准入、载体运营、审批服务等。优化调整街道和机关部门机构设置，梳理开发区与街道职能管理边界，健全完善上下承接对应机制，提升“1+3”一体化管理实效。推动国资国企改革，成立漕湖产业发展集团公司。优化开发区发展战略规划、重点片区城市设计、漕湖中央商务区城市设计景观设计、苏州（相城）中日智能制造协同创新区城市设计等各类规划设计，启动数字钻石岛总体规划，编制《开发区城市空间品质提升策划方案》。年内基本完成空间信息库系统架构搭建，开发区规划展示馆（漕湖馆、澄阳馆）开馆。

【经济建设】 2019年，开发区累计签约项目67个，总投资122亿元，其中确定落户41个，落户率61%。引进京东长三角智能电商产业园、宝业装配式建筑、宝丽迪材料等高质量产业项目，腾讯微瓴智慧建筑实验室、苏宁C2M

2019年10月18日，苏宁C2M平台总部落户苏州相城经济技术开发区发布会举行

开发区 供稿

平台总部、联想（苏州）未来科技数字中心等重大科技平台先后落户。夯实中日合作基础，依托中日（苏州）智能制造产业合作示范区，完成战略规划和中心区产业发展规划的编制及发布，开展中心区建设发展思路研究，明晰实施路径，招引田村电子、住江织物等高水平日资项目14个。推动苏州自贸区联动创新区建设，制订开发区实施方案，形成在1个开发区联动创新区全面发展的基础上，探索形成4个联动发展核心区发展格局。探索稳定高效的苏相合作管理体制机制，推进苏相高质量发展合作区开发建设。2019年，开发区内特雷卡电缆获批省级跨国公司地区总部及功能性机构，新安电器获批省智能工厂。中亿丰建设集团股份有限公司（本部）、苏州易德龙科技股份有限公司和中铁四局集团第二工程有限公司获评江苏省文明单位。华亚、康平、宝丽迪等3家拟上市企业完成辅导验收并报会。太航常青等3家企业获批省级企业工程技术研究中心，泰马克等4家企业获批省级企业技术中心，长风药业股份有限公司获评苏州市高成长创新型培育企业，成功创建市级智能工厂1家、省市级智能车间13家，新增推广机器人284台。

表40　　2019年相城经济技术开发区引进重点项目情况表

项目名称	项目类型	产业类型	投资金额（亿元）
绿色建筑住宅工业科技项目（宝业装配式建筑）	内资	制造业	10
苏州柯依迪智能家居有限公司	内资	制造业	5.1
苏州博科智能系统有限公司	内资	服务业	5.1
德佑新材料科技项目	内资	制造业	3
宝丽迪材料科技项目	内资	制造业	4.2
未来电器股份项目	内资	制造业	3.15
欧瑞康纺织机械项目	外资	制造业	1.75
赛姆柯（苏州）智能科技有限公司	外资	制造业	1
中亿丰绿色建筑研发中心项目	内资	服务业	10
安泰空气项目	外资	制造业	3
联想（苏州）科技有限公司项目	内资	服务业	1
未来城市应用技术研究所项目	内资	服务业	1.6
苏宁C2M平台总部项目	内资	服务业	13
京东长三角智能电子商务产业园项目	内资	服务业	35
北京亿马先锋（IGBT）项目	内资	制造业	2
明冠新材料项目	内资	制造业	3
田村电子（苏州）有限公司	外资	制造业	1
广泰精密科技（苏州）有限公司	内资	制造业	1.4

【双创环境】 2019年，开发区创新要素加快集聚。苏州小样科技服务有限公司获评国家级科技企业孵化器、省双创示范基地，苏州漕湖（北京）产业创新中心、中科成果创投孵化器投入运营。全年净增高新技术企业37家，增长68.2%，大中型工业企业及规上高企研发机构建有率100%，完成高企倍增、重点企业研发机构建设等年度目标任务。全年新增国家特聘专家6人、省“双创计划”人才2人、省双创博士2人、省六大人才高峰入选1人、省“333工程”科研资助项目3人、姑苏领军人才5人、姑苏重点紧缺人才27人、阳澄湖领军人才8人，太航常青博士后工作站谷先广博士获评中国博士后科学基金特别资助奖励。成立开发区国家级博士后工作站联盟，新增企业博士后科研工作站2家，新进博士后研究人员5人。举办“爱国、奋斗、奉献”高层次人才联谊活动，成功举办“漕湖杯”创客大赛。举办人力资源经理俱乐部活动10场，有序推进人力资源服务产业园建设。

【基础设施建设】 2019年，开发区规划体系超前布局，城市配套建设全面推进，10个区级实事工程全部完成。全年完成“增减挂钩”“三优三保”土地复垦验收75.37公顷，完成搬迁签约农户、企业559户。加快推进安置房建设，盛北花园六期东区安置房交付使用，永昌泾花苑二期等4个建设项目有序推进，盛北花园八期等3个建设项目加快开工。加快推进漕湖大道改扩建、春申湖路快速化改造、冶长泾拓浚等区级重点工程建设。不断完善公共交通，逐步提升商旅配套，建成运营中惠铂尔曼酒店，改造完成琉苏酒店一期工程，开工建设澄阳邻里中心，启动改造升级漕湖邻里中心，永昌·汇完成方案设计。

【社会事业】 2019年，开发区加快推进教育扩容提质，先后与苏州大学、美高教育集团签订合作办学协议，苏州大学第二实验学校小学部顺利开学，中学部开工建设。成功举办开发区第三届体育节、第二届漕湖龙舟赛、开发区“戏曲文化节”等大型文体活动。北桥街道芮埭村、丰泾村、盛北社区和漕湖街道卫星村获评“江苏省文明村镇”，北桥街道灵峰村、北渔社区成功创建“江苏省生态文明建设示范村”。建设三星级康居乡村2个，建设美丽村庄2个并通过市级验收。漕湖街道“倪家湾·水之田”获评江苏省主题创意农园。

【综合治理】 2019年，开发区组织本级安监检查819家次，整改三级重大安全事故隐患“挂牌督办”项目24个。推进“331”专项整治行动，3个街道全年拆除违章建筑面积约18.2万平方米。开展“263”“散乱污”和“VOCS”专项整治等环保专项行动，加强企业日常环境监督管理，完成漕湖片区和泗塘片区村级工业集中区清理。开展扫黑除恶专项斗争，迎接中央督导组专项督导，配合完成省委联动巡视巡察开发区各项工作任务。

【党建工作】 2019年，开发区开展“不忘初心、牢记使命”主题教育，组织党工委中心组学习7次，班子成员围绕主题交流研讨6次。开发区党工委领导班子及全体科级干部采取不发通知、不打招呼、不听汇报、不用陪同接待、直奔基层、直插现场的方式，深入3个街道开展大调研、大排查，形成调研报告32篇，解决实际问题44个。开展庆祝中华人民共和国成立70周年系列活动，举行升国旗仪式，举办“唱红歌·颂党恩·跟党走”红歌比赛。启动建设开发区新时代文明实践所，创建“红帆漕湖”党建品牌，打出“立足岗位铸先锋，聚力漕湖创一流”党建口号，打造漕湖开发区党群服务中心，举办“雏凤筑梦营”年轻干部培训班、“学园区增才干、助发展创一流”新入职干部培训班，开发区首届优秀年轻干部实行“双向挂职”。 （蔡雪斌）

苏州高铁新城

【概况】 苏州高铁新城是苏州市“一核四城”发展战略的北部核心区，规划面积28.9平方千米，东到聚金路，西至元和塘，南到太阳路，北至渭泾塘。辖区户籍人口1.48万人。2019年，完成地区生产总值14.2亿元，增长18.3%；完成一般公共预算收入12.4亿元，增长22.2%；全社会固定资产投资75亿元；现代服务业产值330亿元，增长10%；实际利用外资2576万美元，增长39.5%。苏州高铁新城以国际规划标准和全域城市理念为指导，实现片区总体规划、土地利用规划、城市设计、产业规划等“多规合一”。围绕打造千亿级未来产业高地目标，聚力发展“科技研发、科技金融、文化创意”三大产业，打造全国领先的大数据、智能驾驶、科技金融、工业互联网、先进材料等产业创新高地。着眼“以人为本、国际顶级”的发展定位，高起点规划长三角国际研发社区，成功引进紫光数码、京东智谷、长三角数字货币研究院、苏州同济区块链研究院、阿尔山数字科技、初速度、智加科技、沃泰丰能、微纳、托普索等现代高端服务业项目，全力打造引领相城乃至苏州科技创新中心的“东方硅谷”。

【基础设施建设】 2019年，高铁新城完成长三角国际研发社区城市设计及控规公示，其中1.08平方千米建设用地率先通过市政府审批。优化地下空间及综合交通、照明规划、色彩规划、生态景观、能源等专项规划10个。高效实施中国计算机学会业务总部（学术交流中心）、新城悦高层建筑等项目规划。完成澄阳路东、西公田路北挂钩复垦土地8.33公顷，花木城搬迁腾空土地3.13公顷，持续推进朗诗蔚蓝广场等新建续建项目50个，其中高清传媒大厦等建成投用项目32个。完成绿化养护面积260万平方米，铺设雨污水管网170千米。南部片区实现免费Wi-Fi全覆盖。创新项目管理模式，建立限额以下建设项目推荐承包商名录库、工程项目建设监督管理实施细则等管理制度，率先运行数字城市项目监审系统，对长三角国际研发社区启动BIM技术试点。年内，获评省绿色建筑创新项目2个，绿色二星建筑4个，省、市级文明示范工地8个，市级“姑苏杯”工程奖6个，国家及省级建设优秀勘察设计项目7个。

【改革创新】 2019年，高铁新城编制融入长三角一体化高质量发展行动计划和任务分工，成为长三角G60科创走廊智能驾驶产业联盟秘书长单位、“虹桥—相城”联动“平台承载地”。配合做好通苏嘉甬项目前期、高铁北站规划和站房综合体设计方案。推动阳澄生态新区发展，建立一体化联席会议制度，与太平、渭塘共同完成一般公共预算收入25.4亿元，成为区域发展重要增长点。组建国有资产控股（集团）公司，推动国资企业资源整合和科学配置，强化国有企业经营规范化管理和差异化考核，实现从“管资产”向“管资本”转变。加强与中国移动、中国电信、远东能源、工业园区湖东社工委等战略合作，在现代服务、基础设施、社会治理等多个领域，形成品牌引领、多点开花的共赢局面。

【经济建设】 2019年，苏州高铁新城服务型企业实现销售收入330亿元，税收18.2亿元。年内，新增服务型企业606家、个体工商户179户。至年末，苏州高铁新城有服务型企业1832家、个体工商户994户、50平方米以上超市10个。年内，出台知识产权保护、人才安居办法、毕业生就业创业等领域细则办法19项，举办智能驾驶峰会等重大活动20余场，引进优质项目134个，其中院士合作项目2个，计划总投资额130亿元，整体落户率84.3%。长三角先进材料研究院、中荷（苏州）科技创新港、欧洲创新创业走廊、紫光SAP工业互联网联合创新中心、赛迪・灵犀仕泰隆工业服务中心等产业平台落户高铁新城，新增中奥智能驾驶创新中心等国际项目10个，与武汉理工大学共建智能网联汽车产业创新创业中心等校地合作平台3个。建成智能网联测试道路8.4千米，成为首批“江苏省车联网先导区”。

【科技创新】 2019年，高铁新城打造全国十佳人工智能产业园1个，省级生产性服务业集聚示范区、电子商务示范基地等省级载体6个，先进大数据特色产业园、海外人才离岸创新创业基地区域服务中心等市级平台3个。获省、市级以上众创社区、众创空间、孵化器5个，入选国家级试点示范项目1家，通过国家级高新技术企业认定14家、省级高企培育库企业20家。入选苏南国家自主创新示范区独角兽企业1家、潜在独角兽企业3家。累计集聚长三角金融科技、阿尔山金融科技、感知惠风等科技金融企业138家，股权投资基金共70支，总规模468亿。引进国家级人才专家4人，新培育省双创团队1个，省双创、姑苏领军、阳澄湖领军等人才25人，新增各类人才1008人。

【管理服务】 2019年，高铁新城深入开展扫黑除恶专项斗争工作。强化车站地区综合治理，完成高铁北站出站口形象提升及进站流线优化，提升“警城运”联动执法成效。编织全要素网格化管理大网，实现城管、环卫、河长、安全监管等管理力量全部下沉网格，人大代表、政协委员、“三官一律”（法官、检察官、公安机关和律师）等专业力量进入网格，提升社会治理法治化水平，联动平台工单处置率99.9%。统筹推进安全生产、环境整治、信访攻坚等专项行动，全面排查并限期整改完成安全隐患、环境污染等问题，安装并运行区域大气环境质量监测系统。做好公交微循环、扶贫帮困、就业培训等10项民生实事工程。推动便民服务中心精简行政权力业务193项。建成街道、社区二级退役军人服务站，量身定制30类爱心帮扶项目，完成社区居民免费体检5050人。引进荟同学校，南师大相城实验小学、太平中学、高铁新城第三幼儿园建成投用。苏大实验学校幼儿园获评市优质幼儿园，南师大苏州实验学校首届高三学生高考取得优异成绩。举办、承办尤文图斯学院签约仪式、虎牙直播手游电竞大赛、全民健身节等大型活动20余场。高铁新城形成物业管理创市优质项目3个。

【重点项目推介】 中国计算机学会（CCF）落户高铁新城 1月12日，中国计算机学会（CCF）与相城区人民政府、高铁新城管委会签约，将业务总部&学术交流中心落地高铁新城。CCF业务总部&学术交流中心选址在苏州高铁新城的长三角国际研发社区，建筑面积约1.5万平方米，计划于2022年正式投入使用。未来两年，CCF将在苏州开展学术和技术交流活动，开展学术年会、报告会、论坛、工作会议、培训、竞赛、认证、咨询等，同时CCF还将拓展相关业务，进行线上服务、数字图书馆服务、CCF在线服务、会议管理服务、会员管理服务。

长三角G60科创走廊智能驾驶产业联盟成立　4月11日，长三角G60科创走廊智能驾驶产业联盟成立大会暨揭牌仪式在苏州高铁新城举行，确定初速度（苏州）科技有限公司为第一届轮值理事长单位，奇瑞新能源汽车技术有限公司、上海淞泓智能汽车科技有限公司、苏州智加科技有限公司等11家智能驾驶上下游企业为副理事长单位，苏州市高铁新城人工智能运营服务有限公司为秘书长单位。初速度（苏州）科技有限公司、苏州禾昆智能科技有限公司两家相城区企业获颁苏州市首批测试牌照。

中奥智能驾驶创新中心揭牌　4月19日，举行中奥智能驾驶创新中心成立庆典暨IAE（智声、智行）总部开业仪式，中奥智能驾驶创新中心及IAE总部落户高铁新城。借助IAE技术平台与此次成立的中奥智能驾驶创新中心这一合作实体，测试苏州高铁新城交通场景，为计划在中国推广技术和产品的欧洲智能驾驶科技企业提供中国真实交通仿真测试数据和仿真测试服务。

奇点汽车全球智能系统研发中心在高铁新城正式揭牌成立　5月20日，奇点汽车全球智能系统研发中心在高铁新城揭牌成立。中心将设立自动驾驶云研究中心、自动驾驶安全研究院、奇点城市智慧交通研究院等研发分支机构，开展自动驾驶系统开发、自动驾驶安全模型和智慧出行解决方案研究等多方面业务。

电影频道苏州制作基地深化合作签约　5月29日，电影频道苏州制作基地深化合作签约仪式在苏州高铁新城举行。此次签约标志着电影频道与高铁新城将进一步深化合作，着力创建集电影投资、剧本IP孵化、数字影棚、后期制作等为一体的影视产业集聚区。

2019年4月19日，中奥智能驾驶创新中心成立庆典暨IAE（智声、智行）总部开业仪式举办　　高铁新城　供稿

荟同学校签约落户　6月18日，高铁新城举行荟同学校落户签约仪式。荟同学校是一所十五年一贯制的国际化学校，具有国际一流的办学理念、管理团队，拥有中西融合的特色课程体系，与相城产城融合发展的国际一流定位理念一致、供需契合。本次签约，对推动全区社会事业高质量发展具有重要意义。荟同学校在苏州高铁新城的校址距离京沪苏州高铁北站约1千米，计划于2021年开学。

紫光SAP工业互联网联合创新中心启用　8月21日，紫光SAP工业互联网联合创新中心启用。中心设立企业两化融合及工业互联网服务创新平台、紫光SAP工业互联网双创平台、峰会和交流平台、工业互联网实训和人才培训基地“一基地、三平台”。

高铁新城智能驾驶企业Momenta（初速度）总部大楼启用　12月18日，高铁新城智能驾驶企业Momenta（初速度）总部大楼启用。初速度的战略方向是量产自动驾驶与完全无人驾驶协同，应用场景覆盖高快速道路、停车场环境以及城市道路。围绕量产自动驾驶与完全无人驾驶两条腿走路，初速度通过数据、数据驱动算法和两者之间的迭代闭环，推动自动驾驶技术落地量产，并最终实现无人驾驶。总部大楼的投用，充实了Momenta苏州公司的研发力量，项目得以加速展开。公司研发的前装量产自动驾驶解决方案（Momenta Mpilot）已经在苏州进行道路测试。

长三角先进材料研究院正式在高铁新城揭牌落户　12月28日，长三角先进材料研究院成立大会暨长三角先进材料产业创新合作研讨会在高铁新城举行，长三角先进材料研究院正式在高铁新城揭牌落户。长三角先进材料研究院将通过加大重大关键技术源头供给，打造创新资源集聚、组织运行开放、治理结构多元、具有国际影响力的材料科技产业创新中心，并成为核心创建国家级技术创新中心。

【特色活动】 10月26日，第二届全球智能驾驶峰会暨2019长三角G60科创走廊智能驾驶产业峰会在高铁新城举办，同时启动高铁新城智能网联汽车公共测试道路（一期）及公共服务平台，苏州市智能网联汽车产业创新联盟揭牌，江苏省车联网先导区揭牌，《相城区智能网联汽车示范应用指导意见（试行）》发布。

（陈天然）

江苏省相城高新技术产业开发区

【概况】 2016年5月，省政府批复筹建江苏省相城高新技术产业开发区（简称相城高新区），2018年9月批准成立。2019年5月，中共苏州市相城区委、区政府调整相城高新区管理范围和管理机构，元和街道承担高新区管委会相关职能，协同各板块推进高新区建设。相城高新区辐射面积60.29平方千米，涉及元和街道、黄埭镇、高铁新城、黄桥街道、太平街道、渭塘镇六个板块。相城高新区成为苏州南北经济轴的核心区，是苏州市颇具活力、潜力、动力的创新高地。

【经济发展】 2019年，相城高新区加快推动产业转型升级，确立"以研发产业为主，配套部分高端制造业"的产业发展方向，重点打造"六大未来产业创新高地"。区域内集聚大数据企业507家、工业互联网企业134家、科技金融企业246家、智能驾驶企业52家、先进材料企业138家，生物医药企业90家。相城高新区全年完成高新技术产业产值373.02亿元，占规模以上工业产值比重为59.86%，实现地区生产总值534.05亿元，高新区可支配财政资金72.49亿元，工业总产值919.55亿元，其中规模以上工业总产值623.16亿元。全社会固定资产投资252.67亿元，其中工业性投资28.83亿元、高新技术产业投资14.35亿元。注册外资1.31亿美元，实际利用外资1.58亿美元，进出口总额23.51亿美元。

【招商引资】 2019年，相城高新区在上海虹桥核心商务区布局建设上海虹桥（相城）数字经济创新产业园、长三角苏州（虹桥）创客育成中心、离岸创新中心等，构建"一园六中心"体系，通过赴沪、离岸孵化等方式开展技术转移、产业对接和招商推介活动，累计签约项目329个，项目投资近450亿元。建设长三角国际研发社区等特色国际研发社区12个，吸引长三角高端研发产业资源。年内，相城高新区举办阳澄湖创客大赛（含荷兰、以色列分站赛）、苏州相城（日本）投资推介会，开展"走进德国·共创未来"德国科技创新推介会等活动20余场。

【科技人才】 2019年，相城高新区累计建有省级以上各类企业研发机构123家。全年净增高新技术企业161家，累计321家。新增省研发型企业1家，获评独角兽企业1家、潜在独角兽企业3家，苏南自创区瞪羚企业9家。全年引进国家特聘专家12人，引进海外高层次人才200余人，培育省"双创计划"人才4人、"双创计划"团队1个。引进院士合作项目2项。全年新增专利申请9479件、授权4928件。

【特色活动】 江苏产学研合作大会——新材料项目专场对接会　11月5日，第七届中国江苏产学研合作大会——相城高新区园区行暨中关村国际新材料项目专场对接会在相城高新区开幕。海内外专家学者和企业家200余人参加大会，研讨全球新材料科学研究领域的发展趋势和前沿动态。现场集中签约项目10个，9个优秀项目涵盖新材料行业中金属材料、无机非金属材料、高分子材料等多个细分领域。

江苏省相城高新技术产业开发区建设工作推进会　11月20日，江苏省相城高新技术产业开发区建设工作推进会在元和高新区召开，会议贯彻省委、省政府对省级高新区建设发展的要求，落实中共苏州市相城区委、区政府"12345"战略，加快推进江苏省相城高新技术产业开发区建设，更好更快融入长三角一体化发展战略。

江苏省技术转移联盟年会　12月27日，2019年江苏省技术转移联盟年会在相城高新区召开。"江苏省技术转移联盟"由南京大学、东南大学、中科院南京分院、省生产力促进中心等共同发起，其宗旨是促进科技资源综合集成和高效配置，为江苏加快实施创新驱动发展战略、促进产业转型升级提供支撑。会上，相城高新区作投资环境专题推介。

（王晨园）

江苏省苏州相城阳澄湖生态休闲旅游度假区

【概况】江苏省苏州相城阳澄湖生态休闲旅游度假区（简称度假区）位于相城区东北部，东临昆山，南连苏州工业园区，西靠阳澄湖镇，北接常熟。总面积61.72平方千米，其中陆地面积18.75平方千米。阳澄湖水面总面积1.2万公顷，度假区水域面积占43%。2019年，度假区辖5个村、2个社区。年末常住总户数5532户，常住人口1.66万人；户籍人口1.39万人，其中农村户籍人口6458人。全年实现地区生产总值6.2亿元，增长4%。一般公共预算收入完成4067.67万元，全社会固定资产投资7522万元；工业总产值9.15亿元，下降1.9%，其中规上工业总产值为6.8亿元，增长1.6%；村级集体总收入3120万元，增长6.6%，村级可支配收入3098万元，增长20.83%；城镇居民人均可支配收入6.4万元，增长1.6%，农民人均纯收入4.1万元，增长7.9%。2019年，度假区获评2019中国十大美食休闲湖泊，清水村获评江苏省文明村、江苏省休闲农业精品村，度假区阳澄湖旅游集散中心获“凡尔赛建筑奖”，被评为“全球最美客运站”。

表41　　2019年度假区各村（社区）基本情况表

村（社区）名	区域面积（平方千米）	耕地面积（公顷）	户籍户数	户籍人口数	各类企业数（家）	个体工商户户数	集体经济总收入（万元）	人均纯收入（元）	农村合作医疗参保人数	社会养老保险参保人数	村（社区）书记	村（社区）主任
清水村	6.30	236	1242	3606	216	364	836	42000	1272	2334	朱永平	赵志平
新泾村	4.84	256	1537	3909	144	126	517	41000	1515	3565	浦建洪	陈根龙
洋沟溇村	4.40	179	856	2478	54	40	627	42000	1094	1384	金全福	刘宝根
莲花村	2.71	191	516	1269	52	152	1224	40378	1250	1114	顾金元	宋海平
渔业村	0.01	—	444	1262	8	2	291	41232	1262	1190	张文斌	张文斌
洄泾社区	0.50	—	639	1392	102	257	—	64393	143	820	陈诚	陈诚
湖畔社区	—	—	—	—	—	—	—	—	—	—	—	凌勇

注：湖畔社区属搬迁小区，相应数据计入原属村内。

【党建工作】2019年，度假区党工委开展“不忘初心、牢记使命”主题教育，推广“行动支部+先锋服务”工作模式。拓展“莲花红”品牌内涵，推动机关企事业单位与村（社区）、“两新”党组织共建共联，实施全域旅游、产业与人才融合等高质量发展共建项目10个。建立度假区“大工委”、社区“大党委”联席会议制度，开展共驻共建活动6次。“百姓茶馆”党群服务站集矛盾化解、民意沟通、法制宣传、心理疏导、公益服务、文化生活等六大功能为一体，搭建乡村治理“连心桥”。便民服务中心党支部获评“相城区先进基层党

2019年10月29日，“不忘初心、牢记使命”主题教育实践活动在“海棠花红”党建文化主题公园开展　　度假区　供稿

组织”。打造“爱国红色风景线”，启用度假区党群服务中心暨区域党建工作站，建成区级先锋阵地——“海棠花红”党建文化主题公园。全年新增、改建党群服务中心5个、党群服务站4个、区域党建工作站2个。阳澄湖旅游集散中心入选第一批“苏州市华侨文化交流基地”。打造度假区“红色引航工程”干部培训品牌，举办干部培训班3期、“365青年干部成长训练营”青年干部系列活动8次。组织开展综合选拔干部工作，构建青年干部培养“选拔链”，引进优秀海外专业人才1人。加强党建阵地建设，建成实践所1个、实践站7个、实践点4个。　（顾静芳）

链接：

相城“海棠花红”党建文化主题公园打造情景式旅游新体验

海棠花红，绽放莲岛。近期，位于相城阳澄湖度假区莲花岛的“海棠花红”党建文化主题公园成为市民出游的热门选择。园内“党建引领区、亲子互动区、阳澄印象区、畅想未来区”四大展示区以情景化的引导方式，助力游客获得游览的最佳体验。进入公园的党建引领区，便被硕大的“海棠花红”艺术立体雕塑吸引住了，四叶草轮廓与海棠花红镂空造型互嵌，意境深远。公园主入口的“伟大号角”像一扇时空之门又似一只嘹亮的号角，成了一道美丽动人、催人奋进的风景线。这座党建文化主题公园大气、美观，能在游览的过程中重温党的知识、见证党的波澜壮阔的发展史，让人感到精神振奋。公园还设有亲子互动区，蝴蝶座椅、“号召”传声筒、亲子游乐以及迷宫等丰富多彩的文娱设施，寓教于乐、应有尽有，受到了众多家长和小朋友的欢迎。阳澄印象区还设置了与环境融为一体的休息装置，大型海棠花轮廓的木铺上分散着别致的合影框，可以让这一趟红色之旅留下难忘的回忆。畅想未来区美丽的双面“彩虹桥”、“不忘初心、牢记使命”主题教育、“强富美高”新苏州等特色景观和图文展板依次呈现，展现着相城阳澄湖度假区的生机和活力。此外，游客还可以体验琳琅满目的美食、手作产品和阳澄湖最原汁原味的传统农耕文化。党建文化主题公园是度假区“党建+旅游+文化+产业”融合发展的灿烂果实，实现了党建教育阵地由室内向室外的延伸，教育模式由相对封闭向对外开放的转变，教育对象由党员向广大群众的扩展普及。来来往往的游客也喜欢在公园驻足欣赏和拍照留念，点赞这张崭新的“红色文化名片”。　（瞿　妍　陈夏菁）

【纪检监察】 2019年，度假区召开作风效能、纪检工作、监察审计等专题会议，部署年度党风廉政建设和反腐败斗争重点工作19次。制定完善《2019年阳澄湖度假区纪检工作要点》《2019年监察审计工作计划》《度假区2019年落实“两个责任检查”考核方案》，走访重点单位20家次，整改问题25项。制定《2019年阳澄湖度假区作风提升工程实施方案》《阳澄湖度假区作风提升工程任务分解表》《2019年阳澄湖度假区作风提升工程考核细则》，实施项目化作风提升工程15个，整改问题150个，完善制度12条。开展专项督查30余次、“清风”行动4次，暗访督查单位30家，暗访反馈问题10个，发现违反工作纪律13件，通报批评13人。运用“第一种形态”处置39件，立案3件，其中自办案件2件、行政法判类案件1件，收缴违纪所得8万元。严格落实“一案双查”，问责党员干部2人。开展廉政文艺汇演、廉政警示展板宣传、播放警示教育片等廉政宣传教育活动5次。

【镇村建设】 2019年，度假区完成镇、村两级便民服务中心标准化建设，整合办事专线12条，24小时服务大厅建成运行。成立度假区镇、村两级退役军人服务站，接收退役军人3人。推进交通建设，实现公交站台候车亭全覆盖；优化延伸公交87路线路，新建阳澄湖畔花苑公交首末站。打通新澄林路、百溇路“断头路”，辖区公路全部贯通。全年完成莲花岛内部燃气管道6千米铺设工程和澄林路沿线燃气主管道建设工程。推进物业、绿化、环卫市场化改革。加强生活垃圾强制分类工作，打造湖畔花苑一区垃圾四分类集中投放示范点。规划实施清水村“康居特色村”建设，提升优化行政村区域内的道路系统、沿线景观、配套设施、河道畅流、污水治理、垃圾处置、公共服务基础设施等内容；清水村堰西、娄里通过三星级康居乡村区级、市级验收。

【经济发展】 2019年，度假区有企业660家，其中工业企业25家，规模以上工业企业7家。完成工业总产值9.15亿元，下降1.9%。规模以上工业企业产值占比为74.3%，新兴工业企业产值占比为31.7%。完成自营进出口总额4600万美元，增长4.6%。全年完成工业技术改造投资510万元。服务业增加值占地区生产总值的56.8%，提高0.7个百分点。全年播种小麦118.87公顷，每公顷产量4.5吨；水稻种植面积191.4公顷，每公顷产量9.75吨。

【科技创新】 2019年，协助江苏佰家丽新材料科技有限公司申报省政策引导类计划（国际科技合作）项目1个、市企业研发机构绩效补助项目1个；申报姑苏科技创业天使计划2个（其中一个项目立项公示中）、首批快速预审服务备注项目1个。出台度假区高企认定和培育配套扶持政策，制定《阳澄湖度假区高新技术企业培育和认定奖励办法（试行）》，培育入库苏州吉利不锈钢制品有限公司、苏州市永力塑胶有限公司2家。苏州加益不锈钢制品有限公司、苏州利达铸造有限公司完成企业智能化技术改造，苏州利达铸造有限公司智能化技术改造项目获评区级智能制造示范项目。苏州市永力塑胶有限公司、苏州加益不锈钢制品有限公司、苏州吉利不锈钢制品有限公司均成功获评高新技术企业。阳澄湖众创空间创建市级众创空间。完成阳澄湖科技领军人才计划项目验收，获人才滚动资金100万元。

【社会事业】 2019年，度假区有小学1所、幼儿园1所。幼儿园有在编教师20人、编外人事代理1人、年金制教师6人、代课教师15人、保育员18人，在园学生533人，17个班级；小学有在编在职教职工64人、年金制教师2人、代课教师8人，在校学生913人，24个班级。阳澄湖幼儿园获评苏州市后勤工作先进学校、苏州市家庭教育课程项目幼儿园，相城区“五常法”推广示范单位。阳澄湖小学被评为相城区德育先进学校、相城区班级文化建设先进集体。“根植乡土·依托农事学堂·打造阳澄农事文化”项目被列入苏州市课程基地建设项目。申报省级课题3个、市级课题7个、区级课题5个。奚迎春老师获评“阳澄湖教育青年拔尖人才”。辖区有医疗机构4个，其中卫生院1个、社区卫生服务站2个、村级卫生室1个。有床位36张，主任医师1人、副主任医师8人、执业（助理）医师28人。度假区组建家庭医生签约志愿服务团队，开展家庭病床、下乡义诊等优质服务，家庭医生签约率58.6%，其中重点人群签约率75.54%。居民健康档案建档率80.6%，糖尿病管理人数496人，高血压管理人数2035人。建设湖畔社区公园健身步道0.5千米，阳澄湖武术队在苏州市武林大会上获团体金奖3个、个人金奖1个，在苏州市老干部太极拳比赛中获优胜奖，在吴中区太极拳交流邀请赛中获一等奖。建成莲花岛蟹文化馆并投入使用。《阳澄湖寻梦》作为展示度假区人文旅游特色的原创作品，多次受邀参与演出。开展“我们的节日”传统节日主题活动5场、端午节文艺惠民演出1场，组织各村社区结对共建的“迎中秋　庆国庆”文艺惠民演出3场，与区民政局、社会福利院、相城致公党联合组织重阳听书踏秋活动1场。

【综合整治】 2019年，度假区落实河长制，整治河湖“两违”24处，拆除违法占用河湖水域的围网（围栏）74处。完成市、区两级问题清单整改557处，整改率98.4%。完成105户遗留户和2家汽修店的污水接管工作。综合执法检查辖区农家乐528家，关停138家，开具整改通知书800多份，整改事项1000余项，整改率92.6%。清理整治安全消防、“散乱污”、违章建设等问题，累计整治621户、898处，整治面积约3.8万平方米。全年召开“331”专项行动工作推进会议10次，联络员会议19次。印制“331”应知应会宣传册、城乡出租民房安全告知书等，发出告知书5791份、公开信5344份，签订责任状583份。排查“九小场所”836家次，排查整改隐患555处。制定《度假区开展扫黑除恶专项斗争实施方案》，研究部署专项工作8次。与各村社区、部门签订扫黑除恶工作责任书31份。出台《阳澄湖度假区关于中央扫黑除恶第17督导组边督边改反馈意见整改工作方案》，印发扫黑除恶宣传册5000份。在人员密集场所设置宣传点位719个，悬挂宣传条幅1040条，利用短信平台、官方公众号“阳澄清莲”等宣传载体，普及扫黑除恶知识。度假区组织多部门及各村社区联合开展非法运营载客小四轮专项整治行动，出动警力300余人次，盘查电动小四轮150余辆、暂扣22辆、劝离15辆。村社区法律顾问和“法润民生群”为村社区提供法律意见95条，提供法律咨询服务425人次。年内，度假区联动分中心完成12345、公众监督等平台整合，处置交办事项416件。检查企业和单位432家次，整改隐患409处。关停五金类小微企业和作坊6家，立案处罚企业1家，处罚金额5.38万元。

2019年9月21日，2019苏州相城阳澄湖文化旅游节暨阳澄湖大闸蟹试捕仪式在阳澄湖旅游集散中心举行　　区摄影家协会　供稿

【民生富民工程】 2019年，度假区有在册困难群体131户157人，全年拨付困难群体救助资金87.94万元。开展精准帮扶帮扶活动67次，拨付帮扶资金35万元。度假区制定“助青筑梦”困难学生帮扶计划、爱心残疾人帮扶计划、暮年关怀计划、重病医疗救助计划，涉及帮扶项目81个。度假区重点打造的帮扶阵地残疾人之家，安排残疾人辅助性就业10人，发放辅助性就业政府补贴3.1万元。完成清水村日间照料中心、湖畔社区日间照料中心改扩建工程并投入使用。至年末，阳澄湖畔社区、沺泾社区、清水村3家日间照料中心已采用社会化运营模式，由第三方社会组织开展配餐、送餐、休闲娱乐、保健康复等日常工作。度假区有五保户13人，其中集中供养6人、分散供养7人。分散供养人员由第三方社会组织提供援助和居家上门服务。

【旅游服务】 2019年，度假区全年接待游客190万人次，增长2.7%；旅游总收入10.82亿元，增长3%。创新文商旅融合理念，增加特色内涵，打造旅游亮点和四季节庆活动品牌。3~4月，在莲花岛西咀公园举办阳澄湖畔油菜花节，游客通过春季踏青赏花、互动体验，在“赏、游、学、玩、食”中贴近自然。6月，度假区将彩稻艺术与党建品牌“海棠花红”相结合，创作“党建+旅游”彩稻画面。9月，度假区与北太湖旅游风景区合作举办“双湖烩·渔宴鲜”烹饪技能比赛，来自望亭和度假区的20多家渔家乐代表参加，打造“阳澄湖+太湖”渔家美食文化名片。与同程旅游合作，举办相城区文化旅游节开幕式暨大闸蟹试捕活动，将品蟹、休闲与文化创意相结合，推动阳澄湖蟹季旅游，集散中心成为游客们的“网红打卡点”。度假区开发特色农事微旅行线路2条，上线苏州旅游总入口，通过《苏州日报》《姑苏晚报》、引力播、苏州旅游总入口、“麻雀文旅”微信公众号等平台推介旅游产品。

（朱利民）

2019年9月，度假区与北太湖旅游风景区合作举办“双湖烩·渔宴鲜”烹饪技能比赛　　度假区　供稿

街道 镇

元和街道

【概况】 元和街道位于苏州古城区北、相城区南部，街道下辖28个社区，面积45.42平方千米。2019年，街道户籍人口数10.32万人。全年街道实现地区生产总值153.03亿元，增长12.93%；一般公共预算收入24.31亿元，增长17.57%；完成固定资产投资103.26亿元。2019年5月，中共苏州市相城区委、区政府调整相城高新区管理范围和管理机构，元和街道承担高新区管委会相关职能。年内，元和街道被评为“苏州市美丽城镇建设先进集体”“苏州市农村集体‘三资管理’专项治理先进集体”。

表42　　2019年元和街道各社区基本情况表

社区名称	面积（平方千米）	户籍户数	户籍人口数	各类企业家数	个体工商户户数	集体经济总收入（万元）	农民人均纯收入（元）	农村合作医疗参保人数	社会养老保险参保人数	村（社区）书记	村（社区）主任
娄北社区	3.87	1332	5327	340	527	1118	35000	820	44	薄建生	王晓华
众泾社区	3.22	1593	5515	—	—	5873	38000	1836	125	王　军	王　军
湖沁社区	1.57	1817	5529	1268	1700	593	39500	1191	4138	周春华	周春华
凌浜社区	0.90	4528	5479	743	300	754	50000	427	30	张学庆	张学庆
御窑社区	3.43	2859	8169	45	19	688	39500	1707	3852	谢斌杰	李　磊
玉成社区	0.73	1650	4976	198	260	95	36000	680	1558	范佳明	范佳明
姚祥社区	3.24	2321	7478	63	126	655	37000	1100	4400	吴建凤	吴建凤
蠡口社区	2.12	2376	7359	3	1061	339	36000	1523	—	杨惠志	杨惠志
朱巷社区	3.53	980	3345	70	95	240	50142	1298	527	唐建荣	陈　伟
莫阳社区	8.70	1386	5052	—	—	6231	50500	2296	1335	赵明峰	赵明峰
香城花园社区	0.89	2062	5867	—	180	—	—	—	3495	殷国锋	殷国峰
古巷社区	0.72	2112	6038	59	241	—	—	—	1157	滕月琴	滕月琴
元和之春社区	0.67	784	2354	12	200	—	—	16	65	叶　臻	叶　臻
御苑家园社区	1.02	1652	4881	443	371	—	—	152	3188	周　霞	周　霞
日益社区	0.83	906	3173	258	318	—	—	—	3173	王建国	王建国
晨曦馨苑社区	0.55	1803	5212	—	128	—	—	202	4810	杨　臻	杨　臻
康桥花园社区	1.00	650	1862	813	108	—	—	—	49	沈丹妮	沈丹妮
绿色时光社区	0.63	610	1830	50	1300	—	36000	1053	600	王　海	王　海
庆元家园社区	0.99	437	1409	254	1063	—	—	433	956	张建春	张建春

续表

社区名称	面积（平方千米）	户籍户数	户籍人口数	各类企业家数	个体工商户户数	集体经济总收入（万元）	农民人均纯收入（元）	农村合作医疗参保人数	社会养老保险参保人数	村（社区）书记	村（社区）主任
华辰嘉园社区	0.98	780	2088	35	136	—	—	—	2035	陈成浩	陈成浩
峰汇园社区	1.30	1795	4425	890	391	—	—	13	136	汤志荣	汤志荣
华元社区	1.40	1029	3319	888	587	—	—	22	216	朱福民	朱福民
水韵花都社区	0.82	635	1469	108	43	—	—	—	956	孙荣军	孙荣军
富元社区	0.67	85	209	—	11	—	—	31	108	顾建东	顾建东
依云水岸社区	3.47	263	706	13	2	—	—	68	438	项建明	项建明
安元佳苑社区	0.60	236	653	—	110	—	—	467	2003	金玲英	金玲英
水漾花城社区	0.69	1219	3113	110	95	—	—	—	324	曹勤龙	曹勤龙
建元社区	1.40	1109	2510	21	28	—	—	16	1682	吾月萍	吾月萍

【党建工作】 2019年，街道党工委中心组开展集中学习19次，编辑学习资料9份，举办联合大党课4次、社区党课198次，参与人数3100余人次。“党工委—党委（党总支）—党支部”纵向三级组织，注册学习党员群众3970人。组建元和高新区新时代青年理论宣讲团，开展宣讲36场，受众2000余人次，发布《元和改革开放40周年》《元和高新区党员冬训纪实》《新时代青年理论宣讲》等视频，讲好元和故事。加强基层党组织规范化建设，累计规范“一徽一标二牌”82块，调整、取消功能牌399块，清理取消制度牌1233块，规范宣传牌244块。众泾社区、华元社区两个软弱后进党组织成功脱帽。落实街道“大工委”、社区“大党委”制度，与4家市级机关单位、13家区级部门开展联建共建，达成共建项目18个，结对困难群众57户，打通各级组织壁垒，双向盘活为民服务资源。各基层党组织围绕党的建设、社区治理、为民服务中存在的热点难点问题，设立“书记项目”52个，创新形成“8H+移动办公桌”（8小时以外“线上网络办公桌+线下网格办公桌”的双重服务）、“顶峰议事会”等议事制度，解决市级挂牌“331”整治等问题174个。各级基层党组织开设专题廉政大党课80余次，制定整改方案85份，细化党员干部个人自查自纠问题清单300余份，问责处理5名工作人员、3个单位作风不扎实问题。全年召开党工委会议研究部署党建工作18次，党员领导干部坚持以普通党员身份参加双重组织生活，全年人均12次。定期举办“书记论坛”，全过程督查党建工作落实情况。选优配强基层组织头雁队伍，社区书记、主任“一肩挑”占85.7%，开展基层党支部换届选举，举办支部书记轮训，加强基层党组织履职能力。

【纪检监察】 2019年，元和街道纪工委加强廉政教育，突出政治纪律和政治规矩，筑牢党员干部廉政思想根基。全年发送廉政短信1200余条，开设专题廉政党课4次，组织年轻干部100人赴黄埭

2019年3月1日，元和街道党员冬训基地实训活动在长三角国际研发社区举行
元和街道 供稿

看守所，组织科级、股级干部40余人赴苏州三监接受警示教育。通过“美丽元和”微信公众号不定期宣传党纪条例法规、通报典型警示教育案例，优化廉洁文化示范点软硬件建设。全年开展暗访3次、监督检查30余批次，运用“第一种形态”执纪问责66起、党纪立案18起，配合第一派出监察员办公室政务立案2起。强化党员队伍管理，处理问题“两委”成员3人、信教党员2人、党性意识淡薄党员2人。“人大代表接访日”下沉基层，收到问题反馈7个。全年完成13个单位财务收支审计、10个公司资产负债审计、10个经济责任项目审计。开展审计整改“回头看”专项行动，整改审计问题240个。完成工程项目送审109个、内审工程66个、工程审结254个。

【镇村建设】 2019年，元和高新区便民及企业服务中心、日益幼儿园竣工并投入使用。快速推进春申湖路快速化改造、太阳路增设上下匝道等重点交通工程。嘉元路立面亮化工程完工，启动金奥金相中心、大悦春风里商业综合体建设，水韵花都·美好荟开业。苏州第二图书馆、书香·人才公园二期启用，成为活力岛城市副中心文化新地标。持续推进拆迁安置工作，完成签约712户，拆除房屋面积44.5万平方米。安置房交房958户、1860套。有序推进华元家园、五众泾花园一期安置房建设。水漾花城社区获评“2016—2018年度省级文明社区”。新建四分类垃圾亭71座、公厕4座，居民小区生活垃圾分类覆盖率98%。完成“江苏省生态文明镇(街道)”申报工作，元和街道通过江苏省生态文明建设示范乡镇考核验收。

【经济发展】 2019年，全街道有企业7563家，其中工业企业610家，规上企业142家，高新技术企业32家。50平方米以上超市、旅店、餐饮企业、个体工商户、老字号商店共501家。全年街道实现地区生产总值153.03亿元，增长12.93%；一般公共预算收入24.31亿元，增长17.57%；完成固定资产投资103.26亿元。承办及参与大型招商引资活动12场，现场签约项目75个，总投资139.8亿元。落户企业54家，手续在办企业9家。科蓝软件、爱果乐、华越医疗等51个大研发、大文化、大健康类项目先后落户；洽谈中的项目38个。盘活辖区资源，布局建设一批专业化、特色化、高水平的平台载体。打造四大国际研发社区、十大创新中心、元和高新智造工场、御窑设计研发街区、平门塘产城融合社区等创新基地。

【科技人才工作】 2019年，元和街道出台《元和高新区高层次人才创业计划实施细则》，补充完善《关于推进元和街道高质量发展的若干政策和实施细则》，入库全国科技型中小企业46家、民营科技型企业40家，推动“小升高”计划，高企入库30家，指标完成率214.3%，高企认定16家、净增12家，入库市级瞪羚企业1家。成功备案省级孵化器1家、省级众创空间1家、市级众创空间4家。获评市级工程技术研究中心1家。全年申请专利1050件，其中申请发明专利287件。引进国家特聘专家5人，获评省双创人才1人、姑苏科技领军人才1人、阳澄湖科技领军人才11人、姑苏科技创业天使计划人才6人。累计受理市级人才乐居工程申请46人次、区级人才乐居工程申请30余人次，人才购房证明开具147人次。6月，成功举办第七届中国江苏产学研合作大会——相城高新区园区行活动，搭建产学研平台。

【社会事业】 2019年，辖区内中小学33所，其中区直属学校4所；属地管理学校29所，其中公办中学2所、公办小学6所、民办小学2所、公办幼儿园6所、普惠性民办幼儿园3所、民办幼儿园8所、十五年一贯制学校2所。公办学校在校学生数2.35万人，在职在编教师1569人，招收一年级新生2445人，招收初一新生1879人，受理小学积分入学334人、初中积分入学247人。文徵明实验小学建筑完成封顶。元和街道有文化站1个、图书馆2个(不含苏州第二图书馆)，藏书2万册。公共文化设施面积18.69万平方米，元和街道辖区内有省级文保单位2处、市级文保单位3处、区级文保单位2处。有国家级非遗项目1个、省级3个、市级1个、区级5个，有省级非遗项目民间艺人2人、市级3人、区级14人。举办各类文化惠民活动130余场次，5个社区书场累计演出800余场，室内公益电影放映120余场，室外流动放映300场次。有公共体育设施面积36.4万平方米，举办2019年元和高新区全民健身运动会，参与人数2000余人。辖区内有医疗卫生机构1个、卫生院1所，下设卫生中心1个、分中心1个、社区卫生站9个、机关医务室1个，核定床位数62张。全街道有卫技人员213人，具有正高职称1人、副高职称37人、中级职称56人，有研究生学历6人。年末完成水韵花都卫生服务站建设。全年无偿献血369人，献血量9.8万毫升。申报创建健康单位1家、省级健康社区1家、市级健康社区1家，组织健康知识与义诊活动10余次，发放宣传材料近1000份。

【综合治理】 2019年，街道成立非法种植毒品原植物专项整治行动领导小组，发放反间谍法、反邪教、政法新媒体二维码海报等宣传材料3000余份。街道社会综合治理网格化联动分中心受理上级下派事项2.51万件，受理网格员巡查上报工单13万件。整改出租房隐患6508处、“三合一”隐患1510处、“九小场所”隐患7331处。九类涉黑涉恶案件立案63起，破案55起，破案率87.3%。摧毁黑恶势力犯罪集团2个、涉恶犯罪团伙4个。查出涉“黄赌毒”类案件141起，关闭非法农贸市场5家，取缔无证幼儿园3家、“黑中介”22家、“黑诊所”10家。开展“散乱污”及违建集中整治“双月攻坚”行动，拆除违建160处1.5万平方米，关停“散乱污”企业（作坊）164家，整治提升29家。清淤疏浚河道9条，长8.13千米。各级河长累计巡河1万余次。完成河湖两违整治1000余处，夏圩港、南河埂、唐家港完成黑臭水体市级销号。

【民生富民工程】 2019年，城镇居民月均可支配收入6561元。全年办理社保、工伤、简单劳资纠纷调解等业务涉及群众3.87万人次，办理退休审批650人，企业参保职工1.35万人，灵活就业参保2242人，少儿医保8142人，企业开户745户。街道制订帮扶困难群体举措31条，帮扶项目120个。募集慈善资金16.84万元，发起、认领帮扶项目127个，发放补助金、慰问金661.71万元，动员社会力量帮扶困难人群2300人次。元和民营养老机构养老人数184人，建成日间照料中心14家。拥军优抚金额涉及物价补贴、春节慰问金、义务兵优待金和退伍费等17类，全年拨付744.79万元，涉及1426人。

2019年（第十届）阳澄湖创客大赛启动仪式举行　　元和街道　供稿

【特色活动】 *“融入长三角·沪动新相城”推介活动*　2月23日，苏州相城元和高新区在上海启动“融入长三角·沪动新相城”系列推介活动，并在上海虹桥商务区举办首场科技人才专场暨2019阳澄湖创客大赛启动仪式。国内高校科研所院士、专家和金融机构代表200余人参与活动。

“相穗相融·创新共赢”推介活动　7月31日，相城区人民政府主办、元和高新区片区及相关部门共同承办的“相穗相融·创新共赢”2019苏州相城（广州）科技创新投资推介会。邀请海外驻华机构相关领导，广东省、广州市有关领导，金融机构、高校以及科研院所的相关负责人莅临参会。来自海内外科研研发、大数据应用、智能制造、金融投资等创新领域的代表近400人出席。

（王晨园）

【相城区江苏蠡口国际家具城管理】 2019年，江苏蠡口国际家具城市场总投资超过30亿元，占地总面积66.67公顷，总建筑面积150余万平方米，经营面积近百万平方米，其中具有一定规模的家具展销大厅41座，相关从业人员逾3万人，2019年销售额近140亿元，是苏州市确定的“家具（相城）特色产业基地”和“服务业重点集聚区”。年内，家具城重点开展蠡口家具市场交易秩序专项整治，推动商场客流回流20%~30%，营业额上升将近

货运车辆实行统一配送标准　　区家管办　供稿

30%。蠡口家具行业协会牵头组织41个家具商场签订《规范蠡口家具市场经营行为公约》，督促商场内经营户遵守各项制度等，完善《诚信商场创评管理办法（试行）》，以“诚信商场”创评机制为平台，引导建立诚实守信的市场经营秩序。严格培训4000多名销售员，要求统一挂牌上岗。更换统一家具市场“家具商品销售合同”，家具运输货车统一张贴“蠡口家具市场免费送货车”醒目标识牌，货车司机登记入库并发放统一字样马甲，实行苏州市区范围内免费送货安装服务。

打造家具采购节　2019年6月，在苏州家具展召开期间，举办第一届“蠡口国际家具城家具采购节”。10~11月又举办第二届家具采购节，联合商场、商家共同带来家具采购狂欢季。

建立20分钟反馈机制　家具城区域范围内，设立咨询、投诉电话，由专人接听解答，投诉电话交由专人在20分钟内到现场调解处理。

设立蠡口家具学院　2019年，设立蠡口家具学院。学院安排家具行业专业讲师、各职能部门业务骨干采取每周一小课、每月一大课等形式对家具市场所有从业人员免费进行全方位系统培训，为品牌商、经销商、商场提供优质服务和支持。（庄　颖）

北桥街道

【概况】 北桥街道位于相城区西北部，东连渭塘，南临漕湖，西接无锡，北与常熟相接，区域总面积47.52平方千米。2019年，街道辖行政村9个、社区4个。辖区常住户数1.18万户，常住人口4.1万人，其中农业户籍人口3.82万人。全年实现地区生产总值49.04亿元，增长1.39%；工业总产值116.91亿元，增长7.03%；全社会固定投资16.64亿元，增长187.05%；进出口总额3.58亿美元，增长24.92%。北桥街道获苏州市平安镇（街道）称号，便民服务中心获“苏州市工人先锋号”称号，建管所获省一级村镇建设档案室称号，社会事业办筹备组获苏州市“连心家园——关爱失独家庭行动”优秀项目点称号，文体中心获“冶长泾杯”苏州市第五届戏曲票友大赛优秀组织奖，市容市貌管理中心被评为苏州市第十二届环卫行业创先争优劳动竞赛先进单位，苏州漕湖农发生物农业有限公司评为苏州市高标准蔬菜生产示范基地，牧谷农场被评为“苏州共享农庄”，成功申报全国休闲农业与乡村旅游精品“五星”企业，开口船头拳在江苏省第七届农民体育节展示项目中获金奖。

表43　2019年北桥街道各村（社区）基本情况表

村（社区）名称	面积（平方千米）	耕地面积（公顷）	户籍户数	户籍人口数	各类企业家数	个体工商户户数	集体经济总收入（万元）	农民人均纯收入（元）	农村合作医疗参保人数	社会养老保险参保人数	村（社区）书记	村（社区）主任
灵峰村	6.90	53.63	1724	6759	135	125	3350	39203	2885	3185	虞春峰	虞春峰
庄基村	5.80	—	1520	5603	344	559	2232	36500	2228	1756	张忠林	莫志伟
石桥村	6.22	281.70	1700	6087	78	123	1390	37000	2499	360	茅建根	沈　中
莲花庄村	4.12	1160.00	474	3665	45	35	689	24590	1731	1823	蔡　伟	蔡　伟
新北村	2.68	1.13	777	3059	—	59	95	36380	1132	1590	沈新华	沈新华

续表

村（社区）名称	面积（平方千米）	耕地面积（公顷）	户籍户数	户籍人口数	各类企业家数	个体工商户户数	集体经济总收入（万元）	农民人均纯收入（元）	农村合作医疗参保人数	社会养老保险参保人数	村（社区）书记	村（社区）主任
漕湖村	3.30	106.00	1096	4030	6	3	1324	45000	1556	316	谈惠忠	谈惠忠
鹅东村	2.80	128.00	611	2312	38	8	347	35000	1308	654	濮梅芬	荣生元
芮埭村	4.50	23.00	967	3322	—	47	145	40000	1323	200	陈晓东	陈晓东
丰泾村	4.10	56.70	965	3337	6	9	230	22000	1451	832	谈东良	姚建良
北渔社区	0.76	—	197	696	59	40	528.71	41000	173	54	张桂林	张桂林
盛北社区	0.54	—	80	187	—	—	—	—	10	84	金雪锋	金雪锋
盛南社区	0.89	—	105	232	—	44	—	—	5	110	王　泳	王　泳
寺泾社区	2.28	—	896	1769	—	734	—	—	187	1164	毛建凤	毛建凤

【党建工作】 2019年，北桥街道在“不忘初心、牢记使命”主题教育活动中，开展专题交流研讨5次，形成调研成果14篇。收集群众意见建议60条，针对“公共厕所偏少、文体活动场地缺乏”等问题，协调改建公厕2座，协调文体中心、北桥中学、中心小学向居民定时开放体育场所。构建“红心润北桥”党建品牌，组建三大党建联盟，成立行动支部14个。全年研究、部署意识形态工作4次，申报相城区党建示范点5个，党员志愿服务群众超8000人次。举办领导干部能力提升培训班6期。全年调整交流干部79人次，提拔干部35人次。1名村书记获江苏省“千名领先村书记”荣誉。开展“清风行动”督查3次，督查单位47家，整改问题46个；开展财务、工程审计89个。4个村完成专项巡察反馈意见整改。在纪念中国共产党成立98周年暨“两优一先”表彰大会上，表彰先进基层党组织10个，优秀共产党员30人、优秀党务工作者10人。举办第二期“先锋‘365’爱在党旗下”项目包认领活动，各基层党组织和广大党员以支部为单位认领160个爱心帮扶包，筹集爱心资金107.78万元。

【纪检监察】 2019年度，北桥街道纪工委处理违纪违法案件11件，运用“第一种形态”问责71人次。运用容错纠错机制处理1人。核查信访举报10余件，核实问题线索2个。监督、指导4个村完成市委、区委专项巡察反馈意见整改，核查问题线索，立案查处4人，诫勉谈话2人。推进作风建设集中整治，收到领导干部自查自纠问题清单142份、单位自查自纠问题表46份。常态化开展“清风行动”督查，督促整改问题9类46个。开展第三方暗访3次，督促整改问题33个。开展“散乱污”“331”、违章搭建、农村“三资”管理、安全生产等领域专项督查，整改问题42个。核查2018年后退出扶贫救助对象27个。核查公务用车封存停驶及使用情况2次，核查公务加油卡使用情况，整改问题1个。围绕开发区专项资金审计反馈问题开展专项调查，问责4人，责令退回畜禽整治补偿专项资金14万余元。核查公职人员挂证单位与监督单位不一致、兼职取酬等情况，约谈9人。完善党员干部和监察对象廉洁档案，党风廉政意见回复190余人次。组织家属助廉，签署《承诺书》32份。制作漫画说纪展板巡回展示，举办“清风拂戏乡、廉洁沁人心”廉政小戏小品会演活动，到场观众400余人。

【镇村建设】 2019年，北桥街道市镇区规划面积1237公顷，建成区面积357公顷，其中绿化面积48公顷。完成“一河一策”支河清淤工程，投入资金993.75万元。完成北桥街道老年人过渡房改建工程，投入资金698.49万元。完成盛北社区（东区）配套用房装修工程，投入资金600万元。完成绿化搬迁工程，投入资金138.5万元。完成凤北河沿岸绿化及水生植物种植工程，投入资金65万余元。完成街道主要道路节点绿化景观提升，投入资金45万余元。改造市镇区卫生厕所2座，改造农村卫生厕所13座，投入资金275万元。灵峰村楼埂上、毛家桥美丽村庄建设通过市级验收，完成2个三星级村庄创建，投入资金395.6万元。有序推进凤北公路东段路面翻修工程，全面启动盛北街东延、思嘉路一期道路建设。推进新时代文明实践工作，举办“三风联倡”集中宣传周活动。再添“中国好人”1名、“相城好人”4名。

整治后的美丽村庄——灵峰村蔫家浜　　北桥街道　供稿

"周六妹好人工作室"新增捐遗志愿者41名。灵峰村、北渔社区成功创建江苏省生态文明建设示范村，丰泾村获评江苏省休闲观光农业精品村，芮埭村和丰泾村被评为江苏省文明村，盛北社区被评为江苏省文明社区。

【经济发展】 2019年，北桥街道有私营企业2519家，注册资金104.28亿元，其中，年内新增148家，注册资金6.34亿元；累计迁入28家，注册资金8799万元；全年增资4.36亿元。全街道有工业企业811家，工业总产值116.91亿元，增长7.03%；其中规模以上工业企业91家，规模以上工业总产值85.23亿元，增长7.96%；新兴产业工业产值12.57亿元，高新技术产业产值25.29亿元。街道对标开发区"4+8"产业定位，重点打造人工智能研发和未来城市技术两大高科技特色产业。瞄准先进装备制造、新材料、智能电器等行业，加强招商引资，国际医疗健康（苏州）中心、柯依迪智能家居项目完成拍地。做好装配式建筑项目地块挂拍准备，完成未来电器扩建项目供地，宝丽迪扩产项目启动建设。全街道共有市场5个，集贸市场全年成交额约1亿元，有50平方米以上超市99家，住宿、餐饮企业178家。个体工商户新增268户，注册资金3593.1万元；实有个体工商户4220户，注册资金总额3.47亿元。北桥街道耕地面积500.23公顷，高标准农田306.2公顷，其中，高标准水稻面积146.67公顷、高标准蔬菜面积53.33公顷、高标准池塘124.2公顷。水稻种植面积254.12公顷，总产量2096吨，小麦种植面积172.17公顷，总产量687吨。全年种植蔬菜总产量8070吨，水产品总产量1752吨，其中大闸蟹产量166吨。有农民专业合作社9个，从业人数213人，种植大户20户。农业机械总动力数6781.8千瓦。

【科技人才工作】 2019年，北桥街道新增工业项目57个，其中，高新技术企业2家，A类企业5家、B类企业10家。完成企业去产能任务65家。申报企业技改项目9个，达标率90%。成功申报智能车间1家、区级智能制造示范项目1个，推广应用机器人60台。申请发明专利98件、PCT专利4件。年内高新技术企业认定16家，有效期内高新技术企业36家。苏州宝丽迪材料科技股份有限公司获评江苏省企业工程技术研究中心，苏州鑫宇表面技术有限公司获评苏州市企业工程技术研究中心，苏州凯旋机电元件有限公司、苏州佳尔特新材料科技有限公司、苏州市好迪医疗器械有限公司、先恩光电（苏州）有限公司4家公司获评相城区企业工程技术研究中心。

【社会事业】 2019年，北桥街道有中学、小学各1所。有幼儿园2所，其中民办幼儿园1所。公办学校中，中学在职教师150人，在校中学生1072人；小学在职教师281人，在校学生3244人；幼儿园在职教师130人，在园学生1206人。未来幼儿园（私立）在职教师59人，在园学生921人。至年末，街道公共文化设施面积3.29万平方米，公共体育设施面积8.7万平方米，人均公共文化设施面积0.43平方米。有综合性文体中心1个，建筑面积2700平方米。有苏州市图书馆分馆3个、农家书屋9个，藏书量4.5万册。有休闲健身广场2个，面积8000平方米。有公园3个，面积2.4万平方米。有三星级公益性评弹书场3个，全年免费开放。街道文体中心创作了《家的守护》《时代新风赞》等一批优秀文艺节目。开展群众性文体活动30余次。全街道有特色文化场馆10个，200平方米以上村（社区）综合文体活动室12个。全年新增和更新健身路径10套、健身步道1条。街道有市级文物保护单位3个、国家级非遗项目1个。北桥街道有医疗卫生机构10家，其中医院1所、社区卫生服务站9个。漕湖人民医院床位118张，执业（助理）医师113人，护士87人；社区卫生服务站有床位42张，医护人员27人。

【综合治理】 2019年，北桥街道处办河湖“两违”47处，拆除河湖围网11处。受理环境问题信访176件。农村生活污水控源截污改造和内河港口、码头综合整治持续推进，清淤疏浚河道13条。取缔非法吊机码头3个，有序纳归2个，提升3个。完成“大棚房”专项整治问题4个，自查整改问题13个。全年淘汰“散乱污”企业（作坊）367家，关停金属表面处理企业3家，整治电镀（线路板）企业4家，启动淘汰程序2家，完成VOCs排放企业废气治理23家，家具园家具企业废气处理设备在线监控平台常态运行。集中清理陈年垃圾8000余吨；查处偷倒工程渣土14起，罚款5.35万元。清理存有安全隐患的户外广告、店面招牌6000多处。推进农村人居环境整治，开展村庄清洁行动332次，清洁村内河塘沟渠、排水沟170处。开展安全消防隐患排查和专项治理，整治安全隐患1.6万处，立案处罚75起，罚款115.4万元。完成“三级挂牌”整治项目10个，推动企业安全基础管理建设提档升级。申报二级标准化企业3家，120家集体和25家个人厂房完成租赁标准化创建，48家企业完成双机制建设。创建安全生产样板企业6家。开展“331”整治火灾隐患和“九小场所”、小微企业火灾隐患专项行动，全年消除“九小场所”隐患2085处、小微企业隐患467处，拆除危建面积7.6万平方米。坚持四项排查和信访值班制度，解决矛盾纠纷近2000个。全年街道网格上报区网格化联动平台工单11.68万条，办结率100%。建立“北桥—辛庄—鹅湖”区域协同治理机制。开展普法宣传活动，发放各类宣传资料400多份，现场接待法律咨询40多人次。完成年度法治满意度调查，收回有效问卷272份。安排法律顾问定时进驻漕湖村、盛南社区党群服务站，近距离为居民群众提供法律服务。开展矛盾纠纷排查化解专项行动，累计接待来访群众335余人次，调解纠纷12起，涉及金额510.2万元。年内各村社区人民调解委员会开展矛盾排查524次，调解矛盾纠纷99件。组织北桥街道人民调解员代表队参加全区调解员技能大赛。开展扫黑除恶专项斗争，立相关案件14起，查处涉赌涉娼案件28起，刑事案件警情下降34.5%。参与苏州市“扫黑除恶专项斗争知识竞赛”，累计609人参与答题。

【民生富民工程】 2019年，北桥街道完成街道生态文明建设规划修编并通过评审。严格执行太湖保护区控制规划，实施水岸共治，持续改善冶长泾、望虞河等重点水域的生态环境。完成土地复垦24.33公顷，释放土地资源40公顷。完成养殖池塘标准化改造56.67公顷。北桥街道全年完成征收搬迁丈量703户，签约农户201户、企业11家、城镇居民32家、店面23家，实现清零地块3个。实施盛北十期地块农户搬迁，启动通苏嘉甬城际铁路沿线农户丈量评估。盛北六期东区安置房交付604户，盛北七期、九期建设进度加快，鹅东老年过渡房投入使用。健全“互联网+政务服务”镇、村两级便民服务体系，标准化便民服务大厅实现全覆盖，自助服务区实现“24小时不打烊”。5月底挂牌成立全科服务窗口，接单代办全科事项351件。完成村规民约和自治章程修订，4个村

（社区）试点推行民主协商自治。完成盛北社区残疾人之家标准化建设。全面启用镇、村两级退役军人服务站。市镇区域新改建公厕2座，新增公共自行车站点3处。盛北社区获评全国综合减灾示范社区。盛南社区澧韵家园试点“撤桶并点、定时定点”垃圾分类。推动社会保障精准化，提供就业岗位1.25万个，开展人力资源职介服务23次，开办就业、创业培训班6期。全年新增参保、续保2466人。有养老护理院1家，床位244张，其中医疗床位150张，在职职工58人，其中医护人员14人，入住老人115人，供养标准每人每月2880元。有日间照料中心12家，工作人员149人。开展拥军优属工作，密切军政军民关系，成立退役军人服务站，服务优抚对象186人，全年发放各类优抚经费273万元。5月底成立“老兵调解室”，服务退役军人。街道对59个特困供养人员全年发放救助金、慰问金、优抚金630余万元。

【特色活动】 “阳澄清波”党风廉政宣传教育月系列活动　6月28日，相城区“阳澄清波”党风廉政宣传教育月系列活动——北桥街道“清风拂戏乡·廉洁沁人心”优秀廉政小戏小品会演暨“三风联倡”宣传活动在北桥中学报告厅举行。演出分“反腐倡廉”“履职尽责”“忠诚担当”三大篇章，有小品、情景剧、锡剧、评弹、唱段等多种形式，并穿插廉政知识问答、观众互动环节。

“冶长泾杯”苏州市第五届戏曲票友大赛　11月15日，北桥街道举办“冶长泾杯”苏州市第五届戏曲票友大赛。参加戏曲大赛的节目120余个，现场观众5000余人次，国内众多曲艺名家到场助演。11月17日举行闭幕演出，颁发“冶长泾杯”苏州市第五届戏曲票友大赛获奖证书。

2019年6月28日，“清风拂戏乡·廉洁沁人心”廉政教育宣传演出现场
北桥街道　供稿

“北桥消防安全宣传月”　11月8日，北桥街道2019年消防安全生产宣传月活动拉开帷幕。通过宣传消防安全知识、微型消防站比武竞赛等环节，普及安全消防意识。消防宣传月期间，累计发放消防应急救援包500份、消防安全宣传手册2000余份；举行消防知识培训讲座4期，开展消防应急演练16场次，举办消防模拟体验活动2次。（刘怡琳）

太平街道

【概况】 太平街道位于相城区东部，东临阳澄湖西湖，南接澄阳街道，西靠澄阳街道、北河泾街道、渭塘镇，北与渭塘和阳澄湖镇接壤，区域面积43.35平方千米，下辖行政村9个、社区4个。常台高速公路、227省道、兴太路、聚金路和济民塘贯穿南北，京沪高铁、苏州市中环路、金澄路、太东公路和北河泾、渭泾塘横贯东西。2019年，全街道户籍数9183户，户籍人口3.16万人，流动人口4.09万人。全年实现地区生产总值50.5亿元，增长6.9%；完成一般公共预算收入5.56亿元；完成全社会固定资产投资6.45亿元，增长10.9%。年内，凤凰社区获评2016—2018年度江苏省文明社区，花淡村获评2019年度苏州市农村人居环境整治工作示范村，黎明村成功创建江苏省健康村，青漪社区获评未成年人零犯罪社区（村）、节水型小区，“苏州太平书镇”项目获A设计大奖赛2018—2019城市规划类金奖，太平老街获评苏州市未成年人社会实践体验站、文明礼仪养成教育实践基地，“荻溪仓”众创空间入选2019年度苏州十大水乡特色建筑，“太平书镇”特色游学入选苏州市首批社区教育游学项目。

表44　　2019年太平街道各村（社区）基本情况表

村（社区）名称	面积（平方千米）	耕地面积（公顷）	户籍户数	户籍人口数	各类企业家数	个体工商户户数	集体经济总收入（万元）	农民人均纯收入（元）	农村合作医疗参保人数	社会养老保险参保人数	村（社区）书记	村（社区）主任
黎明村	0.98	—	241	820	25	36	877	31604	237	443	张　龙	邱寿根
盛泽村	4.56	—	990	3596	29	25	382	37825	1254	2208	杨群英	杨群英
莲港村	3.79	157.72	860	3012	56	8	544	37442	1160	1452	曹接林	曹建平
旺巷村	4.40	83.11	1194	4029	109	28	645	36121	1352	2590	陆建中	周建新
聚金村	3.33	21.01	947	3389	378	222	670	37858	1264	1990	陈杏明	俞伟风
沈桥村	3.58	56.52	1395	5221	40	110	439	38019	1763	2902	沈雪根	沈雪根
花倪村	2.26	17.38	721	2440	109	69	423	34996	879	1186	沈丽华	沈丽华
乐安村	1.27	—	746	2456	195	76	473	35040	997	1214	徐佳平	徐佳平
花溇村	2.31	—	972	3643	135	60	292	35277	1215	1667	赵志刚	赵志刚
金澄社区	0.80	—	104	251	—	488	—	—	—	141	毛骁靓	毛骁靓
凤凰社区	0.50	—	726	1868	—	362	—	—	49	20	姚正伟	姚正伟
青漪社区	1.12	—	377	873	—	182	—	—	1	380	赵志国	赵志国
洞宇社区	0.11	—	—	—	—	—	—	—	—	—	顾海平	顾海平

【党建工作】 2019年，街道党工委中心组组织学习研讨13次，对标先进典型开展“三学三问”，调查整改问题76个，办好助企惠民实事65件。将“学习强国”平台推广使用与建设学习型党组织紧密结合，平台活跃度和积分位居镇（街道）板块前列，太平题材的新闻报道入选“学习强国”平台10篇。落实党管意识形态责任，把握意识形态工作领导权和主导权，引导党员干部在舆论生态中做好引领和表率，用好主流媒体平台确保信息发布的及时、准确、权威。全领域推进先锋“365”行动，践行行动支部工作法，开展“党建三大片区”联建共建主题党日活动12次。成立街道“大工委”和社区“大党委”，建立文创园党建工作站、老街党建工作站，擦亮“先锋文创盟”、老街“红悦书香”党建品牌。创新开展年轻干部“双向挂职”，全年提拔股级干部8人，其中30岁以下干部4人，7个村（社区）书记、主任“一肩挑”。

【纪检监察】 2019年，根据全区作风建设要求，太平街道结合实际情况，开展“五查五看五提升”专项行动。邀请第三方机构对街道52个单位（部门）进行作风效能暗访，发现问题人员8人，分别进行提醒谈话。严查干部违纪行为，全年立案8人，政纪处分3人。强化审计监督，对街道8家市镇单位、25家直属公司进行财务检查，发现问题31个，提出建议9条，完成工程审计85个，审减资金1611.5万元，审计财务、经济项目26个，提出审计整改建议85条。制定完善规章制度26项，编印《太平街道规章制度汇编》，用制度管人、管事、管权。

【镇村建设】 2019年，太平街道城镇规划区面积5.05平方千米，城镇建成区面积5.05平方千米。年内协议搬迁签约322户，面积13.6万平方米，两个地块完成清零。修复莲花线、沈新线等道路，面积8600平方米，完成中巷桥拆除重建工程和大保滩圩堤加固和护栏修复工程，完成南狭泾河道改造工程，协调做好济民塘清淤及7条入湖河道整治工程。加快推进河长制工作，落实河道长效管理，明确5条镇级河道、104条村级河道的河长名单，完成区级河道“一事一办”清单。有序推进项目建设，洞宇花苑安置小区一期交付使用，二期工程主体封顶。黎明村过渡房一期交付使用，二期完成基础施工，完成波发特一期、仕净环保、海华建设项目，耀东信息建设项目按序推进。完成富泰路雨水管网、金澄路污水主管网建设和金澄花园阳台立面雨污分流改造，同步推进农户生活污水接管工程。

【经济发展】 2019年末，全街道有企业4507家，其中工业企业822家，规模以上工业企业40家。全年完成工业总产值95.5亿元，增长8.2%；规模以上工业产值73.36亿元，增长10.5%；高新技术和新兴产业产值分别为50.72亿元、35.09亿元，分别增长19.6%、19.4%；完成进出口总额4.2亿美元，增长4%。三大产业发展质效凸显，精密制造产业实现销售收入68.2亿元，增长11.5%，实现税收2.7亿元；文化创意和总部经济企业实现产值52.3亿元，增长47.1%，实现税收2.3亿元；环保科技产业实现销售12.2亿元，增长25.1%，实现税收8300万元。举办2019生态环境技术交流会、苏州（相城）中日环保科技产业创新发展推介会、苏州相城阳澄生态新区（上海）国际协同创新推介会，签约项目24个。至年末，有综合市场3个，50平方米以上超市13个，住宿、餐饮企业1个，集贸市场完成交易额1.6亿元。辖区内有种植大户59户，耕地170公顷，其中高标准农田24.4公顷。全年种植水稻面积105公顷，总产量818吨；种植小麦面积36公顷，总产量141吨；蔬菜播种面积130公顷，其中设施农业占地面积35公顷，总产量2925吨。水产品1153吨，其中大闸蟹260吨。

【科技人才工作】 2019年，太平街道新增高新技术企业13家，累计47家。技改投入1.96亿元。大中型工业企业和高新技术企业研发机构有效建有率100%，规模以上企业自动化、智能化改造率92.5%。引进创新创业人才8人。获批市级众创空间1家。申报国家级博士后工作站3家，进站博士1人。获批苏南国家自主创新示范区瞪羚企业3家。获批省级示范智能车间1家、区级智能示范项目3个。苏州市人工智能和大数据入库企业3家。全街道万人发明专利拥有量127件，发明专利申请913件。文创园新增版权登记659件，累计6859件。

【社会事业】 2019年，太平街道有公办中小学2所、幼儿园3所，在职教师334人，学生总数5171人，其中小学在校学生2761人、中学在校学生1052人、在园幼儿1358人。太平中心小学入选2019年苏州市第四批小学特色文化学校。太平中学获评苏州市首批义务教育学校管理标准示范学校。太平中心幼儿园入选相城区常规管理先进幼儿园。街道有文体中心1个，剧场、影剧院1个，体育场馆3个，图书馆3个，藏书2.9万册。公共体育设施面积19万平方米，公共文化设施面积2.97万平方米。举办“江南获溪·太平书镇”摄影作品展暨太平街道庆祝中华人民共和国成立70周年图片展、相城区第四届“太平书镇”杯围棋元老邀请赛。在太平老街获溪仓组织各类文化惠民活动16场次，惠及群众3700余人。组织非遗项目参加深圳文博会，获3金2银4铜佳绩。完成太平老街非遗等主题文化宣传视频的拍摄。苏州·阳澄湖舟船文化馆、曹超蟋蟀盆展示馆开馆。太平街道有医疗卫生机构1个，床位160个，执业（助理）医师75人，2019年被国家标准化代谢性疾病管理中心授予国内首家标准化代谢性疾病管理基层社区卫生院。

【综合治理】 2019年，太平街道治理挥发性有机物企业8家，关停重污染企业1家。“双月攻坚”活动中淘汰清理“散乱污”企业（作坊）32家，整治提升51家。完成8个村级工业区连片整治，其中淘汰清理5个、整治提升3个，累计拆除“散乱污”企业（作坊）违建面积7.6万平方米。完成葫芦岛6处违建别墅的拆除工作，处理“大棚房”问题5处。完成“两违”整治任务19处。开展扫黑除恶专项斗争，侦查九类案件25起，刑拘59人，取保候审7人，配合市、区两级打掉涉恶团伙2个，冻结、扣押涉案资金14余万元。集中整治治安乱点2处。开展安全生产专项整治，街道10个三级挂牌隐患单位全部结案。全年累计检查各类经营单位6225家次，整改各类隐患1.5万余处。“331”专项行动开展联合执法365次，两类场所合规化改造率95.3%，录入系统并整改隐患问题信息3881条，整改到位挂牌督办点3处。制定实施《社会综合治理网格化联动机制建设考核办法》，做实网格“两清三进”（清单清、职责清和事项进网格、人员进网格、事物进网格）。联动平台受理处置12345等各类投诉事项7.3万余件，其中“码”上联动平台事项1.2万余件，处置率100%。全年累计调解各类矛盾纠纷922件，调解成功率98%。加强两类人员管控，做好社区矫正和安置帮教工作。

【民生富民工程】 2019年，太平街道城镇居民农民人均可支配收入6.28万元，增长8%；农村居民人均可支配收入3.67万元，增长8.1%。年内完成街道新时代文明实践所建设，村（社区）新时代文明实践站全覆盖。举办新时代文明实践活动200余场，开展城市文明程度指数测评4次，志愿者注册率占常住人口的18%以上，活跃度超过60%。多措并举

2019年4月19日，第二届创意阳澄数字文创节太平书镇专场活动举办

太平街道　供稿

开展农村人居环境专项整治，创建省生态文明建设示范街道。全街道城乡医保参保1.01万人，养老保险参保1.45万人，创业培训（SYB）学员35人，组织街道残疾人参加相城区残疾人春、秋季专场招聘会。全街道有日间照料中心6个、居家养老服务站1个、助餐点6个。落实扶贫救助工作，全年慰问帮扶困难群众1125户，发放困难救助补助资金310.7万元。

【特色活动】 第二届创意阳澄数字文创节太平书镇专场活动　4月19日，第八届苏州创博会分会场暨第二届创意阳澄数字文创节太平书镇专场活动开幕，活动以“数字科技赋能文旅融合”为主题，通过数字文创产品展示、院校邀请展、版权贸易交易和主题论坛等形式，搭建国际水准的数字文创人才交流、项目展示、成果交易平台。现场举行“奥瑞琪国际孵化器”“获溪仓数字文创产业联合创新中心”“获溪仓众创空间”“苏州市方志馆太平老街分馆”“苏州图书馆太平老街分馆”“新华书店太平老街分店”揭牌和江苏省非遗版权贸易（苏州）基地线上商城启用仪式。

首届太平书镇文化艺术节　9月29日，首届苏州市相城区太平书镇文化艺术节在太平老街开幕。开幕式上，太平书镇“非遗学堂”、相城区文联太平书镇创作基地、相城棋院太平书镇少儿围棋培训基地等揭牌，《太平老街古韵今风》纪录片首发。　（王梓凯）

黄桥街道

【概况】 黄桥街道位于相城区中部偏西，东邻元和高新区，南接姑苏区，西连苏州高新区，北毗黄埭高新区。境内有沪宁、苏嘉杭和苏州绕城3条高速公路，新苏虞张、中环、太阳路等公路贯穿境域，通过人民路北延、广济路北延与苏州古城区无缝对接。行政区域面积23.15平方千米，下辖行政村9个、社区3个。至年末，区域内实有5.63万人，其中户籍人口3万人、户籍户数7317户。2019年全年实现地区生产总值70.2亿元，增长4.14%；一般公共预算收入8.06亿元，增长5%；全社会固定资产投资12.58亿元；工业总产值144亿元，增长2%，其中规模以上工业产值67.2亿元，增长3.15%。黄桥街道被评为2019年度苏州市平安街道，黄桥街道团工委获评相城区“青年文明号”，黄桥环卫站获评苏州市级先进班组。

表45　2019年黄桥街道各村（社区）基本情况表

村（社区）名称	面积（平方千米）	耕地面积（公顷）	户籍户数	户籍人口数	各类企业家数	个体工商户户数	集体经济总收入（万元）	农民人均纯收入（元）	农村合作医疗参保人数	社会养老保险参保人数	村（社区）书记	村（社区）主任
北庄村	2.23	0.05	736	3207	—	—	644	44640	1273	1992	许　卫	许　卫
黄桥村	1.50	6.68	748	3164	84	85	1324	36000	954	1048	陈冬明	徐建刚
方浜村	4.70	37.37	1354	5442	216	401	2194	38610	1977	2566	朱卫华	施　燕
张庄村	2.25	13.43	585	2583	2	—	1016	32193	942	1469	陆林发	陆林发

续表

村（社区）名称	面积（平方千米）	耕地面积（公顷）	户籍户数	户籍人口数	各类企业家数	个体工商户户数	集体经济总收入（万元）	农民人均纯收入（元）	农村合作医疗参保人数	社会养老保险参保人数	村（社区）书记	村（社区）主任
生田村	3.70	45.06	1107	4673	269	160	1648	35000	1823	2077	张红根	张红根
胡湾村	1.68	22.40	503	2278	205	182	1319	38000	799	1484	吴　勇	李玉兰
木巷村	0.67	24.14	309	1356	98	86	659	38000	692	665	孙　毅	朱晓春
大庄村	2.20	30.30	512	2280	72	120	1288	43000	812	1456	万米方	万米方
占上村	2.70	18.51	872	3707	140	30	778	51200	1946	1761	张祥元	张祥元
春嘉社区	1.20	—	572	1342	—	261	—	—	—	34	薛晓波	薛晓波
荷馨苑社区	0.18	—	16	35	—	17	200	—	—	—	张　明	张　明
三角咀家园社区(由占上村代管)	0.14	—	3	9	—	—	—	—	—	—	张祥元	张祥元

【党建工作】 2019年，黄桥街道开展“不忘初心、牢记使命”主题教育，打造“听·初心”有声图书馆；推进“红色蜂巢·党员联户联企”行动，564家中心户、258名先锋服务队员联系农户7311户、企业402家；深入基层调研，收集问题224个，解决问题204件。街道领导班子参加专题学习会6次，撰写调研报告15份。开展村（社区）党组织回归本职专题培训，参训460余人次。成立街道“大工委”、社区“大党委”，新增街道直属党支部3个。32个“锋小巢”党群服务点全年开展活动500余次，服务党员群众7000余人。完成非村（社区）党支部换届选举、村（社区）“两委”增补选举工作。开展年轻干部培育“薪火接力工程”，出台村（社区）综合考核、员额管理、编外人员薪酬实施意见。调整机关部门和村（社区）干部71人次，其中提拔任用13人次。街道党群服务中心开馆启用，累计服务党员群众超2万人次。“黄桥青学社”获“苏州市青年学习社”称号，“众说学习”老书记讲习所获评2019年苏州市“众说学习”理论宣传品牌重点项目。挂牌设立新时代文明实践所1个，11个村（社区）实现新时代文明实践站全覆盖。

【纪检监察】 2019年，黄桥街道落实主体责任，配合、支持区委第二巡察组巡察整改“回头看”、区委第一专项巡察组回归本职专项巡察工作。开展各类监督检查，对“331”专项整治、扶贫救助帮扶、征收搬迁、拆违、公务用车管理、公职人员兼职取酬、村党务村务公开开展专项督查。加强财务审计，对44家单位开展财务检查25次，完善各类制度9条。送审竣工决算项目227个，节约政府资金1490.72万元。开展作风建设，日常检查12次，暗访4次，通报批评22个单位25人次。查办各类案件17件，践行“第一种形态”44人次，完成各类信访件调查15件，容错纠错1件。全年组织举办警示教育6次。

【镇村建设】 2019年，黄桥街道镇区规划区面积5.63平方千米，建成区面积5.63平方千米。黄桥街道南部和北部控制性详细规划编制通过区规划局审批。启动街道全域城市设计，逐步构建“一轴、两带、三心、四片”城市建设格局，中心河沿岸、南部居住功能片区等重点区域规划持续完善。完成搬迁1325家，其中住宅1214家、企业105家、店面6家，面积54万平方米，重点地块清零3个。深化政府投资项目代建制，全年完成基础设施投资约5000万元。竣工交付三角咀家园三期一标安置房879套，新开建中环安置小区二期等项目5个，扎实推进其他在建安置房。永方路北延、永兴路（一标）实现通车，永青路、安元路等17条道路建设顺利推进。生田村实现“公交进村”，新增临时停车场6处、车位650个。建成公共自行车站点3个、投用自行车90辆。推进城市管理改革，环卫作业市场化运营，投用垃圾处理设施1处，垃圾分类实行“红灰榜”公示制度。全年注册志愿者1.03万人，占常住人口的17.1%，通过“百姓名嘴”等开展各类志愿项目30余次。年内获评“相城好人”6人。

【经济发展】 2019年末，辖区内有工业企业970家，其中规模以上工业企业58家，规模以上工业企业中高新技术产业企业38家。全年完成工业总产值144亿元，增长2%。58家规模以上工业企业完成产值67.2亿元，占工业总产值比重为46.7%，其中年产值超亿元企业17家。完成新兴产业产值36.2亿元，增长12.85%，占规模以上企业产值比重为54%。完成高新技术产业产值55.1亿元，占规模以上工业产值比重为82%。至年末，注册外资1643万美元，到账外资5465万美元，货物进出口额3.56亿美元，增长27.1%。参加大型招商、峰会、论坛等平台活动，引进产业项目11个，签约总投资27亿元。三角咀公司完成主体信用AA评级，成功发行公司债券5亿元。全街道耕地面积197.94公顷，有效灌溉面积197.94公顷，高标准农田面积12.67公顷，农业机械化总动力198千瓦。全年粮食作物播种面积20公顷，总产量135吨；水产品总产量125吨。规范村（社区）集体经营性资产集中经营管理，完成省、市两级平台交易890家，成交金额5387万元。工业企业资源集约利用年度综合评价和分类定级893家。追缴各村历年欠缴租金678万元，盘活空置厂房3.8万平方米，注销富民水产公司，成立永芳创投公司。全年村级可支配收入1.09亿元，村级可支配收入超过1000万元的行政村6个，其中方浜村超过2000万元。金之桥公司完成经营收入1837万元，8个村集体投入的股红分配308.68万元。有市场2个，50平方米以上超市75个，住宿、餐饮企业342个，老字号商店2个。全年实现服务业增加值41亿元，增加2.2亿元，服务业产值占GDP比重为51%。工商注册企业190家，新增注册资本15.07亿元，其中注册资本500万以上的企业52家。至年末，全街道有个体户总数4122户、企业总数3041户。营造便利化准入环境，落实“一照一码”“三证合一”“两证整合”等改革措施，新登记个体工商户275户、办理“三证合一”28户、“两证整合”1220户、个体网上登记（个体App）172户、企业全程电子化42户。

【科技人才工作】 2019年，获评省级工程技术研究中心1家、省级工业设计中心1家。新增三星级上云企业5家。新增高新技术企业15家，总数56家，培育入库24家。新增发明专利授权21件，万人有效发明专利拥有量33件。成立企业科协2家，新增产学研合作项目4个，举办科普活动39场次。新增高层次人才91人、阳澄湖科技领军人才3人、姑苏创业天使计划1项。新建博士后科研工作站1家。新增技改项目8个、机器人或机械手臂46台。启动建设黄桥智能产业国际研发社区，引进产业项目7个，开建春菊电器等项目3个。苏州黄桥科创园获评省级科技企业孵化器。创客邦获评市级众创空间，引入在孵企业、创新团队16家。成立上海交通大学苏州黄桥联合研究中心。

【社会事业】 2019年末，辖区有小学3所、中学1所。在校中小学生4827人，其中在校小学生3796人、中学生1031人；教师231人，其中小学在职在编教师145人、中学在职在编教师86人。有幼儿园4所、幼儿看护点2所。黄桥中学获苏州市教育后勤工作先进学校、2019年苏州市艺术教育特色学校等荣誉。黄桥实验小学获“江苏省现代教育技术研究先进集体”“苏州市三星级智慧校园”“苏州市科技教育示范学校”等荣誉。辖区有文化站1个、体育场馆6个，公共图书馆藏书量3万册，图书分馆借阅量3万人次。全年组织文化惠民活动20场次，春菊书场演出累计近330场次，开设各类培训展览讲座10余次，放映数字电影170场。三角咀家园社区综合性文化服务中心通过苏州市综合性文化中心验收。举办庆元宵文艺汇演、市长杯足球联赛总决赛、全民健身运动会等文体活动近50次。全街道有医疗卫生机构9个，其中卫生院1个、社区卫生服务站7个、村卫生室1个，卫生技术人员164人，其中执业（助理）医师33人，副高及以上职称18人，中级职称38人，注册护士54人。卫生院拥有床位160张。全年门诊量29万余人次，体检1万余人。排摸精神障碍新增患者18人，定期随访重症精神病患者199人，做好用药指导工作，管理率91.28%。开展家庭医生签约服务，至年末，纸质化签约2.5万人，电子签约4193人，其中重点人群签约70%以上。推进健康市民“531”行动，建立居民电子健康档案2763份，建档4.16万份，户籍人口建档率98.8%。建成投用三角咀家园社区卫生服务站和胡湾社区卫生服务站。镇、村两级退役军人服务站实现全覆盖。

【综合治理】 2019年，黄桥街道推进扫黑除恶专项斗争，辖区违法犯罪警情下降29%，破获交通肇事逃逸案件52起。完善"公调""访调"等调解对接机制，人民调解员进网格，实行三色预警报告制度，化解社会矛盾576起，涉及金额1270万元。建立健全公共法律服务体系。完成安全事故隐患三级"挂牌督办"单位整改，验收摘牌9家，完成小微企业标准化创建1305家，消除"三合一"隐患104处、出租房隐患698处。淘汰整治"散乱污"企业（作坊）562家，关停转移线路板企业3家。建立信访工作联席会议制度，化解信访积案3件，其中1件被列为全省"百县千案"典型案例，全年无人员进京非访情况。综治联动中心受理各类工单6.8万余件，处置率99.9%。纠处店外占道经营193起，取缔流动摊点1000余人次，拆除不规范广告111处，拆除违章建筑近8万平方米。高标准推进"大棚房"整治，完成整改3160平方米，河湖"两违"综合整治整改31处、整改面积2.3万平方米。开展校外培训机构专项治理"回头看"行动，做好看护点清理整顿工作。完成东挺河东段、内青台河等14条河道清淤整治，新建南窑河等驳岸1057米。落实河长制，巡查镇级及以上河道168次、村级河道2400余次。整治专业喷涂和含喷涂加工企业61家，关停36家。

【民生富民工程】 2019年，街道农民人均可支配收入3.48万元。全年8类民生支出2.1亿元。建成使用母乳哺育室2处。推动居家养老服务社会化工程，全年服务1万余人次。新建胡湾村助浴点1家，生田残疾人之家投入使用。学校食堂"明厨亮灶"建设实现全覆盖。全年新增就业1020人，完成SYB创业培训等各类培训3400余人，企业职工岗位技能提升培训1670人。居民医保参保1.5万人，就业人员社会保险参保率73.2%。协调处理劳资纠纷42起。街道便民服务中心设立服务窗口18个，启用24小时自助服务区，承办各类事项270项，其中实现"不见面审批"事项112项。建成标准化村级便民服务中心9个，实现镇、村两级标准化便民服务大厅全覆盖。完成黄桥实验小学景观提升、永兴路绿化工程，新增拆迁区域覆绿面积约40万平方米。完成虎丘湿地公园相城片区生态修复三标段工程建设。

【特色活动】 新时代文明实践主题活动暨2019家园文化艺术节　2月18日，黄桥街道在黄桥实验小学举办新时代文明实践主题活动暨2019家园文化艺术节，表彰2018年度"文明家风户""最美家庭""黄桥好人""最美黄桥人"等先进典型。演出节目有民乐表演《丰收情》、小品《"老板镇"绽放新活力》、歌伴舞《幸福来》、戏曲联唱《梨园情》等，广受好评。

黄桥智能产业国际研发社区项目启动　2月19日，苏州市2019年重大项目现场推进会在黄桥街道举行。推进会上，启动总投资65亿元的黄桥智能产业国际研发社区项目。

链接：黄桥智能产业国际研发社区

黄桥智能产业国际研发社区规划片区南至旺盛路，北至东挺河，东至中心河，西至青台河，规划用地面积约238.47公顷，计划总投资超百亿元，分三期建设，预计建设周期为2019—2030年。研发社区以构建具有区域竞争力和带动力的科技创新中心为目标，打造大数据、金融科技、工业互联网、先进材料等产业高地，以大研发产业为核心，以创建优

2019年11月23日，黄桥街道全民健身运动会举办　　黄桥街道　供稿

良发展环境、实现跨越发展为主题，奋力打造功能齐全、产业集聚的智能产业国际研发社区。2019年引入7个产业项目，总投资23.7亿元，全部投产后，预计可实现年销售额42.28亿元，年税收2.36亿元。

“红色锋巢贷”暨“头雁论坛”活动　11月20日，黄桥街道举办“奋斗吧！锋巢”——打通为民服务“最后一公里”项目集中汇报会暨第一期“头雁论坛”。活动现场举行首批“红色锋巢贷”贷款授信意向颁发仪式，泰隆银行现场颁发授信意向1350万元。

第二届全民健身运动会　11月23日，2019年黄桥街道全民健身运动会在黄桥中学举行。街道各村（社区）、市镇单位、机关部门、相关企业15支代表队参赛。运动会设趣味运动会、拔河、3对3篮球、乒乓球、羽毛球等项目。

（卢军刚）

北河泾街道

【概况】　北河泾街道位于相城区区域中部，东邻太平街道，南至太阳路，西至元和塘，北接渭塘镇，面积19.8平方千米。下辖朱泾、胡巷、常楼、如意社区4个（6月，成立如意社区居委会筹备组，区域面积6.82平方千米）。北河泾街道党工委、办事处与苏州高铁新城党工委、管委会实行“区政合一”管理体制。2019年末，街道户籍户数4072户，户籍人口1.5万人。全年完成一般公共预算收入12.4亿元，增长22.2%；全社会固定资产投资75亿元，增长8.7%；现代服务业生产值330亿元，增长10%。街道被评为苏州市城市管理工作先进单位。

表46　2019年北河泾街道各社区基本情况表

社区名称	面积（平方千米）	户籍户数	户籍人口数	各类企业家数	个体工商户户数	集体经济总收入（万元）	农民人均纯收入（元）	农村合作医疗参保人数	社会养老保险参保人数	村（社区）书记	村（社区）主任
朱泾社区	2.57	1167	4357	—	—	1610	41951	1752	3135	杨振兴	杨振兴
胡巷社区	3.38	1306	5223	1702	184	666	37000	1362	1062	王小伟	王小伟
常楼社区	2.68	1567	5413	47	71	1001	38000	1885	1950	杨建国	杨建国
如意社区	6.82	32	79	1	14	—	—	—	—	汤建惠	—

【党建工作】　2019年，北河泾街道开展“不忘初心、牢记使命”主题教育活动，组织“中心组先锋领学”“支部书记论坛”“新城论坛”等系列活动20余次。开展“强双基”党建体检，抓实党建书记特色项目4个。成立“活力因子”“巷之愿”“乐居常楼　先锋惠民”等4个行动支部。组织辖区内6位“百姓名嘴”，开展“共话初心·勇担使命”巡回宣讲活动。设立市级“走看学做比”参观点2个、新时代文明实践所（站、点）7个。年内街道被评为全省基层党员冬训工作示范街道。

【纪检监察】　2019年，街道纪工委通过“必修+选修+竞赛”多重模式，推进党风廉政建设。组织70余人前往法院旁听窗口服务人员违法案件审理，组织副科级以上干部前往苏州市党风廉政教育警示基地开展主题学习，组织200余人参加“防微杜渐·强化财务廉政风险防控”的财资系统预防职务犯罪专题讲座和教育领域警示教育大会，举办“清风故事化廉政”征文比赛和“童笔绘清廉·新城扬清风”廉政画展，共征集文章36篇，书画作品近200幅。制定党风廉政建设主体责任清单，开展选人用人廉洁性审查10批168人次。实施监察审计与评审监督“双控双管”，全年完成工程审计246个，项目跟踪审计29个，完成财务审计31个，查改问题211个，建立健全制度17项。

【镇村建设】　2019年，公示长三角国际研发社区城市设计及控规方案，其中1.08平方千米启动区通过苏州市政府审批。深化地下空间和综合交通等专项规划10个，做好并实施中国计算机学会业务总部（学术交流中心）、新城悦高层建筑等项目规划。富临路、北天成路、民四南路、印象水街、D区、西港河驳岸等市政工程建设稳步推进。完成民四路和民五路等5座桥梁装饰，常规检测、针对性维护桥梁33座。打通地铁2号线骑河站台与环秀湖花园连廊通道。完成澄阳路东、西公田路北挂钩复垦土地8.33公顷。开展搬迁区域复绿、沿高铁线两侧的绿化整治及道路绿化环境整治工作。开发数字城市项目监审系统，上线运行，南部片区实现免费Wi-Fi全覆盖。推进朗诗蔚蓝广场等新建续建项目50个，高清传媒大厦等建成投用项目32个。运行数字城市项目监审系统，在长三角国际研发社区启动BIM技术试点。获评省绿色建筑创新项目2个、省市级文明示范工地8个、市级“姑苏杯”工程奖6个、国家及省级建设优秀勘察设计项目7个。

【社会事业】 2019年，北河泾街道有学校3所，其中公办学校2所、民办学校1所，并签约引进荟同国际学校。至年末，在校学生共有7492人，其中高中496人、初中1375人、小学3871人、幼儿园1750人；有在职教师610人，其中高中教师81人、初中教师137人、小学教师281人、幼儿园教师111人。在第四届“东吴少年科学家大会”上，苏州大学实验学校获一等奖1人、二等奖6人、三等奖6人、优胜奖17人。南京师范大学苏州实验学校首届高考，理科班一本达线率100%，文科班一本达线率90.9%。苏州大学实验学校幼儿园获市优质幼儿园称号，南京师范大学苏州实验学校教师丁良峰参加第34届全国青少年科技创新大赛，获科技辅导员创新项目二等奖。澳大利亚阿坤纳斯学院访问苏州大学实验学校，英国伦敦布罗姆利市市长与英国文法学校校长、汤力文法学校校长先后到南京师范大学苏州实验学校考察交流。街道有足球场4个、篮球场25个。成立涵盖优秀教师、作协会员、产业先锋、儿童文学专家等优秀文化人才的志愿者队伍，与4个社区3所学校开展新时代文明实践文化志愿活动近20场，参与活动的志愿者近1000人次。举办第四届文化艺术节、全民健身节等大型活动20余场。“阅动·新城”文化主题活动获得“苏州市优秀阅读创新项目”“第十四届苏州阅读节优秀活动奖”两个奖项。

【综合治理】 2019年，北河泾街道36名区人大代表和议政代表、11名区政协委员全数编入高铁新城5个网格中，代表和委员通过联动平台将意见建议转达到处置部门。在朱泾、胡巷、常楼三个社区开展选民接待日活动6次，共收集意见建议41条。在“263”“331”专项整治活动中，检查“9+1”场所698家次、居民户4200余家次，发现并整改隐患370处。检查在建工地、工业企业等638家次，发现并整改安全隐患1927处。开展工地扬尘治理专项检查30余次，整改区级督办环境问题2起，处理环保投诉200余起，辖区工地集宿区全部完成污水接管和食堂安装油烟净化装置。办理“12345苏州阳光便民”寒山闻钟等工单3.3万件，处置率99.9%。调解劳动合同纠纷32起，处置农民工讨薪案6起。设置法律援助联系点5个，接待群众法律咨询280人次。改造高铁北站出站口，优化进站流线。搬迁花木城，腾空土地3.13公顷。安装并运行区域大气环境质量监测系统，有效监管建筑工地扬尘、工人集宿区环境。实施市政环卫市场化运营改革，启用无人驾驶扫地车清扫道路。开展国家安全宣传教育活动5场，发放宣传资料700余份。开展法治宣传教育活动31场，发放法治宣传资料5550份。开展食品安全宣传活动20场，检查学校、工地食堂、沿街餐饮、酒店等场所300余家次，发放宣传学习资料3000余份。召开扫黑除恶专项斗争工作会议23场次，签订责任书和承诺书716份。举办扫黑除恶知识竞赛及其他宣传教育活动15场次，发放宣传资料约3.2万份。

【民生富民工程】 2019年，北河泾街道便民服务中心优化一站式服务，精简行政权力业务和公共服务业务193项，办理事项2.3万件，受理咨询1.68万人次，办结率100%。推进“大爱新城”慈善品牌建设，量身定制30类爱心帮扶项目，帮助困难群体52户69人，发放生活补助款52.18万元。安置残疾人辅助性就业4人。组织无偿献血活动，采集血量2.74万毫升，为社区居民免费体检5050人。开展“中国社会扶贫网”应用推广宣传，募集捐款资金1710元，为贵州石阡县大沙坝乡提供帮扶资金20万元。建街道、社区二级退役军人服务站，采集退役军人和其他优抚对象信息305份，为88名优抚人员发放各类优抚金、补助金、抚恤金170万元。集中交付富元雅苑安置房580余套。新增胡巷日间照料中心，开办“紫光楼宇职工子女托管中心”，获评2019年江苏省基层工会服务职工优秀项目。先后组织“悦享自然生活”“奋进高铁新时代·活力奔跑新城人”“2019最暖回家路”“法律进家庭”“幸福生活·巾帼绘”“新城少年·未来可期”“好家风·好家规·好家训伴我成长”“七彩夏日”等主题活动。

【特色活动】 “三大工程”锻造“铁

2019年3月5日，苏州高铁新城“铸铁军”计划启动仪式举行

北河泾街道 供稿

军”团队 北河泾街道党工委开展“培训赋能、实践锻炼、严管厚爱”三大工程，着力培养一支具有独特和鲜明气质的“铁军”队伍。3月5日，举行2019年“铸铁军”计划启动仪式。8月17日，组织“80后”年轻干部200余人参加“铁军”青年人才成长特训营综合比选笔试，80人入选“铁军”青年人才成长特训营。特训营成立行动支部，党工委书记担任行动支部书记，党工委6名领导干部担任“导师”，14名业务扎实的“80后”科级干部为“学长”。特训营每月开展一次主题活动，每两月组织一次集中学习，每季度举办一次专题党课。学员“跟团式”参加招商推介、人才招引、会务会展、文体活动等大型活动，实现专业能力和综合素质的双提升。

“阅动·新城”文化主题活动 3月30日，北河泾街道启动“阅动·新城”文化主题活动。优秀教师、作协会员、文化人才、产业先锋、儿童文学专家等优秀文化志愿者与上海少年儿童出版社代表参加活动。苏州大学实验学校、华皇电影（苏州）有限公司等文化志愿服务队与辖区内朱泾、胡巷、常楼三个社区及苏州大学实验学校、南京师范大学苏州实验学校结对共建，合作成立“小作家”成长营培训基地，开展培训、游学等系列活动。至12月4日，共开展阅读及相关活动近20场，参与者1000余人次。“阅动·新城”文化主题活动获“苏州市优秀阅读创新项目”“第十四届苏州阅读节优秀活动奖”两个奖项。

九进网格送健康 5月22日，街道常楼社区党总支联合“相城仁医”党建联盟开展“相城仁医进万家，九进网格送健康”便民服务活动，推出基本医疗、健康教育、计生服务、慢病管理、精神卫生、妇幼保健、康复指导等服务项目7个。开展“5·19世界家庭医生日”宣传活动，为社区居民提供家庭医生App电子签约，推广基本公共卫生服务包、健康综合服务包，对高血压、糖尿病、慢阻肺等重点人群提供个性化签约服务，落实“互联网+医疗健康”便民惠民举措。现场开设内科、外科、妇科专家义诊，并提供量血压、测血糖服务。

（毛福元）

漕湖街道

【概况】 漕湖街道位于相城区西部，北接北桥街道，南连黄埭镇、元和街道，西抵无锡市鸿山街道，东邻渭塘镇。辖区面积47.6平方千米。2019年，街道共辖7个村（社区），户籍户数6107户，户籍人口2.28万人，外来暂住人口1.65万人。完成工业总产值170.11亿元，增长21.91%，其中规模以上工业总产值165.01亿元，增长18.94%；完成固定资产投资55.65亿元，其中工业投资19.45亿元；全年累计完成进出口额11.84亿美元，其中出口额8.4亿美元。卫星村一站式服务大厅被评为江苏省巾帼文明岗，卫星村团总支被确定为共青团省委村（社区）领域直接联系点，瑜翠园被评为江苏省节水型小区，苏州易德龙科技股份有限公司被评为江苏省文明单位，西交大科创园被评为江苏省海外人才离岸创新创业基地运营主体单位、省级创业孵化示范基地，漕湖街道青年学习社被评为2019年苏州市“青年学习社”，漕湖街道团工委被评为2018年度“苏州市五四红旗团委”，永昌泾社区妇女儿童之家被评为苏州市最美妇女儿童活动阵地，漕湖环卫站被评为2019年创先争优劳动竞赛市级单位，彩叠湾被评为苏州市市级示范物业管理项目。

漕湖风光　　漕湖街道　供稿

表47　2019年漕湖街道各村（社区）基本情况表

村（社区）名称	面积（平方千米）	耕地面积（公顷）	户籍户数	户籍人口数	各类企业家数	个体工商户户数	集体经济总收入（万元）	农民人均纯收入（元）	农村合作医疗参保人数	社会养老保险参保人数	村（社区）书记	村（社区）主任
卫星村	4.05	68	651	2494	—	—	1237	40230	1797	428	曹洪峰	曹洪峰
汤浜村	4.15	138	360	1293	—	—	668	35200	509	295	严建兴	朱晓明
下堡村	5.30	192	598	2436	—	—	697	34900	1227	1048	钱晓东	钱晓东
漕湖花园一社区	0.36	97	1332	5338	—	11	427	35000	1532	3095	贾文明	薛晓刚
漕湖花园二社区	0.36	89	1202	4442	—	—	479	32000	2053	2412	苏其峰	苏其峰
观塘社区	0.77	—	279	623	82	165	—	—	—	374	聂佳佳	聂佳佳
永昌泾社区	0.218	186	1685	6181	—	—	1101	40000	3906	3115	薛祥弟	薛祥弟

【党建工作】 2019年，漕湖街道完善街道党工委会议和中心组学习会常态化领学促学机制，49个支部组织交流学习126次，街道班子领导以不发通知、不打招呼、不听汇报、不用陪同接待、直奔基层、直插现场方式开展专题调研及成果交流，撰写调研报告10份，解决实际问题78个。党建年系列活动“春的回响”“夏的旋律”“秋的果实”“冬的温暖”等有序推进。街道和苏州大学政治与公共管理学院等12个单位结对共建，构建“大工委”格局。开展“不忘初心、牢记使命”主题活动，重温入党誓词。创新实施党员教育TED（坚定理想信念“Target”、提升工作能力“Empowerment”、发挥先锋模范作用“Development”）项目，整顿软弱后进党组织2个，调整村（社区）党组织设置4个、新建1个，调整“两新”党组织设置2个、新建7个，指导12个党组织完成换届选举。优化村（社区）党建阵地5个、新建“两新”区域党建工作站1个。发展党员17人。调整干部51人次，提拔13人次，举办街道年轻干部培训班1期。招聘社区工作人员8人。

【纪检监察】 2019年，漕湖街道从严监督执纪，开展清风行动及安全生产等领域督查16次，发现并整改问题246个。开展纪律检查，发现问题8大类317个，组织谈话31人次，建章立制27项。配合上级巡视巡察工作，落实反馈问题整改，针对2018年反馈的问题，启动项目建设领域专项督查。运用“第一种形态”约谈50人次，立案8件并全部办结。在下堡村、漕湖花园一社区开展村（社区）纪检委员专职及强化村（居）监督委员会试点工作。审结工程26个，节约财政资金168.13万元。加强廉政教育宣传，举办主题教育廉政警示专题讲座2次。

【镇村建设】 2019年，永昌泾花苑三期安置房建设、黄畦路商业广场改造完工。漕湖邻里中心改造升级加快推进，母乳哺育室建成投用，漕湖电影院建成启用。完成汤浜路、康阳路、S228沿线景观绿化景观工程。复垦复种土地70.31公顷。漕湖花园一社区获评相城区“最佳‘金乡邻’志愿服务社区”，卫星村获评省文明村。街道24小时自助服务区，镇、村两级标准化便民服务大厅，退役军人服务站全部启用。7个村完成（社区）便民服务中心标准化建设。做好文明城市创建工作，周期性开展文明城市创建督查工作，整改各类问题2000余条。打造“思漕学堂·筑梦微课”“心商户·爱联盟”“吴语话漕湖”等新时代文明实践志愿服务项目。观塘社区“守护红领巾——关爱流动青少年”等项目获评区最佳志愿服务项目。周昌兰等5人获评“相城好人”，朱勤英等8户家庭获评相城区“最美家庭”。开展“阳澄讲台”“道德讲堂”活动20次。

【经济发展】 2019年，漕湖街道做好企业服务工作，创建“在建企业”“规上企业”“商会企业”“政企交互”微信群4个，畅通企业诉求渠道。召开企业家沙龙暨“5G通信赋能工业智造”现场会，助推5G产业与漕湖企业融合发展。年内秦欧动力、平安大健康、海鹰空天材料研究院等100个企业落户漕湖，开工建设平谦二期、易德龙二期、国方电子等项目15个。举办中美贸易摩擦应对、海关政策解读、人事经理培训等业务培训、技能培训9次，受益企业280家次。加强集宿楼服务管理，新签及续签宿舍租赁协议153份，代收租金2163万元。村级经济联合抱团发展，鼎昇市政、漕阳生态、乐漕物业、卫星置业、社区股份合作联社、联漕绿化6家集体公司全年创收1434万元，村级稳定性收入4669万元。统一发包土地361.66公顷，土地收入650.3万元。发放卫星、下堡、汤浜、永昌、湖林、倪汇、上浜等7个村集体资产拆迁补偿款2.85亿元，全年按银行同期贷款利率结息，收入约1600万元。

【社会事业】 2019年，漕湖街道有幼儿园2所。漕湖幼儿园（公办）有17个班级，在职教师74人，在园幼儿579人；东方岚谷幼儿园（民办）有11个班级，在职教师51人，在园幼儿335人。华东师范大学漕湖学校为九年一贯制公立学校，全校有60个班级，在职教师240人，在校学生2600人。有综合文体活动中心5个、书香苑5个，图书馆藏书2.07万册。有文艺团队8个，开展各类文化活动250余场。有篮球场3个、棋牌房3个、活动场地9处。全年新增健身器材3套，开展文体活动10余场次。举办第二届“易德龙杯”篮球赛。街道有社区卫生服务站2个，执业（助理）医师12人。全年举办健康讲座10余次，开展义诊4次，惠及群众1000余人次。全年举办招聘会2场，解决企业用工需求500余人。新建电动车集中停放点及充电设施6处，可停放电动车约3000辆。

【综合治理】 2019年，漕湖街道做好扫黑除恶专项斗争督导反馈问题整改、“回头看”迎检工作。全年司法调处案件239起，涉案金额近700万元。开展法治宣传活动12场。接待来访46起66人次。开展安全生产“双月攻坚”行动，签订安全生产责任书151份，检查工贸企业950家次，发现、整改安全隐患1246处。处罚企业10家，罚没金额25.45万元。清理危化品企业仓库2处、危化品2.5吨，关停隐患整改不达标企业16家。规模以上企业双重预防机制建设全覆盖。“三合一”场所、出租房合规改造率98.79%，完成“9+1”场所隐患系统录入工作。17家VOCs排放企业环保设备安装全部完成，77家餐饮单位油烟分离设施安装到位。河道实现长效管理，市、区两级巡查发现问题率低于10%，解决河湖“两违”问题4个，综合整治河道8条9.3千米。卫星花园有序推进，垃圾分类试点工作取得实效。全街道建成垃圾分类亭99座、有害垃圾可回收物临时存放点6处、有害垃圾可回收物分拣用房1座，各小区楼道配备有害垃圾收纳袋700余个。全年清运垃圾1.5万余吨。清理小广告4500余张，清扫道板9.2万平方米。拆除违章建筑25处、临时菜场1处、户外广告56处，拆除面积约2万平方米。

【民生富民工程】 2019年，街

2019年8月3日，“思漕学堂·筑梦微课”开讲　　漕湖街道　供稿

道有社会化运营的养老服务机构3家，日间照料中心、助餐点全部实行社会化运营，平均每月就餐8400人次，全年发放尊老金41.63万元。发放残疾人之家辅助性就业补贴6.25万元。改造残疾人无障碍设施3家。新增公共自行车站点20个。倪家湾·水之田获评江苏省主题创意农园、苏州市田园小综合体、苏州市级科普教育基地，成为采摘观光热门地。农民人均年纯收入3.62万元，增长3.4%。农民股份分红人均363元，增长7.45%。落实各项困难帮扶措施，发放困难群体救助金、慰问金218.24万元，街道困难群体人均年收入2万元。发放残疾人补助资金63.88万元，协助5家企业完成残保金申报工作；组织7名残疾人参加春季专场招聘会，开展技能培训1次，举办残疾人专场活动2场。发放慈善帮困爱心卡，折合金额11.73万元，筹集“易德龙奖学金”2万元、“慈善助医”3万元。开展全员全科社工培训3期、窗口礼仪培训2期。2月23日，漕湖街道举办“漕湖岸·美江南”招聘会，36家企业提供60多个工种600余个岗位。劳动中队、妇联等部门联合开展以“服务企业·充分就业”为主题的春风行动，对就业帮扶、劳动维权、技能培训、创业培训及创业贷款进行宣传、咨询和解答，发放宣传材料100余册，接受咨询60余人次。

【特色活动】 思漕学堂·筑梦微课　2019年，漕湖街道重点打造“思漕学堂·筑梦微课”新时代文明实践志愿服务项目，通过对书香苑升级，依托老书记工作室、道德讲堂、清心书场等资源，邀请社区老党员、老教师、道德模范等作为志愿者，定期举办名师讲座、亲子阅读、“悦”读沙龙等活动，全年开展活动20余次，受益青少年500余人次。

“与时代并肩　随青草逐梦”微电影拍摄活动　漕湖街道团工委在五四青年节之际组织“与时代并肩　随青草逐梦”微电影拍摄活动，线上招募20余名团员青年，通过演绎五四运动中的人物，弘扬五四爱国精神。线下，开展“跨越新时代　奋进新青年”定向赛，参赛青年12人为一组，按照地图标定的点位顺序逐一打卡，完成“小青草”LOGO（标识）制作、舞动青春、听党指挥、跨越百年、五四精神书写、跳动的音符、思维碰撞、团务知识问答等8个关卡，关卡设置充分考虑节日主题和地方特色，将五四精神、团务知识、街道文化、旅游特色、青年爱好等元素有机融合，让青年在参与比赛的过程中，弘扬革命传统，传承地方文化，激励青年“不忘初心、继续前进”。

对口帮扶　12月3日，漕湖街道携手苏州易德龙科技股份有限公司赴宿迁市泗洪县双沟实验学校，开展爱心图书室捐赠活动，共捐赠价值20万元的工具书、童话书、漫画书等书籍近万册，电脑10台。（岳敏兰）

澄阳街道

【概况】 澄阳街道地处相城区中部，东抵G524公路、南至阳澄湖东路、西沿相城大道、北到太阳路，辖区面积11.7平方千米。澄阳街道下辖泰元、徐庄2个涉农社区，南亚花园、蠡塘、登云3个市镇社区。2019年，街道户籍户数5103户，户籍人数1.62万人，外来常住人口4.09万人。全年完成地区生产总值120亿元，全社会固定资产投资17.7亿元，全年完成进出口贸易8.1亿美元。

表48　2019年澄阳街道各村（社区）基本情况表

村（社区）名称	面积（平方千米）	耕地面积（公顷）	户籍户数	户籍人口数	各类企业家数	个体工商户户数	集体经济总收入（万元）	农民人均纯收入（元）	农村合作医疗参保人数	社会养老保险参保人数	村（社区）书记	村（社区）主任
泰元社区	3.3	—	2416	8149	42	327	446	39000	2949	2631	王亚明	王亚明
徐庄社区	1.28	—	1160	3799	29	21	11	43516	1059	1482	章志坚	章志坚
南亚花园社区	2.03	—	692	1821	8	33	—	—	—	1380	朱金民	朱金民
蠡塘社区	2.1	—	579	1699	46	51	—	—	—	826	李美华	李美华
登云社区	1.8	—	256	694	87	14	—	—	—	534	唐小华	唐小华

【党建工作】 2019年，澄阳街道党工委加强基层堡垒建设，调整“两新”党组织22个，23个党组织完成换届选举。举办“阳澄讲台”、大党课10期，邀请专家教授授课14次，街道书记上党课3次，播放影视党课5次。开展主题教育，组织学习交流200余次，“先锋宣讲团”主题宣讲7次，“星澄广播”专栏网络宣讲7次，参与活动5600人次。新建综合执法中心、星湖花海党建阵地2个，清理规范党群服务中心“牌子乱象”。加强队伍建设，调整机关股级干部18人次、社区“两委”26人次，机制调整3人。组织党支部书记轮训2次。

【纪检监察】 2019年，澄阳街道加强党风廉政建设，完成各项巡察整改任务，创新开发监督云平台，拓宽群众监督渠道，推动各项权力运行制度化、规范化和阳光化。全年开展专项督查5次、专项审计9次，发现问题50余个、问题线索2起，挽回资金损失5.7万元，完成监察对象职务违法自办案件1个、政务初核案件1个、法判类案件2个、行政处罚类案件1个，诫勉谈话2人次，提醒谈话20人次，函询6人次。开展离任审计、财务收支审计等专项审计9次，发现问题74个，运用“第一种形态”谈话10人次。工程项目送审55个，送审金额788万元，核减金额85万元，函询1人次。利用“新澄阳”微信平台推出廉政主题专栏20期，累计浏览关注量2万余人次。

【经济发展】 2019年，澄阳街道有工业企业267家，其中规上企业79家，高新技术企业49家，新兴产业企业28家。完成工业总产值192亿元，增长2.95%，其中规模以上工业总产值165亿元，增长3.73%；高新技术产业产值122亿元，增长4.31%；新兴产业产值126亿元，增长8.21%。规模以上企业利税12.3亿元，增长40%。注册外资2990万美元，增长405%。营收超亿元的规模以上企业34家，美特、新安、特雷卡等3家企业营业收入超10亿元。中亿丰建设集团进入中国民营企业500强行列，被评为江苏省文明单位。规范集体资产集中经营管理，全年完成平台交易64笔，成交金额362万元。

【科技人才工作】 2019年，澄阳街道工业技改投入2.6亿元，企业技改完成6家，规模以上企业技改完成90%。推广应用机器人2204台，淘汰低效产能企业15家。新增超10亿智能装备和产品企业1家、省级智能工厂1家、省级企业技术中心3家、省级示范智能车间1个、省级工程中心1个。培育入库高新技术企业29家。全年培育省双创人才2人，引进苏州市姑苏创新创业领军人才5人、阳澄湖科技领军人才8人。

【社会事业】 2019年末，澄阳街道有学校4所。澄阳小学在校学生1732人，在职教师112人；苏州大学第二实验学校在校学生261人，在职教师36人；澄阳幼儿园在园幼儿525人，在职教师77人，澄云幼儿园在园幼儿887人，在职教师84人。公共体育设施面积3万平方米，公共文化设施面积4600平方米。街道有公园2处：桂花公园占地9.3万平方米，澄园占地5万平方米。华相护理院有床位368张，医生15人。完成太阳花园公交首末站工程建设，新建公共自行车停放点4个，新增公交线路1条。建设电动车充电棚5000平方米，可容纳2600余辆电动车充电。

【综合治理】 2019年，澄阳街道根据环境整治总体规划，完成盛裕科技、惠中镁铝、施莱医疗3家重点企业和271户农户搬迁签约，签约总面积30.7万平方米。拆除违章建筑8.8万平方米，腾空土地

39.33公顷。整治嘉金角河、西子河、黄泥浜黑臭河道3条，拆除河湖“两违”建筑2200平方米。淘汰整治挥发性有机物企业32家。开展资源集约利用测评，评定A类企业50家、B类企业117家、C类企业73家、D类企业18家。火灾隐患挂牌单位摘牌4个，其中市级挂牌单位1个、街道挂牌单位1个，整改三级隐患挂牌单位10个。泰马克精密铸造（苏州）有限公司成功创建二级标准化企业。全年信访接待53起，接待信访群众170人次，化解信访积案1起。街道网格联动受理各类投诉、举报、咨询事项3.34万件，综合办结率99.84%。全年受理简单劳资纠纷103起，成功调解79起，涉及职工119人，追讨工资63万元。

【民生富民工程】 2019年，澄阳街道办理医疗保险参保人员3888人，办理企业社保开户80家，新增企业用工参保2000人，本地户籍就业人员参保率100%；住房公积金扩面1385人。有日间照料中心2个，实行市场化运作，登云日间照料中心被评为苏州市养老服务先进集体。全年发放老龄事业资金97万元，发放优抚对象资金102万元，发放救助对象资金184万元。成功筹建澄阳街道慈善义仓，为102户困难家庭发放价值4万元的义仓兑换券。启动帮扶资金19万元，帮助84户困难家庭达到年度脱贫目标。完成妇女“两癌”筛查2256人，无偿献血146人4.3万毫升。慰问70周岁以上老人221人，组织老年人免费体检3751人。对接帮扶石阡县，销售阡货65万元。中惠美京商业综合体、铂尔曼酒店投入使用。安置过渡房125户，完成环保科创园室内改造等项目建设。

【特色活动】 青年演讲比赛暨第二期青年骨干培训班开班　4月12日，澄阳街道“奋进新时代·改革再出发·建功新澄阳”青年演讲比赛暨第二期青年骨干培训班开班仪式在阳澄湖国际科创园举行，参加演讲比赛和培训的青年骨干35人。青干班以提高青年政治素质、党性修养、创新意识和工作能力为目标，围绕“先锋储能、力学笃行、奋勇当先、砥砺前行”四个专题，开设“新形势下群众工作方法与技巧”“舆论应对与舆情分析”“党风廉政教育”等理论课程。组织学员赴上海中共二大会址纪念馆、上海凝聚力工程博物馆实地参观学习，组织团队开展拓展活动，提高青年骨干政治意识和履职能力。

澄阳街道LOGO（标识）征集活动　4月12日，澄阳街道公开征集澄阳街道形象标识。通过一个多月的宣传发动，共收到16幅参赛作品，经评选，选出一等奖1个、二等奖2个、入围奖4个。7月5日，澄阳街道正式启用新形象标识。新形象标识取“澄阳街道”的首字母C和Y作为设计元素，配色选取绿色，寓意澄阳街道以科技研发为主力，以环保绿色为核心，奋力书写澄阳产城融合发展新篇章。（俞运吉）

2019年4月12日，“奋进新时代·改革再出发·建功新澄阳”青年演讲比赛暨第二期青年骨干培训班开班仪式举行　澄阳街道　供稿

渭塘镇

【概况】 渭塘镇地处相城区北部，东抱盛泽湖，南接高铁新城，西连苏相合作区，北邻常熟市，元和塘南北纵贯境域，绕城高速、G524穿境而过，镇域面积39.3平方千米。下辖行政村8个、社区4个。年末，全镇总户数1.15万户，户籍人口3.54万人，外来暂住人口近6万人。2019年实现地区生产总值85亿元，增长5.2%，其中第一、第二、第三产业增加值分别为0.7亿元、43.6亿元和40.7亿元，在国内生产总值中的比率为

1∶51∶48。全年完成一般公共财政预算收入7.5亿元，工业总产值173亿元，全社会固定资产投资30亿元。进出口总额2.8亿美元，到账外资1500万美元。通过江苏省第二批经济发达镇改革验收，获评2019—2021国家卫生镇、江苏省健康镇、2018—2019养老服务先进集体等。

表49　　2019年渭塘镇各村（社区）基本情况表

村（社区）名称	面积（平方千米）	耕地面积（公顷）	户籍户数	户籍人口数	各类企业家数	个体工商户户数	集体经济总收入（万元）	农民人均纯收入（元）	农村合作医疗参保人数	社会养老保险参保人数	村（社区）书记	村（社区）主任
渭西村	7.08	127	1800	6178	350	560	4602	55581	2741	2455	阙向盛	陈月明
渭南村	2.96	46	373	1110	250	245	1150	40262	819	1053	殷肖云	殷肖云
骑河村	4.76	157	968	3179	181	210	725	40247	1316	1800	苏孝礼	苏孝礼
盛泽荡村	2.80	86	612	2279	37	80	342	43136	939	1450	宁林元	宁林元
渭北村	6.06	34	1004	2592	240	240	1856	38198	1711	887	殳晓仙	虞建平
西湖村	4.20	4	724	2418	112	74	527	38694	903	872	王　峰	王　峰
凤凰泾村	5.98	119	1515	5307	366	400	2166	37596	2553	2562	宁　峰	宁　峰
凤阳村	5.26	97	1267	4363	242	80	452	43015	2004	1020	刘海燕	刘海燕
玉盘家园社区	—	—	611	1514	147	535	—	62891	51	1400	冯石飞	冯石飞
渭星街社区	0.20	—	2526	6317	210	1062	—	62891	289	—	陈　峰	陈　峰
翡翠家园社区	—	—	68	151	22	95	—	—	3	—	张　奇	张　奇
钻石家园社区	—	—	10	19	12	105	—	—	—	—	顾冬冬	顾冬冬

【党建工作】 2019年，渭塘镇建成新时代文明实践站所13个，坚持选育管用原则，建立优秀培养对象人才库4个，配强配优村（社区）“两委”队伍，调整村（社区）党组织书记7人、主任“一肩挑”占83.3%，新任“80后”专职党务副书记3人，招聘“90后”党务工作者4人，发展党员16人。成立“服务渭民”“铁骑护渭”“融渭一体”行动支部3个，落实“1+4”改革任务，推进行政管理体制改革高质量落地。举行“初心映党旗·使命勇担当·筑梦新时代”主题活动，开展“七个一”党员政治生日83场次、“四重四亮”活动115场、“不忘初心·‘渭’梦前行”朗诵活动32场。行政审批局、珍珠宝石城等党建阵地提档升级，清理12个村（社区）党群服务中心牌子。与国开行苏州分行开展党建共建共商活动，交流工作计划，共享党员教育经验。

【纪检监察】 2019年，渭塘镇党委坚持党要管党，从严治党，发现苗头性问题综合运用“四种形态”，函询7人，提醒谈话25人，警示谈话6人，诫勉谈话2人。加大工作失职失责问责力度，组织调离岗位4人。全年受理处办反映党员干部信访件10件，立案1件。查办案件13件，其中自办4件。组织干部赴苏州市党风廉政警示教育基地参观学习，落实谈心谈话48人次，利用元旦春节、中秋国庆等节点给镇、村两级干部编发廉洁提醒短信10余次1300余条。压实党风廉政建设主体责任，加大执纪问责力度，问责处理8人。

【镇村建设】 2019年，渭塘镇启动编制渭塘城市设计方案，调整优化镇区中心控制规划，优化城市功能空间，优化村庄规划布局，完成“三优三保”地块66.67公顷。改造升级渭中路等主干道立面，基本建成凤起西路等道路3条，玉带路铺设沥青路面。改造提升镇区停车场3个，关停不达标码头15个。稳慎精准征收搬迁，全年搬迁农户和企业430户（家），拆除建筑面积30万平方米。年内开工建设珍珠花园二期安置房，实施珍珠宝石城设施改造工程。翡翠家园社区居民公约被区民政局评选为优秀居民公约，渭南村村民自治章程被区民政局评选为优秀村民自治章程。全年获评“相城区最美奋斗者”7人，获评省文明单位3个、省文明家庭1户。

【经济发展】 2019年，全镇登记私营企业3259家，其中工业企业

2052家，规模以上工业企业104家。全年实现工业总产值173亿元，农业总产值0.7亿元，完成入库税收12亿元。年内开工建设产业项目8个，竣工投产2个，完成工业总投资8亿元。产业招商向城市招商转变，全面运行阳澄生态新区片区一体化招商新机制，赴"北上广"等重点一线城市招商，签约项目31个。批办个体私营企业376家，新增注册资本16.3亿元。批办个体工商户893家，新增注册资本4590万元。至年末，全镇有集贸市场5家，50平方米以上超市40家，住宿、餐饮企业10家。全镇耕地面积670公顷，有效灌溉面积197.3公顷，高标准农田面积15.3公顷，农业机械100余套，总动力669.5千瓦，种植大户31户。小麦种植面积17.83公顷，平均每公顷产量3.6吨；水稻种植面积26.76公顷，平均每公顷产量7.35吨，粮食总产量260.882吨。种植蔬菜总产量2229吨，水产品总产量51吨。深化村级集体经营性资产管理，完成线上交易项目468个。

【科技人才工作】 2019年，渭塘镇引导企业加快智能化改造，完成技改投入2亿元。新增高新技术企业40家，华科大等重大创新平台落户。新引进"国家级重大人才引进工程"人才1人，自主培育姑苏双创人才5人，新增高层次人才398人。申请发明专利216件，授权44件，完成PCT专利6件，万人发明拥有量48件。华测检测获批全区首家省级生产性服务业领军企业，获评省工业技术中心企业、省工业互联网示范企业6家，新增市、区智能示范车间（项目）10个。

【社会事业】 2019年，全镇有公办学校3所、民办学校2所，幼儿园3所，中小学班级120个，幼儿班级52个，专任教师483人，学生7493人。完成珍珠湖小学报告厅提升改造项目，新建渭塘实验小学食堂，学校食堂"明厨亮灶"升级，渭塘实验小学、渭塘中心幼儿园达到"校园安全技术防范系统技术要求一级指标"。有文化站1个，苏州图书馆相城翡翠分馆藏书1.2万册。全镇有公园1个、休闲健身广场1处，面积2.62万平方米。有公共文化设施面积1.96万平方米，公共体育设施面积2.29万平方米。年内举办第九届"我和我的祖国"渭塘诗会、"讲渭塘故事·寻找最美乡音"苏州话方言大赛、第一届渭塘镇全民健身运动会、"弘扬武术文化、推动全民健身"武术健身交流会。全年举办文艺汇演等文体惠民活动50余场。镇内有综合医院1所，执业（助理）医师108人，医护人员245人，核定床位102张。综合医院下设社区卫生服务站8个、卫生室1个、诊所2个。为6354名65岁以上老年人、4083名7周岁以下儿童健康体检。新建居民健康档案3590份，累计5.23万份。常住儿童免疫接种2267人，接种率98.4%；流动儿童接种4413人，接种率98.7%。35~64周岁妇女免费接受"两癌"筛查1565人。

【综合治理】 2019年，渭塘镇在推进生态文明、安全生产、违建拆除、环境整治等专项行动中，整治"散乱污"企业（作坊）181家，清理村级工业集中区7个，淘汰燃煤锅炉，关停印染企业。拆除违建面积11万平方米，拆除户外广告100余处。加强渣土车管理，建成生活垃圾四分类小区6个。新建、改造雨污水管网30千米，拆除河湖"两违"19处。"安全体检"并建立"一企一档"企业1073家，创建标准化小微企业969家，规模以上企业104家。全年举办法治宣传活动9场、"送法进企业""法治进校园"活动2场、法律讲座18场次。接受法律援助咨询14起，调处矛盾纠纷757件。

【民生富民工程】 2019年，全镇农民人均纯收入4.03万元，增长9%。开展技能培训、创业培训6期，参加培训人员480余人，提供就业岗位1000余个，帮助428人实现再就业。年内16项实事工程完成投资3.5亿元。钻石家园社区、翡翠家园社区和玉盘家园社区3个社区物业服务实行第三方托管，渭塘护理院实行社会化运营。全年办理医保1.33万人，参保率100%。有敬老院1家，入住老人134人。新建凤凰泾残疾人之家，为残疾人提供日间托养、辅助就业等服务。为23户低保户、47名低保家庭人员发放最低生活保障金41.05万元，为110名低保边缘对象发放低保边缘保障金86.68万元。发放优抚、安置、奖励金363万元，发放尊老金128.98万元。结对帮扶贵州石阡县坪地场乡，捐助20万元。

【特色活动】 党建共建签约揭牌仪式 6月11日，渭塘镇与《半月谈》杂志社举行党建共建签约揭牌仪式。渭塘镇把握党建共建机遇，借助《半月谈》理论经验丰富、时政性强的高层次平台优势，总结提炼实践经验，助力破解社会治理难题。

2019年6月11日，渭塘镇与《半月谈》杂志社举行党建共建签约揭牌仪式
渭塘镇 供稿

自主可控智能嵌入式基础软件研创中心签约仪式　8月9日，渭塘镇与华中科技大学计算机科学与技术学院达成合作意向，在渭塘镇举行合作建设华中科技大学相城自主可控智能嵌入式基础软件研创中心签约仪式。渭塘镇抓住产学研合作机遇，以学术为支撑，通过人才定向培养、研发成果转化输出，提高合作成效。

签约共建人工智能联合实验室　11月13日，渭塘镇国机智能（苏州）有限公司与中科院深圳先进院共建人工智能联合实验室在深圳正式签约。人工智能联合实验室致力于服务机器人的研究和开发，以服务机器人三要素感知、认知、动作中的前沿科学问题和核心技术为主要研究内容，体现机械、信息、仿生学、医学等多学科交叉集成特色。（孙冰洁）

2019年8月9日，渭塘镇与华中科技大学计算机科学与技术学院合作签约仪式
渭塘镇 供稿

阳澄湖镇

【概况】 阳澄湖镇位于相城区东北部，北接常熟市，东邻昆山市，西临渭塘镇，南与太平街道、苏州工业园区相邻。全镇面积62.84平方千米。下辖行政村10个、社区2个。2019年，全镇有户籍户数1.18万户，户籍人口3.51万人，外来暂住人口3.89万人。全年实现地区生产总值46.4亿元，增长6.2%；一般公共财政预算收入5.6亿元，增长6.4%；全社会固定资产投资25亿元，增长31.5%，其中工业投资超6亿元，增长10.2%。阳澄湖镇获2018年度江苏省文化科技卫生“三下乡”先进集体荣誉、中共苏州市委“2018年度推进高质量发展先进地区”称号。

【党建工作】 2019年，阳澄湖镇开展“不忘初心、牢记使命”主题教育活动，围绕经济发展、城乡建设等7个方面，查摆解决8大类10项主要问题。镇党政领导干部走访企业173家，走访群众586户，收集整理意见建议383条，帮助解决问题162个。加强党组织规范化管理，落实“六化”建设，成立党建检查小组交叉检查，发现问题53处，现场整改17处，限期整改36处。做好软弱后进村整改工作，落实班子成员挂钩联系制度，出台整改措施14条，制定管理制度5项。聘请抗战老兵、老支书、党校校长等组成“新时代讲习团”，开设“新时代讲习所”。开展

表50　2019年阳澄湖镇各村（社区）基本情况表

村（社区）名称	面积（平方千米）	耕地面积（公顷）	户籍户数	户籍人口数	各类企业家数	个体工商户户数	集体经济总收入（万元）	农民人均纯收入（元）	农村合作医疗参保人数	社会养老保险参保人数	村（社区）书记	村（社区）主任
枪堂村	9.26	400.00	1726	5401	133	56	901	40000	2314	1675	朱建平	朱建平
沈周村	3.05	41.60	1904	4722	82	906	323	30130	860	224	杜　欣	杜　欣
戴溇村	8.30	208.85	1226	4206	102	60	712	29187	2853	424	唐　英	唐　英
圣堂村	4.69	69.80	1421	4857	93	175	592	36148	2251	510	孙林生	朱　建
十图村	4.23	184.00	671	2035	26	20	518	33235	997	584	徐芸芸	徐芸芸
岸山村	4.40	70.00	828	2652	241	54	570	33276	1235	494	施晓明	施晓明
陆巷村	6.64	144.00	1125	3878	44	389	847	34765	1838	863	黄建春	黄建春
北前村	5.28	2775.00	603	1910	20	18	475	35986	1052	680	顾志明	顾志明
车渡村	6.00	232.67	1085	3007	8	30	505	39908	1459	962	郑春明	郑春明
消泾村	6.87	257.00	664	2043	3	308	661	35000	990	1011	孙晓峰	孙晓峰
湘苑社区	—	—	—	—	—	—	—	—	—	—	何银龙	何银龙
澄苑社区	—	—	—	—	—	—	—	—	—	—	龚　佳	龚　佳

注：湘苑、澄苑社区属搬迁新成立社区，相关数据计入原所属村内。

学习活动50余次、“四服务·两治理”专题活动48次，参与党员干部800余人次。加强年轻干部培育力度，举办“金点子”镇情研究班，提拔35周岁以下年轻干部7人。推进村（社区）书记、主任“一肩挑”工作，做好村（社区）“两委”补选以及工青妇等群团组织人员调整工作。每季度开展实事工程、重点项目督查，落实区委第七轮巡察整改和村（社区）党组织回归本职专项巡察整改事项。

【纪检监察】 2019年，阳澄湖镇纪委制定《党委主体责任、“第一责任人”责任和领导班子其他成员“一岗双责”责任清单》，与全镇60个单位（部门）签订《党风廉政建设责任书》，出台《纪检监察工作要点》。开设“阳澄讲台”，将警示教育和理论学习相结合，寓教于学，寓教于乐。开展作风效能评比，全年进行作风效能测评2次。运用好监督执纪“四种形态”，进行安全生产事故“党政同责、一岗双责”问责，查处各类违纪违法案件13件，追缴违纪违法款项581.86万元，涉及19人。运用“第一种形态”教育44人次。开展各类督查30次，文件通报19次，发出监察建议书2份。办结信访14件。对全镇47项实事工程、重点项目督查4次。对各村（社区）党务公开、村务公开、民主管理督查1次，非生产性费用督查1次，财经纪律督查3次，工作纪律督查6次，“清风行动”督查4次，作风建设大整治行动督查2次。镇纪委对全镇10个市镇单位、部门开展为期3个月的财务大检查。

【镇村建设】 2019年，阳澄湖镇完善城镇道路基础设施，投入资金3250万元，新建、改造、维修道路5.8千米。完成横溇路绿化景观工程和阳澄湖渔业科技中心道路亮化工程等。升级改造法治文化园、法治文化阵地建设。建成二亩塘市级特色田园乡村，新增三星级康居乡村2个，累计28个。引导村民建设美丽庭院，改善村庄环境，获评苏州市美丽庭院示范户12户。消泾村获评苏州市农村人居环境整治工作示范村。全年获评“沈周好人”22人、“相城好人”3人、“最美相城人”1人。

【经济发展】 2019年，全镇实现工业总产值107.5亿元，其中规模以上工业总产值65.6亿元，增长8.1%；完成进出口总额3.1亿美元，增长19%。实际利用外资2977万美元。赴各地招商推介，举办苏州国际精英创业周阳澄湖镇新材料专场活动、相城经贸恳谈周阳澄湖镇创客大赛智能制造行业预选赛专场活动，考察洽谈日本科思通自动化等项目40余个，签约项目24个。全年在建项目12个，总投资23亿元。优化“管家式”服务，创新重点企业“一企一策”，做好拟供地项目的跟踪服务，完成地平线控股、均达电子等7个供地项目的预审挂拍，加速项目落地、产业集聚。落实企业人才联系挂钩制度、上市（挂牌）企业例会制度、银政企对接制度等，建立民营企业家微信群，举办企业沙

2019年建成的金双湖花园住宅小区　　　阳澄湖镇　供稿

龙。新增产值超亿元企业6家，累计20家；新增产值超5亿元企业1家，累计2家。新增纳税超千万元企业7家，累计11家；新增纳税超3000万元企业1家，累计2家。炫之彩完成新三板挂牌，全镇挂牌企业累计6家。湘园新材料完成上市辅导，新黎明股份获评省级专精特新小巨人企业。全镇有市场5个、50平方米以上超市8个。新批个体工商户359户，累计有个体工商户登记数3946户。建设盛泽湖北岸高品质住宅区，开展南部区域市政改造提升工程。推进金双湖花园、鲁能、九龙仓、苏州紫光等4个房地产项目建设。全镇粮油种植面积143.9公顷。逐步构建完善“一主四核”渔业体系。依托3项核心技术，建立国家级水产良种繁育中心4个，打造“125”特色农产品体系。标准化改造养殖池塘288.33公顷。池塘通过线上竞价发包，亩均年租金从1500元提高至2325元，集体资产资源保值增值。建立阳澄湖镇大闸蟹公众品牌，提升“湘城”牌大闸蟹品牌影响力，被授权使用“湘城”牌注册商标的会员单位68家，金澄福渔业获评全国农牧渔业丰收奖贡献奖。

【科技人才工作】 2019年，引进国家特聘专家1人，累计3人；培育阳澄湖科技领军人才2人，各级领军人才累计11人。新增省高新技术企业19家，累计47家，高企数增长68%；新增省民营科技企业18家、瞪羚企业4家。企业智能化技术改造7家，推广机器人和机器手臂83台（套）。大中型工业企业、规上高新技术企业研发机构建有率100%。新增专利授权379件，万人有效发明专利拥有量增长15.2%。搭建政产学研平台，赴上海交大、西安交大、哈工大等高校院所开展政产学研对接活动10场次，合作建立实习基地、合作研发。举办合肥工业大学—苏州科技创新交流会暨2019“新材料与智能制造”产业创新发展论坛等活动，与苏州职业大学合作共建“阳澄湖镇企业协同创新中心”。阳澄湖新材料科创园孵化器投入使用，引进入园孵化项目22个。“澄汇智谷”获批省级众创空间，澄苑社区获评苏州市科普示范社区。

【社会事业】 2019年，全镇有公立学校3所，在校学生3265人，其中中学生714人、小学生1771人、幼儿园幼儿780人。在编教师233人，其中中学专任教师100人、小学专任教师104人、幼儿园专任教师29人。阳澄湖中学获评全国生态文明教育特色学校、首批苏州市语言文字工作规范达标学校。湘城小学获“全国青少年校园足球特色学校”“中国书法（写字）特色学校”等荣誉称号。全镇有医院1所、社区卫生服务站6个。有卫技人员179人、职工198人，床位127张。组织7岁以下儿童免费健康体检，参检人数2713人，体检率98.9%。0~6岁儿童建卡3995人，接种率98.36%。为65岁以上老人免费体检3925人，参检率61.47%。有苏州市图书馆分馆1个，藏书量2.2万册。有公园及休闲健身广场15个，公共体育设施面积12万平方米，公共文化设施2.8万平方米。年内举办“地平线杯”盛泽湖趣味马拉松赛、全国第十一个“全民健身日”系列文体活动。全年送戏下乡20余场、送电影下乡150余场。举办全国首届阳澄湖艺术节暨第四届沈周文化节、第二届“豪的杯”中国阳澄湖健康美食烹饪大赛。阳澄渔歌《卖蟹谣》参加央视《一鸣惊人》节目获优秀组织奖，渔歌小品《阳澄湖上的一支歌》获首届江苏省“中国曲艺之乡（名城）”优秀节目奖。编写出版《阳澄渔歌（第二辑）》。举办江苏非遗圣堂庙会，申报圣堂庙会国家级非遗项目。完成观桥、湘城粮仓修缮工程，“陆士龙祠堂”古建筑被列入苏州市文物保护单位。

【综合治理】 2019年，全镇淘汰整治“散乱污”企业（作坊）327家，两年累计淘汰企业776家。清理整治6个村级工业区，面积35.27公顷。推进大气污染综合治理，淘汰VOCs排放重点企业7家，整治达标30家。环境问题投诉量下降25%。清理整治河湖“两违”57处、杂船328条。完成阳澄湖藻水分离站建设和旺家角闸站、长漤港闸站等农田水利工程及黄茜泾港等河道整治项目，有序推进182户农村生活污水接管和64户工业企业控源截污工程。“阳澄之星”实施生活垃圾分类试点。关停无证农家乐7家，整治41家。开展扫黑除恶专项斗争，深化线索排摸，深挖彻查，办结线索32条。破获刑事案件39起、行政案件60起。构建社会综合治理网格化管理服务体系，完成“三官一律”下网格工作。信访实现增量存量“双降”，调处矛盾纠纷156起，调处成功率100%。镇联动中心处置群众诉求6.09万件，办结率99.99%。开展安全生产大排查大整治活动，整改隐患9928条、三级挂牌督办单位11家，立案处罚53家，关停违法违规生产企业36家。开展“331”专项行动，并延伸至“9+1”场所，完成整改挂牌隐患单位3个。落实“零违建”要求，清理整治违法建设245起，拆除2处违建别墅9000余平方米。清理整治“大棚房”问题项目10宗，拆除高速路两侧高炮广告31处。

【民生富民工程】 2019年，阳澄湖镇根据地块清零要求，搬迁企业和农户68户。开展阳光扶贫工作，全镇困难人群最低生活保障每年人均1.98万元。全年发放低保、生活补助、党员关爱基金、医疗救助等资金664.85万元，发放残疾人救助金153.01万元、临时救助金25.31万元。镇敬老院有床位182张，入住“五保”老人23人。全年举办招聘会4场，采集岗位643个，新增就业1051人。推行“一窗办理、全科服务”，建成便民服务中心24小时服务区。新建公共场所母乳哺育室，成立“妇女微家”5家。

【特色活动】 青年干部“金点子镇情研究班” 阳澄湖镇为提高年轻干部的政治思想素养和履职能力，开办青年干部“金点子镇情研究班”。7月31日开班，2020年1月11日举行结业汇报会。参训青年干部共48人。开展课堂教学，培训业务知识；开展“走看学做比党建”活动，锻造党性观念；举行拓展训练，锤炼作风意志；参与重点工作，提升工作能力。“研究班”的举办，为阳澄湖镇高质量发展提供了人才保障，年轻干部党性修养、创业能力和水平得到提升。

（李宏伟）

黄埭镇

【概况】 黄埭镇位于相城区西北部，东临元和街道、渭塘镇，南与黄桥街道、苏州高新区浒墅关镇相连，西与无锡市鸿山街道相望，北与漕湖产业园接壤。全镇总面积49平方千米，下辖行政村8个、居委会10个。2019年，有户籍人口6.13万人，外来人口9.44万人。全年完成地区生产总值151亿元，增长6.3%；一般公共预算收入14.4亿元，增长10%。年内，黄埭镇获江苏省卫生镇、国家卫生镇、国家生态优美镇、江苏省文明镇、江苏省科普示范乡镇、江苏省创新型试点乡镇、苏州市美丽镇建设示范单位等荣誉称号。

表51 2019年黄埭镇各村（社区）基本情况表

村（社区）名称	面积（平方千米）	耕地面积（公顷）	户籍户数	户籍人口数	各类企业家数	个体工商户户数	集体经济总收入（万元）	农民人均纯收入（元）	农村合作医疗参保人数	社会养老保险参保人数	村（社区）书记	村（社区）主任
长泾社区	2.80	—	1245	4580	15	231	1969	32800	1628	392	董明明	包丽方
青龙社区	2.98	13.00	1616	6268	199	144	833	28000	2301	1500	邹建斌	茅建新
裴圩社区	2.10	—	680	2465	5	24	1150	34696	730	20	许卫星	李春龙
潘阳社区	0.42	—	1059	3401	11	334	662.03	30826	820	830	朱鹏峰	朱鹏峰
斜桥社区	5.50	—	1214	4192	153	62	328.53	42000	1340	1670	翁慧锋	孔海林
长康社区	3.20	17.93	890	2688	140	189	598	16000	962	25	沈志强	徐晓锋
东新社区	1.70	—	1220	2686	2	780	—	—	—	239	施云务	施云务
春申社区	1.54	—	620	1642	65	46	—	—	6	5600	杨志华	杨志华

续表

村（社区）名称	面积（平方千米）	耕地面积（公顷）	户籍户数	户籍人口数	各类企业家数	个体工商户户数	集体经济总收入（万元）	农民人均纯收入（元）	农村合作医疗参保人数	社会养老保险参保人数	村（社区）书记	村（社区）主任
埭川社区	2.87	—	2154	5412	13	1775	—	—	337	166	陶品华	谭俊杰
古宫社区	0.99	—	29	47	44	7	—	—	—	3	朱　燕	朱　燕
鹤泾村	2.50	51.00	952	3978	13	3	431	33000	1785	926	徐振贤	袁月锋
胡桥村	2.10	53.76	523	2047	61	35	838.08	26000	787	456	顾培庆	王娟娟
三埂村	5.49	107.00	1209	4998	71	19	546	30000	1935	2253	董文良	董文良
金龙村	6.50	34.70	980	4039	315	42	343	36000	1412	18	吴怡忠	吴怡忠
西桥村	1.60	45.68	451	1784	3	11	636.78	34523	696	914	顾国勤	杨方明
方埝村	5.00	65.26	797	3716	15	24	455.58	13158	1285	1788	邢　敏	吕建忠
冯梦龙村	3.20	202.47	707	2977	14	13	2036.45	30072	1170	587	张新如	腾莉萍
旺庄村	8.50	53.33	1519	5698	280	40	431	29000	2113	856	张卫明	周恒斌

【党建工作】 2019年，黄埭镇发展党员36人，预备党员转正33人。撤并社区4个，61个机关、企事业单位、非公企业基层党组织完成换届选举。建成党群服务中心3个。打造“老书记工作室”“别样红志愿服务驿站”等特色微阵地，开发运行“红色云引擎”党建平台。开展“党建引领、民企铸魂”先锋行动，成立“生物医药国际研发社区”“光电信息研发社区”“新材料研发社区”三大党建联盟。在中国共产党建党98周年纪念大会现场，与会党员向贵州石阡县中坝街道江河小学捐助爱心款5万多元。实施干部培养“五大工程”，举办基层党组织书记轮训班、党务干部培训班等系列活动19场次。镇机关干部、村（社区）书记、主任50余人参加“一把手”思维论坛。制定《关于加强黄埭镇干部队伍建设的若干规定》等政策文件4个，调整股级干部118人。举办各类学习活动400余场，落实党风廉政建设相关专项整治9项，检视问题170余个，制定整改措施200余条，整顿软弱后进党组织1个。

【纪检监察】 2019年，黄埭镇做好“回头看”督查整改工作，配合中共苏州市相城区委第二巡察组对冯梦龙村等12个村（社区）常规巡察和涉农村（社区）回归本职的专项巡察。开展“四查四看四提升”作风建设集中大整治活动。制定《深挖彻查涉黑涉恶腐败和黑恶势力“保护伞”工作暂行办法》，加强涉黑涉恶线索的收集研判和调查处置。镇纪检部门约谈安全生产责任事故监管部门负责人2人，成立14个安全生产专委会，推进年度工程审计项目550余个、财务审计项目26个，累计核减、节省财政资金1.35亿元。配合上级纪委对7名机关工作人员的证书挂靠、兼职取酬情况进行核查，严肃财经纪律。督查村（社区）6个、行政事业单位5个，发放整改通知书9份，存在问题限期整改落实。核查处理涉嫌公车私用、私车公养等问题线索。坚持每季度作风效能明察暗访，通报曝光工作作风问题5批9人次。处理违法违纪案件19起，给予党纪、政务处分19人，问责党组织2个，综合运用“第一种形态”处理14人。对干部提拔、绩效考核等11批次247人进行联审核查，对18名新提拔党员干部开展任前廉政谈话。完成冯梦龙廉政文化培训中心建设，推进冯梦龙纪念馆（四知堂）争创省级廉政教育示范基地，冯梦龙VR数字展馆上线中央纪委国家监委网站。

【镇村建设】 2019年，黄埭镇镇区建成区面积11.1平方千米，配合区规划局完成《相城区公交线网优化实施规划》《2019镇村布局规划》中涉及黄埭镇的规划设计。扩建改建锡埭路、爱民路、靖阳路等道路3.9千米。长平路、中市北路、春华路等道路及冯梦龙村的绿化景观工程全面竣工，新增绿化面积11.8万平方米。搬迁签约农户646户，涉及面积36万平方米，鑫发工业坊、合成纤维、胡桥三优三保、汤埂企业、泾塘桥5家企业地块清零。完成春丰路、苏阳路等13条道路修补、排水沟敷设、架空线整理、路灯更换等市政管养工作，完成36条主次干道两侧灌木修剪等绿化管养工作。全国农村一二三产业融合发展先导区一期项目顺利完工，完成张埂上、石桥头2个三星级康居乡村建设。冯梦龙村冯埂上被评为市级特色田园乡村，冯梦龙纪念馆、冯梦龙书院建筑群获评2019年苏州十大水乡特色建筑。苏州美丽乡村健康行暨冯梦龙文化节开幕式在黄埭镇冯梦龙村举行。

【经济发展】 2019年，黄埭镇有企业3510家，其中工业企业1759家，规模以上工业企业151家。全年完成工业总产值443.59亿元，其中新兴产业工业总产值185.54亿元，规模以上工业总产值318.11亿元。至年末，全镇有农贸市场2家、50平方米以上超市34家、法人住宿企业6家、餐饮企业23家、住宿个体户66家、餐饮个体户844家。全镇农业总产值0.5亿元，有效灌溉面积380.67公顷，高标准农田面积300.08公顷，农业机械总动力4823.1千瓦，农民专业合作社3个，种植大户38户。水稻种植面积364.43公顷，总产量3057.53吨。小麦种植面积266.12公顷，总产量1277.37吨。水生蔬菜种植面积3.49公顷，总产量56.6吨。鸡肉生产总产量120吨。新认定新型职业农民13人，培育新型农业经营主体带头人40人。冯梦龙村通过“全国农村创新创业孵化实训基地”验收，获评苏州市智慧农业示范基地、苏州市新型职业农民教育培训基地。

【科技人才工作】 2019年，黄埭镇申报省级重大科技成果转化专项1项、省重点研发计划项目2项，申报市级产业联合项目1项。引进大院大所创新合作平台1个、院士级人才团队1个。引进国家特聘专家2人，申报1人，培育姑苏领军人才2人、阳澄湖科技领军人才8人，姑苏天使计划6项。拥有高新技术企业93家，省民营科技企业228家。南坡之林获评省级、市级众创空间，智享众创获评市级众创空间，安博西获区级备案。累计建有省级以上科技孵化器（众创空间）5家、省级以下2家。新增省级工程技术研究中心1家、市级工程技术研究中心9家，新增全国科技型中小企业184家、瞪羚企业5家，企业研究与试验发展经费投入增长37.4%。5月10日，在京举办“创新引领·智享未来”关键战略领域——融合与发展高端论坛，两院院士、国内外知名专家学者、新能源新材料等产业领域的企业家等近200人参会。“春申沪联·产业互融”人才资源创新合作平台和“深圳—相城创新创业合作平台”等高层次创新人才合作平台相继揭牌。出台春申湖领军人才、高技能人才、紧缺人才系列政策。打造“春申·菁英汇”人才服务品牌，开展人才服务活动4次。苏州健飞肠衣有限公司入选2019年度苏州市“十佳”农业科技企业。

【社会事业】 2019年，黄埭镇有公办学校9所，其中区属高中1所、初中2所、小学3所（5个校区）、幼儿园3所（8个校区），在校学生近1.4万人，中小学和幼儿园教师1000多人。学校有姑苏教育人才2人、阳澄湖教育人才8人、市学科带头人10人、区学科带头人54人、区教学能手66人、区教坛新秀101人。黄埭镇有图书馆1家，藏书量2万册。有中国锁具博物馆、沈明义艺术馆、冯梦龙纪念馆、评弹陈列馆、老街陈列室等文化特色场馆6个，有冯梦龙特色廉政教育基地（纪念馆、书院、故居、四知堂、德本堂、油坊等）1家，黄埭书场、东桥书场2家，座位300个。14处不可移动文物，主要集中在黄埭1500米长的老街，其中区级以上文物保护单位4处，分别为市级文保单位熙馀草堂，区级文保单位香花桥、黄萧桥和城隍庙山门。黄埭西瓜子炒制技艺被列入苏州市非遗名录，东桥草席、道教音乐、冯梦龙故事传说被列入区级非遗项目。全镇有体育公园广场7处，27万平方米，健身路径60处，活动面积36万平方米。辖区内有医院2所，医院建筑面积2.1万平方米，医疗卫生机构床位164张，医护人员397人，医师160人，阳澄湖医卫人才6人。

【综合治理】 2019年，黄埭镇开展法治宣传活动、讲座30余次，发放宣传资料1.3万册。利用村（社区）法律顾问，开展“菜单式”讲座10场，为村、社区提供法律意见66件、法律咨询83人次。举办全镇扫黑除恶知识竞赛等活动27次，悬挂宣传横幅2000余条，发放宣传资料11余万份。摸排涉黑涉恶和保护伞线索21类，排摸疑似线索84条，有效线索33条。推进重点行业、重点领域、重点地区专项治理，组织专项督导5轮。信访科办理平台信访案件291件，接待来访群众143批576人次。全年调解纠纷2505件，调解率99%，其中重大纠纷21件，涉及金额819.43万元。2019年夏季“散乱污”“双月攻坚”专项行动中，关停企业86家，整治22家。拆除计划内村级工业区13个，腾出工业土地64.32公顷。开展环境综合整治“百日攻坚”、违建“双月攻坚”等专项行动，拆除企业违建厂房242处、居民违建民房115处，拆除违建面积14.79万平方米。在集中清理整治“散乱污”企业（作坊）违建百日专项行动中，依法拆除违建“散乱污”企业（作坊）220户，拆除违建面积10.04万平方米。整治全镇118个自然村农村人居环境，清理垃圾8812吨，拆除乱搭乱建1.3万平方米，整治完成率99.77%。开展专项“清风行动”3次，累计检查大型购物超市、酒店、旅行社等10余个。

【民生富民工程】 2019年，黄埭城镇居民人均可支配收入5.56万元，增长7%；农民人均可支配收入3.45万元，增长7.62%。全年交付新阳新村一期一标、康阳新村二期一标、玉莲新村五期安置房1169套。相城区首个老旧商业综合体“瓶改管”工程—供销合作广场和玉莲新村1720户实现供气，长和一村658户“瓶改管”工程竣工。推进公交线网优化，实现冯梦龙村和潘阳工业园与轨道交通无缝接驳，34路公交区间线路加密班次。观澜花园、黄埭实验小学获评2019年度苏州市市级示范物业管理项目，玉莲花苑、方埝花苑安置小区完成物业管理市场化改革。新增居民养老参保人数92人，居民医保参保人员2.2万人。有敬老院1家，拥有床位48张，入住老人20人，每人每月供养标准1393元。有日间照料中心14家，其中实现社会化运作的有3家。全年发放困难补助款980余万元，涉及全镇困难家庭496户663人，精准帮扶困难群体，困难户人均生活水平实现1.9万元。全年实施帮扶项目90个，链接社工+志愿者资源上门开展爱心帮扶活动40余次。常态化开展居家养老专业化服务，累计为1700余名老年人上门服务8万余小时。落实对口石阡帮扶资金194万元。

【特色活动】 纪念五四运动100周年暨共青团建团97周年主题活动　5月7日，黄埭镇举行“激情飞扬红五月·青春风采耀黄埭”纪念五四运动100周年暨共青团建团97周年主题活动。共青团相城区委、黄埭镇团委、镇总工会、镇妇联相关负责人，各单位共青团团员代表、青年代表200余人参加活动。

苏州市中国农民丰收节　9月23日，2019年苏州市中国农民丰收节开幕式在冯梦龙村举办。本次丰收节以“春申梦龙说丰年”为主题，结合本地特色民俗文化、农耕文化、乡村旅游等元素，让有着四百多年历史文化底蕴的冯梦龙村焕发出新时代“农文旅”深度融合发展的勃勃生机。

2019年9月24日，苏州市中国农民丰收节——“春申梦龙说丰年”活动现场　　区文体和旅游局　供稿

链接：苏州市中国农民丰收节

9月23日，为期一个月的2019年苏州市中国农民丰收节在苏州相城区冯梦龙村启幕。活动将以“春申梦龙说丰年”为主题，推出“全民共话迎丰收”“全民联欢庆丰收”“专家领导感丰收”“时光广场享丰收”“百城万人游丰收”“电商促销惠丰收”六大系列活动。新建的冯梦龙农耕文化园也将于丰收节当日正式揭牌开园。该园通过二十四节气长廊讲述农耕文化相关的农事节气，让人流连其间体验冯梦龙在“三言”中描述的吴地农耕文化故事。此外，园内以冯梦龙笔下《卖油郎独占花魁》为原型打造的卖油郎油坊项目也将首次公开亮相。本次丰收节期间，主办方还将携手同程网，依托冯梦龙村丰富独特的农文旅资源，推出“百城万人游丰收”活动，组织开展“丰收了相城”亲子研学微令营、“百城万乡　程意相城”丰收大巴万人游、“丰收江湖”长三角旅游达人奇遇记等一系列丰富多彩的丰收节庆活动，打造“互联网+乡村旅游”的新样板。本次活动举办地——相城区冯梦龙村是具有四百多年历史文化底蕴的名人故里，近年来，当地抓住冯梦龙这一名人资源，以“冯梦龙故里”文化品牌为核心，厚植“文化+”发展理念，坚持将文化和农业、旅游、生态融合发展。如今的冯梦龙村正把生态农业与休闲服务业有机结合，持续释放着现代农业的富民效应。

（摘自新华网）

“百姓名嘴”宣讲团集中展示活动　10月9日，“共话初心　勇担使命”首批“百姓名嘴”宣讲团集中展示活动在冯梦龙廉政文化培训中心举行。10位“百姓名嘴”从习近平新时代中国特色社会主义思想中汲取养分，从身边典型中寻找能量，声情并茂地讲述黄埭镇广大基层干部群众在新时代学习新思想过程中发生的一个个动人故事，“零距离”地向广大人民群众传播党的“好声音”。

黄埭高新区首届高技能大赛暨机电一体化竞赛　11月20日，黄埭镇举办首届高技能大赛暨机电一体化竞赛，区总工会、区人社局、黄埭镇人大主席团、黄埭镇总工会相关负责人出席活动，参与活动的参赛选手、相关企业代表共150余人。（袁志康）

望亭镇

【概况】　望亭镇位于相城区西北隅，东与黄埭镇接壤，南与苏州高新区交界，西濒太湖，北与无锡市新安、硕放、后宅镇隔望虞河相望。全镇总面积59.09平方千米（陆地面积37.55平方千米、太湖水域面积21.54平方千米），下辖行政村7个、居委会3个，年末常住总人口8万余人，其中户籍人口数3.86万人。2019年完成地区生产总值57.1亿元，增长7%；完成一般公共预算收入7.17亿元，增长13%；完成全社会固定资产投资18亿元，增长10.5%，其中工业投资6亿元，增长71.4%。北太湖旅游风景区获评全国四星级休闲农业与乡村旅游区、江苏省四星级乡村旅游区、江苏省智慧旅游示范基地。御亭农产园青年集体获评全国“青年文明号”，御亭农产园人才科技组获评全国巾帼文明示范岗。稻香小镇入选苏州市特色小镇。

表52　2019年望亭镇各村（社区）基本情况表

村（社区）名称	面积（平方千米）	耕地面积（公顷）	户籍户数	户籍人口数	各类企业家数	个体工商户户数	集体经济总收入（万元）	农民人均纯收入（元）	农村合作医疗参保人数	社会养老保险参保人数	村（社区）书记	村（社区）主任
新埂村	6.48	218.00	648	2401	52	12	439	39243	981	855	盛利明	盛利明
何家角村	4.25	135.60	503	1674	44	12	1501	39949	636	746	唐伟国	唐伟国
四旺村	1.25	270.00	275	806	28	15	516.36	37000	306	245	邹险峰	邹险峰
宅基村	4.84	217.80	1041	3703	91	90	2328	36500	1381	1147	戈仁祺	张夏生
迎湖村	8.00	282.00	1508	6221	276	88	2659	37677	2454	3124	王　骅	薛惠明
项路村	7.20	412.00	1343	5781	193	164	2811	33680	2375	1856	潘耀斌	潘耀斌
华阳村	4.25	38.20	801	3353	403	260	2205	40000	1307	1031	邹　敏	谢晓东
人民社区	2.80	—	1600	3606	—	450	—	—	390	270	周建新	周建新
鹤溪社区	2.00	—	2327	7907	—	496	—	43000	2327	3824	马建良	马建良
果园	0.32	—	908	2990	—	14	13.8	32000	604	489	徐　洪	徐　洪

【党建工作】2019年，望亭镇开展"不忘初心、牢记使命"主题教育，通过集中学习、下沉调研、分组讨论等形式提高主题教育实效。"北太湖指尖微讲堂"入选2019年度苏州市"众说学习"理论品牌重点项目。全年新建碧海玻璃联合党支部等10个，撤并苏立液压升降机联合党支部等3个。新建运河红色驿站等党群服务站5个，其中非公党群服务站3个。制定党群服务站管理办法，26个党群服务站常态化运行。提升干部队伍整体素质，开展"2019御亭青锋·实干兴望"青年干部培训活动，轮岗交流54人，提拔干部17人。围绕乡村振兴五大攻坚任务成立行动支部61个。

【纪检监察】2019年，望亭镇落实党风廉政"一岗双责"制，打造"老支书"廉洁品牌。开展"三看三提升"作风建设大整治活动。履行审计监督职能，完成标底复审项目21个、工程竣工结算项目116个，对10个村（社区）开展离任审计、专项审计，4个市镇单位进行任中审计，对45家单位进行清产核资。运用"四种形态"中"第一种形态"处理80人次，办结违纪违法案件10起，处分违纪党员9人。

【镇村建设】2019年，完成望东路、望亭大街、牡丹路、果园路、通锡路、强华路、兴市巷以及智能制造产业园内启新路、杭桥路、普安港路等一批道路工程建设，启动贡湖新兴产业园晨祥路、贡盛路、苗株场路建设工程。完成出入口标识标牌、宣传标语、主干道节点景观小品提升、公厕改造及新建、安置小区外立面改造，市镇功能区及村级部分道路亮化等工程。完善农村生活垃圾分类基础设施，启用新建环卫站，安装垃圾分类亭601个。完成11个三星级康居村和仁巷市级特色田园乡村建设工程。迎湖村入选全国乡村治理示范村，华阳村获评2016—2018年度江苏省文明村，望亭镇及迎湖村、项路村分别获评2019年度苏州市农村人居环境整治工作示范镇及示范村。

【经济发展】2019年，全镇企业总数3912家，其中规上工业68家（含电厂），工业总产值111亿元，增长6.19%，其中规上工业产值76.56亿元（不含电厂），增长8.54%；新兴产业工业产值24.65亿元，增长5.98%。累计引进优质项目37个，总投资超80亿元。全年新开工项目19个，投产项目3个，已供地项目9个，通过预审项目5个。全年税收超千万元的企业有16家。永儒、中亿腾、点通物流3个续建项目开工。智能制造产业园开工建设项目18个，贡湖新兴产业园进入开发建设期，建筑面积13万平方米的贡湖高端制造和创新研发社区开工建设，其他开工项目2个。华达环保、迪飞达科技在新三板集体挂牌。望亭物流园实现销售28.5亿元，增长11.8%；上缴税收1.51亿元，增长20.8%。通过预审物流项目26个，引进总部型经济企业6家。北太湖旅游风景区获评全国休闲农业精品园区、江苏省智慧旅游示范基地、苏州市体育旅游示范基地。景区全年接待参观200余批次，游客30万余人次。全镇有效灌溉面积530.47公顷，高标准农田面积533.33公顷，农业机械总动力5769千瓦。种植水稻面积450.67公顷、总产量4320吨，种植蔬菜总产量5236吨，水产品总产量214吨。苏州市欧可巧克力食品有限公司晋升为苏州市级农业产业化龙头企业，苏州麦田禾盛家庭农场有限公司获评苏州市"十佳"家庭农场。年末有市场5处，50平方米以上超市数25家，个体工商户数5192家，住宿、餐饮企业数11家，住宿类个体经营户34家。

【科技人才工作】2019年，望亭镇完成高新技术产值28亿元，增长30%。新增高企培育入库企业60家，新增高新技术企业23家，累计高新技术企业55家。全年发放高质量发展扶持资金1107万元。获评省、市智能车间各1家，引驻科技型企业18家。完成企业智能化、自动化改造60家，推广应用机器人50台。工业技改项目18个，完成技改投资2.6亿元。低效企业整治提升工作实现新增税收4000余万元。载体建设有力推进，成功打造"科学家联盟"科技孵化器，落成"北航可靠性综合重点实验室苏州分部"。大中型工业企业和规模以上高企研发机构建有率100%。新引进人才4323人，其中高层次人才252人，人才资源总量累计1.43万人。申请专利1715件，万人发明专利累计31.7件。申报科技人才项目14个，获评姑苏领军人才1人、阳澄湖领军人才1人。

【社会事业】2019年，望亭镇有小学2所、中学1所、幼儿园3所。小学在校学生3124人，专任教师166人；中学在校学生2675人，专任教师238人；幼儿园在校学生1085人，专任教师72人。高考本科达线99人，达本率67.81%。

年内完成望亭中学扩建工程。落实积分入学政策，提供学位162个。有公共图书馆1个，藏书2万余册。文化站1个，公共体育设施面积7.5万平方米，公共文化设施面积1.4万平方米。镇文体中心开展“我们的节日”、送戏、送电影等文化惠民活动，惠及群众6万余人次。运河公园暨历史文化街区建成开放，入选2019苏州十大民心工程。《印象·望亭》文艺情景剧登台江苏大剧院。望亭地方志馆、苏州图书馆望亭分馆开放。何家角、宅基、华阳、人民、鹤溪5家单位获评苏州市三星级村（社区）综合文化服务中心。望亭镇连续两年获评区新闻宣传工作先进单位、优秀政务微信公众号。相城中医医院有床位199张，中医院医师96人，护理师6个。相城中医医院通过二级甲等中医医院评审，获评江苏省健康促进医院、苏州市中医适宜技术推广基地等。《相城中医赋》入围“全国中医药健康文化精品遴选活动”。

2019年5月10日，望亭运河公园暨历史文化街区落成典礼举行

望亭镇　供稿

链接：望亭运河公园落成亮相　助力运河文化传承发展

5月10日，望亭运河公园暨历史文化街区落成典礼在运河之畔举行。这也是相城区望亭镇推进高质量发展、实施乡村振兴战略的一座重要“里程碑”。望亭镇是苏州市西北门户，是相城区唯一坐拥太湖、京杭大运河的千年古镇。位于望亭中心镇区的望亭运河公园，分为沿运河段和沿御亭路段两部分，呈T字形，项目总占地面积约20万平方米，分为农业体验区、休闲生活区、古建景观区、工业体验区、改造艺术区和府前休闲滨水区6大部分，分别展示望亭的历史文化、工业文化、现代农业文化以及市民休闲文化。作为运河公园的核心部分，此次落成的望亭历史文化街区，复原了望运阁、千年望亭、望亭驿等建筑，充分发掘望亭历史文化底蕴，起到保护、利用、传承的目的，同时以“文化客厅　回望御亭”为主题，深挖望亭文化特质，在迎合建筑本身古建特色的基础上，充分运用现代传媒技术和艺术手段，展现“有生命”“有智慧”的文化展馆，致力打造成为望亭历史文化集中展示窗口、望亭非遗文化活动中心、望亭文化旅游第一站。　（中共相城区委宣传部）

【综合治理】2019年，望亭镇持续开展综合治理工作。全年接报违法犯罪警情下降10.5%，立案数下降13.7%，刑事案件破案数上升7.5%。社会综合治理网格化平台受理各类有效案件5.16万件，按时办结率100%。推进公共法律服务标准化建设，处办法律咨询841人次。因地制宜探索综合执法新机制，新建成综合执法工作站4个。淘汰“散乱污”企业198家，关停VOCs企业17家、化工企业2家，整治印刷包装企业39家、危废企业187家，取缔酸洗企业14家，升降机行业全部达标排放。轮作休耕农田430.07公顷。推进扬尘治理工作，开展检查3300余次，封停、整改企业650余家，升级扬尘企业监控并全部接入在线监测平台。成立市镇管理委员会，协调解决各类问题7100余个，规范占道经营1300余处，清除违规广告牌、横幅等850余处。统筹推进拆违治违，开展违建集中整治“双月攻坚”等专项行动，累计拆除违建808起、面积13万平方米。

【民生富民工程】2019年，禹洲商业综合体、望亭历史文化街区、集装箱文创园、智能制造产业园企业服务中心开业运营，星巴克、肯德基等一批知名商铺入驻望亭。禹洲地产嘉荟星岛项目基本售完、嘉誉风华项目顺利开售，和恒置地、金地地产项目开工

建设。第三次搬迁集中签约，签约率92.8%。完成果园三期分房方案，果园四期启动建设，吴门雅苑确定方案并启动前期准备工作。安置小区天然气新入户通气1248户。全年累计发放生活救助金447万元。为低保、低保边缘、特困、重度残疾、一户多残五类困难群体开展帮扶项目106个，帮扶资金64.4万元。镇慈善会筹得善款770余万元，打造“乐善御亭”慈善品牌。建成望亭镇残疾人之家，安排残疾人辅助性就业15人。举办现场招聘会50场，提供就业岗位1783个，开发公益性岗位73个，新增就业1198人。推进社保、公积金扩面工作，新增参保单位385家、参保人数2148人，完成公积金扩面656人。劳动纠纷案件结案率100%。建成退役军人服务站。成功举办2019北太湖文化旅游节、第二届“太湖稻城杯”文旅设计大赛等活动，全年接待游客300万余人次。旅游配套日益完善，完成丰穗路东延、迎湖禅寺提升、北太湖大道景观亮化等工程，启用稻香特色公交站台及景区旅游专线。墨舍人文主题民宿获评苏州乡村旅游十大精品民宿。

【特色活动】 第二届北太湖稻香小镇丰收文化节　9月22日，“千年稻乡·丰收望亭”2019年第二届北太湖稻香小镇丰收文化节开幕，“探寻乡村高质量发展”主题论坛成了这届文化节的新亮点，围绕“狠抓落实”“产业转型”“生态保护”等关键词展开讨论，为望亭镇乡村高质量发展提供智力支持和决策参考。

江苏乡村振兴智库研究院成立大会暨江苏大运河文化带小镇联盟苏州峰会　5月18日，江苏乡村振兴智库研究院成立大会暨江苏大运河文化带小镇联盟苏州峰会在望亭镇举行。全国百余名专家、学者和相关领导出席大会。现场为江苏乡村振兴智库研究院苏州相城分院望亭实践基地授牌，江苏大运河文化带小镇联盟宣告成立。作为党建引领乡村振兴的生动样本，望亭镇的成功经验和典型案例，被江苏《党的生活》杂志社、南京大学马克思主义学院共同确定为“基层党建实训基地”。当天，“基层党建实训基地”揭牌，两家单位将在此深入开展党建课题研究和基层党建培训，为全省乃至全国基层党建高质量发展贡献更多望亭经验、相城经验。

2019北太湖文化旅游节　3月30日，2019北太湖文化旅游节开幕。来自全国各地的数千名游客相聚望亭，在油菜花海中，赏美丽乡景，感受千年稻香小镇独有的风土文化。（全　扬）

北太湖稻香公园　　区摄影家协会　供稿

附　录

工作报告

十八而砺再进发　跨越赶超立潮头
以奋斗姿态激情书写相城开放发展新篇章

——在中共苏州市相城区委四届十一次全体会议上的讲话　顾海东

2019年12月29日

这次全会的主要任务是，以习近平新时代中国特色社会主义思想为指导，深入贯彻党的十九大和十九届二中、三中、四中全会，中央经济工作会议和省委十三届七次全会、市委十二届九次全会精神，回顾总结2019年工作，研究部署2020年任务，团结带领全区上下抢抓机遇、乘势而上，十八而砺再进发、跨越赶超立潮头，以奋斗姿态激情书写相城开放发展新篇章。

下面，我根据区委常委会研究精神，讲四个方面意见。

一、凝聚奋进力量，高质量发展迈入加速通道

2019年是中华人民共和国成立70周年，是高水平全面建成小康社会的关键之年，更是相城加快战略转型、抢抓长三角一体化发展机遇、迈出项目强区坚实步伐、取得高质量发展明显成效的一年。

一是保持了经济增速、运行质态的同步提升。一般公共预算收入、固定资产投资、进出口总额、社会消费品零售总额等主要指标增幅位居全市前列。综合能级上，预计实现地区生产总值800亿元，增长6%。首次跻身全国综合实力百强区前30，全国科技创新百强区第14位。全省综合考评中，国家级经开区、省级高新区、省级度假区排名分别提升5位、8位和7位。获评省2016—2018年度金融生态优秀县，蝉联省县域金融生态环境综合排名第一。财税上，预计实现一般公共预算收入120亿元，增长10.6%，税比达93%。新增减税21.5亿元。税收超亿元产业企业达10家。投资上，完成全社会固定资产投资420亿元，增长8%，其中工业投资增长8%。出让工业用地66宗、2457亩，总投资230亿元。在建工业项目达109个。科技上，授权专利增长33.5%，万人有效发明专利拥有量增长14.2%。净增高新技术企业178家，增长47.7%。大中型工业企业及规上高企研发机构建有率达100%。提前一年完成高企倍增、科技孵化器、重点企业研发机构建设等“三年行动计划”。人才上，新增国家特聘专家18人、省“双创人才”6人，省“双创计划”团队项目实现零的突破，高层次人才和人才总量分别增长52.4%和24.5%。平台上，科技金融产业园获评省级创业投资集聚发展示范区。高铁新城大数据产业园获评省级生产性服务业集聚示范区。高铁新城人工智能众创社区获评省级众创社区试点。苏州小样科技服务有限公司获评国家级科技企业孵化器。紫光云引擎成为通过工信部工业互联网五星认证的全国3个平台之一，获批国家级制造业双创平台试点示范项目。特雷卡电缆有限公司获批省级跨国公司地区总部及功能性机构。魔门塔（苏州）科技有限公司获评全市唯一的苏南国家自主创新示范区独角兽企业。

二是加快了产业集聚、承接载体的战略布局。先后举办大型招商会、峰会、论坛等百余场。成功引进产业项目327个，总投资856亿元，其中10亿元以上项目16个，落户率达67.6%。积极打造战略支点，相城被国家《长江三角洲区域一体化发展规划纲要》列为支持与虹桥等省际毗邻区域开展深度合作地区，京沪高铁苏州北站被《〈长江三角洲区域一体化发展规划纲要〉江苏实施方案》列为重点推进的两个综合交通枢纽之一，加快开展“虹桥—相城深度合作”“沪苏高铁一体化发展”等课题研究，在上海相城大厦建成苏州（相城）数字经济创新产业园“一园五中心”。科技金融“一园两基地三中心”投入运行，新增银行一级支行4家，产业基金28支、170.4亿元；落户长三角数字货币研究院、长三角先进材料研究院；完成中国银行全面支持相城建设系列签约，设立中行长三角一体化综合经营办、中银金科子公司、中银投代表处。高水平建成8.4千米智能网联测试道路，获5张智能网联汽车路测牌照，入选全省首批车联网先导区。苏州（相城）中日智能制造协同创新区签约日资项目34个。中荷（苏州）科技创新港、中意汽车技术（苏州）创新基地、中奥智能驾驶创新中心，以及腾讯微瓴智慧建筑实验室、苏宁C2M平台总部等优质项目签约。人民创投文创产业研究院、江苏旅游协会培训基地落户。生物医药国际研发社区入选首批市级生物医药产业园。长三角国际研发社区、海美国际（苏州）智造研发社区、望亭贡湖高端制造和创新研发社区、黄桥智能产业国际研发社区等12个特色国际研发社区加快建设，完成投资55.7亿元。

三是推动了机制体制、营商环境的优化创新。党政机构改革率先完成，“放管服”改革成果显著，行政服务效能大幅提升，供给侧结构性改革成效凸显。渭塘镇在经济发达镇行政管理体制改革省市评估验收中高分通过。全省率先开展“一窗一事一证”综合许可改革，“不见面审批”办件占比超90%，被列为市基层“互联网+政务服务”工作示范点，镇级24小时自助服务区，镇、村两级标准化便民服务大厅实现全覆盖。市场化、属地化改革有力实施，国资、财政、学校、医院、环卫、信息化建设等管理体制进一步理顺。出台服务业、科技创新、工业、商务、文体旅游质量品牌建设及知识产权、科技金融等高质量发展扶持政策，以及顶尖人才“一事一议”资助、人才优惠优先购房政策。设立金融发展服务中心。获评全省营商环境先进县（市、区）。

四是实现了城市功能、民生福祉的持续增进。完成苏州北站一体化综合协调规划，永方路北延等7条道路竣工通车，澄阳路综合管廊投入使用。中惠美京商业综合体和铂尔曼、阳澄喜柯等高端酒店建成投用。完成征收搬迁235万平方米，18个安置房项目开工建设，建成安置房项目4个、总面积78.4万平方米，众泾家园荣获“詹天佑奖”。获评省国土资源节约集约利用模范区、省交通运输信息化应用示范区。相城第三实验中学、苏大第二实验学校等8所学校建成投用。复旦大学附属中山医院长三角合作医院正式运营，北河泾、澄阳街道社区卫生服务中心启动建设。举办中国苏州农民丰收节暨冯梦龙文化节等大型文化活动20余场，苏州第二图书馆、望亭运河公园等文体设施落成投用，阳澄湖旅游集散中心被联合国教科文组织和国际建筑师联盟授予“凡尔赛建筑奖”，御窑金砖博物馆获评国家AAAA级旅游景区。实施乡村振兴战略，北太湖旅游风景区获评省四星级乡村旅游区，冯梦龙村获评全国农村创新创业孵化实训基地，迎湖村入选全国乡村治理示范村；建设三星级康居乡村19个；完成保留村庄布局方案，出台《关于加强和规范相城区农房规划建设管理的指导意见》。坚决打好防范化解重大风险、精准脱贫、污染防治三大攻坚战。深入开展安全生产大排查大整治、综合整治“双月攻坚”、百日拆违等行动，整改安全生产隐患7.7万个；淘汰整治“散乱污”企业（作坊）2836

家，获评第二届江苏生态环境十大先进典型；清理村级集中工业区40个；清理违章建筑173万平方米；整治河湖“两违”197处。全面完成内河港口码头集中整治任务，交通干线沿线绿化及环境整治通过省级验收。铁腕整治阳澄湖周边农家乐问题，关停无证农家乐138家，农村生活污水治理实现全覆盖。

五是保证了基层治理、党的建设的全面加强。认真贯彻落实总书记最新重要讲话指示精神和中央、省委、市委重大决策部署，不断完善区委常委会、区委理论学习中心组常态化领学促学机制，把学习新思想和习近平总书记最新重要讲话精神作为每次区委常委会会议的首要议程。扎实开展“不忘初心、牢记使命”主题教育，区委常委会带头开展6个专题集中学习、“四重四亮”和“勇立潮头、对标赶超”等专题活动，全区党员领导干部以“四不两直”方式开展专题调研及成果交流，形成调研报告408份，解决实际问题934个。积极组织庆祝中华人民共和国成立70周年主题系列活动。坚决落实中央扫黑除恶专项斗争督导、省委第七轮巡视反馈问题整改，整顿软弱涣散（后进）村（社区）党组织12个。深化“支部+网格”模式，各级行动支部服务群众33.5万人次。以巡察推进专项治理，开展对5个村（社区）农村“三资”管理和生态文明建设专项巡察，对90个村、涉农社区党组织开展回归本职专项巡察。牢牢把握意识形态工作领导权，强化意识形态阵地管理，制度化、常态化、具体化抓牢意识形态工作。实现新时代文明实践所全覆盖。获评全省基层党员冬训工作示范县（市、区）。“365”先锋馆接待党组织200余个、人数超万人次，建成“海棠花红”党建文化主题公园，全区四级党建阵地格局初步形成。出版发行文献史料《相城区革命老区发展史》。3名党员以上“两新”组织党组织单独组建率达100%。大胆选用优秀年轻干部，镇（街道、区）班子年轻干部配备占比、“85后”及“90后”科级干部数量等指标居全市前列，提升年轻干部“综合实践课堂”品牌内涵，干部能力素质有效提升。持续正风肃纪，查处违反“中央八项规定”精神问题17起，采取留置措施处理11件11人，运用“四种形态”处理442人次。区人大及其常委会依法行使职权，政府依法行政，政协协商民主建设不断加强，统战、群团、人武等工作都取得了新的成效。

在肯定成绩的同时，我们也要清醒地看到发展中存在的问题和不足，主要表现在：领导干部想问题、做决策、抓工作的定位标准还不高；实体经济面临较大下行压力，重大项目建设支撑还不够有力，新经济培育中的人才要素等制约还很突出；信访维稳、生态环境、安全生产等领域风险隐患不容忽视，网络舆情应对处置能力有待提升；影响发展的体制机制障碍尚未根本消除，深化改革还要系统集成推进；从严管党治党还存在薄弱环节。对此，我们要高度重视，切实研究解决。

二、胸怀大势全局，准确把握新一年总体要求

2020年是高水平全面建成小康社会的决胜之年，是全面完成“十三五”规划的收官之年，也是我们推进下一个五年主要发展指标实现翻番的起步之年。在这转承接续的重要节点，我们要深刻把握经济发展的大逻辑，我国正处于转变发展方式、优化经济结构、转换增长动力的攻关期，要充分看到变化变局中一些根本性、规律性的积极因素没有变：经济全球化的大势没有变，我国发展仍处在重要战略机遇期的判断没有变，特别是中国特色社会主义制度的强大生命力和巨大优越性正在得到世界公认，时和势总体于我国有利的事实没有变。省委十三届七次全会提出进一步强化高质量发展导向，坚定不移贯彻新发展理念，在两个大局的交织激荡中勇立潮头；市委十二届九次全会提出切实增强六个定力：贯彻新思想、引导好预期、定位好目标、落实好举措、调动好激情、管控好风险要有定力，再创一个激情燃烧、干事创业的火红年代。在这样的背景下考量，我区发展的战略机遇、优势环境、发展热度、前景预期更没有变，苏州“开放再出发”的澎湃动能加速汇聚。我们要始终坚定高远目标、保持昂扬斗志、燃起奋斗激情，在苏州十个板块“群虎争雄”格局中彰显相城担当。

坚持让“四立要求”成为相城的发展导向。市委蓝书记调研相城，对我们提出了“立家业、立门楣、立口碑、立家风”的要求，期望相城为苏州勇当“两个标杆”做出更大贡献。这是市委对我区发展的把脉问诊、定向领航。我们要把贯彻落实市委“四立要求”，作为当前和今后一段时期工作的主脉络，研深悟透、融会贯通、落细落实，使之内化为全区上下思想解放的航标、干事创业的底气、跨越赶超的使命。更加丰富“做强实力、做靓形象、做优服务、做实规矩”内涵，以招商实、项目实促进产业实、产出实，不断增强经济实力；进一步补齐城市短板、彰显城市特色、提升城市形象，全力打造苏州市域新中心；不断创优营商环境与公共服务环境，使之成为发展的重要软实力、核心竞争力、强大吸引力；从严加强干部管理，形成勇担新使命、展现新作为的好作风、好风气。

坚持让“树标超标”成为各级的共同行动。要有“大相城”的意识、“强相城”的担当、“高相城”的谋划、“新相城”的作为，在更强竞争环境中选树标杆，在更高坐标系中谋划发展。区委明确“三超一高”赶超目标，即实现一般公共预算收入近期超太仓市、远期超吴中区，发展质量超高新区，城市建设标准高于工业园区。各地各部门要持续激发“奋斗趁年华、昂然正青春”的澎湃热情，在工作目标上高人一筹，在工作思路上胜人一招，在工作节奏上快人一拍，在工作落实上先人一步，锚定高标准、贯彻严要求，勇当领军标兵。前瞻性、科学性、系统性谋划“十四五”时期相城发展新篇章，确立各项主要经济指标翻番的目标。到2024年，全区一般公共预算收入实现在2019年基础上翻一番以上，漕湖开发区、元和高新区、高铁新城实现50亿元以上，四个中心镇实现翻一番以上。各地各部门要科学合理分解每年任务，咬定目标，倒排周期。同时，全区各项工作要以全市发展水平为赶超标杆，突出赶超发展的“三大体现”，即增长速度要保持全市领先，转型发展要走在前列，各项工作要争先进位。

坚持让“抢抓机遇”成为相城的现实之道。机遇稍纵即逝，发展时不我待。面对长江经济带发展、长三角一体化发展、苏州自贸片区、交通强国等国家战略和决策机遇叠加，要下好系统谋划的“先手棋”，打好深度对接的“主动仗”。以积极主动的姿态和前瞻性思维，精心谋划我区融入长三角一体化发展的目标思路、路径举措，找准切入点、发力点、融入点，大力实施一批引领性、关键性、支撑性项目，努力打造区域高质量发展的强劲增长极。在我们手上，不仅不放过任何一个机遇，而且要抓住别人抓不住的机遇，打造更多苏州“数一数二”的发展载体，引进更多行业“数一数二”的产业项目，形成更多区域“数一数二”的实践经验，创造出无愧于时代的崭新业绩。

三、燃起奋斗激情，争当全市跨越赶超排头兵

根据中央和省委、市委的部署精神，结合我区实际，2020年全区工作的指导思想是：坚持以习近平新时代中国特色社会主义思想为指导，全面贯彻党的十九大和十九届二中、三中、四中全会精神，突出高质量发展总导向，坚持稳中求进的工作总基调，坚持新发展理念，紧紧围绕“12345”战略思路，咬定“四立要求”的发展导向、“树标超标”的共同行动、“抢抓机遇”的现实之道不动摇，以十八而砺再进发、跨越赶超立潮头的奋斗姿态，确保如期高水平全面建成小康社会、全面完成“十三五”各项目标任务、开启基本实现现代化建设新征程，奋力谱写相城高水平开放、高质量发展、高定位赶超的新篇章。

2020年经济社会发展的主要预期目标是：地区生产总值增长6%以上，一般公共预算收入增长10%以上，规模以上工业总产值增长5%以上，全社会固定资产投资增长10%以上。

一要做强实业再发力，着力建设长三角产业创新高地。始终把做强实体经济作为立区之本，在长三角产业发展格局中找准定位、协同联动，打造产业创新高地和创新资源集聚地。

1. 奋力打造联动发展新高地。高标准编制“十四五”发展规划，强化与国家及省市规划的衔接融合。协同构建沪苏高铁一体化、宁苏高铁综合化的发展格局，加快推动通苏嘉甬高铁、苏州北站综合枢纽和动车所配套设施等建设，协调增开苏州北站至北京等地始发终到列车，深化“京沪高铁苏州北—虹桥交通专线”“长三角综合物流枢纽”等专题研究。全力以赴开展“虹桥—相城”深度合作，积极构建跨区域合作新机制，共建一批产业联动中心、企业创新中心、人才交流中心、商贸服务中心，引领打造长三角省际毗邻区域创新合作新典范。加强与宁杭合等长三角重点中心城市的创新合作，重点支持一流大学、科研院所到相城设立分支机构，推进产业联动、企业互动、人才流动，打造长三角区域联动发展重要节点区。

2. 充分彰显高端产业新魅力。积极打造“三大产业”“六大未来产业”，构建特色鲜明的“3+6”现代产业体系。加快集聚大数据企业600家、工业互联网企业200家、科技金融企业300家、智能驾驶企业60家、先进材料企业200家、生物医药企业140家以上，成为全市领先的特色产业基地。持续优化新经济发展生态，建立企业全生命周期服务体系，确保政府性扶持激励投入增长15%以上，集聚产业基金规模

超1400亿元，开放前沿技术应用场景500个以上，建设长三角科技金融数据中心和5G基站1500个以上。强化长三角数字货币研究院引领带动作用，积极开展数字货币应用试点。发挥长三角先进材料研究院的平台优势，加强先进材料细分领域的产研合作。大力支持区块链技术创新突破，集聚区块链企业40家以上，打造全国知名的“苏州链谷”。

3. 切实加快创新资源新集聚。面向国内外集聚优质创新资源，更大力度引进带项目、带团队、带技术的新型研发机构，加快项目导入、企业孵化和专利申请进度。依托科创型行业领先企业，力争在创建国家级车联网先导区、先进材料创新中心等方面实现新突破。加强与“双一流”高校、重点科研院所的紧密联动，支持开展产学研合作项目100个以上。新增一批“专精特新”和瞪羚企业，确保净增高新技术企业200家以上。推动企业研发费用增长15%以上，万人有效发明专利拥有量达55件以上。积极引进院士级、国家特聘专家等顶尖人才（团队），高层次人才增长20%以上。

二要开放创新再拓展，着力提升高质量发展新能级。坚持以高水平载体、高质量项目、高层次转型为支撑，加快推进经济发展质量变革、效率变革、动力变革。

1. 不断拓展开放空间。漕湖开发区和高铁新城要充分发挥主战场主阵地作用，围绕增强创新能力这一核心，在项目招引上做表率、挑大梁，加快集聚创新产业、创新人才，吸纳高端要素，打造富有活力的创新高地。元和高新区和黄埭高新区要进一步内强实力、外塑形象，成为相城两个创新增长极，作出大板块应有贡献。各镇（街道、区）产业园要走集约高效绿色发展之路，强力推进低效用地整治、低效企业清理，不断提高产出，向开发区、高新区对标看齐。推进建设苏州（相城）中日智能制造协同创新区、中荷（苏州）科技创新港、中意汽车技术（苏州）创新基地、中奥智能驾驶中心等一批国际产业园，加快引进一批高端外资项目，争创省级国际合作园区，形成2~3个有影响的区域性外资集聚高地。加快获批长三角国际研发社区1.08平方公里以外控规，优化综合交通、地下空间、通信管网等专项规划，集聚建设一批总部楼宇和功能性、标志性建筑。加强与苏州自贸片区联动对接，深化苏相高质量发展合作建设，构建以漕湖开发区、元和高新区、黄埭高新区、高铁新城和望亭镇为重点的“4+1”联动发展格局。

2. 不断扩大有效投入。推进重点区域招商常态化，在巩固“三圈一带”等地招商的同时，加大对日、德、英、荷、意、以等国招商力度，用好苏州（相城）数字经济创新产业园“一园五中心”、对日招商联络站等各类引资引智平台，着力引进高端项目和资源。各地要瞄准北上深等重点区域，高端制造、科技研发、区域总部等重点领域，突出重点产业，全力引进更多大项目、好项目，确保经济发展当前有活力、未来有潜力。全力保障41个省市区重点产业项目建设，加快国际医疗健康（苏州）中心、京东全球研发中心、京东长三角智能电商产业园等落地。重点培育一批经济新增长点，全力实现平保健康科技、博腾生物科技等工业项目开工，加快平谦工业、海鹰空天材料苏州研究院、纽克斯电源科技等项目建设，确保实现工业投资100亿元以上、竣工工业项目60个以上。

3. 不断推动创新转型。开展各镇（街道、区）工业区区域环评，从源头抓好产业准入。持续推进工业企业资源集约利用综合评价，高标准落实差别化政策和服务。以“决裂”的果敢，坚决杜绝“散乱污”企业（作坊）回潮反弹，全面推进127个村级工业集中区整治，以“腾笼换鸟”大力发展高附加值产业。以创建“互联网+先进制造业”基地为统领，更大力度支持和引导企业推进技术改造。依托紫光云引擎、仕泰隆等平台，加快数控装备普及换代、工业机器人推广应用、重大装备智能改造，实现规上工业企业智能化改造率100%。推进省级制造业创新中心建设，加快培育一批省、市级企业技术中心、工业设计中心等，构建以企业为主导的产业创新体系。加快培育壮大智能企业集群，新增省级星级上云企业40家以上，培育省、市级智能工厂、示范智能车间20家以上，实现省级工业互联网标杆工厂零的突破。

三要环境品质再提升，着力擦亮宜居宜业城市底色。坚持以人为本、系统谋划，着力完善城市功能布局，不断擦亮宜居宜业、活力迸发、均衡协调的城市底色。

1. 更高标准提升“城市质感”。在更高层面、更大格局中谋划城市发展，深入推进国土空间规划，深化城市核心区的规划设计、谋篇布局，加强各镇（街道、区）全域城市设计，塑造城市特色、彰显城市品位。加速完善交通路网体系，完成春申湖路快速化改造相城段主体工程，实现G524改扩建、南天成路西延等竣工通车，推动阳澄湖第三通道、西公田路西延等开工建设，全面实施轨道交通7、8号线相城段建设，优化相城大道、澄阳路、齐门北大街、广济北路智能化交通体系。加快推进市第二工人文化宫、市国际会议酒店、苏州工匠广场等功能设施建设。提升全域旅游标识系统，创建省级全域旅游示范区。加快实现重点区域5G网络全覆盖。在249个居民小区、41个保留行政村开展生活垃圾四分类工作。推动轨道交通陆慕老街站等重点地块搬迁工作，确保实现征收搬迁100万平方米，新续建安置房756.8万平方米、竣工交付145万平方米。

2.更大力度打造"绿色样板"。统筹全区生态绿地和河湖岸线资源，逐步实施"十百千万"生态建设工程，即建设10个千亩以上的湿地公园、100个百亩以上的城市公园、1000个十亩以上的城市游园、10000里以上的河湖岸线绿廊步道和景观带等。深入实施活力岛区域提升工程，以水系为依托，启动7千米"活力环"功能项目建设，激发元和塘西部区域城市活力。建设黄埭高新区水质净化厂及再生资源中心。新增绿地270万平方米。持续优化阳澄湖、太湖水环境，全面完成连片池塘的标准化改造任务，大力推广生态养殖模式；严格规范阳澄湖周边农家乐发展，守住相城"一方清水"。

3.更强举措推进"乡村振兴"。稳步推进保留村庄翻建，融合自然生态、地域文化、建筑传统等元素，因地制宜留住"乡愁"，打造更具江南特色的宜居村庄。推进全国农村一二三产业融合发展先导区建设，推动农业全环节升级、全链条增值。新建三星级康居乡村25个，冯梦龙村争创康居特色村。实施农村人居环境整治"红黑榜"，切实改善乡村风貌。

四要营商环境再优化，着力激发体制机制改革活力。坚持从改革入手，增创市场有效、政府有为、企业有利、百姓受益的体制机制新优势，让企业和群众口碑成为衡量改革发展的金标准。

1.全力优化涉企服务。进一步优化政务环境，持续推动"放管服"改革，探索设立自然人、法人全生命周期服务"大综合窗口"，建设线上企业综合服务平台。提速行政审批"3550"至"1120"。对76个区级审批事项实行"证照分离"全覆盖。深化工程建设项目审批制度改革，推进"并联审批、告知承诺、限时验收"，确保工程建设项目从立项到竣工验收的审批时间压缩至80个工作日以内。有序开展不动产登记与水电气等关联业务联动办理。深化办税缴费便利化改革，实现70%以上涉税事项一次办结。

2.着力深化改革攻坚。深入推进"一县一区、一区多园"规范化管理工作，形成以国家级经开区为"一区"主体，元和高新区、阳澄湖度假区、现代农业示范区等为"多园"的协同发展管理架构。扎实开展产业园区生态环境政策集成改革省级试点，协同推动产业高质量发展和生态环境高水平保护。加快推进水务、农业农村、交通运输等基层站所属地化管理，稳步推动农业、城市管理等综合行政执法改革。持续优化国有资本布局，建立健全现代企业制度。有序推进环卫基础设施建设、安置小区物业管理、智慧停车、市政基础设施、绿化养护等市场化改革。

3.激活市场主体活力。不折不扣落实中央减税降费政策要求，研究出台新政策，降低制度成本。复制实施苏州自贸片区改革创新举措，进一步促进贸易和投资自由化、便利化。动态清理"僵尸"企业，持续优化市场生态。建立常态化联企协调解难机制，为企业提供精准有效的服务。强化政、银、企联动，畅通金融为实体经济服务的渠道，持续打好防范化解金融风险攻坚战。建立健全服务企业"十项工作机制"，定期开展走访调研和企业家、行业、人才沙龙等活动。大力弘扬企业家精神，让企业家有更多尊荣感。

五要和谐安定再聚焦，着力高水平全面建成小康社会。站稳群众立场，回应民生关切，从群众需求出发决胜小康。

1.致力打造高质量幸福民生。着力构建弱有众扶的救助服务体系，不断完善"一户一档一策"精准帮扶工作机制。突出做好重点群体就业，确保困难家庭失业人员动态清零。推进长护险改革试点，进一步扩大异地就医定点医院数量及联网覆盖率。优化教育资源布局，提升教育质量水平，加快推进荟同等5所国际学校（幼儿园）建设，新引进国际学校、楼宇大学3所以上，相城中等专业学校加快创建江苏联合职业技术学院相城分院。推进相城人民医院创建三级综合医院，配合做好市妇幼保健院、市疾控中心迁建工作。加强养老服务体系建设，协同推进居家、社区、机构养老融合发展。

2.全面提升现代化治理能力。深入贯彻党的十九届四中全会精神，着力打造集政务服务、综合执法、便民服务、公共安全等为一体的基层治理新格局。扎实推进扫黑除恶专项斗争“治本”年建设。切实抓好省、市安全生产巡查反馈问题整改，深入开展28个领域的安全生产专项整治行动，进一步压实每一个行业领域、每一个生产经营单位、每一个环节的安全生产责任。将安全生产、“331”“散乱污”整治以及拆违工作贯穿全年。坚决打好蓝天、碧水、净土三大保卫战。率先在全省建设“数字城市集成指挥和综合治理中心”，构建共建共治共享管理体系。对照经济发达镇“1+4”改革模式，深化乡镇机构改革，推动高效服务与精细治理。积极推进依法治区和社会治理创新，深入推进社会综合治理网格化联动机制，不断夯实社会治理根基。

3. 积极培育新时代城市精神。注重运用先进文化锤炼城市精神气质，以打造文明实践“125”品牌为抓手，推进城市精神与市民素质深度融合，构筑共同的精神家园。积极选育“时代新人”，讲述相城好故事，传递精神正能量。建成文徵明纪念园。精心打造苏州“179”科技文化创意产业带，元和塘文化产业园争创国家级文化产业示范园区。深化“一院一团”合作，鼓励文艺精品创作，常态开展文化惠民活动。加快推进文旅融合发展，举办阳澄湖大闸蟹开捕节、漕湖龙舟赛、中法文化交流相城分会、冯梦龙文化高峰论坛等特色品牌活动。

四、提升党建质量，担负引领时代发展新使命

在新时代，相城要走在高水平开放、高质量发展、高定位赶超的最前列，必须以全面加强党的建设为引领。

一要矢志不渝守初心、担使命。坚持以政治建设为统领，持续巩固拓展主题教育成果，坚定不移地把初心使命落实到推动事业发展的成效上。不折不扣抓好中央督导、省委巡视等反馈问题整改。进一步强化意识形态责任制落实，严格阵地管理，健全网络舆情立体监测和处置机制，确保意识形态领域持续向好。启动区级新时代文明实践中心、区级融媒体中心建设，实现新时代文明实践站全覆盖，持续推动宣传工作出新出彩。深入挖掘冯梦龙文化的时代价值，以冯梦龙精神激荡勇立潮头、干事创业的正能量。

二要始终不懈提能力、强作风。以提升干部视野和能力为重点，加快提升专业素养和业务能力，着力打造精气神最足、创新力最强的干部队伍。加强各级领导班子建设，用实用好“五维”考量、政治体检等成果。加大优秀年轻干部选拔培养，多渠道、多层次搭建成长锻炼平台。用活用好“三项机制”，坚持有为有位、无为让位，把敢不敢扛事、愿不愿做事、能不能成事作为评判干部的重要标准。探索考核指标实效评估，优化年度综合考核体系。大力弘扬“五种精神”，即放眼格局的“高远精神”、锚定项目的“钉子精神”、敢为人先的“首创精神”、追求卓越的“专业精神”、只争朝夕的“奉献精神”，从好家风中立起相城新高度。

三要坚定不移强基层、固基础。进一步强化大抓基层鲜明导向，以提升组织力为重点，精心组织实施党建重点项目，打造一批立得住、叫得响的标准化、规范化党组织，引领全区各级党组织持续建强创优。加大对软弱涣散（后进）村（社区）党组织的整顿帮扶力度，动态加强基层党建“体检”，以过硬标准推动基层党组织持续提标升级。不断扩大新领域新业态党建工作有效覆盖。及早谋划村（社区）“两委”换届选举工作，切实抓好基层党组织带头人队伍建设，选树培育优秀基层党组织书记，实现村书记、主任“一肩挑”比例不低于50%。加强村（社区）工作者职业体系建设，全面实施专职化管理。加大在新经济领域和高层次人才中发展党员的力度。

四要驰而不息正风纪、去腐恶。持续抓好“中央八项规定”精神落实，深查细究隐形变异“四风”问题，常态长效巩固整治成果。持续深化整治形式主义、官僚主义，细化务实管用的减负措施。以“小微权力”为着力点全面加强权力运行监督，综合运用监督执纪“四种形态”，推动“四个全覆盖”高效衔接，提升精准监督质效。开展区委第九轮、第十轮巡察，实现区级单位党组织巡察全覆盖、村（社区）党组织巡察覆盖率达80%。严惩涉黑涉恶腐败和保护伞。始终保持惩治腐败的高压态势，持续巩固发展风清气正的政治生态。

最后，希望我们的领导干部在抓工作中，能够坚持以下几条：

——要让“高瞻远瞩重谋划”的理念始终引领我们。抓发展一定要谋定而后动，注重谋划、规划、策划、计划，用科学的战略目标引领人，用美好的发展蓝图鼓舞人。只有高度重视谋划，不断形成符合科学方向的重大思路，才能在引领跨越发展的道路上走得更快、走得更好。我们每项工作都要有可研、有方案、形成方略，进一步加强顶层设计、丰富工作内涵、细化落地举措。我们要善于面向全国、全球，向先进地区学习、跟专家智囊取经、与专业机构合作，将一切创新思维、先进理念、成功经验为我所用。

——要让"咬定青山争一流"的追求始终激励我们。今天的相城，时代构筑了高起点，奋斗增大了高基数，发展打造了高平台。各级都在期待我们的各项事业不断攀高、再创辉煌。我们要敢于知难而进，善于多维比较：与自己比，看增幅、进步如何；与先进比，看短板在哪里；与全市发展水平比，看各项指标排的位次；与工作努力程度比，看是否尽心、尽力、尽责；与同事比，看自己是否状态十足。看到了差距，关键要抓落实。我们不能空喊口号抓落实，不能浮在上面抓落实，不能没有责任抓落实，也不能赏罚不明抓落实；要敢抓落实、会抓落实、真抓落实，以"今天再晚也是早，明天再早也是晚"的工作激情，鸣枪就要冲刺，起步就要奔跑，一日当作两日用，一分也不耽搁。

——要让"事在人为皆可能"的气概始终鞭策我们。发展需要不断创造奇迹。境由心造，事在人为。奇迹，就是看似不可能、不自量力、不具备条件，看上去像堵不可逾越的墙，只要我们跋涉千山万水，不畏千沟万壑，就一定能把看似办不成的事办成，把看似走不通的路走通。群行群止看识见，近年来我区种种赶超发展的鲜活事例，无一不折射出这样一个铁律：在这个一切皆有可能的时代里，创造奇迹并非高不可攀，只要有目标、有志向，一切皆有可能；只要去奋斗、去追求，一切都能成为现实。只要我们敢于做前人没有想过的事，敢于把别人难以突破的工作创出特色，原本不敢指望的事就一定能奇迹般地干成。

同志们，百舸争流破浪者领航，千帆竞发奋勇者当先。让我们满怀创新创业的激情，激扬奋进跨越的豪情，拉满弓、绷紧弦，奋发有为、砥砺奋进，人人尽责、事事落实、天天坚持，在脚下的这片土地上辛勤耕耘、步履不停，在相城跨越赶超的时代征途中干出精彩、拼出辉煌，共同谱写一曲高水平开放、高质量发展、高定位赶超的行动之歌！

政府工作报告

——2020年1月4日在区四届人大四次会议上

区　长　张永清

一、2019年工作总结

2019年，区政府坚持以习近平新时代中国特色社会主义思想为指导，在区委的正确领导下，在区人大、政协的有力监督支持下，坚持稳中求进的工作总基调，紧紧围绕"12345"战略思路，贯彻新发展理念，落实高质量要求，团结依靠全区人民，攻坚克难，奋勇争先，较好完成了区四届人大三次会议确定的目标任务。

——综合实力跻身全国百强区前30。预计完成地区生产总值800亿元，同比增长6%；在减税降费27亿元的基础上，完成一般公共预算收入120亿元，增长10.6%。一般公共预算收入、全社会固定资产投资、进出口总额、社会消费品零售总额等主要经济指标增幅位于全市前列。我区综合实力首次位居全国百强区前30、科技创新百强区第14位。国家级经开区、省级高新区、省级度假区全省综合考核评价排名分别提升5位、8位和7位。

——融入长三角一体化发展找准"新坐标"。虹桥—相城深度合作被纳入国家《规划纲要》，高铁苏州北站被省《实施方案》列为重点建设的综合交通枢纽，虹桥—相城功能走廊建设被列入虹桥打造国际开放枢纽实施方案中。上海虹桥数字经济创新产业园（相城大厦）成为接轨上海的前沿窗口，建成市级长三角（虹桥）创客育成、文化产业创新、离岸创新三中心和虹桥商务区的会商旅文体示范区联动平台、国际人才服务及虹桥·苏州（相城）产业创新联动三中心，举办招商活动13场。

——"三年行动计划"跑出

"加速度"。16个"三年行动计划"中近三分之一指标实现"三年任务两年完成"。两年来,"散乱污"企业(作坊)及重污染企业淘汰、村级工业集中区清理、征收(搬迁)等工作力度空前、成效显著;新增高新技术企业及省级科技孵化器、新型研发机构、企业技术中心、生产性服务业集聚示范区、电子商务示范项目等数量走在全市前列;一批教育医疗、文体场馆、交通设施、公共厕所等功能配套建成投用,困难群体帮扶、日间照料中心和残疾人之家建设等有力推进,这些工作极大提升了群众的获得感。

——"六大未来产业"发展步入"快车道"。集聚企业数量967家,其中获评苏南国家自主创新示范区独角兽企业1家、潜在独角兽企业3家。通过国家级工业互联网五星平台认证1个,入围国家级工业互联网项目3个、省级3个,开发区获批省"互联网+先进制造业"基地培育对象;成为首批省车联网先导区,拥有5张智能网联汽车路测牌照,建成8.4千米测试道路;基金总规模达1243亿元,科技金融产业园获评省级创业投资集聚发展示范区;高铁新城大数据产业园被评为省级生产性服务业集聚示范区;省先进材料技术创新中心入选省重大科技设施预研项目;生物医药国际研发社区被列为市级生物医药产业园。

——利企便民服务环境建设取得"新突破"。营商环境综合评价排名进入全省前10位,获评全省营商环境先进地区。在全省率先实现行政审批服务事项全进驻、全授权,182项事项划转至行政审批局;在全省率先开展"一窗一事一证"行业综合许可改革;在全省率先推行镇级24小时自助服务区并实现全覆盖,全国率先启用县级出入境智慧大厅。获评省金融生态优秀县,县域金融生态环境综合评估蝉联全省第一。金融风险防范、资源集约利用两项工作受到省政府督查激励。

一年来,我们主要做了以下工作:

(一)抓项目支撑经济稳增长

完善引导扶持经济高质量发展政策8项,制定"六大未来产业"创新高地建设等实施意见。举办国内外大型投资推介会8场,签约项目327个,投资额856亿元,其中超10亿元项目16个;签约项目当年落户率达67.6%。京东全球研发中心、苏宁C2M总部、博腾生物科技等优质项目相继落户。长三角、黄桥智能产业、贡湖高端制造、海美国际智造、太平生态科技等国际研发社区开建,已引进产业项目31个。春菊电器、易德龙(二期)等项目开工建设,创泰合金、台群机械等项目竣工投产。出让工业用地2457亩,盘活存量用地3116亩。完成工业投资67亿元,增长8%。规上工业总产值增长2%左右。纳税超亿元企业达10家、销售超50亿元企业达3家。与中国银行建立全面合作机制并设立中行长三角一体化综合经营办、中银金科子公司和中银投代表处,上海证券交易所苏南基地落户,新增"新三板"挂牌企业3家。获评省级电子商务示范项目5个、生产性服务业领军企业1家及市级总部企业、平台经济特色基地各1家。新增"江苏老字号"企业和省休闲农业精品村、主题创意农园各2个。冯梦龙村成为全国农村创新创业孵化实训基地。圆满完成第四次全国经济普查。

(二)勇创新推动产业提质效

长三角先进材料、脑机融合、人民创投文创产业等研究院落户。新增省级科技孵化器7家,小样青年社区获评国家科技企业孵化器、省"双创"示范基地,高铁新城人工智能众创社区获批省众创社区试点。净增高新技术企业178家(总数达551家),新增省"瞪羚"企业9家、"小巨人"企业2家。新增省、市级智能工厂各1家、智能车间18个、星级上云企业64家。完成技改投资47亿元,规上工业企业智能化改造率达90.6%。新兴产业产值占规上工业产值比重提高1个百分点,达52.8%。获评国家级企业技术中心1家、省级企业研发机构24家。大中型工业企业及规上高新技术企业研发机构建有率达100%。授权专利增长33.5%,万人有效发明专利拥有量达到45件,增长14.2%。发布国家、行业标准30项,获批省战略性新兴产业标准化试点1个。获评省质量管理优秀奖企业1家,连续两年被评为质量强市先进地区。新建海外引才联络站2家。引进国家特聘专家18人,获评省"双创计划"人才6人和团队1个、姑苏创新创业领军人才18人。高层次人才和人才总量分别增长52.4%和24.5%。开发区入围省海外人才离岸创新创业基地试点建设名单。科技镇长团推动10余所高校与我区开展合作,建立上海交大相城技术创新研究中心。

(三)推改革扩大开放添活力

"放管服"改革深入推进,"不见面审批"办件超134万件,占比超90%。被列为市基层"互联网+政务服务"工作示范点,"一窗办理、全科服务"深度融合推进，镇、村两级标准化便民服务大厅，“全员全科社工”模式实现全覆盖。27个审批事项实行“证照分离”，10个公共服务事项实现“全区通办”。开展项目审批流程再造，一般工业项目实现20个工作日发放施工许可证。圆满完成区政府机构改革和“三定”规定制定。乡镇机构改革基本完成，渭塘经济发达镇行政管理体制改革高分通过省级验收，学校、医院及基层“七站八所”属地化管理改革扎实开展。区属国资公司经济和社会效益明显提升，纳税额增长140%。镇级国有（集体）企业清产核资及股权调整有序推进，4家公司管理层级提高。新添AA及以上信用等级国有公司7家。信息化改革“1+8+N+X”总体框架形成。开展新一轮工业企业资源集约利用综合评价，差别化综合政策倒逼1380家落后产能企业退出。积极应对国际贸易形势变化，对外开放格局进一步打开。举办荷兰北布拉邦省创新日等多场外事活动，外宾来访批次增长82%。发布中日智能制造协同创新区战略规划和产业发展规划，签约日资产业项目34个。建立2个对日招商联络站。中荷科技创新港、以色列技术转移中心、欧洲创新创业走廊及中意、中奥等合作平台项目落户。组织400余家企业参加进口博览会等展会。新增省级跨国公司地区总部和市级服务贸易（试点）园区各1家。完成进出口总额53亿美元，注册外资3.5亿美元，实际使用外资2.3亿美元。

（四）优功能城市建设提品质

编制区国土空间（2035）、镇村布局、高铁苏州北站一体化综合协调等规划，26个专项规划和长三角国际研发社区、活力岛等区域城市设计持续优化。实施道路项目55个，春申湖快速路、G524改造、G312互通节点优化工程顺利推进，永方路北延等24个项目完工。积极配合做好轨交7、8号线开建工作。新增停车泊位3218个，建成公共自行车站点79个、投用自行车3550辆。成为省级“四好农村路”和交通运输信息化综合应用示范县。新建中压天然气管网26公里，受益群众1.8万户。建成5G基站200个。出台规范农房规划建设管理指导意见，征收（搬迁）4743户、268万平方米，交付安置房5148套。众泾家园荣获“詹天佑奖”。新（改）建绿化面积236万平方米。金奥金相中心、芯城汇超高层项目开建，美京假日广场投用，阳澄喜柯、铂尔曼等4家高端酒店开业。城市管理改革有效推进，环卫作业实现市场化运营，37处垃圾处理设施投用，垃圾分类实行“红灰榜”公示制度。新（改）建公厕35座，公厕开放联盟成员单位增加36家。货车、渣土车违法违规行为专项整治有力实施，清理违章建筑173万平方米。望亭成为农村人居环境整治市级示范镇，迎湖村入选全国乡村治理示范村。建设三星级康居乡村19个，清水村建成康居特色村。

（五）治污染构筑生态新空间

污染防治攻坚战考核位居全市前列，入选第二届江苏生态环境十大先进典型。建成国家级节水型社会达标县。完成第二次全国污染源普查。否决存在环境隐患产业项目近300个。环境问题投诉量下降15%，人大审议突出环境问题年度整改任务全部完成。国考、省考断面优Ⅲ比例达到75%，18.5个骨干河道考核断面达标率提升20个百分点，空气质量优良天数比例达考核要求。实施生态文明建设重点工程38项，完成投资15.4亿元。清理村级工业集中区40个、腾出土地3972亩。淘汰整治“散乱污”企业（作坊）2836家（累计12709家）、重污染企业24家、燃煤锅炉5台、挥发性有机物排放企业295家、高排放汽油车3809辆。3家污水处理厂改（扩）建工程有力推进，2家污水处理厂完成提标改造。建成污水管网387公里，通过“控源截污”实现1234个居民小区、工业企业区块等污水集中处理。工业废水排放量削减28.6%。完成太湖、阳澄湖等五大河湖水岸同治任务。渔业增殖放流50万尾，标准化改造养殖池塘3000亩。各级河（湖）长巡河3万余次，处办环境问题54项，整治河湖“两违”197处。完成京杭大运河堤防加固、城区防洪及河道畅流工程（三期）建设、内河港口码头整治。加强重点地块土壤监测，编成全区重点行业企业土壤质量图。轮作休耕1.2万亩，土地复垦4418亩，新增高标准农田1315亩。完成盛泽湖、虎丘湿地滨岸恢复改造等湿地保护工程，自然湿地保护率达67.4%。

（六）重民生增强群众幸福感

20项民生实事项目全部启动实施，完成投资23.7亿元、完成率109%。提供就业岗位5.6万个，新增省创业孵化示范基地1家。社保参保单位、人数分别增长18.5%、7.3%，公积金扩面1.5万人。发放各类救助金6700万元，募集社会帮扶资金1700余万元，实施困难群体帮扶项目965个。助力石阡县通过国务院扶贫办验收考核并退出贫困县序列，区卫健委被评为贵州省脱贫攻坚先进集体。17所学校建设加快，其中苏大第二实验学校、南师大相城实验小学等8所建成投用，新增学位8790个。公办中小学课后延时服务惠及学生2.3万人。引进骨干教师10人。5所国际学校落户。长三角合作医院高级专家诊疗中心、周平红“大国工匠”工作站启用。区中医医院获评二甲医院。太平人民医院新址投用，新增社区卫生服务站2个、日间照料中心5家、养老护理床位200张。医联体建设加快推进，成立区内专科联盟6个、跨区联盟7个。创成省慢性病综合防控达标区、健康促进区，通过全国基层中医药工作先进单位复审。苏州第二图书馆、书香·人才公园、运河公园等建成开放。村（社区）综合性文化服务中心实现全覆盖，建成健身步道10.6千米。相城游客中心投用。御窑金砖博物馆创成AAAA级旅游景区，阳澄湖旅游集散中心获“凡尔赛建筑奖”，被评为“全球最美客运站”。央视《唱响新时代》、苏州市中国农民丰收节等文体活动成功举办。

（七）保安全维护稳定促和谐

以高度的政治担当和行动自觉落实安全生产责任、抓实隐患问题整改，生产安全事故亡人数、火灾成灾数分别下降25%、19%。深刻汲取省内重大生产安全事故教训，扎实开展安全生产大排查大整治，整改隐患7.7万个、三级挂牌督办问题100项。安全生产能力建设持续推进，规上工业企业“双重预防机制”建设实现全覆盖，新增安全生产标准化二级企业12家，新建消防站3个。健全落实常态动态巡查、挂钩指导督办等机制，安全生产领域7名干部被严肃问责，曝光惩戒企业190家。获评省食品安全示范区。扫黑除恶专项斗争牵引打防管控，社会治理能力得到增强、治安环境大幅改善。化解重点信访积案8件，处置各类群众诉求217万条，“12345”热线办结率和满意率均达99%以上。成为全省首批现代社区治理创新试验区。区、镇两级公共法律服务中心标准化建设达标率100%。区、镇、村三级退役军人服务中心（站）实现全覆盖。国防兵役、民族宗教、工会、妇女儿童、青少年、老干部、残疾人、红十字、侨务、档案方志等工作取得新的成绩。

各位代表，过去一年，我们狠抓政府自身建设，认真开展“不忘初心、牢记使命”主题教育，始终在思想上政治上行动上同以习近平同志为核心的党中央保持高度一致。积极接受中央扫黑除恶专项斗争督导、省委巡视和省市安全生产巡查，做到边查边改、立行立改。坚决整治形式主义、官僚主义，严格落实“基层减负年”要求，“三公经费”下降20.8%，基层公务用车改革有力推进。开展重大行政决策规范管理标准化体系化试点，实施重大行政决策事项5项。受理行政复议案件29起、政府信息公开申请77件。完成年度隐性债务化解任务，开展镇级债务风险分类管理，政府债务控制在限额以内。理顺区、镇两级财政管理体制。规范政府投资项目工程价款支付、项目变更备案、竣工财务决算评审，小额工程项目全部纳入政府采购平台采购。完成财务审计项目30个、竣工结算审计132个，整改问题192个、增收节支5.2亿元，审计整改实现线上闭环管理。办理人大议案、建议117件，政协提案131件，满意率达100%。

各位代表，2019年是相城发展史上具有里程碑意义的一年。这一年，我们举办了庆祝中华人民共和国成立70周年、建区18周年“成人礼”等系列活动。18年来，全区人民不忘初心、激情奋斗、艰苦创业，一座繁荣民富、和谐宜居、富有活力的现代化城市蔚然成型。这一年，我们提高政治站位增定力，深化改革创新解难题，忠诚履职尽责推发展，经济社会建设保持稳中有进、进中提质的良好态势，为实现跨越赶超积蓄了强劲动能。这些成绩来之不易、饱含责任担当、浸透辛勤汗水！这是在市委、市政府和区委的正确领导下，在区人大、政协及社会各界的关心支持下，全区人民凝心聚力、创新实干的结果。在此，我代表区人民政府，向全区广大干部群众，向全体人大代表、政协委员，向各民主党派、工商联、无党派人士、各人民团体，向离退休老同志，向驻相机构、部队，向所有关心、支持相城发展的海内外朋友们，表示衷心感谢并致以崇高敬意！

但我们也清醒地认识到，成绩面前还有许多不足和差距，主要有：经济高质量发展的宏观环境仍存在不确定性，项目招引大突破引领产业升级的现实优势尚未完全显现，新旧动能接续转换任务艰巨；生态环境问题依然存在，污染治理能力建设仍需加快推进；城市综合管理水平有较大提升空间，市容市貌、村容村貌亟需优化提升；优质公共服务供给还有不少短板，群众在上学、看病等方面仍有不满意的地方，安全生产、信访维稳、社会治安等领域依然存在不少隐患；政务服务保障高质量发展还不够到位，服务、效率、担当意识还需进一步增强。对此，我们一定正视问题，切实加以解决。

二、2020年主要任务

2020年是高水平全面建成小康社会和“十三五”规划的收官之年，是贯彻落实十九届四中全会精神的开局之年，是开启基本实现现代化新征程的基础之年，做好全年工作意义重大、责任重大。我们将以习近平新时代中国特色社会主义思想为指导，认真贯彻十九大和十九届二中、三中、四中全会精神，坚决落实区委四届十一次全会要求，用“四立要求”统揽政府工作，坚定“六个定力”，弘扬“五种精神”，迈快步下好先手棋，翻新篇开放再出发，以融入大局抢主动的拼劲、勇立潮头敢为先的闯劲、跨越赶超攀高峰的干劲，做强实力、做靓形象、做优服务、做严规矩，为实现“三超一高”赶超目标、推动相城高质量发展走在时代前列奠定坚实基础。

主要预期目标：地区生产总值增长6%以上，一般公共预算收入增长8%以上，全社会固定资产投资增长7%左右，全社会研究与试验发展经费支出占地区生产总值比重为3.3%左右，企业研究与试验发展经费投入增长15%左右，居民人均可支配收入增速高于地区生产总值增幅，社会消费品零售总额增长6.5%，城镇登记失业率控制在3%以内，主要污染物排放总量削减完成市下达任务，生产安全事故起数和死亡人数大幅下降。

实施民生服务、数字政府、学校新（改扩）建、文体服务、医联体建设、医疗卫生服务、环境提升、生态优化、交通设施提升、公共交通服务、老新村改造、安置房建设12类工程31个民生实事项目。

围绕上述目标和任务，今年重点做好以下6个方面的工作：

（一）坚持以融入长三角为总牵引，推进更高层次的开放创新

开放合作再出发。以更加务实的举措贯彻长三角一体化、长江经济带发展等国家战略，把深度融入上海大都市圈作为扩大开放的主攻方向，推动规划融合、枢纽融合、产业融合、平台融合、资源融合，着力推进长三角一体化创新发展先导区建设。深化细化国家和省市规划纲要（方案、计划），加快落实6个方面29项重点任务，着力推动沪苏高铁一体化发展、虹桥—相城功能走廊建设等落地见效。扩大国际合作范围，落实外资企业负面清单管理加国民待遇政策。完成进出口总额53亿美元，注册外资3亿美元，实际使用外资2.5亿美元。中日智能制造协同创新区着力构建“1+2+3+4”的产业生态体系，加快高端日资项目引进和樱花园建设，争创省级国际合作园区，积极打造中日产业创新合作示范样本区。深入推进中荷科技创新港、中以先进技术创研社区等国际产业合作园区建设。加快苏相高质量发展合作区建设，建好自贸区苏州片区联动创新区，争创联动发展区，构建以漕湖开发区、元和高新区、黄埭高新区、高铁新城和望亭镇为重点的“4+1”联动发展格局。支持跨境电商企业建设线下园区。深化服务贸易创新发展，新增服务贸易企业20家。积极组织企业参与第三届中国国际进口博览会。

创新驱动再提速。科学把握研发产业发展逻辑，强化创新成果商品化理念，进一步提升成果转化市场化、产业化水平。加快科技研发载体建设，建成海美国际智造研发社区（一期）、贡湖高端制造和创新研发社区，开建国家质量基础基地、计算机学会业务总部、科蓝软件长三角研发中心等载体。新增市级以上科技孵化器10个，纳税额超千万元科技孵化器达到10个。引导推动企业加大科技研发投入，聚力自主可控技术突破，延伸产业链、提高附加值，抢占行业发展制高点。支持开展产学研合作项目100个以上。新建省级院士、博士后工作站10家以上和工程（技术）研究、企业技术、工业设计中心13家。净增高新技术企业200家，高新技术产业产值占规上工业产值比重达56.3%。万人有效发明专利拥有量达55件。加快长三角国际人力资本创新园区建设，入驻企业机构15家以上，争创省级人力资源服务产业园。办好国际精英创业周相城分会场、阳澄湖创客大赛、人民网“内容科技”创新创业大赛长三角赛区等活动。引育国家特聘专家18人、省“双创计划”人才8人、姑苏创新创业领军人才27人。新增市级留学回国人员创业园1个。授予为相城发展做出突出贡献的海内外友人“荣誉市民”称号。

重点改革再深化。创新推进“一县一区、一区多园”规范化管理试点工作，推动行政区划和功能区域深度融合，形成以国家级经开区为“一区”主体，相城高新区、阳澄湖生态旅游度假区、国家级现代农业示范区等为“多园”的协同发展管理架构。深化乡镇机构改革，优化整合审批服务执法力量，构建简约高效的基层管理体制机制。稳步推进全域综合行政执法体制改革，行政机关实现行政执法公示、执法全过程记录、重大执法决定法制审核“三项制度”全覆盖。完善共建共治共享的社会治

理制度，加快城乡社区治理体系改革创新，开展乡镇服务能力试点建设，实现城乡社区民主协商全覆盖。推进数字政府建设，建立区数字城市集成指挥和综合治理中心，加强“三类五库”建设，推动数据互联互通、集成分析和综合运用。深入推进“不见面审批”“证照分离”“互联网+监管”等“放管服”重点改革事项，完善政务服务线下大厅和线上平台建设，实现自然人、法人全生命周期服务。丰富24小时自助服务区服务事项，新投用一体机31台。深化国有企业股权多样化和混合所有制改革，进一步完善公司法人治理结构。健全以管资本为主的监管体系，规范资本运作，维护资本安全，提高资本回报。有效盘活服装城大卖场、家具城B幢等国有资产。

（二）坚持以未来产业引领实体经济发展，做大做强经济实力

更大力度打造未来产业创新高地。抢抓新一轮科技革命和产业变革的“机会窗口”，以“六大未来产业”创新高地为主阵地和突破口，加快高层次人才集聚和前沿技术融合应用，引领区域经济转型升级、拓展增长空间。新增市级人工智能和大数据示范企业5家以上。推动工业互联网在“装备云”“仿真云”“建筑云”等垂直细分领域发力，新增省级标杆工厂1个、星级上云企业40家。放大长三角数字货币研究院的引领作用，启动建设长三角金融科技数据中心，新集聚金融科技企业20家以上。出台区块链产业集聚发展实施意见，开放应用场景500个以上，打造全国知名的“苏州链谷”。扩大省级车联网先导区影响力，支持企业扩展智能网联汽车示范应用范围，建设智能驾驶测试道路13千米，争创国家级车联网先导区。发挥长三角先进材料研究院的平台优势，省先进材料技术创新中心争创国家级技术创新中心，加快航天科工海鹰空天材料研究院、宝丽迪、德佑等材料领域项目建设。制定大健康产业发展规划和引导扶持政策，国际医疗健康（苏州）中心先期启动三级医院建设，开建平保健康科技、相城生命科技港、博腾生物科技等载体和项目。

更加突出项目建设推动产业升级。强化“项目为王”理念，深化产业布局和研究，优化招商机制，统筹要素资源，完善投资考察路线图、产业用地供应图、投资机会清单，提高招商专业化、精准化水平。赴北京、上海、深圳及日本、荷兰、挪威、瑞典等开展招商推介活动，打响虹桥相城大厦平台品牌，办好国际经贸恳谈周系列活动，力争签约项目落户率达70%以上。加快京东长三角智能电商产业园、鼎澈膜科技、明纬科技等56个省市区重点项目建设。推动京东全球研发中心、易商高端装备产业示范基地等项目开工建设。工业投资增长25%以上，规上工业总产值增长5%左右，新兴产业产值占规上工业产值比重达54%。完成技改投资55亿元，新增1个市级以上智能工厂，18个省、市示范智能车间，实现规上工业企业智能化改造全覆盖。严格落实产业门类、税收贡献等准入要求，集约高效推动闲置厂房二次开发利用。培育服务业新业态新模式，服务业增加值增长6%。大力推进元和塘沿线科技文化研发载体建设，打造国家级文化产业示范园区。开建中亿丰绿色建筑研发中心、中铁四局建筑科技研发中心、省建第二工程公司总部基地等总部项目。深入实施乡村振兴战略，新增高标准农田2000亩、农业新型经营主体10家、共享农庄5家、新型职业农民75名。

更优服务支持市场主体发展壮大。以世界银行“企业营商环境指标”为标准，进一步改善营商环境。鼓励支持企业家“二次创业”“连续创业”，深耕相城发展，扎根相城创业。全面落实减税降费政策，进一步降低实体经济经营成本。深入开展“助企腾飞三大行动”，健全落实企业联络、沙龙、走访、培训等服务企业“十项工作机制”，完善“工业云图”“相城政策通”等服务平台，破解企业生产经营中的痛点、堵点问题，营造公平有序的市场环境。强化要素保障，供应产业用地3000亩，盘活闲置土地3000亩，全力满足企业发展空间需求。有效发挥行业协会（联盟）效用，鼓励关联企业开展技术交流、产业合作。更大力度争取国开行支持基础设施、民生、产业项目建设，推动与中国银行合作项目快速落地见效，与交通、中信、瑞穗银行等金融机构建立全面合作。新设立一级支行6家，实现外资银行支行设立零的突破。引导更多金融机构支持区域经济社会发展，金融机构存贷款余额均增长18%，投放区内实体经济贷款余额增长20%。依托相城“1+4”产业母基金，发起设立天使、并购等专项基金，基金总规模突破1400亿元。支持企业利用资本市场直接融资，新发行债券100亿元以上，力争创业板、科创板、港股上市企业各1家，“新三板”挂牌企业2家。

（三）坚持更高标准建设管理，提升城市品位度和宜居性

以战略思维谋长远布局。精准把握苏州建设“现代国际大都市、美丽幸福新天堂”的发展定

位，聚焦枢纽、创新、生态三大核心功能，完成区国土空间规划（2035），优化空间布局与要素配置，强化管控传导和落实机制，坚定走保护和发展协调共进之路。优化高铁苏州北站一体化综合协调规划，坚定融沪接轨导向，突出空铁陆港联运，放大区位辐射效应，打造国家级综合交通枢纽；有序推进高铁苏州北站扩容改造工程。完成26个专项规划、镇村布局规划、城市色彩研究等编制，开展各功能片区全域城市设计。优化更新区规划展示馆。扎实开展精准征迁、6个镇（街道）“三优三保”工作，进一步提升土地资源利用效能。大力推进产城融合建设发展，加快长三角国际研发社区、永昌国际研发社区、元和“179”科技文化创意带、黄埭高新区创智主核等重点区域的建设步伐，加强阳澄湖生态旅游度假区片区生态修复和公共配套设施建设，让各功能片区战略发展规划蓝图尽快成为美好现实。

以工匠精神筑品质之城。统筹规划、精心建设道路设施、沿街绿化、景观灯光等，整治提升沿街形态业态，打造一批精品示范道路。启动阳澄湖第三通道、西公田路西延（三期）等24条道路建设，春申湖快速路、漕湖大道主体工程完工，G524、G312互通节点，南天成路西延等18条道路建成通车。建设“红韵太湖”文化公路省级示范点。做好通苏嘉甬高铁及轨交7、8号线等重点工程建设配合工作。加固改造桥梁34座，建设人防工程15万平方米。大力推进建筑产业现代化，加快3个装配式构件生产基地建设。加强土地精准供应管理，保障住宅用地的合理需求，保持房地产市场平稳健康发展。新（续）建安置房757万平方米，交付安置房9569套。实施活力岛、陆慕老街区域改造提升及6个老新村改造更新，试点推进多层住宅增设电梯。加快苏州市国际会议酒店、芯城汇超高层项目、大悦春风里商业综合体、澄阳邻里中心等建设，吾悦广场营业。启动活力环、苏州工匠广场、元和城市广场等公共设施建设，建成市民服务中心（三期），苏州第二工人文化宫投用，不断丰富城市功能配套、彰显城市魅力。

以绣花功夫提城市颜值。有力有效推进城市管理改革，提升城市管理制度化、市场化、系统化、智能化、常态化水平，打造干净、整洁、安全、有序的城市环境。强力推进全国文明城市创建，确保高质量通过国家复评验收。加快5G网络建设，实现重点区域全覆盖。高效运行“数字停车”系统，新增停车泊位6500个。开建黄埭生活垃圾转运站，新建公厕24座。强制推行生活垃圾分类，生活垃圾四分类基本实现全覆盖。全面落实市容环卫责任区制度，加强“窗口”地带、道路河道、背街小巷等重点区域综合保洁。严管渣土车、货车违法违规行为，加强快速路噪音治理。深化安置小区物业管理市场化改革，实施业主委员会镇（街道、区）备案制，提升物业服务和政府监管水平。开展农村人居环境整治攻坚战，突出生活垃圾、河塘沟渠、农业生产废弃物、农村厕所等重点，实现村容村貌明显提升。加快3个市级特色田园乡村试点建设，新建三星级康居乡村25个，冯梦龙村创建康居特色村。

（四）坚持最严格的生态环境保护制度，打好污染防治攻坚战

狠抓重点领域治理。以环境问题突出区域、行业为重点，综合运用法律、经济、行政等举措，大力推进环境保护与治理，污染物排放总量匹配环境承载力，进一步提升生态环境质量。完成中央环保督察“回头看”、省环保督察、长江经济带生态环境保护审计反馈等环境问题整改。持续开展碧水、蓝天、净土保卫战。国考、省考断面水质和PM2.5浓度、空气质量优良天数比例均达到考核要求。扎实开展阳澄湖水污染治理攻坚行动，阳澄湖二级保护区关联村庄生活污水集中处理率达100%，保留养殖池塘全面完成标准化改造，进一步规范农家乐经营和围网养殖。有力推进印染、化工、电镀、线路板等行业整治提升行动，淘汰企业17家、整治16家，实现印染企业清零、电镀企业废水零排放、线路板企业一类污染物零排放。挥发性有机物排放总量进一步削减，重点企业排放全面达标。坚决杜绝“散乱污”企业（作坊）回潮反弹，全面推进127个村级工业集中区清理整治。加强建筑工地、码头堆场扬尘长效管理。严格落实《土壤污染防治法》，实施拟开发地块土壤检测、治理、修复全过程管理。加强危废固废处理监管，安全处置率达100%。

狠抓重点项目建设。实施生态文明建设重点工程36项，投资13亿元。开发环保大数据应用平台，改造升级空气质量监测设施。开建黄埭高新区水质净化厂及再生资源中心项目，加快北桥一泓污水处理厂及有机废弃物资源循环再生利用中心建设，完成城西（一期）、漕湖（二期）污水处理厂改（扩）建工程和4家污水处理厂提标改造，新建污水管网50千米，

城镇、农村生活污水处理率分别达95%、90%以上，全面实现工业废水“分类收集、分质处理”。启动永昌泾拓浚整治工程（一期），继续实施朝阳河水质净化项目，完成渭泾塘、济民塘及入湖河道整治。有序实施“十百千万”生态建设工程，开展环漕湖、如意湖等湿地生态修复，开建春申湖快速路、漕湖大道、G524北段、春秋路等景观绿化项目，完成G312互通节点、南天成路西延等绿化工程。新（改）建绿化面积277万平方米，建成区绿化覆盖率达到45.9%。

狠抓重点环节管控。严明生态环境共同保护责任，实施最严格的网格化监管和环境执法，对违法违规企业始终保持高压态势。强化生态保护红线、环境质量底线、资源利用上线和生态环境准入清单硬约束，争创省生态文明示范区。推进产业园区生态环境政策集成改革省级试点工作，开展各镇（街道、区）工业区区域环评。压实河（湖）长责任，落实跨界河道联合河长制度，加强河湖巡查和“一事一办”问题整改。加大水岸同治力度，建设生态美丽样板河湖20条（段），完成“两违”整治。大力发展生态经济，优化能源利用结构，加强对重点行业、企业节能预警，推广节能降耗、清洁生产新技术。推动望亭发电厂循环发电工程（二期）建设，淘汰高排放汽油车4500辆。新辟（优化）公交线路5条，新增（更新）公交车108辆、公交候车亭85个、公共自行车2500辆。确保能源消耗总量和单位地区生产总值能耗下降、非电行业煤炭削减完成市下达的目标任务。

（五）坚持以人民为中心的发展思想，提高保障和改善民生水平

提高社会保障精准性。健全有利于更充分、更高质量就业的促进机制，提供就业岗位5万个，本地户籍高校毕业生就业率达95%以上，困难家庭失业人员动态清零。新增市级以上创业孵化基地4家，支持成功自主创业1300人，职业技能培训1.8万人。及时调整各类人群的社保待遇，做好企业职工基本养老、医疗、生育保险市区统筹衔接工作，本地户籍就业人员参保率达到100%。提高长期护理保险、大病保险保障水平，扩大异地就医定点医院数量及联网覆盖率。深入推进社会救助综合改革，推广“弱有众扶、温情救助”模式，引导推动更多社会力量参与救助。启用智慧帮扶信息平台，实施900个困难群体帮扶项目，困难群体达到相当于人均收入2万元的生活水平。加强妇女儿童和残疾人关爱保障，新建母乳哺育室5个、残疾人之家1个。协同推进居家为基础、社区为依托、机构为补充、医养相结合的养老服务体系，新增日间照料中心3个，企业退休人员社会化管理服务率达100%。加强“菜篮子”工程建设，做好粮油肉蛋菜奶保供稳价。

提高教育供给优质性。优化教育设施布局规划，新（改）建庆元幼儿园等学校3所，加快相城第二实验中学、苏大第二实验学校初中部等9个续建项目建设，其中投用学校6所。探索更加灵活高效的教师招录方式，大力引进特高级教师、学科带头人和“双师型”教师等紧缺人才。加大与知名高校、科研院所合作办学力度，探索集团化、名校长办学模式，构建优质义务教育学校群，打造有影响力的品牌公立学校，推动中、高考成绩实现新突破。创建全国义务教育优质均衡发展区及省级平安校园建设示范区、示范性教师发展中心和社区教育示范区。加强职业教育产教深度融合发展，相城中专新设3个企业学院和1个实训基地，创建江苏联合职业技术学院相城分院。出台国际学校、民办学校创新发展实施意见，推动荟同、诺德安达、维多利亚、美高等国际学校开建和苏城外国语学校高中部投用。

提高文卫服务可及性。完善公共文化服务体系，投用24小时自助图书馆、小型智能化服务点等一批公共阅读载体。推进文徵明纪念园、望亭文体服务中心建设，新（改）建文体设施3个、智慧广场舞设施13处、健身步道8.5千米。丰富大运河文化带内涵，做好古镇老街、工业遗存等的价值挖掘和保护利用，让历史文化成为城市品质、特色的重要标志。优化全域旅游规划，争创省级全域旅游示范区。推出一批文体旅融合交通专线、旅游线路，在高铁苏州北站、元和塘等重点区域植入夜游元素。办好中法文化论坛相城分会场、漕湖龙舟赛等系列特色文体活动。深入推进医联体建设、公立医院改革，推动相城人民医院创建三级医院、阳澄湖人民医院创建二级医院。加快5个社区卫生服务中心（站）建设，投用区三院住院部，配合做好市疾控中心、妇幼保健院开建工作。完善院前急救体系，实施实训基地服务功能提升、预防接种标准化工程，建立社会心理卫生服务体系。争创国家级慢性病综合防控示范区、健康促进区。开展第七次全国人口普查。

提高城市发展安全性。严格落实安全生产党委政府领导责任、部门监管责任和企业主体责任，

认真做好国务院督导的安全生产专项整治工作，全面开展镇（街道、区）安全生产巡查。拓宽安全生产工作内容，贯穿全年、整体推进危险化学品、建筑施工、“331”、拆除违建等28个重点领域专项整治，突出关口前移、标本兼治，以全而准、快而实的排查整治将安全隐患消灭在萌芽状态，坚决杜绝较大以上事故发生。实施安全生产标准化二级企业建设三年行动计划，新增二级企业100家。强化食品药品、特种设备安全监管，推进电梯安全监管改革。提升道路交通系统治理水平，减少交通安全风险。加强应急管理基础保障和信息化建设，增强防范事故、抵御灾害、应急救援等能力，提高预防和处置突发事件水平。多渠道开展安全宣传引导，强化全民安全意识，创建安全发展城市。全力做好扫黑除恶专项斗争后半篇文章，常态化推进“无黑城区”建设。新建DNA实验室、刑事科学技术室，提升公安队伍应急处突、执法办案、打击防范水平。全面完成“七五”普法。构建非诉讼纠纷解决综合体系，建立区非诉讼服务中心。重视初信初访办理和矛盾纠纷排查调处，加大信访积案依法攻坚化解力度。打好防范和化解金融风险攻坚战，持续优化区域金融生态环境。深入开展根治农民工工资拖欠行动，加强劳动监察执法，规范用工市场秩序。

（六）坚持以治理能力现代化为导向，提高政府制度建设和尽职履责水平

旗帜鲜明讲政治。深刻理解习近平新时代中国特色社会主义思想的核心要义、精神实质、丰富内涵、实践要求，增强“四个意识”，坚定“四个自信”，做到“两个维护”。始终把“不忘初心、牢记使命”作为必修课、常修课，加强各级干部的思想淬炼、政治历练、实践锻炼、专业训练，提升理论知识水平和业务能力素养。把握制度、治理内涵及辩证关系，强化制度意识，突出制度建设，自觉尊崇制度，严格执行制度，将制度优势更好转化为治理效能，严格按照制度履行职责、行使权力、开展工作。巩固各级督导巡视成果，抓好后续整改、建章立制，确保督导巡视实效化、长效化。总结提炼上级试点经验及基层探索成效，形成可复制的制度规范，创造更多相城经验、相城样本。坚决贯彻落实中央、省委、市委和区委的决策部署，做到党委有要求、政府有行动。以实现主要经济指标翻番为目标，高标准编制、快一步落实区“十四五”规划纲要。突出“今天再晚也是早，明天再早也是晚”的效率要求，落实“工作项目化、项目目标化、目标节点化、节点责任化”的工作方法，在区域竞争中敢于争第一，勇于创唯一。

依法行政促规范。坚持依法治区、依法行政共同推进，法治政府、法治社会一体建设，严格按照法定权限、规则、程序办事。常态化开展政府常务会议学法，严格执行“三重一大”制度。发挥政府法律顾问作用，重大行政决策、规范性文件、政府合同合法性审查实现全覆盖。主动接受人大法律和工作监督、政协民主监督、监察和司法监督、群众和舆论监督、审计和统计监督，坚决执行政府重大决策出台前向人大报告、民生实事项目人大票决等制度，认真办理人大议案建议和政协提案，虚心接受社会各界人士的意见建议。持续推进政务公开，做好依申请公开、行政复议和行政应诉工作，实施重点事项新闻发言人信息发布制度，让权力公开、透明、阳光运行。规范债务管理，防范债务风险，落实隐性债务化解方案。坚持严管与厚爱结合，激励与约束并重，有效发挥高质量发展监测考核评价、综合考核、专项考核等指挥棒作用，用好鼓励激励、容错纠错、能上能下“三项机制”，让敢闯敢试者有底气、受包容，让碌碌无为者有压力、受惩戒。

奉公廉洁守规矩。永葆为民、务实、清廉的政治本色，把以人民为中心的发展思想体现在政策中、落实到行动上，精简文件会议，严控“三公”经费，将更多精力、财力集中到推动发展、为民服务领域。落实“六个一”基层走访调研、挂钩联系服务等便民惠企举措，畅通联系渠道，及时解决问题。厉行勤俭节约，一般性支出压减10%以上。持之以恒正风肃纪，坚定不移反腐倡廉，严格执行中央八项规定精神和省市区有关规定要求，严防“四风”问题反弹回潮。进一步规范政府采购、政府投资项目管理和专项资金使用，加强资金密集、资源富集、资产聚集的重点部门、关键岗位监督，实现公共资金、国有资产、国有资源、领导干部履职情况审计全覆盖。完善政府岗位廉政风险防范机制，支持纪委监委惩治腐败和作风问题，营造干部清正、政府清廉、政治清明的良好生态。

各位代表，今天的相城正处在抢抓大机遇、聚力大发展、体现大作为的干事创业火红年代，实现跨越赶超是我们肩负的历史使命和政治责任。让我们更加紧密地团结在以习近平同志为核心的党中央周围，在市委、市政府和区

委的坚强领导下，坚守初心、坚定信心、团结一心，以激情燃烧的昂扬斗志、勇于争先的奋斗姿态、高效务实的工作作风，全力谱写相城高水平开放、高质量发展、高定位赶超的新篇章！

表53　　2020年相城区民生实事项目表

序号	工程名称	建设内容
1	民生服务	提供就业岗位5万个，本地户籍高校毕业生就业率95%以上，困难家庭失业人员动态清零，城镇登记失业率控制在3%以内。创业培训750人、扶持创业1300人，职业培训1.2万人以上，新建技能人才培养载体2家以上，对重点困难群体实施免费培训。建成日间照料中心3个、母乳哺育室5个。完成投资0.9亿元。
2	数字政府	建成数字城市集成指挥和综合治理中心，集成展示、监测、决策、指挥等功能。完成投资0.7亿元。
3	学校新（改扩）建	新（改扩）建苏州大学第二实验学校（中学）、湘城小学、庆元幼儿园3所学校。完成投资3.1亿元。
4	文体服务	举办"进百送万"文化志愿服务活动。新（改）建望亭、北桥、渭塘等文体设施，建成智慧广场舞设施13处。开展活力岛区域提升、苏州工匠广场（一期）建设。完成投资3.2亿元。
5	医联体建设	创建专科联盟3个。新建区域影像诊断、远程心电会诊、检验病理诊断中心各1个。建设中医专科、全科医生、康复医疗、糖尿病专科等实训基地。完成投资0.08亿元。
6	医疗卫生服务	新增救护车8辆、急救站1个。新建疫苗储存智能化冷库1个、冷链设备监控系统12套、狂犬病处置门诊5个。完成投资0.07亿元。
7	环境提升	试点推进4个小区垃圾四分类，定时定点定人收运垃圾。新建环卫公厕24座。标准化改造二次供水泵房20座。完成投资0.4亿元。
8	生态优化	完成G312永方路出入口绿化景观建设，新建快速路声屏障1千米。完成投资0.5亿元。
9	交通设施提升	改造桥梁32座，打通"断头路"1条，实施道路照明工程5.6千米。完成投资0.3亿元。
10	公共交通服务	新投用公共自行车站点40个、自行车2500辆，新建公交候车亭85个。完成投资0.1亿元。
11	老新村改造	完成湖沁花园（西区）、安元（三期）老新村改造。完成投资0.6亿元。
12	安置房建设	实施安置房项目3个，建筑面积54.8万平方米。完成投资6.7亿元。

注：以上12类民生实事项目总投资40.1亿元，年内完成投资16.6亿元。另外，往年已列入民生实事项目但尚未完成的项目今年继续实施。

有关用语说明

1."12345"战略思路："1"是总体目标建设"苏州市域新中心"，"2"是区域目标建成"产城融合样板区、长三角一体化创新发展先导区"，"3"是产业方向构建"大研发、大文化、大健康"三大产业，"4"是发展内涵建成"生态宜居中心、科技创新中心、城市枢纽中心、未来活力中心"，"5"是全域规划建设"五大功能片区"。

2.全国百强区：由中小城市经济发展委员会、发展战略研究院、发展与环境研究所等研究机构对市辖区的综合实力进行测评，通过《人民日报》和《中国中小城市发展报告》（绿皮书）对外发布全国综合实力百强区榜单。

3.16个"三年行动计划"：指从2018—2020年，围绕平台载体建设、科技孵化器建设、重点企业研发机构建设、高新技术企业倍增、智能制造、推进企业上市、做强做优做大区属国资国企、人才引进、重点交通设施建设、重点公共配套设施建设、绿化景观与重点湿地建设、棚户区改造、环境保护和污染治理、"散乱污"企业（作坊）淘汰整治、困难群体帮扶、公共服务均等化16个方面开展的行动计划。

4.六大未来产业：大数据、工业互联网、科技金融、智能驾驶、先进材料、生物医药产业。

5.一窗一事一证：整合"一件事"涉及的多项许可及备案事项流程，实现线上一个平台或线下一个窗口统一办理，形成"一单申请、一窗受理、一次勘察、一科办结、一证体现、一档归并"的模式。

6.C2M：全称Customer-to-Manufacturer，客户直连制造。基于工业互联网发展，在现代制造业中按照客户订单要求，设定供应商和生产工序，最终生产出个性化产品的工业化定制模式。

7."瞪羚"企业：指成长速度快、创新能力强、专业领域新、发展潜力大，具有人才、技术密集型等特征的高新技术企业。

8."小巨人"企业：指科技创新能力强、质量效益好、发展潜力大的成长型工业企业。

9.星级上云企业：企业上云是指企业将数据存储在云端，并使用云服务进行管理。星级上云是江苏省工信厅为了推进企业上云开展的评级工作。

10.不见面审批：指申请人通过实名注册、网上申请、网上上传申报材料并承诺材料真实性的方式办理事项，在材料齐全的情况下审批部门即可在承诺办结的时限内办结，并通过快递将办理结果送达申请人手中，实现全过程不见面不跑腿。

11.一窗办理、全科服务：优化政务服务中心窗口布局，科学划分服务区域，整合关联事项、开展流程再造，加强系统数据互联互通，实现无差别一窗式审批、同标准一站式服务。

12.全员全科社工：在大厅全科社工的基础上，对全区的网格社工进行全科培训，掌握相关事项的政策要求与办理流程。

13.证照分离：指将企业经营所需要的营业执照和能分离的许可类证相分离。先赋予市场主体资格，后申请相关的经营资格。

14.三定：政府各部门的主要职责、内设机构和人员编制等所作规定的简称。

15.1+8+N+X："1"指智慧城市大数据中心，"8"指数字党建、政务、民生、监管等8大业务枢纽平台，"N"指N个业务应用，"X"指个性化需求模块。

16.四好农村路：把农村公路建好、管好、护好、运营好。

17.詹天佑奖：全称为"中国土木工程詹天佑大奖"，是中国土木工程领域设立的最大奖项，由中国土木工程学会、詹天佑土木工程科技发展基金会联合设立。

18.河湖"两违"：指河湖违法圈圩和违法建设。

19.医联体：指将同一个区域内的医疗资源整合在一起，三级医院、二级医院、社区卫生服务站等分工协作，合理利用医疗资源，方便群众就医。

20.凡尔赛建筑奖：由联合国教科文组织和国际建筑师联盟授予，设有"全球最美客运站"、室内特别奖、室外设计奖三项世界奖项。

21.双重预防机制：指构建安全风险分级管控和事故隐患排查治理双重预防机制。

22.四立要求：指立家业、立门楣、立口碑、立家风。

23.六个定力：指贯彻新思想、引导好预期、定位好目标、落实好举措、调动好激情、管控好风险要有定力。

24.五种精神：指放眼格局的"高远精神"、锚定项目的"钉子精神"、敢为人先的"首创精神"、追求卓越的"专业精神"、只争朝夕的"奉献精神"。

25.三超一高：指一般公共预算收入近期超太仓、远期超吴中区，发展质量超高新区，城市建设标准高于工业园区。

26.沪苏高铁一体化：在长三角一体化发展上升至国家战略的背景下，打破地域限制，统筹谋划高铁设施和运输调度，为上海和苏州两市提供高铁一体化服务，特别是苏州高铁设施向上海提供同城化服务，打造虹桥和苏州高铁组合枢纽，以交通一体化促进城市一体化乃至长三角区域一体化发展。

27."1+2+3+4"的产业生态体系："1"即中日智能制造产业生态圈；"2"即工业机器人和高端机床产业、制造业数字化产业；"3"即智能驾驶与新能源汽车、高端医疗器械和新一代电子信息三大产业集群；"4"即四大创新应用场景，包括"汽车+Smart City（智慧城市）""智能工厂4.0""AI+智能家居"和"中日医工合作"等创新应用场景。

28.数字城市集成指挥和综合治理中心：包括1个集成指挥大厅，及数字联动治理中心、应急指挥调度中心、交通市政管理中心、政府服务中心、产业经济监测中心、民生发展中心6个指挥分中心。全面整合区域内各领域的运行数据、呈现城市管理与服务的综合态势、承担跨部门工单的分发处置等事项。

29.三类五库：三类指"基础、主题、部门"三大类，五库指"基础库、主题库、部门库、索引库、中间库"五大资源库。

30.助企腾飞三大行动：指营商环境创优行动、法治护航企业行动、政企紧密联动行动。

31.十项工作机制：指畅通企业服务热线、建立企业联络制度、建立企业宣传制度、开展企业沙龙活动、开展企业走访活动、开展企业家培训活动、举办企业家大会、出台企业扶持政策、开展企业政策解读、建立企业表彰制度。

32."1+4"产业母基金：指由一个区级产业母基金和漕湖开发区、元和高新区、黄埭高新区、高铁新城四个板块产业母基金构成的两级引导基金体系。

33.三优三保：以优化建设用地空间布局保障发展，以优化农用地结构布局保护耕地，以优化镇村居住用地布局保护权益。

34.元和"179"科技文化创意带：位于元和塘两侧，北至相城北界，南至沪宁高速，全长17.9千米。南段依托陆慕文化和智能科技打造文创街区，中段以创意休闲与中枢智核建设城市客厅，北段依托高端装备制造研发社区开发绿创智谷，将元和塘打造成集文化创意、科技研发、生态环境与特色风貌于一体的复合型大走廊。

35.活力环：是活力岛区域改造提升的重要方面，全长约7千米，通过慢行步道、沿路滨河绿带等串联活力岛周边文化、教育、医疗、商业等功能配套设施。

36.“十百千万”生态建设工程：建设10个千亩以上的湿地公园、100个百亩以上的城市公园、1000个十亩以上的城市游园、10000里以上的河湖岸线绿廊步道和景观带等。

37.“双师型”教师：指职业学校既有教师系列职称又有技能证书的教师。

38.三重一大：重大问题决策、重要干部任免、重大项目投资决策、大额资金使用。

39.“六个一”基层走访调研：通过走访调研收集一批社情民意、促进一批企业创新、推动一批项目建设、化解一批矛盾问题、总结一批基层典范、完善一批政策措施。

文件题录

表54　　2019年中共苏州市相城区委部分文件题录

发文日期	发文文号	文件标题
2月2日	相委发〔2019〕3号	关于区委区政府领导工作分工的通知
2月19日	相委发〔2019〕5号	关于表彰苏州市相城区2018年度高质量发展优秀企业和优秀人才的决定
3月12日	相委发〔2019〕7号	相城区“大棚房”问题专项清理整治行动专题报告
4月11日	相委发〔2019〕15号	中共苏州市相城区委关于印发《苏州市相城区新时代文明实践工作实施方案》的通知
4月13日	相委发〔2019〕16号	关于苏州（相城）中日智能制造创新产业园建设推进情况的汇报
4月14日	相委发〔2019〕18号	关于相城区阳澄湖西湖水面租赁到期不再续租及信访处置情况的报告
4月23日	相委发〔2019〕20号	关于命名苏州市相城区劳动模范的决定
6月19日	相委发〔2019〕24号	关于表彰苏州市相城区先进基层党组织、优秀共产党员和优秀党务工作者的决定
6月25日	相委发〔2019〕25号	中共相城区委、相城区人民政府关于调整部分区委区政府领导工作分工的通知
7月8日	相委发〔2019〕27号	中共相城区委相城区人民政府关于全面加强生态环境保护坚决打好污染防治攻坚战的工作方案
7月30日	相委发〔2019〕30号	关于成立区委巡视联络工作领导小组的通知
8月8日	相委发〔2019〕31号	关于《苏州市相城区乡村振兴相关政策和资金审计报告》的整改报告
9月2日	相委发〔2019〕32号	关于区委、区政府领导工作分工的通知
9月12日	相委发〔2019〕33号	中共苏州市相城区委印发《关于开展“不忘初心、牢记使命”主题教育的实施方案》的通知
9月12日	相委发〔2019〕34号	关于成立区委“不忘初心、牢记使命”主题教育领导小组及办公室的通知
10月28日	相委发〔2019〕36号	关于命名苏州市相城区“最美奋斗者”的决定
12月7日	相委发〔2019〕37号	中共苏州市相城区委印发《关于健全人大讨论决定重大事项制度、政府重大决策出台前向人大报告的实施方案》的通知
12月10日	相委发〔2019〕38号	中共相城区委关于新时代加强和改进人民政协工作的实施意见
12月28日	相委发〔2019〕41号	中共相城区委相城区人民政府关于区委区政府工作分工的通知
12月26日	相委发〔2019〕43号	中共苏州市相城区委苏州市相城区人民政府关于印发《苏州市相城区乡村振兴战略实施规划（2018—2023年）》的通知
12月31日	相委发〔2019〕44号	关于相城区2019年乡村振兴战略实施情况的报告
12月31日	相委发〔2019〕45号	关于成立区委巡视整改工作领导小组的通知

表55　　2019年相城区政府部分文件题录

发文日期	发文文号	文件标题
1月8日	相政发〔2019〕1号	关于下达相城区2019年政府实事工程建设责任目标的通知
1月8日	相政发〔2019〕2号	关于下达相城区2019年重点项目建设责任目标的通知
1月25日	相政发〔2019〕3号	区政府关于区政府机构改革有关情况的备案报告
2月19日	相政发〔2019〕5号	区政府关于公布2018年度相城区劳动关系和谐企业和工业园区的通知
3月27日	相政发〔2019〕8号	关于印发《苏州市相城区区级政府投资建设工程变更备案管理实施细则》的通知

续表

发文日期	发文文号	文件标题
4月18日	相政发〔2019〕13号	区政府关于提升就业质量促进充分就业的实施意见
10月12日	相政发〔2019〕28号	关于印发《相城区科技金融引领高质量发展若干扶持政策（试行）》的通知
11月14日	相政发〔2019〕29号	关于印发《相城区推开“证照分离”改革工作方案》的通知
11月14日	相政发〔2019〕30号	关于印发《相城区全面推开公共场所卫生许可告知承诺制改革实施方案》的通知
11月28日	相政发〔2019〕32号	关于印发《相城区质量品牌建设及知识产权高质量发展若干扶持政策（试行）》的通知
11月29日	相政发〔2019〕33号	关于印发《相城区服务业高质量发展若干扶持政策（试行）》的通知
11月29日	相政发〔2019〕34号	关于印发《相城区文化体育旅游高质量发展若干扶持政策（试行）》的通知
11月29日	相政发〔2019〕35号	关于印发《相城区科技创新引领高质量发展若干扶持政策（试行）》的通知
11月29日	相政发〔2019〕36号	关于印发《相城区工业经济高质量发展若干扶持政策（试行）》的通知
11月29日	相政发〔2019〕37号	关于印发《相城区推进商务高质量发展若干扶持政策（试行）》的通知
11月29日	相政发〔2019〕38号	关于印发相城区打造六大未来产业创新高地实施意见的通知

文章选录

加强统筹协调　加快工作推进

全力建设长三角一体化协同创新发展先导区

将长三角区域一体化发展上升为国家战略是党中央作出的重大决策部署，也是相城区在激烈的区域竞争中加快实现赶超和崛起的重大历史机遇。2019年，相城区紧扣“一体化”和“高质量”两个关键，积极抢抓长三角一体化战略机遇，借助日益凸显的地理区位优势，大胆探索跨区域合作新路径，主动开拓沪苏融合发展新空间，融入长三角一体化工作取得积极进展。

一、高站位开展工作总体谋划

一是强化工作组织领导。成立以区委书记为第一组长、区长为组长的推进长三角区域一体化工作领导小组；根据省市长三角一体化专题工作组名单，初步拟定相城区交通、信息、科技、环保等12个专题工作组设立方案；建立完善相城区推进长三角区域一体化工作领导小组工作规则及办公室工作规则。二是战略规划对接卓有成效。成功争取相城区被国家《长江三角洲区域一体化发展规划纲要》列为支持与虹桥、昆山等省际毗邻区域开展深度合作的地区；苏州高铁北站被《〈长江三角洲区域一体化发展规划纲要〉江苏实施方案》列为加快推进建设的两个综合交通枢纽之一；长三角国际研发社区等11项内容被列入《〈长江三角洲区域一体化发展规划纲要〉苏州行动计划》，为相城区融入长三角一体化打开了发展空间。《〈长江三角洲区域一体化发展规划纲要〉相城实施方案》也已基本形成。三是战略课题研究深入开展。与国务院发展研究中心联合开展“长三角高质量创新发展研究——以江苏苏州相城区高质量创新发展示范区为例”，与中国工程科技发展战略江苏研究院联合开展“沪苏高铁一体化发展研究”，与清华大学中国发展规划研究院、上海虹桥商务区管委会联合开展“上海虹桥与苏州相城深度合作课题研究”，借力一流智库，以高水平、系统性战略研究引领一体化发展实践。

二、提升基础设施互联互通水平

一是着力完善苏州北站综合规划。与市交通运输局联合委托中铁工程设计咨询集团开展“苏州北站现代化国际综合交通枢纽规划研究”。按照研究的相关成果，启动苏州高铁北站扩容改造，按照最高日流量100万人次、总面积100万平方米、12台30线规划设计，增加沪苏一体化专线快线，同时预留胶囊列车通道，打造苏州高铁北站现代化国际综合交通枢纽。二是持续推进高铁线路研究工作。通苏嘉甬铁路方面，完成通苏嘉甬高铁进站线位比选，通苏嘉甬高铁预可研全面结束，相城段线位基本稳定，与通苏嘉甬设计单位签订了平（立）交道协议书、弃土点位初步协议。城际铁路方面，积极与市交通局沟通如苏湖、苏锡常城际铁路的建设时序与线位布置方案等事宜，规划如苏湖城际连通南北、苏锡常城际贯穿东西。三是全力谋划沪苏高铁一体化相关工作。立足于“沪苏高铁一体化发展”课题研究，不断加大对上争取力度，承接上海虹桥枢纽溢出功能，推进与上海虹桥枢纽错位发展、协同发展，加强沪苏两地资源要素流动，在更大范围内优化资源配置，不断开拓沪苏协同发展新空间。

三、加强协同创新产业体系建设

一是持续推进虹桥相城大厦“一园五中心”建设。2019年开始，相城区在上海虹桥核心商务区布局虹桥相城大厦“一园五中心”（“一园”指数字经济创新产业园，“五中心”指展览展示中心、科技创新中心、文化创意中心、基金发展中心和人才交流中心），致力打造相城驻沪合作窗口和集信息交流、项目合作、人员往来、技术协同于一体的品质服务基地。已落户苏州市级的长三角苏州（虹桥）创客育成中心、文化产业创新中心、离岸创新中心，虹桥商务区授予长三角会商旅文体示范区联动平台·苏州（相城）中心、长三角国际人才服务中心·苏州（相城）中心、长三角虹桥·苏州（相城）产业创新联动中心，更加主动承接上海各类创新资源辐射。二是着力推动更高层次的对外开放与合作。高起点推进中日（苏州）智能制造产业合作示范区建设，不断完善“一核两翼”功能布局，对接中日合作项目118个，包括平台类项目38个、产业类项目80个，预计总投资可达百亿美元。积极推进中荷（苏州）科技创新港、中意汽车技术（苏州）创新基地、中以合作国际先进技术创研社区等项目，不断增强国际竞争合作新优势。三是全力推进重点产业融合对接。承办长三角G60科创走廊智能驾驶产业联盟成立大会（相城区为产业联盟秘书长单位）、第二届全球智能驾驶峰会暨长三角G60科创走廊智能驾驶产业峰会等多场活动，集聚智能驾驶重点企业60家，获批首批省级车联网先导区，积极打造长三角智能驾驶产业示范区。与中国钢研科技集团、中科院宁波材料所、中国宝武钢铁集团共同成立长三角先进材料研究院，打造长三角区域先进材料技术创新平台。成功落户上海证券交易所苏南基地，帮助长三角地区优质科创资源更好对接资本市场；有序推进央行长三角数字货币研究院建设，推动苏州乃至长三角区域数字货币发行先试先行。

四、加快公共服务便利共享

一是加强与长三角优质医疗资源的对接合作。与复旦大学附属中山医院签署合作共建“复旦大学附属中山医院长三角合作医院”框架协议，相城人民医院挂牌“复旦大学附属中山医院长三角合作医院”。中山医院知名专家每周定期到相城人民医院提供坐诊、手术等优质医疗服务；相城人民医院常态化选派优秀青年骨干到中山医院进修。漕湖人民医院入选上海交通大学附属仁济医院长三角区域结直肠外科协作单位，元和卫生院加入上海复旦大学附属华山医院皮肤科专科联盟。二是深化与长三角及国外知名学校的办学合作。新增苏州大学第二实验学校、南师大相城实验小学，加快实行义务教育集团化办学，实现优质教育资源的覆盖延伸。与北京王府国际学校、德威国际学校等20多个国际教育集团对接，加快诺德安达国际学校、美国荟同国际学校落户；推动与美国、加拿大高中合作研发中外融合课程，在江苏省黄埭中学成立、苏州大学实验学校设立“相城区国际理解教育实验基地”。积极参与长三角中小学校长国际论坛，与长三角地区教育机构合作，举办中美校长国际论坛。三是吸引长三角区域高端人才资源。与海创智库科技服务中心签订三年合作协议，成立海创智库（相城）长三角双创服务中心。开展长三角国际人才与项目合作大会，共有135个项目完成落户，注册资本9.15亿元。围绕“六大未来产业”，开展4场国家特聘专家对接活动，共吸引18名专家落户。组织区内264家次企业赴长三角区域16所高校开展校园引才活动，提供岗位5615个，收到简历1106份，达成初步意向371人。加强与重点高校合作，接收来自长三角区域内5所名校47名硕博研究生到21家企事业单位，对34个技术或管理项目开展科技服务。

（张文亮）

“不忘初心、牢记使命”主题教育

相城区委深入贯彻落实中央和省委、市委关于“不忘初心、牢记使命”主题教育的重要指示精神和部署安排，在市委第九巡回指导组的有力指导下，聚焦主题主线，强化问题导向，注重挖掘冯梦龙“真心为民、实政及民”理念的时代价值，用更大力度、更实举措加快解决群众企业烦心事，持续推动主题教育往深里走、往心里走、往实里走。有关情况如下：

一、主要做法及成效

（一）“学”字当头，以“关键少数”带动“绝大多数”，在“全覆盖”上下功夫

聚焦主线不动摇，坚持学做结合，在守初心中强化责任担当。一是以上率下“领”学。区委常委带头开展学习，坚持高标准引领、全过程示范，健全学习贯彻习近平新时代中国特色社会主义思想常态化机制，形成“头雁效应”，引导全区各地各部门认真学习党的十九届四中全会精神，并把思想和行动统一到全会精神上来。围绕深学笃行新思想、旗帜鲜明讲政治、不忘本来守初心等6个专题，开展集中学习研讨，全区各级领导班子共组织各类集中学习394天、1380次，组织研讨交流366次。区委书记以《勇立潮头、对标赶超，奋力争当高质量发展排头兵》为题带头上党课。二是巡回指导“督”学。成立5个巡回指导组，通过沉下去指导、面对面交流、动真格把关，指导推动全区61家参学单位扎实开展主题教育。坚持分类指导，各指导组以“三张清单”加强评估问效，推行“挂图作战”“材料周报”“问题清单日更新”“过程跟踪日评价”机制，出席或列席会议活动200余场，开展谈心谈话381人次，发放调查问卷500余份，调研与随机抽查13次，积极发现安置房项目建设、停车场整治等特色做法80余个，保证了主题教育各项工作有序推进。三是丰富载体“深”学。成立“老书记讲习团”，选拔“百姓名嘴”开展集中宣讲，选树身边的先进模范400余位，开展先进事迹巡讲180余场、各类专题讲座160余次，分批次举办支部书记轮训117次，基层党组织书记讲党课300余场，开展“初心是什么、使命干什么、奋斗比什么”讨论1220次。整合40余个阵地资源，发布“初心寻访”红色线路，建成首个区级党建阵地——“365”先锋馆。120余家党组织、近8000名党员在“365”先锋馆接受党性洗礼，感受初心使命。成功举行相城区庆祝中华人民共和国成立70周年升国旗仪式暨《歌唱祖国》千人大合唱活动，举办红色经典朗诵比赛等活动40余场，充分利用“红色砼心圆”“宏扬正气”等党建品牌，将学习教育开到项目工地、生产一线，针对流动党员、退休党员等开展网上送学、上门送学等2100余次。

（二）“细”上着力，向“问题叫板”，实现“群众叫好”，在“严整改”中持续推进

坚持问题导向，聚焦本职工作，创新工作载体，全面推动大调研、大排查。一是寻计问策、深入调研。全面对照省委书记娄勤俭提出的“九个有没有”和“发展三问”，学习贯彻市委书记蓝绍敏来相城调研讲话精神，从思想上找根源、到实践中寻良策。区委常委带头坚持“用户思维、客户理念”，选定10个调研课题，采取“四不两直”方式，深入漕湖开发区、高铁新城等地开展调研，为项目落地、产业升级、营商环境优化寻计问策，提出解决问题的硬招、实招。全区各级领导干部围绕转变政府职能、优化营商环境、全面贯彻减税降费等方面确定调研课题408个，下基层开展调研756次，通过调研发现问题1208个。将相关内容列入主题教育“马上改”的清单，提出整改措施1299条，已解决问题934个。二是多措并举、检视问题。对照党章党规，各级领导班子带头围绕各自分管工作，及时发现问题1710个。通过发放调查问卷近2万份，召开群众座谈会580次，多处设立意见建议箱、新媒体留言，结合“三听两问”的方式收集意见建议2314条，提出整改措施1575条。各地各部门积极响应，结合职责任务迅速研究整改措施，明确整改“责任书”和“时间轴”，目前已解决问题1123个。三是专项整治、常态长效。区委常委挂钩认领整治项目，准确把握专项整治的工作思路和措施要求。围绕8项专项整治，提出整改措施89条，具体解决问题457

个；围绕身边群众急、忧、盼的问题，整个主题教育期间解决群众反映的热点难点问题1098个；围绕“三项机制”再推进，对全区58家单位进行全覆盖、系统化考察，累计谈话650余人，对475位领导干部进行“五维”测评，出台措施91项，促进干部职工干事创业敢担当；围绕转作风，制定出台制度131项，进一步压实求真务实、勤政为民的作风；围绕政治生态再净化，结合巡视巡察发现的问题，落实整改450项，建立健全制度199项。结合村（社区）党组织回归本职专项巡察、党建“体检”、“六个一”走访调研等，及时整治软弱涣散党组织。对已经基本完成的任务，适时组织“回头看”，对需要长期整治的，按照标本兼治原则持续深化专项整治，扎实做好整治的工作。

（三）“实”字托底，借“融合问效”推动“全面开花”，在“长效化”中谋求突破

围绕“实”字，深入做好结合文章，突出学习成果转化运用，以主题教育成效推动高质量发展。一是对照“一线标杆”，全力奋勇赶超。结合开展“勇立潮头、对标赶超”专题活动，抢抓长三角区域一体化发展机遇，明确“三超一高”赶超目标，实现主题教育与建强支部、服务中心工作深入融合。各地各部门全面树立赶超标杆，从经济发展、城市建设、生态环境等维度分别对标，查找差距和短板，并明确赶超指标和追赶举措。利用经贸恳谈周活动契机，举行日本江苏工商总会成立仪式、第二届全球智能驾驶峰会等国际性活动20余场。开展2019年四季度区领导集中大走访暨企业家沙龙活动。通过走访座谈调研，开辟“政企直通车”，及时收集反馈问题，督查跟踪落实，营造良好氛围。持续深化先锋“365”行动，推进区级机关党组织服务高质量发展18个共建项目，开展“服务高质量发展先锋行”区级机关党员新时代文明实践主题活动。二是关切“客户体验”，全面提升服务。结合主题教育惠民助企要求，召开相城区首届企业家大会，发布新版《苏州市相城区高质量发展服务手册》，涵盖服务业、科技、工业、商务、文化体育旅游、质量品牌建设及知识产权、科技金融、人才8个部分35个大类153个条款。部门板块“一把手”领导和班子其他领导干部当“办事人员”，以普通群众或市场主体身份“感同身受”办理建设项目环评报批、营业执照办理、企业贷款审批等业务，在体验感受中查找差距和短板，对工作流程进行设计再造，不断优化各项服务。三是回应群众诉求，全程办好实事。全区广大党员结合自身实际，参加志愿服务1万余次，党员干部落实举措、及时解决问题。其中，将高质量打造安居项目、高标准推进交通工程、高水平提升农村人居环境、高效率整治助推城市文明、高定位谋划共促百姓健康等工作列入“为民服务解难题”行动。全力完成好安置房建设民生大事，推进道路建设，提升交通基础设施建设，加快生活配套设施建设，增强市民的归属感。同时，以主题教育为契机，加快淘汰整治落后产能，深入项目一线，全面打响污染防治攻坚战，为高质量发展腾出空间，聚焦省、市重大重点项目和民生实事项目，狠抓项目推进落实，以项目大突破牵引带动发展大跨越，推动党员干部提振精气神。

二、经验启示

（一）必须紧扣主题主线，深学细悟、细照笃行

思想建设是党的基础性建设，在新时代加强思想建设，最根本的是以习近平新时代中国特色社会主义思想武装头脑、指导实践、推动工作。聚焦学习贯彻习近平新时代中国特色社会主义思想这条主线，深入学习党的十九届四中全会精神，及时跟进学习习近平总书记最新讲话精神和重要指示批示精神，坚持做到学深学透、融会贯通、学以致用。引导党员干部持续深化对党的创新理论的理解、对初心使命的感悟，不断以理论滋养初心、引领使命，筑牢理想信念宗旨根基，更好地明确所处方位、把握正确方向、适应时代要求，确保主题教育不“走神”、不“散光”。

（二）必须坚持以上率下，树立标杆、层层传导

主题教育参学党员覆盖面广、人数多，抓好关键少数十分重要。领导干部是主题教育的组织者、推进者、参与者，特别是“一把手”作为主题教育的“第一责任人”，必须提高政治站位，把自己摆进去，对党中央决策部署必须坚定坚决、不折不扣、落实落细，确保活动不偏不虚。班子成员率先垂范，带头学习、带头调研、带头检视、带头整改，为党员干部树立标杆。通过突出“头雁效应”，发扬优良作风，一级做给一级看，一级带着一级干，真正把压力传导下去，把积极性调动起来，形成上下联动抓教育的良好局面，推动主题教育深入开展。

（三）必须聚焦问题导向，精准施策、立行立改

这次主题教育是一次群众“家门口”的主题教育，群众看得最清

楚、感受最真切。必须要有正视问题的自觉，坚持开门抓主题教育，把服务群众的大门敞开，把为群众解决操心事、烦心事融入主题教育全过程。必须始终瞄准问题，做到学习带着问题、调研找准问题、检视剖析问题、整改解决问题。把以人民为中心见诸行动，坚持真改、深改、实改，解决好群众身边"急难愁盼"的事情，推动主题教育深入开展，让群众感受到主题教育带来的新变化、新成效。 （范义哲）

相城区聚焦"四个到位"扎实推进区级党政机构改革落地生根

相城区委以党的十九大精神为指导，精心研究谋划区机构改革总方案，把深化区级机构改革作为重大政治任务、战略任务抓紧、抓实，聚焦"四个到位"扎实推进全区党政机构改革落地生根，构建系统完备、科学规范、运行高效的机构职能体系。

一、强化领导、健全机制，组织保障到位

一是组班子，加强组织领导。本次机构改革，在党中央集中统一领导和省委、市委部署下，中共苏州市相城区委高度重视。成立区机构改革领导小组，由中共苏州市相城区委书记任组长，区委副书记任副组长，区委常委为小组成员，总体负责全区党政机构改革工作协调推进、组织实施，检查督促，领导全区有关单位转隶组建以及"三定"制定工作。二是强队伍，成立工作专班。从部门抽调3名精英骨干，充实区委编办工作队伍。区委编办全员上阵，根据机构改革前期准备、方案制定、转隶组建、"三定"制定四个不同阶段，按照具体工作实际，组建机构改革专题工作组，由编办副主任分别带队，营造"劲往一处使"的工作氛围。严格管理纪律，制定《专题组集中办公人员管理办法》，对机构改革集中办公人员，从请假、出行、日常工作等方面提出具体要求。三是聚合力，增强责任担当。改革期间，区委先后组织召开机构改革动员部署会、推进会；领导小组对机构改革作出一系列重要指导、提出重要意见，对改革各环节层层把关；工作专班召开工作部署会议、领导小组办公室召开业务会议，协调部署机构改革相关工作。区委、区政府主要领导多次召集会议专题研究部署推进全区机构改革工作，并对《苏州市相城区机构改革方案》的制定作出指示批示。

二、紧扣目标、精心筹备，基础工作到位

相城区聚焦深化党政机构改革重点目标，强化学习、调研、梳理改革重点难点，做足机构改革"基本功"。一是勤学习，吃透文件精神。以党的十九大报告精神为指导，以《深化党和国家机构改革方案》《中共江苏省委关于市县机构改革的总体意见》为重点学习内容，精心研究谋划全区机构改革总方案。利用核心报刊、微信公众号等平台广泛搜集机构改革相关信息，结合政策文件进行综合分析研判，着力吃透中央深化党和机构改革的目标和总任务，掌握省委对市县机构的改革要求，做到理解政策无偏差，准确把握机构改革精神实质。二是定制度，明确工作要求。下发《关于明确机构改革期间有关职责分工和拟订有关工作方案的通知》，建立健全协调机制，明确机构改革期间有关牵头部门的工作职责、任务分工、牵头领导和工作要求，将改革期间的工作任务具体到单位，责任落实到个人，强化责任担当，严明改革纪律，蹄疾步稳、紧凑有序抓好机构改革工作。严格保密纪律，制定《机构改革期间保密工作纪律规定》，坚持"谁参与、谁负责、谁保密"的原则，做到保密工作"无疏漏、全覆盖、零差错"。严格编制纪律，联合组织人事部门下发《关于严控机构编制和干部调整有关事项的通知》，强化机构编制管理刚性约束，严格把好编制关口。三是重调研，摸排改革难点。各工作组分赴39个区级党政机关部门（区直属事业单位）进行访谈调研，采取单独面谈、集体座谈的方式，点对点向各单位中层以上领导传达改革精神，沟通改革思路，解释改革口径，听取各部门意见建议，收集整理各部门（单位）反馈问题102个、意见建议99条。在此基础上，进一步对区级党政机关部门职能履行、机构设置、人员编制配备等情况分析梳理，归纳改革重点、难点问题，以问题为导向，找准目标定位，理清工作思路。

三、科学谋划、统筹推进，关键环节到位

全区各部门上下联动、密切配合，有组织、有步骤、有纪律地推进机构改革。一是聚焦方案制定。《苏州市相城区机构改革方案》对标中央及省市，按照“优化协同高效”原则，结合相城区实际，因地制宜设置机构。为贯彻落实长三角一体化发展、长江经济带高质量发展战略，将区长三角地区合作与发展办公室设在区发展和改革委员会。组建区地方金融监督管理局，进一步加强全区金融体系监管和金融风险防控，更好履行金融行业的服务和管理职责。深化大数据分析应用，统筹信息平台建设，将相关部门承担的大数据开放共享、开发应用以及电子政务等管理职责划入区政府办公室，对外加挂区大数据管理局牌子，并由其统一管理信息平台建设工作。二是聚焦刚性执行。本次机构改革，全区严格执行党政机构限额规定，严控党政机构挂牌，杜绝挂牌机构实体化，共设区级党政机构35个：区委机构8个（含区纪委监委机关）、区政府机构27个，组织架构和行政效能更加精简高效。组建区农业农村局、区退役军人事务局、区应急管理局等机构，确保中央明确的22项“规定动作”全部落到实处。三是聚焦转隶组建。区级部门转隶组建工作，在区机构改革领导小组领导下，由区委常委、副区长分工负责，按照分类推进、归口统筹、强化协调的思路，各项工作平稳衔接、有序落实到位。制定《相城区区级部门转隶组建工作方案》，按照“编随事走、人随编走”总原则，圆满完成单位及人员转隶。此次改革涉及转隶组建的部门共30个（其中重点部门14个）、转隶人员131人。四是聚焦配套同步。出台关于办公用房调整、刻制印章、国有资产管理、档案移交等8个配套文件，保障机构改革平稳有序进行，及时制作部门铭牌、启用新印章，调整办公用房，同步做好财务、档案移交及其他改革配套工作，扎实推进中央、省委、市委关于深化党和国家机构改革的部署要求在相城落地落实。

四、挖潜资源、突出民生，成果转化到位

一是党的领导切实加强。健全党委总揽全局、协调各方的领导体制，组建区监委和3个议事协调机构，调整优化区深改、网信等4个议事协调机构。加强党委职能部门的统一协调管理，明确区委组织部统一管理区委机构编制委员会办公室和公务员工作，区委宣传部统一管理新闻出版和电影工作，区委统一战线工作部统一管理侨务工作，从体制机制上对全面加强党的领导作出制度安排。二是机构设置去繁从简。对职责有交叉、新组建和职能重大调整的部门做好职能衔接、划定职责边界，防止机构重叠、职责重复，实现各类机构设置和职能配置化简从优。改革后，全区编制在总量不突破、人员总体不超编的前提下，编制资源向新组建部门及基层一线倾斜。另外，及时制定《区级机关事业单位优化调整实施方案》，在完成承担行政职能事业单位改革工作的基础上，上半年对18个部门所属的35家事业单位进行整合、撤并、更名、划转职责及编制的调整，下半年又对19个部门所属的20家事业单位的设置、职责和编制进行调优，推动机构、职能和人员深度融合。三是职能体系优化高效。通过党政机构改革构建运行顺畅、充满活力的工作体系，完成组织架构重建、实现机构职能调整。政府治理体系、群团工作体系得到完善，人大、政协专门委员会得到优化设置，事业单位承担的行政职能回归机关，部门内设机构整合从“物理整合”向“化学融合”转变。同时，通过机构改革加强统筹管理，把之前不方便管、不愿意管、找不到谁管的事情真正管起来。将区住房和城乡建设局的市政桥梁、城市道路质量监督职责以及区城市管理局的管线建设管理、城市照明管理职责划转到区交通运输局，解决了交通运输部门与住房和城乡建设部门的职责交叉问题，避免了履职不顺、多头管理的情况。四是政务服务便民利民。本次机构改革，相城区着力解决企业和群众反映突出的办事难、办事慢、来回跑等问题，在区政务服务管理办公室（区政务服务中心）的基础上，划入区政府相关部门的有关行政许可职责，组建区行政审批局，作为区政府工作部门，对外保留区政务服务管理办公室牌子，实行“一站式”审批。深化相对集中行政许可权改革，建立相对集中行政许可权改革的协调联动制度，明确各业务主管部门与区行政审批局的职责分工，各业务主管部门提供法律法规、政策依据、技术服务等综合支撑，并承担监管主体责任，按照审批结果及时开展事中事后监管，区行政审批局负责划转事项的行政审批过程和结果，从体制上理清“谁审批、谁负责，谁主管、谁监管”的权责边界。（李新旸）

年度荣誉

表56　2019年相城区获国际表彰的先进集体（部分）

获奖单位	荣誉称号	授予单位	授予时间
阳澄湖旅游集散中心	2019年凡尔赛建筑奖（全球最美客运站）	联合国教科文组织（UNESCO）、国际建筑师联盟（UIA）	2019年9月

表57　2019年相城区获国家级和国家条线表彰的先进集体（部分）

获奖单位	荣誉称号	授予单位	授予时间
相城区	2019年度全国综合实力百强区	中小城市发展战略研究院、国信中小城市指数研究院	2019年10月
相城区	2019年度全国科技创新百强区	中国中小城市高质量发展指数研究课题组、中小城市发展战略研究院、国信中小城市指数研究院，中商产业研究院	2019年10月
相城区	2019年度全国绿色发展百强区	中小城市发展研究院、国信中小城市指数研究院	2019年10月
相城区地方志办公室［《相城年鉴（2017）》］	第六届年鉴编纂出版质量评比综合二等奖、四个单项二等奖	中国出版协会	2019年1月
渭塘镇钻石家园社区	2018年度全国综合减灾示范社区	国家减灾委员会、应急管理部、中国气象局、中国地震局	2019年1月
北桥街道盛北社区	2018年度全国综合减灾示范社区	国家减灾委员会、应急管理部、中国气象局、中国地震局	2019年1月
苏州御亭现代农业产业园发展有限公司人才科技组	全国巾帼文明岗	中华全国妇女联合会	2019年3月
中亿丰建筑产业化板块（苏州市广济医院内装工程）	2017—2018中国建筑工程装饰奖	中国建筑装饰协会	2019年3月
苏州市高铁新城大数据产业发展有限公司	全国十佳人工智能产业园	中国通信院	2019年6月
苏州御亭现代农业产业园	2017—2018全国青年文明号	共青团中央、最高人民法院、发展改革委、工业和信息化部、公安部、司法部、自然资源部、住房和城乡建设部、交通运输部、水利部、商务部、国家卫生健康委、应急管理部、国务院国资委、海关总署、税务总局、市场监管总局、广电总局、中国银保监会、供销合作总社、中国铁路总公司	2019年6月
蠡口实验小学	2019年世界机器人大赛冠军赛－青少年机器人设计大赛守护家园工程挑战赛一等奖	中国电子学会	2019年7月
蠡口实验小学	2019年世界机器人大赛冠军赛－青少年机器人设计大赛勇者征途工程挑战赛二等奖	中国电子学会	2019年8月
元和卫生院	基层高血压健康管理先锋	中国医药教育协会	2019年8月
众泾家园	2019中国土木工程詹天佑奖优秀住宅小区表彰项目工程质量单项优秀（保障房项目）	中国土木工程学会住宅工程指导工作委员会	2019年8月

续表

获奖单位	荣誉称号	授予单位	授予时间
望亭镇迎湖村	全国千村万寨展新颜	农业农村部	2019 年 9 月
苏州御窑金砖博物馆	博物馆档案片获国家档案局档案微视频入围奖，苏州市档案文化精品一等奖	国家档案局	2019 年 10 月
相城第一实验小学	全国冰雪项目学校	教育部	2019 年 10 月
相城区望亭中学	2019 年全国青少年校园足球特色学校	教育部	2019 年 10 月
苏州小样科技服务有限公司	国家级科技企业孵化器	科学技术部	2019 年 11 月
江苏省相城中等专业学校	2019 年度创新创造教育工作先进集体	中国发明协会中小学创造教育分会	2019 年 11 月
冯梦龙村	全国农村创新创业孵化实训基地	农业农村部	2019 年 12 月
苏州市相城区委编办	2019 年度中国机构编制网信息报送工作表现突出的市县级编办	中国编办电子政务中心	2019 年 12 月
苏州市紫光楼宇职工子女托管中心	2019 年度全国工会爱心托管班	中华全国总工会女职工委员会办公室	2019 年 12 月
望亭镇迎湖村	全国乡村治理示范村	农业农村部	2019 年 12 月
漕湖学校	公共建筑绿色建筑设计标识	住房和城乡建设部科技与产业化发展中心	2019 年 12 月
澄阳学校	公共建筑绿色建筑设计标识	住房和城乡建设部科技与产业化发展中心	2019 年 12 月

表58　　2019年相城区获省级和省条线表彰的先进集体（部分）

获奖单位	荣誉称号	授予单位	授予时间
相城区	江苏省食品安全示范县（市、区）	江苏省食品安全委员会	2019 年 1 月
相城区	全省营商环境先进地区	江苏省委编办	2019 年 4 月
相城区	第一批全省现代社区治理创新实验区	江苏省民政厅	2019 年 5 月
相城区	2018 年“四好农村路”省级示范县	江苏省人民政府	2019 年 5 月
相城区“散乱污”企业（作坊）淘汰整治	第二届江苏生态环境十大先进典型	江苏省生态环境厅	2019 年 6 月
相城区（区委宣传部）	2018 年度全省基层党员冬训工作示范县（市、区）	中共江苏省委组织部、中共江苏省委宣传部	2019 年 7 月
相城区	农村河道长效管护（一等）	江苏省水利厅、江苏省财政厅	2019 年 8 月
相城区	农田水利工程管护（优秀）	江苏省水利厅、江苏省财政厅	2019 年 8 月
相城区	江苏省车联网先导区	江苏省工业和信息化厅	2019 年 10 月
相城区	2019 年全省县（市、区）金融生态环境综合评估第一名	江苏省金融稳定工作协调小组	2019 年 11 月
相城区	2016—2018 年度江苏省金融生态优秀县	江苏省金融稳定工作协调小组	2019 年 11 月
相城区	江苏省交通运输信息化综合应用示范县	江苏省交通运输厅	2019 年 11 月
相城区	江苏省慢性病综合防控建设达标区	江苏省卫生健康委员会	2019 年 12 月
阳澄湖畔社区	江苏省健康社区	江苏省爱国卫生运动委员会	2019 年 1 月
太平街道黎明村	江苏省健康村	江苏省爱国卫生运动委员会	2019 年 1 月
苏州高铁新城文化产业发展有限公司	江苏省电子商务众创空间	江苏省商务厅	2019 年 1 月
相城区人民检察院	省 5A 级数字档案室评估单位	中共江苏省委办公厅、江苏省档案局	2019 年 1 月
苏州御窑金砖博物馆	江苏省优秀科普基地	江苏省科协、江苏省科技厅、江苏省教育厅	2019 年 1 月
元和街道中心商贸城派出所	全省基层警营文化示范点	江苏省公安厅政治部	2019 年 1 月
黄埭镇冯梦龙村	2018 年江苏省休闲农业精品村	江苏省农业农村厅	2019 年 1 月

续表

获奖单位	荣誉称号	授予单位	授予时间
望亭镇迎湖村	2018 年江苏省休闲农业精品村	江苏省农业农村厅	2019 年 1 月
漕湖街道倪家湾·水之田	2018 年江苏省主题创意农园	江苏省农业农村厅	2019 年 1 月
苏农花苑创意农园	2018 年江苏省主题创意农园	江苏省农业农村厅	2019 年 1 月
望亭镇迎湖汤家浜	2018 年度省级绿化示范村和“三化”示范村	江苏省林业局	2019 年 1 月
北太湖(望亭)旅游景区智慧旅游平台	2018 年度江苏省智慧旅游示范项目	江苏省文化和旅游厅、江苏省信息化领导小组办公室	2019 年 1 月
金香溢合作社	全省农业社会化典型	江苏省农业农村厅办公室	2019 年 1 月
元和街道	2019 年江苏省示范村卫生室	江苏省爱国健康运动委员会	2019 年 1 月
阳澄湖镇	2018 年度江苏省文化科技卫生“三下乡”先进集体	中共江苏省委宣传部、江苏省文明办、江苏省教育厅、江苏省农业农村厅、江苏省文化和旅游厅、江苏省卫生健康委员会、共青团江苏省委、江苏省妇女联合会、江苏省文学艺术界联合会	2019 年 1 月
渭塘镇	江苏省健康镇	江苏省爱国卫生运动委员会	2019 年 1 月
黄桥实验小学	2019 少年号角杯庆祝中华人民共和国成立 70 周年知识竞赛活动优秀组织奖	江苏省少工委办公室	2019 年 1 月
江苏省黄埭中学	2018 年度江苏省优秀中学共青团组织	共青团江苏省委	2019 年 1 月
江苏省黄埭中学	2018 年江苏省大中专学生志愿者暑期社会实践活动优秀团队	江苏省教育厅	2019 年 1 月
相城实验中学	2018 年江苏省公民科学素质大赛优秀组织单位	江苏省科协办公室	2019 年 1 月
元和街道卫生院	江苏省健康单位	江苏省爱国健康运动委员会	2019 年 1 月
相城区春申中学	江苏省健康单位	江苏省爱国卫生运动委员会	2019 年 1 月
相城实验中学	2018 年江苏省公民科学素质大赛优秀组织单位	江苏省科学技术协会办公室	2019 年 1 月
陆慕实验小学	江苏省健康单位	江苏省爱国卫生运动委员会	2019 年 1 月
相城经济技术开发区管委会	江苏省健康单位	江苏省爱国卫生运动委员会	2019 年 1 月
北桥街道盛北社区	江苏省健康社区	江苏省爱国卫生运动委员会	2019 年 1 月
苏州市相城区知识产权局	2018 年度省知识产权工作成绩突出单位	江苏省知识产权局	2019 年 2 月
相城经济技术开发区管委会	2018 年营商环境评价先进地区	江苏省委机构编制委员会	2019 年 3 月
苏州御窑金砖博物馆	国家 AAAA 级旅游景区	江苏省旅游资源规划开发质量评定委员会	2019 年 3 月
紫光云引擎科技(苏州)有限公司	2018 年江苏省工业互联网发展示范企业(平台类)双跨类省重点工业互联网平台	江苏省工业和信息化厅	2019 年 3 月
江苏仕泰隆物联网有限公司	2018 年江苏省工业互联网发展示范企业(培育类)仕泰隆装备云平台	江苏省工业和信息化厅	2019 年 3 月
江苏亨通工控安全研究院有限公司	省级配套服务商	江苏省工业和信息化厅	2019 年 3 月
蠡口实验小学	江苏省 2018 年度餐饮质量安全示范店(食堂)	江苏省市场监督管理局	2019 年 3 月
相城区城建档案馆	全省城建档案管理工作先进单位	江苏省住房和城乡建设厅	2019 年 3 月
北桥中心小学	江苏教育援疆十大爱心支教后方单位	中共克孜勒苏柯尔克孜自治州委员会教育工委会、中共江苏省对口支援新疆克州前方指挥部委员会	2019 年 3 月

续表

获奖单位	荣誉称号	授予单位	授予时间
相城区税务局	江苏省五一劳动奖	江苏省总工会	2019 年 4 月
新黎明科技股份有限公司灯具车间	江苏省工人先锋号	江苏省总工会	2019 年 4 月
苏州波发特电子科技有限公司通信事业部样品组	江苏省工人先锋号	江苏省总工会	2019 年 4 月
相城区地方志办公室[《相城年鉴(2017)》]	第五届江苏省优秀年鉴地方综合年鉴综合优秀二等	江苏省地方志办公室	2019 年 4 月
漕湖街道卫星村	共青团江苏省委村(社区)领域直接联系点	共青团江苏省委员会	2019 年 4 月
苏州阳澄喜柯酒店管理有限公司	优秀参展企业奖	大运河文化旅游博览会组委会	2019 年 5 月
苏州市公安局相城分局刑警大队	集体三等功	江苏省公安厅	2019 年 5 月
苏州小样科技服务有限公司	第三批江苏省大众创业万众创新示范基地	江苏省发展和改革委员会	2019 年 5 月
苏州市相城交通建设投资(集团)有限公司	全省国有企业党建强基提质提升工程优秀创新案例二等奖	江苏省国资委党委	2019 年 6 月
苏州高铁新城文化产业发展有限公司	江苏省电子商务示范基地	江苏省商务厅	2019 年 6 月
苏州高铁新城电子商务产业园	江苏省电子商务示范基地	江苏省商务厅	2019 年 6 月
苏州市相城文商旅发展(集团)有限公司	打造孙武思想古为今用的文化新高地	江苏省中华文化海外交流基地汇编	2019 年 6 月
“春申红雁”党建联盟	全省国有企业党建强基提质提升工程优秀创新案例二等奖	江苏省国资委党委	2019 年 6 月
黄桥实验小学	江苏省现代教育技术研究先进集体	江苏教科院现代教技研究所	2019 年 6 月
苏州市相城实验中学	2018 年江苏省健康促进金奖学校	江苏省教育厅	2019 年 7 月
苏州高铁新城(北河泾街道)	2018 年度全省基层党员冬训工作示范乡(镇、街道)	江苏省委组织部	2019 年 7 月
江苏集萃微纳自动化系统与装备技术研究所有限公司(孙钰团队)	江苏省双创人才	江苏省委组织部、人才办	2019 年 7 月
相城区民政局社会救助科	全省民政系统先进集体	江苏省民政厅、江苏省人力资源和社会保障厅	2019 年 7 月
西安交通大学苏州漕湖科技园	江苏省海外人才离岸创新创业基地	江苏省科学技术协会	2019 年 7 月
元和街道绿色时光社区	2018 年度省级节水型社区	江苏省节约用水办公室	2019 年 7 月
元和街道御苑家园社区	2018 年度省级节水型社区	江苏省节约用水办公室	2019 年 7 月
苏州宝丽迪材料科技股份有限公司	2019 年度省级企业工程技术研究中心	江苏省科技厅	2019 年 8 月
太航常青汽车安全系统(苏州)股份有限公司	2019 年度省级企业工程技术研究中心	江苏省科技厅	2019 年 8 月
苏州市冯氏智能科技有限公司	2019 年度省级企业工程技术研究中心	江苏省科技厅	2019 年 8 月
元和街道卫生院	基层高血压健康管理先锋	中国医药教育协会	2019 年 8 月
相城区档案馆	江苏省社会科学普及示范基地	江苏省社科联	2019 年 9 月
冯梦龙纪念馆	江苏省社会科学普及示范基地	江苏省社科联	2019 年 9 月

续表

获奖单位	荣誉称号	授予单位	授予时间
元和小学	十九届江苏省青少年机器人竞赛团体二等奖	江苏省科学技术协会、江苏省教育厅	2019 年 8 月
元和小学	江苏省绿色学校	江苏省教育厅、江苏省生态环境厅	2019 年 9 月
相城区妇女联合会	首届江苏女性融媒体创意大赛优秀组织奖	江苏省妇女联合会	2019 年 9 月
相城区农业农村局(相城区农村产权交易中心)	2018 年度江苏省农村产权交易工作成效显著单位	江苏省农业农村厅、江苏省财政厅	2019 年 9 月
望亭镇农村产权交易服务中心	2018 年度江苏省农村产权交易工作成效显著单位	江苏省农业农村厅、江苏省财政厅	2019 年 9 月
相城区望亭镇“三八”绿色基地(望亭镇迎湖社区股份合作社)	2019 年度省级“三八”绿色基地	江苏省妇女联合会、江苏省绿化委员会办公室	2019 年 9 月
阳澄湖生态休闲旅游度假区	2019 年“舞动江苏”广场舞大赛优秀组织奖	中国江苏省委宣传部、江苏省文明办	2019 年 9 月
苏州高铁新城人工智能众创社区	省级众创社区	江苏省科学技术厅	2019 年 9 月
元和街道	2019 年度省社科联社科普及资助项目(一般资助)(相城文化进御窑)	江苏省哲学社会科学届联合会	2019 年 9 月
苏州高铁新城大数据产业园	第四批省级生产性服务业集聚示范区	江苏省发展和改革委员会	2019 年 9 月
苏州市相城文商旅发展(集团)有限公司	江苏省旅游协会副会长单位	江苏省旅游协会	2019 年 9 月
苏州特雷卡电缆有限公司	江苏省第十批跨国公司地区总部及功能性机构	江苏省商务厅	2019 年 9 月
相城科技金融产业园	江苏省级创业投资集聚发展示范区	江苏省发展和改革委员会	2019 年 10 月
苏州市相城基金管理有限公司	江苏省创业投资领军品牌	江苏省发展和改革委员会	2019 年 10 月
苏州市相城创业投资有限公司责任公司(陶陈灵团队)	江苏省创业投资优秀团队	江苏省发展和改革委员会	2019 年 10 月
苏州市高铁新城大数据产业发展有限公司	省级生产性服务业集聚示范区	江苏省发展和改革委员会	2019 年 10 月
苏州市高铁新城大数据产业发展有限公司	江苏省首批智能网联汽车(车联网)先导区	江苏省工信厅	2019 年 10 月
苏州市相城基金管理有限公司	江苏省创业投资领军品牌	江苏省发展和改革委员会	2019 年 10 月
苏州市相城创业投资有限责任公司	江苏省创业投资优秀团队	江苏省发展和改革委员会	2019 年 10 月
元和街道卫生院	2019 年江苏省示范村卫生室	江苏省卫健委	2019 年 10 月
御窑小学	2018 年江苏省健康促进学校(银牌)	江苏省教育厅	2019 年 10 月
相城第一实验小学	2018 年江苏省健康促进学校(铜牌)	江苏省教育厅	2019 年 10 月
江苏苏州相城基地	清华大学研究生社会实践“五星基地”	清华大学党委研究生工作部	2019 年 11 月
相城区人民检察院	江苏检察机关刑事案件审查与汇报技能竞赛团体三等奖	江苏省人民检察院	2019 年 11 月
相城区麦田禾盛家庭农场	全省家庭农场典型案例	江苏省农业农村厅办公室	2019 年 11 月
苏州市相城区金香溢农机服务专业合作社	全省农业社会化服务典型案例	江苏省农业农村厅办公室	2019 年 11 月

续表

获奖单位	荣誉称号	授予单位	授予时间
相城区税务局	江苏省节水型企业（单位）	江苏省住房和城乡建设厅	2019 年 11 月
魔门塔（苏州）科技有限公司	2019 苏南国家自主创新示范区独角兽企业	江苏省苏南国家自主创新示范区建设促进服务中心	2019 年 11 月
相城区卫生健康委员会	贵州省脱贫攻坚先进集体	贵州省扶贫开放领导小组	2019 年 11 月
泰马克精密铸造（苏州）有限公司	2019 年度省级企业工程技术研究中心	江苏省科技厅	2019 年 11 月
苏州事达同泰汽车零部件有限公司	2019 年度省级企业工程技术研究中心	江苏省科技厅	2019 年 11 月
苏州苏明装饰股份有限公司	2019 年度省级企业工程技术研究中心	江苏省科技厅	2019 年 11 月
北桥街道船拳队（文体中心＋新北村）	江苏省第七届农民体育节展示项目金奖	江苏省农民体育协会	2019 年 11 月
北桥街道船拳队	江苏省第七届农民体育节优秀组织一等奖	江苏省农民体育协会	2019 年 11 月
北桥街道船拳队	江苏省第七届农民体育节体育道德风尚奖	江苏省农民体育协会	2019 年 11 月
苏州宝丽迪材料科技股份有限公司	2019 年度省级企业工程技术研究中心	江苏省科技厅	2019 年 11 月
苏州市盛北花园五期	江苏省节水型小区	江苏省住房和城乡建设厅	2019 年 11 月
苏州市绿色时光花园	江苏省节水型小区	江苏省住房和城乡建设厅	2019 年 11 月
苏州市水漾花城四期	江苏省节水型小区	江苏省住房和城乡建设厅	2019 年 11 月
苏州市御苑家园	江苏省节水型小区	江苏省住房和城乡建设厅	2019 年 11 月
苏州市融城花园	江苏省节水型小区	江苏省住房和城乡建设厅	2019 年 11 月
瑜翠园	江苏省节水型小区	江苏省住房和城乡建设厅	2019 年 11 月
苏州市澜庭	江苏省节水型小区	江苏省住房和城乡建设厅	2019 年 11 月
苏州（相城）中日智能制造协同创新区中心区	江苏省国际合作园区	江苏省商务厅	2019 年 12 月
西安交通大学苏州漕湖科技园	2019 年度省级创业孵化示范基地	江苏省人力资源和社会保障厅	2019 年 12 月
吴通控股集团股份有限公司劳动争议调解委员会	江苏省 2019 年劳动人事争议优秀基层调解组织	江苏省人力资源和社会保障厅	2019 年 12 月
苏州相城经济开发区漕湖产业园(漕湖街道)	2019 年省级和谐劳动关系创建示范园区	江苏省人力资源和社会保障厅、江苏省总工会、江苏省工业和信息化厅、江苏省企业联合会、江苏省工商业联合会	2019 年 12 月
苏州市相城实验中学	2019 江苏省初、高中三人篮球联赛体育道德风尚奖	江苏省体育局	2019 年 12 月
相城区人民检察院	2016—2018 年度江苏省文明单位	江苏省精神文明建设指导委员会	2019 年 12 月
相城区发展和改革委员会	2016—2018 年度江苏省文明单位	江苏省精神文明建设指导委员会	2019 年 12 月
相城区教育局	2016—2018 年度江苏省文明单位	江苏省精神文明建设指导委员会	2019 年 12 月
相城区财政局	2016—2018 年度江苏省文明单位	江苏省精神文明建设指导委员会	2019 年 12 月
相城区审计局	2016—2018 年度江苏省文明单位	江苏省精神文明建设指导委员会	2019 年 12 月
相城区人民法院	2016—2018 年度江苏省文明单位	江苏省精神文明建设指导委员会	2019 年 12 月
相城区税务局	2016—2018 年度江苏省文明单位	江苏省精神文明建设指导委员会	2019 年 12 月
相城区生态环境局	2016—2018 年度江苏省文明单位	江苏省精神文明建设指导委员会	2019 年 12 月
相城区气象局	2016—2018 年度江苏省文明单位	江苏省精神文明建设指导委员会	2019 年 12 月

续表

获奖单位	荣誉称号	授予单位	授予时间
苏州市公安局相城分局中心商贸城派出所	2016—2018 年度江苏省文明单位	江苏省精神文明建设指导委员会	2019 年 12 月
相城区市场监督管理局一分局	2016—2018 年度江苏省文明单位	江苏省精神文明建设指导委员会	2019 年 12 月
中亿丰建设集团股份有限公司(本部)	2016—2018 年度江苏省文明单位	江苏省精神文明建设指导委员会	2019 年 12 月
苏州易德龙科技股份有限公司	2016—2018 年度江苏省文明单位	江苏省精神文明建设指导委员会	2019 年 12 月
中铁四局集团第二工程有限公司	2016—2018 年度江苏省文明单位	江苏省精神文明建设指导委员会	2019 年 12 月
相城区黄埭镇	2016—2018 年度江苏省文明乡镇	江苏省精神文明建设指导委员会	2019 年 12 月
望亭镇华阳村	2016—2018 年度江苏省文明村(社区)	江苏省精神文明建设指导委员会	2019 年 12 月
阳澄湖镇消泾村	2016—2018 年度江苏省文明村(社区)	江苏省精神文明建设指导委员会	2019 年 12 月
北桥街道芮埭村	2016—2018 年度江苏省文明村(社区)	江苏省精神文明建设指导委员会	2019 年 12 月
黄埭镇冯梦龙村	2016—2018 年度江苏省文明村(社区)	江苏省精神文明建设指导委员会	2019 年 12 月
漕湖街道卫星村	2016—2018 年度江苏省文明村(社区)	江苏省精神文明建设指导委员会	2019 年 12 月
阳澄湖生态休闲旅游度假区清水村	2016—2018 年度江苏省文明村(社区)	江苏省精神文明建设指导委员会	2019 年 12 月
北桥街道丰泾村	2016—2018 年度江苏省文明村(社区)	江苏省精神文明建设指导委员会	2019 年 12 月
渭塘镇凤阳村	2016—2018 年度江苏省文明村(社区)	江苏省精神文明建设指导委员会	2019 年 12 月
北桥街道盛北社区	2016—2018 年度江苏省文明村(社区)	江苏省精神文明建设指导委员会	2019 年 12 月
渭塘镇翡翠家园社区	2016—2018 年度江苏省文明村(社区)	江苏省精神文明建设指导委员会	2019 年 12 月
元和街道水漾花城社区	2016—2018 年度江苏省文明村(社区)	江苏省精神文明建设指导委员会	2019 年 12 月
太平街道凤凰社区	2016—2018 年度江苏省文明村(社区)	江苏省精神文明建设指导委员会	2019 年 12 月
相城区珍珠湖小学	2016—2018 年度江苏省文明校园	江苏省精神文明建设指导委员会	2019 年 12 月
相城实验中学	2016—2018 年度江苏省文明校园	江苏省精神文明建设指导委员会	2019 年 12 月
相城区陆慕高级中学	2016—2018 年度江苏省文明校园	江苏省精神文明建设指导委员会	2019 年 12 月
漕湖街道卫星社区一站式服务大厅	江苏省巾帼文明岗	江苏省城镇妇女“巾帼建功”活动领导小组办公室、江苏省妇女“双学双比”竞赛活动领导小组办公室	2019 年 12 月
蠡口实验小学	2019 年江苏省公共机构节能示范单位	江苏省机关事务管理局	2019 年 12 月
中亿丰建设集团股份有限公司	2018 年质量管理优秀奖	江苏省人民政府办公厅	2019 年 12 月
苏州相城经济技术开发区	江苏省工业互联网示范工程“互联网 + 先进制造业”基地培育对象	江苏省工业和信息化厅	2019 年 12 月
苏州相城经济开发区漕湖产业园(漕湖街道)	2019 年省级和谐劳动关系创建示范园区	江苏省人力资源和社会保障厅、江苏省总工会、江苏省工业和信息化厅、江苏省企业联合会、江苏省工商业联合会	2019 年 12 月
苏州高铁新城文化产业发展有限公司	省级科技企业孵化器	江苏省科技厅	2019 年 12 月
苏州高铁新城紫光大厦楼宇联合工会	2019 年度基层工会服务职工优质项目	江苏省总工会	2019 年 12 月
新门户科技企业孵化器	省级科技企业孵化器	江苏省科技厅	2019 年 12 月
阳澄湖生态休闲旅游度假区清水村	2019 年江苏省休闲农业精品村	江苏省农业农村厅	2019 年 12 月

续表

获奖单位	荣誉称号	授予单位	授予时间
元和街道莫阳社区	第二批省级创业型街道（乡镇）、社区（村）和园区	江苏省人力资源和社会保障厅	2018 年 12 月
望亭董巷家庭农场	2019 年新认定省级示范家庭农场	江苏省农业农村厅	2019 年 12 月
望亭新埂后桥湾家庭农场	2019 年新认定省级示范家庭农场	江苏省农业农村厅	2019 年 12 月
江苏新安电器股份有限公司	2019 年度江苏省智能工厂	江苏省工业和信息化厅	2019 年 12 月
相城区税务局	《一纸平安》被评为江苏新时代“巾帼志愿者优秀暖心故事”	江苏省妇女联合会	2019 年 12 月
北桥街道建设档案室	省一级村镇建设档案室	江苏省住房和城乡建设厅	2019 年 12 月
渭塘镇建设档案室	省一级村镇建设档案室	江苏省住房和城乡建设厅	2019 年 12 月
阳澄湖生态休闲旅游度假区建设档案室	省一级村镇建设档案室	江苏省住房和城乡建设厅	2019 年 12 月
相城区白蚁防治所	2019 年度江苏省白蚁防治行业先进单位	江苏省房地产协会	2019 年 12 月
苏州高铁新城紫光大厦楼宇联合工会	2019 年度基层工会服务职工优质项目	江苏省总工会	2019 年 12 月
苏州市相城区妇女联合会	2019 年度江苏省妇联宣传舆论阵地建设先进单位	江苏省妇联新媒体与网络信息传播中心	2019 年 12 月
苏州市（相城）气象科普园	2019 年度江苏省优秀科普教育基地	江苏省科学技术协会、江苏省科学技术厅、江苏省教育厅	2019 年 12 月
苏州市相城区荷塘月色湿地公园	2019 年度江苏省优秀科普教育基地	江苏省科学技术协会、江苏省科学技术厅、江苏省教育厅	2019 年 12 月

表59　　2019年相城区获苏州市级表彰的先进集体（部分）

获奖单位	荣誉称号	授予单位	授予时间
相城区	2015—2018 年全市社会治安综合治理先进集体	中共苏州市委、苏州市人民政府	2019 年 12 月
元和街道	苏州市农村集体“三资”管理专项治理先进集体	中共苏州市委、苏州市人民政府	2019 年 1 月
元和街道	苏州市美丽城镇建设先进集体	中共苏州市委、苏州市人民政府	2019 年 2 月
相城区水务局	苏州市农村生活污水治理先进集体	中共苏州市委、苏州市人民政府	2019 年 2 月
相城区民政局	苏州市脱贫攻坚先进集体	中共苏州市委、苏州市人民政府	2019 年 2 月
望亭镇迎湖村	苏州市十佳最美乡村	中共苏州市委、苏州市人民政府	2019 年 2 月
相城区农业局	苏州市现代农业建设先进集体	中共苏州市委、苏州市人民政府	2019 年 2 月
望亭镇	苏州市现代农业建设先进集体	中共苏州市委、苏州市人民政府	2019 年 2 月
阳澄湖生态休闲旅游度假区清水村	苏州市美丽乡村建设先进集体	中共苏州市委、苏州市人民政府	2019 年 2 月
黄埭镇	苏州市特色田园乡村建设先进集体	中共苏州市委、苏州市人民政府	2019 年 2 月
中共相城区委农村工作办公室	苏州市农村集体“三资”管理先进集体	中共苏州市委、苏州市人民政府	2019 年 2 月
苏州健飞肠衣有限公司	苏州市十佳农业创新企业	中共苏州市委、苏州市人民政府	2019 年 2 月
苏州博田自动化技术有限公司	苏州市十佳农业创新企业	中共苏州市委、苏州市人民政府	2019 年 2 月
阳澄湖镇	2018 年度推进高质量发展先进地区	中共苏州市委、苏州市人民政府	2019 年 3 月
相城区教育局	全国第六届中小学生艺术展演活动贡献突出先进集体	苏州市人民政府	2019 年 5 月
相城区信访局	新中国成立 70 周年大庆全市安保维稳工作先进集体	中共苏州市委、苏州市人民政府	2019 年 10 月

续表

获奖单位	荣誉称号	授予单位	授予时间
苏州市公安局相城分局指挥中心	新中国成立70周年大庆全市安保维稳工作先进集体	中共苏州市委、苏州市人民政府	2019年10月
相城区委政法委	2015—2018年全市社会治安综合治理先进集体	中共苏州市委、苏州市人民政府	2019年12月
苏州市公安局相城分局	2015—2018年全市社会治安综合治理先进集体	中共苏州市委、苏州市人民政府	2019年12月
相城区教育局	2015—2018年全市社会治安综合治理先进集体	中共苏州市委、苏州市人民政府	2019年12月
相城区社会综合治理联动中心	2015—2018年全市社会治安综合治理先进集体	中共苏州市委、苏州市人民政府	2019年12月
漕湖街道	2015—2018年全市社会治安综合治理先进集体	中共苏州市委、苏州市人民政府	2019年12月
望亭镇	2015—2018年全市社会治安综合治理先进集体	中共苏州市委、苏州市人民政府	2019年12月
元和街道御苑家园社区	2015—2018年全市社会治安综合治理先进集体	中共苏州市委、苏州市人民政府	2019年12月
苏州市公安局相城分局漕湖派出所	2015—2018年全市社会治安综合治理先进集体	中共苏州市委、苏州市人民政府	2019年12月
相城区人民法院黄埭人民法庭	2015—2018年全市社会治安综合治理先进集体	中共苏州市委、苏州市人民政府	2019年12月
相城区社会矛盾纠纷调处服务中心	2015—2018年全市社会治安综合治理先进集体	中共苏州市委、苏州市人民政府	2019年12月
相城区高铁新城社会综合治理联动中心	2015—2018年全市社会治安综合治理先进集体	中共苏州市委、苏州市人民政府	2019年12月

表60　　2019年相城区获国家级和国家条线表彰的先进个人（部分）

姓名	工作单位	荣誉称号	授予单位	授予时间
王　刚	相城区人民法院	2018年第三届司法大数据专题协作研究服务政府机关决策组优秀奖	最高人民法院	2019年1月
唐　灿	相城区人民法院	2018年第三届司法大数据专题协作研究服务政府机关决策组优秀奖	最高人民法院	2019年1月
朱建东	元和街道人民调解委员会	坚持发展“枫桥经验”实现矛盾不上交试点工作表现突出个人	司法部	2019年1月
马登永	苏州上声电子有限公司	第三届“杰出工程师青年奖”	中华国际科学交流基金会	2019年1月
周六妹	北桥街道盛南社区	中国好人	中央文明办	2019年2月
尤　苑	黄桥实验小学	2019年全国向上向善好青年（扶贫助学类）	共青团中央	2019年4月
丁亦辛	相城区人民法院	30年荣誉天平奖章	最高人民法院	2019年5月
卢秋明	相城区人民法院	30年荣誉天平奖章	最高人民法院	2019年5月
滕文清	相城区人民法院	30年荣誉天平奖章	最高人民法院	2019年5月
徐永明	相城区人民法院	30年荣誉天平奖章	最高人民法院	2019年5月
张凯家庭	相城区纪委	2019全国最美家庭	中华全国妇女联合会	2019年5月
王金艳	相城区人民检察院	2018年度全国检察宣传先进个人	检察日报社	2019年7月
尤　苑	黄桥实验小学	全国优秀教师	教育部	2019年9月
胥祥亮	江苏省相城中等专业学校	2019年度创新教育“先进工作者”	中国发明协会中小学创造教育分会	2019年11月
徐建东	相城区人民法院	2019年第四届司法大数据专题协作研究专题服务法治建设组优胜奖	最高人民法院	2019年12月
王　刚	相城区人民法院	2019年第四届司法大数据专题协作研究专题服务法治建设组优胜奖	最高人民法院	2019年12月
唐　灿	相城区人民法院	2019年第四届司法大数据专题协作研究专题服务法治建设组优胜奖	最高人民法院	2019年12月

续表

姓名	工作单位	荣誉称号	授予单位	授予时间
王　刚	相城区人民法院	“中国法学会审判理论研究会商事审判理论专业委员会暨首届商事法律论坛”论文评选优秀奖	中国法学会	2019 年 12 月
林静宜	相城区人民法院	“中国法学会审判理论研究会商事审判理论专业委员会暨首届商事法律论坛”论文评选优秀奖	中国法学会	2019 年 12 月
尤　苑	黄桥实验小学	全国优秀青年志愿者	共青团中央	2019 年 12 月

表61　2019年相城区获省级和省条线表彰的先进个人（部分）

姓名	工作单位	荣誉称号	授予单位	授予时间
刘　燕	苏州市规划局相城分局	2018 年江苏省城乡建设系统优秀勘察设计三等奖	江苏省住房和城乡建设厅	2019 年 1 月
盛　成	苏州市规划局相城分局	2018 年江苏省城乡建设系统优秀勘察设计三等奖	江苏省住房和城乡建设厅	2019 年 1 月
吴啸飞	相城公证处	全省公证服务能力提升先进个人	江苏省司法厅	2019 年 1 月
马　良	苏州市相城水务建设投资（集团）有限公司	2018 年度先进个人	江苏省太湖治理工程建设管理局	2019 年 1 月
马守奎	苏州市相城区在水一方大酒店	江苏省企业首席技师	江苏省人力资源和社会保障厅	2019 年 1 月
夏惠良	相城区政法委	2018 年度全省扫黑除恶专项斗争先进个人	江苏省扫黑除恶专项斗争领导小组	2019 年 2 月
钱九二	江苏凯尔生物识别科技有限公司	江苏省五一劳动奖	江苏省总工会	2019 年 4 月
金向华	苏州金宏气体股份有限公司	江苏省五一劳动奖	江苏省总工会	2019 年 4 月
程小魏	苏州易德龙科技股份有限公司	江苏省文明职工	中共江苏省委宣传部、江苏省文明办、江苏省总工会	2019 年 4 月
金　洁	相城区委政法委	全省政法系统关心下一代工作先进个人	江苏省政法系统关心下一代工作委员会	2019 年 4 月
林静宜	相城人民法院	“东台杯”征文活动三等奖	江苏省高级人民法院	2019 年 4 月
蒋　妍	共青团苏州市相城区委员会	2018 年度“江苏省优秀共青团干部”	共青团江苏省委	2019 年 4 月
刘　燕	苏州市自然资源和规划局相城分局	2018 年度省第十八届优秀工程设计三等奖	江苏省住房和城乡建设厅	2019 年 5 月
盛　成	苏州市自然资源和规划局相城分局	2018 年度省第十八届优秀工程设计三等奖	江苏省住房和城乡建设厅	2019 年 5 月
居永昊	苏州市自然资源和规划局相城分局	江苏省自然资源系统优秀共产党员	中共江苏省自然资源厅党组	2019 年 6 月
陈迎庆	相城区交通运输局	全省交通运输行业优秀共产党员	中共江苏省交通运输行业委员会	2019 年 7 月
刘万千	苏州智加科技有限公司	省双创人才	江苏省委组织部、人才办	2019 年 7 月
陈忠伟	沃泰丰能电池科技有限公司	省双创人才	江苏省委组织部、人才办	2019 年 7 月
刘浩博	虚幻竞技（苏州）文化传播有限公司	省双创人才	江苏省委组织部、人才办	2019 年 7 月
王程昊	相城区人民法院	全省法院执行工作和执行宣传工作先进个人	江苏省高级人民法院	2019 年 7 月
张　凯	相城区纪委	首届“江苏最美退役军人”	江苏省委退役军人事务工作领导小组	2019 年 8 月
许松盛	相城区政协	创作歌曲《政协委员来到社区网格里》获评省政协“庆祝人民政协成立 70 周年歌曲”优秀奖	江苏省政协	2019 年 9 月

续表

姓名	工作单位	荣誉称号	授予单位	授予时间
陆彩东	相城区税务局	三等功——国税地税征管体制改革专项工作奖励人员	江苏省税务局	2019 年 9 月
沈丹妮	元和街道康桥花园社区	首届江苏女性融媒体创意大赛“新锐设计奖”	江苏省妇女联合会	2019 年 9 月
施永康	苏州市公安局相城分局漕湖派出所	个人二等功	江苏省公安厅	2019 年 9 月
徐伟民	相城区司法局	第二批江苏省金牌个人调解工作室	江苏省司法厅	2019 年 10 月
沈伟民	相城区税务局	2019 年全省档案学术交流会“一等奖”——论文《苏州市税务局电子档案“单轨制”运行“单套制”归档管理的探索与实践》	江苏省档案学会	2019 年 11 月
何俊强	相城区人民检察院	江苏检察机关刑事审查与汇报技能竞赛“优秀汇报奖”	江苏省人民检察院	2019 年 11 月
王　刚	相城区人民法院	全省法院调研工作先进个人	江苏省高级人民法院	2019 年 12 月
田　勇	相城区税务局	江苏省第四次全国经济普查优秀工作者	江苏省第四次全国经济普查领导小组办公室	2019 年 12 月
杨　英	黄埭镇司法所	全省社区矫正和安置帮教工作先进个人	江苏省司法厅	2019 年 12 月
姚志琴	相城区司法局	派驻人民法院优秀人民调解员	江苏省高级人民法院、江苏省司法厅、江苏省律师协会	2019 年 12 月
孙国平	南京师范大学苏州实验学校	江苏省少先队辅导员技能展示少先队微队课项目特等奖	共青团江苏省委、江苏省教育厅、江苏省少工委	2019 年 12 月
孙国平	南京师范大学苏州实验学校	江苏省少先队工作基本理论测试项目特等奖	共青团江苏省委、江苏省教育厅、江苏省少工委	2019 年 12 月
张文花	南京师范大学苏州实验学校	江苏省小学语文优课评比特等奖	江苏省中小学教学研究室、江苏省教育学会小学语文专业委员会	2019 年 12 月

表62　　2019年相城区获苏州市级表彰的先进个人（部分）

姓名	工作单位	荣誉称号	授予单位	授予时间
张新如	相城区黄埭镇冯梦龙村党总支书记	苏州市十佳乡村致富带头人	中共苏州市委、苏州市人民政府	2019 年 2 月
朱雪花	相城区农业农村局	苏州市现代农业建设先进个人	中共苏州市委、苏州市人民政府	2019 年 2 月
许　斌	望亭城镇建设有限公司	苏州市美丽城镇建设先进个人	中共苏州市委、苏州市人民政府	2019 年 2 月
孙晓峰	阳澄湖镇消泾村	苏州市特色田园乡村建设先进个人	中共苏州市委、苏州市人民政府	2019 年 2 月
刘　晨	相城区水务局	苏州市农村生活污水治理先进个人	中共苏州市委、苏州市人民政府	2019 年 2 月
张　龙	太平街道黎明村	苏州市打好污染防治攻坚战贡献突出个人	中共苏州市委、苏州市人民政府	2019 年 4 月
张　琴	相城区蠡口中学	全国第六届中小学生艺术展演活动贡献突出先进个人	苏州市人民政府	2019 年 5 月
李　想	相城区蠡口中学	全国第六届中小学生艺术展演活动优秀志愿者	苏州市人民政府	2019 年 5 月
徐　震	苏州市相城水务建设投资（集团）有限公司	苏州市国资系统优秀共产党员	中共苏州市政府国资委党委	2019 年 6 月
汪　薇	相城区人民检察院	苏州市优秀党务工作者	中共苏州市委	2019 年 6 月

续表

姓名	工作单位	荣誉称号	授予单位	授予时间
李寅衍	苏州市公安局相城分局网警大队	新中国成立70周年大庆全市安保维稳工作先进个人	中共苏州市委、苏州市人民政府	2019年10月
成日学	苏州市公安局相城分局望亭派出所	新中国成立70周年大庆全市安保维稳工作先进个人	中共苏州市委、苏州市人民政府	2019年10月
马利忠	相城区政法委	2015—2018年全市社会治安综合治理先进个人	中共苏州市委、苏州市人民政府	2019年12月
蔡萌焉	相城区委党建办	2015—2018年全市社会治安综合治理先进个人	中共苏州市委、苏州市人民政府	2019年12月
朱海波	相城区新闻中心	2015—2018年全市社会治安综合治理先进个人	中共苏州市委、苏州市人民政府	2019年12月
王秀梅	相城区政法委	2015—2018年全市社会治安综合治理先进个人	中共苏州市委、苏州市人民政府	2019年12月
陆培根	苏州市公安局相城分局人管大队	2015—2018年全市社会治安综合治理先进个人	中共苏州市委、苏州市人民政府	2019年12月
钱志勇	苏州市公安局相城分局元和派出所社区警务队	2015—2018年全市社会治安综合治理先进个人	中共苏州市委、苏州市人民政府	2019年12月
黄　坚	相城区人民法院	2015—2018年全市社会治安综合治理先进个人	中共苏州市委、苏州市人民政府	2019年12月
杨朦倩	相城区人民检察院	2015—2018年全市社会治安综合治理先进个人	中共苏州市委、苏州市人民政府	2019年12月
潘红卫	相城区司法局社区矫正中心	2015—2018年全市社会治安综合治理先进个人	中共苏州市委、苏州市人民政府	2019年12月
何玉林	相城区信访局	2015—2018年全市社会治安综合治理先进个人	中共苏州市委、苏州市人民政府	2019年12月
马　林	相城区城市管理行政执法大队	2015—2018年全市社会治安综合治理先进个人	中共苏州市委、苏州市人民政府	2019年12月
史祥胜	相城区卫健委	2015—2018年全市社会治安综合治理先进个人	中共苏州市委、苏州市人民政府	2019年12月
陆　江	相城区太平街道	2015—2018年全市社会治安综合治理先进个人	中共苏州市委、苏州市人民政府	2019年12月
曹志锋	相城区黄埭高新区	2015—2018年全市社会治安综合治理先进个人	中共苏州市委、苏州市人民政府	2019年12月
李　飞	澄阳街道	2015—2018年全市社会治安综合治理先进个人	中共苏州市委、苏州市人民政府	2019年12月

统计资料

表63　2019年相城区行政区划、土地面积及人口情况表

指标	单位	数值	指标	单位	数值
一、行政区划			村民小组	个	1177
镇(街道、区)	个	14	居委会(社区)	个	73
#镇	个	4	二、全区总面积	平方公里	489.96
#街道	个	7	不含水域面积	平方公里	349.15
村委会	个	68	全区耕地面积	万亩	13.09

续表

指标	单位	数值	指标	单位	数值
其中：水田	万亩	7.12	死亡率	‰	5.98
三、年末总户数	户	139705	自然增长人口	人	1926
年末总人口	人	448004	自然增长率	‰	4.36
#男性	人	218266	迁入人口	人	11768
女性	人	229738	#省内迁入	人	5370
年平均人口	人	441451	省外迁入	人	6398
年平均每户人口	人	3.2	迁出人口	人	595
出生人口	人	4565	#迁往省内	人	220
出生率	‰	10.34	迁往省外	人	375
死亡人口	人	2639	四、暂住人口	人	607117

表64　　2019年相城区国民经济主要指标日均水平情况表

指标	单位	数值
一、每天创造的财富		
（一）国内生产总值	万元	24386
第一产业	万元	207
第二产业	万元	12133
第三产业	万元	12045
（二）工农业总产值		
工农业总产值	万元	45350
农业总产值	万元	543
工业总产值	万元	44807
（三）财政收入（分税制口径全额收入）	万元	12942
# 公共财政预算收入	万元	3289
（四）工农业主要产品产量		
粮食	吨	53
生猪出栏数	头	21
化学纤维	吨	1066
光电子器件	万只（片、套）	9
服装	万件	3
商品混凝土	立方米	15513
不锈钢日用制品	吨	8
钢材	吨	32
吸尘器	万台	6
电子元件	万只	3551
二、每天的经济活动		
全社会用电量	万千瓦时	1743
# 工业用电量	万千瓦时	1052
全社会固定资产投资完成额	万元	11517
社会消费品零售总额	万元	12905
自营进出口总额	万美元	1504
# 进口额	万美元	328

续表

指标	单位	数值
出口额	万美元	1177
新批利用外资项目	个	0.18
注册外资	万美元	99
当年实际利用外资	万美元	63
财政支出	万元	8744
三、每天人口变动		
出生人口	人	12.5
死亡人口	人	7.2
迁入人口	人	32.2
迁出人口	人	1.6
附：每万人拥有量		
小学专任教师人数	人	49
普通中学专任教师人数	人	40
卫生机构床位数	张	116
卫生技术人员数	人	107
# 医生人数	人	41

表65　　2019年相城区社会经济主要指标情况表

指标	单位	数值
一、人口		
年末总人口	万人	44.80
# 非农业人口	万人	36.27
# 女性人口	万人	22.97
二、地区生产总值		
地区生产总值	万元	8900754
1. 第一产业	万元	75647
2. 第二产业	万元	4428554
3. 第三产业	万元	4396553
第三产业增加值占 GDP 比重	%	49.4
人均地区生产总值	元	120918
三、工农业总产值		
工农业总产值(现价)	万元	16552697
农业		
1. 农业总产值(现价)	万元	198199
2. 主要农产品产量		
粮食	吨	19405
油菜籽	吨	54
生猪出栏数	万头	0.76
生猪存栏数	万头	0.55

注：人均地区生产总值按常住人口计算。

表66 2019年相城区农林牧渔业总产值和增加值情况表

单位：万元

指标	总产值	增加值
农林牧渔业总产值	198199	110711
一、农业产值	36480	24649
（一）谷物及其他作物	6370	
1. 谷物（原粮）	6135	
其中：小麦	818	
稻谷	4976	
玉米	0	
2. 薯类	0	
3. 油料	38	
其中：花生	0	
油菜籽	36	
4. 豆类	197	
其中：大豆	197	
（二）蔬菜园艺作物	23847	
1. 蔬菜（含菜用瓜）	18878	
2. 食用菌	469	
3. 其他园艺作物	4500	
（三）水果、坚果、饮料和香料作物	6263	
1. 水果、坚果（含果用瓜）	6263	
其中：梨	473	
二、林业产值	9294	4702
（一）林木的培育和种植	9294	
1. 育种育苗	0	
2. 造林	18	
3. 抚育和管理	9276	
三、牧业产值	2003	832
（一）牲畜饲养	28	
（二）猪的饲养	1851	
（三）家禽饲养	124	
四、渔业产值	88204	45464
（一）内陆水域水产品	88204	
其中：养殖	88204	
1. 鱼类	20161	
2. 虾蟹类	67354	
3. 贝类	0	
4. 其他	689	
五、农林牧渔服务业	62218	35064

表67 2019年相城区农作物播种面积和产量情况表

作物名称	面积（千公顷）	单产（公斤/公顷）	总产量（吨）
一、粮食	2.63	7273	19405
（一）夏收粮食	0.81	3996	3237

续表

作物名称	面积（千公顷）	单产（公斤/公顷）	总产量（吨）
其中：夏收谷物	0.81	3996	3237
其中：小麦	0.81	3996	3237
（二）秋收粮食	1.82	8884	16168
其中：秋收谷物	1.82	8884	16168
其中：水稻	1.77	9010	15948
二、油菜籽	0.03	1800	54
三、蔬菜、瓜果	2.38	24384	58033

表68　　2019年相城区工业企业主要经济指标情况表

指标	计量单位	数值	2019年占2018年的百分率
年末工业企业单位数	个	11603	93.7
#规模以上工业	个	765	102.8
工业总产值	万元	16354498	102.8
#规模以上工业	万元	12268064	101.1
高新技术产业产值	万元	6784542	98.4
占规模以上工业比重	%	55.3	—
八大新兴产业产值	万元	6562895	98.4
占规模以上工业比重	%	53.5	—

表69　　2019年相城区规模以上工业企业主要经济指标分组情况表

单位：万元

指标名称	单位数（个）	工业总产值	本年度应付职工薪酬总额	平均用工人数（个）
一、按轻重工业分				
轻工业	259	3601275	331966	41953
重工业	506	8666789	915021	101961
二、按企业规模分				
大型企业	13	2198222	283917	27567
中型企业	97	3640087	425000	49027
小型企业	638	6329964	535349	67018
微型企业	17	99791	2720	302
三、按登记注册类型分				
内资企业	581	8459199	803211	92864
有限责任公司	44	1046742	93384	7689
股份有限公司	14	596229	66528	6240
其他企业	—	—	—	—
私营企业	523	6816228	643299	78935
港、澳、台商投资企业	57	1332235	151255	18270
外商投资企业	127	2476630	292521	32780

表70 2019年相城区规模以上工业主要产品产量情况表

产品名称	单位	数值	产品名称	单位	数值
化学纤维	吨	389107	铝材	吨	79197
光电子器件	万只(片、套)	3287	家用吸尘器	万台	2158
印染布	万米	1485	家用电风扇	万台	—
服装	万件	1237	电子元件	万只	1296240
纸制品	吨	176606	组合音响	台	473720
水泥	吨	3424969	钢化玻璃	平方米	733133
塑料制品	吨	169194	中空玻璃	平方米	1716012
商品混凝土	立方米	5662273	印制电路板	平方米	4415999
不锈钢日用制品	吨	2821	低压开关板	面	80951
钢材	吨	88954	减速机	台	272270
铜材	吨	11711			

表71 2019年相城区固定资产投资(不含商品房开发)完成额情况表

单位:万元

项目	合计	项目	合计
投资额总计	1496980	橡胶和塑料制品业	25318
一、按登记注册类型分		非金属矿物制品业	43767
#国有	522397	金属制品业	42925
私营	795875	通用设备制造业	74290
港、澳、台商投资企业	84354	专用设备制造业	72222
外商投资企业	67737	电气机械及器材制造业	40729
二、按建设性质分		计算机、通信和其他电子设备制造业	170364
#新建	1021670	仪器仪表制造业	2237
扩建	251149	电力、热力、燃气及水生产和供应业	31910
改建	98489	建筑业	0
三、按工程构成分		交通运输、仓储和邮政业	377574
建筑安装工程	1180839	信息传输、软件和信息技术服务业	0
设备、工器具购置	177023	批发和零售业	13016
其他费用	139118	房地产业	82010
四、按行业分		租赁和商务服务业	104106
农林牧渔业	0	水利、环境和公共设施管理业	24706
制造业	640810	教育	137803
#农副食品加工业	163	卫生和社会工作	4539
食品制造业	2121	文化、体育和娱乐业	17619
纺织服装、服饰业	5701	公共管理、社会保障和社会组织	23590
造纸及纸制品业	5624	其他	39297
文教体育用品制造业			

表72　　2019年相城区交通基本情况表

指标	单位	数值	指标	单位	数值
一、公路总里程	公里	1046.69	公路桥梁	米	67177.70
1. 按行政等级分			三、内河航道通航里程	公里	194.17
(1)国道	公里	42.77	#通机动船	公里	—
(2)省道	公里	33.68	四、通航河流上建筑物	座	2
(3)县道	公里	251.37	船闸	座	1
(4)乡道	公里	428.59	套闸	座	1
(5)村道	公里	213.29	五、航道上设立的航标	座	7
(6)专用公路	公里	0.00	#发光的	座	7
2. 按等级分			六、铁路营业里程		26.49
(1)高级	公里	77.00	火车站个数	个	1
(2)一级	公里	145.61	铁路客运量	万人	709.38
(3)二级	公里	327.57	铁路货运量	万吨	—
(4)三级	公里	342.25	七、沿海港口货物吞吐量	万吨	—
(5)四级	公里	154.27	内河港口货物吞吐量	万吨	2400.00
(6)等外公路	公里	0.00	水上客运量	万人	59.70
3. 按路面标准分			水上货运量	万吨	88.70
(1)高级	公里	1046.69	八、公共汽(电)车运营车辆数	辆	671
(2)次高级	公里	0.00	公共汽(电)车客运总量	万人次	5722.78
4. 公路客运量	万人	3833.20	九、轨道交通线路长度	公里	18.83
公路货运量	万吨	1449.90	轨道交通客运总量	万人	2266.20
二、公路桥梁	座	892			

注:苏州高铁北站的铁路客运量、货运量纳入苏州市统计,不单独统计。

表73　　2019年相城区财政收入、支出情况表

单位:万元

指标	数值	指标	数值
全口径预算收入总计	4723969	2. 行政事业性收费收入	17975
一、一般公共预算收入	1200503	3. 罚没收入	1594
(一)税收收入	1110787	4. 国有资源(资产)有偿使用收入	17013
1. 增值税	427417	5. 捐赠收入	16
2. 营业税	0	6. 其他收入	2648
3. 企业所得税(40%部分)	160676	二、政府性基金收入	2047512
4. 个人所得税(40%部分)	39054	三、社会保险基金收入	731694
5. 城市维护建设税	59965	四、国有资本经营收入	4843
6. 房产税	42742	五、上划中央收入	739417
7. 印花税	13368	(一)国内增值税(50%部分)	436039
8. 城镇土地使用税	20403	(二)国内消费税(100%部分)	3783
9. 土地增值税	164659	(三)企业所得税(60%部分)	241014
10. 耕地占用税	2216	(四)个人所得税(60%部分)	58581
11. 环境保护税	4724	财政支出总计	3191568
12. 契税	174703	(一)一般公共预算支出	826905
13. 其他税收收入	860	1. 一般公共服务支出	167102
(二)非税收入	89716	2. 外交支出	0
1. 专项收入	50470	3. 国防支出	372

续表

指标	数值	指标	数值
4. 公共安全支出	52600	23. 其他支出	7
5. 教育支出	172802	24. 债务付息支出	7932
6. 科学技术支出	64059	25. 债务发行费用支出	12
7. 文化体育与传媒支出	6409	（二）政府性基金支出	1931234
8. 社会保障和就业支出	66533	1. 文化体育和传媒支出	128
9. 卫生健康支出	68684	2. 社会保障和就业支出	1
10. 节能环保支出	18751	3. 国有土地使用权出让收入安排的支出	1551648
11. 城乡社区支出	66023	4. 国有土地收益基金支出	88137
12. 农林水支出	32115	5. 农业土地开发资金支出	84
13. 交通运输支出	21252	6. 城市基础设施配套费安排的支出	13096
14. 资源勘探信息等支出	10029	7. 污水处理费及对应专项债务收入安排的支出	7628
15. 商业服务业等支出	5036	8. 土地储备专项债券收入安排的支出	100000
16. 金融支出	90	9. 棚户区改造专项债券收入安排的支出	157000
17. 援助其他地区支出	5717	10. 彩票发行销售机构业务费安排的支出	461
18. 自然资源海洋气象等支出	6409	11. 彩票公益金安排的支出	2408
19. 住房保障支出	47679	12. 债务付息支出	10436
20. 粮油物资储备支出	1161	13. 债务发行费支出	207
21. 灾害防治及应急管理支出	6131	（三）国有资本经营支出	4945
22. 预备费	0	（四）社会保险基金支出（总决算数）	428484

表74　　2019年相城区专利、科技计划及科技成果情况表

项目	单位	数值	项目	单位	数值
一、专利			外观	件	4441
1. 专利申请	件	56168	二、科技成果		
发明	件	19557	#国家	项	0
新型	件	30680	江苏省	项	5
外观	件	5931	苏州市	项	51
2. 授权	件	27164	三、高新技术企业	家	561
发明	件	3284	四、民营高新技术企业	家	1405
新型	件	19439			

表75　　2019年相城区各类管理专业人才情况表

单位：人

指标	数值	指标	数值
人才总量	205533	中级	26549
管理专业技术人员	159207	初级	70495
#研究生	6704	#研究生	5998
本科	64307	本科	52805
大专	67274	大专	50704
中专	10943	中专	7455
高中及以下	9979	高中及以下	5843
其中：各类专业技术人员	122805	#中级技术职称以上人员	32772
#高级	6223		

表76

2019年相城区教育事业基本情况表

单位：人

类别	学校数（所）	招生总数	在校学生数	毕业生数	教职工数	# 专任教师数
合计	44	18550	76595	14541	4795	4661
一、普通中等专业学校	1	980	3202	863	242	240
二、高中	2	1142	3315	1033	408	392
三、完中	1	968	2708	864	240	238
1. 初中部	1	399	1125	397	103	103
2. 高中部	1	569	1583	467	137	135
四、初中	11	4489	13374	4358	1239	1162
五、九年一贯制	2	1129	3851	417	182	182
1. 小学部	2	742	2995	222	120	120
2. 初中部	2	387	856	195	62	62
六、十二年一贯制	2	1301	5151	783	207	206
1. 小学部	2	605	3435	363	115	114
2. 初中部	2	530	1368	373	69	69
3. 高中部	2	166	348	47	23	23
七、小学	24	8541	44871	6223	2251	2215
八、特殊教育学校	1		123		26	26

表77

2019年相城区群众文化事业基本情况表

指标	单位	数值	指标	单位	数值
一、机构数	个	11	# 群众文化馆	次	212
# 群众文化馆	个	1	文化部门文化站	次	243
文化部门文化站	个	10	五、举办训练班结业人次	人次	14389
二、职工人数	人	70	# 群众文化馆	人次	3022
# 群众文化馆	人	6	文化部门文化站	人次	11367
文化部门文化站	人	64	六、体育场馆数	个	12
三、举办展览会个数	个	83	七、广播覆盖率	%	100
# 群众文化馆	个	25	八、电视覆盖率	%	100
文化部门文化站	个	58	九、有线电视入户率	%	100
四、组织文艺活动次数	次	455	十、剧场影剧院数	个	10

表78

2019年相城区卫生机构基本情况表

指标	机构数（个）	床位数（张）	人员数（人）	人员数（人）划分	
				#卫生技术人员（人）	#医生（人）
合计	196	5192	5932	4794	1826
非营利机构（公立）	140	4189	4818	4172	1620
营利机构（私立）	56	1003	1114	622	206
其他部门					
按类别分	196	5192	5932	4794	1826
1. 医院	15	4370	3377	2693	860
（1）综合医院	3	700	828	790	304
（2）中医医院	1	198	261	223	91
（3）专科医院	6	2240	1688	1448	433

续表

指标	机构数(个)	床位数(张)	人员数(人)	人员数(人)划分	
				#卫生技术人员(人)	#医生(人)
(4)护理院	5	1232	600	232	32
2. 基层医疗卫生机构	180	822	2487	2054	933
(1)社区卫生服务中心	6	393	967	824	360
(2)卫生院	5	429	957	813	364
(3)社区卫生服务站	80	0	0	0	0
(4)门诊部	5	0	55	47	23
(5)诊所	49	0	353	258	134
(6)卫生所、医务室	32	0	142	102	52
(7)护理站	3		13	10	0
3. 专业公共卫生机构	1	0	68	47	33

注:社区卫生服务站人数不单独统计,包含在社区卫生服务中心内。

表79　　2019年相城区城镇非私营单位在岗职工人数以及工资情况表

项目	在岗职工期末人数(人)	在岗职工劳动报酬总额(万元)	在岗职工平均工资(元)
总计	118566	1209497	100645
一、按所有制类型划分			
国有单位	28037	394016	140851
城镇集体单位	8650	77565	91274
其他单位	81879	737916	88158
二、按执行会计制度划分			
企业	85253	747774	85967
事业	13295	213159	160899
机关	4817	105615	221555
三、按国民经济行业划分			
农、林、牧、渔业	7	38	54714
制造业	53361	437790	78378
电力、燃气及水的生产和供应业	637	6253	98621
建筑业	15917	155997	101120
交通运输、仓储及邮政业	1549	13833	90002
信息传输、软件和信息技术服务业	574	8809	145843
批发和零售业	2603	26335	101955
住宿和餐饮业	1525	13204	91697
金融业	296	6237	215059
房地产业	4340	39408	91414
租赁和商务服务业	1184	11922	101118
科学研究和技术服务业	1339	19578	162604
水利、环境和公共设施管理业	1532	8034	51835
居民服务、修理和其他服务业	149	1184	80000
教育	9281	132380	142897
卫生和社会工作	4326	69224	162155
文化、体育和娱乐业	470	3965	86954
公共管理、社会保障和社会组织	19476	255306	131492

一、本索引采用内容分析的方法编制，大部分选用关键词。

二、本索引设“条目索引”和“表格索引”2部分。索引款目以类目、分目和表格标题为对象，按首字汉语拼音字母（同音字按声调）顺序排列，首字相同的按下一个字的音序排列，依次类推。同一标题则以在标题后加括号内容的方式区分。

三、索引款目后的数字表示所在页码，数字后的字母a、b、c分别表示所在页面的左、中、右栏。

四、为便于检索，凡在相城区的机关团体和企事业单位，以及在相城区发生的事件，除易产生歧义的外，索引中的“相城”和“相城区”均省略。表格索引中的“2019年”和“表”亦省略。

条目索引

A

B

C

D

F

G

H

J

L

M

N

P

Q

R

S

T

W

X

Y

Z

表格索引

B

C

D